国家社会科学基金后期资助项目研究成果

数字资源长期保存技术的研究与实践

张智雄　等　著

国家图书馆出版社
National Library of China Publishing House

图书在版编目(CIP)数据

数字资源长期保存技术的研究与实践/张智雄等著. --北京：国家图书馆出版社，2015.9

ISBN 978-7-5013-5641-6

Ⅰ.①数… Ⅱ.①张… Ⅲ.①数字技术—信息管理—研究 Ⅳ.①G203

中国版本图书馆 CIP 数据核字(2015)第 166603 号

书　　名 数字资源长期保存技术的研究与实践

著　　者 张智雄等　著

责任编辑 高　爽　王炳乾

出　　版 国家图书馆出版社(100034　北京市西城区文津街7号)

(原书目文献出版社　北京图书馆出版社)

发　　行 010-66114536　66126153　66151313　66175620

66121706(传真)，66126156(门市部)

E-mail btsfxb@nlc.gov.cn(邮购)

Website www.nlcpress.com ——→投稿中心

经　　销 新华书店

印　　装 北京华艺斋古籍印务有限责任公司

版　　次 2015年9月第1版　2015年9月第1次印刷

开　　本 710×1000(毫米)　1/16

印　　张 36.25

字　　数 650千字

书　　号 ISBN 978-7-5013-5641-6

定　　价 80.00元

国家社科基金后期资助项目
出版说明

后期资助项目是国家社科基金项目主要类别之一，旨在鼓励广大人文社会科学工作者潜心治学，扎实研究，多出优秀成果，进一步发挥国家社科基金在繁荣发展哲学社会科学中的示范引导作用。后期资助项目主要资助已基本完成且尚未出版的人文社会科学基础研究的优秀学术成果，以资助学术专著为主，也资助少量学术价值较高的资料汇编和学术含量较高的工具书。为扩大后期资助项目的学术影响，促进成果转化，全国哲学社会科学规划办公室按照“统一设计、统一标识、统一版式、形成系列”的总体要求，组织出版国家社科基金后期资助项目成果。

全国哲学社会科学规划办公室

2014 年 7 月

国家社会科学基金后期资助项目
“数字资源长期保存技术的研究与实践”(09FTQ005)
项目成员及本书作者

张智雄　吴振新　付鸿鹄　刘建华
曲云鹏　王玉菊　刘　振　郭红梅
廖建军　高广尚　王敬东　马　娜
刘家益　李春旺　向　菁　郭家义

序

作为人类的一种重要社会记忆机构,保存人类历史文化遗产是图书馆永恒不变的重要职责。在当今数字时代,迎接数字技术挑战,开展数字保存工作,实现重要数字信息的长期保存是数字图书馆的一个工作重点。

自21世纪以来,国外数字保存的研究和实践取得了长足进步,逐步从理论研究、技术试验、小规模实验向更加深入的数字保存实践方向发展。欧美等主要发达国家以国家战略的方式有机组织数字保存研究和实践的开展,出现了较为成熟的、产品化的数字保存系统,构建起了可靠的数字保存服务,形成了较大规模的数字保存网络(联盟)。

中国也在积极应对数字资源长期保存的挑战,国内一些重要机构已经开始逐步开展数字保存的实验和实践。如中国科学院文献情报中心自2005年以来,一直致力于可信赖数字资源长期保存系统的建设,通过与国内外的重要科技文献出版商合作,目前已经实现了十余个重要电子科技期刊数据库和科技图书数据库的本土化长期保存。而国家图书馆则积极推动中文资源的数字保存,目前已经实现了中文图书、数字家谱、敦煌IDP数据、数字方志、数字善本、电子报纸、网页资源等十余种数字资源的保存工作,资源量达1140TB。2013年,国家科技图书文献中心(NSTL)在国家科技部的支持下,启动了国家数字科技文献资源长期保存体系建设专项,经过两年多的工作,目前已经初步建成了这一体系的两个示范保存节点,即中国科学院文献情报中心节点和中国科学技术信息研究所节点。这些工作对于促进我国数字保存的研究和实践起到了重要推动作用。

然而,与欧美主要发达国家相比,我国数字资源长期保存的研究和实践在广度和深度上都有着较大的差距,这些差距的产生有着多方面的原因。技术因素是导致我国数字保存工作相对落后的一个重要原因。众所周知,数字资源长期保存工作开展必须基于相关技术系统和技术工具来进行。但由于数字资源长期保存所涉及的技术问题复杂,实现数字资源长期保存的技术系统的门槛较高,所需的技术研发投入较大,并且数字资源长期保存技术乃至数字资源长期保存本身的价值不能在一个短期的时间内产生效果,因此,在国内图书馆界,数字资源长期保存技术的研究和实践尚未广泛而深入地展开。技术方法的缺乏,严重制约着我国数字资源长期保存的实践。我国数字资源长期保存实践的开展,迫切需要在数字保存的技术方法上率先取得突破。

如何有效在数字保存的技术方法上快速取得突破？鉴于国外数字资源长期保存相关技术较为成熟的事实，在引进、吸收和消化的基础上，进一步面向未来进行创新实践是有效提高我国数字保存技术能力和水平的主要途径。

在国家社会科学基金后期资助项目“数字资源长期保存技术的研究与实践”(09FTQ005)的支持下，中国科学院文献情报中心的数字保存技术研究团队以欧美国家数字资源长期保存的技术研究和实践为基础，并结合本单位数字资源长期保存技术研究和实践的实际情况，梳理了当前国际上数字保存研究和实践的基本现状，分别从数字保存的研究内容、数字保存的技术基础、数字保存的功能实体、数字保存的技术专题和数字保存的实践案例五个方面，较为系统地研究分析了数字资源长期保存在技术研究和实践方面所涉及的关键技术问题、这些问题的基本解决思路、主要解决方案、相关的技术工具以及这些技术方法的具体应用实例。全书基本可以反映当前数字资源长期保存技术的主要研究问题和相关研究现状，能够对我国数字资源长期保存的研究和实践有所裨益。

本书是“数字资源长期保存技术的研究与实践”(09FTQ005)项目组众多成员努力的结果，很多章节是多人协作共同完成的。全书的组织策划、章节编排、内容组织、统稿审阅由张智雄完成。具体各章节的作者分别如下：第1章由张智雄完成；第2章由张智雄、郭红梅、刘振完成；第3章由张智雄、郭红梅完成；第4章由张智雄、马娜完成，第5章由吴振新、张智雄、刘建华完成；第6章由吴振新、张智雄、马娜完成；第7章由张智雄、付鸿鹄、曲云鹏完成；第8章由曲云鹏、张智雄完成；第9章由张智雄、吴振新、曲云鹏完成；第10章由廖建军、张智雄完成；第11章由廖建军、张智雄完成；第12章由张智雄、吴振新完成；第13章由刘振、张智雄完成；第14章由刘建华、张智雄完成；第15章由刘振、张智雄、郭家义完成；第16章由刘家益、张智雄完成；第17章由曲云鹏、张智雄、马娜完成；第18章由高广尚、张智雄完成；第19章由高广尚、张智雄完成；第20章由王敬东、张智雄完成；第21章由吴振新、张智雄、付鸿鹄、王玉菊完成。除了张智雄之外，郭红梅、王敬东、马娜承担了较多的编辑校对工作。

感谢国家社会科学基金后期资助项目“数字资源长期保存技术的研究与实践”(09FTQ005)支持本书的完善和出版，感谢项目评审专家对本书书稿所提出的中肯意见和建议。感谢北京大学李广建教授、南开大学柯平教授、中国科学院文献情报中心孙坦研究员、清华大学姜爱蓉研究员、国家图书馆申晓娟研究员对本书书稿所提出的很多建设性意见。感谢张晓林馆长和中国科学院文献情报中心对本项目团队长期一贯的支持。国家图书馆出版社的王欢、金丽萍等老师为本书的出版付出了辛勤劳动,在此一并致谢。国内外的数字资源长期保存研究为本书的写作提供了坚实的知识基础,书中参考了很多学者的相关研究成果,都在相应章节的参考文献中进行了标注说明,在此也对这些参考文献的作者表示感谢。

由于数字资源长期保存技术所涉及的问题复杂、内容众多,要系统深入地对数字资源长期保存相关的关键技术问题进行有见地的研究剖析是相当困难的一件事件,虽然本书作者为之倾注了大量的辛勤劳动,但由于作者的能力和水平有限,书中不妥和疏漏之处还在所难免,恳请各位专家学者不吝赐教。

张智雄

2015 年 7 月于中国科学院文献情报中心

目　录

第五篇 数字保存的实践案例研究

绪 言

1. 数字保存是数字时代社会记忆机构的一项重要职责

数字化、网络化、信息化改变着人们的生存方式,数字信息已经成为我们生活工作中接收处理、交流应用、组织管理的主要信息。尼葛洛庞帝在1996年描述的"数字化生存"已经成为当今我们这个时代的重要特征,我们工作生活的方方面面都已经离不开数字信息。

然而,与传统的文献信息相比,数字信息的生存能力却极其脆弱。记载于甲骨、金属、竹木、石头、丝绸、纸等介质之上的信息,如果没有人为的故意毁坏,可能存活上千年还仍然能够被后人所理解。但以比特为单位进行存储的数字信息,如果得不到有效的维护和管理,很容易被盗取、篡改和破坏,或因数字技术的飞速进步、存储设备的过时、读取设备的淘汰而变得不能被读取、被理解和被应用。数字时代,我们业已离不开的数字信息面临着严重的生存挑战。记载于比特位上的任何数字信息随时都面临着来自技术、经济、组织、人为因素、自然灾难等各方面的威胁。这些威胁对数字信息的可存活性、真实完整性和可理解性形成了重要挑战。

在这种情况下,数字资源长期保存成为对重要数字信息进行维护管理,确保重要数字信息资源可以长期存活下去的一种解决方案。在本书作者看来,数字资源长期保存是一系列对数字信息进行持续管理和维护的活动,其目标是为了确保数字信息长期存活,保证数字信息真实可信,能够被未来的使用者所理解和应用。需要明确指出的是,在本书中"数字资源长期保存"与"数字保存"二者表示的是同一个概念。实际上,在本书的各个章节,为了与国外通行的"Digital Preservation"和"Digital Curation"两个术语相对应,"数字资源长期保存"也被称为"数字保存"。

数字资源长期保存已经成为当前国内外图书馆、档案馆和博物馆越来越关注的一个重要问题。一些有志之士还提出数字资源长期保存是当前纷繁复杂的数字时代下,图书馆、档案馆和博物馆等记忆机构承担历史文件遗产保存、维护数字社会真实可信的一项重要社会职责。

2. 本书的主要目的

自20世纪90年代中期,随着“美国记忆”等项目的开展,国外数字资源的长期保存逐步开始成为一个研究领域。经过近20年的飞速发展,国外的数字资源长期保存研究已然成为当前数字图书馆研究中的一门“显学”。特别是近年来,随着理论的不断成熟和实践的不断丰富,国外数字资源长期保存的研究和建设项目越来越多、研究越来越深入、成果越来越显著,出现了数字资源长期保存研究和实践产品化、规模化、标准规范化的趋势。例如,出现了很多成熟的、产品化的数字保存系统和服务;欧洲、美国等主要发达国家以国家战略的方式组织数字资源长期保存实践的开展;而可信赖数字仓储审计和认证规范已经成熟,很多前期建设的数字保存仓储都纷纷根据标准进行可信赖数字仓储的认证。

而在国内,数字资源长期保存的研究和实践还处于较为初级的阶段。数字资源长期保存的意识尚未在国内得到高度关注,数字资源长期保存的国家战略尚未出台,数字资源长期保存尚未在法律政策层面得到支持,也鲜有大规模的数字资源长期保存研究和实践项目。当然也尚无对数字资源长期保存的理论、技术、方法、实践等较为深入的研究。

本书的作者认为数字资源长期保存实践的开展必须要面对一系列技术上的困难和挑战。而从数字资源长期保存工作开展的情况来看,技术因素已经严重制约了我国数字资源长期保存工作的开展。因而有必要对数字资源长期保存的技术问题和技术实践问题进行深入的研究。

自2005年以来,在中国科学院、国家科技图书文献中心(NSTL)的支持下,本书的作者团队开展了一些数字资源长期保存相关的技术、系统、实践方面的研究,在2008年初步形成了名为“数字资源长期保存技术”的研究和实践报告。

2009年,本书的作者团队得到了国家社会科学基金项目“数字资源长期保存技术的研究与实践”项目(09FTQ005)的资助,希望在前期研究成果的基础之上进行系统化的提炼和升华,深入对数字资源长期保存的各个关键技术进行了研究分析,能够对国内数字资源长期保存技术实践的开展提供支持和参考。

本书的作者团队在原有申请材料的基础上,对前期研究成果的主要内容进行大幅的调整和优化,结合当前数字保存的研究和实践现状,补充了大量资料,并从整体上对相关内容进行了重新组织和深化。形成了当前五篇21章的主要结构。希望能够反映当前数字资源长期保存技术的主要研究问题和相关研究现状,能够对我国数字资源长期保存的技术研究和技术实践提供有益参考。

3. 本书的基本结构

本书共21章,分为五篇来组织,分别为数字保存的研究内容、数字保存的技术基础研究、数字保存的功能实体研究、数字保存的技术专题研究和数字保存的实践案例研究。

第一篇是“数字保存的研究内容”,共分三章,分别为“第1章　数字保存的基本概念”“第2章　数字保存的主要研究内容”和“第3章　数字保存研究和实践的主要发展历程”。在这三章中,研究了数字保存的基本概念,论述了数字保存的主要研究内容,回顾了数字保存研究和实践的主要发展历程,并重点对当前国际上数字保存研究和实践的现状进行了总结分析。

第二篇是“数字保存的技术基础研究”,包括三章内容,分别为“第4章　数字保存的技术体系研究”“第5章　数字保存的技术策略研究”和“第6章　数字保存的信息模型研究”。在这三章中,作者研究分析了数字保存技术研究和实践中三个基础性问题,分别为数字保存的技术体系问题、数字保存的技术策略问题和数字保存的信息模型问题,从一个较高的角度分析在数字保存的技术实践过程中,需要关注哪些应用技术,可以采取什么技术策略,如何有效进行数字信息的组织管理。

第三篇是“数字保存的功能实体研究”。在这篇内容中,作者基于“开放存档信息系统参考模型”(OAIS)的功能框架,研究分析了开放存档信息系统的六个功能实体,分别为摄入功能实体、档案存储功能实体、数据管理功能实体、行政管理功能实体、保存规划功能实体和访问功能实体。每章研究分析一个功能实体,共六章,具体为第7章到第12章。各章分别研究了六个功能实体的主要技术功能要求、主要流程规范、关键技术方法、相关系统工具等问题。

第四篇是“数字保存的技术专题研究”。在这篇内容中,作者从专题研究的角度出发,对与数字保存的技术实践密切相关的七个专题进行了较为深入的专题研究。这七个专题分别为数字保存的格式管理、数字保存元数据体系、数字保存的标准体系、数字保存的成本问题、数字保存系统、仿真的保存技术方法、迁移的保存技术方法。七个专题,每个专题自成一章,具体为第 13 章到第 19 章。

第五篇是“数字保存的实践案例研究”。这一篇希望通过具体实践案例的研究,来分析在数字保存中的技术实践需要解决哪些技术实践问题和如何解决这些实践问题。这一篇内容包括第 20、21 章。作者在这两章中,分别以 LOCKSS 保存系统和作者单位数字保存系统建设的实践为案例,研究分析了数字保存系统在实际的建设实现中需要关注的重要问题。

全书较为系统地研究分析了数字资源长期保存技术的相关问题,较为全面地反映了当前数字保存技术的研究进展,希望能够对我国数字资源长期保存技术的研究和实践起到推动作用。

（张智雄）

第一篇　数字保存的研究内容

本篇包括以下内容：

1　数字保存的基本概念

2　数字保存的主要研究内容

3　数字保存研究和实践的主要发展历程

1　数字保存的基本概念

数字技术改变了人类的生活方式,同时也带来了新的挑战。由数字技术支撑的数字信息,与传统的文献信息相比,在信息内容的承载、传输和持久保存方面存在着一系列与生俱来的问题。数字技术的快速变革、数字信息的多种依赖性,导致数字信息即便为了存活一个年代,也需要得到特别的关注、维护和管理。数字保存与传统文献信息的保存在思路方法、技术活动等方面都有着重大差别。本书作者认为,数字保存是一系列对数字信息进行持续管理和维护的活动,其目标是为了确保数字信息长期存活,保证数字信息真实可信,能够被未来的使用者所理解和应用。

本章讲述数字保存的基本概念,在分析了数字技术给现代社会带来的问题和挑战,以及当前社会中数字信息所面临的各种威胁之后,论述了数字保存的概念、数字保存要达到的主要目标、数字保存的意义等内容。

1.1　数字技术带来的问题与挑战

数字化生存是当前我们所处时代的一个重要特性。当前,我们日常生活的各个方面,如文献阅读、信息查找、工作学习、科学研究、文化娱乐、消费购物、社会交往等都已离不开数字技术。然而数字技术却是一把双刃剑,它在给我们带来便利的同时,也带来了数字信息的保存问题。

1.1.1　数字技术:一把双刃剑

数字技术为信息的传播和应用带来了前所未有的便利。基于数字技术的信息与基于印刷技术的信息相比,在信息的获取、复制、传输、存储、携带等各个方面都有了质的飞跃。数字技术让有价值的信息可以被快速方便地复制,让信息可以跨越时空进行传输,让海量信息(如成千上万本图书)可以轻松地携带在身边。数字技术让信息的传播和应用“告别铅与火,迎来光与电”[1]。

然而,数字技术却是一把双刃剑,它在为信息的传播和应用带来便利的同时,也为信息的传播和应用埋下了隐患。由数字技术支撑的数字信息,与传统的文献信息相比,在信息内容的承载能力上存在一系列与生俱来的问题。

传统的文献信息可以在没有任何干预的情况下存活数个世纪甚至数千年。在中国,现在仍然可以看到很多数千年前记载于甲骨、金属、竹木、石头、丝绸、纸等介质之上的文献信息,如甲骨文、金文、战国盟书、玺印、简牍、帛书、敦煌文献、吐鲁番文书等。而在国外,我们也可看到古埃及记载于莎草纸上,古印度记载于贝叶上,以及中世纪欧洲记载于羊皮纸上的文献信息。例如,被称为 20 世纪最伟大的考古发现的《死海古卷》(Dead Sea Scrolls)[2],约成书于公元前 3 世纪到公元 1 世纪(公元前 250 年至公元 68 年)之间,记载于羊皮纸和莎草纸上,存活至今约 2000 多年了。这些文献信息之所以能够存活下来,除了有意的保护之外,很多情况下是因为这些文献信息及其所处的环境被人们所忽视。没有人去破坏这些文献信息及其所存在的环境,在合适的条件下,使得这些文献信息可以长期存活延续下去。

与传统的文献信息相比,数字信息不会因为没有人干扰而长期存活下去。基于数字技术的数字信息即便为了存活一个年代,也需要得到特别的关注、照顾和管理。我们可以从一些实例中看到在保持数字信息的存活和可用方面所面临的问题和挑战。

在 20 世纪 60 年代初期,美国人口调查局(Census Bureau)将其每十年编纂一次的人口调查数据保存在其视为“永久”存储的磁带中。到了 1976 年,国家档案馆(National Archives)认定美国人口调查局提供的 1960 年的人口调查档案中有七个系列的汇总数据有长期的历史价值。但是,这些被选中的数据很大一部分记录在只能使用 UNIVAC type II-A 驱动器来读取的磁带上。而时至 20 世纪 70 年代中期,这种特定的磁带驱动器早已经过时了。正如后来所说的一样,“当记录有 1960 年联邦人口调查原始数据的计算机磁带引起 NARS(国家档案和记录服务部)关注的时候,当时世界上只有两台机器能够读取这些磁带:一个在日本,而另一个已经作为纪念品被存放在了史密森博物馆”[3]。虽然美国人口调查局最终在 1979 年将相关的数据读出并迁移到了行业标准磁带上,但这一工作花费了大量的人力物力,并且所有的 150 万条数据记录中,仍有 1 万多条无法成功恢复。这一事件让美国政府记录委员会(Committee on the Records of Government)认识到数字信息的脆弱性。在1985年该委员会的报告中，该委员会宣称随着政府记录迅速向电子记录的方向转换，“美国正处在失去记忆的危险之中”[4]。

美国纽约州的土地利用和自然资源编目项目（LUNR）也上演了同样的故事。20世纪60年代末，纽约州商业部和康奈尔大学一起开展了一项名为LUNR的项目。这一项目形成了一张有关纽约州的计算机地图，它能够描述纽约州的土地使用模式并对州内的自然资源进行标记。这一地图基于整个纽约州的航拍照片，并在其上叠加了经纬度坐标，根据坐标划分，标记出了各个区域内的土地利用和自然资源情况的相关数据。这些数据对于城市规划、经济发展、环境政策有着重要的价值。到了20世纪80年代中期，纽约州档案馆得到了记录LUNR目录数据的磁带，以及原始的航拍照片和数以千计的胶片。纽约州档案馆的工作人员试图保存这些LUNR磁带数据，但结果表明这是不可能的。因为LUNR项目依靠特定的软件来呈现和分析这些数据。而现实的情况是，能够呈现和分析这些数据的软件由于没有与数据一起妥善保存，已经不复存在。更为严重的是，即使能够找到这一软件，但也找不到能够运行这一软件的硬件和操作系统了。最终的结果是，那些希望研究纽约州土地应用模式变化的研究人员不得不重新将那些保存在纽约州档案馆中的实物地图和胶片进行数字化，并利用康奈尔大学手稿与大学档案部提供的打印资料来重新录入相关数据[5]。

其他的事例也同样可以说明在不断变化的技术环境中，如果没有对数字信息做好长期保存规划，我们将会轻易地失去以电子形式保存的遗产。在1964年，人类发出了第一封电子邮件，麻省理工学院（Massachusetts Institute of Technology）、卡内基理工学院（Carnegie Institute of Technology）和剑桥大学（Cambridge University）三家机构都认为这封邮件是它们自己首先发出的，但由于这封电子邮件已经不复存在，因而没有文献记录能够证明到底是哪一机构发送了这一开创性消息[6]。

即便是一些在良好环境下进行管理的数字内容，也会因为管理不当变得不可用。1975年，美国的航天航空机构NASA将两个海盗号火星着陆器发射到了火星上，以发现在这个红色的行星上是否有生命存在。为了使未来的科学家能够方便地利用这些资源，NASA将科学家精心编辑的数据集存放在磁带上，并且将这些磁带放在恒温控制的环境中进行保存。但仅仅十几年之后，人们发现时间给人们带来的是累累伤痕。到20世纪90年代，当科学家需要重新利用一部分数据的时候，他们发现已经无法解码数据所用的格式了。最后，他们只能对照以前出版的印刷品来重新录入所有数据[7]。

英国 BBC 的 1986 年土地调查清册项目（1986 Domesday）更具有讽刺意义[8]。最初的土地调查清册（Domesday Book）是在征服者威廉一世的钦令下于 1086 年颁布的，写在羊皮纸上。时间已经过去了 900 多年，这本书存于英国国家档案馆（National Archives），仍然可以读写。1986 年，为了纪念最初的土地调查清册颁布 900 年，BBC 发起了 1986 土地调查清册项目。这一项目汇集了上千张照片和地图，以及一系列的统计、描述和形象化的信息，是对 1986 年英国的一个完整写照。这一项目的数据被写在了 30 厘米的光盘上，并且可以通过安装在 BBC 微机上的软件进行查阅。然而，不到 20 年，不仅 30 厘米的光盘已经被废弃，而且读光盘的必要硬件也已经过时。为了拯救 1986 年土地调查清册项目的数据，英国国家档案馆和利兹大学（Leeds University）不得不开展一系列的营救活动。借助一个幸存的 30 厘米光盘读写器，通过专家组一年多的工作，才将 1986 土地调查清册项目中的数据挽救了回来。

1.1.2 数字信息自身的脆弱性

从上述例子中可以看出数字信息与传统的文献信息相比，存活能力低下。这与数字信息本身的脆弱性有关，具体而言，数字信息的下列特性导致了数字信息比传统文献信息更为脆弱、不易存活。

1）数字信息本身容易被人有意或无意地操作和改变。由于数字内容往往记录在可重复利用的“可擦写”的硬盘、磁带、光盘等磁介质和光介质上。一旦具有了相应的读、写设备，一条有价值的数字信息就很容易被人为地操作和改变。这也意味着数字信息如果没有有效地保存，它可以很方便地被人为盗取、篡改和伪造，导致数字信息的完整性和真实性得不到有效的保护。

2）数字信息具有多重依赖性。数字信息不能单独存在，它必须依赖于相应的技术系统，依赖于拥有这一信息的个人和组织，依赖于这一数字信息的各个组成对象。数字信息的存活也就必须依赖于技术、组织、组成对象的存活。

数字信息具有技术依赖性。数字信息必须通过需要特定的软硬件技术环境才能够被存储、交换和呈现。数字信息如果失去了其可以被存储、交换和呈现的各种技术环境，则将不能存活下去。这些技术环境包括各类软硬件技术、各类技术标准、应用的语义描述环境等。

数字信息具有组织依赖性。数字信息需要依赖于特定的组织机构来维持数字信息的存在，组织机构的变化（如解散、破产、重组等）、经济出现问题等都会导致数字信息的丢失。例如由于经济因素导致无力支付保存数字信息的软硬件系统的费用，将会影响到数字信息的存活。

数字信息具有组成对象依赖性。数字信息对于其组成对象也存在依赖性。数字信息往往由多个具体的数字对象组成（如一个完整的 Web 页面，由一个 HTML 文件和多个图片、多个 Flash 动画等更细小的数字对象组成），一个组成对象出了问题，将会影响到数字信息的整体。

3）数字技术的快速退化导致数字信息的寿命短暂。今天的人们可以深刻感受到数字技术变革的速度之快。转眼之间，我们熟悉的很多数字技术都已被新技术所取代了。对于那些基于过时技术而存在的数字信息，人们如果不及时对其采取保护和保存措施，它们将会快速消亡。数字技术的快速退化，表现在存储媒介、硬件技术、软件技术、格式标准等多个方面。以存储媒介为例，曾经的穿孔纸带、软盘、CD-ROM 已经不复存在，DVD 也到了淘汰的边缘。由于数字技术的快速退化，数字信息的寿命只能用几年来估计。而相比之下，基于传统材料的文献信息，可以保存上百年乃至上千年。

4）比特腐化（Bit rot）随时会导致数字信息的失真和丢失。存储数字信息的存储媒体本身具有不稳定性，在没有合适保存环境和妥善管理方法的情况下，存储媒介很快就会被腐化（Decay 或 Deteriorate），即使表面上看什么也没有改变。在存储领域，比特腐化被用来指由于存储媒体上少量比特的电荷消失，而导致所存储的数据和程序被改变的情况。固态存储（如 EPROM 和闪存）可能会因电荷泄漏而出现比特腐化，磁性存储（如磁盘、磁带）可能由于失去磁性而导致比特腐化，而光学存储（CD-R、DVD-R 和 BD-R）也可能因介质材料的衰减（如塑料老化、铝膜被氧化等）而产生比特腐化。

5）数字洪流导致数字信息的失踪更为容易。人为操作可以让数字信息失真，而如果不对数字信息进行积极保存，一条有价值的数字信息也会很快消失在信息的海洋之中，或变成数字垃圾而无法使用。在数字信息大量产生、数字洪流充斥每个角落的今天，一些有价值的信息可能会由于没有得到足够的关注而不知所终。还有很多的数字信息，由于没有对这一数字信息的元数据描述（如对数字信息是什么、是谁产生的、应当如何利用等的说明），不能追溯这一数字信息的历史，不能判断这一信息的价值，不知道如何应用这些信息，导致这些信息事实上成为了数字垃圾。

1.1.3 数字信息面临的外部威胁

除了上述数字信息本身的脆弱性之外，导致传统文献信息损毁的灾害灾难、人为因素、组织经济因素等同样能够摧毁数字信息，使数字信息无法有效存活。由于数字信息容易被盗取、篡改和伪造，因此数字信息的真实性、完整性和可靠性还面临着人为因素的威胁。另一方面，由于目前的很多法律和政策大都产生于传统文献的时代，因此数字信息的保存还面临着来自法律和政策方面的威胁。

（1）灾害灾难的威胁

台风、飓风、水灾、火灾、地震、战争、恐怖袭击等大规模灾害灾难严重威胁着数字信息的存活。在过去的十几年里，我们可以看到很多大规模的灾害和灾难，如 2001 年的美国 911 事件，2003 年美国东北地区和加拿大东南地区的大规模断电（Northeast blackout of 2003），2005 年的印度洋海啸、卡崔娜飓风和丽塔飓风（Hurricanes Katrina and Rita），2008 年的汶川大地震，以及 2011 年东日本大地震和海啸。这些大规模灾害和灾难都在摧毁着脆弱的数字信息。

2005 年，卡崔娜飓风和丽塔飓风肆虐墨西哥湾沿岸地区。一年下来，经过飓风、龙卷风、洪涝以及大火的无数次袭击，阿拉巴马州（Alabama）全州的图书馆被损坏，绝大部分数字馆藏被损毁。卡崔娜飓风之后，阿拉巴马州组建了阿拉巴马州数字保存网络（Alabama Digital Preservation Network），发起了阿拉巴马州数字保存项目[9]。该项目基于 LOCKSS 长期保存方案来构建数字保存合作网络，以有效应对由于自然灾害、人为干扰或其他因素导致的数字资产损失。

美国 911 事件导致了很多公司重要数字信息的损毁，也让人们更加认识到数字信息在大规模灾难面前的脆弱性，以及这些数据丢失对其业务带来的危害性。Leib Lurie，美国 One Call Now 公司的合伙人兼 CEO 认为美国 911 事件改变了人们对数字内容管理的看法，“现在，即使是中小规模的公司都意识到，他们所有的业务可能在瞬间毁于一旦”[10]。他同时还指出，数字信息的丢失可能会带来更大的危险。他认为，数字信息损毁带来的危险之深度和广度是让人震惊的。他举例说，现在即便是一个仅三人的律师事务所或保险代理公司，甚至是仅一个医生的家庭医院，如果十几年与业务相关的数字信息被摧毁了，不仅你的业务没了，你的信用没了，你还可能会将成百上千的人置于危险境地。一个医生丢失数字信息，可能会导致病人的死亡，一个律师丢失了可信的数字信息，将散失重要的证据。

(2)人为因素的威胁

人为因素,不论是有意的还是无意的,都可能导致数字信息的损毁、破坏、丢失、盗窃或篡改。

很多人都经历过一不小心就将一些重要文件删除的情况。除了删除文件之外,无意中对重要文件进行修改也是经常遇到的。我们经常使用的文件查看工具可能也是文件编辑工具,因此一些重要的文件,经常在阅读的过程中会被有意或无意地修改,导致文件内容与原来大相径庭,严重失真。

在日益数字化的今天,数字内容的有效保存是防止重要证据丢失、避免商业损失的重要方面。一些国家已经要求其财经、制药和食品行业的公司要构建数字文件保存系统(Document-Retention System),来保证其数字信息能够有效、可靠、真实地长期保存。尽管如此,数字信息被有意或无意损毁的事件依然时有发生。2005 年,摩根士丹利(Morgan Stanley)由于没能保存好与美国证券及交易委员会(The Securities and Exchange Commission)案子相关的一些电子邮件文件,被美国证券及交易委员会处以 1000 万美元的罚款,虽然摩根士丹利一再声称它并非有意去毁坏或覆盖这些原本应当妥善保管的邮件[11]。不论摩根士丹利是有意还是无意损毁这些电子邮件,这一事件足以表明,尽管可能面临着很严重的惩罚后果,数字信息还是会被有意或无意地损毁和破坏的。

数字信息的人为破坏、盗窃或篡改随时都在发生。据相关网站报导,每年针对中小型企业进行数字信息破坏、盗窃或篡改的犯罪金额高达 10 亿多美元。黑客入侵、私有信息被盗窃、网页和敏感信息被篡改的情况更是屡见不鲜。

2014 年 3 月 5 日,美国北达科他大学联盟(The North Dakota University System,NDUS)发现其存放了近 30 多万学生和教员信息的服务器遭到了黑客入侵,服务器上存有个人姓名、社会安全码等私人信息[12]。入侵开始于 2013 年 10 月,而直至 2014 年 2 月 7 日入侵行为才被发现。事发之后,引起强烈反响,大学联盟不得不与相关公司签订了身份保护服务协议,对这一事件所涉及的所有人提供为期 12 个月的身份信息保护。如果这些人在一年之中出现身份信息被伪造、非法使用的问题,相关人员可以通过身份保护服务公司进行相关调查,以消除财务损失、恢复信用并保证他们的身份信息处于其正常的状态。

人为操作很容易让数字信息失真,严重威胁着数字信息的真实性、完整性和可信赖性。与传统的文献信息不同,数字信息实质上是由一系列的二进制比特数组成,这也导致了数字信息比其他文献信息更容易被操纵。借助数字技术工具,数字信息很容易被打碎成众多的信息片段,而这些信息片段可以被人为地操纵,并且根据需要随意地组装。当前几乎对于各种类型的数字信息,如文字、图片、音频、视频等都可以方便地找到相应的编辑软件进行编辑。例如,只要利用 Adobe 的 PhotoShop,数码照片就能够方便地被人为操作,如插入一个新背景,或从图片中抽走一些内容。

2013 年 2 月评出的 2012 年"世界新闻摄影奖"(World Press Photo)的"年度照片奖"照片被指造假。这一事件除了引来广泛的新闻关注之外,也带来了更多关于数字信息真实性的思考。这张获奖照片由瑞典的摄影记者 Paul Hansen 于 2012 年 11 月 20 号在加沙的一场葬礼上拍下,照片中的人们正在为巴以火箭弹互相袭击中遇难的两个儿童送葬(如图 1－1)。这个事件本身并非虚构,但有人认为,这一张照片是由三张照片合成而来,因此认为这张照片是伪造的[13]。为了调查这张照片的真实性,World Press Photo 专门组织了独立调查,对这张照片的原始文件(RAW 格式文件)和最后发布的 JPEG 文件进行了分析,最后得出了这张照片是一张完整照片的结论[14]。但调查组也提出,这张照片的确做了较多的后期处理,对整体和局部地方进行了色彩和色调上的润色,但由于最后发布的 JPEG 中的像素位置和原始文件中的像素位置都没有变化,因此照片并非几张照片拼接而成[15]。当然,由于很多人对"真实性"的判断标准不同,即使调查组给出结论之后,仍然有很多人对这张照片是否伪造持有不同的意见。

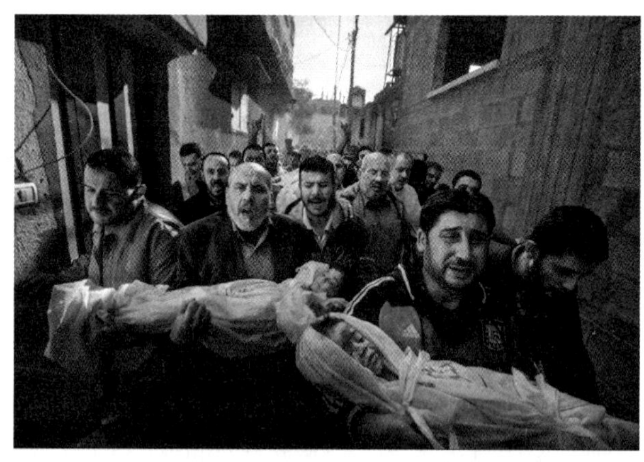

图 1－1　2012 年世界新闻摄影奖的年度照片奖"加沙葬礼"[16]

(3)组织和经济因素的威胁

由于数字信息需要依附于软件系统、计算机系统、存储系统、网络系统等支撑系统,而这些支撑系统的存在,需要有相应的组织和经济因素支持。

因此数字信息的存活可用还与组织和经济因素有着重要关系。

一个组织的倒闭、失败、失效，甚至仅仅是战略重心的转移等，都可能会让原先可方便访问存取的数字信息变得不可用。2013 年 9 月 30 日，在美国国会图书馆（LC）的网站上，赫然挂出一条警示消息。“由于联邦政府的暂时倒闭，自 2013 年 10 月 1 日起，所有美国国会图书馆的大楼将全部对公众和研究人员关闭，同时，所有的活动取消，而且美国国会图书馆的网站，除了法律信息站点 THOMAS. gov 和 Congress. gov 之外，其他网站都将不可访问”[17-18]。结果在 10 月 1 日，人们发现美国国会图书馆的网站的确不能访问，人们只能通过 Internet Archive 的 Wayback Machine 来获取国会图书馆及其他机构的信息。这次联邦政府的暂时倒闭，还影响到美国教育领域的重要资源 ERIC（The Education Resources Information Center）的使用。人们发现可以在 EBSCO 的网站上检索 ERIC 资源，但是不能打开链接到 eric. ed. gov 网站上的链接[19]。国会图书馆网站的此次关闭，其影响已经远远超过了物理图书馆的关闭。作为美国国会图书馆这种重要的历史文化记忆机构，出现网站不能访问的情况实不多见。究其原因是由于美国政府的关门危机。由于预算拨款案没有被批准，美国政府没钱可花，致使员工工资难以支付，网站无法继续服务，数字信息不能被获取利用。

仅仅暂时不能访问某个网站的影响还不是很大。在 Internet 上，随时都有很多网站产生之后，又迅速消失。即便 1998 年美国信息高速公路飞速发展的时期，有 44% 的网站在一年之后就不复存在。2001 年，IEEE Computer 的研究表明，当时一个网站的平均存活时间仅仅有 75 天[20]。网站资源快速消失的情况导致了很多有价值的重要网络信息资源存在一段时间之后就不能访问了。目前的学术研究中，除了引用期刊论文、会议论文这类正式的出版物之外，网络上的很多资源，如研究报告、研究数据、研究工具等也已经成为论文经常引用的重要资源。但这些具有一定重要意义、值得被引用的网络资源常常会出现地址失效无法访问的问题。Robert Dellavalle 研究了三种重要期刊 *New England Journal of Medicine*、*Science* 和 *Nature* 的论文引用网络资源的情况，发现被上述期刊论文引用的网络资源，在三个月后，有 3. 8% 不复存在，在 15 个月后，有 10% 不再存在，而在 27 个月之后，上述比例上升至 13%[21]。有价值 Web 站点的消失有很多原因，最常见的是发起和维护这个站点的人员或组织出现了变化，从服务器上删除了相关内容，或不再维护网站。

如果得不到有效的经费支持，很多有价值的学术信息资源也可能会消失。英国网络学术资源门户 Intute 的关闭可能是图书馆界有名的一个例子。Intute 是由七家机构合作构建的一个网络学术资源门户,它向科研人员和学生提供经信息专家编辑整理的学术信息资源。它开始于 1996 年英国的电子图书馆项目(Electronic Libraries Programme,eLib),提出了学术主题资源网关的概念,后来构建了资源发现网络(Resource Discovery Network,RDN),整理了大量有价值的网络学术资源。2006 年英国联合信息系统委员会(JISC)正式发起 Intute。但在 2011 年 7 月,这个在英国学术界有一定影响的服务被迫对外正式关闭,其原因是 JISC 对这个项目的支持周期已经结束,JISC 希望对 Intute 的支持能够从完全的支持,到部分支持,进而到 Intute 完全依赖其他途径自我发展。然而在 2011 年经济条件不景气的环境下,Intute 没有找到可行的其他途径来持续支持自身发展。2011 年 7 月,Intute 宣布关闭,虽然到目前为止,Intute 的站点还存在,但站点内容不再被维护,新的内容不会被加入。并且在未来,Intute 的资源可能变得不可用[22-23]。

(4)法律政策因素的威胁

数字内容的获取、存储、保存及访问是需要在国家的法律框架下合法进行的。传统文献模式下,一些人类记忆保存机构,如图书馆、档案馆、博物馆等由于获得相关法律的许可(特别是法定存缴和版权法例外条款),因此能够对许多重要的文献资源(如书籍、期刊、音乐和戏剧作品)加以保存。而在目前,由于立法工作的滞后,很多数字信息的有效管理和保存还不能受到相关法律的有效保护。由于版权法起源于传统文献时代,目前很多国家的版权法对于图书馆是否有权复制或保存某些重要的数字信息还没有给出明确的答案;而当前的隐私保护声明可能会禁止数字信息内容的收集、组织、管理和重新利用;在现行法律条款的规定下,数字内容的拥有者可以损坏有重大历史意义的文件。

另一方面,当前的法律还没有充分认可数字内容保存的公众利益。很多国家没有相关的政策和激励机制来吸引更多的机构为了公众的利益而参与数字信息的长期保存。

1.2 什么是数字保存

由于数字信息本身的脆弱性,其可存活性面临着来自技术快速变革、大规模灾害灾难、人为因素、组织经济、法律政策等众多因素的威胁。为了保证重要数字信息的长期存活和可用,需要采用不同于保存传统文献信息的方法来实现对数字信息的保存。

本节论述数字保存的基本概念,数字保存所要达到的目标,数字保存与传统文献保存、存储备份等相关概念的主要区别。

1.2.1　数字保存的概念

数字保存的概念在数字保存界有着大致的共识,不同的定义。由于各类研究团体关注的问题不同,看问题的角度不一样,因此对于什么是数字保存,各家有各家的不同解释。下文在讨论了数字保存界经常被引用的几个主要定义之后,本书作者结合自己的认识,提出了对数字保存的定义。

(1)OAIS 对数字保存的定义

"开放存档信息系统参考模型"(Open Archival Information System, OAIS)是当前开展数字保存工作应当遵守的一个国际标准。这一标准定义了一个名为开放存档信息系统的参考模型。这一参考模型作为一个满足数字保存条件的存档系统,与其他系统有着重要差别。它要求系统内的组织、人员和软硬件系统平台能够承担相应的责任,实现对数字信息的保存,能够让指定用户团体(Designated Community)可以长期利用被保存的数字信息。

OAIS 参考模型从活动目标的角度对数字保存进行了定义:数字信息的长期保存是一种长期地对信息进行维护,保持这些信息可以被指定用户团体独立理解,并且对数字信息的真实性提供证据支持的行为活动[24]。

在 OAIS 标准中,强调了数字保存的"长期"性。OAIS 认为,要对数字信息进行维护注定了需要对其进行长期保存。要实现对数字信息的长期保存,除了考虑到技术变化带来的影响(包括需要适应新的存储媒体和数据格式的要求)之外,还要考虑到用户团体的变化。长期也意味着无限期地持续下去。

(2)数字保存联盟对数字保存的定义

英国数字保存联盟(Digital Preservation Coalition, DPC)对"数字保存"的定义在这一领域内有着重要的影响。DPC 认为数字信息的最大威胁来自于技术的退化和物理介质的腐败。在 DPC 的数字保存手册(DPC Handbook)中,数字保存定义如下:数字保存是指一系列受管控的、确保数字信息资源能够持续不断地被存取应用的行为活动,只要有需求,这些活动就需要不断地持续下去[25]。

DPC 对"数字保存"的定义较为宽泛,它将所有为了防止由于存储媒体失效和技术变迁而不断持续地管理数字信息,使这些信息能够被访问存

取的活动都纳入数字保存活动。针对数字保存期限和要求的不同,DPC 将数字保存分为三种类型:

长期保存:保证可以持续地对数字信息资源的存取应用提供支持,或者至少保证数字资源中的信息内容可以无限制地传递下去。

中期保存:保证在一个有期限的时间段内,虽经技术变迁,但仍可持续地实现对数字信息资源的存取应用。

短期保存:在一个可以预见的时间段内,能够实现对数字资源的存取应用。在这个时间段内,不会出现技术变迁。

除了存储媒体毁坏和技术变迁之外,DPC 还进一步认为,对于数字保存还需要高度关注被保存数字信息的真实性和可理解性。DPC 认为在数字信息的生命周期管理中,需要根据相关的规程对电子信息进行积极地管理,以保证数字内容的完整性(Integrity)、真实性(Authenticity)和可信赖性(Reliability)。

对于数字保存的活动,DPC 认为除了考虑技术方面的因素之外,还要高度关注组织、战略、经济、法律、安全和业务模式等方面的问题。

(3)JISC 对数字保存的定义

英国联合信息系统委员会(Joint Information Systems Committee,JISC)对数字保存的定义,可以认为是对 DPC 定义的进一步发展。

JISC 积极推动英国高校进行数字信息资源的保存管理[26]。2006 年 11 月,JISC 发布了名为“数字保存:持续实现对可信数字资产的存取”的简报[27]。在这一简报中,JISC 较为明确地对数字保存进行了定义。

JISC 简报认为,数字保存是在任意长的时间段内,只要认为数字对象还有价值,就要确保这些真实、可信的数字对象能够持续和可靠地被访问而采取的一系列活动。数字保存不仅仅包括技术活动,它同时还包括对数字资源进行管理,让数字资源能够存活下去的所有政策和组织因素。

JISC 简报认为,如果没有主动的管理和干预,数字对象将会变得不可访问。数字对象可访问性面临的最大风险是计算机硬件和软件的不断发展。许多数字文件或格式都依赖于一个特定的计算环境,其内容才能被准确呈现。任何呈现环境的变化都可能导致数字资源所呈现效果的改变(或导致资源不能被呈现)。如果数字对象和数字环境之间的变化差异过于严重,将会使这一资源的真实性和完整性受到损害,这反过来会影响其可靠性、可信赖性和日后的可重用能力。因此,JISC 简报认为,针对这些风险,拥有一些规划好的并且经过验证的策略是至关重要的。

当前技术变革的速度意味着保存活动可能在不到五年的时间内就需

要加以实施,例如,需要及时将资源迁移到可广泛读取或更为持久的格式之上。数字保存应尽可能在数字对象生命周期的早期就给予关注,特别要关注一种资源以什么样的方式被创建,因为它对数字资源的持久性有着重要的影响。这些需要来自组织、文化以及技术上的努力和投入。

(4)本书对数字保存的定义

综合上述定义,结合自己对数字保存的认识,本书作者将数字保存定义为:数字保存是一系列对数字信息进行持续管理和维护的活动,其目标是为了确保数字信息长期存活,保证数字信息真实可信,能够被未来的使用者所理解和应用。这一定义主要有以下两个方面的重要含义。

1)数字保存本质上是一系列对数字信息进行持续管理和维护的活动。由于数字信息的特性,为了实现对数字信息的保存,对数字信息的管理和维护活动必须具有系列性和持续性。系列性意味着数字保存活动具有全面整体性,除了技术活动之外,还涉及组织、战略、经济、法律、安全等方面的活动。持续性意味着数字保存的活动是需要持续不断地进行的,与传统印本文献的保存不一样,数字信息的保存,需要人们持续不断地对数字信息进行维护和管理,不能间断。

2)数字保存活动是一个有明确目标导向的活动。对于数字保存而言,本书作者认为,数字保存有三个主要的目标导向:保证数字信息可以长期存活,不因技术过时而无法使用;确保数字信息真实可信,其信息内容如最初原件一样,未经非法篡改;需要采取相关措施,确保数字信息可以被未来的使用者所理解和应用。

1.2.2　数字保存的目标

如前所述,数字保存活动是一个有明确目标导向的活动。数字保存的目标是为了确保数字信息长期存活,保证数字信息真实可信,能够被未来的使用者所理解和应用。为了更深入地理解数字保存的概念,进一步了解数字保存的活动目标,本节以 Priscilla Caplan 提出的数字保存金字塔模型[28]为例,较为详细地阐述数字保存的活动目标。

Priscilla Caplan 是美国佛罗里达图书馆自动化中心(Florida Centre for Library Automation,FCLA)的一个重要研究人员。她所提出的数字保存金字塔模型,较为清楚地解释了数字保存活动所要达到的层次目标。Priscilla Caplan 保存金字塔模型的目标层次图可参见本书第 4 章的第 4.2.2 小节的图 4－7“Priscilla Caplan 的保存金字塔模型”。

在 Priscilla Caplan 的数字保存金字塔模型中,从下到上,从基础要求到较高要求,数字保存活动需要达到一系列的层次目标,分别是保障数字对象的可获得性(Availability)、可识别性(Identity)、完整性(Integrity)、持久生存能力(Viability)、可呈现能力(Renderability)、真实性(Authenticity)和可理解性(Understandability)。

保障数字对象的可获得性(Availability)意味着要对数字信息进行选择和管理。需要将有意义的数字信息纳入保存和管理的范围之内,不能放任重要的数字对象在数字信息的汪洋大海中丢失或消失。

保障数字对象的可识别性(Identity)意味着数字对象的来源信息、身份信息是明确的。需要通过数字对象来源、身份信息的描述,让一个数字对象区别于其他数字对象。

保障数字对象的完整性(Integrity)指的是数字对象的内容、结构乃至字节流都是完整的,不存在部分缺失、损毁的情况,数字保存的完整性同时也意味着数字对象是被有效保护,没有被非法修改的。

保障数字对象的持久生存能力(Viability)指的是数字对象不会因为技术的变化、组织的失效或其他自然及人类的影响而导致不可读取、损毁或不可用。

保障数字对象的可呈现能力(Renderability)指的是要保证被保存的数字对象能够被用户所感知。例如对于视觉数字信息,可以正确地显示出来;对于听觉数字信息,能够有正确地被播放。也就是说,对于不同类型的数字信息,能够以适当的方式和格式正确地呈现给用户。

保障数字对象的真实性(Authenticity)指的是被保存的数字信息与其最初状态时的原始信息相比,是完整并且没有被修改的。如果一个数字信息是真实的,至少需要保证:数字信息的来源是可信的;非授权的内容修改没有发生,内容的完整性得到有效维护;有相应的验证机制,可以验证此数字信息的真实性。

保障数字对象的可理解性(Understandability)意味着要保障被保存的数字信息可以被指定的用户团体(Designated Community)所理解。也就是说,需要通过对数字对象的内容属性、技术属性、结构属性和历史信息等的记录,让数字信息可以被后人理解。

上述七个数字信息特性的保障,明确了数字保存活动需要达到的七个活动目标,对于有效理解数字保存的概念有着重要意义。

1.2.3 数字保存与传统文献保存的不同

传统的文献一旦被印刷出来,如果没有人为因素的影响,它可能会更容易存活。我们经常可以看到很多传统的文献，经过数世纪的无人关注之后，到现在被人发现，仍然能够被我们所读取。而数字内容正与此相反，如果数字内容没有被人们积极地管理和维护，几年之后，它就会变得无法利用。

对传统文献的保存，如对图书、地图、手稿，甚至对缩微胶片、模拟磁带、模拟唱片的保存，与对数字信息的保存有着重要的差别。对这些记载在模拟介质上的传统文献的保存，从实用的角度来讲，都是对这些记载信息的物理对象本身的保存。传统的文献，其信息内容和物理的载体是不可分隔的。通常情况下，传统文献的载体容易受到损坏，因此需要对传统文献的载体给予重点关注。让载体不受损坏是传统文献保存活动的主要内容。虽然一本书可以复印多个复本，不论是采用缩微复印，还是影像复印，所得到的复本与正本相比，其质量和价值都已经有很大差别。因此，对传统文献进行复印（或复制）是一种保存的手段，但并不是最重要的手段。

对数字信息的保存与上述对传统文献的保存相反。数字信息实质上是一系列二进制的比特数。数字信息的保存更关注数字内容本身的保存，需要保证真实可信的数字信息能够跨越各种格式、技术、载体的变迁，能够持久地存活下去，保证需要的时候可以利用。格式和载体虽然仍是数字保存需要关注的一项重要内容，但是在数字保存中一个很重要的要求就是数字内容不能固守于某一格式、载体或技术环境。从一种格式迁移到另一种格式，从一种载体迁移到另一种载体是数字保存的一项重要活动。基于复制技术的数字迁移是数字保存的一项重要技术手段。

要保存数字内容，需要对数字信息进行全生命周期的管理。在数字信息生命周期的管理过程之中，从数字内容的创建、分发，到选择、描述，再到保存，每一个步骤都需要采取有效的管理措施。管理措施是否得当直接影响着数字信息长期保存的有效性。在数字信息创建的时候，是否利用了广泛应用的、被完好记录的格式？在保存的时候，是否将数字信息提交给可信赖的数字保存仓储来实现保存？而在数字保存机构内，对数字内容实施数字保存行动的人是否具备足够的知识和技能？这些都对数字信息的长期保存有着重大的影响。好的数字信息生命周期管理不仅仅需要保证数字信息在一段时间之后仍然存活，能够被访问利用，同时需要做到经济上可行，在进行大规模数字信息保存的时候能够保证数字保存的可持续性，要避免因计划和措施不当，而被迫对受威胁数据实施紧急拯救措施所带来的昂贵投入。

图 1－2 来自于美国 NDIIPP（National Digital Information Infrastructure and Preservation Program)项目《保存我们的数字遗产:国家数字信息基础设施和保存计划 2010 年报告》[29]。报告从图书馆、档案馆等人类记忆保存机构的角度,对比分析了传统文献保存和数字保存的不同。

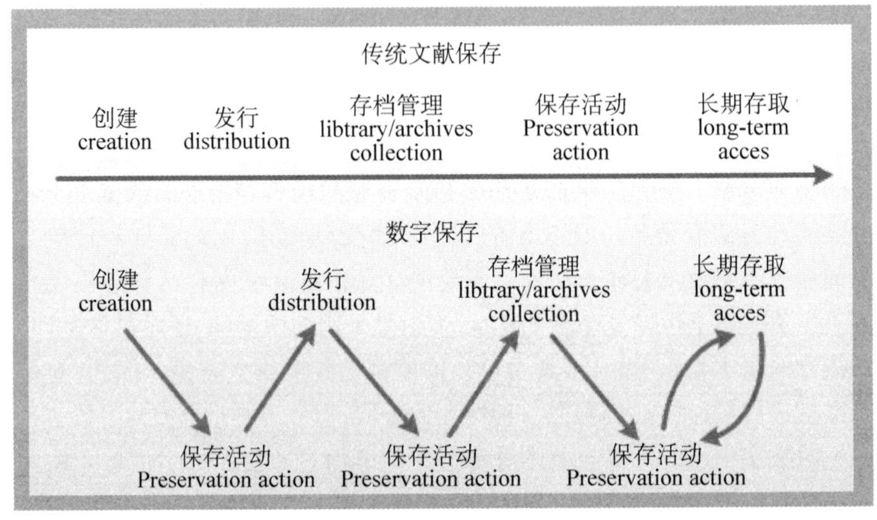

图 1-2 传统文献的保存与数字保存的不同[30]

从图中我们可以看到,传统文献的保存是一个线性的过程,它只有在文献被采集成为馆藏之后,才需要实施保存管理。在文献创建之后,图书馆、档案馆等需要从所发行的文献中收集相关的文献纳入其馆藏,之后对馆藏文献实施保存活动,以保障这些文献能够长期存取。需要指出的是,传统文献的保存活动关注的是文献的物理载体的保存,很多图书馆、档案馆都建有恒温恒湿的珍本保存室,目标就是构造一个适宜文献载体存放保存的环境,防止这珍贵的文献因光线、温度、湿度等环境因素而造成载体的老化。

而数字保存则是一个随时需要对数字信息实施积极保存管理的过程,在数字信息的生命周期中,都需要对数字信息实施数字保存操作。从图 1-2中可以看到,自数字信息的创建开始,就有必要实施相关的数字保存活动,在数字信息的创建、发行、采集和存档管理过程中,也始终需要对数字信息实施保存活动。与传统文献资源不经常复制的情况不同,在数字保存中,经常需要进行数字信息的复制、备份和迁移,以保证数字信息以适宜的格式、技术和数字环境得以真实地存活。

1.2.4 数字保存与备份、镜像站等概念的区别

在实际工作中,应当注意数字保存和数据备份、系统灾备、镜像站等概

念的区别。目前,很多图书馆、档案馆都构建了相应的存储体系,对相关的数据和系统进行备份;构建了容灾体系,通过灾备系统来保障业务的连续性;一些数字图书馆还构建了很多出版商、数据库商的镜像站。但数字保存与备份、灾难备份、镜像还是有着较大的区别。

(1)数字保存与备份、灾难备份的区别

将服务器上的数据和系统备份到磁带或其他介质上,甚至进行系统灾难备份是长期以来形成的一项重要的系统管理工作。但数据和系统的备份及灾难备份并不足以保障可信赖数字资源的长期存活和持续的访问利用。数据和系统的备份及灾难备份与数字保存相比是一种短期的行为,它们是一种短期的数据恢复方案,可以防止数据丢失和损坏,本质上与数字保存有着重要差别。

具体而言,备份及灾难备份可以被看成是数字保存过程中的一种战术性手段,它通过构建备份系统,解决当前的数据和系统的安全管理问题。备份及灾难备份是一种系统安全管理措施,它能够在故障发生的时候,通过较小的经费及人力投入,让系统恢复如初。一般来讲,备份及灾难备份主要解决由于人为操作、软硬件故障导致的系统及数据受损,需要通过备份来实现系统和数据恢复的问题。人为的误删除、硬盘的损坏、操作系统的目录系统故障、病毒的入侵等都可能导致数据和系统的受损。为了保障受损系统能够尽快恢复到故障前状态,需要事先进行数据和系统的备份,甚至进行灾难备份。

数据和系统的备份及灾难备份一般只将数据和系统备份到一个或多个不同的环境下,以防止相应的系统和数据由于软硬件及运行环境的失效(如断电),导致数据的丢失和系统的损坏。备份及灾难备份一般需要制定相关的备份策略,周期性地对数据和系统进行备份,以确保系统和数据能够恢复到系统出故障前的状态,以保证业务的连续性。

然而,备份及灾难备份不要求对数字信息进行生命周期维护,只需要恢复到系统出故障时的原始状态即可,不解决因技术退化、格式过时而需要采取的数字内容迁移问题,不保障数据信息的真实性和可理解性,不负责数字信息长期、可持续的利用。

数字保存可以看成是一种战略层面的活动,它需要通过评估、选择、摄入、存档、审核、转换、迁移、仿真、分发等工作,保证被保存的数字信息能够存活下去,在经过不断地技术变迁和格式转换之后,在未来仍然能够找到有效的技术、工具和方法,可以正确地访问、呈现和应用这些数字信息。

一般来讲,数字保存项目需要构建地理上分布的多个数字保存仓储,需要多个机构的协作,并且需要明确至少有一部分经费真正投入到解决由于时间的变迁,而对数字信息进行的可用性维护管理的工作中。数字保存还需要形成数字保存政策及数字保存规范以指导对数字内容的长期保存和管理。

当然,数字保存和备份及灾难备份也是相互联系的。数字保存需要用到备份及灾难备份的技术方法,来保障数字信息的安全。可以认为数字保存是建立在备份及灾难备份的基础之上,将保障数字信息真实可用的要求一直扩展到更为遥远的未来。

(2)数字保存与镜像(数据库镜像)的区别

在国内,有一些图书馆购买了某些数据库商的镜像数据库,由此认为实现了这些数字资源的长期保存。这种想法是不对的。

镜像站(镜像数据库)的确能够将远程的数据资源镜像到本地,可以在远程数据库无法访问的情况下(如临时的网络中断、远程数据库有问题等),通过本地的镜像站来提供相关数据的访问服务。一定程度上能够对数据的有效访问提供保障。但镜像站和数字保存还是有着本质的区别。

镜像和数字保存的区别之一在于是否拥有数字保存权。一般而言,一个图书馆构建了一个数据库的镜像站,并不意味着这个图书馆获得了这一数据库的保存权。实际上,虽然一个镜像数据库的所有资源都在这个图书馆的服务器上,但这个图书馆对这一数据库的资源只有访问权或使用权,没有保存权。这一镜像数据库的数据、软件的所有权都属于数据库商,有些图书馆甚至连对这一数据库的基本管理权都没有(如没有对服务器重启的权利)。因此虽然镜像数据在图书馆内,但图书馆没有相关的权利来对这些数据实施保存。在没有获得相应权益的情况下,镜像站建设不能被看成是数字保存的一项活动。

镜像和数字保存的另一个区别在于是否保障数字资源的长期存活可用。相比之下,镜像站(镜像数据库)对数字信息的管理只是一种短期的行为,它不解决数字信息因技术退化、格式过时而需要进行数字内容迁移的问题,也不保障数字信息能够长期、可持续地被理解和利用。

1.3 数字保存的意义

在数字时代,如果一条数字信息丢失,那将意味着将永远丢失这条信息。数字保存能够保障数字信息长期存活,提供数字信息的长期可持续利用,能够有效保障数字信息的真实性、完整性和可信赖性,这些对于真实保存人类社会历史文化遗产、规范社会经济活动、促进人类社会的可持续发展起着重要作用。

本书作者认为,数字保存活动的开展,有着以下重要意义。

1.3.1　数字保存是维护某些重要数字信息长期存活、可持续利用的需要

如1.1节所述,数字信息有着其与生俱来的特性,导致数字信息非常脆弱,如果得不到积极有效的管理,数字信息将会由于技术、格式、标准等快速换代而变得不可用。另一方面,数字信息非常容易受到大规模灾难、人为因素、组织经济因素的影响,经常面临着被损毁、破坏、剪切、盗窃、篡改的威胁,不论是有意还是无意的,重要数字信息被损毁的事件经常发生。

为了保证一些重要的数字信息能够有效存活下去,让这些重要的数据能够被将来的各种社会经济、科学文化教育等活动所利用,需要对这些重要的数字信息采取积极措施,对这些数字信息的生命周期进行管理,保障这些数字信息能够跨越技术、格式、标准等更新换代,在未来可以长期存活,可持续利用。

1.3.2　数字保存是保证数字信息真实可信、保存数字证据有效可查的需要

在当前数字信息充斥的时代,不能永远以模拟的传统文献信息作为真实性的证据。尽管数字信息比传统的文献信息更容易被操纵,更容易导致数字信息的内容失真,但是一些发达国家已经明确要求,需要通过数字信息的数字保存机制,来保障数字信息的真实性。

在美国、英国以及欧洲的一些发达国家,法律要求一个组织必须有效保存足够多的、与业务工作和业务交往相关的数字信息,来证明其组织活动的合法性。特别是对于一些制药、食品、财经等被监管行业的企业,英美的法律都要求它们保存好数字信息,以保证可以随时对其检查。例如在制药行业,一种新药的研制会长达10年以上,而英国的法律要求,在公司推出一种新药产品之后,从这种药上市开始,直到这种药在市场上消亡的整个生命周期内,公司都必须有效地保存这种新药研制和测试的相关数字记录和数据,以备随时接受监管部门的调查。这些数字信息的保存时间通常长达40年以上。也就是说,法律要求对这些数字信息进行有效保存,保证这些数字信息真实可信,有效可查。

1.3.3　数字保存是真实保存人类社会历史文化遗产的需要

在科学研究、文化教育等很多社会活动领域,数字信息已经成为主要

的信息类型。很多文化作品(如动漫作品、摄影作品)、政府信息(如政策法规)、科研数据(如天文观测数据、遥感数据)在创建之时本身就已经是数字信息。这些数字信息成为人类社会历史文化遗产的一个重要部分。数字文化作品需要能够被保存下来让后人来了解和欣赏,政府信息需要完全真实地传递给后人,而数字科研信息,则能够为将来的科学发现打下重要基础。

为了将这些重要的文化信息、政府信息、科研信息有效地传递给后人,需要对这些数字信息进行有效的数字保存,保证这些信息得以传承。

1.3.4 数字保存是保护投资、提升业务效率的需要

英国 DPC 的一项调查表明,保存数字信息在保护投资、提高业务效率方面起着重要的作用[31]。

很多组织机构都持有重要的知识产权,现在这些知识产权很多都是通过数字信息来支持的,需要加以有效保护。2005 年英国 DPC 的调查表明,64% 的被调查者认识到数字保存是保护知识产权的一种重要方式,而22% 的调查者认为,数字保存有利于保护其专利。即使没有正式的知识产权需要保护,很多组织机构都意识到,大量的数字信息代表了一个机构巨大的时间、精力和金钱的投入,如果不对这些数字信息进行充分保存,将是一种愚蠢的行为。

数字保存还被认为是提高业务效率的需要。在数字业务处理已经成为主流的今天,数字保存能够使重要的数字信息快速地在任何地点获取,用以支持风险管理和业务的连续性规划。英国很多公司都构建了电子文件和记录管理系统(Electronic Document and Record Management System, EDRMS)来支持业务的可持续性,虽然它还不是一个完全意义上的数字保存系统,但其在提高业务效率上的作用已经得到了认可。

1.3.5 数字保存是保持繁荣、促进发展的需要

从宏观层面上讲,数字保存是保持国家经济繁荣,促进国家发展的需要。美国的 NDIIPP 项目认为,在数字时代,国家的知识、智慧是以数字信息的方式而存在的。数字信息的丢失意味着国家将会失去数以亿计的投入所换来的新技术、新方法、新发现和新思想,而这些是保持国家经济繁荣、社会安全的重要基础。因此,NDIIPP 项目认为,失去数字信息资源也就意味着美国将失去思想、知识,以及美国人创造性的历史遗产。

1.4　小结

本章重点论述数字保存的基本概念。数字技术在给现代社会带来方便的同时，也带来了问题和挑战。与传统的文献信息相比，数字信息有着与生俱来的脆弱性和依赖性，容易受到技术快速变革、大规模灾害灾难、人为因素和组织经济等因素的影响。如果得不到有效的维护和管理，数字信息很容易被丢失、盗取、篡改和破坏，或因各种因素而自行消亡，数字信息的完整性和真实性不能得到有效保护，数字信息不可长期利用。

为了保证数字信息的长期存活可用，需要采用不同于保存传统文献信息的方法来实现对数字信息的保存。在参考了相关定义的基础之上，本书作者认为数字保存是一系列对数字信息进行持续管理和维护的活动，其目标是为了确保数字信息长期存活，保证数字信息真实可信，能够被未来的使用者所理解和应用。应当看到，在现实中，数字保存和数据备份、系统灾备、镜像站等概念有着本质的区别。在当今数字时代，数字保存对于真实保存人类社会历史文化遗产、规范社会经济活动、促进人类社会的可持续发展起着重要作用。

（张智雄）

参考文献

[1] 告别铅与火，迎来光与电——电子出版技术[EB/OL].[2015-01-20]. http://www.icst.pku.edu.cn/content/content_2321.htm.

[2] Dead Sea Scrolls[EB/OL].[2015-01-20]. http://en.wikipedia.org/wiki/Dead_Sea_Scrolls.

[3-4] American Council of Learned Societies etc. Committee on the Records of Government. Report[R/OL]. New York: ACLS, 1985[2015-01-20]. http://eric.ed.gov/?id=ED269018.

[5-6] Preserving digital information: Report of the Task Force on Archiving of Digital Information[R/OL]. Washington, DC: CLIR, 1996[2015-01-20]. http://www.clir.org/pubs/reports/pub63watersgarrett.pdf.

[7] Coming Soon: A Digital Dark Age? [EB/OL].[2015-01-20]. http://www.cbsnews.com/news/coming-soon-a-digital-dark-age/.

[8] Domesday Redux: The Rescue of the BBC Domesday Project Videodiscs[EB/OL]. [2015-01-20]. http://www.ariadne.ac.uk/issue36/tna.

[9] About ADPNet[EB/OL]. [2015-01-20]. http://www.adpn.org/.

[10] 9/11: Attacks Changed the Way Companies View IT[EB/OL]. [2015-01-20]. http://www.pcworld.com/article/239693/911_attacks_changed_the_way_companies_view_it.html.

[11] Infographic: Destructive Data Loss[EB/OL]. [2015-01-20]. http://www.idt911blog.com/2014/05/infographic-destructive-data-loss/#sthash.86QlBcTn.dpuf.

[12] NDUS reports suspicious server activity, data access not evident but possible[EB/OL]. [2015-01-20]. http://ndus.edu/data/.

[13] Was winning photo faked with Photoshop? World Press Photo launches probe(UPDATED)[EB/OL]. [2015-01-20]. http://www.imaging-resource.com/news/2013/05/14/Was-winning-photo-faked-with-Photoshop-World-Press-Photo-launches-probe.

[14] World Press Photo of the Year 2013: Paul Hansen's 'Gaza Burial' Was NOT Faked (PICTURES)[EB/OL]. [2015-01-20]. http://www.huffingtonpost.co.uk/2013/05/15/world-press-photo-of-the-year-2013-paul-hansens-gaza-burial-not-faked-pictures_n_3277080.html? 1368605821.

[15] Digital photography experts confirm the integrity of Paul Hansen's image files[EB/OL]. [2015-01-20]. http://www.worldpressphoto.org/news/digital-photography-experts-confirm-integrity-paul-hansen-image-files.

[16] World Press Photo of the Year, Spot News, 1st prize singles, Paul Hansen[EB/OL]. [2015-01-20]. http://www.worldpressphoto.org/awards/2013/spot-news/paul-hansen.

[17] News from the Library of Congress[EB/OL]. [2015-01-20]. http://www.loc.gov/today/pr/2013/13-A06.html.

[18] News from the Library of Congress[EB/OL]. [2015-01-20]. http://www.loc.gov/today/pr/2013/13-A07.html.

[19] The Government Shutdown and Libraries[EB/OL]. [2015-01-20]. http://www.americanlibrariesmagazine.org/article/government-shutdown-and-libraries.

[20] The Average Lifespan of a Webpage[EB/OL]. [2015-01-20]. http://blogs.loc.gov/digitalpreservation/2011/11/the-average-lifespan-of-a-webpage/.

[21] On the Web, Research Work Proves Ephemeral[EB/OL]. [2015-01-20]. http://stevereads.com/cache/ephemeral_web_pages.html.

[22] Frequently Asked Questions[EB/OL]. [2015-01-20]. http://www.intute.ac.uk/faq.html.

[23] Intute[EB/OL]. [2015-01-20]. http://www.intute.ac.uk/.

[24] Reference Model for an Open Archival Information System(OAIS)[EB/OL]. [2015-

01 –20]. http://public. ccsds. org/publications/archive/650x0m2. pdf.

[25] Preservation Management of Digital Materials:The Handbook[EB/OL]. [2015 –01 –20]. http://www. dpconline. org/advice/preservationhandbook.

[26] Digital Preservation & Records Management Programme[EB/OL]. [2015 –01 –20]. http://www. jisc. ac. uk/whatwedo/programmes/preservation. aspx.

[27][29] Digital Preservation briefing paper[EB/OL]. [2015 –01 –20]. http://www. jisc. ac. uk/publications/briefingpapers/2006/pub_digipreservationbp. aspx.

[28] CAPLAN P. FCLA Digital Archive[EB/OL]. [2015 –01 –20]. http://www. fcla. edu/digitalArchive/presents/FDAJointMeeting2005. ppt.

[30] Preserving Our Digital Heritage: The National Digital Information Infrastructure and Preservation Program 2010 Report[R/OL]. Washington, DC: LC, 2010[2015 –01 –20]. http://www. digitalpreservation. gov/multimedia/documents/NDIIPP2010Report_Post. pdf.

[31] Mind the Gap: Assessing Digital Preservation Needs in the UK[R/OL]. York: Digital Preservation Coalition, 2008[2015 –01 –20]. http://www. dpconline. org/advocacy/mind-the-gap.

2 数字保存的主要研究内容

自21世纪以来,数字保存已经成为图书馆学的一个重要研究领域,在数字图书馆研究和建设中居主导地位。由于数字保存与传统文献保存有着很大的差别,它所要解决的问题复杂、涉及面广且影响重大,并不是仅靠技术手段就可以解决的。因而,自20世纪90年代以来,来自不同领域的专家学者纷纷加入到数字保存的研究队伍之中,从不同角度研究数字保存。

作为一个重要的研究领域,数字保存的研究内容可以分为数字保存的法律问题研究、数字保存的组织问题研究、数字保存的技术问题研究、数字保存的标准问题研究和数字保存的经济问题研究五个主要方面。本章着重论述这五个方面的主要研究内容。

2.1 数字保存的法律问题

进行数字保存,就必然会对需要保存的数字信息进行各种操作处理,诸如获取、拷贝、存储、管理、迁移、校验、访问相关的数字信息。上述数字保存活动都需要在国家法律制度下,特别是版权制度下合理合法地进行。

传统图书馆对资料的保存,如对书籍、期刊以及音乐和戏剧作品的保存,主要受到两种法律机制的促进:法定存缴和为图书馆、档案馆等机构专门设置的版权法例外条款。根据联合国教科文组织的定义,法定存缴是生产多个复本型文献的机构都必须承担的一项法律义务,不论这一机构是商业的、公共的还是私有的,它都有责任向指定的国家机构提交所生产文献的一个或多个复本[1]。法定存缴的目的是为了能够全面系统地收集一个国家的出版物,并能够将这些资源保存给后世应用。版权法例外条款指的是在版权法中,为了平衡版权拥有人与公众之间的利益,版权法通常会规定一些例外情况，在若干条件的限制下，版权法容许公众有限地合理使用版权作品，以便进行研究、私人研习、批评、评论和新闻报道，准许图书馆、档案馆等专门机构有限地保存、使用和复制版权作品[2-3]。

由于版权法和法定存缴产生于传统文献出版时代，在当前数字时代的大环境下，为了合理合法地对重要的数字信息进行保存，就需要对相关的法律内容进行调整。例如，在数字时代，随着数字出版的发展而需要将数字内容的出版纳入法定存缴的范畴，包括 Web 出版，从而使得相关机构具有对这些资源的保存权。数字保存还涉及技术限制。为了实现数字保存，一项重要的要求就是要解除数字内容的技术保护壁垒，需要数字内容提供者同时提供手册或应用软件，使被保存的数字内容能够被访问，而这些技术限制通常是数字内容提供者所不愿解除的。当前很多图书馆大都通过购买或订阅的方式，可以有条件地利用相关数字资源，但是在这些数字资源的许可协议中，通常都没有考虑图书馆对这些数字资源的保存权益。还有，很多机构都认识到，对一些传统文献的数字化能够替代原件，提高传统文献内容的使用效率，但是，如果现有的版权法不允许这么做，特别是如果这些文献的版权持有者无法找到（也就是说，这些文献是“孤儿”文献），那么对这些文献的数字化和数字保存都是非法的。

从科研方面来讲，由于信息和通信技术的进步，很多原始的研究数据可以被收集、链接和集成在一起，并且能够被进一步应用于深入研究中。越来越多的数字化研究数据正被存储和保存在某些研究机构或专业的数据中心内。保存、访问和使用这些数字数据会引起许多超出版权和数据库权限之外的法律问题。例如，在进行某些人类学问题研究的时候，可能会引发隐私权保护的问题。具体来讲，目前数字保存的法律研究主要包括以下几个方面的内容。

2.1.1　数字资源的法定存缴

法定存缴指的是出版商需要承担向指定保存机构存缴出版物的法律义务。法定存缴的目标是为子孙后代保存一个国家的完整出版物。法定存缴通常会在国家层面上实现。在过去的 20 多年里，为了适应数字出版的需要，很多国家已经修订了其法定存缴条款，将数字出版物包括在法定存缴的范围之内。2000 年，联合国教科文组织（UNESCO）发布了新的法定存缴指南[4]，其中包括了一个适用于国家层面的法定存缴的法律框架，并论及法定存缴需要包括数字资源。当然，各国在具体实现方法上存在着较大的差异。有一些国家对所要存缴的数字资源做了明确规定，逐步在扩大法定存缴的适用范围;也有些国家仅仅做一些泛泛的要求,完全依靠自愿来实现数字资源的存缴。不少国家采取了混合方式来实现数字资源的法定存缴,对于某些类型的数字资源,国家有正式的法律要求其法定存缴,而对于其他数字资源,则可以采取自愿存缴或不存缴。

对数字保存而言,法定存缴的关键问题是圈定需要存缴的数字资源的范围。一些国家需要存缴各类数字资源,包括软件在内,远远超出了传统图书馆的资源类型。但并非所有国家都如此,例如在英国,自 2013 年 4 月 6 日之后,法定存缴的范围除了印本资源之外,还包括了电子书、电子期刊和其他类型的电子出版物,以及通过 CD-ROM 或缩微胶片进行传递的、在 Web 上可以下载的、公众可以获取的其他资源。具有法定存缴职能的图书馆可以对上述数字资源进行数字保存。但是英国法律同时规定法定存缴范围不包括内部网(Intranet)资源、电子邮件、个人私有数据、录音和数字电影[5]。

在数字保存中,法定存缴问题会涉及一些更为复杂的问题。例如,在数字时代如何对出版物和出版商进行重新定义的问题,如何有限免责不合法(但是十分必要的)数字内容保存的问题。

2.1.2 数字保存的版权问题

为了实现数字内容的保存,必须进行数字内容的复制、迁移、转换和分发。为了防止某些数字资源的灾难性损毁,数字保存需要取得数字信息的复制权和分发权,以使这些数字信息可以被复制到多个机构中实现资源的安全保存;为了防止媒体和技术过时,需要取得数字资源的处置权,及时将数字资源从一种介质迁移到另一种介质上,以保证这些数字资源可以长期利用。而上述数字保存的基本活动,都面临着传统版权制度的挑战。

2008 年,在一份针对澳大利亚、荷兰、英国和美国进行的版权法对数字保存之影响的国际调查研究[6]中,研究人员得出的结论是:在这些司法管辖区内,版权法已经成为数字保存的一个严重障碍。虽然上述四个国家都有相关的版权法例外条款,以支持图书馆、档案馆等机构专门实现人类知识的保存,但是对数字保存而言,这些国家的版权法例外条款还没有给予足够的权利。报告建议实施法律改革,包括修订版权法例外条款,以使这些条款适用于各种格式、各种类型的所有版权资源;促使版权法例外条款允许那些取得授权的非营利机构,可以根据最佳实践的要求来保存那些身处险地的数字资源,而不是等待这些资源变得过时或恶化之后再采取行动。

实际上,进行数字资源的数字保存,至少需要以下几种数字保存的活动能够被包括在版权法的例外条款中:

1)允许复制数字资源,以使数字资源可以被摄入数字仓储之中;

2)为了安全备份的需要,允许复制数字资源的多个复本;

3)允许数字资源从其原始介质复制到不同的介质之上,并且随着时间的推移,还需要定期从一种介质复制到另一种介质;

4)允许按照迁移策略,将数字资源从一种格式转换到新格式之上,并且这种转换还可能需要定期进行;

5)允许按照仿真策略的需要,对版权作品进行适当的修改。

2.1.3　数字保存的许可协议

如果没有得到相应的版权法例外条款的支持,保存机构可以通过许可协议获得相关权益来保存数字资源。

为了取得数字保存的许可协议,需要追溯权利人,通过谈判,拟定协议,签订合同,以获得数字保存的许可。例如,为了保存从数据库商那里采购而来的数字资源,保存机构需要与数据库商商议,在获得数据库商的数字保存许可之后,才可进行数字保存。目前,国内文献数据库的采购协议中,往往没有涉及数字保存方面的协议内容,因此签署了文献数据库的采购协议,并不代表就取得了对相关文献数据库资源保存的法律许可。

另一个需要引起关注的地方是,在合同法胜过版权法的司法管辖区内,即使有相应的版权法例外条款支持数字保存,但这些例外条款可能起不到相应的法律作用,而需要遵照许可协议来执行。

数字保存的法律问题,除了上述三个主要问题之外,还包括数字“孤儿”文献、被保存资源的访问权限、合作保存相关权益等方面的问题。总而言之,数字保存活动需要得到相关法律的支持,为了适应数字时代的需要,有效推动数字保存工作的开展,很多国家都在积极推动相关法律条款的修订。

2.2　数字保存的组织问题

组织问题对于数字保存至关重要。有种观点甚至认为,数字保存与其说是一个技术问题还不如说是一个组织问题。数字信息的损毁影响的不仅仅是一个存储系统,而是整个组织机构。

在数字信息时代,数字信息可以跨机构、部门和国家自由流动;用户们期望 24 ×7 小时都能访问到他们所需要的数字资源,无论这些资源身在何处;而个人已成为大规模数字信息的合作创建者之一。传统文献保存所采用的保存管理模式已经远不适用于当前的数字保存的需要。

为了确保我们的数字知识资产能够长期安全地提供访问,需要一种新的组织机制来开展工作。数字保存的组织模式关注两个层面的问题:①单一机构内部的工作组织机制问题,包括如何根据相关的标准,有效实现对馆藏资源的组织,建立相关的工作流机制,确保数字资源的长期保存。②机构之间的组织协调问题,包括如何通过有效合作,建立相应的组织协调机制,形成各种组织模型,保证各个机构能够尽其用、获其利。

2.2.1 保存机构内部的工作组织问题

数字保存是一项长期的事业,数字保存机构需要有效组织协调好内部的各种因素,来确保数字资源的持续可用。

数字保存需要确保数字对象在其整个生命周期内都能够得到持续不断的管理和控制,必须避免生命周期管理中任何环节的中断,因为无论哪个环节的中断都将导致无法挽回的损失。数字保存工作的长期性和艰巨性,要求数字保存机构必须有强烈的责任意识、明确的目标计划、持续的经济投入、专业的人员队伍、完善的基础设施、可靠的业务流程和严格的管理机制,以确保数字保存取得实效。

在相关的标准规范中,对于数字保存机构的组织管理都有着明确的要求,例如“开放存档信息系统参考模型”(OAIS)从整体框架上对开放存档信息系统所包括的功能实体、保存信息、信息包类型、组织管理、保存规划等进行了明确,是数字保存活动具体实施的指南。而“可信赖数字仓储”规范进一步明确了可信赖数字仓储在管理、组织、财务、技术流程、系统安全、程序可靠等方面必须具备的各项属性要求,提出了可信赖数字仓储在高层方面组织管理的职责要求,以及在操作层面各个具体数字保存过程的职责要求。

虽然一般都认为,那些有着明确长期保存任务的国家图书馆、国家档案馆和机构知识库能够更好地提供数字资源长期保存的服务,但由于数字保存涉及复杂的组织和管理问题,在目前的数字保存实践中,那些执行重要数字资源长期保存任务的机构必须通过第三方的认证,以确保这一机构的组织机制符合数字资源长期保存的相关规范,具有防范风险的能力。

2.2.2　保存机构之间的合作问题

数字保存需要大量的人力和财力投入,任何一个机构都没有能力实现对所有数字社会、经济、文化和知识遗产的长期保存。另一方面,数字资源的长期保存涉及数字资源的生产者、数字资源的存档者和数字资源的使用者,各方需要制定共同的规范和标准,相互有效协调。从数字保存产生伊始,构建数字保存联盟,相互分担数字保存的责任就成为了数字保存与生俱来的一个重要属性。

数字保存的合作方式多种多样。不少国家成立了数字保存的合作促进机构(联盟)来倡导数字保存的合作,将不同的组织机构聚集在一起,组织数字保存的协调和合作项目,促进数字保存知识和经验的共享。这些合作促进机构有英国的数字保存联盟(DPC)[7]、荷兰的数字资源长期保存联盟(NCDD)[8]、德国的数字资源长期保存专业网络(Nestor)[9]、针对Web存档的国际互联网保存联盟(IIPC)[10]、欧洲开放Planets基金(OPF)[11]以及基于共用一个软件系统的LOCKSS[12]联盟等。合作促进机构本身不会解决数字保存的所有问题,但是,这些机构可以促进项目的开展,相互的合作,特别是在推动数字保存的标准规范建设、形成数字保存的最佳实践经验方面能够起到重要作用。

还有的合作模式基于更为明确的责任体系来构建,如美国国家数字信息基础设施和保存项目(NDIIPP)[13]。美国国会立法要求,在NDIIPP项目的实施过程中,美国国会图书馆需要跟其他联邦机构及其他广大的利益相关者一起制订数字保存的美国国家方案。NDIIPP章程呼吁要实现私营机构和公共机构的有效合作,要明确定义参与者的角色和职责,构建可信的分布式保存网络体系。通过有效利用各种合作伙伴的优势,NDIIPP网络被证明是一个成功的保存网络,它能够灵活地应对技术不可预测性、经济低迷、数字信息资源呈指数增长的不利情况。

纵观数字保存的发展历史,可以看到数字保存机构之间的相互合作有效地推动了数字资源长期保存的进步。例如基于数字保存机构之间的合作,在美国已经出现了多个分布式的数字保存网络,如LOCKSS、MetaArchive[14]、HathiTrust[15]、Chronopolis[16]等,在数字资源的长期保存中,发挥着重要作用。

2.3 数字保存的技术问题

数字保存的技术问题当然不是数字保存的全部问题，但由于数字资源与传统文献相比，具有很明显的技术依赖性，数字保存的实际工作也都需要技术手段来实现，因此在数字保存的现实研究中，技术问题占据了大量数字保存的研究内容。数字保存从数字资源的保存规划开始，在数字资源全生命周期的保存管理过程中，会遇到技术策略、技术框架、技术流程、技术系统、技术工具、技术实践等多个层面的技术问题。

2.3.1 数字保存的技术策略

数字保存的技术策略决定了利用什么样的技术思路来对数字资源进行数字保存。

在英国联合信息服务委员会（JISC）和国家保存办公室（NPO）1999 年的一份数字保存现状研究报告[17]中，Mary Feeney 等人就提出数字保存已经发展了三种数字保存的技术策略，它们分别为技术保存策略（Technology Preservation）、仿真策略（Emulation）和迁移策略（Migration）。

技术保存策略的主要思路是保存创建和存取数字信息的原始软件、硬件和其他相关技术。在实际中，除了保存好数字信息密切相关的软硬件（如读取、显示工具）之外，技术保存策略同时还需要保存好原始的操作系统和运行这些软件的硬件。

仿真策略的主要思路是在未来新一代的计算机系统之上，通过仿真模式构建那些过时的系统运行环境，让那些在过时的软硬件系统环境下才能够读取、呈现和应用的数字信息可以在这些仿真系统环境中读取、呈现和应用。

迁移策略的主要思路是迁移数字信息内容的生存环境，将数字资源的生存环境从一种旧的软硬件环境转移到新的软硬件环境，以防止数字资源生存环境的技术过时。迁移的目标是保存数字对象的知识内容，在日益变化的技术环境中，不断保持数字内容的完整性、可呈现性和可用性。

除了上述三种数字保存的技术策略之外，在数字保存界还有格式重构（Reformatting）和媒体翻新（Refreshing）等技术策略。

格式重构主要有媒体格式重构和文件格式重构两种类型。媒体格式重构指的是将信息资源从一种存储媒体复制到另一种存储媒体之上。文件格式重构则是将一种文件格式转换到另一种文件格式。

媒体翻新则主要是指将数字信息从旧的存储媒体拷贝到同一类型新的存储媒体之上的保存行为。

在数字保存的实践过程中，很多长期保存活动并没有简单地应用上述我们所熟知几种数字保存技术策略。一些数字信息资源长期保存项目采用了更加精细、更加可行甚至更加独特的技术方法来实现数字信息资源的长期保存。数字保存的技术策略也决定了数字保存活动能够取得的保存效果，例如仅仅采用比特流保存的技术策略，可能会达不到保存数字信息的知识内容的效果，更难达到保存数字对象服务功能的效果。

2.3.2　数字保存的技术框架

数字保存的技术框架描述数字保存实践中的各个重要组成部件，以及这些部件之间的相互关系。数字保存的技术框架不仅仅是管理数字存档系统所需要的软件、硬件和相应的通信协议。它还包括数据信息是按什么样的结构来进行存储，需要应用到哪些元数据来对其进行描述，数字保存工作的开展需要哪些功能组件和管理组件等。

空间数字系统咨询委员会（Consultative Committee for Space Data Systems，CCSDS）提出的开放存档信息系统参考模型（OAIS）[18]从总体上对数字保存活动所涉及的问题进行了分析，提出了一个进行数字保存必须遵循的技术框架。这一框架定义了数字保存的六个功能实体（即摄入、档案存储、数据管理、行政管理、保存规划、访问）和三种信息包（即提交信息包、存档信息包、分发信息包），以及这些功能实体和信息包之间的相关关系，成为了数字保存技术框架的基础。

很多重要项目，如 NDIIPP[19]、LOCKSS[20]、Chronopolis[21]、DuraCloud[22]、PeDALS[23]（The Persistent Digital Archives and Library System）、SCAPE[24]（Scalable Preservation Environments）等都将数字保存的技术框架研究作为其重要的研究内容，分别从多层体系架构、网格模式、云计算模式等角度来研究数字保存的技术框架体系。

以 NDIIPP 项目为例，在这一全美国性质的项目中，技术专家组就提出了一个分布式的三层技术框架，以支持地理上分布的多种角色来协同实现数字资源的长期保存。具体的 NDIIPP 的技术框架如图 2－1 所示。最底层负责数据的存储和维护；中间层提供对数字内容的描述和管理服务，这一层是与图书馆和档案馆相关的内容管理层；最顶层是访问层，提供对数字内容的查看和使用服务[25]。

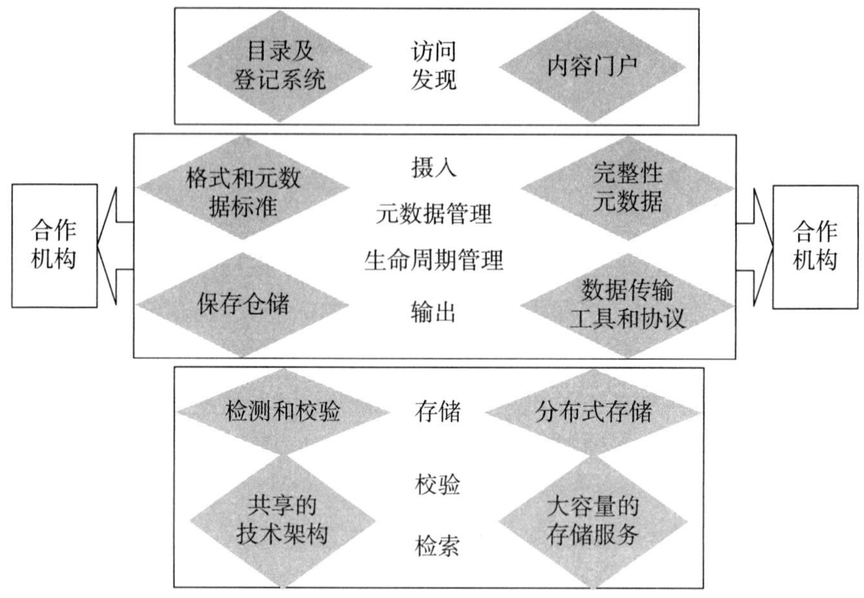

图 2-1　NDIIPP 项目的三层技术框架[26]

2.3.3　数字保存的技术流程

数字保存的技术流程揭示在数字保存活动中,需要采取什么流程,按照什么样的步骤,对被保存数字对象的生命周期进行有效管理。

数字保存的技术流程需要放在被保存数字对象的整个生命周期内考虑,从信息的创建开始,直到最终的信息发现和利用。DCC 的保存生命周期模型从总体上概括了在数字对象的生命周期内,需要采取的主要数字保存工作及流程。这一模型包括了四个贯穿于全生命周期的活动、八个在生命周期内顺序进行的活动和三个偶尔执行的活动。四个贯穿全生命周期活动的活动分别是:对数据及其呈现信息进行描述揭示、制订数据保存规划、监管团队保存活动并参与保存方案制订、按照规划实施保存和管理操作。在每一个生命周期内,需要顺序进行八个活动,分别是:制订数据创建和获取规划、产生或接收数据、对数据进行评价和选择、实现数据摄入、开展保存活动、实现数据安全存储、保障数据可以被访问(应用或重用)、进行数据转换。另外,在数字保存活动中,还可根据实际情况,在数据的生命周期中实施三个偶尔执行的活动,分别是:丢弃数据、重新评价数据和数据迁移。

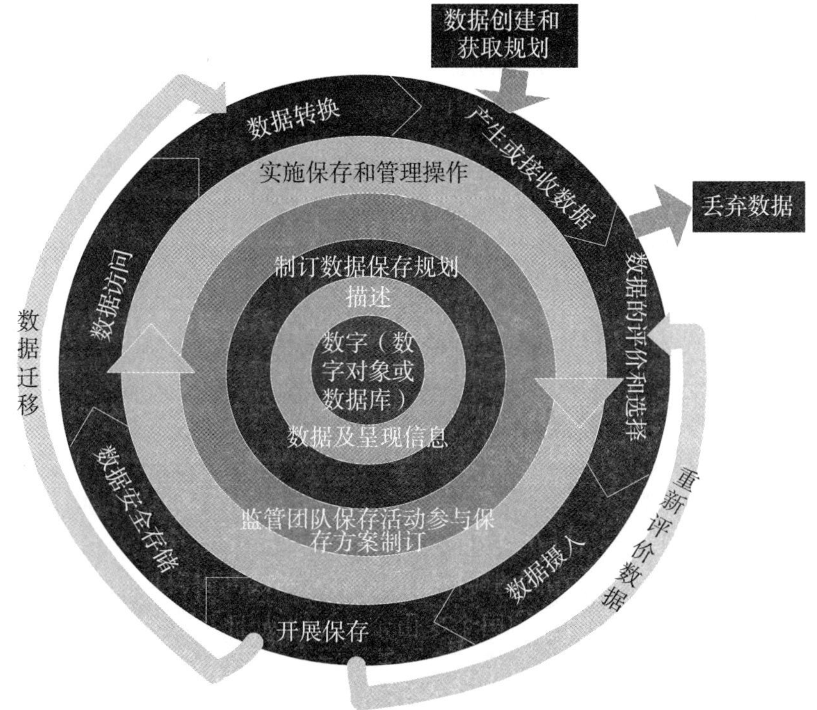

图 2－2　DCC 保存生命周期模型[27]

数字保存的技术流程也强调在数字保存的具体活动过程中，需要规范地执行相关的技术过程。如在数字对象的摄入过程中，需要在数字对象摄入之前和摄入过程中对数字对象进行各种规范的技术处理：如执行内容检查、格式校验、格式规范、信息封装、安全检测、完整性校验、数据逻辑校验等。

数字保存的技术流程需要与数字保存的政策、保存规划、系统工具和服务体系密切关联。合理的数字保存的技术流程需要强调可动态调整的特性，能够随着时间的变化而灵活地实现流程的组合。在数字保存的技术流程建设中，需要应用可灵活扩展的工作流框架，有效实现对各种模块化流程的灵活组合，并且加强自动处理相关问题的能力。

2.3.4　数字保存的系统平台和工具

数字保存的系统平台是一个复杂的组合体，其功能复杂、涉及面广，需要有机组合软件、服务器、存储等多个系统，涉及数据摄入、档案存储、数据管理、数据分发、内容管理、数据库系统、元数据管理、检索引擎、分布式文件系统、唯一标识系统、存储系统、存储管理系统、媒体检测（监测）系统、认证授权系统、安全机制、统计管理等多个领域。数字保存技术系统的研究和建设,历来都是数字保存的重点。

数字保存的系统平台都需要遵从 OAIS 参考模型。从最初实验性的 CEDARS、DESP、DIAS 系统,到开源的 DAITSS(Dark Archive In The Sunshine State)、LOCKSS 系统,到更为复杂的 Merritt、Chronopolis、PeDALS、SCAPE,直至已经商业化的 Rosetta、Preservica 等系统,都努力按照 OAIS 提出的参考模型来进行系统实现。当然这些系统也都从各自的需求出发通过不同的实现方式,对 OAIS 模型进行了不同的诠释,形成了各具特色的保存系统。

在数据保存活动中,还需要很多系统工具来实现格式识别、数据封装、完整性校验、媒体管理等功能。因此相关工具的研制开发,也是数字保存研究的一项重要工作。如在格式识别方面有 DROID[28]、PRONOM[29]、JHOVE2[30]等工具,在数据封装方面有 Bagit,在媒体管理方面有 DuraCloud、SRB、iRods 等,在完整性校验方面有 ACE(Auditing Control Environment)等。

2.3.5 数字保存的技术实践

数字保存的成功与否与最终的实践密切相关。不论技术策略、技术框架、技术流程设计得如何合理,系统平台建设得如何强大,但在具体的实践中,如果我们不能有效地组合政策、规划、管理、技术、系统等因素,就不能取得良好的数字保存效果。因此如何基于数字保存系统,遵循数字保存最佳实践案例,有效地开展数字保存的技术实践,一直也是数字保存界关注的问题。

在数字保存的具体实践中,需要总体考虑很多技术性问题,包括:如何分析数字资源受威胁的严重程度,以确定数字保存的优先目标?如何根据实际工作流程,将数字保存的相关流程嵌入到日常工作中?如何采用有效的技术保存策略来降低数字保存成本?如何平衡用户资源利用和资源保存之间的关系?如何有效防范来自各方面的威胁和风险?如何有效实现合作和协作,使数字保存效率最大化?如何保障数字内容的真实可信?如何采取防灾措施,保证数字保存系统本身的业务连续性?

目前,随着数字保存工作的深入,很多数字保存联盟都在积极交流推广相应机构的数字保存实践经验,探索针对不同机构、不同类型数字资源的数字保存最佳实践。

2.4　数字保存的标准问题

标准对于软件和硬件的通讯和数字信息的使用是必不可少的。数字保存依赖于计算机系统之间的相互操作,也依赖于标准。一个领域内标准的发展状况往往被视为这个领域成熟的标志。到目前为止,针对数字保存活动已经形成了一个标准簇,这些标准相互联系,相互影响,有的还有着共同的起源,它们对数字保存具有重要的影响。具体而言,数字保存在标准方面主要研究以下内容。

2.4.1　数字保存仓储的参考模型

开放存档信息系统参考模型(OAIS)(ISO 14721:2012)已经是数字保存仓储必须遵守的一个国际标准[31]。OAIS 参考模型提供了一个参考框架,通过描述保存环境所需的基本功能和信息流动变化情况,来定义数字保存仓储所需具备的功能组件、信息类型和相关关系。OAIS 确定了数字信息的生产者、消费者和管理者之间的责任关系,它通过存档信息和存档功能的详细模型,提供了一个标准化的方法来描述数字保存仓储库。

OAIS 参考模型提出之后,也在不断地被修订和完善。一些项目和机构(如 InterPARES 项目、DELOS 项目、DCC、OCLC)等都对 OAIS 的相关内容提出了修改和完善建议。

2.4.2　数字保存仓储的审计认证标准

OAIS 参考模型确定了数字保存活动的基本框架,但没有对数字保存活动中必须遵循的行为方式进行规范。2002 年,研究图书馆组织(The Research Libraries Group,RLG)和联机计算机图书馆中心(Online Computer Library Center,OCLC)发布了"可信赖数字仓储:属性及职责"的研究报告,提出了对数字仓储的活动行为和整体工作进行规范审计认证的要求。报告认为承担数字保存责任的数字保存仓储必须满足可信赖数字仓储的相关属性要求,能够合理有效地履行数字保存的职责,并且需要通过规范的审计和认证。

自 2003 年以来,可信赖数字保存仓储的审计和认证分别发展和形成了三个体系。分别是以可信赖仓储的审核和认证检查表(TRAC)为基础的国际标准 ISO 16363,以 Nestor 工作组为基础的德国国家标准 DIN 31644

和由荷兰数字存档和网络服务(DANS)主导的数据正式认可(DSA)体系。

以TRAC为基础的可信赖仓储的审核和认证体系形成了目前的国际标准。它以RLG/OCLC和美国国家档案局(NARA)在2007年发布的《可信赖仓储的审计和认证:标准指标和检查表》(TRAC,*Trustworthy Repositories Audit & Certification:Criteria and Checklist*)为基础,主要研究成果转化为国际标准《空间数据和信息转换:对可信赖数字仓储的审计和认证》(ISO 16363:2012)。

德国Nestor工作组在TRAC草稿的基础之上,结合德国数字保存工作的需要对其进行了修改,于2006发布了《Nestor准则:可信赖数字仓储标准指标目录》(*Nestor Criteria:Catalogue of Criteria for Trusted Digital Repositories*),并在2008年对其进行了修订,最终成为了德国国家标准DIN 31644。其最新的德文版于2012年发布。

由荷兰数字存档和网络服务(DANS)主导的数据正式认可(DSA)体系基于16条指南,来指导数据管理机构提高数字保存的质量,构建可信赖的数据仓储体系。自2009年以来,DSA认证成为了一个由多个国际社团参与的国际化认证体系,完整的DSA评估过程需要经过第三方审计机构的同行评议。

2.4.3 数字保存的保存元数据标准

数字保存需要构建溯源机制来记录数字对象的来源、数字对象的拥有者、数字对象的知识内容以及随时间变化而对数字对象实施的各种数字保存活动。PREMIS保存元数据是目前保存元数据的标准。

2005年由OCLC和RLG主导的保存元数据工作组(PREMIS)[32]发布了保存元数据PREMIS数据字典(Data Dictionary for Preservation Metadata:Final Report of the PREMIS Working Group)。PREMIS把保存元数据定义为"一些供数据仓储用来支持数字保存处理过程的信息",它们是一些在数字保存环境中,可以对数字对象的可存活性、可呈现性、可理解性、真实可信性和身份可识别性进行支持的元数据。PREMIS数据模型定义了五种类型的实体(知识实体、对象实体、权利实体、行为实体体和事件实体),描述了它们之间的相互关系。并进一步严格定义了描述上述各种实体的语义单位。由于PREMIS保存元数据具有技术中立和支持广泛的特点,实际上已经成为了国际通用的保存元数据标准。

2.4.4 数字保存的数据封装标准

OAIS指出,数字对象需要被打包到信息包(SIP包、AIP包或DIP包)

中，以便能够容纳相关的技术元数据、管理元数据、描述元数据和保存元数据，来描述和管理数字对象，使数字对象能够被理解。然而，OAIS 并没有明确各类信息包是如何具体封装的。目前，针对信息包的数据封装，常用的标准有 METS、JATS 等。

元数据编码和传输标准 METS[33]（Metadata Encoding and Transmission Standard）由美国数字图书馆联盟（DLF）于 2001 年开发，目前由美国国会图书馆的网络发展和 MARC 标准办公室负责维护，是一个针对数字对象及其描述性、管理性和结构性元数据进行封装的标准。METS 是一个 XML 框架，可将数字对象所有关联的元数据进行存储，为多种类型的元数据提供了一个整合容器。METS 文档在其设计用途中指出，它可以担当 OAIS 模型中的 SIP、AIP 或 DIP 的角色。

而期刊文章标签集 JATS[34]（Journal Article Tag Suite）定义了一组 XML 元素和属性用以标记期刊论文，它又包括三种文章数据模型，即期刊存档和交换标记集、期刊出版标记集和文章写作标记集。其前身是 NCBI（National Center for Biotechnology Information）的 NLM 存档和交换标签集（NLM DTD）[35]。2012 年，JATS 作为美国国家信息标准局（NISO）标准发布（Z39. 96—2012）。针对图书内容的描述，NCBI 扩展了 JATS，提出了图书交换标签集 BITS[36]（Book Interchange Tag Suite），可以描述整本书，也可以描述书的一部分，如章节。JATS 格式在世界范围内被用于标记数千种期刊，已被用于 PubMed Center、Portico 的期刊存档，以及 HighWire 的在线出版。

2.4.5　数字保存的文件格式标准

文件格式是数字保存中的一个重要问题。如果没有文件格式，一个数字对象只不过是一些毫无意义的比特集合，而如果一个数字对象相关的文件格式过时了，没有相应的技术工具来支持其访问，就会严重危及这一数字对象的可存活性。

使用标准的、稳定的、开放的并且已被广泛采用的格式可以确保数字资源能够被持久访问，因此基于标准格式实现数字保存也被认为是一种常见的数字保存策略。很多机构都在研究和规范相关的数字保存格式，以采用那些存活能力强的文件格式，提高数字资源的存活能力。如美国国会图书馆就提出了其数字保存推荐的格式规格要求，供 NDIIPP 项目成员应用。

为了保证相关的文件格式能够被理解、被解析，需要对文件格式的技术细节进行描述，因而出现了诸如 PRONOM、GDFR 的格式注册中心或技术注册中心,它们可以对所注册的文件格式的技术细节进行管理,提供工具帮助用户识别其数字对象的文件格式。

在数字保存中,数字对象的文件格式是否标准规范也是一个决定是否采取相关保存措施的一个重要因素。例如,Planets 项目的保存规划工具 Plato 的一项重要功能就是根据数字对象文件格式面临的风险,决定是否需要将面临过时的文件格式迁移到更符合当前标准规范的格式之上。

在数字保存中,除了上述标准研究之外,还有上下文信息描述、信息安全、互操作等的相关标准。可以看到,目前数字保存基本具备了相应的标准,但这并不意味着数字保存的标准化工作已经结束,实际上,在保证数字信息真实可信、保存流程规范标准、数字仓储可相互操作、保障标准切实得以实施等方面,数字保存还有很多问题需要解决。

2.5 数字保存的经济问题

经济可持续是数字资源长期保存项目能够取得成功的基础。由于数字保存需要大量持续的人力(专业人员、技能培训)、物力(如设备、存储体系)和财力(系统运维费等)的投入,经济上如果出现问题,会直接影响到被保存的数字资源是否能够继续存活下去。

数字保存项目的开展需要关注数字保存的经济问题,需要认真考虑经济上的投入产出,探索合理高效的数字保存模式,确保数字保存活动在经济上可行,能够获取足够的资源来持续地支持数字资源的长期保存活动。与数字保存相关的经济问题主要有对数字保存自身价值的认识问题、数字保存活动的成本问题、不同数字保存的商业模式问题以及在数字保存中如何保障经济可持续性的问题等。

2.5.1 数字保存自身价值的认识问题

数字资源长期保存的价值很早就被认识到。在 1996 年 RLG 和 OCLC 关于《保存数字信息》[37] 的里程碑报告中,就已经提到,为了享用数字技术的成果、有效利用无处不在的数字信息资源,必然需要有效开创数字保存事业。

很多经济活动可以在三年或五年之内就可看到经济效果,但三年或五年对于数字资源的长期保存来说只是一个短暂的瞬间,人们还难以看到其价值。因此在讨论数字保存价值的时候,人们需要持有一种长期的眼光。

从长期来看,很重要的一个概念就是一些数字信息的确具有潜在的、持久的价值,也可以说它们具有创建有价值实体的价值。人们可以体会到那些被精心保存了几个世纪的重要手稿带给后世的影响和价值,类似地也应当意识到保存重要数字信息会带给后世的影响和价值。数字保存,也是为后世留下了解我们现在所处数字时代的一次机会。

在具体的数字保存活动中,需要从更加现实的角度来看数字保存的价值。数字保存的价值需要依据当前或未来的应用意图来确定,不论数字保存还是物理保存,没有应用意图(或应用目标)的保存都是浪费的。

就目前来看,数字保存自身的精确价值还很难估计,它仍然是一个全球性的需要长期研究的课题。

2.5.2　数字保存的成本问题

数字保存活动的成本问题是一个人们普遍关注的问题,也是很多机构、政府部门的决策者最关心的一个问题。为了开展数字资源的长期保存,我们到底需要投入多少经费?数字保存的成本问题并不必然决定了数字保存的整体策略,但它的确能够让决策者认识到数字保存问题是一个需要认真、周密地去考虑的问题。

由英国图书馆和英国伦敦大学学院负责的 LIFE(Lifecycle Information for E-Literature)项目[38]是数字保存成本分析中的重要项目,它提出了基于数字对象的生命周期来计算随着时间的不断延续,数字保存所需要的经济投入。基于 LIFE 项目的研究成果,丹麦国家档案馆和丹麦皇家图书馆、英国格拉斯哥大学的人文先进技术与信息研究所(HATII)及开放 Planets 基金(Open Planets Foundation, OPF)等机构进一步开发了相关计算分析工具,可以帮助用户分析和计算数字保存的经济成本。除 LIFE 项目之外,还有很多项目从不同方面研究数字保存的经济成本,例如英国 JISC 支持的 KRDS[39](Keeping Research Data Safe)项目和 eSpida[40]项目,以及最近的 4C[41](Collaboration to Clarify the Costs of Curation)项目。很多科研和教学的成本分析模型,如 NASA 开发的成本评估工具 CET[42](Cost Estimation Tool),英国大学的 TRAC[43](Transparent Approach to Costing)模型,都被应用于数字保存的成本分析之中。

在一系列研究的基础之上,人们对数字信息的生命周期管理已经有了更为充分的了解和认识,而数字保存的成本计算也会更加清晰。

2.5.3　不同数字保存的商业模式问题

采用什么模式进行数字保存,对于数字保存的经济可持续性有着重要影响。虽然数字保存的商业模式选择主要与数字保存的战略相关,但经济因素是数字保存模式选择的主要决定因素。目前的数字保存有多种模式可供选择:

1)基于社团的数字保存模式。以 HathiTrust 和 Chronopolis 为例,它们以共享的管理架构为基础,由参加机构分担数字保存成本。

2)基于 LOCKSS 软件模式。基于 LOCKSS 软件构建数字保存联盟,有全球 LOCKSS 网络模式(Global LOCKSS Network)和私有 LOCKSS 网络模式(Private LOCKSS Networks)。全球 LOCKSS 网络模式由斯坦福大学主导,加入 LOCKSS 联盟网络需要交纳相应的年费,而私有 LOCKSS 网络模式目前已经构建了多个网络,大多是基于联盟自治的数字保存模式。

3)基于专门服务的数字保存模式。如通过向 Portico 提交数字保存支持年费,来获得数字保存服务,对自己的数字资源进行保存。

4)基于购买数字保存系统的数字保存模式。如购买商业化系统(如 Rosetta 等),或基于保存云服务(如 Preservica)来进行数字保存。

5)基于开源系统或自主开发系统的模式。如利用开源系统 DAITSS 来进行数字保存,或如美国 UC Curation Center(UC3)自主开发 Merritt 系统来开展数字保存。

各种模式的数字保存需要的投入情况不一。相关机构可以根据自身实际情况,采取合理的数字保存模式,形成数字保存的最佳实践。

2.5.4 数字保存中的经济可持续性问题

如何保证数字资源的长期保存在经济上可行,让数字保存能够持续地进行下去是数字保存经济研究的重要目的。

目前需要保存的数字内容大致可以分为以下几种类型:学术交流资源、研究数据、商业文化资源、Web 资源,以及由图书馆、档案馆自己加工的数字资源。对于这些数字内容的保存,需要考虑多方面的经济问题,包括如何有效降低数字保存的成本,如何提出数字保存机构合理的预算战略,如何制定经济有效的数字保存框架,以及如何影响利益相关者,以获得各类基金和经费的支持等。

2010 年完成的 BRTF SDPA Final Report[44] 报告对数字保存的经济可持续性进行了分析,在数字保存界有着较大影响。报告提出了可持续的数字保存需要具备五个必要条件,分别是:①决策者能够认识到数字保存的价值;②在选择需要保存的数字资源方面,要有一种长期价值的眼光;③决策者需要提供激励措施以保存公共利益相关的数字资源;④要对数字保存活动进行适宜的组织和管控;⑤要建立可靠的资源保障机制,能够持续有效地为数字保存活动配置所需资源。从中可以看到,为了保障数字保存的经济可持续,除了本身的经济因素之外,还涉及政策管理、战略决策、价值取向等其他相关因素,需要从多方面统筹考虑。

2.6　小结

数字保存由于其需要解决的问题复杂、涉及面广,目前是众多来源的专家学者从不同角度来深入研究的一个领域。本章从五个方面分析了数字保存相关的法律问题、组织问题、技术问题、标准问题和经济问题,较为宏观地揭示了当前数字保存研究中的一些重要研究内容和研究问题。了解这些问题和内容,对于更好地认识数字保存的内涵,更好地认识数字保存中的技术问题和技术方法体系有着重要意义。

虽然本章分五个方面来探讨数字保存的研究内容,但作者需要提醒读者,数字保存问题是一个需要系统化解决的问题。在数字保存的具体实践中,一个技术问题往往会与相关的法律问题、组织问题、标准问题和经济问题纠缠在一起,在一个具体问题的解决中,往往需要统筹考虑各方面的问题。系统化思维和长期性眼光应当成为数字保存的两个重要思维模式。

(张智雄、郭红梅、刘振)

参考文献

[1][4] Unesco. Guidelines for legal deposit legislation[EB/OL]. [2014 - 09 - 13]. http://www. unesco. org/new/en/communication-and-information/resources/publications-and-communication-materials/publications/full-list/guidelines-for-legal-deposit-legislation/.

[2] Limitations and exceptions to copyright[EB/OL]. [2014 - 09 - 13]. http://en. wikipedia. org/wiki/Limitations_and_exceptions_to_copyright.

[3] 香港的版权法[EB/OL]. [2014 - 09 - 13]. http://www. ipd. gov. hk/sc/pub_press/publications/hk. htm.

[5] Legal deposit for websites and electronic publications[EB/OL]. [2014 - 09 - 13]. http://www. bl. uk/aboutus/legaldeposit/websites/index. html.

[6] BESEK J, et al. International study on the impact of copyright law in digital preservation:

a joint report of the Library of Congress National Digital Information Infrastructure and Preservation Program, the Joint Information Systems Committee, the Open Access to Knowledge(OAK)Law Project and the SURFfoundation[EB/OL].[2014-09-13].http://www.digitalpreservation.gov/documents/digital_preservation_final_report2008.pdf.

[7] DPC[EB/OL].[2014-09-13].http://www.dpconline.org/.

[8] NCDD[EB/OL].[2014-09-13].http://ncdd.org/.

[9] Nestor[EB/OL].[2014-09-13].http://www.langzeitarchivierung.de/Subsites/nestor/EN/Home/home_node.html.

[10] IIPC[EB/OL].[2014-09-13].http://netpreserve.org/.

[11] OPF[EB/OL].[2014-09-13].http://openplanetsfoundation.org/.

[12][20] LOCKSS[EB/OL].[2014-09-13].http://www.lockss.org/.

[13][19] NDIIPP[EB/OL].[2014-09-13].http://www.digitalpreservation.gov/.

[14] MetaArchive[EB/OL].[2014-09-13].http://metaarchive.org/.

[15] HathiTrust[EB/OL].[2014-09-13].http://www.hathitrust.org/.

[16] Chronopolis[EB/OL].[2014-09-13].http://libraries.ucsd.edu/chronopolis/.

[17] FEENEY,M. Digital Culture:Maximising the Nation's Investment[EB/OL].[2014-09-13].http://www.ukoln.ac.uk/services/elib/papers/other/jisc-npo-dig/intro.html.

[18] The Consultative Committee for Space Data Systems. Reference Model For An Open Archival Information System(OAIS), Recommended Practice[EB/OL].[2014-09-13].http://public.ccsds.org/publications/archive/650x0m2.pdf.

[21] Chronopolis[EB/OL].[2014-09-13].http://libraries.ucsd.edu/chronopolis/.

[22] DuraCloud[EB/OL].[2014-09-13].http://duracloud.org/.

[23] PeDALS[EB/OL].[2014-09-13].http://www.digitalpreservation.gov/partners/states_az.html? loclr=blogsig.

[24] SCAPE[EB/OL].[2014-09-13].http://www.scape-project.eu/.

[25-26] Preserving Our Digital Heritage: The National Digital Information Infrastructure and Preservation Program 2010 Report [R/OL].[2015-01-20].http://www.digitalpreservation.gov/documents/NDIIPP2010Report_Post.pdf.

[27] DCC Curation Lifecycle Model[EB/OL].[2014-09-13].http://www.dcc.ac.uk/resources/curation-lifecycle-model/.

[28] DROID[EB/OL].[2014-09-13].http://digital-preservation.github.io/droid/.

[29] PRONOM[EB/OL].[2014-09-13].http://www.nationalarchives.gov.uk/aboutapps/pronom/default.htm.

[30] JHOVE2[EB/OL].[2014-09-13].https://bitbucket.org/jhove2/main/wiki/Home.

[31] ISO 14721:2012[EB/OL].[2014-09-13].http://www.iso.org/iso/home/store/

catalogue_ics/catalogue_detail_ics. htm? csnumber = 57284.

[32] Data Dictionary for Preservation Metadata: Final Report of the PREMIS Working Group [EB/OL]. [2014 - 09 - 13]. http://www. oclc. org/content/dam/research/activities/pmwg/premis-final. pdf.

[33] METS[EB/OL]. [2014 - 09 - 13]. http://www. loc. gov/standards/mets/.

[34] JATS[EB/OL]. [2014 - 09 - 13]. http://jats. nlm. nih. gov/.

[35] NLM DTD[EB/OL]. [2014 - 09 - 13]. http://dtd. nlm. nih. gov/.

[36] BITS[EB/OL]. [2014 - 09 - 13]. http://jats. nlm. nih. gov/extensions/bits/.

[37] ANDRE P, BESSER H, ELKINGTON N, et al. Preserving digital information: Report of the Task Force on Archiving of Digital Information [EB/OL]. [2013 - 11 - 24]. http://www. clir. org/pubs/reports/pub63watersgarrett. pdf.

[38] Lifecycle Information for E-Literature[EB/OL]. [2014 - 09 - 13]. http://www. life. ac. uk/.

[39] Keeping Research Data Safe(KRDS) [EB/OL]. [2014 - 09 - 13]. http://www. beagrie. com/krds. php.

[40] eSpida[EB/OL]. [2014 - 09 - 13]. http://www. jisc. ac. uk/media/documents/programmes/preservation/espidaprojectjiscfinalreport. pdf.

[41] 4C Project Collaboration to Clarify the Costs of Curation[EB/OL]. [2014 - 09 - 13]. http://www. 4cproject. eu/.

[42] Cost Estimation Tool[EB/OL]. [2014 - 09 - 13]. http://opensource. gsfc. nasa. gov/projects/CET/index. php.

[43] Transparent Approach to Costing[EB/OL]. [2014 - 09 - 13]. http://www. admin. ox. ac. uk/finance/processes/trac/.

[44] Blue Ribbon Task Force on Sustainable Digital Preservation and Access[EB/OL]. [2014 - 09 - 13]. http://brtf. sdsc. edu/.

3 数字保存研究和实践的主要发展历程

自20世纪90年代以来,数字保存逐渐开始成为一个重要的研究领域。本书作者根据数字保存的发展历史,将数字保存的研究与实践划分为三个阶段,分别为数字保存概念的提出阶段、数字保存理论的基本成型阶段和数字保存实践的深入发展阶段。基于这三个阶段的划分,在本章中,作者对数字保存在其发展历程中的重要政策、重要项目、重点报告、重要文献、重要标准、重要工具和重要系统进行了较为全面的梳理分析,并重点对当前国际上数字保存研究和实践的现状进行了归纳总结。

3.1 数字保存概念的提出阶段

数字保存概念的提出阶段是数字保存研究的早期阶段。本书作者认为,这一阶段大致从20世纪90年代初开始,到1996年《保存数字信息》(*Preserving Digital Information*)报告的发布为结束。在这期间,人们对数字保存的概念形成了初步共识。

3.1.1 数字保存初期的相关认识

保存历来都是图书馆、档案馆的一项重要功能。在图书馆、档案馆中进行数字保存有着深厚的工作基础。20世纪90年代中期,随着"美国记忆"等项目的开展,数字保存逐步开始成为一个研究领域。

自20世纪90年代以来,档案界和数字图书馆界已经认识到数字资源的保存和印本资源的保存相比,需要解决很多更为复杂的问题,一些研究人员开始着手从挑战、概念、技术和方法等多个方面探讨研究数字保存问题。

Paul Conway是这一时期数字保存的重要人物。在20世纪90年代,Paul Conway曾就职于美国的国家档案管理局(National Archives and Records Administration, NARA)和耶鲁大学图书馆的档案部(Preservation Department at Yale University Library)。1994 年,Paul Conway 发表了 *Digitizing Preservation* 一文[1],对当时数字保存的状况进行总结,并针对当时基于数字化来实现保存的做法提出一些重要的警示,包括:①需要关注将数字图像从旧的媒体和系统迁移到新的媒体和系统之上;②需要对数字图像实施数据库管理,以保证一个数字化作品的结构完整;③数字化保存的进入门槛较高,一些图书馆无法承受。1996 年,Paul Conway 为美国保存和获取委员会(The Commission on Preservation and Access)撰写了 *Preservation in the Digital World* 一文[2],这篇文章基于 Paul Conway 在"开放图书项目"(Project Open Book)上的经验,提出了在数字保存和存取上需要关注的各种问题。在文中,Paul Conway 提出了在采取数字保存行动中需要关注的五个概念,分别为:保证数字资源的长期存活性(Longevity);根据实际情况选择适宜的保存方法(Choice);坚持高质量要求一次性达标(Quality);要实现物理完整性和知识完整性的保存(Integrity);注重保存和访问应用的平衡(Access)。

1994 年美国研究图书馆联盟(RLG)在康奈尔大学召开了一个专门针对数字图像保存的研讨会,出版了 *Digital Imaging Technology for Preservation* 一书[3],探讨了利用数字图像技术来实现保存的相关问题。

3.1.2　经典报告《保存数字信息》的发布

1994 年 12 月美国保存和获取委员会(The Commission on Preservation and Access)和研究图书馆联盟(The Research Libraries Group)联合组织了一个专项工作组,研究分析在将来无限长的时间内,采用什么样的技术方法来确保数字信息能够持续利用。

1996 年 5 月,上述专项工作组发布了名为《保存数字信息:数字信息存档特别工作组报告》[4]的经典报告。由于这个报告较为系统地论述了数字保存的概念、需求及挑战等重要问题,因此很多学者都认为这一报告是数字保存研究的奠基性文献。

报告认为,当前社会应当找出有效的方法来应对日益数字化带来的挑战。虽然在当时(1996 年),数字环境尚未完全成熟,还有很多领域没有数字化,但报告认为需要充分认识到应对数字化问题的紧迫性,时间对于人们来讲就是一种机会,而当前的条件已经适宜开展一系列强有力的、目光长远的数字保存活动,这将使人们在数字信息最终遍及每个角落、变得无所不在之前,能够找到应对数字化问题的办法。

这份报告强调尽管信息的丢失与存储介质的损坏密切相关,但是软件和硬件技术的快速退化已经成为信息丢失的主要问题。报告指出数字存档系统与数字图书馆系统的本质区别在于数字存档系统能够长期地存储和访问所存储的资源。报告中对实现数字存档的数字仓储提出了明确的规范和要求,如数字仓储需要通过规范的认证程序认证,数字仓储具有失效保险机制来保证系统安全等。这在后人看来是提出了可信赖数字仓储(Trusted Digital Repositories)概念的雏形。

报告提出了发展美国国家数字存档体系的构想。国家数字存档体系被认为是一系列的数字信息仓储,共同承担着对国家的数字社会、经济、文化和知识遗产进行长期保存管理的职责。国家数字存档体系需要通过规范的第三方认证程序认证,采用失效保险机制来保证系统和数据的安全。报告特别认为,国家数字文化信息资源的保存不应当过度地依赖于市场。对于保存国家数字文化信息资源这样的事业而言,市场可能会在对数字信息重要价值的认识中过于短视,并且不能应用一种更为宏观、代表公众利益的准则来处理问题。

报告认为数字信息的保存关键在于实现数字信息完整性的保存,并从五个方面对保存数字信息的完整性进行了论述。它们分别是:①实现数字内容的完整保存。可进一步区分为比特层的完整、格式和结构层的完整、呈现层的完整和知识层的完整等。②保证数字信息稳固不变。要求被保存数字信息作为一个完整和独立的单元来保存,保证被保存数字信息处于稳固、不能随意改变的状态。③数字信息可唯一标识。要求被保存的数字信息可以被唯一标识,能够被人引用。④数字信息的来源可以追溯。要求记录被保存数字信息的来源以及对这一数字对象所进行的一系列保存管理操作。⑤保存数字信息的存活环境。包括技术环境、与其他对象的关联信息、通讯环境和更广泛的社会环境。

报告认为,与"翻新"相比,在揭示数字保存的活动范围方面,"迁移"是一个更广泛和更富有内涵的概念。报告进一步对长期保存"迁移"的概念、策略和方法进行了深入分析。

《保存数字信息》报告深入系统地论述了数字保存所面临的实质性问题、主要解决思路和关键技术方法。这一报告发布之后,得到了广泛认同。它的出现也标志着人们对数字保存的概念形成了初步共识。

3.2　数字保存理论的基本成型阶段

本书作者认为，数字保存理论的基本成型阶段，主要是从 20 世纪 90 年代后期开始到 2004 年左右的这一阶段。这阶段出现了一系列有代表性的事件，标志着数字保存理论的基本成型。这些事件包括：欧美各国发起了一些重要的数字保存项目，并进行了数字保存实验性系统的构建；发布了数字保存界的一些重要标准和报告，如开放存档信息系统参考模型 OAIS、可信赖数字仓储报告、保存元数据标准 PREMIS 字典等；提出了积极数字保存的一个重要概念：Digital Curation，这一概念在科学界引起了强烈反响。

3.2.1　数字保存研究与实验的兴起

Preserving Digital Information 报告中的概念及相关建议，在数字保存领域产生了重要影响，推动了数字保存研究和实践的兴起。20 世纪 90 年代末，一些重要的数字保存项目和原型系统开始出现。

1998 年 4 月到 2002 年 3 月间，英国的三个机构，Universities of Leeds、Oxford 和 Cambridge 在 JISC 的资助下，进行了 CEDARS（CURL Exemplars in Digital Archives）项目研究。作为其 eLib 计划的一部分，CEDARS 项目关注了保存元数据、知识产权、数字馆藏管理、技术策略和分布式数字档案原型系统五个方面的研究内容。其中分布式数字存档原型系统（The Distributed Digital Archiving Prototype）是 CEDARS 项目为了验证 CEDARS 项目提出的长期保存方法而创建的一个系统，通过它证明了数字保存是一个可以解决的问题。

英国还积极致力于数字保存联盟的建设，2001 年 12 月，英国的数字保存联盟（DPC，Digital Preservation Coalition）创立，它是一个数字保存的联合协作机构，目标在于促进英国的数字保存机构相互合作，推进英国机构与国际机构的合作，共同应对数字资源长期保存的挑战。DPC 于 2002 年 2 月正式对外服务。

开始于 1998 年，结束于 2000 年的 NEDLIB（Networked European Deposit LIBrary）项目是由欧洲国家图书馆联合会常设委员会发起、欧洲 8 个国家的图书馆参与的一个重要项目。荷兰国家图书馆（Koninklijke Bibliotheek，KB）是项目召集人。该项目的目标是构建一个基于网络的欧洲保存图书馆的基础框架,与各个国家的国家保存图书馆任务相适应,确保目前可用的电子出版物在将来同样可供利用。其中,电子出版物保存系统(Deposit System for Electronic Publications,DSEP)是 NEDLIB 研发的一个电子出版物保存原型系统。它基于 OAIS,希望在当前图书馆自动化和编目系统的基础之上,能够安全地存储电子出版物。

荷兰国家图书馆(KB)自 1998 年与荷兰的出版协会达成对荷兰脱机电子资源(如 CD-ROM 等)实现数字保存的协议。1999 年,KB 开始正式开展对电子信息资源的长期保存系统的建设,与 IBM 一起开发数字信息存档系统(Digital Information Archiving System,DIAS),并开始 e-Depot 系统的建设。e-Depot 系统是荷兰国家图书馆针对长期保存和持久存取荷兰电子出版物的需要而提出的专注于长期存储和大规模存档的自动化系统。2002 年 12 月 12 日,IBM 将 e-Depot 的核心数字信息存档系统(Digital Information and Archiving System,DIAS)正式交付于 KB,标志着这一系统的建成。

2000 年 12 月,美国国会通过了关于发起“国家数字信息基础设置和保存计划”(NDIIPP)的法案。国会立法要求,国会图书馆需要跟其他联邦机构及其他广大的利益相关者一起提出数字保存的美国国家方案。美国国会要求国家拨出 10 亿美元给美国国会图书馆,让其制订美国国家的数字保存标准和国家战略规划,构建国家层面的数字资源保存仓储。国家数字信息基础设施和保存计划项目主要关注三个方面的内容:①对重要的数字内容进行有效保存。这些数字内容包括空间地理信息、Web 信息、音频视频产品、图像和文本,以及与重要公众政策问题相关的资料。②构建和扩展合作网络。通过与联邦机构、州和当地政府,学术性、专业性和非盈利性的机构,以及商业机构的有效合作,构建数字保存合作网络。③开发支撑工具和服务的技术架构。NDIIPP 合作方相互协作,通过开发支持数字保存的信息系统、工具和服务,以构建通用的数字保存基础设施。自此之后,十多年来,这一重要项目一直主导着美国数字保存的研究和实践。

德国在这时期主要发起了 Nestor 和 Kopal 项目。其中 Nestor(德国数字资源长期保存专业网络)项目于 2003 年 6 月由德国的教育和研究部发起,由德国国家图书馆(DDB)领导,共六家在德国数字资源长期保存领域居领先地位的图书馆参加。Nestor 其实是一个数字保存的专业知识合作联盟,它联合德国的图书馆、档案馆和博物馆,以保证数字资源的长期保存和存取。而 2004 年由德国国家图书馆领导发起了另一个德国数字保存项目 Kopal(合作开发数字信息长期存档,Co-operative Development of a Long-

Term Digital Information Archive),其目标是开发数字资源长期保存的技术和组织方案,以确保电子出版物的长期保存。

除了上述较大的项目之外,这一时期各类的数字保存项目蓬勃发展。有些长期保存项目针对技术标准规范(如 PRONOM[5]、JHOVE[6]),有些项目针对策略和方法(如 CAMiLEON[7]),有些项目针对元数据(如 PREMIS[8]),有些项目针对知识产权权益(如 RoMEO[9]),有些项目针对存储体系(如 ADAPT [10]),有些项目专注于保存仓储(如 Archival Digital Libraries Repositories[11]),有些项目从国家层面上进行规划(JISC[12]、ERPANET[13]),有些项目针对特定的机构提供解决方案(如 DLIST[14]、DSpace@Cambridge[15])等。

在相关数字保存项目的研究和实践的推动下,这一时期出现了一些数字保存的试验系统,除了上述的 CEDARS、DESP、DIAS 系统之外,还有 Cornell 大学的通用仓储系统(Common Depository System,CDS[16])、佛罗里达图书馆自动化中心(Florida Center for Library Automation,FCLA)的 DAITSS[17](Dark Archive In The Sunshine State)系统和加利福尼亚大学的数字保存仓储[18](Digital Preservation Repository)系统,斯坦福大学图书馆的 LOCKSS[19](Lots Of Copies Keep Stuff Safe)系统等。

3.2.2　重要标准规范的发布

在这一时期一系列重要的标准规范文件问世。主要有空间数字系统咨询委员会发布的"开放存档信息系统参考模型"(Reference Model for an Open Archival Information System,OAIS)标准,研究图书馆联盟(RLG)和联机计算机图书馆中心(OCLC)发布的"可信赖数字仓储:属性和职责"(Trusted Digital Repositories: Attributes and Responsibilities)报告,以及 OCLC 和 RLG 的"保存元数据:实施战略"(Preservation Metadata:Implementation Strategies,PREMIS)报告。上述标准规范文件对数字保存的研究产生了重要影响。

(1)开放存档信息系统参考模型(OAIS)发布

空间数据系统咨询委员会(Consultative Committee for Space Data Systems,CCSDS)是一个致力于推动空间研究数据处理标准化的国际性组织。1995 年,在国际标准化组织(ISO)的请求下,这一组织开始致力于开发一个支持对数字数据进行长期保存的标准规范。1999 年 5 月,CCSDS 发布了开放存档信息系统参考模型(Open Archival Information System,OAIS)的草案。这一参考模型针对进行数字信息长期保存和维护的存档系统提供了一个概念性的框架,描述了一个存档系统存在的环境、存档系统的功能组织以及支持存档处理的信息基础结构。这一参考模型作为 ISO 的推荐草案得到了广泛的评阅,经过对原始方案的扩充和丰富,使得它不但适用于空间机构,而且适用于图书馆、档案馆及其他文化传承机构、政府部门和私有机构。第 2 版的 OAIS 参考模型草案于 2001 年 7 月发布。2002 年 OAIS 参考模型正式发布[20]并被 ISO 接收而成为 ISO 14721:2003 国际标准。开放存档信息系统参考模型从整体框架上对开放存档信息系统所包括的功能实体、保存信息、信息包类型、组织管理、保存规划等进行了明确规范,被广泛应用,成为数字信息资源长期保存系统建设必须遵守的一个标准规范。

(2)可信赖数字仓储(TDR)报告发布

2002 年 5 月,基于当时正在出现的 OAIS 标准,RLG 和 OCLC 发布了"可信赖数字仓储:属性及职责"的研究报告[21]。这一报告基于 1996 年《保存数字信息》(*Preserving Digital Information*)报告的认识,认为对数字信息的长期保存需要有一个深厚根基的基础框架来支撑,而这一框架的重要组成部分就是那些能够对数字信息进行保存、管理和迁移,并且能够提供持续访问的可信赖的组织机构。为了构建一种对数字信息进行可信赖保存的氛围,需要对数字仓储的可信赖性进行认证,所以这一报告重点对承担数字保存责任的数字仓储需要具备的重要属性进行了描述和定义。报告认为一个可信赖的数字仓储是能够为指定的用户团体有效管理数字资源,可以在现在或将来提供所管理资源可靠和长期访问的组织机构。报告提出了一个可信赖、可靠、可持续发展的数字仓储的特征框架。在这一框架中,明确了可信赖数字仓储在管理、组织、财务、技术流程、系统安全、程序可靠等方面的属性要求,提出了可信赖数字仓储在高层方面组织管理的职责要求,以及在操作层面各个具体数字保存过程的职责要求。报告对可信赖数字保存仓储的认证进行了分析,提出了对一个组织的可信赖性认证,需要从组织的人员技能(Individual)、存档项目组织(Program)、方法和流程(Process)、数据安全可靠(Data)等几个方面进行认证。《可信赖数字仓储:属性及职责》成为后续数字保存仓储审计和认证的指导性文献。

(3)PREMIS 保存元数据标准发布

清楚地记录一条数字信息的来源和相关的保存处理过程,对于保证这一数字信息的真实性、完整性有着重要的意义。2000 年 3 月,由 OCLC 和 RLG 共同发起了一个对数字保存元数据的基础架构进行研究的行动计划。该研究活动分成两个工作组分别进行,主要解决四个问题:(1)定义保存元数据(Preservation Metadata);(2)描述在数字保存过程中元数据的角色功能;(3)对当前的元数据体系进行评议和综合;(4)开发一个广泛适用的、综合性的元数据框架以支持对数字资源的长期保存。2002 年两个工作组都完成了各自的工作,分别出版了两个报告[22-23],对以上问题进行了回答。其中,报告提出了一个对 OAIS 的信息模型做了扩展和细化的元数据框架,激发了数字保存界对更加实用化的数字保存元数据的需求。

2003 年,OCLC 和 RLG 在吸收相关领域的其他专家的意见之后发起了名为 PREMIS(Preservation Metadata:Implementation Strategies),即"保存元数据:实施战略"的项目[24]。项目的主要目标是在保存元数据框架的基础之上,关注保存元数据在具体实践中的实施问题,提出在数字资源的长期保存过程中,实施保存元数据的具体指导方案。PREMIS 的工作也分两个工作组进行,其中"核心元素工作组"的目标是定义一个"核心"的保存元数据元素集,能够广泛地应用于数字保存活动中;开发一个数据字典,提供相关的指南来应用、植入和管理核心元素;另外还要定义相关的 XML Schema 和数字保存术语表(Glossary);另一个工作组是"实施战略工作组",他们的目标是提出在数字保存系统内和系统之间,进行保存元数据编码、存储、管理和交换的规范,期望的研究成果是明确如何在数字保存中利用元数据,如何在数字保存仓储体系中存储元数据。

2005 年 5 月 PREMIS 工作组完成了其最终报告《保存元数据的数据字典:PREMIS 工作组最终报告》[25]。这一报告获得了 2005 年的数字保存奖(Digital Preservation Award)和 2006 年的美国档案协会保存出版物奖(Society of American Archivists Preservation Publication Award)。虽然 2005 年随着任务的完成,PREMIS 工作组解散,但 PREMIS 保存元数据已经成为了事实上的国际保存元数据标准,一直影响着保存元数据的研究和实践。

上述三个数字保存领域重要的、有代表性的标准规范文件(OAIS、TDR、PREMIS)的发布,意味着数字保存的理论基础已经成熟,数字保存在概念、理论方面已经基本达到了统一。

3.2.3　Digital Curation 概念的提出

在这一阶段,数字保存界针对 Digital Preservation 这一概念意味着数字保存活动是一种被动、保守的数字保存活动的认识,提出了另一个更能够代表积极主动的数字保存活动的数字保存概念:Digital Curation。Digital Curation 概念自提出之后,迅速被广泛地接受。

在图书馆、档案馆领域人们利用英文术语"Digital Preservation"来表示数字保存概念的同时,在科技领域,还有一个英文术语"Data Curation"被用来泛指对科学数据的管理。2001 年一个新的术语"Digital Curation"被提出,并被赋予了更多的含义。

术语 Digital Curation 首次出现在一个名为 Digital Curation:Digital Archives,Libraries and e-Science Seminar 的研讨会上。这一研讨会由数字保存联盟和英国国家空间中心组织,于 2001 年 10 月 19 日在伦敦召开[26]。据 Neil Beagrie 所述,这次会议上出现的新术语"Digital Curation"是组织者精心挑选的结果[27]。这一新术语不但意味着要对资源或数据进行保存和管理,同时也在一定程度上意味着对数据进行增值管理,实现知识增长。

此后 E-Science 界对 Digital Curation 这一概念进行了更为深入的研究讨论。2002 年,时任英国联合信息系统委员会(JISC)研究支持委员会(JCSR)主席的 Tony Hey 教授组建了一个专项工作组,以构建英国原始研究数据(特别是科学数据)的保存管理战略。2002 年 11 月 26 日,这一专项工作组举行了一天的头脑风暴会,重点对 Digital Curation 的相关问题进行探讨。从专项工作组提供的会议报告[28]来看,虽然在会上大家最终没有对 Digital Curation 的定义达成统一认识,但均对"Curation"这个新术语表示认可,认为这一术语囊括了 E-Science 界所要应对的问题,虽然这些问题与 Digital Preservation 所要解决的问题经常交叠。

根据会议报告,当时来自不同领域的会议专家从多个角度对 Curation 的定义发表了意见。例如,Tony Hey 沿用当时英国研究委员会的主任 John Taylor 的提法,认为 Digital Curation 与 Digital Preservation 的区别在于 Digital Curation 活动目标是保证数字数据不仅仅按原来的方式被应用。Seamus Ross 从博物馆的角度出发,认为 Curation 包括了三个核心概念,即保护(Conservation)、保存(Preservation)和获取(Access)。Alison Allden 认为 Curation 意味着要对数字信息进行积极管理,包括提前进行数据生成的有效规划,并认为实现数据的重用是问题的关键,如果数据需要能够被重用,它们必须经过专门的处理。Rolf Apweiler 则认为,Curation 是人们对数据进行增值的一个过程。Jeremy Frey 持同样的观点,主张 Curation 本质上是一个研究过程,它实现对数据的管理、提升和增值等。

2003 年,由 Philip Lord 和 Alison Macdonald 为 JISC 研究支持委员会完成 E-Science Curation Report[29]的发布。这一报告对 Curation 的概念进行了更为深入的阐述。

这一报告的作者认为,他们对术语 Curation 的理解是建立在英文单词"Curator"的基础之上。Curator 是指那些为公共利益而保管某些东西的人，这些东西的价值通常需要通过 Curator 的工作而体现出来。报告的作者因此强调，采用 Curation 有两个重要的用意，一是明确表达为了公共利益而推动数据共享的政策，另一方面认为数字保存管理员（Digital Curator）应当在保存内容的管理上持一种积极主动的姿态，以推进保存内容的增值。

报告也指出，在基因和蛋白质研究领域中，“Curation”一词已经作为一项重要的数据库管理工作而存在，被用来特指对相关数据进行标注以及对这些标注进行管理的工作。因而报告的作者认为，他们现在所提的 Digital Curation 概念，不仅仅局限于对存档内容的标注和管理，而更在于体现构建一种对数字科研记录进行有效保存管理的科研工作环境，需要将原始研究数据的管理放在一个递增的科研链中去考虑，甚至从科研的生命周期中去看科学数据的保存和利用。

由于 Philip Lord 和 Alison Macdonald 也意识到 Digital Curation 在当时环境下还是一个新概念，因此在他们的报告中，对 Curation、Archiving 和 Preservation 三种主要活动提出了“实用性定义”（Working Definitions）。基本内容如下：

Curation：是指在数据产生之时就进行的对数据进行管理和促进数据利用的活动，这一活动确保数据符合当前的应用目的，并且能够被发现和重用。对于动态的数据集，它意味着要不断对数据进行丰富和更新，使其能够符合应用目标。更高层面的 Curation 不但包括数据的管理，还包括对相关数据标注内容及其他数据内容关系的管理。

Archiving：是一种 Curation 行为，它确保数据合理地被选择和存储，能够被访问，并且数据的逻辑和物理完整性随着时间的流逝能够得到维护，保障数据的安全和真实可信。

Preservation：是在 Archiving 中的一种行为，它要求对特定的数据进行维护，不论时间如何流逝，这些数据始终能够被存取和理解，并不会随着技术的更新而变得不可用。

2004 年 3 月，在 e-Science Core 项目的支持下，英国 DCC（Digital Curation Centre）[30]成立。DCC 在其宪章及原则声明[31]中对 Digital Curation 的定义是被很多研究人员接受的定义。这一定义认为 Digital Curation 是对可信赖的数字研究数据进行维护并使其增值的系列活动，它包括了整个研究周期内对数据所实施的各项主动管理活动。

本书作者认为 Digital Curation 虽然与英文中的“Digital Preservation”在概念上有一定的差异，但从实质上来讲，两者指的都是对数字信息资源的保存和管理,保障数字信息资源能够真实可用。当然 Digital Curation 代表的是一种更为积极的数字保存概念,除了保证数字信息资源真实可用之外,它还隐含着让数字信息资源增值,要让数字信息资源尽最大可能地被现在或将来所利用的意义。

积极数字保存 Digital Curation 概念在提出之后,被数字保存界广泛接受,在英国 DCC 之后,出现了一些以"Digital Curation"命名的期刊、会议和机构。如 2005 年,第一届国际 Digital Curation 会议(International Digital Curation Conference)[32]召开。2006 年,国际 Digital Curation 期刊(International Journal of Digital Curation)[33]发布。近几年来,更不断有以 Digital Curation 命名的机构出现,如雅典研究中心在 2007 成立了希腊数字保存单元(The Greek Digital Curation Unit, DCU)[34],而在 2010 年,加利福尼亚大学成立了加州大学保存中心(University of California Curation Center, UC3)[35],约翰霍普金斯大学成立了数字研究和保存中心(The Digital Research and Curation Center)[36],多伦多大学成立了数字保存研究所(The Digital Curation Institute)[37]。

3.3 数字保存实践的深入发展阶段

本书作者认为,自 2004 年以来,数字保存的研究和实践进入了深入发展的阶段。在这一阶段中,在数字保存的理论更加成熟完善的同时,数字保存的实践活动更加深入发展,更具规模效应。这一阶段代表性的重要研究和实践成果是:出现了成熟的、产品化数字保存系统和服务;欧美等主要发达国家和组织以国家战略的方式有机组织数字保存研究和实践的开展;可信赖数字仓储审计和认证规范成熟,成为衡量数字仓储质量的重要指标。

3.3.1 推出成熟的产品化的数字保存系统和服务

自 2004 年以来,数字保存逐步从理论研究、技术试验、小规模实验向着更加深入的数字保存实践方向发展。在这一阶段出现了面向实际应用的数字保存系统,构建起了可靠的数字保存服务,一些图书馆、档案馆和出版社相互合作,形成了有一定体量的、大规模的数字保存网络(联盟),有效地推动了数字保存实践的深入发展。

(1)主要的数字保存系统

在系统方面,这阶段出现了成熟的、产品化的数字保存系统。如2004年美国斯坦福大学图书馆正式发布了LOCKSS系统,并开始致力于构建其数字保存网络。2005年Ithaka正式发起了Portico数字保存服务,2006年由佛罗里达图书馆自动化中心(Florida Center for Library Automation,FCLA)开发的DAITSS系统被产品化应用于佛罗里达数字保存仓储(Florida Digital Archive,FDA),2009年Chronopolis正式形成了一个基于网络的数字保存服务网络,同年Rosetta被作为一个商业化的数字保存系统由Ex Libris推出,2010年加利福尼亚大学数字保存中心(UC3)正式发布Merritt服务,2012年Tessella宣布推出其数字保存服务Preservica。

基于这些数字保存系统,形成了一些在数字保存实践中占主导地位的数字保存网络(联盟),如Portico数字保存服务和LOCKSS数字保存网络。

(2)Portico数字保存服务

Portico是当前最大规模的学术资源数字保存仓储之一,它是非赢利组织Ithaka的数字保存服务机构。它与图书馆和出版社合作,致力于构建一种社团支撑的模式,对电子期刊、电子书及其他数字学术内容进行长期保存,以确保这些数字资源可以被未来的研究人员所利用。

Portico起源于JSTOR在2002年开展的电子档案计划项目(Electronic-Archiving Initiative),这一项目得到了美国梅隆基金会(The Andrew W. Mellon Foundation)的支持。项目最初关注的是如何设计和实现一个针对数字内容进行处理和存档的系统,建立起数字存档的服务模式,与图书馆和出版社对这些服务模式进行测试,并形成数字保存的业务模式以支持数字信息的长期保存。这一项目开展两年多以来,在与图书馆和出版社进行广泛研讨的基础之上,项目组综合所有利益相关者的需求,提出了一种可持续的数字保存业务模式,并通过技术系统对该模式进行支持。2004年,电子档案计划项目被转移给非营利组织Ithaka,以促进项目研究成果的实用化。

2005年,Ithaka发起了Portico数字保存服务,开始正式与十余个图书馆和出版商进行数字保存的业务实践。Portico数字保存服务被认为是一种可靠的、基于第三方的数字资源长期保存服务。它基于正式的保存协议,对出版商的数字资源进行集中保存,并基于出版商和图书馆达成的电子内容许可协议,保障图书馆对相关电子资源的可持续访问。一旦Portico仓储中保存的内容从其他来源不能够被访问,例如,当某一出版社倒闭,其服务网站变得不可访问的时候,Portico就能够基于其保存的内容,根据许可协议,为参加的图书馆提供对这些资源的访问服务。2010 年,Portico 成为被研究图书馆中心(CRL)认证的第一个符合可信赖数字仓储标准的数字保存服务机构。

目前,有来自 14 个国家的 919 家图书馆(其中美国的图书馆有 390 家,美国之外的图书馆有 529 家)参加了 Portico 数字保存服务。Portico 在学术出版界也得到了广泛支持,参加 Portico 数字保存服务的出版机构有 267 个,包括了商业出版机构、非营利性学协会出版社,以及大学出版社等多种类型。目前在 Portico 保存仓储中,保存了 19 202 种电子期刊,326 419 种电子图书,以及 115 个数字化历史藏集。数字保存对象总数达 34 878 515件,文件数为 595 448 365 个。

(3)LOCKSS 系统和保存网络

LOCKSS 系统由斯坦福大学图书馆开发,它是一个面向图书馆和出版社的开放源码的数字保存系统,可以让用户有效保存数字资源,实现数字内容的持久保存和获取。

LOCKSS 系统起源于 1999 年斯坦福大学图书馆的一个项目,其目标是使图书馆能够应用一种花费不高、技术健壮的方法来可靠保存和管理其数字资产。2000 年开始,LOCKSS 系统推出其 Alpha 版本。从 2000 年到 2002 年,LOCKSS 的 Beta 版在全球的 50 多个图书馆中进行了测试。从 2002 年到 2004 年,LOCKSS 开发人员和一些重要图书馆,对 LOCKSS 进行了产品级测试和完善。2004 年 4 月,LOCKSS 系统被作为一个产品正式发布。

LOCKSS 的意思是“多个复本确保资源安全”(Lots Of Copies Keep Stuff Safe)。LOCKSS 系统是这一原则之上构建的一个开源的、图书馆主导的数字保存系统。这一系统也被认为是利用传统图书馆的“购买并拥有”(purchase-and-own)模式处理电子资源的一个系统。

实际上,LOCKSS 利用了点对点(peer-to-peer)的软件架构来构建分布式的 LOCKSS 保存联盟。加入 LOCKSS 联盟的图书馆只需在一个中等规模的个人计算机上安装 LOCKSS 软件系统,就可构建起一个被称为“LOCKSS 存档箱”(LOCKSS Box)的数字保存设备。为了实现对数字资源的长期保存,一般需要完成三件事:与出版社商议,通过规范协议取得对相关资源的保存权;构建一个 LOCKSS 存档箱,并根据与出版商的授权协议,取得此图书馆对相关资源的内容访问权,形成相关资源的一个复本;实现这个 LOCKSS 存档箱的注册,将这个 LOCKSS 存档箱注册到相关的 LOCKSS 联盟中,以确保这一授权的资源能够在 LOCKSS 联盟中有多个复本、可安全存储。

利用了 LOCKSS 存档箱的图书馆和档案馆可以加入两种 LOCKSS 网络联盟来实现其数字内容的保存，分别为全球 LOCKSS 网络（Global LOCKSS Network）和私有 LOCKSS 网络（Private LOCKSS Networks）。

通过全球 LOCKSS 网络，图书馆可以保存开放获取的期刊以及其订购的电子期刊和电子图书，相当于是图书馆的普通馆藏。全球 LOCKSS 网络保存的资源通常是以 Web 方式提供服务的资源，包括那些可以通过订购获取的资源。由于在这一公共网络上存储的资源是很多图书馆都希望保存的资源，因此在这网络中，有足够的复本可以保障资源的可靠存储。目前已经有 530 家出版社选择了全球 LOCKSS 网络作为其电子期刊和电子图书的保存方案。在全球 LOCKSS 网络上，保存了 11 000 多种电子期刊，9 700多种电子书。全球 LOCKSS 网络从 LOCKSS 联盟获取经费支持，由斯坦福大学图书馆来运维。

通过私有 LOCKSS 网络，图书馆可以保存手稿、图像馆藏、数据库、政府信息文集及其他自建的数字馆藏，私有 LOCKSS 网络相当于是图书馆的特殊馆藏。一个私有 LOCKSS 网络通常是由一群在某一领域有共同兴趣的成员单位组成的一个网络。一个私有 LOCKSS 网络构建一个群体的数字保存框架，保障重要本地数字内容的安全，一起协调组织数字保存业务，提升群体的技术和专业能力。私有 LOCKSS 网络通常会将数字内容从自己的机构仓储移植到私有 LOCKSS 网络上，以更为强健地实现对数字内容的保存。目前已经有十余个私有 LOCKSS 网络，其中包括有阿拉巴马州数字保存网络（Alabama Digital Preservation Network，ADPN）、受控 LOCKSS 存档网络（CLOCKSS Archive）、MetaArchive 合作保存网络（MetaArchive Cooperative）等。

3.3.2　以国家战略的方式有机组织数字保存研究与实践

自 2004 年以来，随着世界主要发达国家数字保存意识的觉醒，很多国家和国际联盟开始认真应对数字保存问题，从国家战略的高度来组织本国或本联盟的数字保存工作，有序开展数字保存，取得了重要实践成果。

（1）美国从国家战略层面推进 NDIIPP 项目，取得重要建设成果

如前所述，美国很早就认识到数字信息的重要性及其岌岌可危的现实状况。2000 年 12 月，美国国会通过了关于发起“国家数字信息基础设施和保存计划”（NDIIPP）的法案，从国家战略的层面，推动数字保存研究和实践活动的开展。

这一计划的最初工作是召集和吸引来自不同领域的相关团体，共同筹划美国的数字保存战略，形成一个 NDIIPP 项目的计划方案。2002 年 10 月，名为《保存我们的数字遗产：NDIIPP 项目计划》的方案发布[38]。这一计划的目标是构建一个国家层面可持续的数字保存基础设施，它包括六个核心要素：构建国家级的数字内容馆藏、使数字保存得到法律保护、形成数字保存的业务模式、开发标准并形成最佳实践、普及和延伸数字保存活动、形成数字保存技术框架。这一计划希望通过上述六个核心要素建设，加强美国保存数字资产的能力。2003 年，美国国会通过了这一计划。

在这一计划的指导之下，2004 年，NDIIPP 项目支持了数字馆藏建设，建设起了数字保存合作网络；2005 年，NDIIPP 项目与美国国家科学基金会（NSF）合作，对数字保存的前沿技术进行了研究。之后，NDIIPP 项目不断与其他伙伴如 Portico、斯坦福大学、SCOLA 等合作，就相关问题进行研究和实践。2007 年，NDIIPP 项目发起了“保存创造性美国计划”[39]，对美国的创意产品，如数码照片、卡通、运动图像、声音记录及视频游戏等进行保存。2008 年 NDIIPP 项目发起了“保存州政府信息计划”[40]，通过四个项目，支持了 23 个美国州政府信息的保存。通过十多年的努力，美国 NDIIPP 项目取得了很多重要成果。主要有以下四个大的方面：

1）通过发展国家数字保存合作网络，建立起了美国国家数字管理联盟（National Digital Stewardship Alliance，NDSA）。NDIIPP 致力于吸纳各种保存合作伙伴，构建一种分布式的数字保存合作网络。初期的合作网络是一个种协作网络，吸引了众多数字保存伙伴加入，其中美国国会图书馆作为这个合作网络的中心节点，起着协调的作用。通过定期会议、战略讨论、项目推广，各合作网络的成员能够共享研究成果、相互学习经验。2010 年 7 月，在数字保存合作网络的基础之上，作为 NDIIPP 计划的一个重要举措，国家数字管理联盟成立。国家数字管理联盟是一个会员制的联盟组织，这一联盟致力于对数字资源的长期保存。具体而言，国家数字管理联盟的任务就是为了当前和后代的利益，对美国的数字资源进行保存。国家数字管理联盟构建和维护全国性的数字馆藏，支持联盟成员间的合作，积极推进数字保存相关知识、技术、标准、最佳实践、业务模式在联盟中的应用，促进联盟内数字保存技术框架、软硬件平台的规范应用，鼓励数字保存的研究与创新，通过教育推广措施，培育数字保存的社会环境。加入国家数字管理联盟的成员需要证明他们是一个从事数字管理相关事业的机构。它们或致力于收集、供给或保存联盟的数字内容；或为联盟提供数字保存相关的服务，如提供存储空间、基础设施、工具平台、软硬件或数据整理服务。

目前,已经有160家成员单位加入了美国国家数字管理联盟,这些成员单位包括大学、政府机构、非营利组织、商业机构,以及专业协会等。

2)构建国家数字馆藏(National Digital Collection),实现重要的和受威胁的数字资源的长期保存。在NDIIPP看来,数字地理空间数据、网页内容、数字文本和图像、广播电视和视听内容都是对当前和未来的用户具有重大价值的资源。而这些数字内容寿命短暂,有的不能存活一个年代,有必要在其消亡之前有效地对其进行收集和保存。由于目前数字内容的生产规模已超出了任何单一机构的收集和保存能力,因而需要构建一种分布式的国家数字馆藏来实现国家重要数字内容的保存。NDIIPP合作伙伴和美国国会图书馆相互协调,有效地选择、收集和保存对公共政策、研究和教育、文化遗产有重要价值的资源,形成了国家数字馆藏建设的机制和方法。基于这一机制和方法,NDIIPP不仅仅促进了美国国内数字馆藏的保存合作,而且通过吸收国际机构的加入,带动了国际间数字馆藏保存的合作。目前,已经有来自美国44个州以及25个国家的185家合作伙伴加入到了国家数字馆藏的保存体系中,保存起了1400个重要的数字馆藏。

3)构建了一个支持合作共享的技术基础架构,促进数字保存的相关工具、服务、标准能够在这一架构上发展。在NDIIPP的项目规划中,技术专家组提出了一个数字保存的三层架构模型。底层进行数据的存储和维护。中间层在数据之上提供服务,实现对数字内容的描述和管理,这一层与图书馆和档案馆密切相关。而顶层是访问层,提供对数字内容的查看和使用。NDIIPP合作伙伴通过清晰的角色分工,测试并验证了这种分布式数字保存方法的有效性。在这一合作保存网络架构之上,NDIIPP项目开发和测试了支持分布式数字保存的40余个工具和服务,诸如BagIt[41]、iRODS[42]等,推动了这些数字保存工具在数字保存实践中的应用。NDIIPP项目还针对各种类型的数字内容,制定了相应的数字保存格式选择规范,帮助NDIIPP项目合作单位选择采用合适的数字保存内容格式。

4)对相关的法律修订提出建议,积极创建有利于数字保存的公共政策环境。NDIIPP认为,对于数字保存而言,法律及刺激机制与数字内容本身一样重要。通过研究,NDIIPP项目提出美国的版权法及相关法律需要修订以适应数字时代的需要。NDIIPP项目认为美国的法律环境不仅仅与数字保存的最佳实践相背,甚至认为数字保存是非法的。为此,NDIIPP项目积极与美国版权局(U. S. Copyright Office)合作,组织来自版权法领域的专家成立了美国版权法108条款研究小组(The Section 108 Study Group),对美国的版权法提出修改建议,以使其符合数字时代的需要,促进数字保存合法地开展。2008 年 3 月,小组提交了《108 条款研究小组报告》,认为为了适应数字保存的需要,应当对版权法进行修订,并建议:将博物馆包括在 108 例外条款之中;增加图书馆、档案馆和博物馆允许持有的数字信息的复本数量,以有助于开展数字保存工作;允许图书馆、档案馆和博物馆对有风险的作品进行复制和保存,以免这些数字内容损坏或丢失;允许图书馆、档案馆和博物馆采集和保存公开可用的在线内容。除了对相关法律修订之外,NDIIPP 项目还组织了版权法对数字保存影响的国际比较分析;召集国家专家委员会,探讨建立针对数字保存的减税刺激机制;试点通过与版权持有人的协商和许可机制,获得对相关数字内容保存处置权;组建研究小组,研究那些私人所有,但具有重要公益价值资源的数字保存方案。

通过上述四个方面的工作,NDIIPP 项目在合作网络、数字馆藏、技术架构、政策法律等各方面都取得了重要进度。据估计,到目前为止,已有超过 100 PB 的内容被保存在 NDSA 的成员网络之中。

(2)欧盟基于框架计划有效组织数字保存的研究和实践

欧盟很早就认识到那些存储在旧媒体上、利用旧软件来显示并且以旧格式规范保存的数字内容已经身陷困境。如果不及早对其采取行动,那么这些数字内容几乎不可能存活过一个年代。在 21 世纪初,欧盟就资助了 ERPANET 项目,联合欧盟成员的相关机构,汇聚各方专长,研究和应对数字保存这一课题。

自 2004 年以来,欧盟更加认识到数字化资源长期保存的重要性,并且随着研究的深入,有必要从数字保存的基础性研究、应用性研究和应用推广等多个方面来推动数字保存的相关工作,并通过其第六和第七框架(FP6 和 FP7)项目计划,加大了对数字保存的研究投入。

欧盟在第六框架中,第一次将数字保存作为一个资助专题。通过第六框架,欧盟资助了 CASPAR[43]、PLANETS[44]、DPE(Digital Preservation Europe)[45]、DELOS[46]四个项目。而在第七框架中,数字保存这一资助专题得到了大幅扩充,资助项目增加到 18 个(详情见表 3-1)[47]。第六框架中主要关注文化资源和科学数据的使用和存储,工作计划主要集中在 2005—2006 年,其中 CASPAR 和 PLANETS 规模较大,主要是对基于 OAIS 系统和工具进行测试[48-49]。第七框架主要利用前沿的信息通讯技术来扩大欧洲各类文化和科学资源的可利用性,提高用户使用水平,研究如何对当今数字资源进行保存以确保在未来具有有效性和可用性,资助了 APARSEN[50]和 ARCOMEM[51]等 18 个项目,工作计划集中在 2007—2013 年。

表 3－1　欧盟第六和第七框架中数字保存项目基本信息[52]

框架	时间	资助数量	资助项目名称	主要目标
FP6	2002—2006	4	CASPAR,PLANETS,DPE,DELOS	对文化和科学资源进行使用和保存
FP7	2007—2013	18	4C, ARCOMEM, BlogForever, DAVID, DIACHRON, DuraArk, ENSURE, ForgetIT, KEEP, LiWA, PERICLES, PrestoPRIME, PROTAGE, SHAMAN, SCAPE, TIMBUS,Wf4Ever	利用前沿的信息通讯技术来扩大欧洲各类文化和科学资源的可利用性,提高用户使用水平

根据这些项目的研究主题,又可对这些项目进行细分,如表 3－2 所示。如其中 4C 是关于数字保存成本分析的项目,DuraArk、ForgetIT、KEEP 等是重点研究数字保存的技术、框架和方法的项目,而 CASPAR、SHAMAN 和 Wf4Ever 等主要是针对科学、商业或个人数据进行长期保存研究;而 LiWA、ARCOMEM 和 logForeve 等是关于 Web 存档;PrestoSpace 等主要研究音视频数字资源的长期保存,而 APARSEN、DPE、PLANETS 和 DELOS 这几个项目主要以联盟、合作、协作为主。

表 3－2　欧盟第六和第七框架长期保存项目按主题分类表

研究主题	资助项目
数字保存成本问题	4C
数字保存技术、框架、方法	DuraArk, ForgetIT, KEEP, PERICLES, PROTAGE, SHAMAN, SCAPE,TIMBUS,WF4Eve,DELOS
可信赖仓储	APARSEN
数据保存	CASPAR, SHAMAN, WF4Ever, APARSEN, DIACHRON, ENSURE
网络存档	LiWA,ARCOMEM,BlogForever
音视频内容的数字保存	PRESTOSPACE,DAVID,PrestoPRIME,
联盟协作	APARSEN,DPE,PLANETS,DELOS

从第六框架到第七框架,欧盟对数字保存的投入不断增加。表 3－3 列出了各项目的具体资助经费(除第七框架 4C 和 PERICLES 项目[53]外),据表可知第六框架的数字化长期保存项目总资助经费仅有 3600 多万欧

元,在第七框架中达到1.1亿多欧元,其中欧盟委员会资助经费也由第六框架的2400多万欧元增加到了7900多万欧元。第六框架中DPE和DELOS两项目完全由欧盟委员会资助,而第七框架所有项目的资助经费中,欧盟资助经费的比例都超过了66%,说明数字资源的长期保存在欧盟很受重视;而且资助国家也越来越广泛,更多的国家和机构参与到长期保存活动中,合作项目比重增多,他们在共享技术经验的同时也提供一定的经费支持。

表3-3　欧盟第六和第七框架长期保存项目资费经费信息

（单位:百万欧元）

所属框架	项目	总资助经费	EU资助经费	EU所占比例
第六框架	CASPAR	15.08	8.80	58.36%
	PLANETS	14.00	8.60	61.42%
	DPE	1.45	1.45	100%
	DELOS	6.00	6.00	100%
	总计	36.53	24.85	68.03%
第七框架	APARSEN	8.75	6.84	78.19%
	ARCOMEM	8.01	6.00	74.91%
	BlogForever	4.06	3.17	78.02%
	DAVID	3.32	2.21	66.65%
	DURAARK	3.78	2.97	78.71%
	ENSURE	11.73	7.85	66.93%
	FORGETIT	9.09	6.59	72.54%
	LiWA	3.62	2.68	74.00%
	KEEP	3.97	3.15	79.27%
	PrestoPRIME	12.06	8.00	66.35%
	PROTAGE	2.68	1.97	73.46%
	SCAPE	11.36	8.60	75.71%
	SHAMAN	12.29	8.40	68.35%
	TIMBUS	11.73	7.78	66.29%
	WF4EVER	3.86	2.94	76.07%
	总计	110.30	79.15	71.75%

基于这些项目,欧盟的很多重要机构都参与到了数字保存的研究和实践中。表3-4给出了承担欧盟第六和第七框架数字保存项目的协调机构的基本情况(机构类型的A代表存储机构,B代表科研机构,C代表公司企

业)。由表3-4可知在这些项目的协调机构中科研机构所占比例较大,达到了65%。从国别上看,大多来自英国、法国和德国。

通过表3-4,我们还可以看到:①随着存储资源类型的复杂和多样化,越来越多的企业也参与到长期保存研究中,除提供技术和方法支持外,在一些项目中企业还承担了关键角色,如在Wf4Ever、ENSURE和TIMBUS项目中,企业作为项目的协调机构承担着很重要的作用。②欧盟委员会在长期保存方面资助的国家也越来越多,在第六框架中项目协调机构只分布在法国和英国,而在第七框架中项目协调机构扩展到了八个国家且机构类型也出现多元化。③近年来启动的项目明显增多,仅2011年就有六项,这进一步说明数字保存受到越来越多国家和机构的关注,日益成为全球性问题。

表3-4 各项目协调机构信息

框架	项目	项目协调机构	机构类型	机构国别	项目起始年
第六框架	DELOS	Geie Ercim	A	法国	2004
	CASPAR	The Science And Technology Facilities Council	A	英国	2006
	PLANETS	The British Library	B	英国	2006
	DPE	University Of Glasgow	A	英国	2006
第七框架	PROTAGE	RIKSARKIVET	B	瑞典	2007
	SHAMAN	Inmark Estudios Y Estrategias S. A	A	西班牙	2007
	LIWA	Gottfried Wilhelm Leibniz Universitaet Hannover	A	德国	2008
	KEEP	Bibliotheque Nationale De France	B	法国	2009
	PrestoPRIME	Institut National De L'audiovisuel	A	法国	2009
	WF4EVER	Intelligent Software Components S. A	C	西班牙	2010
	APARSEN	Science And Technology Facilities Council	A	英国	2011
	ARCOMEM	The University Of Sheffield	A	英国	2011
	BlogForever	Aristotelio Panepistimio Thessalonikis	A	希腊	2011
	ENSURE	IBM ISRAEL-Science And Technology LTD	C	以色列	2011
	SCAPE	Ait Austrian Institute Of Technology GMBH	A	奥地利	2011
	TIMBUS	SAP AG	C	英国	2011

续表

框架	项目	项目协调机构	机构类型	机构国别	项目起始年
第七框架	DAVID	Joanneum Research Forschungsgesellschaft Mbh	B	奥地利	2012
	DURAARK	Gottfried Wilhelm Leibniz Universitaet Hannover	A	德国	2013
	FORGETIT	Gottfried Wilhelm Leibniz Universitaet Hannover	A	德国	2013
	4C	Joint Information Systems Committee (JISC)	A	英国	2013

(3)英国、荷兰、德国等国家积极部署国家战略

除美国和欧盟之外,英国、荷兰、德国等国家也都自21世纪开始积极部署国家的数字保存战略,有效推动数字保存研究和实践的深入发展。

1)英国

在英国,一些重要的组织机构推动着英国国家层面的数字保存的研究和实践。这些重要机构包括数字保存联盟(DPC)、联合信息系统委员会(JISC)、数字保存中心(DCC)和大英图书馆(BL)。

英国的数字保存联盟(Digital Preservation Coalition,DPC)是英国数字保存研究和实践的积极推动者。2006年数字保存联盟发布了《关注差距:英国数字保存需求评价》报告[54]。这一报告调研了当时英国的重要数字保存相关机构,研究分析了英国数字保存的实际情况,提出了英国数字保存的发展战略,特别针对英国数字保存的18个重大需求,提出了21条重要建议。其中多条建议要求英国需要将数字保存问题作为一个国家层面的问题来考虑:要求英国政府需要从国家战略和国际战略的层面来考虑数字保存问题,以对相关的政策制定产生有益的影响;希望英国政府能够积极部署相关的经费支持,以促进数字保存标准规范、技术方法的研究;需要通过地区及国家层面的合作,建立起可信赖的国家数字存档体系,使重要的数字资源可以存活。报告于2006年2月15日在英国的国会上发布,得到了高度关注。

在具体实践上,英国联合信息系统委员会积极推动英国高等教育机构开展数字保存的研究和实践。JISC认为保存数字学术和教育资源,保障这些资源的长期保存和利用是JISC的一项重要战略,并将"数字保存和管

理”作为 JISC 的一个重要主题进行资助。到目前为止，在“数字保存和管理”[55]这一资助主题下，英国资助了 12 个研究计划，共 81 个研究项目，这些项目涉及数字记录管理、数字保存基础架构、数字仓储、数字内容生命周期管理、研究数据管理、数字成本管理等内容。也是在 JISC 的资助下，2004 年英国成立了数字保存中心[56]。DCC 的设立是英国推动数字保存和实践的一项重要国家举措。自成立之后，DCC 组织了一系列的活动来推动数字保存在英国高等教育和研究机构中有效地开展，例如通过专家咨询帮助英国教育机构有效地存储、管理、保护和共享研究数据资源；提供数字保存的相关手册、案例研究和知识技术培训，来提高相关机构的数字保存技能；与相关机构合作，帮助这些机构制定数字保存政策，进行数字管理规划；提供技术解决方案、数字保存工具和相关学习资源，提高英国高等教育机构的数字保存能力。

大英图书馆 2006 年就制定了其五年的数字保存发展战略。到 2013 年，再次发布了其新的数字保存战略[57]（2013—2016）。在 2006 年到 2012 年间，大英图书馆开发并增强了其数字图书馆系统，嵌入了数字保存的工作流程，可以实现数字内容的完整性和稳固性检测、格式校验、文件类型识别等多种功能，这一系统适用于各类数字资源的长期保存。到目前为止，已经利用这一系统存储了 280TB 的数字资源。自 2013 年开始，随着非印本资源合法存缴法律开始执行，大英图书馆作为英国的国家数字存档系统之一，获得了英国非印本资源的法定存缴权限，可以对 Web 站点、博客、E-Journal 以及光盘进行数字保存。据估计，在 2013/2014 财年，有 480 万个 Web 站点、120 000 种电子期刊以及 12 000 册电子书被保存在大英图书馆的数字保存系统中[58]。

2）荷兰

荷兰是较早进行数字保存研究和实践的国家。荷兰国家图书馆（KB）、荷兰国家档案馆（NA）、数据存档和网络服务（DANS）等机构都是国际数字保存界较有影响的机构。经过十余年的研究与实践，荷兰数字保存的研究与实践机构认识到数字资源的长期保存需要大量的经费投入、存储设备及相关的专业知识，是单一机构不可能承受的。2008 年，荷兰的十几个数字保存研究和实践机构联合起来，构建了荷兰数字保存联盟（The Netherlands Coalition for Digital Preservation，NCDD）。这一联盟的目标就是确保公众认为有价值的数字内容得以有效保存，在未来能够持续利用。

2009 年荷兰数字保存联盟在荷兰教育、文化及科学部的资助下，对荷兰当时数字信息的长期保存情况进行了调研，发布了名为《我们数字记忆的未来》[59]的报告。报告认为荷兰数字资源的长期保存面临着很多重要的问题,特别包括:公众对数字对象的风险认识不足;缺少相关的知识和技能来应对这些风险;没有在数据创建的时候实施有效的数据管理;在解决长期保存问题上,只能采用短期项目经费支持方法,无法长期保障。

荷兰数字保存联盟意识到为了解决上述问题,需要构建一个分布式的国家级的数字保存网络,以对公共领域的数字资源进行有效管理。这一个数字保存网络不但要解决存储设施(包括软硬件)的问题,还要解决一系列的组织问题:要对组织成员的角色和职责进行明确定义,要对数字资源生产者和消费者之间的工作流进行有效规范,需要提出明确的数字资源选择原则和质量规范,需要在组织间共享服务、知识和技能。

荷兰数字保存联盟通过调研发现需要保存的公众数字信息可分为四种类型,分别是学术交流资源、公众记录和档案、音视频等媒体资源,以及数字文化历史遗产资源。基于上述这四种类型的资源,荷兰数字保存联盟通过确认各类型数字资源的领导机构来实施对这一领域资源的国家保存。例如荷兰国家档案馆负责领导公众记录和档案的保存;荷兰声音和影像研究所(Netherlands Institute for Sound and Vision)负责音视频等媒体资源的数字保存;对于学术交流资源有两个机构负责,荷兰国家图书馆负责出版物的数字保存,而数据存档和网络服务(DANS)负责研究数据的保存;而对于数字文化历史遗产资源,则由于没有明显的优势机构,而直接在荷兰教育、文化及科学部的指导下开展工作。

通过荷兰数字保存联盟,协调了荷兰数字保存的相关利益方,有效推进了荷兰国家层面的数字保存工作。

3)德国

德国 Nestor(德国数字资源长期保存专业网络)原来是作为一个项目于 2003 年 6 月由德国的教育和研究部发起的。自 2009 年之后,Nestor[60]成为了一个基于合作协议的联盟来推动德国国家层面的数字保存研究和实践。到 2013 年为止,Nestor 成员单位也由原来的 6 家扩大到了 13 家。

Nestor 主要通过组织数字保存的相关活动来联合德国的图书馆、档案馆、博物馆和大学,并为成员单位提供服务。其提供的主要服务有:①发布数字保存知识,提升德国的数字保存意识。Nestor 出版发行数字保存相关的研究报告、数字保存手册指南、数字保存活动信息、相关信息表等数据保存相关知识技术,促进成员单位提高数字保存的知识和技能。②组成特定工作组,专题研究相关的数字保存问题。Nestor 从成员单位及德国的数字保存机构中吸纳相关人员,组成特定的工作组,专题研究相关的数字保存问题。目前 Nestor 构建了可信赖仓储认证、合作网络、成本分析、数字保存标准、仿真数字、法律、媒体等工作组，来推动数字保存的研究和实践。③推动数字保存的标准化。Nestor 积极与德国标准化研究所(DIN)、德国的图书馆和文献标准化委员会(NABD)等积极合作，推动数字保存的三项标准规范的建设。其中"Nestor 准则：可信赖数字仓储准则目录"是数字保存界得到高度关注的规范，后成为德国国家标准 DIN 31644(2010)，最新的德文版于 2012 年发布。其他另外两个规范分别为"持久标识系统的可信赖性评价准则目录"和"数字仓储信息摄入的规范指南"，同样也被德国标准化研究所(DIN)采标作为国家标准，标准号分别为 DIN 31645 和 DIN 31646。④提供数字保存的教育培训。Nestor 认识到德国对数字保存的教育培训有着广阔的需求。因此 Nestor 积极与目前的图书馆、档案馆和博物馆合作，开展数字保存的教育培训。自 2007 年以来，Nestor 通过春季班、暑期班等多种形式，开展了系列培训，并在这一基础之上，构建了 Nestor 数字保存教材《Nestor 手册，数字保存百科全书》[61]，并不断在修订。⑤通过合作网络，促进数字保存。Nestor 认为自己是德国的数字保存能力网络(competence network)，同时也是欧洲数字保存合作网络的一个部分，它积极参与国际合作，与永久存取联盟(Alliance for Permanent Access，APA)、英国数字保存联盟(DPC)、美国数字保存项目 NDIIPP 都有着很多的合作，在数字保存的多个领域发挥作用，反映德国的声音。

3.3.3　可信赖数字仓储审计和认证规范成熟

自 2004 年以来，可信赖数字仓储审计和认证规范成熟，成为衡量数字仓储质量的重要指标。

由于数字保存工作的影响因素众多、组织管理复杂，如果出现重大问题时没有提前准备的预案，则可能导致问题不可修复。如何提高数字保存的质量水平、可靠有效地实施数字保存是一个重要问题。

自 2002 年 RLG/OCLC 发布了可信赖数字仓储报告之后，越来越多的数字保存研究和实践者认识到客观公正地对数字仓储进行审计和认证，有助于发现和改进数字保存实践中的薄弱环节，提高数字保存的质量水平，确保达成数字保存目标。在其后的十多年间，可信赖数字仓储审计和认证规范成为了数字保存的一个重要研究内容。

2003 年，RLG 和美国国家档案局(NARA)构建了一个联合工作组实现对数字仓储认证。这是一个国际性的工作组，成员来自美国、英国、法国和荷兰，包括了档案馆、图书馆、实验室，以及政府、学术、非营利组织，科研机构和专业组织的数据中心的人员。RLG-NARA 工作组的目标是提出一个标准规范,通过这一标准规范可以对那些具备可靠地存储、迁移数字资源,能够有效保障数字资源访问的数字仓储进行识别。这一工作组围绕着如何制定认证规范和如何描述认证过程进行工作。2005 年,工作组发布了一个对数字仓储进行认证的检查表草案,并邀请相关团体对这一草案提出意见。

同样在 2005 年,在美国梅隆基金会(Andrew W. Mellon Foundation)的资助下,研究图书馆中心(Center for Research Libraries,CRL)开展了名为“数字存档项目的审计和认证”(Auditing and Certification of Digital Archives Project)的项目研究,进一步对 RLG-NARA 草案进行完善。CRL 进一步提出了可信赖数字仓储的文件记录要求,对可信赖数字仓储的认证过程进行了描述,并提出了相关的认证方法。在上述工作的基础之上,Robin Dale(来自 RLG)和 Bernard F. Reilly(来自 CRL)提出了一种很大程度上依赖于检查表的审计方法,并对一些重要的数字仓储进行了可信赖的认证测试,其中包括荷兰国家图书馆(KB)的 E-Depot、政治和社会研究大学联盟(the Inter-University Consortium for Political and Social Research)以及 Portico。

在 RLG 和 CRL 工作的基础之上,来自欧洲的重要数字保存研究和实践机构进一步对可信赖数字仓储的审计和认证规范进行了发展完善。例如英国数字保存中心(Digital Curation Centre,DCC)对所提出的检查表进行了修订,并提出了基于事实和基于质量测度的可信赖性计算方法。德国 Nestor(Network of Expertise in Long-Term Storage of Digital Resources)项目的认证工作组基于 RLG 和 CRL 工作,提出了可信赖数字仓储准则目录(Catalogue of Criteria for Trusted Digital Repositories)。澳大利亚可持续仓储伙伴项目(Australian Partnership for Sustainable Repositories project)和澳大利亚国家图书馆组织了相关工作组会议,并用一整天的时间,基于审计和认证规范草案,对可信赖仓储的认证方法进行了讨论。

2007 年 2 月,OCLC 和 CRL 发布了《可信赖仓储审计和认证:标准指标和检查表》(*Trustworthy Repositories Audit & Certification: Criteria and Checklist*),形成了所谓的 TRAC 审计认证体系。TRAC 审计认证提出了近 90 条的可信赖数字仓储的审计准则,涉及数字仓储的组织架构、数字对象管理、技术手段、技术框架和安全。这些准则大多以 OAIS 参考模型中提到的原则、术语和功能特性为基础。随着 TRAC 的正式发布,CRL 也开始承担起了对可信赖仓储进行正式审计和认证的任务。

2011 年 9 月,新的 TRAC 修订版本改名为“对可信赖数字仓储的审计和认证”(Audit and Certification of Trustworthy Digital Repositories),并由空间数据系统咨询委员会(CCSDS)作为一个推荐实践标准(CCSDS 652.0-M-1)进行发布。2012 年,国际标准化组织(ISO)采纳了 CCSDS 652.0-M-1,发布了国际标准《空间数据和信息转换:对可信赖数字仓储的审计和认证》(ISO 16363:2012)。除了 ISO 16363 之外,名为《审计和认证可信赖数字仓储候选者之机构必备资质要求》(ISO/FDIS 16919, *Requirements for bodies providing audit and certification of candidate trustworthy digital repositories*)的标准还在制定中。这个标准将对提供数字仓储可信赖审计和认证服务的组织机构进行规范,对这些机构开展审计和认证的必备条件进行定义。

自 TRAC 正式发布之后,通过 TRAC 认证已经成为重要数字保存机构体现数字保存质量水平,取得社会和用户信赖的重要手段。到目前为止,已经有 Portico(2010 年 1 月)、HathiTrust(2011 年 3 月)、Chronopolis(2012 年 3 月)、安大略大学图书馆理事会(OCUL)的 Scholars Portal(2013 年 2 月)和 CLOCKSS(2014 年 7 月)通过了 CRL 组织的认证。

除了 TRAC 可信赖认证体系之外,还有德国的 Nestor 体系、由荷兰数字存档和网络服务(DANS)主导的 DSA 体系。

德国的 Nestor 体系可以认为是 TRAC 体系上发展而来。自 2004 年开始,德国 Nestor(Network of Expertise in Long-Term Storage of Digital Resources)项目就开始形成了一个可信赖存档认证的工作组。在 TRAC 草稿的基础之上,德国 Nestor 工作组专注于识别数字仓储的特点与价值,并将这些应用于评估现有的和计划构建的数字仓储中。2006 年,Nestor 发布了《Nestor 准则:可信赖数字仓储准则目录》(*Nestor criteria: Catalogue of Criteria for Trusted Digital Repositories*),并于 2008 年对其进行了更新。Nestor 准则类似于 TRAC 检查表,涵盖了数字仓储库的组织框架、对象管理、基础设施及安全等方面的内容,但根据德国的法律、经济背景和经营状况,提供了相应的实例和观点。在 Nestor 项目结束之后,相关的工作被移交给德国国家标准组织,成为德国国家标准 DIN 31644(2010),其最新的德文版于 2012 年发布。

由荷兰数字存档和网络服务(DANS)主导的数据正式认可(Data Seal of Approval, DSA)体系基于 16 条指南,来指导数据管理机构提高数字保存的质量,构建可信赖的数据仓储体系。自 2009 年以来,DSA 认证成为了一个由多个国际社团参与的国际化认证体系。DSA 对数字仓储的评估分为两个阶段:第一阶段,由数字仓储根据指南进行自我评估;而第二阶段,组成国际 DSA 评估小组对数字仓储进行同行评议。同行评议人员需要向委员会说明被评议的数字仓储是否遵循了相应的指南,并建议是否可以将 DSA 标志授予被评议的数字仓储。DSA 认证不包括实地的仓储走访,而依赖于可以公开获取的文档,以及所有自我评估报告的公开性,这使得 DSA 认证过程也就是一个在同行评议中保障仓储可信赖性的过程。目前,已经有 30 多个数字仓储通过了 DSA 认证。

除了上述三个主要可信赖数字仓储的审计和认证体系之外,还有一些针对如何识别数字仓储风险、提高数字仓储质量的研究。DRAMBORA 是其中之一,它是数字保存欧洲项目(Digital Preservation Europe,DPE)和英国数字保存中心(DCC)共同研究出来的对数字仓储进行评估的一种方法。2007 年 2 月,两机构发布了名为“基于风险评估的数字仓储审计方法”(DRAMBORA)的工具。这工具提供了一种自我评估的方法,将数字保存看成是一种风险管理活动,认为数字保存的一项重要职责就是合理识别和认识数字保存活动中的各类威胁,防止这些威胁对数字对象的完整性、真实性和可理解性造成影响,并将这些威胁转为可管理的风险。2008 年,上述两机构发布了在线的评估工具,可以用来指导和记录数字仓储的评估。

3.4 小结

为了更好地对数字保存研究与实践的概况进行梳理,本书作者将数字保存的发展历史划分为三个阶段,分别为数字保存概念的提出阶段、数字保存理论的基本成型阶段和数字保存实践的深入发展阶段。作者对这三个阶段内主要的数字保存研究活动进行了梳理分析,对数字保存研究中的主要项目、报告、标准等进行简要地论述。

应当看到:①这样的划分是相对的。特别是文中提及 2004 年左右可以作为第二阶段和第三阶段的分水岭。实际上可以看到,PREMIS 保存元数据字典最终是 2005 年 5 月才发布的,但为了论述方便,作者也将 PREMIS 保存元数据标准的提出放在了第二阶段。②虽然可以将数字保存的发展历史划为三个阶段,但很多工作是相互关联,相互继承的。特别是从经典报告《保存数字信息》开始,到开放存档信息系统参考模型(OAIS)和可信赖数字仓储(TDR)的发布,直至可信赖数字仓储审计和认证规范的成熟。这些重要的数字保存研究和实践活动是相互关联,相互继承的。③作者做出上述三个阶段的划分,主要基于作者对数字保存研究和实践历史的一点认识。由于看问题、了解历史的角度不一样,必然会存在不同的划分意见。

（张智雄、郭红梅）

参考文献

[1] CONWAY P. Digitizing Preservation: Microfilm and Paper Go Electronic[J]. Library Journal,1994,119(2):42-45.

[2] CONWAY P. Preservation in the Digital World[R/OL]. Washington,D. C.:Commission on Preservation and Access,1996[2014-10-13]. http://www. clir. org/pubs/reports/conway2/reports/conway2/index. html.

[3] ELKINGTON N E. Digital Imaging Technology for Preservation: Proceedings from an RLG Symposium Held March 17 and 18,1994,Cornell University,Ithaca,New York [C]. Mountain View,Calif:Research Libraries Group,1994.

[4] ANDRE P,BESSER H,ELKINGTON N,et al. Preserving digital information: Report of the Task Force on Archiving of Digital Information[EB/OL]. [2014-10-10]. http://www. clir. org/pubs/reports/pub63watersgarrett. pdf.

[5] PRONOM[EB/OL]. [2014-10-13]. http://www. nationalarchives. gov. uk/pronom/.

[6] JHOVE-JSTOR/Harvard Object Validation Environment[EB/OL]. [2014-10-17]. http://hul. harvard. edu/jhove/index. html.

[7] CAMiLEON Project(Creative Archiving at Michigan & Leeds: Emulating the Old on the New)[EB/OL]. [2014-10-13]. http://www2. si. umich. edu/CAMILEON/.

[8] PREMIS(PREservation Metadata: Implementation Strategies)[EB/OL]. [2014-10-17]. http://www. loc. gov/standards/premis/.

[9] RoMEO Project(Rights MEtadata for Open archiving)[EB/OL]. [2014-10-13]. http://www. lboro. ac. uk/departments/ls/disresearch/romeo/.

[10] ADAPT(an Approach to Digital Archiving and Preservation Technology)[EB/OL]. [2014-10-13]. http://www. umiacs. umd. edu/research/adapt/index. html.

[11] Archival Digital Libraries Repositories[EB/OL]. [2014-10-13]. https://library. stanford. edu/research/stanford-digital-repository.

[12] Continuing Access and Digital Preservation Strategy for the Joint Information Systems Committee(JISC)[EB/OL]. [2014-10-13]. http://www. jisc. ac. uk/index. cfm? name=pres_continuing.

[13] ERPANET(Electronic Resource Preservation and Access Network)[EB/OL]. [2014-10-13]. http://www. erpanet. org/.

[14] DLIST(Digital Library of Information Science and Technology)[EB/OL].[2014-10-13]. http://dlist. sir. arizona. edu/.

[15] DSpace@ Cambridge[EB/OL]. [2014-10-13]. https://www. repository. cam. ac. uk/.

[16] Common Depository System(CDS)[EB/OL].[2014-10-13]. https://www. library. cornell. edu/preservation/IMLS/.

[17] DAITSS(Dark Archive In The Sunshine State)[EB/OL].[2014-10-13]. http://www. fcla. edu/digitalArchive/.

[18] UC Libraries Digital Preservation Repository[EB/OL]. [2014-10-13]. http://www. cdlib. org/inside/projects/preservation/dpr/.

[19] LOCKSS[EB/OL].[2014-10-13]. http://www. lockss. org/.

[20] Consultative Committee for Space Data Systems: Reference Model for an Open Archival Information System(OAIS)[EB/OL]. [2014-10-13]. http://public. ccsds. org/publications/archive/650x0b1s. pdf.

[21] RLG/OCLC Working Group on Digital Archive Attributes. Trusted Digital Repositories: Attributes and Responsibilities[EB/OL]. [2014-10-13]. http://www. oclc. org/content/dam/research/activities/trustedrep/repositories. pdf.

[22] Preservation Metadata for Digital Objects: A Review of the State of the Art, A White Paper by the OCLC/RLG Working Group on Preservation Metadata[EB/OL]. [2014-10-13]. http://www. oclc. org/research/projects/pmwg/presmeta_wp. pdf.

[23] Preservation Metadata and the OAIS Information Model A Metadata Framework to Support the Preservation of Digital Objects: A Report by The OCLC/RLG Working Group on Preservation Metadata[R/OL].[2014-10-13]. http://www. oclc. org/research/projects/pmwg/pm_framework. pdf.

[24] PREMIS[EB/OL].[2014-10-13]. http://oclc. org/research/activities/pmwg. html.

[25] Data Dictionary for Preservation Metadata: Final Report of the PREMIS Working Group [R/OL]. Dublin, Ohio: OCLC, 2005[2014-10-13]. http://www. oclc. org/research/projects/pmwg/premis-final. pdf.

[26] BEAGRIE N, POTHEN P. Digital Curation: Digital Archives, Libraries and e-Science Seminar[J]. Ariadne, 2002(30): 98-102[2014-10-13]. http://www. ariadne. ac. uk/issue30/digital-curation/.

[27] BEAGRIE N. Digital Curation for Science, Digital Libraries, and Individuals[J]. The International Journal of Digital Curation, 2006, 1(1): 3-16.

[28] MACDONALD A, LORD P. Digital Data Curation: Task Force Report of the Task Force Strategy Discussion Day[EB/OL]. [2014-10-13]. http://www. jisc. ac. uk/uploaded_documents/CurationTaskForceFinal1. pdf.

[29] LORD P, MACDONALD A. e-Science Curation Report, Data curation for e-Science in

the UK:an audit to establish requirements for future curation and provision[EB/OL]. [2014－10－13]. http://www. jisc. ac. uk/uploaded_documents/e-ScienceReportFinal. pdf.

[30] Digital Curation Centre[EB/OL]. [2014－10－13]. http://www. dcc. ac. uk/.

[31] DCC Charter and Statement of Principles [EB/OL]. [2014－10－13]. http://www. dcc. ac. uk/about-us/dcc-charter/dcc-charter-and-statement-principles.

[32] International Digital Curation Conference[EB/OL]. [2014－10－13]. http://www. dcc. ac. uk/events/international-digital-curation-conference-idcc.

[33] International Journal of Digital Curation[EB/OL]. [2013－11－23]. http://www. ijdc. net/.

[34] Digital Curation Unit[EB/OL]. [2013－11－24]. http://www. dcu. gr/.

[35] UC3:University of California Curation Center[EB/OL]. [2014－10－13]. http://www. cdlib. org/services/uc3/.

[36] Digital Research and Curation Center[EB/OL]. [2014－10－13]. http://ldp. library. jhu. edu/dkc.

[37] The Digital Curation Institute[EB/OL]. [2014－10－13]. http://dci. ischool. utoronto. ca/.

[38] Preserving Our Digital Heritage:Plan for the National Digital Information Infrastructure and Preservation Program[EB/OL]. [2014－10－13]. http://www. digitalpreservation. gov/documents/ndiipp_plan. pdf.

[39] The Preserving Creative America initiative[EB/OL]. [2014－10－13]. http://www. digitalpreservation. gov/about/initiatives. html#creativeamerica.

[40] The Preserving State Government Information Initiative[EB/OL]. [2014－10－13]. http://www. digitalpreservation. gov/about/initiatives. html#government.

[41] BagIt[EB/OL]. [2014－10－13]. http://sourceforge. net/projects/loc-xferutils/.

[42] iRODS[EB/OL]. [2014－10－13]. http://irods. org/.

[43][48] CASPAR[EB/OL]. [2014－10－13]. http://www. casparpreserves. eu/.

[44][49] PLANETS[EB/OL]. [2014－10－13]. http://www. planets-project. eu/.

[45] DPE(Digital Preservation Europe)[EB/OL]. [2014－10－13]. http://www. digitalpreservationeurope. eu/.

[46] DELOS[EB/OL]. [2014－10－13]. http://www. delos. info/.

[47][52] TeLearn-DigiCult:Digicult Projects[EB/OL]. [2014－10－13]. http://cordis. europa. eu/fp7/ict/telearn-digicult/digicult-preservation_en. html.

[50] APARSEN[EB/OL]. [2014－10－13]. http://www. alliancepermanentaccess. org/.

[51] ARCOMEM[EB/OL]. [2014－10－13]. http://www. arcomem. eu/.

[53] PERICLES[EB/OL]. [2014－10－13]. http://www. pericles-project. eu/.

[54] Mind the Gap:Assessing Digital Preservation Needs in the UK[EB/OL]. [2014－10－

13]. http://www. dpconline. org/advocacy/mind-the-gap.

[55] Digital Preservation & Curation[EB/OL]. [2014 - 10 - 13]. http://sitecore. jisc. ac. uk/whatwedo/topics/digitalpreservation. aspx.

[56] DCC[EB/OL]. [2014 - 10 - 13]. http://www. dcc. ac. uk/about-us#sthash. Xn-Rc9jZF. dpuf.

[57] Digital preservation strategy, BL[EB/OL]. [2014 - 10 - 13]. http://www. bl. uk/aboutus/stratpolprog/collectioncare/digitalpreservation/strategy/dpstrategy. html.

[58] British Library Digital Preservation Strategy[EB/OL]. [2014 - 10 - 13]. http://www. bl. uk/aboutus/stratpolprog/collectioncare/digitalpreservation/strategy/BL_DigitalPreservationStrategy_2013-16-external. pdf.

[59] A Future for our Digital Memory[EB/OL]. [2014 - 10 - 13]. http://www. ncdd. nl/en/documents/Englishsummary. pdf.

[60] Nestor[EB/OL]. [2014 - 10 - 13]. http://www. langzeitarchivierung. de/Subsites/nestor/EN/Home/home_node. html;jsessionid = 0E171CAE751736CEDEAA4A81EB28C1C4. prod-worker2.

[61] nestor Handbook—An Encyclopaedia in digital Preservation[EB/OL]. [2014 - 10 - 13]. http://nestor. sub. uni-goettingen. de/handbuch/index. php.

第二篇　数字保存的技术基础研究

本篇包括以下内容：

4　数字保存的技术体系研究

数字保存涉及哪些主要技术？如何从总体上对这些技术进行把握？数字保存是否有一个体系框架能够纳入各类相关技术？这些都是从事数字保存技术研究和实践的人员非常关注的重要问题。

本章从开放存档信息系统参考模型(OAIS)这一指导性的标准规范入手,分析了开放存档信息系统在技术模型、信息结构、功能结构、支撑环境等各方面对数字保存技术的要求。之后,作者研究分析了当前数字保存界已有的三个重要的数字保存技术体系框架,分别为Kenneth Thibodeau的二维坐标模型、Priscilla Caplan的金字塔模型和Preservica的数字保存成熟度模型。在此基础之上,作者基于当前一些数字保存系统的分析,总结提出了一个数字保存的技术框架体系,并对其中涉及的各项主要技术进行了梳理分析。

4.1　OAIS及其对数字保存技术的要求

由于需要实现对数字信息资源长期、真实、可信赖地保存,与其他信息系统相比,数字保存系统有着一些较为特殊的要求。开放存档信息系统参考模型描述了承担数字保存任务的信息系统应当具备的各种要求。从数字保存技术的角度来看,OAIS对执行数字保存任务的数字存档系统应当具备的系统职责要求、信息处理模式和流程、系统功能结构和外围技术环境等进行了规范。它对于明确数字保存技术的组成和结构有着指导意义。

4.1.1　开放存档信息系统参考模型的基本情况

开放存档信息系统参考模型最初于2002年1月,由空间数据系统咨询委员会(Consultative Committee for Space Data Systems,CCSDS)作为一个推荐标准(Recommended Standards)发布[1],并在2003年被国际标准化组织

(ISO)接收而成为 ISO 14721:2003 国际标准[2]。2012 年 6 月,在吸收了用户团体意义的基础之上,空间数据系统咨询委员会发布了经过修改完善的开放存档信息系统参考模型的新版本[3]。同时,这一新的 OAIS 版本在空间数据系统咨询委员会的标准分类上,也由原先的推荐标准变成描述更为具体、更针对实践问题的推荐操作规程(Recommended Practice)。同样也在 2012 年,国际标准化组织基于这一新的 OAIS 版本发布了其新的 ISO 14721:2012 标准[4],以取代 2003 年发布的 ISO 14721:2003 标准。

按照 OAIS 标准的说法,开放存档信息系统中"开放"一词表示这一标准以及其后更多的相关标准都是在开放论坛上制定的,开放存档信息系统并不是说这一存档系统的存取是没有限制的。

OAIS 参考模型的主要目标是提供一个理解数字信息长期存档的框架,以帮助人们更好地认识在数字保存的实践活动中涉及的各个重要组成元素及过程。具体而言,OAIS 参考模型提供了一套概念和术语体系,对开放存档信息系统的构成组件、结构功能、管理要求和信息组织管理模式进行了描述。它描述了一个存档系统所在的环境、存档系统的功能组织以及支持存档处理的信息基础结构。

OAIS 参考模型可以被应用于任何类型的存档系统,尤其适用于那些身负数字信息长期保存职责的组织和机构,也可以被那些长期保存信息的生产者和使用者所利用。OAIS 参考模型的制定者认识到数字保存领域需要更多的标准,而这一参考模型的发布,可以促进这一领域更多标准的制定。当然,参考模型制定者也强调,这一参考模型并不具体化到一个系统的设计和实现。具体实现中,可以根据不同的情况采取不同的措施,如将参考模型的各项功能重新组合成为一个新功能,也可以将某项功能拆解为多个具体功能。

OAIS 参考模型的制定者认为,数字信息的维护必须是一个长期持续维护的过程。长期在这里是指时间长得需要充分考虑到其对技术变化带来的影响,例如原有信息存储介质和数据格式的淘汰过时,以及用户团体的变迁。长期保存可能会无限期地延长下去。

4.1.2 开放存档信息系统对系统职责的要求

"存档系统"通常被用来指各类具有存储和保存功能的组织系统。传统的档案馆是存档系统的一种类型,它主要保存政府部门、组织机构、公司等的重要信息记录。在这些重要信息记录的保存过程中,档案馆需要获取、描述、存储管理这些信息,确保这些信息可以被指定用户团体所理解,保证这些信息真实可信,未经篡改。

随着数字信息的不断应用,存档系统需要有效实现数字信息资源的长期保存。由于自身的脆弱性和依赖性,数字信息更容易丢失、损坏和失真,在存档系统中需要更多特殊的保存、管理和控制,以保证这些信息在未来能够被指定用户团体所理解和应用。为了区别于简单的比特存储,标准制定者定义了一个名为"开放存档信息系统"的参考模型,以供数字保存系统的建设者参考。

在 OAIS 标准中,开放存档信息系统是一种包括了组织、人员和系统平台在内的存档系统,这一系统承担保存信息的职责,能够将所保存的信息提供给指定用户团体(Designated Community),并且保证所保存的信息能够被指定的用户团体所理解和应用。

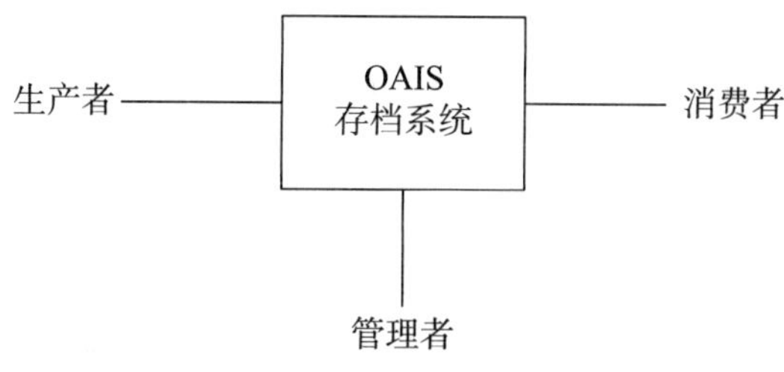

图 4－1　OAIS 的环境模型[5]

OAIS 的环境模型如图 4－1 所示。一个开放存档信息系统是一个置身于生产者、消费者和管理者之间的一个存档体系。其中:

1)生产者是提供需要保存信息的人或系统。OAIS 通过摄入过程(Ingest)接收生产者提交的需要保存的数字信息,包括元数据,并对提交信息进行相关处理,以存储到档案存储系统中。生产者与 OAIS 的相互关系通常被描述在提交协议(Submission Agreement)中,提交协议一般需要规定所提交的信息类型、相关的元数据、传输管理规范等内容。

2)管理者(Management)由制定 OAIS 整体保存政策的人组成。作为更高政策体系中的一个组成部分,OAIS 管理者通常也是更上层组织中的一个部门。这一角色确定存档系统的资源保存范围,明确存档内容的保存许可协议,确保存档系统得到充足的经费支持,并定期评议 OAIS 的政策和运作情况。但是 OAIS 管理者不涉及 OAIS 具体的日常运行工作。OAIS 具体的日常运行管理工作由 OAIS 的行政管理功能实体(Administration)来执行。

3)OAIS 的消费者指的是通过与 OAIS 服务交互并获取特定保存信息的人或系统。在 OAIS 的消费者中,包括了被称为"指定用户团体"的特殊消费者。指定用户团体是那些被认为能够理解保存信息的消费者。在一些情况下,某一个人或者系统,可能同时是 OAIS 的生产者和消费者。

应当看到,管理者、生产者、消费者(包括指定用户团体)在 OAIS 中更多的代表了功能性群体,而不单纯是具体的组织角色。所有这些角色可以被包含在单一的组织架构内,也可以分布在多个不同的组织中。

开放存档信息系统与传统的存档系统的目的是一致的,都是为了有效地实现信息的长期保存和访问,保证这些信息的内容得以保存,并且保障内容的真实性和完整性。但是,更应当看到的是开放存档信息系统与传统的存档系统之间的不同。

在 OAIS 参考模型中,定义了六个强制性的职责要求。只有满足了这六个职责要求的存档系统,才能够被称为是一个“开放存档信息系统”。这六个职责要求分别是:

1)这一存档系统必须与信息生产者协商并从信息生产者那里接收合适的信息。

2)这一存档系统必须获得对所提供信息进行充分控制的权利,以足够满足进行长期保存的需要。

3)这一存档系统必须明确地确定被保存信息的指定用户团体。这一存档系统需要自行或与其他相关部门一起确定谁是被保存信息的指定用户团体,只有这样才能够理解所提供的信息,并由此定义这些信息的知识基础。

4)这一存档系统必须确保被保存的信息对于指定用户团体而言是独立可理解的。特别是应当确保指定用户团体在没有其他特别资源的条件下,如无信息生产者或其他专家的帮助下,仍能够独立地去理解所保存的信息。

5)这一存档系统必须遵循书面记载的政策和处理流程,确保信息安全保存,杜绝所有可能的意外发生。例如,不允许非法删除被保存内容。在存档系统中,不应当存在临时性的、没有充分准备的删除。

6)这一存档系统必须确保其所保存的信息可以被指定用户团体获取,并且所分发给指定用户团体的信息都是原始提交数据对象的完整复本,或者是有证据支撑的、真实性得以保障的、能够追溯到原始提交数据对象的、可信的复本。

以上六个强制性职责要求,也被认为是开放存档信息系统的最小职责要求。

4.1.3　开放存档信息系统对信息处理的要求

如何对信息进行描述、组织和管理是所有信息系统建设都要面对的问题。开放存档信息系统参考模型,对信息的描述、组织、封装和处理过程提出了相关要求。OAIS 参考模型定义了信息对象的组成,提出了信息包的构成模型,对提交、存储和分发等不同阶段的信息包进行了区分。这些要求是数字保存系统规范进行信息处理的重要基础。

(1)OAIS 对信息对象的定义

清晰地对信息进行定义是开放存档信息系统的一项核心要求。在 OAIS 中,信息被定义成为是任何一种可以交换的知识,而这一信息在交换中通常是以某种类型的数据来表现(或呈现)的。一个人,或者是一个系统,如果能够理解他所接受到的信息,那么就可以说这个人,或者是这一系统拥有这一信息的知识基础(Knowledge Base)。在 OAIS 中,需要清楚地定义保存信息的指定用户团体,并且明确记录指定用户团体相关的知识基础。

在 OAIS 中,信息对象(Information Object)由数据对象(Data Object)本身和它的呈现信息(Representation Information)组成。这里的呈现信息是将某一数据对象转换成更具有意义的概念的一种信息。呈现信息可以是各种不同类型的信息,包括技术标准、软件系统、转换系统、显示(打印)设备等,又可以区分为结构呈现信息和语义呈现信息两种。呈现信息的一个例子就是 JPEG 软件对 JPEG 图像文件的呈现。直接将 JPEG 文件的比特流呈现给人们是没有太大的意义的,但通过内嵌了"理解"JPEG 文件标准的 JPEG 看图软件,能够将比特流映射为显示器上的像素,由此可以将一个有意义的图像呈现出来供人们来看。呈现信息应当和数据对象密切关联,并且只有在呈现信息被指定用户团体利用了其知识基础所理解之后,被保存信息才能够转换成为有意义的信息。也就是说"数据在经其呈现信息的解释之后得到了有意义的信息"。如图 4－2 所示。

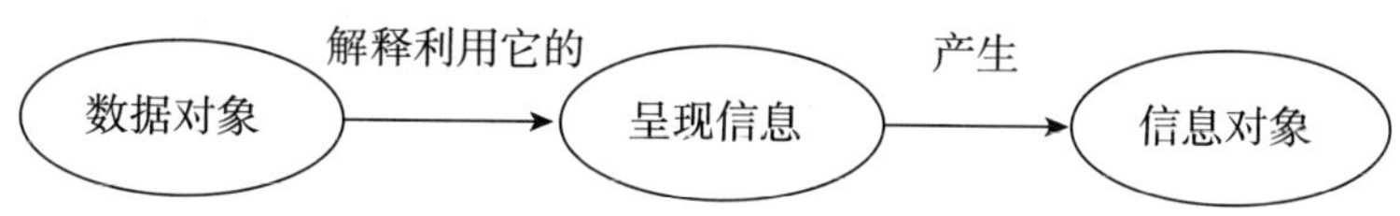

图 4－2　利用呈现信息将数据对象转化为有意义的信息[6]

为了成功地保存信息对象,一个开放存档信息系统需要明确而清晰地标识和理解数字对象及其相关的呈现信息。对于数字信息而言,最重要的是明确数字信息比特流,以及应用于这些比特流的呈现信息。

呈现信息对于数字保存起着重要作用。OAIS 标准认为,在开放存档信息系统的建设中,需要重点关注以下几个与呈现信息密切相关的问题。

1)呈现信息的嵌套及呈现信息的维护问题。由于呈现信息具有相互嵌套的特性,一个信息对象的呈现信息本身可能又包括一个其自身数据和这一数据的呈现信息,从而导致呈现信息的嵌套。呈现信息的循环嵌套需要防止死循环的发生。在呈现信息的维护上,开放存档信息系统需要决定是为指定用户团体维持最少的呈现信息,还是维持大规模的呈现信息。后者能够让更多的人仅需要少量的专业知识基础,便可以理解被保存的信息。

2)软件作为呈现信息的保存问题。在现实中,有些软件本身是呈现信息,可以被用以访问信息对象,它具有促进了解某些呈现网络的功能。但是,不能因为软件的这些特性,就仅仅对访问和呈现信息对象的软件进行保存,而不去对信息对象的数字对象类型进行识别,不去描述和保存信息对象的其他重要呈现信息(如格式规范)。因为在数字保存的实际工作中,保证一个软件系统的存活比保证一种数字信息的存活要难得很多。

3)保存信息内容还是保存信息原有的"外观和感觉"(look and feel)的问题。OAIS 参考模型强调的是对信息内容的保存。近些年来,由于数字技术的进步,很多组织都希望实现对信息原有的"外观和感觉"进行保存。这类保存不但需要保存信息数据,同时还要保存访问这些数据的相关软件及界面。当前保存信息原有"外观和感觉"的一些技术仍然还处于研究和原型实验阶段。这些技术包括硬件层面的仿真、一些重要服务 API 的模拟和虚拟机的开发应用。尽管目前 OAIS 参考模型还不以这些技术为主要关注点,但逐步开始了对这些技术的梳理分析。

(2)OAIS 在信息封装方面的要求

如同信息在网络中传输一样,在 OAIS 中,每一次信息生产者向 OAIS 提交信息的过程,以及 OAIS 向档案消费者分发信息的过程,都可以被看成是一个或多个不断持续的传输过程。因此 OAIS 参考模型认为,引入信息包(Information Package)的概念更有助于理解信息的保存和应用。

在 OAIS 中,信息包是一个概念化的容器,它包装了两种信息,分别被称为内容信息(Content Information)和保存描述信息(Preservation Description Information,PDI)。内容信息和保存描述信息通过打包信息(Packaging Information)进行封装和标识。这一被打包好的信息包还需要通过描述信息(Descriptive Information)进行描述,使之可以被了解和发现。

OAIS 对生产者提交的信息包、用以在系统中存档的信息包以及用以分发给消费者的信息包进行了区分，分别将这些信息包称为提交信息包（Submission Information Package，SIP）、存档信息包（Archival Information Package，AIP）和分发信息包（Dissemination Information Package，DIP）。

OAIS 参考模型中，上述三种类型的信息包及其与生产者、OAIS 本身及消费者之间相互关系如图 4－3 所示。

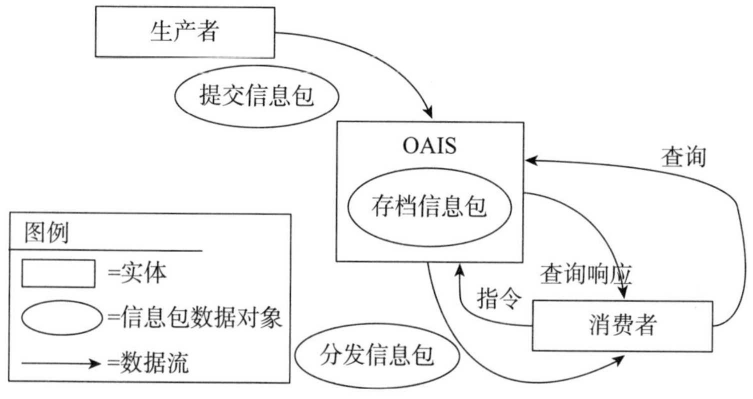

图 4－3　OAIS 参考模型中三种信息包之间的相互关系[7]

4.1.4　开放存档信息系统对系统功能的要求

基于对信息及信息包组成结构的分析，OAIS 标准的制定者提出了一个更为详细的模型来描述 OAIS 的功能实体和在 OAIS 中处理信息的主要过程。它对于认识数字保存的技术体系，设计符合 OAIS 要求的数字保存系统有着指导意义。

图 4－4 描述了开放存档信息系统（OAIS）的功能实体模型，它揭示了开放存档信息系统中的六个功能实体及其相关的接口关系。这六个功能实体分别为摄入功能实体（Ingest Functional Entity）、档案存储功能实体（Archival Storage Functional Entity）、数据管理功能实体（Data Management Functional Entity）、行政管理功能（Administration Functional Entity）、保存规划功能实体（Preservation Planning Functional Entity）和访问功能实体（Access Functional Entity）。各功能实体在 OAIS 中的主要作用如下所述。

1）摄入功能实体。这一实体主要实现从信息生产者那里接收提交信息包（SIP），对所提交信息进行检查、转换、规范等处理，使这些信息可以在存档系统中被规范地存储和管理。它的主要功能包括：接收 SIP 包，对 SIP 包进行质量确认，生成符合存档系统数据格式和文件标准的存档信息包（AIP），从 AIP 中抽取描述信息（Descriptive Information）以存入存档数据库，并且协调档案存储功能实体和数据管理功能实体，实现相关数据的修改。

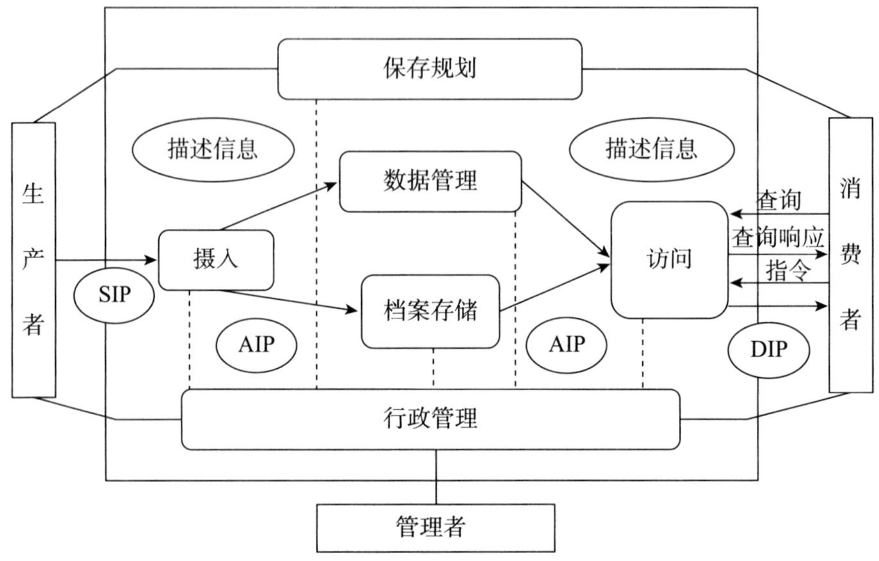

图 4－4　OAIS 的参考模型框架[8]

2）档案存储功能实体。这一实体主要实现对 AIP 的存储、维护和检索。它的主要功能包括：从摄入功能实体接收 AIP 并将其存储到持久存储系统之上，管理存储系统的组织结构，对存储有数字档案的存储介质进行管理，进行介质翻新，执行日常的存储系统维护工作，进行特定的错误检查，建设容灾备份系统，并且为访问功能实体提供 AIP 以实现对所存储档案的提取。

3）数据管理功能实体。这一实体主要实现对存档馆藏描述信息（Descriptive Information）和存档系统管理数据的装载、维护和访问存取。其中，存档馆藏描述信息一般指的是对存档馆藏进行描述和标识的各类描述元数据信息，而存档系统管理数据一般指对存档系统的数据内容和系统功能进行管理的管理元数据。数据管理功能实体的主要功能包括：管理存档数据库（维护数据库中概念模型及视图的定义，维护系统的参照完整性等），执行数据库更新（装载新的描述信息或存档系统管理数据），提供查询功能实现数据查询，根据查询结果生成相关报告。

4）行政管理功能实体。这一实体主要实现存档系统整体的运行管理。主要功能包括：与信息生产者进行商讨并形成提交协议，对提交信息进行审计以确保所提交内容符合存档标准规范，对系统的软件环境进行配置和管理。它也包括一些系统运行管理的具体功能，如监测并提高存档系统的运行效率,记录和报告存档内容的状况,对存档内容进行装载和修改。它还包括制定存档标准规范、提出存档政策、提供客户支持、激发数字保存需求等业务工作。

5)保存规划功能实体。这一实体监测 OAIS 环境,对存档信息的保存提出建议,确保这些存档信息在较长的一段时间之后,即使原有的计算环境都已过时,仍然能够被相应的指定用户团体所理解和应用。保存规划功能实体的主要功能有:对存档系统中的存档信息进行评估,周期性地提供存档信息的保存建议,以及时处理那些存在风险的存档信息;对存档系统的标准和政策提供建议;监测数字技术环境的变化;监测指定用户团体的服务需求及知识背景的变化。保存规划功能实体的功能还有:设计信息包模板,对不同的提交信息制定特定的 SIP 和 AIP;制订详细的迁移计划,开发迁移软件原形系统并进行相关迁移测试,以确保迁移目标能够实现。

6)访问功能实体。这一实体帮助消费者了解存储在 OAIS 中的信息的情况,以使消费者可以了解 OAIS 中存储有哪些信息、这些信息具体是什么、信息分别存储在什么地方、如何访问这些信息。这一功能实体提供交互界面,让消费者可以请求并获取 OAIS 中的存档信息;对某些受特别保护的信息进行管理控制以限制这些信息的访问;协调请求的执行来保障所有请求的及时响应;生成响应(分发信息包 DIP、提供结果集、生成特定报告)并将这些响应传送给消费者。

开放存档信息系统中的六个信息功能实体揭示了数字保存系统的功能结构框架,明确了数字保存的系统功能组成以及各个功能组件的主要任务,对于认识数字保存的技术体系结构,设计和实现数字保存系统具有指导作用。

4.1.5　开放存档信息系统对技术环境的要求

由于开放存档信息系统必须运行于某一外围技术环境之中,因而在开放存档信息系统参考模型中,除了对信息模型和功能实体进行定义之外,还对开放存档信息系统所运行的外围支撑技术体系,例如操作系统、网络系统和安全系统等提出了相关要求。这些外围支撑技术体系也是数字保存技术体系的一个重要组成部分。

(1)对操作系统的技术要求

OAIS 要求操作系统能够有效地支撑 OAIS 应用平台,提供相关的运行和管理功能,并且提供清晰的接口以支持 OAIS 应用平台对操作系统的底层调用。OAIS 对操作系统的主要技术要求有:

1)要求操作系统提供必要的底层服务。如创建和管理进程,执行程序,定义信号接口以实现进程间的通信,定义和处理系统时钟操作,管理文件和目录,控制与外部环境的交互过程。

2)要求操作系统提供必要的命令、实用工具和相关运行环境。如比较、打印和显示文件内容、编辑文件、进行模式搜索、计算表达式、记录日志信息、移动拷贝文件、对数据进行排序、执行命令脚本和访问环境信息等。

3)要求操作系统可以提供接口调用功能。可以通过接口调用,让OAIS应用平台调用操作系统的重要服务。如OAIS通过操作系统的输入输出、文件系统和进程管理的接口调用,来实现各类重要功能。

4)要求操作系统提供管理功能支持。如定义和管理用户,分配资源访问权限,对设备、文件系统、系统进程、任务队列进行管理,对资源使用授权和系统备份进行配置等。

5)要求操作系统提供相应的安全管理。如明确用户和进程的访问权限,并加以控制。

(2)对网络系统的技术要求

OAIS要求网络系统能够提供分布式应用能力的支持,以在异构和联网的环境下实现数据访问和应用间的互操作。OAIS对网络系统的主要技术要求有:

1)要求提供数据通信功能。包括提供API和协议规范,实现可靠的数据传输。

2)要求提供透明的文件访问功能。可在异构网络上访问存储于任何位置的文件。

3)要求提供对个人计算机的应用支持。提供对不同操作系统之上应用系统之间的互操作,特别是个人计算机操作系统。

4)要求提供远程过程调用服务。支持将一个本地应用过程扩展成为一个分布式应用过程。

5)要求提供网络安全服务。重点包括对访问权限、真实性、保密性、完整性和不可抵赖性的控制,并对网络中信息发送者和接收者的通信进行管理。

(3)对安全系统的技术要求

OAIS要求安全系统能够对OAIS中的敏感信息和处理过程提供保护,以确保数据和信息系统的安全。OAIS对安全系统的主要技术要求有:

1)要求提供身份认证支持。能够确认信息系统中某项资源提供者、请求者的身份。

2）要求提供访问控制功能。禁止未经授权的用户访问和利用系统资源。例如，禁止未经授权的人访问和利用通信工具，禁止未经授权的人阅读、修改或删除数据资源，对相关的进程设定执行权限。

3）要求提供数据完整性的验证功能。特别是在数据存储和数据通信的过程中，确保数据不会在未经授权的情况下被修改或者破坏。

4）要求提供数据保密功能，保证数据不被泄漏。如不让未经授权的个人或者计算程序接触数据，确保通信过程不被非法监控。

5）要求提供不可抵赖性支持功能。确保信息交换参与者不能否认参与过程。例如，需要向数据的接收方提供数据来源的证据，以防数据的发送方否认其所发的数据或者内容；同样需要向数据的发送方提供传送数据的证明，以防接受方否认收到数据或者内容。

OAIS 参考模型仅对上述三个外围支撑技术系统提出了要求，但在实际的数字保存系统建设中，还需要将其他一些重要的软硬件技术环境纳入数字保存的技术体系中加以考虑，如存储系统、备份恢复系统、数据库系统、服务器系统等。它们对于构建一个安全、可靠、可信赖的数字保存系统均起着重要作用。

4.2　当前主要数字保存的技术体系分析

OAIS 参考模型对开放存档信息系统应当采用的技术模型、信息结构、技术功能、技术流程等进行了规范，提出了开放存档信息系统建设的要求，它对于提出和理解数字保存的技术体系框架有着重要的指导意义。但正如 NEDLIB 的 Jeff Rothenberg 所指出的：OAIS 是一个可供参考的概念模型而不是具体的系统设计模型[9]，为了让这一概念模型更加贴近实际应用，还需要对 OAIS 的功能模型和信息模型做更多具体化和实例化的工作。OAIS 参考模型的制定者也认同此观点。一些数字保存的研究和实践者，基于 OAIS 参考模型，结合现实数字保存系统建设的需要，从总体上对数字保存的技术体系进行了更为深入具体地分析，站在一个较高的层次对数字保存的技术体系进行归纳和总结。本节分析在数字保存界中较有影响的三个数字保存技术体系模型，这些模型为我们正确认识数字保存技术体系提供了很好的借鉴。

4.2.1　Kenneth Thibodeau 的二维坐标模型

Kenneth Thibodeau 博士是美国国家档案和记录管理局（National Archives and Records Administration, NARA)发起的电子记录存档(Electronic Records Archives, ERA)项目的负责人。2002 年,他发表了一篇对数字保存技术进行评价的文章[10],在数字保存界引起了较大的反响。

文章中,Kenneth Thibodeau 认为数字保存的最终目标是对数字对象真实性的保存,而理想的数字保存系统应当是提供一种中立的传输通道,将信息内容真实地传送给未来。这一传输通道在任何环境下,都不应当损坏或改变其所传输的信息内容。他认为,数字保存系统可以被看成一个黑箱,可以将需要保存的信息内容放入黑箱,而在未来任何需要的时候,能够从黑箱中提取出所保存的内容。由于数字信息的保存和物理信息的保存不一样,为了保证数字信息的存活,数字保存系统需要对数字信息执行摄入、档案存储、保存管理、信息分发等操作,因而数字信息本身在数字保存系统中可能会被改变,但是这些改变是要以保存信息的真实可靠为前提的。数字保存系统应当是可信赖的,所有保存在里面的文档和数字对象在将来取出的时候是真实可信,没有被非法篡改。

Kenneth Thibodeau 认为各种保存数字信息对象真实性的方法,可以明显区分为两个大类:保存"技术"的方法和保存"对象"的方法。其中保存"技术"方法的重点在于保存数字对象的存活环境,让数字对象的技术不会过时;而保存"对象"方法的特点在于保存数字对象本身的重要特点,让这些数字对象的重要特点不会随着时间的变化而丢失。基于这一考虑,Kenneth Thibodeau 在文章中,提出了一个数字保存技术的二维坐标模型,如图 4-5 所示。

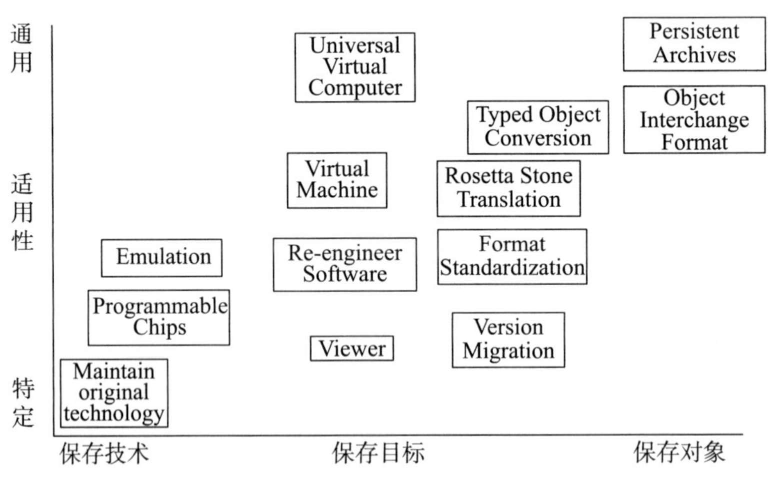

图 4-5 Thibodeau 基于二维坐标的保存技术体系[11]

在这一模型中，Thibodeau 将目前的主要的数字保存技术按照它的适用性和保存目标将其映射在一个二维坐标之中。二维坐标中的纵坐标代表适用性，从下到上表示其适用范围从特定的应用范围到更为通用的应用范围；横坐标代表针对保存目标的不同，可以采取的保存“技术”和保存“对象”的方法。横坐标的左侧表示以保存相关技术为主，越往右表示相应的技术更加趋向保存相应的数字对象。从图 4－5 中，我们可以看到，在图中的“保存技术”端，相关的方法更倾向于将数据保存成为某种特定的逻辑或物理格式，并且利用最初与这些格式相关的技术来实现对数据的存取和应用。在图中的“保存对象”端，相关的方法更倾向于保存信息对象的本质特征，这些本质特征被明确地定义，并且独立于特定的硬件和软件。而在图的中间，是一些随着技术的变化而对数据进行迁移的技术方法，这些方法利用当前的技术来发现、存取和重构原来的信息对象。

二维坐标模型是一种将多种保存技术映射到一个二维坐标体系中的做法，它有助于我们从整体上认识各种数字保存技术方法，以及这些技术方法在适用性和保存目标方面的特点。Thibodeau 等还从系统设计的角度提出了 NARA 的电子记录存档系统模型[12]。如图 4－6 所示。

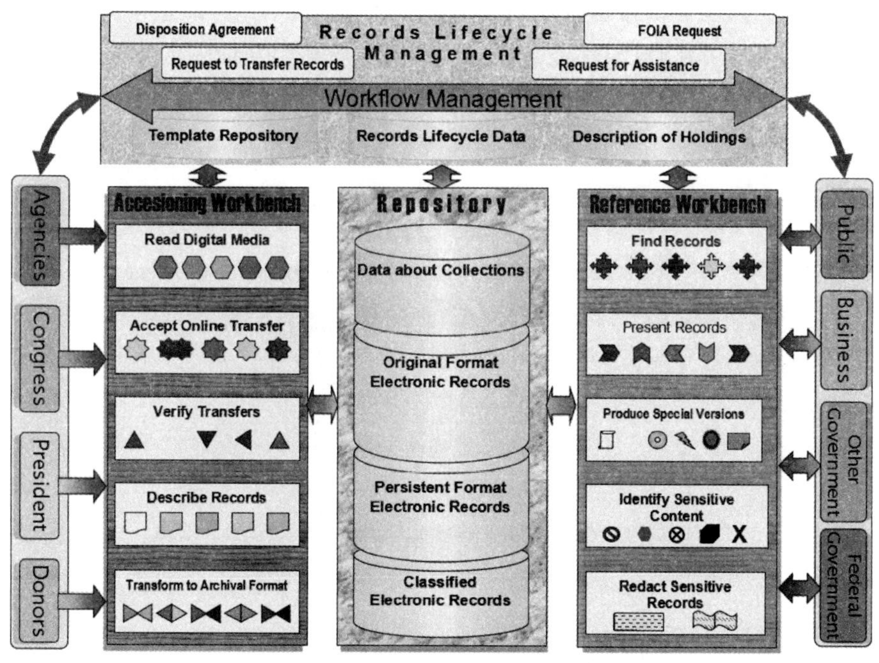

图 4－6　NARA 的电子记录存档系统模型[13]

在 ERA 的系统模型中，Thibodeau 提出了一个由存取工作台（Accessioning Workbench)、仓储(Repository)、查询工作台(Reference Workbench)以及记录生命周期管理(Records Lifecycle Management)、工作流管理(Workflow Management)五大部件组成的一个电子记录存档系统。可以看到,ERA的系统模型参考了OAIS模型,并且非常突出地强调了仓储(Repository)在这一模型中的作用。

4.2.2 Priscilla Caplan的金字塔模型

Priscilla Caplan是佛罗里达图书馆自动化中心(FCLA,Florida Centre for Library Automation)数字图书馆服务的副主任。她领导了DAITSS(Dark Archive In The Sunshine State)系统的开发。

Priscilla Caplan认为数字保存的技术体系是一个由数字保存目标和相应的技术构成的一个金字塔[14],如图4-7所示。从下到上、从较低要求到较高要求,数字保存的目标分别是:确保数字信息存在并且能够获得(Availability);保证数字对象能够被标识(Identity);要保证数字内容的完整性(Integrity);要让这一数字信息具有持久生存能力(Viability),能够长期存活下去;要保证数字信息具有可呈现能力(Renderability),能够正确地呈现信息内容;要保证被保存信息的真实性(Authenticity),确保信息内容真实可靠,未经非法篡改;保证被保存对象的可理解性(Understandability),让指定用户团体能够理解和应用信息。

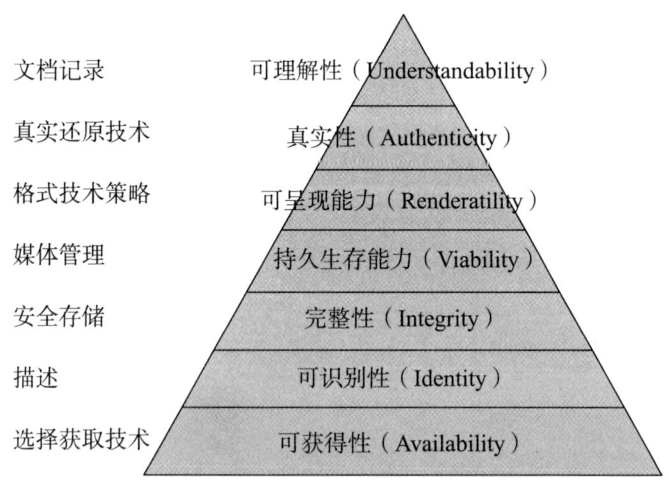

图4-7 Priscilla Caplan的保存金字塔模型[15]

与此相对应,Priscilla Caplan指出为了实现各层的数字保存目标,需要采取各自相应的技术手段:为了确保数字信息的可获得性,需要进行选择并获得需要保存的数字信息;为了让数字信息能够识别,需要对其进行描述;为了保证数字信息的完整性,需要有安全的存储机制;为了让数字信息具有持久的生存能力,需要实现对存储媒体的有效管理;为了保证数字信息的可呈现能力,需要对其实施格式技术策略;为了确保信息的真实性,就需要有数字信息真实性的验证机制;而为了保证数字信息的可理解性,需要对数字信息的各类相关信息和处理过程进行记录。

Priscilla Caplan 的金字塔模型表明,数字保存的最终目标是保证所保存信息的真实可信,同时让被保存的信息可以被可理解。而为了实现这一目标,还需要一系列底层技术的支撑,如数字信息的获取、描述、安全存储、媒体管理、格式策略等相关的技术措施。

基于上述保存金字塔模型,Priscilla Caplan 等设计和实现了 DAITSS 数字保存系统[16-17]。DAITSS 是一个“黑暗存档系统”,专注于保存功能的实现,它本身并没有用户界面,但通过 API 可支持用户交互系统的开发。Priscilla Caplan 认为 DAITSS 作为一个数字保存系统,需要解决数字信息的完整性(Integrity)、持久生存能力(Viability)、可呈现能力(Renderability)、保存信息真实性(Authenticity)和可理解性(Understandability)的问题,而数字信息的可获得性(Availability)和数字信息的可标识性(Identity)则不是 DAITSS 数字保存系统关注的重点,如图 4-8 所示。

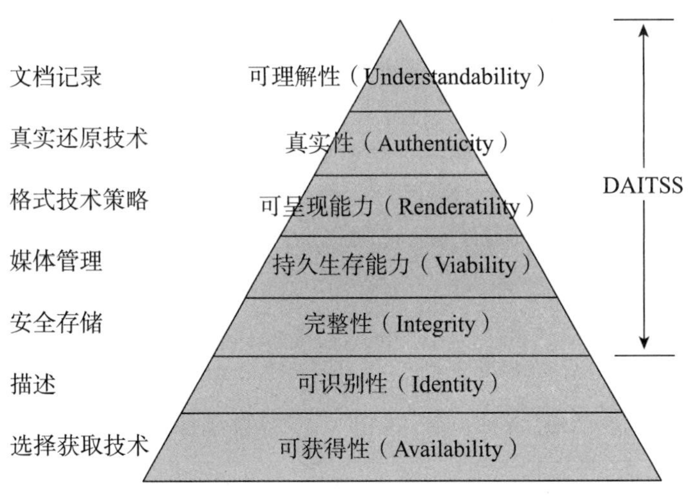

图 4-8　DAITSS 设计理念[18]

4.2.3　Preservica[19]的数字保存成熟度模型

Preservica 是一家基于云技术平台提供数字保存服务的公司。Preservica 公司认为,数字资产的长期保存需要一种新的思维方法,并提出了一个数字保存成熟度模型来指导数字保存战略目标的实现。

Preservica 公司的数字保存成熟度模型也是一个金字塔式的分层模型,如图 4－9 所示。在这一模型中,共分三个区域,六个层级。它认为在数字保存中,只有下一个层级的能力成熟了,才能为上一层级的能力提供坚实的基础保障。

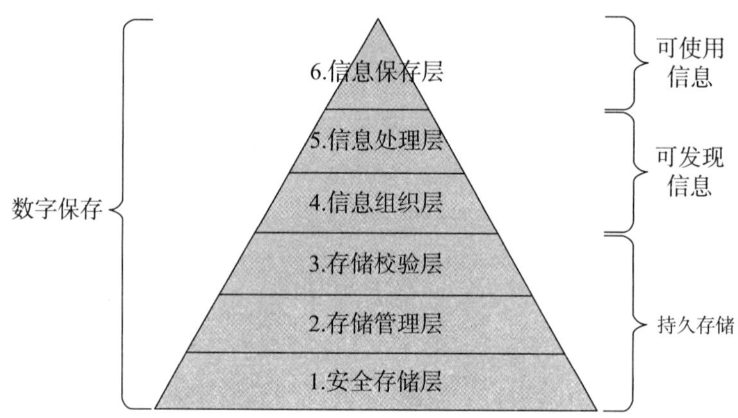

图 4－9　Preservica 公司的数字保存成熟度模型[20]

Preservica 公司认为,数字保存的成熟度可以从下到上由三个区域组成,分别为持久存储(Durable Storage)区域、信息管理(Information Management)区域和信息保存(Information Preservation)区域。

其中,持久存储区域提供对载有信息的原始比特数据安全存储,确保被保存信息不会被丢失和篡改。信息管理区域保证了所保存原始比特数据经过了良好的组织,保证数据有一定的层级结构,可以通过元数据来描述,拥有一定的安全性机制对信息访问进行控制,并可通过一系列的工具来进行信息的上传、管理、检索、浏览和下载。而信息保存区域需要保证对所保存信息的读取访问工具长期有效,确保保存信息的文件的格式不过时,能够被读取。

基于上述三个区域,Preservica 进一步将数字保存的能力按成熟度划分为六个层次,具体如下。

第一层,安全存储层(Safe Storage)。这是最简单的层,将数据保存在磁或光介质中,带有一些保证措施,让这些数据受到保护,不会受到一些简单的存储失效的影响。它包括利用 RAID 技术防止硬盘损坏,利用具有长期存储和管理功能的光存储技术,或者利用长效磁带存储等。安全存储所要解决的关键问题是保证资源不受到常见威胁的影响,比如物理损坏。

第二层,存储管理层(Storage Management)。在第二层,增加了主动的存储管理,根据需要对数据进行更加适宜的管理,将数据存储在各类适当的存储设备之上。要根据成本、可持续性和性能,来平衡存储设备;信息必须保存在至少两种存储设备之上,例如磁盘和备份磁带中,或者有多个磁盘备份;需要定义规则,确保数据及时备份。

第三层,存储校验层(Storage Validation)。在这一层中,增加了多种措施来实现数据对象和存储介质的稳固性校验来保证存储的持续可靠。要求在规定的时间间隔内对被保存信息访问,校验信息的稳固性,以保证数据没有被篡改和丢失。如果发现了比特存储失效,就需要基于备份数据进行恢复。存储校验层要求:数据备份需要保存在多个安全的存储设备上,最好是地理上分散的;对于所有的信息对象,在存储的时候,要生成校验码;要在固定的时间间隔内访问信息,并使用校验码来检查信息的完整性;如果发现信息失效,则能够从备份信息实现自动恢复。

第四层,信息组织层(Information Organisation)。在这一层中,实现对原始比特文件流的信息组织和管理,确保信息的可用性大幅提升。在信息组织层中,需要实现:按照结构层次对信息进行组织,如将多个相关文件组合在一起形成一个完整的信息对象,而多个信息对象,又可组成一个数据集;需要利用元数据对信息进行标引,标引相关的描述信息、历史信息和上下文信息;需要利用相关的工具,将新的信息上传到系统中进行管理;提供安全环境以提供有限的授权访问;在合适授权许可下,能够编辑信息对象的元数据,改变逻辑层次,删除内容;提供遍历功能以定位所需要的信息;能够对信息的元数据和上下文进行检索;可以下载需要的信息,不论是某一文件,还是一系列文件,或是文件的元数据。

第五层,信息处理层(Information Processes)。这一层次增加了灵活有效的业务流程,以实现信息处理工作的自动化。它包括提供信息源的访问接口,利用灵活的工作流和应用程序接口将信息分发到相关用户。它还包括高通量处理能力以及同第三方系统的整合能力。信息处理层的关键功能包括:提供业务流程自动化的工具,例如工作流;支持系统扩展的编程接口;整合内容的来源和存储的设备;具有高通量的处理能力;排除不利于数字保存的功能,如对象编辑和对象版本变化。

第六层,信息保存层(Information Preservation)。对于数字保存而言,数字信息的可用是指这一数字信息在任何需要的时候都可以被利用。将数字信息保存一两年并不是一个挑战,但是如果需要将数字信息保存到十年以上,一个成熟的数字保存系统必须有相应的信息保存功能来应对数字信息的损毁丢失、信息格式的过时、技术环境的变化、组织机构的变迁等问题。信息保存层应当具有的功能包括：能够对构成摄入信息的文件格式和概念对象（包括很多文件的信息对象）进行识别；能够抽取信息对象的特征，以支持未来的校验；能够识别有风险和需要关注的文件格式；能够将信息从某种格式无损地迁移成主流格式，并能够对迁移结果进行校验；实现访问功能，能够针对不同的用户，分发不同质量要求的信息；保存所有的原始信息，以及随后建立的、所有相关的呈现信息，确保数字信息可呈现，真实性可以追溯。

总而言之，Preservica 公司的数字保存"成熟度模型"从技术需求的角度，分层次、分区域要求数字保存的技术体系要解决信息的持久存储问题、信息的可发现问题，以及信息的可利用问题。

4.3 数字保存的技术体系框架研究

与其他信息系统相比，数字保存信息系统的建设是一项覆盖面大、功能复杂的工作。数字保存系统涉及数据摄入、档案存储、数据管理、数据分发、内容管理、数据库系统、元数据管理、检索引擎、分布式文件系统、唯一标识系统、存储系统、存储管理系统、媒体检测（监测）系统、认证授权系统、安全机制、统计管理等领域。数字保存涉及的技术面广，头绪繁多，形成技术体系是比较困难的事情。到目前为止，国内外的数字保存研究界还没有提出一个比较公认的数字保存技术体系。

通过对目前与数字保存技术相关的研究成果的总结分析和多个具体数字保存系统的详细解析，本书作者归纳了已有的数字保存技术体系，并在此基础之上提出一个具有一定规律性的数字保存技术体系，并对这一体系中涉及的关键技术进行论述，一方面试图回答什么是数字保存技术之类的问题，另一方面，也希望提出一个具有一定可操作性的数字保存系统的框架，为数字保存系统的设计和实现打下基础。

4.3.1 数字保存的技术体系结构

在参考了 OAIS 参考模型，借鉴了国外主要保存系统的技术框架和相关技术体系之后，本书作者从系统构成的角度出发，对一般数字保存系统中需要涉及的功能和相关技术进行了分析，提出了一个按功能模块划分的数字保存技术体系。在这一技术体系中，作者将数字保存系统划分为保存管理功能块、摄入功能块、仓储功能块、存储管理功能块和访问功能块。各功能块下,又各自有其相应的具体技术。如图4-10所示。

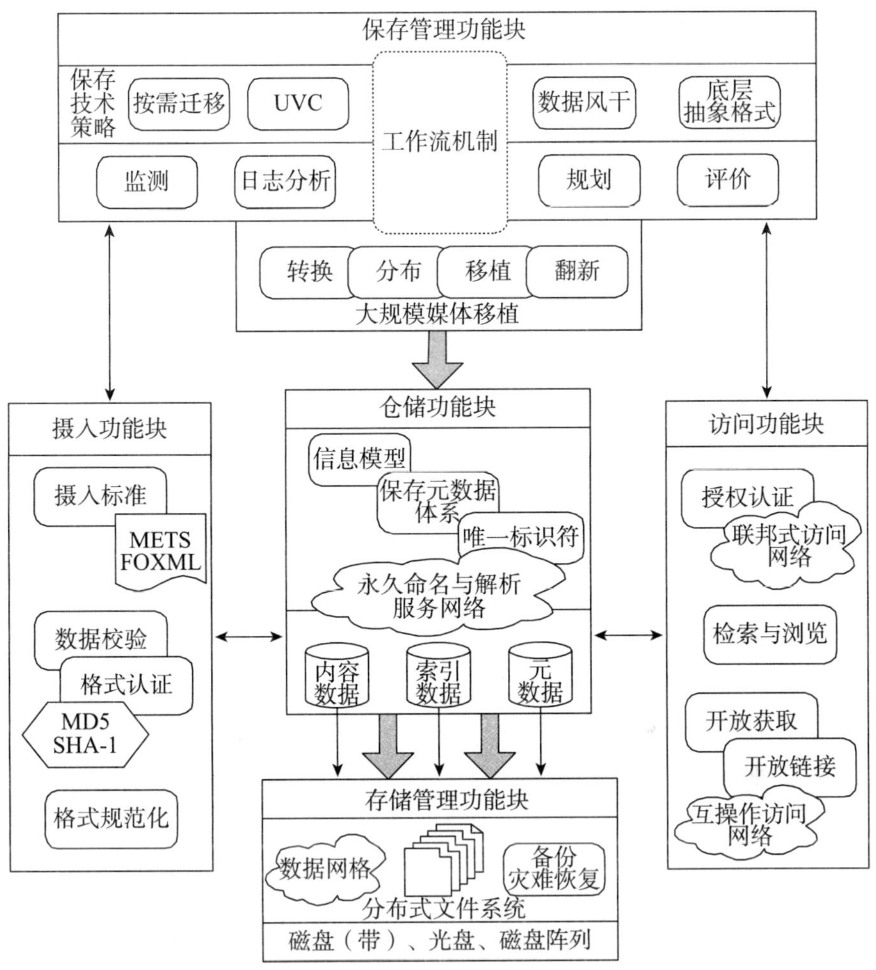

图4-10 数字保存的技术体系

从图中可以看到本书作者提出的五大功能块与OAIS系统的六大功能实体相似,但也有差别。本书作者认为:

1)虽然OAIS中对行政管理功能实体和保存规划功能实体进行了明确区分,但由于在实际的系统实现中,这两块功能关系密切,相互承接。因此本书作者将两个功能实体相关的工作统一归为保存管理功能块的范畴。

2)OAIS中对数据管理功能实体和档案存储功能实体进行了明确划分,数据管理功能实体主要实现对元数据的管理,而档案存储功能实体主要实现对具体对象数据的管理。但在实际的数字保存系统建设过程中,通常会将对象数据的管理和元数据的管理统一起来,由仓储系统一起管理。

因此本书作者提出了仓储功能块来支持对象数据和元数据的管理。

3)在 OAIS 模型中档案存储功能实体的主要功能可以分成两个部分,一部分功能涉及对存档数据包的管理,如前所述,在实际系统中可以纳入仓储功能块的范畴;而另一部分功能则主要涉及存储媒介系统的可靠管理,由于这部分功能对于数字保存系统而言,十分重要,因此本书作者将其划为一块单独的模块,即存储管理功能块。

4)本书作者提出的摄入功能块、访问功能块与 OAIS 的摄入功能实体、访问功能实体的任务基本对应。

下文对这五个功能块以及各功能块所涉及的主要技术进行更深入的论述。

4.3.2 保存管理功能块的主要技术

保存管理功能块主要支持 OAIS 中行政管理功能实体和保存规划功能实体的工作,这一功能块从技术上支撑数字保存系统的整体运行管理,监测数字保存环境,提出保存规划。从技术体系上来讲,这一功能块涉及的主要技术有:数字保存技术策略的选择、保存规划管理、保存工作流管理、保存媒体迁移等。

(1)保存技术策略

保存技术策略的选择探讨的是选择什么样的内容进行保存,采用什么方式进行保存的问题。在选择什么样的内容进行保存方面,有选择比特流、文件、知识实体、服务、技术进行保存等多种方式。在采用什么方式进行保存的问题上,除了目前大家熟知的技术保存、仿真、迁移、格式重构、媒体翻新之外,在数字保存系统的具体实现中还有按需迁移(Migration on Request)[21]、通用虚拟计算机(UVC)[22]、风干(Dessication)[23]、底层抽象格式(UAF)[24]等多种技术方法。

(2)保存规划管理技术

主要指在保存系统中对保存数字对象的完整性、一致性进行监测,分析数字对象的存在环境和面临的风险,确定在何时、采用何种方案对特定(类型)的数字对象、仓储系统和存储系统进行更新和“升级”方面的问题。与保存规划管理相关的技术主要有对象/仓储/媒体监测、日志分析、风险评估、保存规划、保存效果评价等。目前在这方面的技术研究越来越受到重视,出现了很多重要的保存规划研究项目和工具,如 Plato、DRAMBORA 等。

(3)保存工作流技术

工作流管理是一种加强数字保存系统的事务逻辑处理能力的有效方

法。一个支持基于事务的工作流触发机制的、具有明确的角色定义和权限管理的数字保存系统，对于提高系统的灵活性和流程的科学性、加强系统的安全性都有着重要作用。在保存工作流方面，目前主要的研究项目有欧盟可扩展保存环境（SCAlable Preservation Environment，SCAPE）项目，常用的保存工作流管理环境是 Taverna。

（4）保存媒体迁移技术

大规模保存媒体迁移是保存系统中管理媒体移植的技术和方法。由于对大规模保存系统的翻新/移植会带来一些通常翻新/移植所不会碰到的问题，例如，将 100TB 存储于磁带上的信息移植到光存储媒体上，完成移植一般需要 290 多天的时间。因此 e-Depot 项目针对大规模保存媒体迁移提出了转换（Conversion）、分布（Distribution）、迁移（Migration）和翻新（Refresh）几个层次的解决方案[25]，并且还提出通过冗余和并行处理，改善媒体移植管理。

4.3.3　摄入功能块的主要技术

摄入功能块技术支持 OAIS 中摄入功能实体的工作，它支持提交信息包的获取、检查、转换、规范、存储。与摄入功能块相关的主要技术是在数字对象摄入之前和摄入过程中对数字对象进行规范处理的各种技术。我们认为与摄入相关的主要技术有格式管理技术、信息封装技术、安全检测技术、完整性校验技术和数据功能校验技术。

（1）格式管理技术

格式标准、格式迁移、格式规范和格式注册都是保存技术策略的具体实施和实现。来自生产者的数字资源不仅类型不同而且格式多样，但是并不是所有的数据格式都适合数字资源的长期保存。长期保存的技术标准选择是一个非常重要的问题，尽可能选择那些简单有效、便于解析、具有长久可读性的技术标准。对不符合长期保存要求的数字对象，需要进行格式迁移，尽可能地向那些开放描述、或被普遍接受的格式迁移。比如 FDA 数字存档项目推荐的文件保存格式。格式注册是另一种保证格式永久可解析的技术方法，通过格式注册系统记录文件格式的描述信息、软硬件要求和工具等保证数字资源在将来具有还原性，能够持久有效地得到解析。也就是即便是在技术退化，甚至软硬件工具也消亡的环境下，通过原有的文件格式描述文件也能够获取文件格式的解析方法复原数字资源。目前在格式注册方面的研究主要包括 PRONOM、GDFR（Global Digital Format Registry）和 UDFR（Unified Digital Format Registry）。

(2)信息封装技术

信息封装技术是对信息资源进行存储、传输、分发之前所进行的数据封装、压缩、分组编码等方面的技术。在长期保存系统中,使用到的信息封装技术方法主要有 METS(Metadata Encoding and Transmission Standard)、JATS(Journal Article Tag Suite)、FOXML(Fedora Object XML)和 WARC(Web ARChive file format)等。

(3)安全检测技术

安全检测技术是对提交信息包进行病毒扫描、清除木马病毒、恶意代码和间谍程序等。

(4)完整性校验技术

完整性校验技术包括对数据的完整性和一致性、媒介的可读写性检查、资源描述检查、资源结构和格式检查等,其中最主要的就是对信息传送前后的数据完整性和一致性进行校验。目前普遍采用的技术方法是对信息进行校验码计算,常用的算法有 MD5 和 SHA-1 等。近来,将数字水印应用于完整性校验也得到了广泛重视。

(5)数据功能校验技术

数据功能校验主要是针对特定内容数据进行功能性验证的过程。例如需对一个 MARC 记录、XML 文件或某一特定版本的 PDF 文件的有效性、完整性、可读性进行校验。数据功能校验需要开发一组与特定数据类型相关的校验工具,并且在数据功能性校验的基础上,还应该针对长期保存的需要,形成数字资源的技术性元数据,以便在将来能够永久解析存档的数字资源。目前经常用到的工具有 JISC 资助的 JHOVE 文件校验工具。

4.3.4 仓储功能块的主要技术

仓储功能块主要支持 OAIS 中数据管理功能实体和部分档案存储功能实体的工作,这一功能块从技术上支撑数字保存系统中存档信息包以及各类元数据的存储、维护和检索。

有人提出仓储(Repository)是一系列具有以下特征的服务:内容对象是通过内容创建者、所有者,或是代表两者利益的第三方存贮到仓储之中;仓储的体系结构不但可以管理内容对象,还必须能够管理元数据;仓储至少能提供诸如摄入、取出、查询、访问等基础服务;仓储必须是稳定的、可信赖,并且是具有较好支持、得到良好管理的[26]。

与仓储功能块相关的主要技术是在数字对象摄入之后,如何对数字对象及其元数据进行管理的技术。主要包括信息模型的构建、保存元数据体系、保存标识体系、内容管理、元数据管理、索引等方面的技术方法。

(1)信息模型的构建技术

信息模型在数字资源长期保存活动中占据着非常重要的地位。信息模型揭示数字保存仓储中复杂的信息关系,直接影响着在数字保存系统中选择什么作为存储对象,哪些信息是数字对象本身,哪些信息是数字对象的描述信息,这些信息都如何对数字对象进行描述和说明。在各个具体保存系统的实施过程中,在 OAIS 参考模型的基础上已经提出了不少实例化的信息模型,比如 NEDLIB 在 DESP 系统中对 OAIS 五层信息模型的深化和扩充,DIAS 提出的保存层次模型(PLM)等。

(2)元数据保存技术

保存元数据是一个仓储系统中对数字保存过程进行支持的信息,具体而言是在保存仓储系统中维护数字资源可生存能力、可呈现能力、可理解能力以及真实性、同一性的信息。到目前为止,已经提出了不少元数据体系,如 CEDARS 的保存元数据框架、Nedlib 的核心保存元数据集、NLA 的数字馆藏保存元数据、PREMIS 的保存元数据体系。其中 PREMIS 保存元数据是目前长期保存界公认的保存元数据标准。

(3)保存标识体系技术

保存标识体系(唯一标识符)通过命名标准与解析服务器实现了数字资源的全球唯一准确定位,随着应用的扩展,保存标识体系应该能够支持异构资源命名、命名扩展、分布式管理、分布式服务、安全有效、国际化。目前在数字保存系统中主要的保存标识系统有 Handle System[27]、DOI、URI/URL/URN、PURL[28]、ARK[29]等。

(4)内容管理技术

内容管理是内容数据(被保存对象)的存储和管理,对于数字保存而言,主要是指在各种存储体系之上如何实现分布式的大容量大规模数字资源的安全存储和更新。内容管理需要支持任意数字内容的存储和管理,包括文本、图像、音频、视频。支持诸如文章、预印本、工作论文、技术报告、会议论文、图书、学位论文、数据集、计算机程序、可视化仿真环境和模型等的数字文件类型。

(5)元数据管理技术

元数据管理除了对保存元数据进行存储和管理之外,还包括对描述元数据、技术元数据和管理元数据的存储和管理。

(6)索引技术

索引的目标是对元数据和数据内容进行索引,加速数据的检索过程,增强资源的访问速度,提高资源的使用效率。目前数据内容的索引主要集中在对文本信息资源的索引之上,如实现对 txt、doc、pdf 等文本格式内容的索引。对各种不同类型数字对象(如视频、音频)的索引是一个需要进一步解决的重要问题。

4.3.5 存储管理功能块的主要技术

存储管理功能块的技术主要支持 OAIS 中档案存储功能实体中与存储系统管理相关的工作。存储管理功能块的技术主要解决如何构建安全可靠的存储体系的问题,它还包括如何实现存储对象的备份和恢复,如何实现存储介质的监测管理和翻新。存储管理功能块的主要技术需要充分利用和集成底层存储系统的技术。底层存储系统如磁带存储系统、光盘存储系统、磁盘阵列存储系统,以及各种类型的分布式文件系统、网络存储系统、网格存储系统、云存储系统的存储技术及相关的管理系统工具,对构建数字保存的存储体系起着重要作用。存储管理功能块的技术包括主要以下几种技术。

(1)网络存储技术

网络存储目前主要有附加存储(DAS)模式、网络附加存储(NAS)模式和存储区域网络(SAN)模式。

目前,基于 SAN 的网络存储模式仍然是专业存储方案中的主体方案。它基于一种专门为存储管理而建立的专用网络,通过光纤交换机,提供 2GB/s 到 4GB/s 的传输速率,实现服务器和高端 RAID 阵列的连接。目前常见的 SAN 有 FC-SAN 和 IP-SAN,其中 FC-SAN 通过光纤通道协议转发 SCSI 协议,IP-SAN 通过 TCP 协议转发 SCSI 协议。

(2)分层存储技术

一般情况下,存取速度快的介质基本上都是存储单位成本较高的介质。分层存储技术能够将不同层级(在线、离线)、不同类型(磁带、磁盘、阵列)的介质综合在一起形成一个分层存储体系,使数字保存系统可以根据数据的使用效率要求和存储成本要求,来合理地将不同的数据存储在不同的介质之上,并且可以让这些数据在不同的介质之间进行自动或者手动的数据迁移和复制。例如可以将某些不常被访问的视频数据保存在磁带之上,在需要播放某个视频文件的时候,可以将这一视频文件复制到磁盘阵列上再进行播放。

(3)网格存储技术

基于网格的存储体系是目前数字保存研究的重点。特别是美国圣地亚哥超算中心(SDSC)研制开发的存储资源代理(Storage Resource Broker, SRB)[30]在数字保存的存储体系建设中有着非常重要的地位。SRB 为用户提供了一个访问文件系统、档案系统、数据库系统等多种异构存储系统的统一接口,屏蔽了存储系统的异构特性。它支持广域网络环境下多种数据源的访问,提供了复制、复制数据的访问、文件的汇集、分布文件的逻辑集合等功能,提供了一种用于实现数据网格,数据共享、发布和保存的持久稳固存档的抽象机制。SRB 已经对多个数字保存系统进行了集成,例如加利福尼亚大学数字保存仓储在底层存储设计上采用了 SRB 软件,以构建可扩展的、分布式的仓储体系。

近几年来,在 SRB 的基础之上,美国圣地亚哥超算中心推出了 iRODS 数据网格系统,它是一种新的分布式数据管理方法,目前已经被很多长期保存系统所利用。

(4)存储虚拟化技术和云存储技术

存储虚拟化技术和云存储技术是当前存储的发展重点。存储虚拟化技术能够将多个存储介质模块(如硬盘、RAID)集中到一个存储池中进行统一管理和应用,实现物理存储实体与存储逻辑表示的分离。一个应用系统只需与分配给它的存储逻辑表示(如逻辑卷)打交道,而不必关心其数据具体存储在哪个物理存储实体上。

云存储基于存储虚拟化的架构,是云计算技术的扩展,它提供相应的存储服务接口,支持虚拟存储的申请和应用。在数字保存领域中,典型的云存储应用有 DuraCloud 项目。

(5)备份和恢复技术

为了确保数字内容的安全管理,提高数字保存系统对各种系统故障、各项意外事故、各类灾难的抵御能力,保证数字保存系统的能够持续可靠地提供数字保存服务。数字保存系统必须构建数据和系统的安全备份机制,确保数据和系统能够安全恢复。数字保存系统需要充分应用存储系统层、文件系统层、数据库层和专用备份管理软件支持数据和系统的备份和恢复。重要数字内容的保存,需要实现远程灾难备份。

4.3.6 访问功能块的主要技术

访问功能块的技术主要支持 OAIS 中访问功能实体的工作。访问功能块技术使仓储中的数字对象能够被消费者安全方便地访问。它主要包括检索浏览技术、基于保存标识的定位技术、认证授权技术和互操作技术。

(1)检索浏览技术

检索和浏览是常见的访问方式。检索浏览技术通过索引、检索引擎和知识体系能够方便地帮助查找和发现仓储中被保存的相关数字对象。目前在检索方面应用较广的全文搜索引擎主要有 Lucene、Solr 等。

(2)基于保存标识的定位技术

正如前面所言,保存标识体系(唯一标识符)通过命名标准与解析服务器实现数字资源的全球唯一准确定位。基于保存标识的定位系统,能够通过这一个永久性的、唯一的标识符,实现对保存对象的访问。实际上也是对保存标识体系的外部链接。

(3)认证和授权技术

身份认证和授权技术确保仓储中的数字对象只有授权用户才能够合法访问。在身份认证方面,简单认证只需对用户的名字和口令进行验证,通常使用安全套接层协议(Secure Socket Layer,SSL)或一次性口令机制(One-Time Password,OTP)。强认证机制通常采用双因素身份认证机制。所谓双因素身份认证就是将两种认证方法结合起来,进一步加强认证的安全性。如将 USB KEY 和用户静态密码相结合,在认证身份的时候,除了密码和账号之外,还需要在所登录的计算机上插入与之对应的 USB KEY,才能通过身份认证。在授权机制上,基于单点登录(Single Sign-On,SSO)的授权管理是研究的重点。目前的很多数字保存系统都支持基于 Shibboleth[31] 进行认证和授权。

(4)互操作技术

互操作是数字保存系统的一个重要要求。互操作技术要确保数字保存系统是一个开放的系统,能够通过开放协议与其他系统进行集成和整合。在目前的主要数字保存系统之中,通常支持的开放协议主要有 OAI-PMH、OAI-ORE、SWORD 等。

4.4 小结

本章从数字保存的重要标准规范开放存档信息系统参考模式(OAIS)入手,在分析了开放存档信息系对数字保存技术的要求之后,研究分析了当前已有的一些重要技术体系框架,并在此基础上,作者总结并提出了一个数字保存的技术体系框架。

应当看到,由于数字信息资源长期保存技术体系的复杂性和动态变化的特点,很难建立一个完整的规范的技术体系。但是,当前的数字保存界的确有必要把现有的数字保存技术进行适当的梳理、归纳,总结成为一个可供参考的技术体系。本书作者希望通过上述数字保存技术体系的提出,能够基本回答什么是数字保存技术,数字保存都涉及哪些主要技术,这些技术是如何有机组合构成一个数字保存系统等问题。

也要看到,本书作者所提出的数字保存技术体系还有很多需要进一步完善的地方。一方面,由于本书作者本身对于数字保存及相关技术的理解有限,所提出的数字保存技术体系可能会存在一定的局限性;另一方面,当前数字保存活动正在蓬勃开展,新技术、新方法层出不穷,需要更为深入全面地总结梳理。在未来的研究工作中,我们还需要继续跟踪相关项目的发展,深入研究相关的技术,同时也希望更多的国内同行能够关注数字保存的技术体系这一问题,提出更多有益的见解。

（张智雄、马娜）

参考文献

[1] Consultative Committee for Space Data Systems (CCSDS), CCSDS 650.0-B-1, Reference Model for an Open Archival Information System (OAIS), January 2002 [EB/OL]. [2014-12-05]. http://public.ccsds.org/publications/archive/650x0b1s.pdf.

[2] ISO 14721:2003, Space data and information transfer systems, Open archival information system: Reference model [EB/OL]. [2014-12-05]. http://www.iso.org/iso/iso_catalogue/catalogue_tc/catalogue_detail.htm? csnumber=24683.

[3][5-8] Consultative Committee for Space Data Systems (CCSDS), CCSDS 650.0-M-2, Reference Model for an Open Archival Information System (OAIS), Recommended Practice, Issue 2, June 2012 [EB/OL]. [2014-12-05]. http://public.ccsds.org/publications/archive/650x0m2.pdf.

[4] ISO 14721:2012, Space data and information transfer systems, Open archival information system: Reference model [EB/OL]. [2014-12-05]. http://www.iso.org/iso/home/store/catalogue_ics/catalogue_detail_ics.htm? csnumber=57284.

[9] ROTHENBERG J. An Experiment in Using Emulation to preserve Digital Publications, Den Haag, Koninklijke Bibliotheek, 2000 [EB/OL]. [2014-12-05]. http://www.kb.nl/sites/default/files/docs/nedlibemulation.pdf.

[10-11] THIBODEAU K. Overview of Technological Approaches to Digital Preservation and Challenges in Coming Years, CLIR Reports, Conference Proceedings of The State of Digital Preservation: An International Perspective, Washington D.C [EB/OL]. [2014-12-

05]. http://www. clir. org/pubs/reports/pub107/thibodeau. html.

[12 - 13] THIBODEAU K. NARA's Electronic Records Archives Program, Presentation to the National Digital Strategy Advisory Board, Library of Congress[EB/OL]. [2014 - 12 - 05]. http://www. interpares. org/display_file. cfm? doc = ip2_dissemination_ss_thibodeau_ndsab-loc_28jun2004. pdf.

[14][16][18] CAPLAN P. DAITSS, an OAIS-based preservation repository[J/OL]. [2014 - 12 - 05]. http://ddp. nist. gov/workshop/papers/03_09_Caplan_DAITSS. pdf.

[15] Caplan P. DAITSS: Dark Archive in the Sunshine State. Presentation to the DCC Workshop on Long-term Curation within Digital Repositories, Cambridge England, July 2005[EB/OL]. [2014 - 12 - 05]. http://fclaweb. fcla. edu/uploads/Lydia% 20Motyka/FDA_documentation/Publications_Presentations/DAITSSDCC-1. ppt.

[17] CAPLAN P. The Florida Digital Archive and DAITSS: a model for digital preservation [J/OL]. Library Hi Tech, 2010(2): 224 - 234[2014 - 12 - 05]. http://dx. doi. org/10. 1108/07378831011047631.

[19] Preservica[EB/OL]. [2014 - 12 - 05]. http://preservica. com/preservica/.

[20] Preservica White Paper-Digital Preservation Maturity Model[EB/OL]. [2014 - 12 - 05]. http://preservica. com/resource/praesent-ante-stiam-white-paper/.

[21] Migration on Request[EB/OL]. [2014 - 12 - 05]. http://www. si. umich. edu/CAMILEON/reports/mor/index. html.

[22] LORIE R. The UVC: a Method of Preserving Digital Documents - Proof of Concept [EB/OL]. [2014 - 12 - 05]. http://www. kb. nl/hrd/dd/dd_onderzoek/reports/4-uvc. pdf.

[23] KUNZE J. Future-Proofing the Web: What We Can Do Today. International Conference on Preservation of Digital Objects 15—16 September 2005 in G? ttingen, Germany [EB/OL]. [2014 - 12 - 05]. http://rdd. sub. uni-goettingen. de/conferences/ipres/download/Future-Proofing% 20The% 20Web% 20What% 20We% 20Can% 20Do% 20Today% 20-% 20John% 20Kunze. pdf.

[24] CEDARS Guide to: Digital Preservation Strategies[EB/OL]. [2014 - 12 - 05]. http://www. leeds. ac. uk/CEDARS/guideto/dpstrategies/dpstrategies. html.

[25] VAN DIESSEN R J, VAN RIJNSOEVER B J. Managing Media Migration in a Deposit System[EB/OL]. [2014 - 12 - 05]. http://www. kb. nl/hrd/dd/dd_onderzoek/reports/5-mediamigration. pdf.

[26] HEERY R, ANDERSON S. Digital Repositories Review[EB/OL]. [2014 - 12 - 05]. http://www. jisc. ac. uk/uploaded_documents/digital-repositories-review-2005. pdf.

[27] Handle System[EB/OL]. [2014 - 12 - 05]. http://www. handle. net/introduction. html.

[28] Persistent URL[EB/OL]. [2014 - 12 - 05]. http://purl. oclc. org/docs/new_purl_summary. html.

[29] Archival Resource Key(ARK)[EB/OL].[2014-12-05]. http://www.cdlib.org/inside/diglib/ark/.

[30] Storage Resources Broker[EB/OL].[2014-12-05]. http://www.sdsc.edu/srb/.

[31] Shibboleth[EB/OL].[2014-12-05]. http://shibboleth.internet2.edu/.

5 数字保存的技术策略研究

各国(组织)专家学者在研究数字资源保存技术和方法的同时,通过各种数字资源长期保存实践项目,探索了针对不同类型资源的长期保存技术策略。这些经验为我们研究和实践数字资源长期保存计划提供了有益的参考。本章围绕当前数字保存的技术策略,首先分析了遴选技术策略的几个重要因素;然后总体概括现有项目的研究和实践中经常被提及的保存技术策略,如多重备份与适时迁移、开放描述与注册、模拟环境与环境封装等。最后结合实例着重分析基于UVC、风干、UAF、按需迁移四种保存技术策略。

5.1 遴选技术策略的因素

在遴选和制定保存实践的技术策略前,首先需要了解影响技术策略的因素。对于不同的保存内容和不同的保存要求,技术策略的选择往往是不同的,本节从保存内容、保存能力要求和保存技术几个角度分析影响技术策略的重要因素。

5.1.1 保存内容的层次

保存内容作为数字长期保存活动中的主体,是决定保存技术策略的根本因素。数字资源通常由一系列复杂元素组成:数字内容本身,用来呈现数字内容的显示软件,分发、管理数字资源所需提供的各种系统功能等。不同的保存内容有不同的自然属性,因此对保存策略有不同的要求。目前,对于数字资源的保存主要可划分为基于位流、数据内容、完整的知识保存和保存服务几种层次,对不同层次的保存内容,保存策略也各有不同。

(1)基于位流的保存

基于位流的保存仅保存数字比特流,即纯粹的数据,对要保存的数字资源基本不做任何处理,存储原始数字对象,只保证原始位流的完整性和可读取性,不考虑数字对象的外观、感知和相关功能。主要提供完整性检查、创建多个安全的存储。通常利用复制技术对数字对象进行备份,提供简单的数据备份存储能力,一般不能直接为用户提供访问服务,在需要时将备份数据上载到指定系统上提供服务,这种保存有时也被称为暗存档(Dark Archive),如DAITSS项目[1]。比较流行的方式有多重备份、异地备份。另外硬件迁移、载体迁移等也常用于位流文件保存。Dspace、NDAD[2]、Internet Archive[3]和Kulturarw3[4]等项目都采用了备份和迁移的方式。

(2)保存数据内容

保存数据内容通常是对数字对象的最基本内容的保存,如文档类文件的文本方式保存、图像类文件的光栅方式保存,被保存的内容不具备更多的特性,是一种介于位流和知识之间的保存。保存数据内容以最简略的格式进行保存和呈现,对技术的要求较低,是一种相对简单的保存策略,通常作为一种辅助保存选择,如加利福尼亚数字图书馆的风干策略。

(3)完整的知识保存

完整的知识保存即在保存内容数据的同时还保存“与内容数据的存储和使用相关的元数据”。由于数字资源的利用依赖于对其格式和处理方式的理解,所以仅仅保留纯粹的内容数据不能够保证长期保存的可靠性,因为极有可能一段时间后就没人能够清楚被保存数据的内容结构、加密方法、压缩方式、标记方式、语义信息等,从而使被保存数据变成“死数据”。因此,收集和保存与内容数据的存储及使用相关的元数据是长期保存系统的基本要求。存档者在提供内容数据备份存储能力的同时,还需要提供与内容数据的存储及使用相关的元数据,并提供对内容数据进行定期上载、确认、使用、检验的机制,保证数据及其相关功能的完整性和可使用性。根据所收集和保存的元数据,可实现对数字对象的数据外观、内容、语义的完整保存。DAITSS项目对数字对象在比特层次的保存之外还进行了完整的知识保存。

(4)保存服务

保存数字资源的主要目的是再利用这些数字资源,重现相应的信息服务,所以数字资源与相应的服务系统已经很难区分开来,特别是当前数字信息系统利用其知识组织机制、链接机制、交互处理机制等提供了丰富的服务功能。因此,仅仅保存纯粹的内容数据往往不能“复原”原来系统提供的信息服务,进而影响真正意义上的数字资源的可持续使用。鉴于此,数字资源长期保存还需要保存数据的支撑运行环境。但如何析取“支撑运行环境”的成分还是一个难题,目前对于技术元数据的研究旨在进一步解决此问题,新兴的语义元数据的发展则会提供更多的帮助。加利福尼亚数字图书馆的 Web 保存正在就服务保存做进一步的研究。

5.1.2 保存能力的层次

从数字保存的内涵上讲，保存数字资源首先要具有存储对象的能力，同时通过维护资源保持它的生存能力、可呈现能力和可理解能力。

数字资源的生存能力是指保持完整无缺的比特流文件，保证其在记录资源的媒体上的可读取性；可呈现能力，即可以把比特流文件转换成人或机器可用的格式；可理解能力则是指被呈现的对象能够被用户说明和理解[5]。

三种不同层次能力的保存要求也极大地影响着技术策略的选择。从可呈现能力角度看，只存储底层数据和同时保存底层数据与显示格式对技术的要求完全不同。用于呈现的格式经常与底层内容格式不同，而呈现软件必然会随着时间而被新软件所替代，不同的格式对于技术变换敏感度不同，如果想具备保持最初显示效果的再次呈现能力，在技术要求上有很大差别。

5.1.3 保存技术的选择

长期保存所面临的一个很重要的挑战就是跨越随时间变迁而产生的技术障碍，数字资源需要通过特定的技术来实现数字资源的保存和呈现，因此保存技术成为影响选择和制定技术策略的另一个主要因素。目前大家所熟知的保存技术有迁移、仿真、复制、转换、技术保存等几种，其中迁移、仿真和技术保存三种技术使用最多，这三种技术也各有优劣，表 5－1 展示了这三种方法的优缺点。

表 5－1 三种技术方法优劣对比

	方法	优点	缺点	应用时机
技术保存	提供对生成和浏览原始数据的原始软硬件的访问 通过保存所有的软硬件和结构来确保资源的访问	通过保存原始的设备来保留原始数字对象的功能、外观、感知和知识内容 应用于短期保存方案的实践 延缓对其他保存策略的应用需求	短期保存策略 风险是设备可能崩溃 随着时间的推移，技术支持将消失 维护完整的访问将成为问题 资源的使用受硬件系统的物理访问的限制	一个较好的确保有价值资源的短期访问的策略 只能保证技术通用期之后大约 3 年内的可信度

续表

	方法	优点	缺点	应用时机
仿真	生成一套软件用于模拟保存、访问数据的硬件或软件，有时只是模拟硬件或软件的一部分功能，预期重现数字对象的原始操作环境	不改变数字对象，只是改变浏览的手段，因此原始对象的完整性得到更好的保存 重生的数字对象保留了原始的功能，外观、感知和知识内容	较少实践，还处于研究阶段 仿真软件费用高昂 仿真软件与其他软件一样面临着技术老化的风险	适用于非常复杂的、有价值的资源是一个以最小变更保存数字对象的好方法
迁移	根据软件、硬件的发展将数字资源迁移到不同的软件或硬件环境下	保存知识内容 利用当前技术最低限度地保证数字资源的可访问性 随着技术发展，这个策略的实现会趋于简单	随着技术的变迁要不断地重复执行 变迁的速度影响该策略的费用 会导致数字对象原始类型和完整性的损失 会导致信息内容的损失	目前较通用的策略 能用于大多数类型的数字资源，特别是当访问资源被优先考虑时

如上所述，保存内容、保存能力和保存技术形成了保存策略框架中的三个关键要素，各种保存系统在实践中，基于不同深度的保存内容、不同的保存能力要求和不同类型的保存技术组合，形成了多种符合实践需求的应用型技术策略。下文将对这些技术策略进行详细的分析，这里不再赘述。

5.2　现有长期保存技术策略

在现有项目的研究和实践中，经常被提及的保存技术策略包括多重备份与适时迁移、开放描述与注册、模拟环境与环境封装、数据恢复与数据考古、技术框架与整体解决方案等。本节将结合一些典型的项目，对这些方法进行概括性介绍，为进一步研究提供有益的参考。

5.2.1 多重备份与适时迁移

多重备份的基本思想类似于数据库管理中的数据备份,以尽量避免因不可预期的因素而造成的数据损失。目前,各类数字资源保存系统多采用 Cache 技术及分布式架构,在位于异地的多台机器上分别缓存资源,一旦一方数据发生损失,可以迅速从其他缓存点恢复数据。

适时迁移是根据软件、硬件的发展将数字资源迁移到不同的软件或硬件环境下,从而保证数字资源能够在变化了的环境中被识别、使用和检索。根据迁移条件的不同,迁移可以分为硬件迁移、软件迁移、载体迁移、格式迁移、版本迁移和访问点迁移。

硬件迁移主要是由硬件更新引起的,需要将数字资源存储到新的硬件环境下。硬件迁移往往适用于数字保存单位硬件环境升级或优化的情况。软件迁移主要是由使用的软件发生变化引起的,需要将数字资源转移到新的软件环境下,以保证数字资源在新的软件环境下的可用性。载体迁移主要是由于数字资源存储载体的变化引起的,需要将数字资源转移到新的载体环境下,如将以光盘为载体的数字资源保存到硬盘中。版本迁移主要是由软件更新或升级引起的,需要将数字资源转移到新的软件版本环境下,以保证数字资源在新的版本环境下的可用性,如将 Word6 环境下的文档转移到 Word2000 环境下。格式迁移是将数字资源从一种格式转换成另外一种格式,以适应新的环境对数字格式的要求,如将 HTML 格式转换成 XML 格式。访问点迁移是指访问入口点的改变,如从客户端方式改为从 Web 浏览器方式。

Internet Archive[6] 和 Kulturarw3[7] 项目都采用了备份和迁移的方式。Internet Archive 通过第三方捐赠数字资源的方法来保存 Internet 历史数据。该项目采用三个层次的数据保存方法,即在多个站点保存副本、定期迁移到新的存储载体、收集和保存软件以及系统原始环境。Kulturarw3 项目的目的是测试瑞典电子文档的收集、长期保存和提供访问的方法,保存内容包括 Web 站点、电子报纸、杂志等,该项目主要探索适用于迁移到未来的软件和硬件环境的长期存储格式。

5.2.2 开放描述与注册

开放描述是目前流行的一种增强数字资源长期保存中数据可读性与互操作性的解决方案。所谓开放描述是指信息系统通过计算机可识别的开放语言和规范方式来描述自己系统各个层次内容,尤其是自己的数据格式、组织体系和管理机制。所形成的描述文件及其定义语言置于本系统公知位置或递交公共登记系统，公共登记系统可以对这些描述文件进行搜寻，按照开放语言规则进行解析，从而使第三方系统能识别、理解本系统的格式和规则，并在此基础上实现系统间的互操作[8]。数字资源的开放描述可以将数字资源的存储、描述、组织和传递方式以第三方可以获取的形式描述，从而实现第三方或未来对该类资源的使用。开放描述与登记机制包括文件格式登记、描述登记和服务登记。

文件格式登记一般实现文件格式登记、格式识别、格式有效性检查、格式转换等功能。描述登记是对数字资源描述的一种开放性描述与注册方式，通过该种方式，第三方可以了解数字资源的具体描述方式、方法、解析方法等内容，从而方便地使用该资源。目前流行的描述登记有元数据登记、持久标识符登记等。服务登记的目的是以一种开放的描述方法描述服务，第三方可以通过服务注册中心发现需要的服务，并通过服务请求调用等方式完成服务调用，从而获取到需要的服务。目前流行的 Web 服务就是采用的这种方式，其中 UDDI 是该技术方法的统一描述、发现和集成中心，它可以完成服务的注册、服务发现与服务绑定。

基于开放描述方式的数字资源相关项目主要有 PRONOM[9]、FAIR[10]（Focus on Access to Institutional Resources）等。PRONOM 是英国国家保存项目，该项目保存了用于存储电子记录的文件格式的技术信息，以及创建、迁移这些数据格式的软件。该项目包括 550 个文件格式、250 个软件产品和 100 个服务商，未来该项目将提供移植路径、技术观察和格式识别等服务。Harvard 和 MIT 在 2002 年发起了全球数字格式登记项目[11]，其目的是在数字格式的公共标识和这些格式的信息描述之间建立持久的、清晰的联系。类似的项目还有 IANA 的 MIME[12]，主要处理各种媒体类型的注册。JISC 的 FAIR 项目重点研究 E-prints 的保存，包括保存文件格式、建立保存元数据和机构仓储。OCLC Digital Archive[13]建立了数字保存元数据，用于数字资源保存，并提供资源保存服务。EPICUR（Enhancement of Persistent Identifier Services）[14]项目中对 URN 等唯一标识符进行了应用研究。

5.2.3 模拟环境与环境封装

模拟环境是在新的环境下模拟原有的数字资源保存、运行环境，以实现原有资源的利用，如在 Windows 环境下模拟 DOS 环境运行 DOS 程序。

环境封装是在对数字资源进行包装过程中，将该数字资源所需的运行环境,如动态链接库、运行环境等一起打包,从而实现在其他环境下运行该程序包,如在 JAVA 程序中加入 J2SDK,从而保证在新的环境下的 JAVA 环境要求。

Rothenberg[15]提出可以创建在原始硬件环境下运行原始数据所需软件的软件模拟器来完成在未来的环境中运行原始数据的工作。他认为这种模拟原始环境的方法可以有效地解决在数字图书馆中原始资源的长期保存问题。

环境封装包括在 XML 中包含原始文件、在描述文件中包含指向软件的链接、包含软件本身三种情况。包含软件本身往往是保存与数字资源有关的所有内容,如文件本身、文件的上下文信息、文件运行的软件、硬件环境等。AOLA[16](Austria On-line Archive)通过 harvester 自动采集信息,该项目除了在技术框架上考虑了长期保存问题,同时也采用了迁移和模拟环境的方法以解决长期保存问题。

5.2.4 数据恢复与数据考古

数据恢复与数据考古是指从原始的字节流中恢复数字资源的原貌,并保证数字资源的可读性和可用性。数据恢复包括数据灾难恢复、数据格式恢复等。数据恢复是具有技术挑战性的技术方法,值得注意的是,如果已经无法获取数字资源的原貌,就无法评估数据恢复的成果。因此在正常的图书馆数字资源保存过程中,不赞成使用这种技术策略开展长期保存,而应该采用更为实际的运作方法。该方法仅在其他长期保存策略无法发挥作用时使用。

5.2.5 整体性的解决方案

技术解决方案是数字资源长期保存的根本性方法,但单纯地采用技术方法并不能解决数字资源长期保存的全部问题,因此,许多研究项目试图从数据资源保存、管理、检索等宏观角度考虑数字资源的保存问题。长期保存技术方法的选择已不局限于某一种技术方法的使用,而是从国家宏观战略角度考虑资源的长期保存问题,技术方法的选择更加趋向综合,并根据资源类型的不同采用不同的整体解决方案。技术与框架研究成为目前数字资源保存方法研究中的重要组成部分,相关的项目主要有 e-Depot、EDARS(CURL Exemplars in Digital ARchiveS)、LOCKSS 等。

5.3　基于 UVC 的保存策略

在深入阐述这种策略之前，我们先来回顾一下数字资源保存中的两个保存技术：转换和仿真。转换是指每当信息环境中的某些变化阻止了操作过程的正确执行，就需要检查整个操作过程，修正程序、数据结构或者交互界面以确保程序能再次正确运行。仿真则是指生成一套软件用于模拟保存、访问数据的硬件或软件，有时只是模拟硬件或软件的一部分功能，预期重现数字对象的原始操作环境。换言之，在数据长期保存领域，仿真就是为未来的计算机（如 2050 年）开发一个现在计算机（如 2015 年）的软件仿真器，被仿真的机器能够运行 2015 年计算机的程序和数据，这种方法不需要改变保存的数据和程序，就能保持原始数据文件的原有功能、外观和特性。

Jeff Rothenberg 曾提出一种既保存数据又保存原始程序的方法。他认为解析位流的唯一方式是运行原始程序，这种方式需要利用仿真器。有很多不同的方法试图定义一个仿真器，但这些方法的可行性还没有被全面证明。同时该种方法存在两种不足：

1）对重新激活一个程序的各种功能来说，保存原始程序是合理的方案，但对于数据存档则存在着过多的弊病。为了保存一个图片集合，如果为每张保存的图片都保存它完整的原始生成系统，以保证原始用户能生成、修改和扩展图片，对一个图片集来说是过度的、没必要的负担，因为用户的兴趣在于最终结果——数据，而不是系统。

2）原始程序通常用特定格式显示数据，但原始数据是不可访问的，因此不可能把数据从老系统向新系统输出。

基于上述这些背景，IBM 设计了一个方便的开发仿真或迁移工具的平台——通用虚拟计算机（Universal Virtual Computer，UVC）。UVC 可用于详细说明今天的过程，这些过程可能在未来的某台未知机器上运行。这种方法的唯一需求就是要有 UVC 仿真器。在保存实践中，首先需要编写一个基于 UVC 的格式解码程序，用于被保存内容格式的解码和呈现，该解码程序运行在仿真的 UVC 平台上，把保存内容转换成逻辑视图（Logical Data View，LDV）。LDV 是数据对象的结构化描述，通常按照一个特定逻辑数据模式（Logical Data Schema，LDS）的构建，如果未来有人想要浏览被保存的内容，可以编写一个 UVC 仿真器，然后运行解码程序，生成 LDV。同时，根据保存的 LDS,再开发一个浏览器,就实现了对保存内容的重现。图 5 – 1 展示了这一方法的流程。

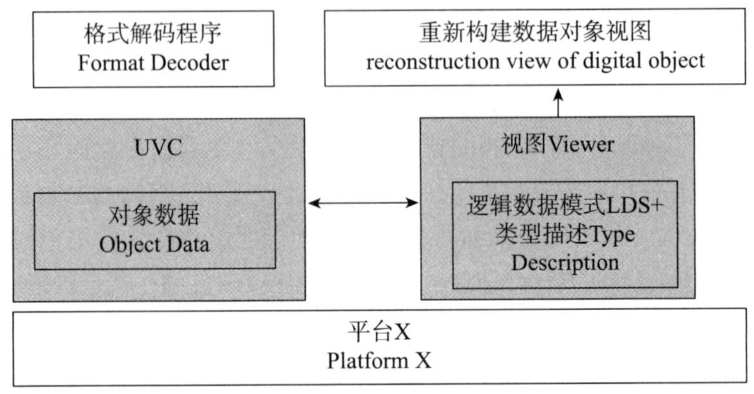

图 5 – 1　UVC 保存方法说明

实际上,UVC 是一个简单化的计算机虚拟表现,它不依赖于特别的硬件环境,通过 UVC 解析器来运行相关的程序。由于 UVC 非常简单,因此可以在任何可能的计算机系统上实现并工作,主要是在不断改变的软件和硬件上生成一个格外的层,为 UVC 程序提供一个稳定的平台,同时,由于其有详细说明,使得未来的开发者可以在任何时候重建一个 UVC。

IBM 在与荷兰国家图书馆的合作中,针对其存档内容的特性,提出了一个更为实用的 UVC 方案。如图 5 – 2、图 5 – 3 所示,IBM 将存档和恢复数据时要做的工作被划分为两部分,竖线左边是当前的存档工作,右边则是未来的数据恢复工作,信息以位流的方式从现在传递到未来。在保存过程中,所要保存的数据和将数据呈现给用户的程序 P 以比特流的方式保存,程序 P 是一个可在 UVC 上执行的程序,它能对数据进行解析,给出数据的语义内容。在未来需要恢复数据的时候,通过一个恢复应用程序的控制,读取保存的程序 P 并传递给 UVC 解释器(即 UVC 仿真器),使程序 P 在新环境中得以运行,然后恢复程序重复调用解释器,每次循环操作都将返回一个新的带标识(这些标识与 XML 中的标签类似)的数据条目,这些标识使得数据条目与语义建立关联,最终确保将保存的数据还原为可理解的数据。

基于上述的 UVC 方案,IBM 成功实现了对 PDF 文档的保存试验。有些研究者认为,UVC 是唯一能够实现真正长期保存的策略,能不受时间的限制,可被经济地和正确地维护。一些反对意见则认为,用 UVC 方法来保存和延长存档寿命是一个不实用而且很难实现的策略。已经有研究项目证明,UVC 方案无法有效地应用于交互式资源,该论点得到了 IBM 和其他研究人员的承认。

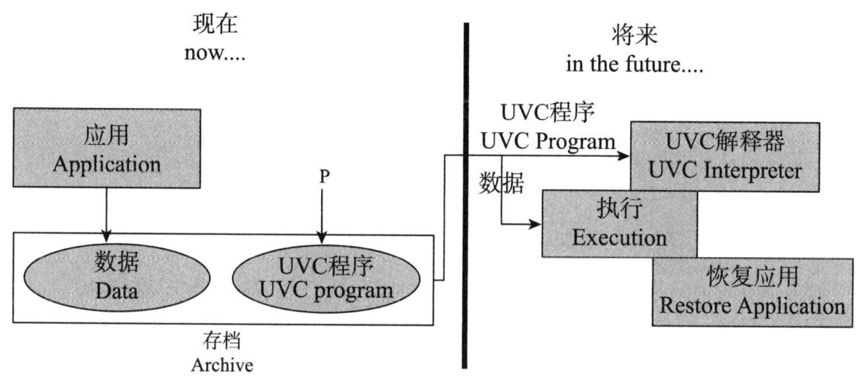

图 5－2　UVC 保存的核心机制[17]

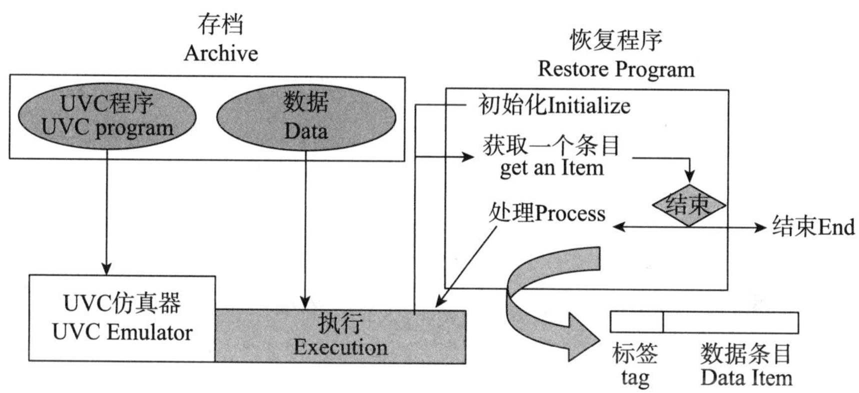

图 5－3　数据恢复过程[18]

5.4　基于风干的保存策略

目前在保存研究中提到较多的保存策略,比如迁移和仿真,它们分别面临着不同的难题。迁移策略要面对未知的费用、人类的浏览(review)、格式错误等带来的损失。仿真策略要面对未知的费用、人类的浏览、软件的保存和识别。这两种方法的共同点是都试图保持或保存一个数字对象的技术上下文环境。

为了对抗未来格式迁移的技术和经济障碍,美国加利福尼亚数字图书馆(California Digital Library,CDL)的 John Kunze 博士认为,在数字保存系统中,加入更多的技术因素反而会使数字保存复杂化。虽然技术是数字保存的一个部分,但是如果对技术的依赖性越大,数字保存的风险也就越大,如语义信息,现在我们可以利用语义技术来维护和处理现在的数字对象,那么随着时间的变迁,人类的语言会不断地变化,语义技术也不断地发展,未来必然会造成不可避免的损失,即不能正确地理解原始语义。因此,他受纸本资料的启示,在 2005 年数字对象保存国际会议(International Conference on Preservation of Digital Objects, iPres2005)上,提出在迁移和仿真之外,还需要另外一种数字保存的方法——风干(Dessication)[19-20]作为补充保存策略。这里,风干是指从复杂数字对象格式中提取有价值的内容,将其保存为简单的、低技术含量、机器易于还原和容易被人理解的数字对象格式的过程。基于风干的保存就是在保存数字对象的原始版本外,保存一个简单的、低技术含量的、经过"干燥"处理的数据版本。风干是数字保存策略的附加方案,是以防万一的策略。

CDL 认为,基于风干的方法对于类似文档的数字对象来说,在保存原始格式的同时,应该派生出一个低技术含量的版本进行保存。这种方法从高质量的、已保存的数字对象格式中生成一个只含少量数据的派生对象,这些派生的版本是原始文档的缩减呈现,在这个过程中必然丢失了许多特征,如光栅图像的动画和热点链接,文本文件的字体、颜色和插入的图表,但是它们保留了基本的文档属性。因为风干数据是随原始格式一起采集的,当我们面对未来不可确定的资助和很多有价值的老资料时,这种策略提供了很高的稳定性。

这种风干数据在很多中长期存在的数字格式中得到检验。IETF 的 RFCs(Request for Comments)[21]的仓储就是一个重要的例子。RFCs 是一套关于 Internet 的技术和组织的说明(最初发起于 ARPANET)的仓储,从 1969 年开始成为 RFC 连续文档的备忘记录,长期保存着计算机网络方方面面讨论的备忘录,包括协议、过程、程序、概念、会议记录、评价等。它以纯文本格式保存文档,对比同时代的使用字体、字号、颜色和图表的格式,这种格式可能看起来不够生动,但事实上,这种干瘪的数据具有的价值很高,能够成功地通过 Internet 上所有协议进行呈现。该仓储持续了 36 年,今天用户依然可以很容易地阅读到几十年前的文档。这一事实可以让我们相信,纯文本格式能够作为目前最有可能被继续读取 30 年的数据格式。

同样的,CDL 把风干的保存策略应用于 Web 数据的保存实践中。他们在保存原始格式的同时自动获得和存储各种风干的版本,即放弃捕获所有原始格式的特征,只捕获它最基本最有价值的部分。CDL 所采用的对

Web 格式文档数据的风干处理是过滤掉所要保存的复杂数字对象的字体、图像、色彩、读音符号等，只保存最基本的文本数据，整个处理过程是随着对原始数字对象的保存而进行的。这样，对于被保存的 Web 格式文档，同时存储一个纯文本格式的文档，可以在原始格式呈现失败时提供一个退路。谁也不知道未来是否有足够的资金支持再次访问一个保存的对象，更不用说格式迁移了。从另一个角度说，对获取纯文本文件版本的努力和存储至少为搜索索引提供了必要的支持。

总的看来，在存储数字对象时采用的技术越简单，数字对象的重现就越容易，这样的数字对象的持久性越强。以此类推，类似于纯文本格式的图像格式是基本的光栅文件，它是一种位图形式图像格式，以像素或点的格式进行存储的图像文件，其中包含着模拟古代编织技术的像素（图像元素）数组，像素数组是一种包含图像元素的矩形网格，图像元素“映射”到虚拟的图形栅格中对应的空间，彩色像素填充到每一个小格中，由此组成整个图像。光栅文件可能增加了一种简单的行程编码压缩的复杂性，但对于节省的空间是值得的。从利用现代软件呈现的原始文档中获取和存储光栅图像有两个优势：非常普通、可呈现（不再需要为现在的格式准备更好的呈现工具利用所有的特征和误差补偿，构成非正常格式实例）。同样，当原始格式和纯文本失败后，它提供了一个额外的退路。

除了文本和图像的风干数据版本外，CDL 还提出格式流行时期的呈现工具是性能最好的，应该在这一时期进行风干处理。此外，他们也提出了，目前尚无法有效地提取有价值的隐藏数据。同时，他们也未明确阐述关于音频、视频或多媒体数字资源的风干数据版本。

5.5　基于 UAF 的保存策略

在讨论保存策略时，一个值得强调的理念就是被长期保存的是数据本身，即位流文件（在实践中是字节流而不是位流），而不是存储着数据的媒体。数字资源很特殊也很重要的一个属性就是可复制性。所有的数据在某种意义上都是抽象的，无论被存储在何种媒体上，总有些方面只与媒体管理相关，而与信息内容及相关的操作无关。在采集的早期，决定如何把数据从媒体复制到要长期保存的字节流，就是要识别保存数据的抽象模型，这个抽象模型应该包括数据所有关键属性，这个抽象模型被 Cedars 称为底层抽象格式（Underlying Abstract Form，UAF）。

OAIS 模型的实现和应用基于一个前提,即数字对象必须被转换成为位流文件才能被适当地保存。这个工作通过一个称为摄入的过程完成:第一步,数据从存储的媒体中独立出来(即我们以后要反复提到的底层抽象格式);第二步,把从媒体上独立出来的数据映射成一个位流文件保存(使位流文件成为 AIP 的一部分)。随后即是对位流文件的长期保存(在档案存储中持久保存 AIP)。所谓 UAF,即上面所述第一步与第二步之间的数据。

Cedars 认为数据是一种实际的存在,而内容与它所依附的媒体无关,从媒体中剥离的 UAF 包括了数据的所有关键属性,并且独立于它所依附的媒体。而所谓的重要属性(Significant Properties),是一些能够重现数据对象原始目的的属性,对于每一个需要被保存的数字对象都需要考虑哪些是关键属性,通常在提交协议中会仔细说明数字对象的一系列重要属性。

这里有一些例子可以帮助我们理解 UAF 概念。一张可以在 PC 机上安装一个软件包的 CD 通常具有较好的结构,如把磁盘装入驱动器,开始运行并安装。磁盘上通常都包含着一个文件系统,如果文件系统被复制到一个硬盘分区中,它很可能同样可以很好地工作,对于这种资源很明显的、很好的选择就是文件系统。通过感知它,我们使之与它存储的媒体分离。然后使用 Cedars 标准工具把这样的一种格式(如 tar)转换生成保存用的字节流,就像上面的例子。

一张标准的音乐 CD 不能实现这样的浏览,因为磁盘上数据的设计没有遵照一个计算机文件系统的常规约定。然而,对于磁轨依然存在着一种抽取方法,每个磁轨是一个字节流,可以想象把这种抽取映射到字节流文件的方法。

磁带,作为一个过时系统的部分,也许使用了一种不为人了解的格式,把它作为一个文件系统来感知比较困难,然而我们可以放心地把它作为一个实体序列,每个实体是一个数据块或磁带标识,每个数据块又是字节的序列。Cedars 已经完成了一个简单程序,对磁带进行这样的抽取,并按这种方法保存。如果需要,可以重生真实的磁带。在实践中可以完成的工作是通过提供同样的 API,仿真已过时磁带驱动的行为。需要注意的是,上述过程不是读被保存的字节流。

从上述的例子可以看出,文件系统、CD 镜像文件、带分隔符的数据文件以及来自于 ASCII 码的纯文本文件,都是可选的 UAF。无论选择哪种格式,必须保证它能够重生一个文件系统,使之能够像原始对象那样用同样的方式操作,文件系统才能通过使用该格式或其他软件把数据转换到字节流。

为了实现对一个特定数字对象的保存(Preserve)和访问(Access),需要将具体的数字对象的底层抽象形式标识出来,然后转换成为可以无限期保存的字节流存入AIP中。在对这样的数字对象进行访问的时候,访问软件需要能够从AIP中将UAF提取出来,并且结合访问软件所处的环境,对UAF进行多层不同路径的映射,最终还原出原始的数字对象。在Cedars系统的信息模型设计之中,希望通过将呈现信息(RI)包含于AIP包的内容信息组件之中的方式来解决这一问题,Cedars为此给出了一套相应的解决方案。

数据采集第一步的目的是把资源转换成单个的字节流文件,在某些情况下,资源已经以这种字节流格式存在,如PDF文件或带标记的文本文件,还有另外一些情况,如资源从CD中获得,或者更有挑战性的是使用已过时技术的硬盘或磁带。第一步的重点在于首先使数据从它存储的媒体中独立出来,这涉及数据格式选择和随后把这种格式复制到字节流文件中,这个过程中关键的概念就是UAF和重要属性。

在选择了UAF的格式之后,如前所述,复制和保存UAF在摄入过程中进行(即可以在接收提交数据过程中进行,也可以在质量检验过程中进行),对于多媒体数据的UAF抽取目前还存在一些困难。在采集的第二步中,保存系统把UAF打包成为AIP的一部分,同时抽取相关的元数据(包括RI),最后生成AIP包。

一个数字对象可能会有多个可能的UAF,同一个UAF在不同的系统中会需要不同的解析工具。呈现信息的目标是使被保存的数字对象以一种更有意义的方式得到访问存取。Cedars认为,呈现信息在保存系统中的主要功能就是帮助访问程序根据自己所处的环境,决定在将UAF向原始数字对象的转换过程中,采用什么样的映射"路由"。例如对于一个纯文本信息的存取,在Unix下需要使用Cat命令,而在Windows平台下则使用Notepad。Cedars明确提出了呈现信息在数字保存系统中的两个作用:帮助存取软件从DIP(Dissemination Information Package,分发信息包)中生成UAF;将UAF应用于可用的(或适当的)平台之上进行呈现。

5.6　基于按需迁移的保存策略

保持数字对象的长期可用性是数字保存的重要内容,迁移是广泛使用的一种数字资源长期保存策略。如图 5 –4 所示,当数据格式过时或其他情况发生时,利用迁移工具将原始数字对象迁移到新的数据格式下,从而在新的平台环境下保证数据的可用性。然而传统的迁移方法存在着不足,即如果在迁移的某一步骤存在错误、遗漏或其他情况,就会影响以后的迁移,会产生如图 5 –5 所示的失真。该方法无法准确地保存和提供可信赖的还原机制,与此同时,需要迁移时就生产相应的迁移工具也会造成相关费用的提高。基于此,按需迁移的保存策略应运而生。

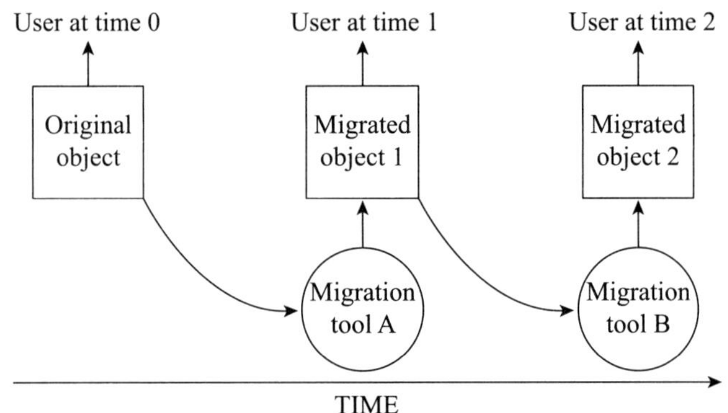

图 5 –4　传统的数字对象迁移方式[22]

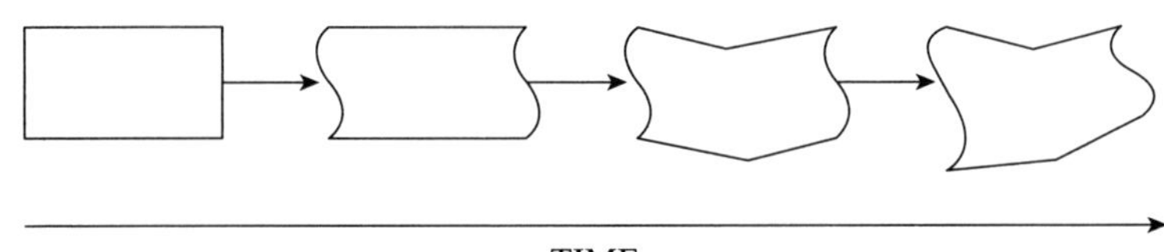

图 5 –5　传统迁移方法的错误遗传[23]

5.6.1　按需迁移的基本原理

Cedars 认为,在长期保存中,保存数字对象的原始字节流可以有效地解决保存中的相关问题[24]。如果保存的原始字节流并不随时间改变,则只需改变解释或还原原始格式的方式或工具。这种方法的突出问题是设计和使用的相关迁移工具的寿命比较短,一些研究项目为解决这个问题而提出了一些设计工具的技巧,如 CAMiLEON 项目[25]将这些技巧与软件工具设计结合起来,可有效地延长软件使用的寿命。这些技巧也可以用于迁移工具的设计中,将软件设计的技巧与保存原始字节流的原则结合起来,可以产生新的迁移情况,如图 5 –6、图 5 –7 所示。该方法为执行迁移策略提供了更为实用的方法,按需迁移减轻了数字保存的负担。

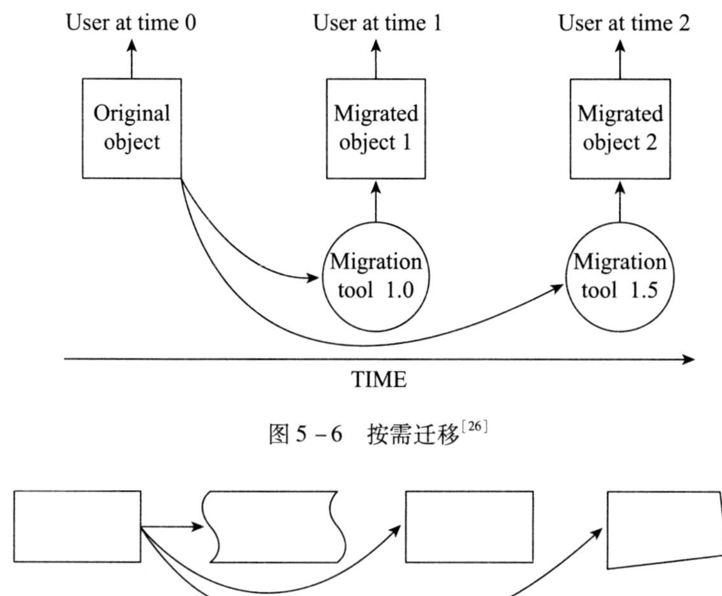

图 5－6　按需迁移[26]

TIME

图 5－7　按需迁移的非遗传特性[26]

使用 CAMiLEON 项目软件设计技巧的工具可以随时间还原所有数字对象,保存过程只需保存数字对象的原始格式。当以前支持的格式过时时,只需在工具上添加可以解读新的数字格式的输出模块即可,同时也需要返回原始的数据格式,以保证按需迁移,从而降低在转换过程中产生错误的可能性。从原始版本向新版本转换永远只需一步,无论何种情况下,需要迁移的是档案中的原始格式。

按需迁移可以降低错误,与传统的迁移方法相比,该方法具有以下优点:

(1)解释或读特定文件格式的编码只需执行一次;

(2)使用一步迁移策略可以提高迁移的准确性;

(3)保存数字对象的原始格式使得真实性问题变得简单;

(4)迁移工具模块的设计使得执行可逆的迁移试验变得简单、经济;

由于迁移工具只是按需使用,因此当保存大量数据时可以相应地节省费用。

5.6.2　按需要迁移的技术方法

(1)按需迁移过程

图 5－8 说明了按需迁移工具如何分解迁移数字对象所需元素的过

程。这种设计模式是可扩展的,只要支持输出的格式过时,新的输出模块就可以添加到系统中,而无需重写输入模块。与传统方法相比,这种方法更经济。OAIS 参考模型指出,只有在证明迁移是可逆迁移且没有错误的情况下,才能确保迁移步骤完成。如果可以将迁移的对象还原成原始形式,则说明迁移是完全正确的且没有丢失原始对象的特征。利用传统的迁移方法,则会增加可逆测试的工作量。迁移过程中最为重要的是所有的过程是可重复的,按需迁移的模块框架能够节省人力、物力和财力。输入、输出模块的设计方式,可以为新的数据格式的扩展提供支持,需要对新的格式的数据进行保存时,只需设计相应的输入、输出模块,添加到框架中即可,这样就大大节省了项目开发的时间,从而提高了系统的适应性、经济性和扩展性。同时支持多个输入、输出模块意味着一个按需迁移工具能够支持一系列不同的输入格式。按需迁移工具的输入、输出模块的扩展性,可以去除无用的执行冗余,使得模块化设计易于维护,并可以提供维护数据文件格式的功能记录。

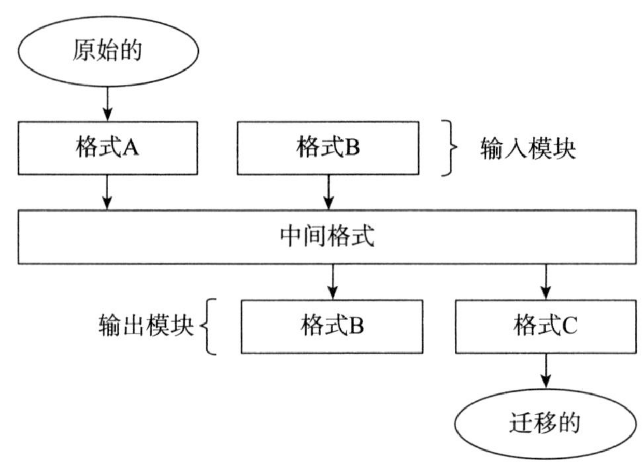

图 5-8　按需迁移过程[28]

(2)可逆迁移测试

如图 5-9 所示,可逆迁移测试比较数字对象迁移版本和原始数字对象,这种比较通过将已迁移对象还原成原始格式来实现。按需迁移工具需要对这种可逆迁移测试提供支持。CAMiLEON 项目进行了 Draw 格式的数据可逆迁移测试,并取得了成功。如果将 WMF 文件格式整合到中间格式中,也可以实现 WMF 文件格式的可逆迁移。按需迁移工具的这种特点增加了中间格式的复杂性,也增加了工具维护的难度,因此,需要在复杂性和可逆性间进行选择,ASCII 格式(如 SVG)增加了这种选择的困难。

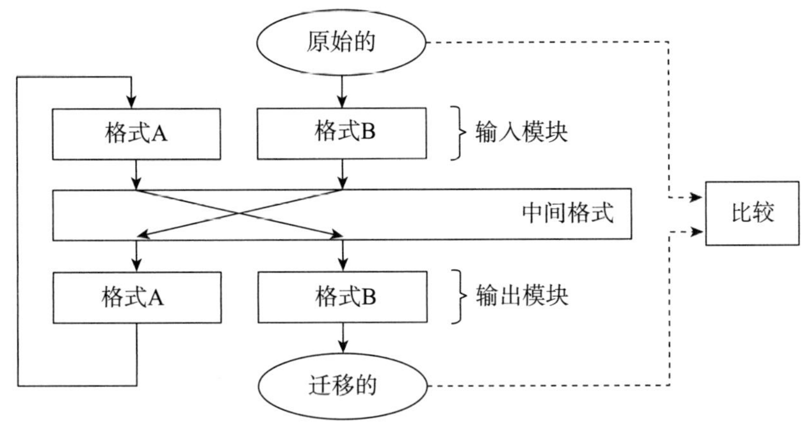

图 5－9　可逆迁移测试[29]

5.7　小结

在实际的保存实践中，数字保存的技术策略直接受保存目标和保存资源类型的影响，针对不同的保存目标和保存资源类型选择适宜的保存策略，可有效应对随着时间的变迁而产生的技术障碍的挑战。本章在分析了影响技术策略选择的重要因素之后，总体概括了现有项目的研究和实践中，提及如多重备份与适时迁移、开放描述与注册、模拟环境与环境封装等保存技术策略，并在此基础上，对 UVC、风干、UAF、按需迁移等几种独具特色的技术策略进行了详细介绍。基于此，研究者可结合自己的保存需求，在具体的应用环境中选择合适的技术策略，实现数字资源的长期保存。

（吴振新、张智雄、刘建华）

参考文献

[1] DAITSS Overview[EB/OL]. [2015－04－27]. https://share.fcla.edu/FDAPublic/DAITSS/Chapter_1_DAITSS_Overview.pdf.

[2] NDAD[EB/OL]. [2015－04－27]. http://www.ndad.nationalarchives.gov.uk/.

[3][6] Internet Archive[EB/OL]. [2015－04－27]. http://www.archive.org.

[4][7] Kulturarw3[EB/OL]. [2015－04－27]. http://www.ifs.tuwien.ac.at/~aola/publications/thesis-ando/Kulturarw3.html.

[5] Web-Based Government Information: Evaluating Solutions for Capture, Curation, and Preservation[EB/OL]. [2015 - 04 - 27]. http://www. cdlib. org/services/uc3/docs/Web-based_archiving_mellon_Final. pdf.

[8] 张晓林. 数字图书馆建设中的开放描述机制[J]. 现代图书情报技术,2002(3):6 - 9.

[9] PRONOM,UK National Archives[EB/OL]. [2015 - 04 - 27]. http://apps. nationalarchives. gov. uk/PRONOM/Default. aspx.

[10] Focus on Access to Institutional Resources(FAIR)Programme[EB/OL]. [2015 - 04 - 27]. http://www. jisc. ac. uk/rd/projects/focus-on-access-to-institutional-resources-fair.

[11] Global Digital Format Registry(GDFR)[EB/OL]. [2015 - 04 - 27]. http://library. harvard. edu/preservation/digital-preservation_gdfr. html.

[12] MIME[EB/OL]. [2015 - 04 - 27]. http://www. iana. org/assignments/media-types/media-types. xhtml.

[13] OCLC Digital Archive[EB/OL]. [2015 - 04 - 27]. http://www. oclc. org/digital-archive. en. html.

[14] EPICUR[EB/OL]. [2015 - 04 - 27]. http://www. persistent-identifier. de/english/330-epicur. php.

[15] RRTHENBERG J. Ensuring the Longevity of Digital Documents [J]. Scientific American,272(1):24 - 29.

[16] AOLA[EB/OL]. [2015 - 04 - 27]. http://www. ifs. tuwien. ac. at/ ~ aola.

[17 - 18] The UVC: A Method for Preserving Digital Documents-Proof of Concept[EB/OL]. [2015 - 04 - 27]. https://comminfo. rutgers. edu/ ~ tefko/Courses/e553/Readings/Lorie%20IBM%20unv%20virt%20comp. pdf.

[19] KUNZE J. Future-Proofing The Web: What We Can Do Today[EB/OL]. [2015 - 04 - 27]. https://fedora. phaidra. univie. ac. at/fedora/get/o:295039/bdef:Content/get.

[20] CEDARS Guide to: Digital Preservation Strategies[EB/OL]. [2015 - 04 - 27]. http://www. webarchive. org. uk/wayback/archive/20050111120000/http://www. leeds. ac. uk/CEDARS/guideto/dpstrategies/dpstrategies. html.

[21] Requests for Comments(RFC)[EB/OL]. [2015 - 04 - 27]. http://www. ietf. org/rfc. html.

[22 - 23][26 - 29] Migration on Request, a Practical Technique for Preservation. [EB/OL]. [2015 - 04 - 27]. http://www. imaginar. org/taller/dppd/DPPD/146%20pp%20migreq. pdf.

[24] HOLDSWORTH D, SERGEANT D M. A blueprint for Representation Information in the OAIS Model(1999)[EB/OL]. [2015 - 04 - 27]. http://www. personal. leeds. ac. uk/ ~ ecldh/CEDARS/ieee00. html.

[25] HOLDSWORTH D, WHEATLEY P. Emulation, Preservation and Abstraction. RLG Dignews 5,4[EB/OL]. [2015 - 04 - 27]. http://webdoc. gwdg. de/edoc/aw/rlgdn/preserv/diginews/diginews5-4. html#feature2.

6　数字保存的信息模型研究

数字资源长期保存的目标是对数字化信息进行长期保存以保证其未来长期可用,同时确保被保存的信息对于目标团体是独立可理解的。随着计算机技术飞速发展,存储介质、操作系统、软件平台等数字信息所严重依赖的技术环境都在快速变化。除了技术因素,长期保存的指定用户团体的知识基础(Knowledge Base of the Designated Community)也在不断地变化。如何确保存档的信息在技术环境和用户知识发生变化后还能够被正确呈现、理解和使用,是长期保存必须解决的问题。长期保存系统必须要保存比被保存的信息对象本身的内容多得多的信息,才有可能保证被保存对象的长期可用性,这也是长期保存系统区别于其他信息系统的重要特征。

成功保存信息对象(Information Object)的关键是保存系统要能够明确识别和理解数据对象(Data Object)以及相关联的必要信息,并对其进行有效的组织和维护,这些给数字信息的保存带来了重大挑战。因此,作为长期保存的基本存档单元,信息模型的组织和构建一直都是保存领域一个非常重要的研究主题,也是保存实践首先要解决的一个关键问题。

在 OAIS 标准中,对数字保存系统中的信息类型和信息包组成进行了一定程度的规范,提出了信息模型的概念来描述数字保存系统中存在的各类信息。但在实际的数字保存系统之中,信息对象的组成、信息模型的构建方式又各不相同。本章将深入探讨数字长期保存系统中的信息模型构建问题,在对 OAIS 的信息模型进行研究分析的基础之上,对目前学术界较有影响的数字长期保存系统中的信息模型的具体实现进行深入研究分析。

6.1　OAIS 中的相关概念及描述

OAIS 通过信息模型对保存的信息进行描述,主要包括信息对象、信息对象分类、信息包及信息包的转换等内容。

6.1.1 信息对象

OAIS 的信息对象(Information Object)指的是数字化的信息,由比特(Bits)组成,这些比特只有与呈现信息(Representation Information)相结合的时候,才能被转换为有意义的信息,而且只有经过呈现的信息才能够为长期保存的目标团体所理解和使用。即"数据经其呈现信息的转译生成信息",如图 6-1 所示。

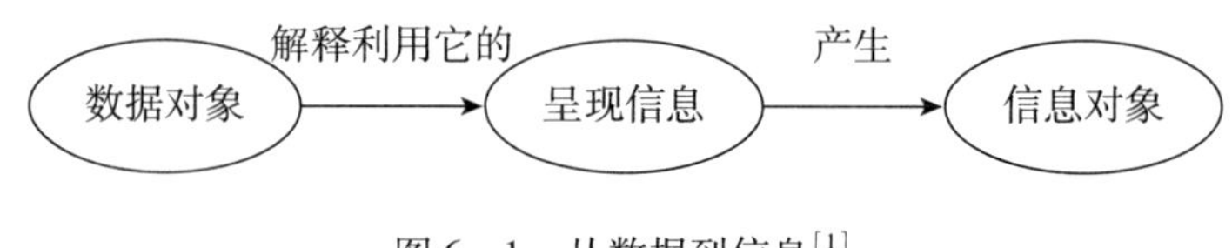

图 6-1 从数据到信息[1]

呈现信息又可以分为结构呈现信息(Structure Information)和语义呈现信息(Semantic Information)两种,其中前者指出数据对象的组成结构,如某个比特序列由多少条什么样的记录组成,一条记录又包括什么类型的字段;而后者表现数据对象的语义,如某个字段中存储的信息是题名信息,或是作者信息等。某一呈现信息可以引用已经定义好的呈现信息。通常情况下,为了让被保存的某一信息对象能够被"独立理解",这一信息对象需要一系列具有引用关系的呈现信息组成的呈现网络(Representation Network)来进行表述。

6.1.2 信息对象分类

根据信息对象内容和功能的不同,OAIS 将数字保存系统中信息对象分为四种类型,分别是内容信息对象(Content Information Object)、保存描述信息对象(Preservation Description Information Object)、封装信息对象(Packaging Information Object)和描述信息对象(Descriptive Information Object)。

内容信息(Content Information)是长期保存的基本目标。正如前面所述,内容信息对象是一种信息对象,由内容数据对象(Content Data Object)、物理对象(Physical Object)或者数字对象(Digital Object,例如字节)及其相关的呈现信息组成。

保存描述信息对象(Preservation Description Information,PDI)是为了使内容信息对象在经过一段时间之后仍然能够被理解的信息。在 PDI 中必须包括足够的信息来确保相应内容信息的长期保存,通常情况下,保存描述信息对象又可以被分成:

1）参考信息（Reference Information）。提供一个或多个标识符或标识系统，通过这些标识符或标识系统能够对内容信息进行唯一识别。

2）情境信息（Context Information）。记录内容信息和它所处环境之间的关系，例如某一内容信息被创建的原因，它与其他内容信息可能存在的关系等。

3）起源信息（Provenance Information）。记录内容信息的历史，如内容信息的最初来源，不同阶段内容信息的改变情况等。

4）不变性信息（Fixity Information）。提供数据完整性和有效性检查的信息，如校验码等，以确保内容信息在没有记录的情况下不会被改变。

5）访问权限信息（Access Rights Information）。提供了与访问有关的各种条款，包括内容信息的保存、分配和使用等。例如，访问权限信息中可能会有准许 OAIS 从事保存活动的声明，对内容信息进行分配的许可授权，权限执行措施的说明，以及访问控制说明等。

封装信息（Packaging Information，PI）是一些在物理上或者是逻辑上将相关的组成部分（内容信息与保存描述信息）打包成为一个在特定媒体上可标识的实体的信息。如果将某一保存对象的内容信息和保存描述信息看成是光盘上的文件，则这一保存对象的封装信息就可以被看成是这一光盘所采用的 ISO 9660 卷/文件结构。OAIS 认为，封装信息并不一定必须被保存到数字保存系统中，因为它并不是内容信息和 PDI 的组成部分，但在需要获得保存对象的最初提交信息的时候，需要保存系统提供该信息。另一方面，在进行移植操作的时候，封装信息可能会丢失，这是数字保存系统中进行媒体移植的时候，一个需要认真考虑的问题。

上述三种信息对象构成了数字长期保存系统需要存储的保存信息，除了这三种保存信息之外，还需要一种信息来对这些保存信息进行查询、定位、分析和调取，这些信息被称为描述信息（Descriptive Information），它主要从内容信息和 PDI 中提取，用以发现、定位和存取某一特定的保存对象。通常描述信息可能只是信息包（Information Package）的描述性标题，或者是在目录服务中可搜索到的全部属性。

6.2　OAIS 的信息包模型

6.2.1　信息包的概念

信息生产者（Producer）向 OAIS 系统的信息提交，OAIS 系统对于信息的存储以及对用户(Consumer)的信息分发,都是以一个或者多个分离的传输形式出现的。为此,OAIS 提出了信息包(Information Package)的概念。

信息包是 OAIS 中的一个核心概念,被作为功能模型中各模块之间传递的基本对象,是一个概念化的容器,包含了内容信息(Content Information)和保存描述信息(Preservation Description Information,PDI)两种类型。OAIS 要求 PDI 与内容信息封装在一起,通过封装信息(Packaging Information)来识别,同时为了使信息包可以被了解和发现,需要通过描述信息(Descriptive Information)对信息包进行描述。如图 6-2 所示。

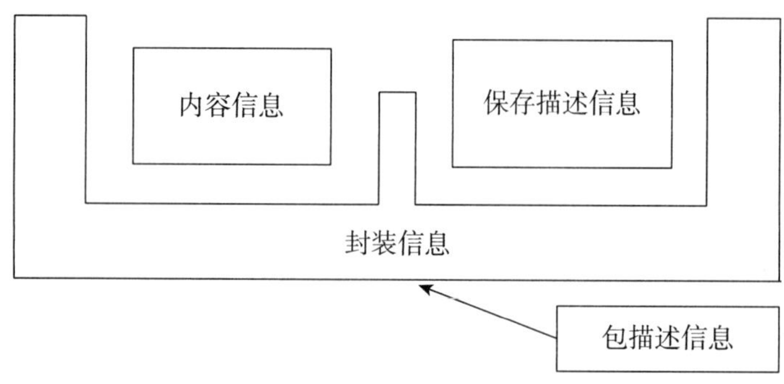

图 6-2　OAIS 的信息包构成[2]

6.2.2　信息包的分类及特点

OAIS 对提交给它的信息包、它所存储的信息包以及它分发给用户的信息包进行了区分,之所以对信息包的类型进行区分有三个原因:

1)现实情况下,有些提交给 OAIS 的信息包缺少足够的呈现信息或保存描述信息,这种信息包不能够满足 OAIS 对保存信息的需求;

2)提交给 OAIS 的信息包可能会与 OAIS 组织其保存信息的方式完全不一样;

3)OAIS 提交给消费者的内容信息可能并不会完全包括与它相关的呈现信息或所有的 PDI。

相应地,OAIS 将对应的信息包分别定义为提交信息包(Submission Information Package,SIP)、存档信息包(Archival Information Package,AIP)和分发信息包(Dissemination Information Package,DIP)。

提交信息包是信息生产者提供给 OAIS 的信息包。它的格式和具体内容通常情况下是生产者和 OAIS 系统之间协商的结果。多数的 SIP 通常有一些内容信息和 PDI,但它可能需要多个 SIP 来形成一个完整的内容信息和相应的 PDI,从而进一步形成一个 AIP。反之,一个 SIP 也可能由被包括在多个 AIP 中的信息组成。SIP 对应的封装信息通常会以某种形式存在。

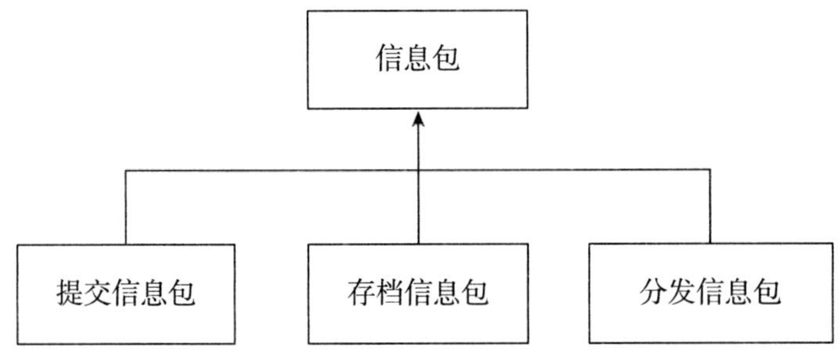

图 6-3　OAIS 参考模型中的三类信息包[3]

在 OAIS 中,一个或多个 SIP 需要被转换成为一个或多个 AIP 以进行保存。AIP 有一系列完整的 PDI 和相关的内容信息。一个 AIP 还可能会由多个其他的 AIP 组成。AIP 的封装信息需要遵守 OAIS 的内部标准,并且在 OAIS 的管理下,它还可能变化。

根据消费者的请求,OAIS 需要以分发信息包的方式提供一个 AIP 的所有或者部分内容给消费者。一个 DIP 也可能包括多个 AIP,并且它可能有,也可能没有完整的 PDI。封装信息需要以某种方式显性出现,以使消费者可以明确地辨别出所要的信息。根据分发媒体和消费者需求的不同,封装信息可以以多种方式存在。

6.2.3　存档信息包(AIP)的结构组成

存档信息包是在长期保存系统中用于存储保存的信息包,其内容信息(Content Information)是保存的基本目标,包括数据对象(物理对象或数字对象)和呈现信息(包括结构信息、语义信息等);保存描述信息可以分为五类:指引信息(Reference)、起源信息(Provence)、情境信息(Context)、不变性信息(Fixity)以及访问权限信息(Acccss Rights)。OAIS 模型对 AIP 的内容和结构的详细描述如图 6-4 所示。

包描述信息包含从数据对象内容信息提取的内容描述和 PDI 提取的保存描述信息,以便提供检索辅助,如描述元数据。数据对象的呈现信息是使数字对象可被理解的信息,如数字对象的格式、正确展示所需要的软件及其版本等技术元数据。引用信息用于数据对象的引用,是数字对象的唯一标识符。起源信息记录数字对象创建、变更等相关的事件以及责任者等信息,是重要的保存元数据内容。情境信息包括数据对象创建的原因、与环境的关系以及与其他数据对象的关系等,也称为上下文信息。

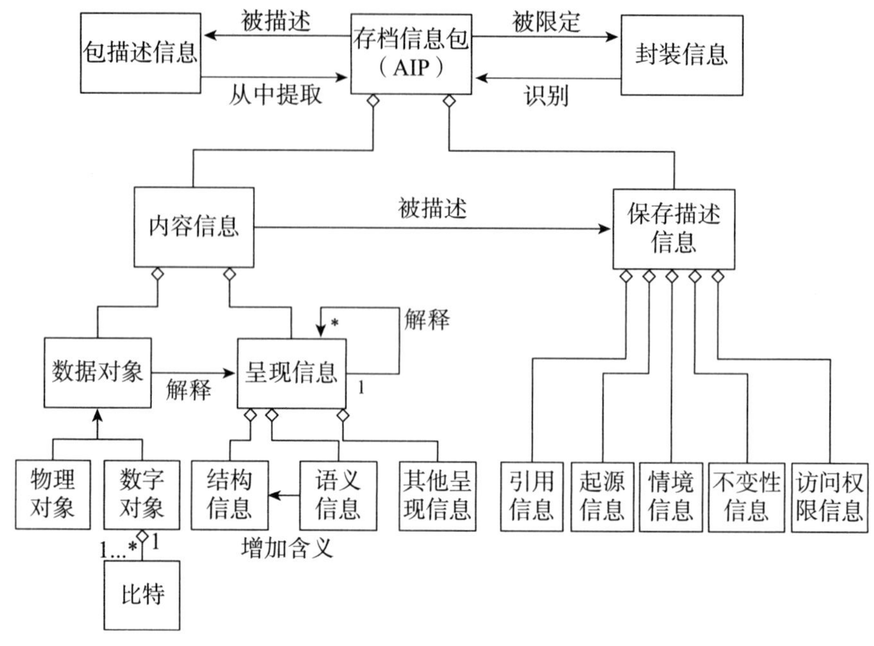

图 6－4　AIP 详细结构[4]

6.3　信息模型实例研究

OAIS 定义了存档信息包的概念模型，在实际保存中，需要根据具体的应用需求定义各自的应用模型。从长期保存开展之初，各项目就开始了 AIP 的研究和实践，并根据实际需求和不同的系统目标形成了各具特色的存档信息模型。下面以多个各具特色的实例从不同角度来说明保存系统信息模型的组织和构建。

6.3.1　基于 UAF 的信息模型

Cedars（CURL Exemplars in Digital Archives）是英国的三个数字存档示范机构（Universities of Leeds，Oxford 和 Cambridge）在 1998 年 4 月到 2002 年 3 月间进行的一个研究项目。分布式数字档案原型系统是Cedars的五个主要研究内容之一。在 Cedars 的分布式数字档案原型系统中，参考了 OAIS 的信息模型并对呈现信息进行了更深入的解析。

Cedars 坚信数据能够比存储它们的介质存活得更为长久，而且字节流可以被无限期地持久保存。在 Cedars 系统的设计规划中，一个亟须解决的核心问题就是如何将一个数字对象转换成可以无限期持久保存的字节流，以及如何在未来能够从这些字节流还原出数字对象的原始模样。Cedars在设计信息模型时，希望通过将呈现信息包含于AIP包的内容信息组件中的方式来解决这一问题，为此Cedars提出了一套相应的解决方案。

Cedars认为数据是一种实际的存在，其内容与它所依附的媒体无关。为此Cedars提出了底层抽象形式（Underlying Abstract Form，UAF）的概念，认为UAF包括了数据的所有重要属性，并且独立于它所依附的媒体。为了进一步阐述UAF，Cedars还提出了关键属性（Significant Properties）的概念，认为UAF需要的是那些能够体现所有内容数字对象的不依附于存储媒体的关键属性。

为了实现对一个特定数字对象的保存和访问，需要将具体的数字对象的底层抽象形式标识出来，然后转换成为可以无限期保存的字节流存入AIP中。在对数字对象进行访问时，访问软件需要将UAF从AIP中提取出来，并且结合访问软件所处的环境，对UAF进行多层不同路径映射，还原出原始的数字对象。

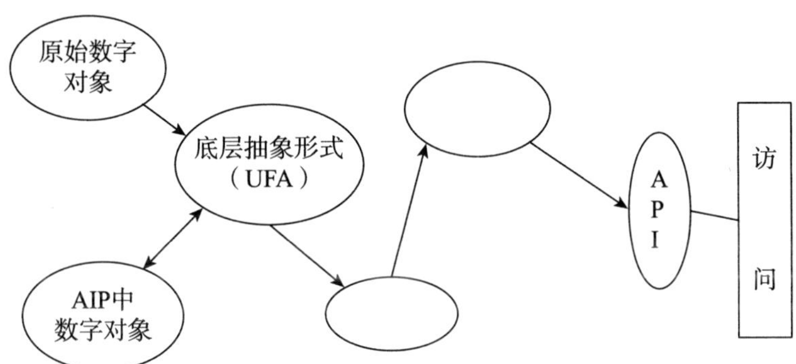

图6－5 对保存数字对象的映射和访问[5]

Cedars将呈现信息区分为结构信息（Structure Information）和语义信息（Semantic Information）。结构信息提供了从数字对象的字节流中生成UAF时所需要的信息。而语义信息则提供了如何利用UAF还原为原始数字对象的应用信息，根据各种应用平台的不同会有多条信息。在Cedars中，呈现信息也以AIP包的方式被存入到存档体系中。在一个普通的AIP包中，它的呈现信息是通过指向特定AIP包（呈现信息网络中的特定节点）的CRID（CEDARS Reference ID）来指引的。Cedars的呈现网络包括三种类型的节点：数据格式定义（DFD）、呈现/分析/转换引擎（RACE）和平台（Platform）。

在 Cedars 分布式的存档原型系统中，一个 AIP 包被存储为一个大的字节流。在这个字节流中，需要包括 PDI（存档描述信息）、RI（呈现信息）以及数字对象的所有组件，其结构如图 6－6 所示。

图 6－6　Cedars 的 AIP 包结构

其中，Packaging Information 是封装信息，PDI 是一个反映保存描述信息的 XML 记录，Existing Records 是一些已经存在的编目信息，RI 是一系列以通过 JAVA 属性文件格式来存储的呈现信息，Content Digital Object 是具体需要存储的数字对象。

在 Cedars 的 AIP 包中，Packaging Information、PDI 和 RI 采用了人可识别的方式，以防读取 AIP 的工具失效。封装信息是一个 CRID，它提供了一个 AIP 内部结构的版本号以及指向特定 AIP 的引用（CRID）。这些被指定的 AIP，记录了当前 AIP 的每个组件的数据格式描述。例如，被指定的 AIP 可能会提供对当前 PDI 组成元素的一个 XML DTD 说明，以及一系列呈现信息组件需要的属性。

6.3.2　DSEP 的信息模型分析

电子出版物保存系统（Deposit System for Electronic Publications，DSEP）是 NEDLIB 研发的一个电子出版物保存原型系统。

DSEP 信息模型的设计基本参考了 OAIS 的信息模型。在 DSEP 中，信息包由保存描述信息和信息对象组成，其中信息对象包括呈现信息和数字对象。如图 6－7 所示。

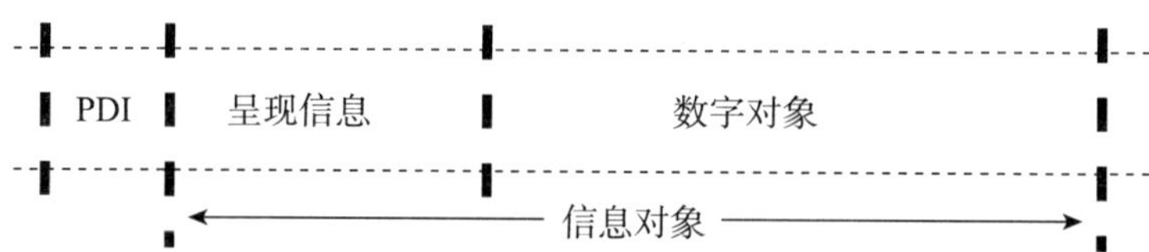

图 6－7　DSEP 的信息包模型[6]

正如 DSEP 认为 OAIS 是一个概念模型而不是一个系统设计模型，DSEP 同样认为 AIP 是一个概念性的信息包，并不是一个实际的数据结构。AIP 中包括有信息对象和系统所需的保存和检索信息对象的其他信息单元，但是 AIP 的实际实现可以自由地选择采用某些元数据集与信息对象存储一起,形成一个用于保存的数据结构。DSEP 建议:只有那些属于原有电子出版物的元数据,也就是那些离了它电子出版物就不完整的元数据,才应当与 AIP 中的信息对象(也就是字节流)存储在一起(一个这种类型的元数据才是“结构化”元数据,如一个 XML 的 DTD 文件)。而那些为了完成保存和检索功能所需要的元数据不应当作为 AIP 的一部分保存,但需要随时能够被存取。这些元数据会根据需要经常更新,或者迁移到其他新的系统或新的数据结构,这样就不必解开或者修改被保存在 AIP 中电子出版物的信息。

在 DSEP 中,对呈现信息和保存描述信息做了更为深入的分析,并且认为在数字保存系统中,保存元数据(Preservation Metadata)应当主要反映:①与数字对象相关的呈现信息;②与内容信息对象相关的保存描述信息。

DSEP 认为:呈现信息的主要作用是呈现电子出版物的内容,使用户可以对电子出版物进行处理。在参考了 OAIS 提出的五层呈现信息模型的基础之上,DSEP 对各层呈现信息在数字保存系统的具体实现提出了更具体的说明。

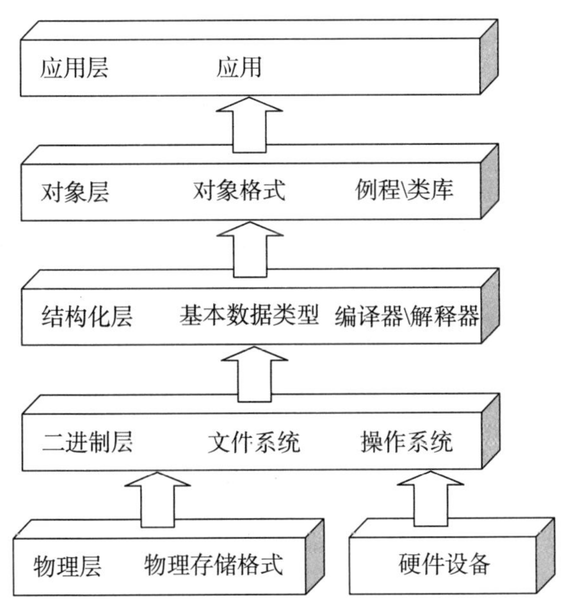

图 6-8 DSEP 的呈现信息层次[7]

物理层呈现信息。一个数字对象首先需要以某种物理存储格式存在于某种物理媒体之上,存储媒体的读写设备基于这一存储格式,从物理存储上读取出比特流。一般来讲,物理的存储格式是档案存储功能实体所使用的内部的信息,它实际上并不是呈现信息所包括的部分。但在一些情况下,如果需要得到某一数字对象的原始物理存储格式,则需要把有关这一存储格式的信息保存在数字对象存储描述信息的起源信息之中。除了物理存储格式之外,DSEP 还提出需要将所需的硬件设备纳入到物理层呈现信息之中,以保证将来数字对象使用者能够找到读取数字对象的设备。

二进制层呈现信息。数字对象的比特流在这一层被标识成为与存储媒体无关的数据块。OAIS 认为在二进制层需要指定操作系统和文件系统,而 DSEP 则认为,在这一层中文件系统并没有太大的作用,因为操作系统完全可以"知道"如何处理相应的字节流。

结构化层呈现信息。字节在这一层被聚合起来成为最基本的数据结构,并可以被程序操纵。在这一层还需要指出源程序及程序语言所需的编译器及解释器。DSEP 认为还需要保存编译器及解释器的版本信息。

对象层呈现信息。结构化数据在这一层被转换成单个通过应用程序可以访问的具有某一特定意义的对象。DSEP 认为在这一层需要保存数字对象的格式,选择的对象格式需要适当并具有开放性。在是否需要保存访问这些对象的例程(或类库)的问题上,DSEP 认为,由于对象将被最高层的应用程序所呈现,对于一般用户而言,这些例程(或类库)是没有必要知道的,所以并不必须保存。

应用层呈现信息。应用层呈现信息指的是对前面的数字对象进行操纵并将其呈现给用户的应用软件。DSEP 认为,即使被保存对象是通用格式(如 PDF 文件),仍然需要保存被保存对象的应用程序及其相应的版本信息。特别是当数字对象的格式不明确的情况下,必须指定相应的应用程序及其版本。

除了内容信息本身之外,DSEP 还对保存描述信息(PDI)进行了更为深入的分析。他们认为 PDI 的主要目标在于"对内容信息的过去和现在的状态进行描述,确保内容信息具有唯一标识性,并且内容信息没有在不为人知的情况下被改动过"。针对四种类型的 PDI,DSEP 也提出了一些需要注意的地方。

对于引用信息(Reference Information,RI),DSEP 认为到目前为止,还没有一个完全被大家接受的唯一标识分派机制。ISSN(ISBN)、URN、DOI 及 URL 在作为唯一保存标识时,都具有各自的缺陷。针对这样的情况,DSEP 提出在给保存对象指定唯一标识时,还需要指出唯一标识的意义及构造方法。DSEP 还指出分配给存档包的 AIP 标识,并不一定是引用信息,在一些情况下,这个 AIP 标识仅仅是一个作为 AIP 包一部分的内部标识。

对于情境信息(Context Information)和起源信息(Provenance Information),DSEP认为:实际情况中,对情境信息(Context Information)和起源信息(Provenance Information)进行区别是很困难的。DSEP认为情境信息(Context Information)和起源信息(Provenance Information)都是对数字对象的当前和历史状况进行说明的信息,它们并不是数字对象的一个组成部分,这一点与其他PDI信息(Reference和Fixity)有所不同。DSEP认为可以将这些数字对象之外的说明信息,归在一个类中,没有必要对情境信息(Context Information)和起源信息(Provenance Information)进行区分。

6.3.3 AIP与PDI分离的信息模型

e-Depot系统是荷兰国家图书馆(Koninklijke Bibliotheek,KB)针对长期保存和持久存取荷兰电子出版物的需要而提出的专注于长期存储和大规模存档的自动化系统。2002年12月12日,IBM将e-Depot的核心数字信息存档系统(Digital Information and Archiving System,DIAS)正式交付于KB,标志着这一系统的建成。

e-Depot认为,本质上数字对象的保存包括三个重要的组成部分:比特流、比特流的逻辑格式以及解析这一逻辑格式的功能组件。为了实现数字对象的保存,以上三个层次的保存都是必需的。针对这一分析,DIAS认为进行数字保存的目标是战胜存储技术、硬件、软件和格式的改变,确保未来对数字对象的理解。DIAS提出保存数字对象,至少需要满足三个要求:①媒体保存。利用备份(Backup)或翻新(Refresh)来防止存储信息的媒体腐坏。②技术保存。针对技术(硬件、软件、格式)的退化,利用迁移和仿真确保在未来的技术平台上,可以访问原有的数字对象。③知识保存。保证所保存的信息是完整并且是真实可信的,确保被保存的信息不会被人为或者意外地修改。

为了实现知识保存,防止被保存的信息不会被人为或者意外地修改,DIAS从信息模型的构建上就与OAIS提出的参照模型有一定的差别。

其中最为显著的差别是PDI的存放位置。与OAIS提出的“将内容信息(CI)和保存描述信息(PDI)打包放在存档信息包中”不同,在DIAS系统中,将内容信息和保存描述信息相分离,内容信息存储在AIP中,而保存描述信息物理地存储在保存子系统之中。DIAS认为,将内容信息和保存描述信息分离是基于功能性和灵活性方面的考虑,在将数字对象和保存描述信息分离之后,DIAS可以在不对存档数字对象进行修改的情况下,能够对描述保存描述信息的各种技术元数据进行管理。这样一来,能够减少对原有数字对象内容的修改。

基于以上思路,DIAS 提出保存系统的核心是将技术元数据与保存数字对象关联。为了对呈现信息和保存描述信息(技术元数据)进行更为深入的分析,DIAS 提出了保存层次模型(Preservation Layer Model,PLM)的概念。

DIAS 认为,数字对象本身只是一系列抽象的字节流,只有将其与相应的软硬件系统结合,才能够实现数字对象的呈现。在数字对象的呈现过程之中。DIAS 认为存在着四个可以明确区分的层次,它们在数字对象的呈现过程中,起着重要作用。

1)数据格式层。定义了存在于比特流之中的格式。

2)应用程序层。对特定格式的数据对象进行创建、修改和查阅的应用软件。

3)操作系统层。为应用程序提供基本功能的操作系统软件。

4)硬件层。数据对象的存储和呈现的硬件环境,如计算机、显示器、打印机等。

这四个层次的存在说明了在数字对象的呈现过程中存在着的对软硬件系统的依赖关系链,它们组成了数字对象的保存层次模型(PLM)。这一模型预示着只要依赖关系链中的一个环节被损坏(例如模型中的软件或硬件组件因为技术进步而退化),就足以使一个数字对象变得没有任何用途。

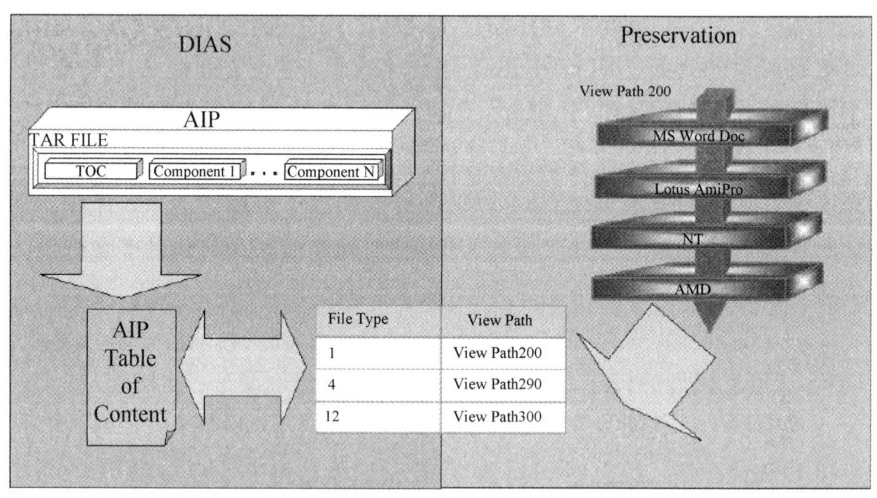

图 6-9 DIAS 系统中 AIP 与 PDI 相分离的信息模型[8]

为了呈现一个数字对象,在不同的环境中需要有各不相同的软硬件系统及相关软件。在 PLM 的基础之上,DIAS 提出了 View Path(查看路径)的概念。DIAS 认为 View Path 是对数字对象中的信息进行呈现所需要的一系列完整的功能组件。在 DIAS 的保存子系统中，需要为保存的所有数字对象类型维护各种不同的 View Path。每一个数字对象类型至少有一个 View Path 指定对这种数字对象进行呈现的技术框架。在 DIAS 系统中，每一个 AIP 与相关 View Path 的连接关系是通过 AIP 的目次表(TOC)来实现的。在每一个 AIP 中都有一个 XML 格式的 TOC 来指出每一个数字对象的名字和文件类型标识(File TypeID)，文件类型标识中包括当前数字对象的文件类型以及所采用的版本。通过文件类型标识，DIAS 实现了 AIP 与 View Path 的连接。

6.3.4　基于知识实体的 DAITSS 数字对象模型

DAITSS 项目[9]是由佛罗里达图书馆自动化中心为佛罗里达数字保存开发的数字保存仓储系统，该系统的设计目标是为数字图书馆和机构仓储的后台系统提供仓储保存功能，其保存对象为知识实体(如：一本书)。

(1)数字对象模型

DAITSS 把数字对象划分为知识实体(Intellectual Entity)、数据文件(Data File)以及比特流(Bit stream)三个层次(如图 6－10 所示)。知识实体是一系列可被描述成一个单元的内容，例如一本书、一幅地图、一本期刊。知识实体的界限由生产者指定，在不同情况下可能是网页、网站、连续出版物等。

DAITSS 以一个知识实体为一个保存单位来构建一个存档信息包(AIP)，包括包描述和数字对象包两部分内容。DAITSS 对一个知识实体中包含的所有数字对象及包描述文件进行压缩打包，按其结构组织并生成一个 tar 压缩包保存在文件系统中，通过包描述文件对其内容和结构等进行详细描述。其数据对象模型如图 6－10 所示。

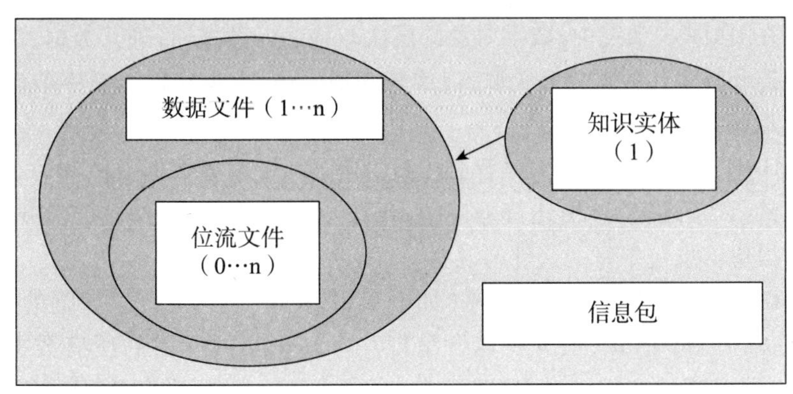

图 6－10　DAITSS 数据对象模型[10]

数据文件是单独命名的数字文档(见图6－11),如PDF、TIFF、XML等。一个知识实体可包含一个或多个数据文件。

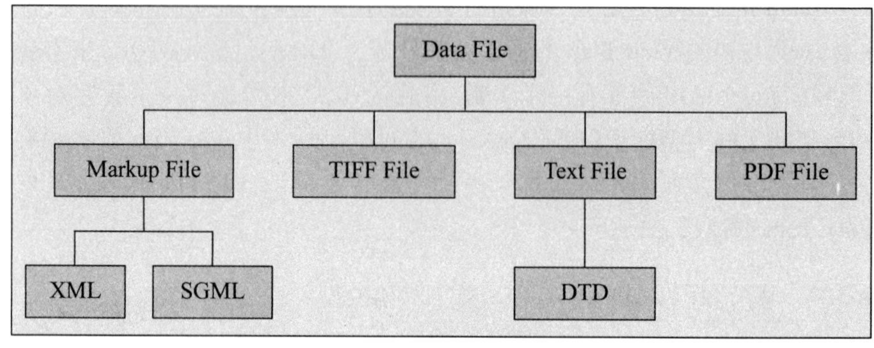

图6－11 DAITSS数据文件对象[11]

比特流是一连串的数据流。一个数据文件可以包含一个或多个比特流(见图6－12)

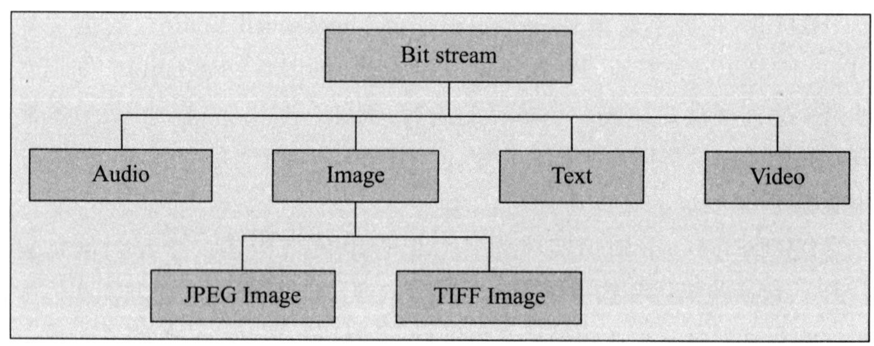

图6－12 DAITSS比特流对象[12]

(2)信息包

在DAITSS系统中,数字对象的层次与描述元数据、管理元数据、保存元数据和技术元数据相互关联,以维护知识实体、数据文件以及字节流之间的相互关系。

DAITSS的SIP、AIP、DIP都必须至少包含一个内容数据文件和一个描述文件(即描述符)。描述符是遵循METS标准的XML文件,该文件中至少应提供信息包中每个文件的说明。

DAITSS要求每个知识实体(如电子书、图片、论文等)以完整的SIP形式保存。每个SIP至少要包含呈现一个知识实体所需的所有数据文件(有些必需的文件可由DAITSS自动添加)和一个用于描述SIP内容的描述符。

AIP 由原始 SIP(包括 SIP 描述符)、本地化或迁移或规范生成的文件、一个 METS 格式的 AIP 描述符和其他相关文件等组成(如下载的与 SIP 包中一个 XML 文件关联的 Schema)。AIP 描述符包含与知识实体及该包内所有文档相关的全部元数据信息。

DIP 包括原始提交 SIP(包括 SIP 描述符)以及一种或两种版本的知识实体。如果 AIP 中的文件被本地化或迁移,DIP 还将提供一个包含知识实体的最新完整版本,DIP 描述符将每个版本在单独的结构图中描述,其中原始文档被相应的更新文件所代替。

DAITSS 项目采用 MODS[13](Metadata Object Description Schema)作为描述元数据标准。MODS 是一种针对书目元素、可用于多种用途的元数据标准。MODS 以 MARC 为基础,提取 MARC 记录中的部分内容,采用 XML 模式定义,特别适合从已有书目数据中提取所需的描述元数据信息。

DAITSS 采用 METS 进行数据包封装并支持几乎所有 PREMIS 数据对象。DAITSS 通过描述服务(Description Service)进行格式信息抽取,识别文件类型、验证、记录和附加技术元数据,使用 PIMTools[14]在 METS 中封装 PREMIS。

DAITSS 采用的 AIP 包含三个 <admSec>,具体结构如下:

```
<mets …>
<dmdSec ID="dmd-1"></dmdSec><! —描述元数据-->
<amdSec></amdSec><! —DAITSS 管理元数据-->
<amdSec></amdSec><! —包级别元数据 -->
<amdSec></amdSec><! —文件级别元数据-->
<fileSec></fileSec><! —该 AIP 中的全部数据文件列表-->
<structMap ID="current"></structMap>
<structMap ID="normalized"></structMap>
<structMap ID="original"></structMap>
</mets>
```

其中,第二个 <amdSec>包级别元数据和第三个 <amdSec>文件级别元数据中包含的 <techMD>和 <digiprovMD>,均采用 PREMIS 元数据描述,<structMap>则描述该 AIP 中数据文件的相关关系。

6.3.5　灵活、可扩展的 Fedora Repository 数字对象模型

Fedora(Flexible Extensible Digital Object Repository Architecture)Repository 是康奈尔大学研究人员研究的一个对数字内容进行存储、管理及获取的框架[15],Fedora Repository 是依据该框架实现的一个开源软件仓储系统[16](以下简称 Fedora),可以作为图书馆、档案馆、机构知识库和 e-learning 系统等各种数字终端用户应用程序的基础仓储,很多机构使用 Fedora 进行数字内容存储研究及实际应用,如 eSciDoc[17]、DANS[18]等。

Fedora 仓储系统具有强大的灵活性及扩展性,可以对文本、音频、视频、数据、数据集等多种数据类型进行处理,适用于多种应用场景,满足不同层次的需求。

(1)数字对象模型

Fedora[19]的数字对象模型是面向对象的,是 Fedora 系统实现数字对象保存和管理的核心手段,可以用来表示文档、图片、电子书、多媒体学习模型、数据集合、元数据等多种类型的数字对象。通过使用数字对象,Fedora 中的数据和元数据不再作为两个独立的实体,而是统一封装,使得 Fedora 不仅具备了代码可维护、可复用等优点,同时也为处理不同资源类型、不同资源格式提供了方便,从而实现了系统的通用性。

Fedora 的一个数字对象中可以集成一个或多个内容。数字对象中的内容既可以存储在本地仓储,也可以存储在外部,只要由其数字对象指出位置即可。同时 Fedora 能够将对象与相关服务建立关联,一个对象可以同时有多种呈现方式,有些可以动态生成。Fedora 数字对象包括如下三个基本组成部分(如图 6-13):

永久 ID(Persistent ID):是数字对象永久、唯一的编号,用以唯一地标识数字对象。

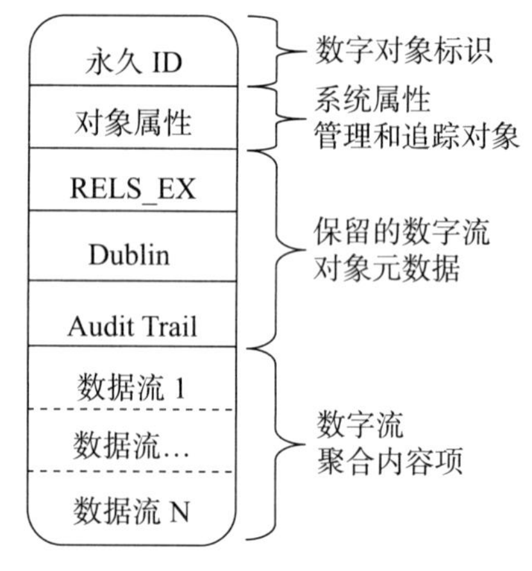

图 6-13 Fedora 的数字对象模型基础结构[20]

对象属性(Object Properties):是一套系统定义的用于管理和追踪仓储对象的描述属性。

数据流 Datastream(s):数据流是 Fedora 数字对象的内容元素,一个对象可以有一个或多个数据流。每个数据流分别记录了内容的有用属性,如内容的 MIME 类型(Web 兼容),或者是标识内容格式的 URI(取自某个格式注册系统)。数据流的内容作为不透明的比特流,由用户来决定如何解释。数据流的内容既可以被储存在 Fedora 仓储内部,也可以远程存储(在这种情况下,Fedora 需要保存指向内容的 URL)。Fedora 对象模型提供了专门的数据流支持内容的版本控制。其中 DC 数据流,在缺省情况下是关于对象的元数据。

数字对象有两大类数据流:系统保留的数据流(Reserved Datastream)和允许用户自定义使用的数据流。系统保留的数据流包括:Dublin Core(DC,关于对象的元数据)、Audit Trail(AUDIT,审计追踪元数据)、RELS_EXT(数字对象之间关系元数据)、RELS_INT(数字对象内部数据流关系元数据)。自定义使用的数据流则为用户留下了广阔的使用空间,用户可以自由使用自定义数据流来扩展所需保存的内容。

(2)数字对象模型的封装格式 FOXML

Fedora 数字对象采用 XML Schema 语言进行描述,即 Fedora Object XML(FOXML)。FOXML 是用于直接表示 Fedora 数字对象模型的一个简单的 XML 格式。此外,还用于 Fedora 仓储库的对象摄入和导出。

FOXML 的 XML schema 定义了直接对应于基本的 Fedora 数字对象的组成元素。下面是一个主要元素框架。

```
<digitalObject PID = "uniqueID" >
        <! -- there are a set of core object properties -- >
        <objectProperties >
            <property/ >
            <property/ >
        …
        </objectProperties >
        <! -- there can be zero or more datastreams -- >
        <datastream >
            <datastreamVersion/ >
            <datastreamVersion/ >
        …
        </datastream >
</digitalObject >
```

不断发展中的 Fedora 对 FOXML 有几个基本要求:①简单;②优化和性能;③灵活性。所有 Fedora 数字对象,都按照 FOXML 格式进行封装,包括对象描述 foxml:digitalObject 和两个基本的 XML 元素:对象属性(foxml:objectProperties)以及数据流(foxml:datastream)。

(3)Fedora 数字对象关系

Fedora 在对象模型中保留了两个关系元数据数据流来声明和维护各种不同的关系:

1)"RELS_EXT"(即外部关系),声明数字对象之间的关系。

2)"RELS_INT"(即内部关系),声明数字对象内部数据流之间的关系。

这两个数据流可以作为 Fedora 摄入文档的一部分。另外,通过 Fedora 管理服务接口组件的操作(如 adddatastream),可以将其添加到已有的数字对象中。它们属于内嵌 XML 数据流,即关系元数据直接在数字对象的 XML 文件中展现。

```
<rdf:RDF
    xmlns:rdf = "http://www.w3.org/1999/02/22-rdf-syntax-ns#"
    xmlns:rdfs = "http://www.w3.org/2000/01/rdf-schema#"
    xmlns:fedora = "info:fedora/fedora-system:def/relations-external#"
    xmlns:myns = "http://www.nsdl.org/ontologies/relationships#" >
    <rdf:Description rdf:about = "info:fedora/demo:99" >
        <fedora:isMemberOfCollection rdf:resource = "info:fedora/demo:
c1"/>
        <myns:isPartOf rdf:resource = "info:fedora/mystuff:100"/>
        <myns:owner>Jane Doe <myns:owner/>
    </rdf:Description>
</rdf:RDF>
```

Fedora 采用了一个通用的 RDF 关系模型来表示对象及组件之间的关系,并通过 RDF triple store 支持关系查询。Fedora 关系本体定义了一组常用的、有助于生成数字对象网络的缺省关系(实际上,这个本体是一个简单的 RDF Schema),用户可以根据自有资源的情况来改进或扩展这些关系。同时,也可以定义自己的本体来声明 Fedora 数字对象之间的关系。

(4)保存案例 1:威斯康辛州大学的民谣数据保存模型

威斯康辛州大学数据保存中心始于 20 世纪 90 年代末开展的一个保存 HTML 图书的项目,目前保存内容涵盖图书、图像、音频、视频以及存档发现工具(Archival Finding Aids)等多种类型的数字内容。该图书馆在使用 Fedora3.0 时,以 CMA 框架为基础,实现了对复杂数字对象的保存。

1)定义数字对象模型

复杂数字对象,可以抽象概括出相似的结构特征。一首民谣[21],由一个音频流、一系列的图片和一个 PDF 的音乐曲谱组成,其中的音频、图片、PDF 文件又是由不同格式的比特流(Bit Stream)组成,在物理上这些比特流没有本质的不同(都是二进制编码)。在结构上可以分为 Simple 对象和 Composite 对象,其中 Composite 对象由 Simple 对象组成。在功能上可分为 FirstClass 对象和 SecondClass 对象。FirstClass 对象是我们日常逻辑对象,如电子书、民谣、画集等,SecondClass 是逻辑对象的组件,如 PDF 文件、音频、视频等数字媒体。

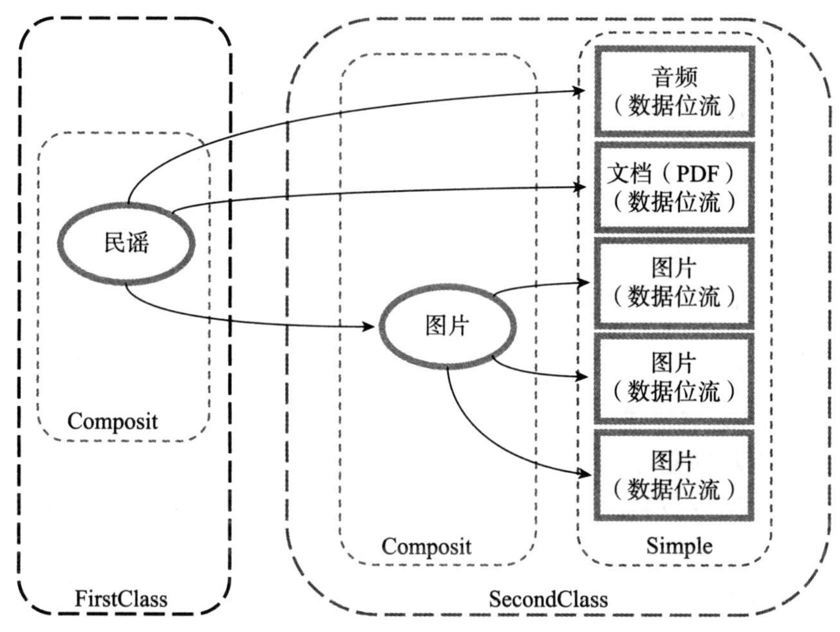

图 6－14　逻辑对象组成示意[22]

在本模型中,最重要的内容对象模型(CModel)是 FirstClass Object,属于该对象模型的数据对象(Data),仅包含描述信息和结构指示信息。虽然有很多逻辑对象如图片集中的图片,仅包含一个图片位流,可以简单地把该位流包含到其对应的 FirstClassData 中去,但是为了严格地表征所有数字对象,所有的物理内容存储到 SecondClass 中的 Data 中去。

2)定义内容模型

以上文分析为基础,在系统里定义了以下几种内容模型对象,这些内容模型对象是进行实际保存的基础。

CModelUWDCObject。该对象是所有 UWDC Objects 的父对象。该模

型与 BasicContentModel 类似,表示存储的所有数据对象都属于该内容模型对象。

CModelFirstClassObject。该对象是逻辑对象的模型,所有的逻辑对象都属于该对象。属于该模型的对象必须包含有关该对象的描述元数据(该中心规定的是使用 MODS[23] 描述元数据的 BIBn Datastreams),并且在 RELS-EXT Datastream 中包含一个或多个指向子对象的指针。该模型实现了包含 viewMETS()方法的服务。

CModelCompositeObject。该对象是指包含子对象的对象模型,用来严格地表现一个拥有子对象的逻辑对象的结构关系。属于该模型的对象包含一个 METS[24]定义的一个表示结构性的 Datastream,属于该模型对象的数据对象(Data Object)的 RELS-EXT Datastreams 假定包含一个 RDF 指针指向子对象。

CModelImageWithSequence。该对象是用来表示包含相关图片的内容模型对象。属于该模型的数据对象 Datastreams 中包含有关子对象、分发方法、集合数据等方面,RELS-EXT Datastream 包含一些指向子图像的指针。属于该模型的对象也被认为属于 CModelCompositeObject。

CModelAudioStream,CModelImageWithDefaultRes,CModelDocument。该模型表示仅存储数字位流的数据对象。属于该模型的数据对象没有辅助的结构,不包含描述元数据和指针,仅包含数据位流。本模型的主要功能是提供针对特定数据位流格式相关的服务。

Fedora[25]不支持继承,所以应用 mix-in 策略来表现多重继承,mix-in 策略指数据对象可以属于多个内容模型对象:只要能够合理地描述内容并保持层级关系,一个对象可以属于多种模型。

当创建内容模型完成后,可以创建包含 viewMETS()分发方法的服务,来返回 firstClassObject 的结构。该分发器利用 firstClassObject 的 PID 作为参数,返回一个 METS XML 文档,该文档包含该对象的描述元数据,同时返回相关子对象及子对象的分发方法的链接。这种方法允许使用一个 API 对复杂内容对象进行检索和呈现,保证了接口的统一性。

3)民谣存储示例

对于一首民谣,存储为数据对象 uwdc:WiscFolkSong.0089,该对象与 CModelUWDCObject、CModelFirstClassObject、CModelCompositeObject 三个内容对象保存一致,该对象包含三个子对象:uwdc:WiscFolkSong.0089a,uwdc:WiscFolkSong.0089b,uwdc:WiscFolkSong.0089c。见图 6 - 15 的①部分。

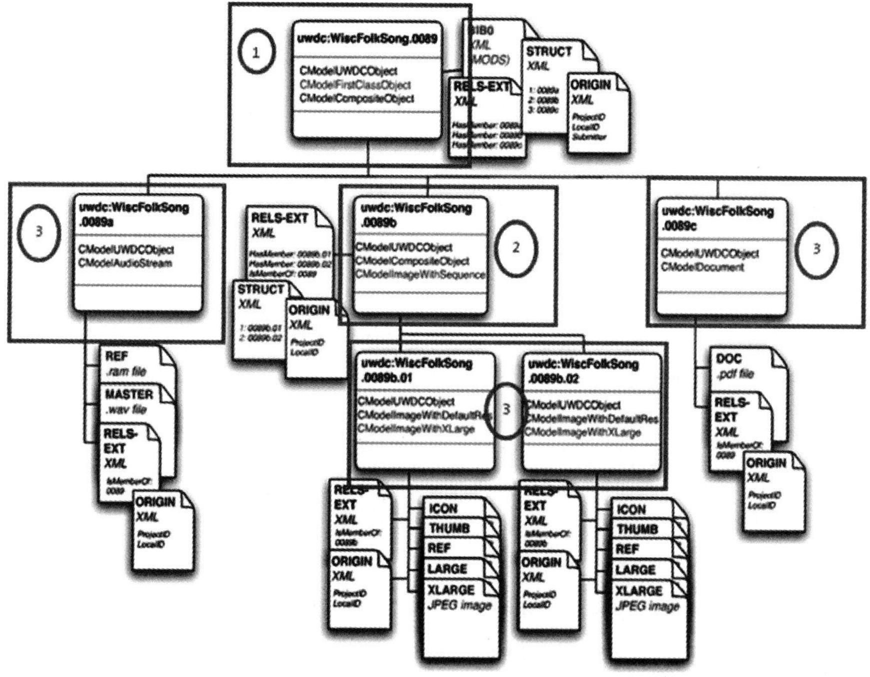

图 6 - 15 民谣存储示例图[26]

对于 uwdc:WiscFolkSong. 0089b 对象，其包含图像子对象，该对象与 CModelUWDCObject、CModelCompositeObject、CModelImageWithSequence 三个内容模型保持一致；该对象包含两个子对象 uwdc:WiscFolkSong. 0089b. 01、uwdc:WiscFolkSong. 0089b. 02。见图 6 - 15 的②部分。

对于 uwdc:WiscFolkSong. 0089a、uwdc:WiscFolkSong. 0089b. 01、uwdc:WiscFolkSong. 0089b. 02 和 uwdc:WiscFolkSong. 0089c 四个简单数据对象，不包含子对象，其包含物理数据位流 Datastream 及其他元数据。

uwdc:WiscFolkSong. 0089a 与 CModelUWDCObject、CModelAudioStream 保持一致。uwdc:WiscFolkSong. 0089b. 01、uwdc:WiscFolkSong. 0089b. 02 与 CModelAudioStream、CModelImageWithDefaultRes、CModelImageWithX-Large（表明该对象包含大、中、小三个图像的内容模型对象）三个内容模型对象保持一致。uwdc:WiscFolkSong. 0089c 与 CModelUWDCObject、CModelDocument保持一致。

（5）保存案例 2：中国科学院文献情报中心 DPS 的 AIP 构建

中国科学院文献情报中心长期保存项目（DPS）基于 Fedora Repository 建设，其目标是对中科院订购的数据资源进行长期保存。目前主要存档内容为电子期刊、电子书和实验室手册等。

DPS 对 FOXML 数字对象模型进行了扩展,定义了自己的 AIP 内容模型,如图 6 – 16 所示,DPS 的 AIP 内容模型中包括 Fedora 保留的 DataStream、DPS 自定义的 DataStream 及自定义的可选 DataStream 三个部分,其中附加文档及其技术元数据可多次重复出现。保存元数据和技术元数据采用 PREMIS 定义的相关语义单元,DPS 描述元数据(NSLDescMeta)目前为自定义格式,正在探索向 JATS 的迁移,其中电子书保存采用 BITS 的元数据标签格式作为描述元数据。

	PID	数字对象永久识别符	
Fedora的保留 DataStream	Dublin Core(DC)	描述元数据	
	Audit Trail (AUDIT)	审计元数据(起源)	
	Relations (RELS-EXT)	外部关系元数据(环境)	
	Relations (RELS-INT)	内部关系元数据(环境)	
自定义的 DataStream	NSLDescMeta	描述元数据(JATS)	
	NSLPresMeta	保存元数据(权限、事件)	(PRIMIS)
	NSLTechMeta	技术元数据(格式)	(PRIMIS)
	NSLFile	全文PDF文档(保存对象信息内容)	
自定义的可选 DataStream	ArchMeta	出版商提交的元数据文件	
	NslSuppFile*	附加文档(保存对象信息内容)	
	NSLTechMeta*	附加文档技术元数据(PRIMIS)	

图 6 – 16　基于 FOXML 的 AIP 内容模型

图 6 – 17 是一篇文章的 FOXML:

```
<?xml version="1.0" encoding="UTF-8" ?>
- <foxml:digitalObject VERSION="1.1" PID="nsldps:40823409" xmlns:foxml="info:fedora/fedora-system:def/foxml#"
    xmlns:xsi="http://www.w3.org/2001/XMLSchema-instance" xsi:schemaLocation="info:fedora/fedora-
    system:def/foxml# http://www.fedora.info/definitions/1/0/foxml1-1.xsd">
  - <foxml:objectProperties>
      <foxml:property NAME="info:fedora/fedora-system:def/model#state" VALUE="Active" />
      <foxml:property NAME="info:fedora/fedora-system:def/model#label" VALUE="nsldps:40823409" />
      <foxml:property NAME="info:fedora/fedora-system:def/model#ownerId" VALUE="fedoraAdmin" />
      <foxml:property NAME="info:fedora/fedora-system:def/model#createdDate" VALUE="2014-10-
        01T04:38:16.348Z" />
      <foxml:property NAME="info:fedora/fedora-system:def/view#lastModifiedDate" VALUE="2014-10-
        01T04:38:16.348Z" />
      <foxml:extproperty NAME="http://www.w3.org/1999/02/22-rdf-syntax-ns#type" VALUE="FedoraObject" />
      <foxml:extproperty NAME="info:fedora/fedora-system:def/model#contentModel" VALUE="Article" />
    </foxml:objectProperties>
  + <foxml:datastream ID="AUDIT" STATE="A" CONTROL_GROUP="X" VERSIONABLE="false">
  + <foxml:datastream ID="DC" STATE="A" CONTROL_GROUP="X" VERSIONABLE="true">
  + <foxml:datastream ID="NslDescMeta" STATE="A" CONTROL_GROUP="X" VERSIONABLE="true">
  + <foxml:datastream ID="NslPresMeta" STATE="A" CONTROL_GROUP="X" VERSIONABLE="true">
  + <foxml:datastream ID="NslTechMeta" STATE="A" CONTROL_GROUP="X" VERSIONABLE="true">
  + <foxml:datastream ID="NslFile" STATE="A" CONTROL_GROUP="M" VERSIONABLE="true">
  + <foxml:datastream ID="RELS-INT" STATE="A" CONTROL_GROUP="X" VERSIONABLE="true">
  + <foxml:datastream ID="RELS-EXT" STATE="A" CONTROL_GROUP="X" VERSIONABLE="true">
  + <foxml:datastream ID="ArchMeta" STATE="A" CONTROL_GROUP="M" VERSIONABLE="true">
</foxml:digitalObject>
```

图 6 – 17　文章 FOXML

DPS 采用 RELS_EXT datastream 来存储管理对象之间关系,如数据集与期刊之间、期刊与其卷期之间、卷期与论文之间的关系。采用 RELS_INT datastream 来存储管理对象内部关系,如一篇论文的各种元数据(描述元数据、技术元数据、保存元数据)、全文、附件文档(图片、音视频、文档等)之间的关系,同时扩展 Fedora 的本体所定义的基本关系。

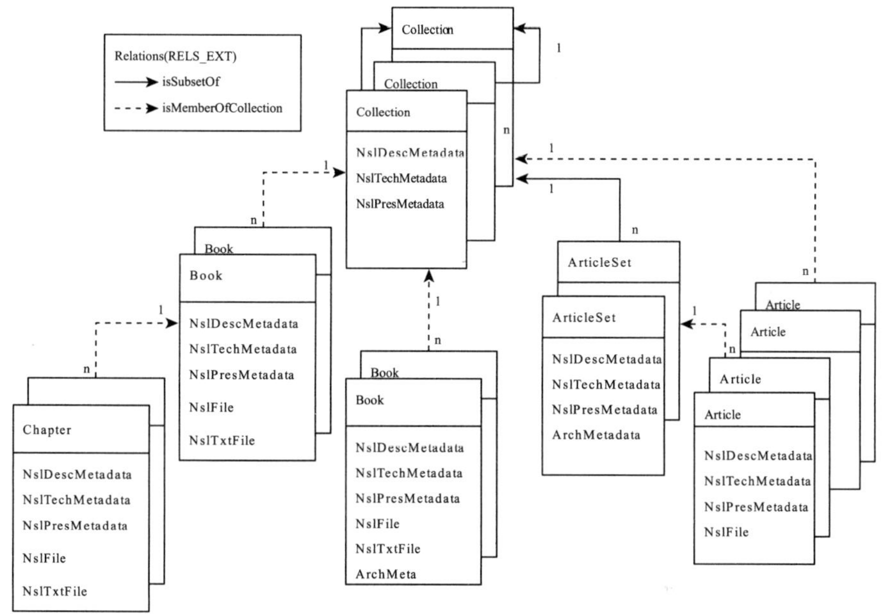

图 6-18 RELS_EXT datastream 存储

DPS 早期保存的全文数据主要为 PDF 文档,随着 Linkdata 的发展,越来越多的出版商在提交数据的同时,还提交了大量的各种格式的附件文档,为了保证数字资源的保存忠于原始提交数据,DPS 正在探索利用Fedora 的数字对象模型有效管理海量的复杂数字对象。

6.4 小结

为了实现数字资源长期保存的信息在未来可被正确呈现并使用,如何成功地组织和构建信息模型成为保存系统十分关键的问题。本章详细分析了 OAIS 标准中的信息模型,包括信息对象及其分类,信息包的概念、分类、特点及结构,重点介绍了各种数据包的结构和作用。了解这些内容有助于更好地组织和构建信息模型,解决数字保存系统基础的问题。

虽然OAIS定义了存档信息包(AIP)的概念模型,但是在实际保存中,仍需要根据具体的应用需求定义各自的应用模型。在本章的第三小节,作者重点分析了目前学术界较有影响力的数字资源长期保存系统的信息模型,以多个各具特色的实例出发,从信息模型需求、内容、结构、特点等不同角度说明保存系统信息模型的组织和构建,揭示了不同信息模型的结构和特点,为读者构建保存系统信息模型提供了参考,具有现实参考意义。信息模型的组织和构建与保存系统的目的和内容密不可分,希望读者在构建信息模型时,充分分析系统需求和数据对象特点,全面考虑保存生命周期种各种需求,构建符合自身系统要求的信息模型。

(吴振新、张智雄、马娜)

参考文献

[1 -4] Consultative Committee for Space Data Systems, Reference Model for an Open Archival information System(OAIS)[EB/OL].[2014 - 12 - 05]. http://public. ccsds. org/publications/archive/650x0m2. pdf.

[5] HOLDSWORTH D, SERGEANT D M. A blueprint for Representation Information in the OAIS model [EB/OL]. [2015 - 04 - 27]. http://storageconference. us/2000/papers/D02PA. PDF.

[6] LUPOVICI C, MASANÈS J. Metadata for Long Term Preservation[EB/OL].[2015 - 04 - 27]. http://www. kb. nl/sites/default/files/docs/preservationmetadata. pdf.

[7 -8] VAN DIESSEN R J. IBM/KB Long-Term Preservation Studies: Preservation Requirements in a Deposit System[EB/OL]. [2015 - 04 - 27]. http://mekosztaly. oszk. hu/limbo/egyeb/oszkdb/anyagok/OAIS/IBM_KB-preservation. pdf.

[9][11 -13][23] MODS[EB/OL]. [2015 - 04 - 27]. http://www. loc. gov/standards/mods/.

[10] DAITSS, an OAIS-based preservation repository[EB/OL].[2015 - 04 - 27]. https://daitss. fcla. edu/.

[14] PREMIS in METS Toolbox[EB/OL].[2015 - 04 - 27]. http://pim. fcla. edu/.

[15] SANDRA P, CARL L. Flexible and Extensible Digital Object and Repository Architecture (FEDORA) [EB/OL]. [2015 - 04 - 27]. http://arxiv. org/ftp/arxiv/papers/1312/1312. 1258. pdf.

[16] Fedora[EB/OL].[2015 - 04 - 27]. http://fedorarepository. org/.

[17] eSciDoc[EB/OL].[2015 - 04 - 27]. https://www. escidoc. org/.

[18] DANS[EB/OL].[2015 - 04 - 27]. http://www. dans. knaw. nl/.

[19 - 20] The Fedora Digital Object Model[EB/OL]. [2015 - 04 - 27]. http://www.fedora-commons.org/documentation/3.0b1/userdocs/digitalobjects/objectModel.html.

[21 - 22][26] Wisconsin Folksong Collection[EB/OL]. [2015 - 04 - 27]. http://digital.library.wisc.edu/1711.dl/SSRecIDSearch? repl1 = WiscFolkSong&repl2 = WiscFolkSong.000089.bib.

[24] METS[EB/OL]. [2014 - 12 - 05]. http://www.loc.gov/standards/mets/.

[25] Fedora[EB/OL]. [2014 - 12 - 05]. http://fedorarepository.org/.

第三篇　数字保存的功能实体研究

本篇包括以下内容：

7　摄入功能实体研究

在 OAIS 参考模型中,摄入功能实体(Ingest)是开放存档信息系统与信息提交者之间的信息传递桥梁。这一实体主要实现从信息生产者那里接收提交信息包(SIP),对所提交信息进行检查、转换、规范等处理,使这些信息可以在存档系统中被规范地存储和管理。

本章从数字保存系统建设的角度分析 OAIS 中的摄入功能实体,研究数字保存系统中摄入功能实现所需要的技术方法。作者首先分析了 OAIS 对摄入功能实体的主要要求,在此基础之上总结归纳数字保存系统中摄入的主要技术流程,对摄入功能实现中需要重点关注的四个关键技术,即数字对象封装技术、唯一持久标识技术、完整性校验技术和数字转换技术进行了论述,并对当前摄入功能实现中可供应用的主要技术工具进行了阐述。

7.1　摄入的主要功能职责

摄入是数字保存系统的一项重要功能,OAIS 参考模型和可信赖数字仓储系统都对摄入的功能职责提出了较为明确的要求,它们对于正确理解摄入有着重要的指导意义。

7.1.1　OAIS 对摄入功能职责的要求

根据 OAIS 参考模型,摄入功能实体需要实现五个主要功能:从信息提供者那里接收提交信息包(SIP);对 SIP 包进行检查,确保质量符合要求;按照相关的数据格式和文件标准,生成符合存档系统要求的存档信息包(AIP);从 AIP 包中抽取描述信息(Descriptive Information)以存入存档数据库;协调实现对档案存储和数据管理功能的修改[1]。五个功能的结构如图 7-1 所示。这五个功能的主要内容分述如下。

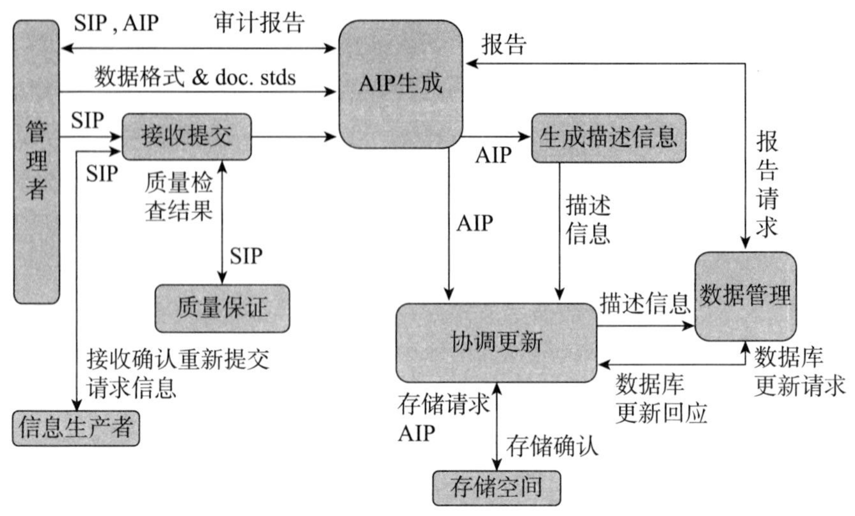

图 7-1 OAIS 中摄入的五个主要功能[2]

(1)接收提交功能

接收提交功能(Receive Submission)提供存储设备空间,接收从信息生产者(或从管理者)那里提交过来的提交信息包(SIP)。SIP 包可以有多种方式来提交,如通过电子传输方式(如通过 FTP 方式)来提交,或通过存储介质(CD-ROM)来提交。接收提交功能可以被看成是 SIP 包中的内容信息管理权合法转移的一个过程,它要求对被提交的信息提供必要的访问控制功能。这一功能要求 OAIS 系统要在接收到每一个 SIP 包之后,向 SIP 包的提交者发出一个接收确认信息,有些情况下,如果在 SIP 的提交中出现了错误,这一反馈信息中应当包括需要提交者重新提交 SIP 包的要求。

在接收提交信息包的时候,需要从源头上就保证所提交的数字信息有一套可进行信息真实性检验的机制。在提交过程中,信息生产者提交的信息真实性证据需要作为保存描述信息(PDI)的一部分一起提交,并且这些信息真实性证据在提交给存档系统之后,存档系统需要随着时间的流逝不断对其进行维护、修改和增强管理。

由于在数字保存的过程中,需要对数字信息进行必要的操作(如格式迁移),对数字信息的改动在所难免。因此,在接收提交信息的时候,存档系统需要明确在什么条件下对相关数字信息的改变不会影响到其内容的真实性。OAIS 认为,在起源信息(Provenance Information)中,提交者需要提供或者是存档系统需要自己明确定义两种重要的信息属性描述(Information Property Description):一种信息属性描述应当指明哪些信息属性(Information Property)是随着时光流逝而需要持续对其进行维护的,而另一种信息属性描述则指明哪些信息属性是不需要对其进行维护的。

在这里，一个信息属性（Information Property）是内容信息（Content Information）的一个组成部分，它可以被信息属性描述（Information Property Description）来描述。信息属性描述（Information Property Description）是对信息内容的部分内容进行描述的信息。这些被描述的部分内容通常会具有特别的目的，它们通常由部分的内容数据对象和呈现信息组成。例如一本电子书，它在呈现的时候，就会呈现成一系列的页面，页面上有空隙、标题、章节标题、段落和由字词与标点组成的文本内容。对于这本电子书，那些需要随着时光流逝而需要持续进行维护的信息属性可以用“段落标记”和“表达词语和标点的字符”的信息属性描述来表示。这些信息属性包括了整本书的段落标识、词和标点符号，可以通过其内容数据对象和对象的呈现信息来表示。上述需要持续维护的信息属性描述意味着，除了段落标记和可读的文本字符之外，其他的所有格式信息在数字保存的过程中都可以被改变，而不影响对数字内容真实性的保存。

在数字保存活动中，对一个存档系统保存信息真实性的评价，主要基于一些实践经验（如最佳实践、指南、标准和法律要求），例如对于一个科研的存档系统的要求可能会比国家存档系统的要求低，但是信息的消费者只要得到了保存描述信息中的证据，他就可能对相关信息的真实性形成判断。

（2）质量保证功能

质量保证功能（Quality Assurance）检测 SIP 的传输是否正确无误。为了保证信息的正确传输，通常情况下，会为每一个数据文件生成一个循环冗余校验码（CRC）或总和检验码（Checksum），与数据文件一起传输给数据接收方进行数据校验，也有的时候，会利用系统的日志文件来记录和识别相关的文件传输及介质读写的错误。

（3）AIP 生成功能

AIP 生成功能（Generate AIP）对所提交的一个或多个 SIP 包进行转换，以形成一个或多个符合存档管理系统数据格式标准和文件标准的 AIP 包。这一过程中，可能会包括文件格式的转换，对呈现信息的收集，数据呈现模式的转换，以及对 SIP 包中内容信息的识别。AIP 生成功能可以对数据管理功能实体发出报告请求，以获取 AIP 生成功能所需的报告信息，并进一步生成描述信息以完成 AIP 包的生成。这一功能需要向行政管理功能实体（Administration）的提交审计功能（Audit Submission）发送 SIP 或 AIP 接受审计，并接收审计结果报告。例如，一个审计报告的结果可能是需要获取更多的呈现信息，以确保内容信息能被指定用户团体所理解和应用。

(4)生成描述信息功能

生成描述信息功能(Generate Descriptive Information)从AIP包中抽取出描述信息，并且从其他来源收集描述信息提交给协调更新(Coordinate Updates)功能，之后最终提交给数据管理功能实体。这些描述信息包括支持AIP检索查询的元数据，也可以包括一些查找工具所需要的特别的浏览信息(如缩略图，低质预览图片等)

(5)协调更新功能

协调更新功能(Coordinate Updates)负责将AIP传输给档案存储功能实体，将描述信息传递给数据管理功能实体。AIP的传输包括向存储空间发出需求，并且可能以电子、物理或者是虚拟的方式进行传输。在传输完成并且通过校验确认之后，档案存储功能实体需要返回存储确认信息，以指示AIP的存储标识信息。协调更新功能还需要将AIP的存储标识信息纳入AIP的描述信息中，传输给数据管理功能实体，并发出数据库更新请求。作为回应，数据管理功能实体提供一个数据库更新回应，以反馈数据库更新操作的状态。如果一个SIP包的描述信息所对应的AIP包在档案存储功能实体中已经存在了(此时SIP包只需要更新描述信息)，那么在不需要将AIP包传输给存档管理功能实体的情况下，数据管理功能实体的更新操作也可能发生。

7.1.2 可信赖数字仓储对摄入功能职责的要求

可信赖数字仓储标准[3-4]基于OAIS中的功能职责要求，对于那些可以被称为可信赖数字仓储的数字保存系统，提出了一些更为具体的考核规范。在可信赖数字仓储标准中，摄入是数字对象管理的重要方面。可信赖数字仓储标准分别从数字内容的获取和AIP生成两个环节，对数字保存系统的摄入功能提出了更为具体的要求，分述如下。

(1)可信赖数字仓储在数字内容获取环节的主要要求

可信赖数字仓储标准进一步细化了数字保存系统在数字内容获取环节的功能职责要求，主要包括以下几个方面。

1)数字保存系统要明确定义需要保存的内容信息和信息属性。数字保存系统需要与管理者、信息提交者和用户一起明确：对于一个提交信息包中的信息，哪些信息是必须有效保存，而哪些信息是可以被排除的。

2)数字保存系统要明确指定与具体内容信息相关的信息。对于数字对象的摄入，数字保存系统需要有书面的技术规范，明确数字对象如何传输、哪些文件与数字对象相关以及这些数字对象的访问限制。

3)数字保存系统要有足够的规范来说明如何实现 SIP 包的识别和解析,从而可以从 SIP 包中抽取出相应的信息。这些规范包括 SIP 包的打包信息,SIP 中内容数据的呈现信息以及包中的文件格式规范、数据标准和对象结构的校验方法等。

4)数字保存系统需要能够识别资源来源。数字保存系统要能够有一套合适的机制来识别和校验所有资源的生产者,避免所保存信息的起源错误。

5)数字保存系统需要有对 SIP 的校验机制。数字保存系统需要有相应的处理过程来对每一个 SIP 的完整性和正确性进行校验,以检测数据在提交者和仓储之间出现的错误。

6)数字保存系统应当获得足够的数字对象控制权。数字保存系统需要获得足够的数字对象控制权,主要是获得对数字对象进行物理控制和法律授权控制的权限,以实现对数字对象的保存。

7)数字保存系统需要有交互反馈机制。在摄入过程中,数字保存系统需要在双方商议的时间点内向数字信息生产者(或是提交者)提供适当的反馈。这能够确保信息生产者可以确认在通讯过程中没有无意的疏漏,以保障没有 SIP 包的丢失。

8)数字保存系统需要有完善的日志记录。数字保存系统需要同步记录与内容获取相关的操作和管理过程,这些记录的内容需要被应用于审计。要求这些记录能够被完整获取,并确保其准确和真实。

(2)可信赖数字仓储在 AIP 生成环节的主要要求

可信赖数字仓储标准进一步细化了数字保存系统在 AIP 生成环节的功能职责要求,主要包括以下几个方面。

1)数字保存系统需要明确定义存档信息包(AIP)规范。系统需要为其保存的每一种类型的 AIP 包提供足够的规范定义和说明,以确保凭借这些定义和说明,就能对 AIP 包进行解析,满足长期保存的需求。

2)数字保存系统需要有明确的数字转换规范。系统需要有明确的规范说明提交信息包(SIP)是如何转化成为存档信息包的,从而能够保障存档信息包能够有效表示和替代提交信息包中的信息。

3)数字保存系统需要记录所有 SIP 包的最终处理情况。特别是记录那些不能被纳入 AIP 包或者是被丢弃的 SIP 包,并且指明不能被纳入或者丢弃的原因,从而保证提供的信息不会被无意地丢失。

4)数字保存系统需要有唯一持久标识体系。系统需要使用一个唯一持久标识体系来为所有的存档信息包生成永久和唯一的标识。这一标识体系一方面需要能够为数字保存系统所存储的存档信息包生成一个唯一标识，另一方面，这一标识体系需要能够为数字保存系统提供唯一标识的解析机制，能够有效定位某一唯一标识指示的 AIP，而不论这个 AIP 物理上存储在什么地方。这项功能可以使针对某个 AIP 包的操作和管理不受时间变化、系统变更和介质更改的影响，在各种情况下都可以被追溯。

5）数字保存系统需要能够呈现所保存的数字对象。系统应当提供相关的工具和资源，能够为它所存储的数字对象提供权威可靠的呈现信息。这要求仓储具有识别它所接收文件类型的能力，能够有相关的工具去呈现内容信息，让指定用户团体可以理解。

6）数字保存系统需要实现保存描述信息和相应的内容信息的有效关联。数字保存系统需要有一个明确的处理过程为内容信息获取保存描述信息，而且保存描述信息和相应的内容信息需要永久关联。保存描述信息可以确保内容信息不被损坏，让内容信息可以被发现和理解。

7）数字保存系统需要保证 AIP 的完整性、真实性和可理解性。在创建 AIP 的时候，数字保存系统需要保证 AIP 的内容信息可以被指定的用户团体所理解；需要对每个 AIP 包的完整性和正确性进行校验，以确保所保存的内容正是用户提供的正确内容；需要提供一种独立的机制来实现对所保存信息内容的真实性和完整性的校验。

8）数字保存系统需要记录 AIP 创建过程。系统需要同步记录每一个 AIP 创建过程中的操作和管理过程，以确保 AIP 包的创建遵循规范的流程和标准。

7.2 摄入的主要流程

数字保存系统的摄入过程是一个较为复杂的过程。通过对一些数字保存系统摄入流程的梳理，结合作者数字保存系统的建设实践，本书作者将摄入的处理流程划分为三个阶段：即提交信息包（SIP 包）接收阶段、提交信息包清点检查阶段、存档信息包（AIP）生成阶段，并对这三个阶段中的主要处理流程进行了梳理。本节按上述三个处理阶段对摄入过程中的具体处理流程进行阐述。

7.2.1 提交信息包接收阶段的主要流程

提交信息包接收阶段，数字保存系统需要规划数据接收，与数据提交者商议信息提交的方式，并按照议定的要求，从数据提交者那里接收所提交的提交信息包。它又可细分为以下几个过程。

(1)明确将要提交的信息内容

与数据提交者一起明确将要提交的信息内容具体是什么。一般来讲，需要明确将要提交的信息的一系列特性，回答好以下类似的问题。

1)所要提交的信息是什么类型的信息？信息的主要内容是什么？

2)所要提交的信息具有哪些应用目的？

3)应用对象是哪些人？

4)这些信息的存储和组织方式是什么？

5)这些信息的数量有多少，占据多少存储空间，未来的增长情况怎么样？

6)信息的元数据在哪里，如何实现提交信息和元数据的关联？

7)与这些信息相关的版权和知识产权要求是什么，数据提交者对这些信息的许可协议怎么样？

8)数字保存系统在这些信息的管理上担当什么样的角色？承担什么样的责任？

(2)确定提交信息包

数字保存系统需要与信息提交者协商，一起明确提交信息包的内容组成。一个数字保存系统应当可以接收多种类型的提交信息包，但对于同一来源的同类型数据，应当确定一个规范的提交信息包，有条件的情况下，尽可能采用通用的提交信息包来提交和接收信息。

在明确提交信息包的内容组成方面，需要重点明确：①提交信息包中内容信息用什么文件类型，什么文件格式。通常应当选择一种开放可持续的文件格式实现数字内容的提交。②提交信息包中各组成文件的逻辑结构和封装模式。如内容对象在什么文件中，哪些是元数据，元数据采用哪种规范，内容对象与元数据、其母体信息如何进行关联，是否采用通用的信息封装模式来实现对各类信息的封装。③提交信息包的说明信息。说明这个提交包的内容、文件组成、来源、相关版权要求等。④提交的真实性和完整性检验信息。明确采用什么进行校验，校验码放在哪里等。

在明确提交信息包的内容组成的过程中，需要分析信息提交者提供的样例数据，明确所提供的文件格式和打包情况。

(3)确定信息的提交和接收方式

与信息提供者明确 SIP 的传输方式，包括提交方式、提交的频次、开始时间、提交人员和接收人员安排，包括提交过程中的新数据通知、接收反馈、问题管理等机制。同时还要明确和完成该资源的数据更新机制、版权信息、所采用的全部 DTD 文档、DTD 使用手册以及元数据方案。

提交信息包可以通过手工或自动提交的方式来提交给数字保存系统,有的数字保存系统也可以通过定制的数据接收计划,直接从提交者那里自动下载提交信息包。选择哪种方式应根据数据的体量、提交频次以及双方的要求来综合考虑。通常来讲信息提交和接收的方式包括:FTP;移动媒介,包括移动 U 盘、硬盘、光盘等;邮件发送等。

(4)开发新提交信息包的处理工具

为了处理一种新的提交信息包,需要对应地开发针对这一新的提交信息包的处理工具。这一工具的主要功能是解析这一新的提交信息包,对提交信息包进行格式和完整性检验,实现数据的格式转换,抽取相应的元数据,重新对数据打包等功能。

通常情况下,应当为摄入功能的软件系统定义一个可扩展的框架,将各个针对不同信息提交包的处理工具作为一个个的插件,纳入这一框架之中。确保摄入功能可以针对不同的提交信息包进行灵活扩展。

(5)接收提交信息包

数字保存系统按照所确定的提交信息包及接收方式,接收相应的提交信息包。在这一个过程中,需要完成以下几项工作:①收到一个新的 SIP 包,需要将其安全存储到可靠的临时存储空间之上;②告知数据生产者已经收到所提供的信息包;③对所收到的提交信息包进行登记,通常会在收到数据的五个工作日内执行。

管理人员需要在这个过程的早期阶段,尽早发现任何潜在的数据问题,比如文档是否短缺、文件是否损坏等,以尽快告知信息的提供者。

7.2.2 提交信息包清点检查阶段的主要流程

提交信息包清点检查阶段数字保存系统需要对所接收到的提交信息包进行清点和检查。其目的在于保证提交信息包的质量,保障所接收的提交信息包是符合要求的、有效的信息包。这一阶段,需要完成一系列信息包的清点和检查工作。主要有:

(1)进行病毒检测

在数据传输到正式的保存系统之前,需要用杀毒软件对 SIP 包进行检测,以确保信息安全。如果发现病毒,必须对相关文件进行杀毒,或者要求数据提供者重新提交干净的 SIP 包。直到 SIP 包中没有病毒,才能进行下一步的 SIP 包处理。

病毒检测软件需要能够检测出 SIP 包中有密码保护的文件。数字保存系统应当要求数据提交者以无密码保护的方式重新提交相关任何文件。

(2)介质和文件的可读性检查

要对 SIP 的介质和文件进行可读性检查。对少量文件可以完全检查。如果提交信息包的规模很大,需要抽样检查,对每种文件格式都进行随机抽样检查。更彻底的检查将会在下文的“数据的有效性和一致性检查”过程中进行。

如果发现有文件损坏的情况,需要及时联系信息提供者并要求其重新提交 SIP 包。

(3)提交资源的完整性检查

需要对照每一个 SIP 包的描述文档(例如,数据提供者提供的文件列表)对 SIP 进行检查。需要检查文件的数量是否一致,文件的命名规则、所采用的格式和格式的版本是否符合要求。这些初步检查是为了发现有无缺失的文件,所提交的数据与 SIP 包的描述文档之间是否存在重大差异。如发现差异,需要及时询问数据提供者。

(4)提交资源的文件格式检查

需要检查 SIP 以确保所有提交的文件格式符合数字保存系统要求的文件格式。数字保存系统都会选择一些适合进行数字保存的文件格式。

如果 SIP 中包含数字保存系统不能处理的文件格式,如一些数字保存系统没有读取软件或迁移软件的文件格式,数字保存系统需要联系信息提供者,寻求信息提供者利用其他格式来提供信息。如果信息提供者不能以合适的格式重新提交数据,数字保存系统需要在存档这些数据之前,找到有效处理这些数据的方法,确保将来能够处理这些信息。

(5)数据的有效性和一致性检查

在摄入过程中,需要进行数据的有效性和一致性检查,以确保收到的 SIP 包中包含的文件是符合数字保存要求的文件。数据的有效性和一致性检查有多种类型,以下是数字保存系统中通常需要进行的几种检查。

1)数据结构和技术要求检查。例如,一个 XML 文档需要遵循 XML Schema 定义;一个关系数据库需要遵循此前的表和字段定义;一个图像文件需要检查图像的压缩算法、尺寸、定位、分辨率、色彩空间等是否满足相关的要求;一个音频文件,需要检查数字音频压缩算法、记录长度、采样频率、比特率等是否满足相关的要求;对于视频文件需要检查数字视频压缩算法、记录长度/持续时间、编码/解码结构、帧频、声音格式等是否满足要求。

2）内容条目间的依赖关系检查。例如，在一个数据库中，外键是否与主键匹配；在电子表格中，单元格中的公式是否正确等。

3）对外部资源的依赖关系检查。例如，超链接指向的 URL 是否有效，出版作品在书目中的细节是否正确等。

4）内容有效性检查。例如，在一个数据库中数字字段是否包含非数字的字符，字符串是否超过最大长度等。

（6）复制 SIP 包到数据服务器

在通过检查之后，SIP 可以从临时存储空间中被复制到数据服务器的目录结构之中。数据服务器的目录结构需要按相关规范进行定义，以确保能够通过这一规范定位每一个 SIP 包。

（7）验证所复制 SIP 的真实性

在数据复制到数据服务器之后，需要检查数据服务器上的 SIP 包和原先刚接收到的 SIP 包是否一致，有没有经过人为修改。通常情况下，需要为已经复制到服务器上的 SIP 包生成一个校验码，并比较这一校验码和原先提交包的校验码是否一致。如果不一致，说明 SIP 包在转移过程中，已被修改。

（8）确认收到数据

到此为止，可以向信息提供者发送收到有效数据的签收信。在签收信中，需要明确所收的 SIP 包中有什么文件类型，以及每种类型的文件有多少个，是谁在什么时候收下这批数据等涉及 SIP 包细节的内容。签收信的副本也应当被存储在 SIP 目录结构中。

（9）存储原始介质

对于通过介质（如 CD-ROM/DVD/硬盘）提供的 SIP 包，一旦实现数据确认之后，需要对原始介质和相关的纸质文件进行编目，存储在馆藏资源中。无论是 CD/DVD，还是任何相关纸质文档都应该进行编目描述，记录下收到日期、处理情况等信息，这些信息也要保存在 SIP 包管理系统中。

如果信息提供者要求将用过的原始介质返还给他们，那么要求数字保存系统先对介质内容进行备份存档。

（10）记录 SIP 包的处理细节

在上述的 SIP 包的处理过程中，从收到 SIP 包开始，到最终确认 SIP 包是否为完整有效的提交信息包，整个过程中，都要对 SIP 包的处理细节进行记录。所有对 SIP 包的访问细节也必须记录在数字保存系统之中，必要的时候可供追溯。

7.2.3　存档信息包生成阶段的主要流程

在上述提交信息包清点和检查的基础之上，数字保存系统需要执行摄入操作，将 SIP 包摄入数字保存系统之中，生成系统认可的存档信息包（AIP 包），并实现对对象数据和元数据的管理。在存档信息包的生成过程中，一般需要执行以下流程。

（1）检查存档许可协议

在摄入 SIP 之前，需要检查 SIP 包的存档许可协议。为了避免不必要的麻烦，一般只有在获得签字的存档许可协议之后，才开始摄入处理。获得存档许可协议这一事件应当在数字保存系统中记录，并且所获得的存档许可协议，应当存储在 SIP 的目录结构中。

（2）进行版权和保密声明检查

数字保存系统的管理人员需要检查在 SIP 中有没有数据提供者授权之外的以及数据提供者没有权利授权保存的文件。一旦出现任何版权问题，应当停止摄入过程，直到获得相关的版权许可。

（3）对 SIP 包进行全面检查

虽然在 SIP 包的清点和检查阶段，需要对 SIP 包进行一定样本量的抽样检查，但在 SIP 包的真正摄入阶段，需要执行更为严格的全面检查。

在 SIP 检查中，一旦发现数据问题，就应该联系数据提供者，告诉存在的问题，并利用重新提交的方式来处理问题数据。为了保证数据的完整性和真实性，应当采用数据提供者重新提交的方式，而不应当采用管理人员内部修改编辑的方式来解决数据问题。

（4）确定文件保存格式

数字保存系统一般采用较为统一规范的 AIP 来保存数字信息。为了将来源不同的 SIP 包转换为数字保存系统认可的规范的 AIP 包，需要对 SIP 包中相关的文件进行转换和重组。

在文件转换方面，需要将 SIP 包中不符合要求的文件格式转化为符合 AIP 包要求的文件格式。具体而言，应当使用那些可持续的、具有存活力的文件格式来保存文件内容。在文件格式的选择上，还需要考虑所选择格式是否承载 SIP 包中数字对象的重要属性。好的文件格式需要能够保存提交信息包中文件的所有重要属性。

在一些情况下，SIP 包中的文件格式本身就适合保存，不需要任何转换。通常情况下，数字保存系统会采用一个文件两种版本格式的方式进行保存，一方面按原有文件格式保存文件，另一方面根据原有文件创建一个适合保存的新版本的文件。

(5)制定转换计划

一旦确定了文件的保存格式,就需要制订转换计划。转换计划中应当包括执行转换操作和校验转换效果的步骤。一些转换可能是简单的一步操作,只需通过批处理就能够完成。而一些转换可能涉及多个处理过程,每个处理过程需要使用不同的软件包。

(6)转换文件,生成存档信息包

按照制订的转换计划,复制和转换相应的文件,将每个需要转换的文件转换成为想要的文件格式。利用 SIP 包中已经转换的各种文件,按照 AIP 包规范,重新组织,以生成存档信息包。

需要提醒的是,上述对文件的所有操作都是在数据的另一个复本上进行的,不能直接对存储在数据服务器上的 SIP 包进行操作。

(7)检验文件转换效果

在文件转换之后需要对文件的转换效果进行检验,以确保成功实现了数字资源的转换,同时保持了每个文件的主要属性不变。对每一个文件都进行检查可能不切实际,但采用小样本方式对文件转换进行验证是非常重要的。

(8)更新保存元数据

一旦转换计划成功实现,需要对相关数据包的保存元数据进行更新,以便在保存元数据中包括文件转换的细节信息。保存元数据将详细记录转换过程,包括时间、方法、软件和使用的平台等。

(9)抽取元数据

为了 AIP 包管理的需要,需要从 AIP 包中抽取出数字对象的描述元数据,数字对象的文件格式、格式版本等技术元数据,数字对象的版权信息、使用许可等管理元数据。这些元数据需要与 AIP 建立关联,在数据管理功能实体中进行管理,以支持对 AIP 包的查询、校验、保存和管理。

(10)创建 AIP 包校验码

利用校验程序对每一个 AIP 包进行校验,为每个文件创建一个校验码。将所生成的校验码与相应的 AIP 包进行关联,一起妥善存储。

(11)检查并提交 AIP 包

一旦 AIP 包生成完毕,需要进行 AIP 检查。AIP 检查将确保数字对象的各种组织元素按 AIP 的规范来组织封装,采用了所要求的数字保存文件格式,实现了 AIP 与元数据、校验码的关联。

数字保存系统需要将检查合格的 AIP 包提交给档案存储功能实体以

对其保存。在数字保存系统中,一个 AIP 将会保持不变。一般只有在对其新增数据,或者因保存需要,对其进行迁移的时候,才会对 AIP 包进行修改。

7.3　数字对象封装技术

从 7.2 节中,可以看到摄入是一个较为复杂的过程,涉及多方面的技术。在这些技术中,有些是一般信息系统建设都会普遍用到的技术,而有些则是数字保存系统建设中需要重点关注的技术。本书作者认为,在数字保存系统的建设过程中,需要重点关注的与摄入相关的技术有:数字对象封装技术、唯一持久标识技术、完整性校验技术和数字转换技术等。本节论述数字对象的封装技术,其他三个重要技术将在以后的章节中论述。

在 OAIS 参考模型中,摄入功能需要从信息提供者那里接收提交信息包(SIP),并将提交信息包转化成为存档信息包(AIP)进行存档。由于 OAIS 参考模型中只对信息包内应当包括的相关信息内容进行了描述,而没有对信息包内的各类信息具体该如何构成,信息之间具体该如何组织,信息包具体该如何封装等进行描述。因而在实际数字保存活动中,具体采用什么样的信息包,如何有效封装提交信息和存档信息,仍然是普遍关注的技术问题。

在目前数字保存的具体实践中,通常利用三种方式来实现对信息包的封装组织,分别为 METS、JATS 和 FOXML。

7.3.1　元数据编码和传输标准(METS)

元数据编码和传输标准(Metadata Encoding and Transmission Standard, METS)[5]由美国数字图书馆联盟 DLF(Digital Library Federation)2001 年开发,现由美国国会图书馆负责维护。METS 是一个能够对数字对象及其相关的描述元数据、管理元数据、结构性元数据以及对象处理元数据进行描述和组织的一个标准。它是一个 XML 框架,可将数字对象所有关联的元数据进行组织和存储,可以为多种类型的元数据提供一个整合容器。METS 不但适于仓储内部对数字对象的描述和管理,而且适于这些对象在仓储之间(或仓储与用户之间)的交换。从 METS 制定的目标来看,它适用于数字保存系统中 SIP 包、AIP 包或 DIP 包的描述和编码。

METS 的文档结构如图 7-2 所示。从中可以看到,METS 文档由七个主要部分(Section)组成,分别为METS头(metsHdr)、描述元数据(dmdSec)、管理元数据(admSec)、文件(fileSec)、结构图(strctMap)、结构链接(strctLink)和行为(behaviorSec)。各个部分的主要功能简介如下。

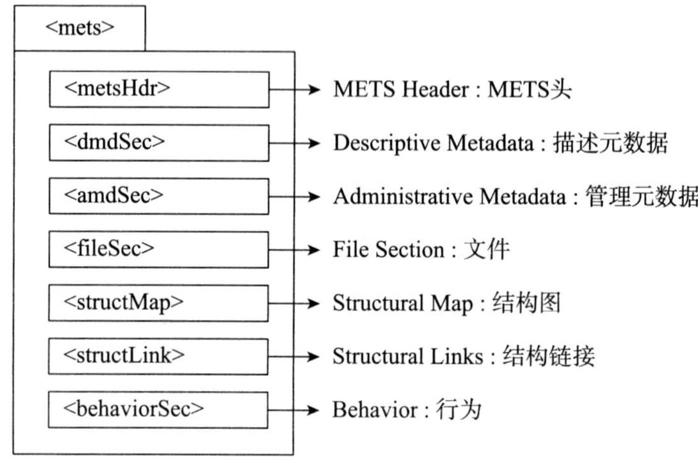

图7-2　METS文件结构[6]

<metsHdr>为METS文件头。它包含了描述METS文档自身的元数据,比如创建者、创建时间、上次修改时间、编辑者、文档状态等。

<dmdSec>为描述元数据。METS文档可以包含一个或多个<dmdSec>元素,可以指向该METS文档外部的描述元数据(外部描述元数据,<mdRef>元素,例如,引用OPAC中的一条MARC记录),也可以在该METS文档内部嵌入描述元数据(内部描述元数据,<mdWrap>元素),或二者兼有。

<amdSec>为管理元数据。它包含描述数字对象是如何创建和保存的、数字对象知识产权相关的、数字对象及其构成文件起源信息相关的元数据。与描述型数据一样,管理元数据既可以位于METS文档外部,也可以被编码在文档内部。METS文档中定义了四种管理元数据:技术元数据(<techMD>),关于文件的创建、格式和使用特征的元数据;知识产权元数据(<rightsMD>),关于版权和授权许可的元数据;来源元数据(<sourceMD>),关于该数字对象之来源的描述型元数据和管理型元数据;数字起源元数据(<digiprovMD>),对数字对象自创建之后多种版本之间的演化转换进行描述的元数据,如描述数字对象之间的主体和派生的关系,数字对象之间的迁移/转换关系。

<fileSec>为文件部分,包含一个或多个文件组(<fileGrp>)。数字对象由若干内容文件<file>组成,这些文件要全部列在<fileSec>中。

<file>元素可以被<fileGrp>元素划分成组，以便按照对象版本加以细分。

<structMap>用于描述数字对象的结构图，是 METS 文档的核心。它描述了数字对象的层次结构，并将该结构中元素与相应的内容文件和元数据关联起来，允许用户通过结构图导航。利用一系列嵌套的<div>元素体现这种层次结构，用 METS 指针元素<mptr>和文件指针元素<fptr>进行指向。

<structLink>用于记录结构图层次节点之间存在的超链接，特别适用于 METS 存档 Web 站点。

<behaviorSec>行为部分，用于关联可执行代码与 METS 对象内容。其中的每一个行为（behavior）包含了接口定义元素（interface definition element）和机制元素（mechanism element）。前者明确了一组行为的抽象定义，并用特定的行为部件表示，后者则标识了在接口定义中已被抽象定义的若干行为所对应的可执行代码模块。

METS 最重要的功能就是能够将与某一数字内容（如某一篇论文、某一视频内容）相关的一系列文件、元数据组织在一起，形成一个内容形式多样、包括多个版本内容、同时具有很好逻辑结构关系的复杂数字对象，由此可以对这一数字内容相关的所有数字信息进行逻辑封装，形成信息包。这一重要功能主要是通过 METS 的<fileSec>和<structMap>两个部分完成。

在<fileSec>中，通过<fileGrp>和<file>元素，列出了组成这一数字对象的所有文件，每一个文件由一个唯一的 ID 属性来标识，这一唯一 ID 将在<structMap>中被引用。而在<structMap>则利用了一系列可以嵌套的<div>元素实现数字对象的逻辑组织，一系列<div>元素及其属性标明了数字对象的逻辑结构，而每一个逻辑组件的具体内容则需要通过文件指针元素<fptr>和 METS 指针<mptr>指向具体的文件或 METS 文档。如通过<fptr>文件指针指向当前 METS 文档<fileSec>中的文件 ID。

下面是一个通过<fileSec>和<structMap>来组织纽约前市长 Abraham Beame 的一段口述历史信息的例子。这一段口述历史逻辑上可以划分为三个片段，分别为：采访人对 Abraham Beame 的开篇介绍（Interviewer Introduction），Beame 市长讲述的家族历史（Family History），以及 Beame 如何在纽约加入教师联合会的问答（Introduction to Teachers´Union）。这一段口述历史数字对象同时又记录在三个不同版本的文件之中。一个是基于 TEI-编码的用 XML 标记的文本文件，一个是 WAV 格式的主要音频文件，还有一个是在上述主音频文件基础之上派生出来的 MP3 格式的文件。

对上述内容的组织封装，可以先在 <fileSec> 中，通过 <fileGrp> 和 <file> 元素描述口述历史数字对象三个不同版本的文件。如图 7－3 所示，其中每一个版本用 <fileGrp> 描述，而每一个文件，利用 <file> 元素的属性 ID 标识。如 ID 为“FILE001”的文件为 TEI-编码的文本文件，ID 为“FILE002”的文件为 WAV 格式的主要音频文件，而 ID 为“FILE003”的文件为派生出来的 MP3 格式的文件。

```
<fileSec>
  <fileGrp ID="VERS1">
    <file ID="FILE001" MIMETYPE="application/xml" SIZE="257537" CREATED="2001-06-10">
      <FLocat LOCTYPE="URL">http://dlib.nyu.edu/tamwag/beame.xml</FLocat>
    </file>
  </fileGrp>
  <fileGrp ID="VERS2">
    <file ID="FILE002" MIMETYPE="audio/wav" SIZE="64232836"
        CREATED="2001-05-17" GROUPID="AUDIO1">
      <FLocat LOCTYPE="URL">http://dlib.nyu.edu/tamwag/beame.wav</FLocat>
    </file>
  </fileGrp>
  <fileGrp ID="VERS3" VERSDATE="2001-05-18">
    <file ID="FILE003" MIMETYPE="audio/mpeg" SIZE="8238866"
        CREATED="2001-05-18" GROUPID="AUDIO1">
      <FLocat LOCTYPE="URL">http://dlib.nyu.edu/tamwag/beame.mp3</FLocat>
    </file>
  </fileGrp>
</fileSec>
```

图 7－3　<fileSec> 中口述历史数字对象三个不同版本的文件[7]

而这一段口述历史的逻辑组织，则是在 <structMap> 中通过 <div> 元素来组织的，如图 7－4 所示。从中可以看到，在 ID 为“div1”的元素中，描述了 Abraham Beame 市长口述历史（Oral History：Mayor Abraham Beame）这一数字对象的逻辑结构。这一数字对象分别通过 ID 为“div1. 1”“div1. 2”“div1. 3”的三个 <div> 元素，将数字对象分成为采访人对 Abraham Beame 的开篇介绍（Interviewer Introduction），Beame 市长讲述的家族历史（Family History），以及 Beame 如何在纽约加入教师联合会的问答（Introduction to Teachers´Union）三个逻辑结构。而每个逻辑组成部分则通过 <fptr> 的 FILEID 属性指向前面 <fileSec> 中描述的各个 <file> 文件，并且通过 <area> 元素指出这一逻辑内容在这个文件上的起始位置和结束位置。例如在第一个 <div>（Interviewer Introduction）部分，它指明采访人对 Abraham Beame 的开篇介绍位于文件标识为“FILE001”的文件中，具体内容是在文件内部从标记为“INTVWBG”的标签开始，到标记为“INTVWND”的标签结束之间的内容。相应地，在第一个 <div>，也分别利用 HH：MM：

SS 格式，标识了采访人对 Abraham Beame 的开篇介绍分别在 ID 为"FILE002"的 WAV 文件上和 ID 为"FILE003"的 MP3 文件上的起止位置。

```
<structMap TYPE="logical">
<div ID="div1" LABEL="Oral History: Mayor Abraham Beame" TYPE="oral history">
  <div ID="div1.1" LABEL="Interviewer Introduction" ORDER="1">
    <fptr FILEID="FILE001">
      <area FILEID="FILE001" BEGIN="INTVWBG" END="INTVWND" BETYPE="IDREF" />
    </fptr>
    <fptr FILEID="FILE002">
      <area FILEID="FILE002" BEGIN="00:00:00" END="00:01:47" BETYPE="TIME" />
    </fptr>
    <fptr FILEID="FILE003">
      <area FILEID="FILE003" BEGIN="00:00:00" END="00:01:47" BETYPE="TIME" />
    </fptr>
  </div>
  <div ID="div1.2" LABEL="Family History" ORDER="2">
    <fptr FILEID="FILE001">
      <area FILEID="FILE001" BEGIN="FHBG" END="FHND" BETYPE="IDREF" />
    </fptr>
    <fptr FILEID="FILE002">
      <area FILEID="FILE002" BEGIN="00:01:48"END="00:06:17" BETYPE="TIME" />
    </fptr>
    <fptr FILEID="FILE003">
      <area FILEID="FILE003" BEGIN="00:01:48" END="00:06:17" BETYPE="TIME" />
    </fptr>
  </div>
  <div ID="div1.3" LABEL="Introduction to Teachers' Union" ORDER="3">
    <fptr FILEID="FILE001">
      <area FILEID="FILE001" BEGIN="TUBG" END="TUND" BETYPE="IDREF" />
    </fptr>
    <fptr FILEID="FILE002">
      <area FILEID="FILE002" BEGIN="00:06:18" END="00:10:03" BETYPE="TIME" />
    </fptr>
    <fptr FILEID="FILE003">
      <area FILEID="FILE003" BEGIN="00:06:18" END="00:10:03" BETYPE="TIME" />
    </fptr>
  </div>
</div>
</structMap>
```

图 7－4　三个逻辑片段及其对应的在三个文件上的内容位置[8]

METS 作为一个 XML 容器，可以把不同类型的元数据整合在一起。它提出了一种灵活的机制，用于编码数字对象的描述型、管理型和结构型元数据，并表示出这些不同格式元数据之间存在的连结。因此，它为仓储间数字对象的交换提供了可用的标准。此外，METS 还能够将数字对象与行为或服务关联。目前，许多保存系统利用了 METS 来实现信息包的封装，并且努力将 PREMIS 和 METS 相关结合，以更好地支持数字保存应用。

7.3.2 期刊文章标签集(JATS)

JATS[9](Journal Article Tag Suite,期刊文章标签集)定义了一组 XML 元素和属性用以标记期刊文章并描述三种文章(Article)数据模型,包括期刊存档和交换(Journal Archiving and Interchange Tag Set[10])、期刊出版(发布)(Journal Publishing Tag Set)、文章创作(Article Authoring Tag Set)三个标签集。其前身是 NCBI 的 NLM 存档和交换 DTD[11],2012 年作为 NISO 的标准发布(Z39.96—2012)。

存档和交换标签集定义了描述期刊文章的内容和元数据的元素和属性,包括研究和非研究性论文、信件、社论以及书和产品评论,可以是文章内容的完整描述或仅是文章标题元数据的描述。其目的是不依赖于数据的原始提交形式保存期刊中的学术内容。

JATS 格式文档的根为 <Article>,对应期刊中的论文、信件、社论、书评等(期刊的顶级组件),包含一个或多个部分(如果有多个部分,则必须按规定的顺序出现),如图 7-5 所示。

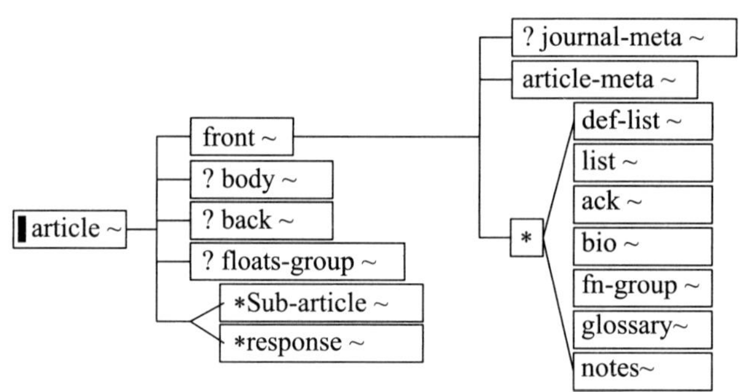

图 7-5 Article 标签格式

其中 <front> 是文章的 Front matter,为必备部分,其内容包括文章的元数据,如标题、所在期刊、出版日期和所属卷期、版权声明等。期刊级元数据使用标签 <journal-meta>,包括期刊的题名、ISSN、贡献者、出版者等相关描述元数据字段;文章级元数据和卷期级元数据使用标签 <article-meta>,包括文章题名、摘要、作者、机构、出版日期、所属卷期等相关描述元数据字段。

<body> 是文章的主体(Body of the article),为可选部分,包括文章主要的图文内容,通常由段落和章节构成,可能包含图形、表格、工具条等。对于不保存全文的存档库可不包含此部分。

<back> 是文章的 Back matter,为可选部分,包含正文的附属成分,如

词汇表、附录、参考文献列表等。

<floats-group>为可选部分，发布者为方便处理将一些附属材料放在一个单独的容器元素中，如表格、图片、文本框等。

最后可能有一个或多个<Response>或<Sub-article>。

<front>部分包含了数据对象的元数据信息，如果不需要保存或交换数据对象的具体内容（全文），JATS 文档可以只包含<front>。

在 JATS 中，期刊级元数据标签<journal-meta>和文章级元数据标签<article-meta>是两个很重要的组成部分，它们又包括一系列的元素。

<journal-meta>期刊级元数据，包括期刊的题名、ISSN、贡献者、出版者等相关描述元数据字段。其组成结构如图 7－6 所示。

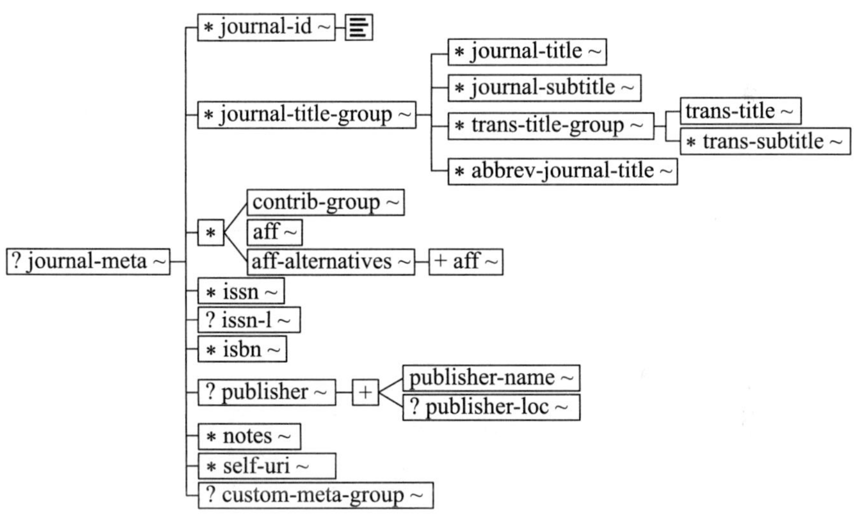

图 7－6　<journal-meta>标签格式

而文章级元数据<article-meta>包括文章题名、摘要、作者、机构、出版日期、所属卷期等相关描述元数据字段。如图 7－7 所示。

NCBI 还定义了 BITS（Book Interchange Tag Suite，图书交换标签集）[12]。它对 JATS 进行了扩展，目的是提供一种通用格式实现出版商和存档机构之间图书内容的交换。它可以描述一整本书（book），也可以描述书的一个部分（book-part），如章节。具体内容可参见相关标准。

JATS 和 BITS 为期刊和图书的存档和交换提供了结构化的描述。JATS 格式在世界范围内被用于标记数千种期刊，已用于 PubMed Center 和 Portico 的期刊存档，并用于 HighWire 的在线出版[13]。

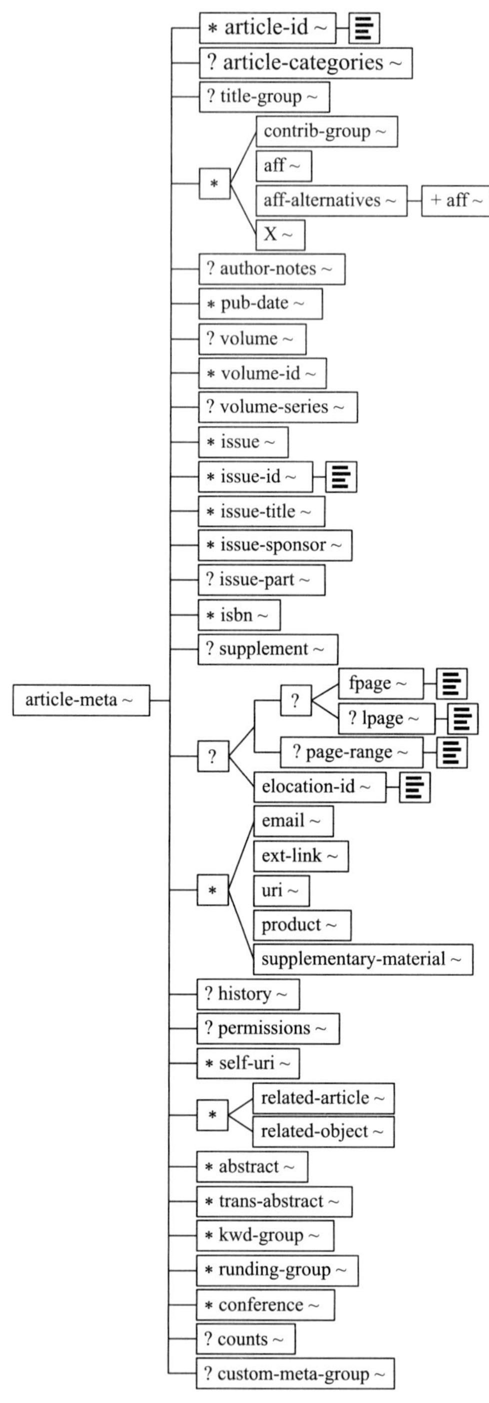

图 7－7　<article-meta>标签格式

7.3.3　Fedora 对象可扩展标识语言(FOXML)

在数字保存系统中,很多系统利用了 Fedora 软件[14](Flexible Extensible Digital Object Repository Architecture,可灵活扩展的数字对象仓储框架)为底层仓储来实现对数字对象的保存和管理。因而也就使用了 FOXML 来实现对信息包的描述和封装。

Fedora 对象可扩展标识语言(Fedora Object XML,FOXML)[15]是一种简单的描述 Fedora 数字对象模型的 XML 语言。在 Fedora 仓储中,数字对象以 FOXML 的格式存储,并且采用 FOXML 实现数字对象的导入和导出。

在 Fedora 中,数字内容信息,不论是文件、图片、电子书、多媒体学习对象、数据集,还是其他数字资源,都是按 Fedora 的数字对象模型来组织和存储的。数学对象模型是 Fedora 内容模型框架和其他 Fedora 功能的基础。

Fedora 利用了"复合数字对象"设计来将一个或多个内容条目组织到一个数字对象之中。其内容条目可以是任何格式的数字信息,可以存储于仓储内部,或存储在仓储之外,但可以被数字对象参照引用。图 7－8 给出了 Fedora 数字对象的基本模型。

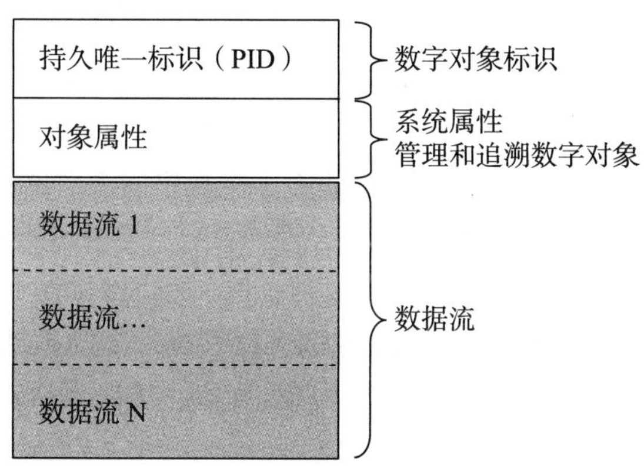

图 7－8　Fedora 数字对象基本模型[16]

可以看到,一个 Fedora 数字对象由一个数字对象标识 PID,这一数字对象的相关属性和一个或多个数据流(Datastream)组成。其中,PID 是数字对象的持久唯一标识,它唯一持久地指向这一数字对象;数字对象属性是一系列系统定义的描述属性,可以被用来管理和追溯仓储内的数字对象;而一个数据流(Datastream)则是数字对象的一个组成元素,它表示一个数字对象的内容条目。

相应的一个 FOXML 的基本框架如图 7－9 所示。它基于 XML 格式,描述一个数字对象的持久唯一标识 PID、对象属性(objectProperties)和数据流(datastream)。

```
<digitalObject PID="uniqueID">
<!-- there are a set of core object properties -->
    <objectProperties>
        <property/>
        <property/>
        ...
    </objectProperties>
<!-- there can be zero or more datastreams -->
    <datastream>
        <datastreamVersion/>
        <datastreamVersion/>
        ...
    </datastream>
</digitalObject>
```

图 7 - 9　FOXML 的基本描述框架

FOXML 作为 Fedora 系统的重要信息封装规范,有着其特有的一些优势,主要体现在以下几个方面:①简单。用户无需熟悉 METS、MPEG21/DIDL 等格式标准,就可以很容易地建立一个数字对象。②针对 Fedora 的应用进行了性能优化。FOXML 的一个设计目标就是改善数据仓库在数据对象摄入与分发方面的性能。③可灵活扩展。Fedora 采用 FOXML 作为系统内部数字对象存储格式,能够很好地支持系统功能的扩展,它也可以方便地实现与其他标准规范的转换。目前,Fedora 支持 FOXML 到 METS 等标准转换。

7.4　唯一持久标识技术

唯一持久标识是定位数字保存系统内某一数字对象的必要手段,它对于发现、保存、管理、访问和应用这一数字对象,让这一数字对象区别于其他数字对象,实现这一数字对象与其他内容的关联,保持这一数字对象的持续访问都起着重要作用。在摄入过程中,对于每一个摄入的 AIP 包,都需要为其指定一个唯一持久标识(Persistent ID),以有效标识和定位这一存档信息包。

目前,一些数字对象标识方案已在不同的领域提出,有的标准已处于成熟阶段,如:统一资源命名(Uniform Resource Name,URN)、数字对象唯一标识(Digital Object Identifier,DOI)、永久 URL(Persistent URL,PURL)、档案资源键(Archival Resource Key,ARK)等。

本节阐述在数字保存系统中几种主要的唯一持久标识系统,分别为 Handle 系统、数字对象标识(DOI)系统、持久统一资源定位(PURL)和存档资源键系统(ARK)。

7.4.1 Handle

Handle[17]是一个基于因特网的分布式数字对象命名与标识系统,用于在 Intenet 上提供有效的、可扩展的、全球命名和解析服务。最早是在美国国防部高级研究计划署(DARPA)的资助下,由美国 CNRI(Corporation for National Research Initiatives)提出并实现的。Handle System 包括开放协议、名称空间和协议的实现,该协议能使一个分布式计算机系统存储数字对象的名称或 Handle,并且能把这些 Handle 解析成用于查找、存取和利用资源的相关信息。

Handle 服务体系由一个全球注册服务(Global Handle Registry)和若干个本地服务(Local Handle Service)组成。全球服务与所有的本地服务互相通信。一个服务可包括一个或多个站点,每个站点可包括一个或多个服务器,使用多个 Handle 服务站点和 Handle 服务器可以在它们之间平衡负载并提供容错性能。用户可以根据系统的需求,灵活地配置 Handle 站点和服务器。

每个 Handle ID 均由命名机构(Naming Authority)标识(前缀)及在该命名机构中的唯一本地标识(后缀)组成,中间用"/"隔开。具体表示为:

<Handle> ::= <Handle Naming Authority> "/" <Handle Local Name>

其中:Handle 命名机构(Handle Naming Authority)是创建 Handle 的管理单位,每个命名机构又可下辖若干子命名机构,整体构成一个树状结构。上级命名机构和子命名机构的标识是唯一的。一个完整的命名机构标识由上级命名机构(父节点)标识和下级命名机构(子节点)标识组成,在 Handle 句法中自左向右用"."分隔开。Handle 标识系统有以下主要特点:

1)永久标识。每个 Handle ID 标识全球唯一的网络资源,并且,在它标识的信息资源位置和属性发生变化时,Handle ID 保持不变,这与 URL(Uniform Resource Locators)不一样。

2)多重实例。一个 Handle ID 可以指向一个资源的多个实例,即允许同一个资源在网上有多个拷贝,尽管它们的位置不同,但它们的 Handle ID 却是相同的。这样,利用管理系统可以定义同一资源的不同网络入口,从而增加系统的可靠性并提高系统的性能。

3)可扩展的命名空间。一个已经存在的本地命名空间通过申请一个命名机构 Handle 就可以加入到全球性命名服务体系中,同时,命名机构允许建立代理服务机构,为本地服务提供解析和管理功能。

4)分布式管理与服务机制。每个 Handle 都指定自己的管理者,Handle 所有者定义 Handle 的访问权限,通过认证协议实现分布式的管理。Handle 定义了一种层级式服务模型,任何一个区域命名空间的服务既可由本地服务来提供,也可由全球服务来提供,或者由两者共同来提供,从而有效实现负载均衡。

在数字保存仓储中,DSpace[18] 是 Handle 标识系统的典型应用者。DSpace 使用代理服务器方式解析 Handle,它将 Handle 包装成 URL 形式,再通过代理服务器将 URL 影射为本地具体资源。例如,对于“hdl:1721.123/4567”,DSpace 将其映射为如下形式:

http://hdl.handle.net/1721.123/4567

其中,“http://hdl.handle.net/”为代理服务器主机地址,“1721.123/4567”为 Handle 内容。采用这种方式实现了 Web 浏览器对 Handlc 的兼容,同时可以充分利用 HTTP 协议支持 URL 重定向的特性,当资源在数字保存过程中存放位置发生变化时,通过重定向机制,用户仍然可以找到该 Handle 初始指向的资源。

DOI 是 Handle 标识系统在出版行业中的具体应用。DOI 继承了 Handle 的基本思想和技术框架,并在很多方面进行了扩展,详细内容参见本章的 7.4.2 小节。

7.4.2 数字对象标识(DOI)

数字对象标识(Digital Object Identifier,DOI)是 CNRI 根据美国出版协会(The Association of America Publishers,AAP)的要求定制开发的,它是

Handle 系统在出版行业的应用。

DOI 标识系统沿用了 Handle 的请求方式,并且在 Handle 数据模型的基础上中增加了元数据项及元数据注册机制,进一步增强了对数字对象的索引、过滤和查询功能。此外,DOI 标识系统还在 Handle 的基础上添加了规则(Policies)、过程、商业模式等要素,发展了 Handle 系统。DOI 服务通过建立 DOI 系统来实现,DOI 系统包括四个组成部分:编码规则、基于 Handle 的解析服务、数据模型、政策与管理机制等。

一个 DOI 标识由前缀和后缀两部分组成,中间用"/"分开,如下所示:

< DIR >. < REG >/ < DSS >

前缀也由两部分组成,中间用". "分开,其中 < DIR > 为目录代码,作为 Handle 系统的命名体系的一部分,DOI 被 Handle 系统赋予固定值为 10; < REG > 为登记机构代码,即 DOI 系统的子命名机构,为四位阿拉伯数字,由 IDF 负责分配; < DSS > 为 DOI 后缀(DOI Suffix String),由出版者给定,主要基于一些已存在的标准标识体系,如:SICI(Serial Item and Contribution Identifier)、PII(Publisher Item Identifier)、ISBN(International Standard Book Number)、ISSN(International Standard Serials Number)等。下面是一个 DOI 实例:

10. 1045/january99-bearman

其中,"10"为 DOI 项目标识,"1045"为"数字图书馆杂志社"的标识,"january99-bearman"为"数字图书馆杂志社"对其期刊中某一篇论文的内部文献编号。因此,该 DOI 标识了数字图书馆杂志社出版的一篇文献。

DOI 支持元数据、应用和服务的动态更新。由于 DOI 基于 Handle 体系,它同时具有永久性标识、可灵活扩展等特点。

由于目前的期刊论文、电子图书等数字文献信息资源大都包括了相应的 DOI 标识,因此,在数字资源的保存中,即使没有将这个 DOI 标识作为此数字资源的唯一持久标识,也需要充分将此 DOI 标识纳入元数据体系中,有利于揭示、定位和追溯这一数字资源。

7.4.3　持久统一资源定位(PURL)

由于统一资源定位标识(Uniform Resource Locator,URL)可能随硬件系统的配置、软件系统的重组以及组织结构的变化而变化，导致用户无法持续地访问对应的资源。针对以上问题，OCLC 在参加 URN(Uniform Resource Names)的研究中，提出了持久统一资源定位标识 PURL(Persistent URL)方案。

一个 PURL 就是一个 URL，然而，PURL 不是指向一个 Internet 资源，而是指向一个中间服务解析器。中间服务解析器的主要职责是将用户提交的 PURL 转换为一个实际的 URL，并将其返回给用户，经 HTTP 重定向，用户就可以正确访问到所需资源。

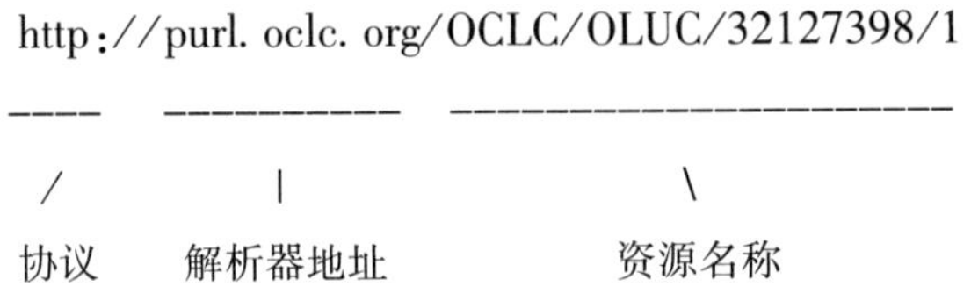

一个 PURL 由三部分组成：(1)协议类型(如："http")；(2)解析器地址(如："purl. oclc. org")；(3)资源名称(如："/OCLC/OLUC/32127398/1")。其中，解析器地址是一个 IP 地址或主机域名，这部分内容由 DNS 解析，资源名称是用户分配的一个名称，它由解析器负责解析。上例中，PURL 分配的资源名称："/OCLC/OLUC/32127398/1"是永久不变的，即使该网络资源的实际地址发生了改变，也只是修改 PURL 数据库中与该资源名称对应的 URL 链接数据项，PURL 仍然有效，用户使用它仍然可以访问到相应资源。

PURL 的优点是：采用通用的 HTTP 协议标准，具有开放性、易实现的特点；不需要资源命名的全球唯一性，不同解析器间资源可以重名，增加了命名的灵活性；具有可扩展性，PURL 在语法上很容易转换为 URN，例如，由"http://purl. oclc. org/keith/home"转换为"URN:/org/oclc/purl/keith/home"。

当然，PURL 也有一些问题，主要体现在它无法解决多复本、独立性、分布式命名和管理等问题。PURL 可管理性比较差，解析器维护困难。要想保证 PURL 的永久有效性，必须对解析器数据库及时进行维护，如果解析器中的资源 URL 过期了，将会造成 PURL 访问失败。

7.4.4 存档资源键(ARK)

为了实现对信息对象有效的永久性访问，建立高质量的信息标识符命名体系，美国国家医学图书馆委托加州数字图书馆(California Digital

Library,CDL)设计了存档资源键(Archival Resource Key,ARK)[19],并于2003年完成。

ARK是一个资源的持久标识解决方案,所支持的资源对象既包括数字文档、数据库、软件、网站以及物理对象如图书、骨骼、雕塑等,也包括无形对象,如化学物质、疾病、词汇、演出等。ARK为保证资源的持久访问提供了支持,它以冗余的方式最大限度上保证了资源的长期可访问性。

ARK拥有一套特殊的架构,它封装了一个同服务提供者无关的通用唯一标示符。ARK标识符的通用形式是 http://NMAH/ark:/NAAN/Name,也就是一个包含着"ark:"标记的字符串序列。图7－10是一个利用ARK ID来标识一个资源的例子。

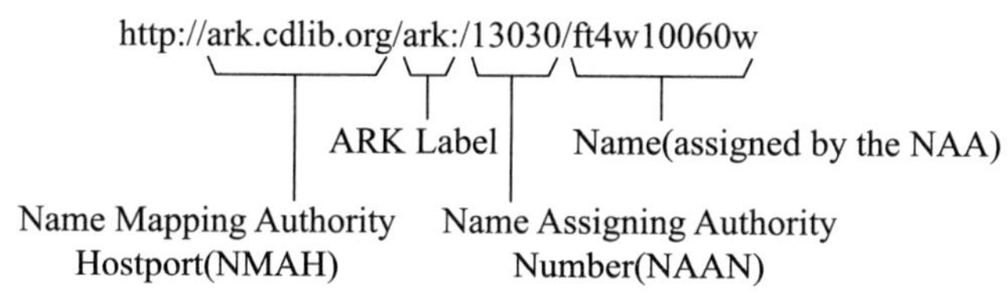

图7－10　ARK标识实例

在上述例子中,第一部分是命名映射授权主机(NMAH,Naming Mapping Authority Hostport),也就是"ark. cdlib. org"。第二部分是ARK协议标示,即"ark:"。第三部分是命名分配授权号(NAAN,Naming Assigning Authority Number),这是一个用来标识命名分配授权机构的通用唯一数字,在本例中是"13030"。第四部分是由命名分配授权(NAA,Naming Assigning Authority)机构分配的名字,本例中是"ft4w10060w"。

在ARK中,NAAN之前的部分并不用来标识或者比较对象,它表示的是一个主机名,用户可以通过这个主机访问该资源,当然也可以通过别的主机访问该资源,主机名只是用来保证资源可用。NMAH部分是临时的,可以任意使用,也可以替换。随着时间延续,命名映射授权主机会失效,然后被新的服务提供者替代。这样,授权主机出现问题的时候,ARK的核心标识会很容易恢复,将由"ark:/"开头的ARK部分独立出来就可以了。例如,下面例子中,虽然命名映射授权主机(NMAH)不同,但是它们是同义的,指向的是一条数据。

http://foobar.zaf.org/ark:/12025/654xz321
http://sneezy.dopey.com/ark:/12025/654xz321
ark://12025/654xz321

图7－11　指向同一个数字对象的ARK实例

资源存档键 ARK 较好地考虑了数字资源的长期保存需要,可以兼容多种协议。目前,已经有大约 150 多个组织使用 ARK 作为唯一持久标识系统[20]。其中较有影响的除了加利福尼亚大学数字图书馆之外,法国国家图书馆的数字保存仓储系统 SPAR 是应用 ARK 的另一个重要案例[21]。

7.5 完整性校验技术

完整性校验通常出现在以下一些类型的检查中:如多个复本的数据完整性一致性检查、媒介的可读性检查、资源的结构和格式检查等。其中应用最多的是数据传送前后的完整一致性校验。

随着大量信息的传送依靠网络完成,长期保存系统的信息摄入也主要依靠网络实现,因此保障数字信息在传输过程中的完整一致性就越发重要。完整性校验方法的主要原理是通过对信息进行编码,产生校验码,在比较数据传输前后校验码的异同,以确定数据传输是否完整,传输前后数据是否一致。常用的算法有 MD5 和 SHA-1。

MD5 的全称是 Message-Digest Algorithm 5(信息摘要算法第五版)。它在 20 世纪 90 年代初由 MIT 的计算机科学实验室和 RSA Data Security Inc 发明,经 MD2、MD3 和 MD4 发展而来。MD5 算法是一个散列函数,它可以对一段信息(Message)进行 Hash 变换,产生一个 128 位长的唯一的信息摘要(Message-Digest)。这个 MD5 信息摘要就像是这段信息的"数字指纹",不同信息的 MD5 信息摘要各不相同。如果任何人对这段信息做了任何改动,通过 MD5 算法重新对这段信息进行计算之后得到的 MD5 信息摘要也会与前不一样。在数字保存系统的完整性校验中,可以利用 MD5 算法对传输前后的信息包进行计算,如果 MD5 信息摘要不同,就意味着信息在传输中被改变了,数据的完整性没有在传输中得到应有的保障。

SHA 的全称则是 Secure Hash Algorithm(安全散列算法),它是美国国家标准和技术局发布的国家标准,分别有 SHA-1、SHA-224、SHA-256、SHA-384,和 SHA-512 等多个算法。SHA-1 被认为是 MD5 的替代者,它能够产生 160 位的消息摘要,由于 SHA-1 产生的信息摘要长度比 MD5 产生的 128 位更长,因此被认为更安全,在各个领域已经被广泛应用。SHA-224、SHA-256、SHA-384 和 SHA-512 算法,有时被称为 SHA-2,224、256 等数字表示其所生成的消息摘要的位数。虽然 SHA-2 在算法上与 SHA-1 相似,但更为安全。

SHA 和 MD5 都是基于哈希算法。运用这些算法,可以对每个信息内容产生一个理论上独一无二的“指纹”。一旦原始信息内容稍被改变,即使是只改变了一个字母,再使用上述算法之后产生的“指纹”就会截然不同。数字保存系统因此需要使用这些算法来防止信息被“篡改”,保障信息的唯一性。例如,对一个 preservation. pdf 文件产生一个 MD5 值并记录在案,然后传送给其他接收对象,例如长期保存系统,如果在传送过程中该文件遭到“篡改”,那么接收方在接收的时候一旦重新计算该文件的 MD5 值,就会发现重新计算的 MD5 值与前一个 MD5 值已经不一样了。

除了这种对数据文件的完整性校验,在长期保存系统中还应当注意资源结构的完整性校验。比如一个 SIP 会包含多个文件,这些文件通常都包含在一个具有特定结构的文件夹中,那么对于资源结构的完整性校验来说,不仅需要检查文件夹中是否有数据和元数据,还必须检查其结构是否完整,各类数据和元数据的存放位置是否正确,那些必须在文件夹中特定位置上出现的文件是否在相应的位置上出现等。

7.6 数字转换技术

数字转换技术包括存储媒介转换和文件格式转换。存储媒介转换是将数字信息从原有媒介上转移到适合长期保存的媒介中存储。而文件格式转换是尽可能地使用理想的文件保存格式代替原有文件格式,以保证数字文件能够长期有效。

通常,存储媒介主要分为磁设备和光设备,信息摄入过程的媒介转换也包括磁设备之间转换和光设备到磁设备的转换。磁设备之间的转换属于同一类属性的媒介转换,相对简单。光设备到磁设备的转换除了简单的复制之外,在数字保存中主要会应用到光盘镜像技术。光盘镜像就是把光盘文件系统转换成为一个硬盘镜像文件,以便可以在硬盘文件系统中,对整个光盘内容进行管理。目前常见的光盘镜像文件格式有 cue、iso、bwt、cdi、b5t、ccd、mds、nrg、pdi 等,常用的光盘镜像工具 Deamon Tools、Paragon CD-ROM Emulator、WinISO、CloneCD、Virtual CD 等。

文件格式的转换主要是用于提交信息包的转换,将来源信息转换为符合长期保存系统要求的格式。由于数字资源种类众多(例如文本、图像、视频等)并且同一种类型的资源也有各种不同的格式,因此有必要掌握一些重要的转换工具,能够对某些格式的资源实现格式转换。转换工具的使用,需要经过严格的对比实验,尽量选择那些对需要保存的内容信息损害较小的转换工具。

值得注意的是,在摄入过程中要尽量选择那些合适进行长期保存的文件格式,保证摄入的信息可能长期存活、便于迁移和翻新。

7.7 摄入相关的主要工具软件

在数字保存的实践中,相关社会团体开发出了与摄入过程相关的各类软件工具,有信息打包与传输工具,格式检测与转换工具,描述元数据、技术元数据、保存元数据抽取工具,完整性、稳固性、真实性校验工具等。本节介绍在摄入过程中应用较为广泛的几个软件工具

7.7.1 包处理工具(BatIt)

BagIt 包处理工具[22-23]是由美国国会图书馆(Library of Congress)和国家数字信息基础设施和保存项目(NDIIPP)开发的信息包传输和校验工具,它是一个 Java 类库,可以实现对 BagIt 包的创建、操纵和校验。

BagIt 包处理工具基于 BagIt 规范,BagIt 规范是一个层次结构的文件包装格式,这一格式适用于基于硬盘或基于网络的数字内容存储与传输。BagIt 名字的灵感来自于"密封并提交保存"方法(enclose and deposit,ENC-DEP),有时被称为"打包并标注它"(bag it and tag it)。在 BagIt 规范中,一个包由一个文件基准目录组成,如图 7-12 所示。

```
<base directory>/
|     bagit.txt
|     manifest-<algorithm>.txt
|     [optional additional tag files]
\---  data/
        |   [payload files]
\---  [optional tag directories]/
        |   [optional tag files]
```

图 7-12 目录结构分析[24]

在这个基准目录中,包含三个主要内容:标签文件、有效载荷目录和标签目录。

(1)标签文件

在基准目录下的标签文件由一个名为"bagit. txt"的文件,一个或多个名为"manifest-_algorithm_. txt"的文件和一些可选的标签文件组成。bagit. txt 是 bagit 包的声明文件,它必须精确地由两行组成:

BagIt-Version:M. N

Tag-File-Character-Encoding:UTF-8

其中,M 表示主要版本号,N 表示次要版本号,UTF-8 表示标签文件(tag files)的字符编码。

manifest-_algorithm_. txt 文件是有效载荷清单。在基准目录下,每个包必须包含一个或多个有效载荷清单。manifcst-_algorithm_. txt 文件列出了这个包的有效载荷清单(data 目录下的所有文件)和采用某种校验算法得到的所有这些文件的校验码。有效载荷清单只包括文件的路径名,因此有效载荷清单不能引用空目录。

除上述两个必需的标记文件之外,基准目录下,还可以有以下两种标记文件。标记清单文件 tagmanifest-<alg>. txt。一个标记清单列出了包中的其他标记文件以及这些标记文件的校验码,这一校验码是通过<alg>校验算法得到的。包元数据文件 bag-info. txt。bag-info. txt 是一个对包和有效载荷进行描述的元数据标记文件。在 bag-info. txt 文件中的元数据可供人类阅读。所有的元数据元素是可选的、可重复的。

(2)有效载荷目录(data 目录)

在 BagIt 基准目录中,必须包括一个名为“data”的子目录,这个目录在 BagIt 规范中被称为有效载荷目录(payload directory),实际存储的是需要打包保存的数据内容。data 目录下的有效载荷文件可以是任意的目录结构。在有效载荷目录下的文件被称为有效载荷文件或有效载荷。

(3)标签目录

在 BagIt 基准目录中,还可包括一组可有可无的标签目录。这些可选的标签目录中的标签文件也可采用任意的文件层次结构。

BagIt 包处理工具软件是一个开放源码的 Java 包,在包中提供了对 BagIt 包进行操纵的类,其最新版本是 4.9 版本,发布于 2014 年 2 月,需要 Java 6 的支持。在 BagIt 包处理工具软件中,也提供了一个命令行的接口,通过一些操作命令,可以实现对 BagIt 包的一些操作,如:baginplace 操作命令,为已经有 data 目录的基准目录包创建一个 BagIt 包;checkpayloadoxum 操作命令,计算一个 BagIt 包中有效载荷文件的字节数和文件数,并和bag-info. txt 中的 Payload-Oxum 元数据值进行比较,进行校验;create,从提供的文件或目录中,创建一个 BagIt 包;generatepayloadoxum,产生并返回有效载荷文件的字节数和文件数;Splitbagbyfiletype,将一个 BagIt 包按有效载荷文件的文件类型分成几个包;Updatepayloadoxum,产生 BagIt 包的有效载荷文件的字节数和文件数并记录到 bag-info. txt 中的 Payload-Oxum 中;Updatetagmanifests,更新包的标记清单文件;Verifycomplete,校验包的完整性;verifypayloadmanifests:校验所有有效载荷清单的校验值;等等。

BagIt 包处理工具提供了一种对大量数字内容进行打包并提供多种有效性校验的手段,对于数字保存系统中的文件传输、打包内容真实性的验证有着重要的意义。目前 BagIt 已经被应用在多个数字保存项目(如 Chronopolis)之中。

7.7.2 元数据抽取工具

元数据抽取工具(Metadata Extraction Tool,MET)[25-26]是由新西兰国家图书馆(NLNZ)开发的元数据抽取软件工具。新西兰国家图书馆开发该工具的初衷是用它来自动地抽取各种格式文件(包括 PDF 文档、图片文件、音视频文件、微软 Office 文件等)的元数据,用于数字长期保存活动。该工具已于 2007 年发布为开源软件,遵从阿帕奇公共许可协议[Apache Public License(version 2)],可在 SourceForge 上免费下载。

元数据抽取工具的功能主要有两个:从数字化文件中自动抽取与数字保存相关的元数据;将抽取到的元数据以 XML 格式输出。其抽取的元数据,可以被用于数字保存系统,也可以被用于资源发现。

目前,元数据抽取工具可以对 18 种格式的文件进行元数据抽取,主要包括,图片类:Bitmap、GIF、JPEG(JPG)、TIFF;办公文档类:MS WORD(version 2.6)、Word Perfect、Open Office(version 1)、MS Works、MS Excel、MS PowerPoint、PDF;音频视频类:WAV、MP3、BWF、FLAC;网站类:HTML、XML、ARC。

对于不支持的文件格式,MET 将仅抽取由底层系统提供的最基本的元数据信息,如文件大小、文件名称、创建日期等。

为了不影响数字保存的质量,MET 在抽取元数据时以只读方式打开,不改变被处理的文件,以确保文件的完整性和原始性。通常情况下,只读取头文件中的信息,因此处理速度很快。

MET 的元数据抽取工作是基于各种适配器的。每种适配器可以识别某种特定文件格式,并能提取该类型文件的元数据。适配器能够处理各复杂程度的对象(objects)内部及对象之间的依赖关系,这些对象既包括单个简单对象如 TIFF 文件,也包括复杂的网站或数据库。元数据抽取分为三个阶段,如图 7-13 所示。

第一阶段,文件输入。用户选择待处理文件,将其输入至 MET。

第二阶段,元数据抽取。对于每个输入文件,MET 将其依次传给所有适配器处理,直到某个适配器识别出这个文件的格式,该适配器从此输入文件的头文件中提取出元数据,并根据指定的模式(用户指定的 DTD/

Schema)生成一个 XML 文件,以保存这些元数据。

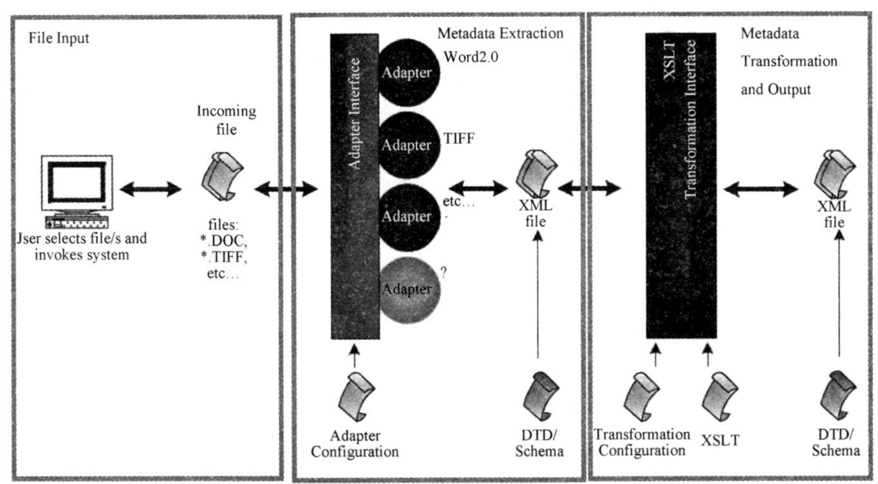

图 7-13　MET 的元数据抽取框架[27]

第三阶段,元数据转换及输出。可扩展样式语言转换器(XSLT)将内部的 XML 文件(即第二阶段生成的 XML 文件)转换成一个指定模式(用户指定的 DTD/Schema)的 XML 文件,完成元数据抽取工作。目前 MET 将内部 XML 文件转换成 NLNZ 保存元数据模型模式的 XML。

7.7.3　PDF 元数据抽取和验证工具 PDFBox[28]

Apache PDFBox 是一个基于 Java 的开源 PDF 文档处理库,它由Apache 基金会维护,是数字保存中使用最广泛的 PDF 工具之一[29]。

PDFBox 可以创建新的 PDF 文档,处理现有 PDF 文档,从 PDF 文档中提取内容及相关技术元数据,并实现对 PDF 文件的校验。此外,PDFBox 还提供了一些处理 PDF 的命令行工具。最新的稳定版本是 1.8.7。在数字保存系统中,PDFBox 可以被应用于以下任务:

1)文本提取。通过 PDFBox 的 org. apache. pdfbox. util. PDFTextStripper 类,可以从各种 PDF 文档中提取文本(text)。除了较为简单地从 PDF 文件中提取出文本内容之外,PDFBox 还支持一些复杂文本提取功能,如指定页面间的文本提取、指定书签节点间的文本提取、用户自定义图形字符映射表、从右至左顺序的文本提取等[30]。

2)元数据提取。对于一个 PDF 文件,PDFBox 提供了相应的接口可以访问其元数据,包括:页数、标题、作者、主题、关键词、文档创建者(Creator)、生产商(Producer)、创建日期(Creation Date)、修改日期(Modification

Date)等。PDFBox 也支持对 PDF 文件内某些对象元数据的提取,如对 PD-DocumentCatalog、PDPage、PDXObject、PDICCBased、PDStream 等 PD 模型对象(PD Model objects)相关元数据的抽取。

3)PDF/A 验证。目前的 PDFBox 中包括了 Preflight 组件,这一组件可以用来检验一个 PDF 文件是不是符合 PDF/A-1 或 PDF/A-1b 标准的文件[31]。这一特性吸引了数字保存实践者对 PDFBox 的高度关注。

4)创建 PDF 及转化为 PDF/A 文档。PDFBox 可从零开始,完成普通 PDF 文档的创建,并支持向 PDF 文档中写入文本内容、设置字体,支持创建空白页面等。另外,PDFBox 还可以根据 ISO 19005 标准,向 PDF 文档中添加相关限制,将 PDF 文档转化为可用的 PDF/A 文档,从而便于文档的长期保存[32-33]。

PDFBox 在许多与 PDF 相关的数字保存系统和项目中都得到了应用,如英国 JISC 项目 AQuA(Automating Quality Assurance project,自动化的质量保障项目)利用它来检测、抽取和分析 PDF 中嵌入的数字对象[34]。而大英图书馆则利用了 PDFBox 来实现 PDF 文件的长期风险探测[35-36]。

7.7.4 Xena 格式识别和格式规范工具

Xena 是一个格式识别和格式规范工具,它是 XML Electronic Normalising for Archives(档案馆 XML 电子文档格式规范)的简写。Xena 是一个免费的开源软件,由澳大利亚国家图书馆开发,是其数字保存软件平台(Digital Preservation Software Platform,DPSP)的一个组成部分[37]。

在数字保存中,Xena 主要完成两个重要的任务:检测数字对象的文件格式和将数字对象转化为用于保存的开放格式,如 ODF(Open Document Format,开放文档格式)格式、PNG(Portable Network Graphics,便携式网络图形)格式等。

Xena 的开发者认为,一种格式如果想被称为开放格式(Open Format)需要满足四个特性:①基于开放的标准。这种文件格式的规范应该是公开的,没有任何限制。②由社会群体开发制定。这种格式应该是由社会群体共同开发的,而不是由一个单独的供应商或者兴趣小组开发。③有多个技术工具的支持。一个真正开放的格式,应当得到多个软件工具的支持,这些软件的开发者也应当不同。重复使用,有利于一个格式的长久存活。④没有授权限制。对于标准和格式的使用应该没有知识产权限制和专利限制。通常一种开放格式倾向于公开宣布这一格式没有授权的限制。

Xena 利用了插件来实现数字对象文件格式的识别,并且将一些文件格式转化为开放的文件格式。

在 Xena 中,利用了各种插件来实现对不同类型文件的操作。Xena 根据文件处理的需要,提供了基本的插件组件类型。系统实现人员可以根据需要处理的文件类型及需要的处理功能,进一步基于这些组件类型来实现相关的插件。典型的插件组件有:

1)Xena 类型(Xena Type):对应于某一需要支持的文件格式;

2)识别器(Guesser):识别 Xena 输入文档的类型;

3)格式规范转换器(Normaliser):获取 Xena 输入文档,转化成为开放的 XML 文档;

4)逆规范转化器(De-Normaliser):以一个被转化后的规范文档为输入,还原成为其转换之前的文档;

5)文件命名器:根据特定的命名规范对转化和逆转化的文件进行命名;

6)查看器:显示 Xena 文件。

为了识别文件格式,插件中的大多数插件都是 Xena 类型、识别器和格式规范转换器。需要重点说明的是:对于每个逻辑上分组支持的文件类型,都需要有一个插件来支持,例如为了支持电子邮件、图片、音频或 Office 文档,就各需要一个相关插件;一个插件可以包括一个或者多个识别器,也会包括一个或者多个格式规范转换器;一个格式规范转换器可以支持多种文件类型的转换;每个文件类型都需要通过一个特定的格式规范转换器进行转换。

插件、识别器和格式规范转换器之间的关系如图 7 – 14 所示。在这个例子中,示例了 Office 插件的功能结构。这一插件包括了多个识别器,如 Excel 识别器和 ODF 表单识别器,它也包括了多个格式规范转换器,如 Office转化器和二进制 Office 转化器。对于一个 Excel 文件,Excel 识别器会识别出这一文件,并可通过 Office 转化器转化为规范的开放格式。而对于一个 ODF 表单文件,一旦被 ODF 表单识别器识别,由于它是开放格式,即没有必要对其进行规范转换,而只需实现二进制规范(Binary Normalise)。二进制规范主要应于开放格式的文档,在此时,Xena 不需要对这一格式进行转换,而是直接将原文档保存其原有格式,加上 XML 元数据的头和尾,并对这一文档以 Base64 文本进行编码。

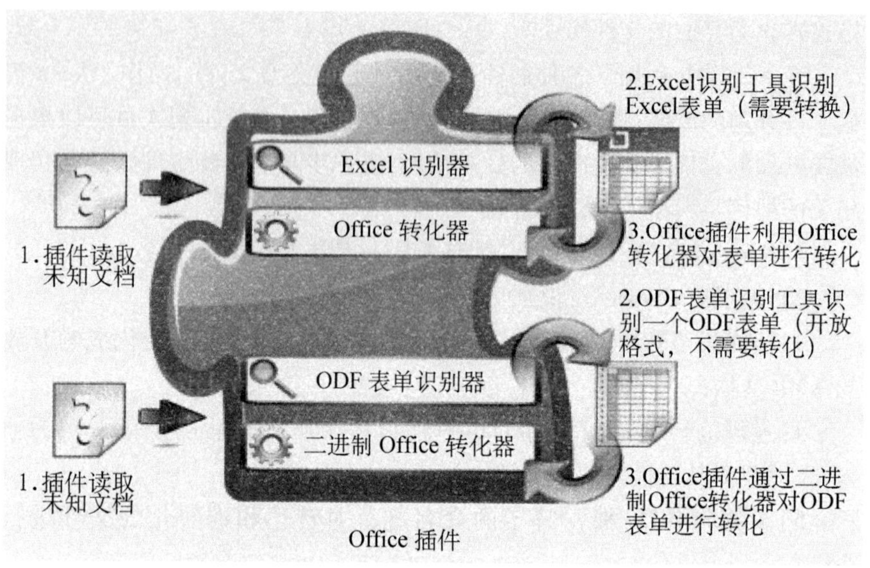

图 7－14　Office 插件的功能示例[38]

7.7.5　其他摄入的相关工具

在数字保存的摄入工作中，除了前面小节中阐述的一些典型工具之外，还有一些工具值得我们关注。

（1）Jpylyzer：JP2 图像文件验证和特征抽取工具

Jpylyzer 是一个开放源码软件，能够实现 JP2 图像文件的验证和特征抽取[39]。JP2 是一种静态图像格式，在 JPEG2000 标准的第一部分（ISO/IEC 15444-1）中被定义。JPYLYZER 是专门处理 JP2 图像的工具，具有两个主要功能：验证文件是否为 JP2 格式，是否符合格式规范；提取 JP2 文件的技术特征。

Jpylyzer 为用户提供了三种使用方式：可将 Jpylyzer 作为一个模块导入 Python 直接使用，可在 Windows 平台通过二进制安装使用 Jpylyzer，也可在 Liunx 平台通过 Debian 包使用 Jpylyzer。

这一工具得到了欧盟第七框架项目 SCAPE（SCAlabable Preservation Environments）的部分经费支持。2014 年，Jpylyzer 获得了英国数字保存联盟的 2014 年度数字保存奖[40]。

（2）ExifTool：元数据读写和编辑工具

ExifTool[41]是由 Phil Harvey 开发的一个平台独立的 Perl 库及一个命令行工具，用于读写和编辑图像相关的元数据信息。ExifToolExifTool 支持的文件格式多达 150 余种，包括 EXIF、GPS、IPTC、XMP、JFIF、GeoTIFF、ICC

Profile、Photoshop IRB、FlashPix、AFCP 和 ID3，以及许多数码相机制造商的注释(Maker Notes)，如佳能、卡西欧、富士、通用、惠普、胜利者(JVC/Victor)、柯达、Leaf、美能达、尼康、奥林巴斯、松下、宾得、飞思(Phase One)、Reconyx、理光、三星、三洋、适马(Sigma/Foveon)和索尼等。

对于 JPEG 图片文件，ExifTool 可读写及创建约 50 种类型的元数据信息。详细 ExifTool 的支持文件类型列表，和 ExifTool 支持的 JPEG 图片文件元数据类型列表，可在 ExifTool 官方网站上查到。

除了 Perl 库和命令行工具，ExifTool 也提供单机版 Windows 可执行程序和 Mac OS X 运行包。

(3) Checksum Checker：校验和检查工具

Checksum Checker[42] (CC)是一个开放源码软件，由澳大利亚国家档案馆开发维护，可用于对数字档案内容的数据丢失和比特腐败进行监测。它是数字保存软件平台(Digital Preservation Software Platform，DPSP)的一个组件。

Checksum Checker 支持对相关文件的校验检查，支持 MD5，SHA1，SHA2，SHA256 和 SHA512 算法[43]。利用这一工具，可以通过其所生成的校验码(checksums)的对比，判断信息包是否已经被改变，进而可以了解信息是否已经被修改、丢失或出现了介质的比特腐败。

Checksum Checker 遵守 GNU 通用公共许可协议 V3.0，可支持 Windows、IOS、Linux 等操作系统。

在摄入阶段，除了上述工具外，还有很多工具可供利用。例如在格式识别、技术元数据抽取方面工具，还有 Apache Tika、JHove、DROID(Digital Record Object Identification)、FITS(File Information Tool Set)、FIDO(Format Identification for Digital Objects)、JHOVE(Harvard Object Validation Environment)等。这些将在第十三章“数字保存的格式管理”中具体介绍。

7.8　小结

本章从数字保存系统建设的角度分析了摄入的主要功能职责、主要工作流程、主要关键技术和目前可供应用的工具软件。在开放存档信息系统参考模型(OAIS)和可信赖数字保存仓储中，都对摄入的功能职责提出了明确的要求，这是数字保存系统建设中，摄入功能建设必须遵循的准则。在实际的数字保存实践中，由于各方面的原因，摄入的具体处理流程会不太一样，作者在本章中将摄入的处理流程划分成了三个阶段，分别为提交信息包接收、提交信息包清点检查、存档信息包生成，并对这三个阶段中的主要处理流程进行了阐述。虽然作者的三阶段划分可能并不完全适合所有数字保存系统，但基本上可以反映数字保存系统摄入的一般流程。作者认为，在数字保存系统的摄入功能中，需要重点关注四个关键技术问题，即数字对象封装技术问题、唯一持久标识技术问题、完整性校验技术问题和数字转换技术问题。因此在本章中，主要围绕着上述四个关键技术问题，分别论述了这四个关键技术问题的解决方案，并对与这些关键技术问题相关的主要摄入工具软件进行了阐述。

由于数字保存系统的摄入功能是一个比较复杂，也是当前研究和实践相对较多的一项功能。因此各个系统、各个项目、各个研究实践者都可能会对摄入的技术方法有不同的见解。作者希望进一步强调，数字保存的实践者需要根据具体的实践环境，来考虑和设计具体的摄入功能，针对具体的问题来考虑具体的技术方案，采用具体的技术工具。

（张智雄、付鸿鹄、曲云鹏）

参考文献

[1－2] Reference Model for an Open Archival Information System(OAIS),Recommended Practice[S]. CCSDS 650.0-M-2(Magenta Book)Issue 2,June 2012.

[3] International Organization for Standardization. International Standard:Data and Information Transfer Systems-Audit and Certification of Trustworthy Digital Repositories[S]. ISO 16363:2012(E),2012－02－15.

[4] Consultative Committee for Space Data Systems. Recommendation for Space Data System Practices:Audit and Certification of Trustworthy Digital Repositories[EB/OL].[2014－12－18]. http://public.ccsds.org/publications/archive/652x0m1.pdf.

[5] METS[EB/OL].[2014－12－18]. http://www.loc.gov/standards/mets.

[6] METS. Metadata Encoding And Transmission Standard:Primer And Reference Manual[EB/OL].[2014－12－18]. http://www.loc.gov/standards/mets/METSPrimerRevised.pdf.

[7－8] METS. An Overview & Tutorial[EB/OL].[2014－12－18]. http://www.loc.gov/standards/mets/METSOverview.v2.html.

[9] Journal Article Tag Suite[EB/OL].[2014－12－18]. http://jats.nlm.nih.gov/.

[10] Journal Archiving and Interchange Tag Set[EB/OL].[2014－12－18]. http://jats.nlm.nih.gov/archiving.

[11] NLM DTD Suite[EB/OL]. [2014 - 12 - 18]. http://dtd. nlm. nih. gov/.

[12] Book Interchange Tag Suite[EB/OL]. [2014 - 12 - 18]. http://jats. nlm. nih. gov/extensions/bits.

[13] NISO Publishes Journal Article Tag Suite(JATS) Standard. [EB/OL]. [2014 - 12 - 18]. http://www. niso. org/news/pr/view? item_key = d92a2bc93b43db6831e68914e134c731d83cbdd1.

[14] Fedora Repository[EB/OL]. [2014 - 12 - 18]. http://www. fedora-commons. org.

[15] Fedora Object XML(FOXML)[EB/OL]. [2014 - 12 - 18]. https://wiki. duraspace. org/pages/viewpage. action? pageId = 66585857.

[16] Fedora Digital Object Model[EB/OL]. [2014 - 12 - 18]. https://wiki. duraspace. org/display/FEDORA38/Fedora + Digital + Object + Model.

[17] Handle System[EB/OL]. [2014 - 12 - 18]. http://www. handle. net.

[18] DSpace[EB/OL]. [2014 - 12 - 18]. http://www. dspace. org.

[19] ARK(Archival Resource Key) Identifiers[EB/OL]. [2014 - 12 - 18]. http://www. cdlib. org/inside/diglib/ark.

[20] Registered Name Assigning Authority Numbers[EB/OL]. [2014 - 12 - 18]. http://www. cdlib. org/uc3/naan_table. html.

[21] FAUDUET L, PEYRARD S. A data-first preservation strategy: data management in SPAR. [C]International Conference on Preservation of Digital Objects. 2010.

[22] BagIt Transfer Tools[EB/OL]. [2014 - 12 - 18]. http://sourceforge. net/projects/loc-xferutils.

[23] Bagit-java[EB/OL]. [2014 - 12 - 18]. https://github. com/LibraryOfCongress/bagit-java.

[24] A. Boyko etc. The BagIt File Packaging Format[EB/OL]. [2014 - 12 - 18]. http://www. digitalpreservation. gov/documents/bagitspec. pdf.

[25] Metadata Extraction Tool[EB/OL]. [2014 - 12 - 18]. http://meta-extractor. sourceforge. net.

[26] Metadata Extraction Tool[EB/OL]. [2014 - 12 - 18]. http://meta-extractor. sourceforge. net/meta-extractor-info-sheet. pdf.

[27] Metadata Extraction Tool Software Architecture[EB/OL]. [2014 - 12 - 18]. http://meta-extractor. sourceforge. net/meta-extractor-software-architecture-v3. pdf.

[28][31] Working with Metadata[EB/OL]. [2014 - 12 - 18]. http://pdfbox. apache. org/cookbook/workingwithmetadata. html.

[29] pdfbox[EB/OL]. [2014 - 12 - 18]. http://pdfbox. apache. org/index. html.

[30] Textextraction[EB/OL]. [2014 - 12 - 18]. http://pdfbox. apache. org/cookbook/textextraction. html.

[32] PDF/A Validation[EB/OL]. [2014 - 12 - 18]. http://pdfbox. apache. org/cook-

book/pdfavalidation. html.

[33] document creation[EB/OL]. [2014 - 12 - 18]. http://pdfbox. apache. org/cookbook/documentcreation. html.

[34] PDF/A creation[EB/OL]. [2014 - 12 - 18]. http://pdfbox. apache. org/cookbook/pdfacreation. html.

[35] Detect, extract and analyse embedded objects in PDFs[EB/OL]. [2014 - 12 - 18]. http://wiki. opf-labs. org/display/AQuA/Detect% 2C + extract + and + analyse + embedded + objects + in + PDFs.

[36] PDF Eh? —Another Hackathon Tale[EB/OL]. [2014 - 12 - 18]. http://openpreservation. org/knowledge/blogs/2013/03/15/pdf-eh-another-hackathon-tale/.

[37] xena[EB/OL]. [2014 - 12 - 18]. http://xena. sourceforge. net.

[38] How Xena performs file format Identification[EB/OL]. [2014 - 12 - 18]. http://xena. sourceforge. net/media/How_Xena_ids_file_formats. pdf.

[39] jpylyzer[EB/OL]. [2014 - 12 - 18]. http://jpylyzer. openpreservation. org.

[40] Jpylyzer finalist for Digital Preservation Awards 2014[EB/OL]. [2014 - 12 - 18]. http://jpylyzer. openpreservation. org/2014/09/11/Jpylyzer-finalist-dpa.

[41] ExifTool by Phil Harvey[EB/OL]. [2014 - 12 - 18]. http://www. sno. phy. queensu. ca/ ~ phil/exiftool.

[42] Checksum Checker[EB/OL]. [2014 - 12 - 18]. http://sourceforge. net/projects/checksumchecker/? source = directory.

[43] Download ChecksumChecker-3. 0. 1[EB/OL]. [2014 - 12 - 18]. http://sourceforge. net/projects/checksumchecker/files/3. 0. 0.

8 档案存储功能实体研究

在 OAIS 参考模型中，档案存储（Archival Storage）功能实体负责从摄入功能实体中接收 AIP，放入存储系统中进行保存，对存储设备进行管理，并根据分发等系统的要求对 AIP 进行维护、检索等。

简单来讲档案存储主要负责 AIP 管理和存储设备管理。但在现实的数字保存系统中，AIP 的管理通常是与数据管理功能实体的相关功能结合在一起，由数字仓储系统来统一管理。因此本章中，作者在对 OAIS 参考模型和可信赖数字仓储对档案存储的技术要求进行分析梳理之后，不再对 AIP 管理的相关内容进行论述，而重点对档案存储的相关硬件技术、软件技术和备份恢复技术进行研究和论述，并在这些基础之上，对档案存储技术的安全性层次进行了总结分析。档案存储中有关 AIP 管理的内容可以详见本书的 9.3 和 9.4 节。

8.1 档案存储的主要功能要求

档案存储是数字保存系统中的核心部分，数据的保存与维护都在档案存储中实现。OAIS 参考模型对档案存储的功能从六个方面进行了详细的阐述，可信赖仓储中对档案存储的功能也提出了要求。

8.1.1 OAIS 参考模型中对档案存储的功能要求

OAIS 参考模型中提出了档案存储的六个功能，即从摄入功能实体接收 AIP，并将它们存储到永久仓储系统之中；管理存储系统的体系结构；对存储有档案的媒体进行翻新；执行日常的维护工作和特殊的错误检查；提供灾难恢复；为存取功能实体提供 AIP 以实现档案提取[1]。功能之间的关系如图 8－1 所示。

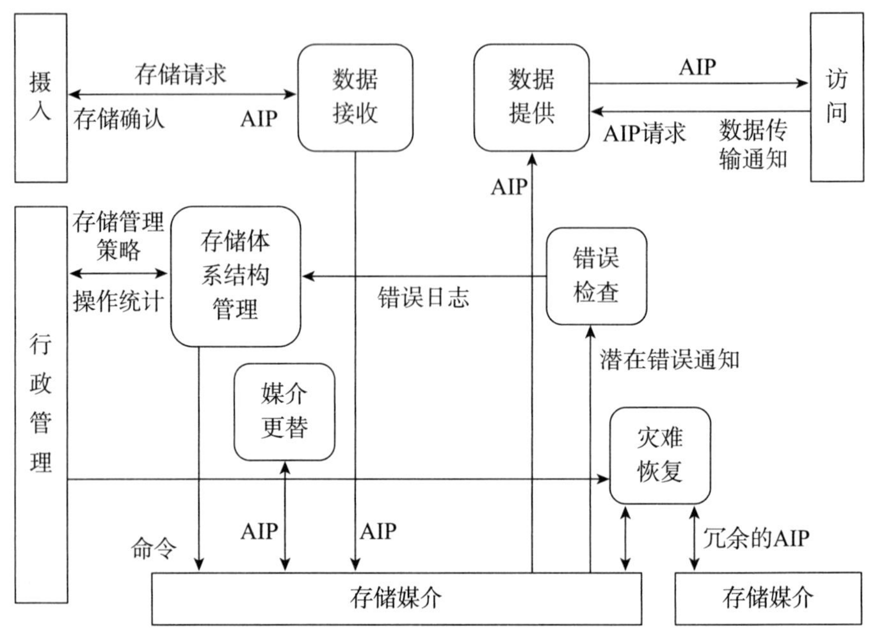

图 8-1　档案存储的六个功能[2]

(1)数据接收功能

数据接收(Receive Data)功能会接收来自于摄入功能实体的 AIP 以及相应的存储请求,并将这个 AIP 传送到存档系统内部的永久仓储中。在存储请求中需要说明组成 AIP 的数据对象的使用频率,以便选择正确的存储设备或者媒体来存储 AIP,同时将 AIP 传送到存档模块。传送完成时,数据接收功能会给摄入功能实体发送一个存储确认消息,消息中包含所存 AIP 在存储系统中的存储标识(Storage Identification),以便未来的使用。

(2)存储体系结构管理功能

存储体系结构管理(Manage Storage Hierarchy)功能负责管理 AIP 内容在存档设备中的位置,根据存储管理策略、操作统计以及摄入功能实体的存储请求命令将 AIP 保存在正确的存储媒体上。它同时需要遵循各种在线、离线或者近线存储的特殊安全策略,例如需要的吞吐量、最大比特容错率、特殊处理或者备份过程等,以保证对 AIP 的正确保护等级。该模块会通过监控错误日志来保证 AIP 在传输过程中没有损坏,并向管理模块提供操作统计,包括对媒体设备、存储容量以及使用情况等进行摘要和报告。

(3)媒体替换功能

媒体替换(Replace Media)功能要求随着时间的变迁,能够实现 AIP 的重新生成。在该功能内,内容信息(Content Information)和保存描述信息

(Preservation Description Information,PDI)是不允许改变的,组成打包信息(Packaging Information)的数据可以发生变化,但是要保证这些数据的完整性和正确性,并保证这些操作不会造成信息的丢失。迁移策略在进行存储媒体的选择时,需要完整考虑所处软硬件环境,例如确定系统可承受的错误率最大阈值,确定目前不同媒体介质的实际应用中的错误率、媒体介质的性能以及价格等。如果一些媒体介质的属性(例如磁带的块大小,CD-ROM 的卷信息等)已经被整合进内容信息,成为了内容信息的一部分,则必须找到一种方法来解决在迁移到不同架构的更大容量媒体过程中这些信息的保存与更新。媒体替换功能包括翻新(Refreshment)、复制(Replication)和重新打包(Repackaging)等多种操作。以重新打包操作为例,其中的一种方式就是在新的操作系统和文件系统中进行。在这个过程中,内容信息和 PDI 独立于文件系统。更复杂的重新打包和所有的转换需要在管理模块的指导和监督下,由存档信息更新功能来保证信息的保存。具体的信息可以参考后文的迁移功能。

(4)错误检查

错误检查(Error Checking)功能提供一种基于统计信息的保护功能,保证 AIP 的组成部分在存档模块或者在内部数据传输中不会出现损坏。在该功能中,存档模块中所有的软硬件都需要提供“潜在错误通知”,传输过程中产生的错误会写入标准的错误日志,由负责存档模块的员工进行检查。保存描述信息中的正确性信息可以保证在传输和访问过程中 AIP 的内容信息不会被改变。同样的信息也可以用于保护 PDI 本身。跟踪和验证存档仓储内部所有数据对象的标准机制也会被使用。例如指纹校验等信息可以根据每个单独的数据文件保留。该功能也可以提供高层次的服务,比如采用了里德索罗蒙编码来支持组合错误侦测和修正。存储设备过程需要根据指纹校验或者一些错误检查机制来随机检查数据对象的完整性。

(5)灾难恢复

当数据由于各种原因发生了丢失且无法自我恢复时,则需要灾难备份来恢复数据。灾难恢复(Disaster Recovery)功能提供了存储冗余数据内容的机制,例如在物理上异地的两个设备中存储同样的数据等。该功能一般通过将内容复制到可移动存储(如数字线性磁带或者 CD-ROM 等),或通过硬件传输或者网络数据传输来完成。详细的灾难恢复策略由行政管理功能实体指定。

(6)数据提供

数据提供(Provide Data)功能是为访问功能实体提供所存储的 AIP 的内容。本功能首先获取来自访问功能实体的 AIP 请求,识别所请求的 AIP,接着在需要的媒体类型中提取这些 AIP,并将它们传送到一个临时的存储区域,由访问功能实体获取或者直接提供给访问功能实体。当一个数据传送完毕后,本模块会给访问功能实体提供一个数据传输消息。

8.1.2 可信赖数字仓储对档案存储的要求

在档案存储中,最重要的任务是保证所保存的 AIP 在相当长时间内不会发生变化,随时可以被读取,且所获得的信息同从摄入过程中获得的信息一致。可信赖仓储分别从保存内容完整性、存档规范和操作记录三个环节对 AIP 包的档案存储提出了相关要求[3]。

(1)档案存储中需要完整保存 AIP 的内容信息

保存的内容包括保存工作流过程文档、保存策略文档,尤其要包括 AIP 的处理以及处理环境的说明,对于 AIP 中的数字对象的转换顺序的说明,以及和 AIP、摄入对象有关的文档等。

档案存储中需要明确说明 AIP 可以忠实地反映出资源被采集和摄入时的信息,以及后续、未来保存该对象所需要的内容的信息属性。一种方法是在档案存储过程中设定特定的策略来保证 AIP 在任何时候都不会被删除。这种方法简单,而且可以保留摄入时的版本和在未来经过各种转化的新版本之间的关联。在这种方法下,这些较新的对象可能是全新的 AIP 或仅仅是更新过的 AIP。但是冗余的旧 AIP 如何处理是一个问题。

(2)档案存储中必须有明确的将 AIP 包在比特级别上进行存档的规范

通常情况下,档案存储只是在系统层次上对 AIP 进行描述,让系统设计者可以理解这些信息。然而,如果负责保存和解释描述信息的程序无法运行,所有 AIP 的描述信息就会丢失。因此,需要将描述信息在比特层次进行保存,并对保存和管理行为进行规范。

档案存储过程中需要保证所保存的 AIP 不会发生比特级别的变化,或者只发生可控的、结果明确的比特级别变化。这就需要 AIP 在被保存时,遵循特定的标准或者规范。在这个过程中,档案存储必须将 AIP 内容的呈现信息保存为比特级别的内容,并说明这些信息是如何进行组织和封包的。每个 AIP 都有表示信息,而且需要明确的同指定的 AIP 进行关联。

档案存储过程中必须有特定的策略用于主动监控 AIP 的完整性。档案存储需要记录所保存对象的完整性检查日志,来保证管理员或用户可以通过日志随时审查验证仓储过程中已经部署的特定策略的执行情况来保证数据完整。当 AIP 发生变化时,档案存储需要尽快地进行修正。目前完整性检查的工作主要是通过计算文件的摘要值(如 MD5、SHA-1)来进行。在档案存储中,完整性信息可以脱离存档对象本身保存在另外的地方,这样即使 AIP 发生了变化也不会导致完整性信息发生变化。

(3)档案存储中必须同步记录对 AIP 包的所有存储和保存操作

该策略是为了保证所保存文件不会被忽略或者记录错误。根据针对 AIP 包的操作类型不同,文档信息可以被自动记录或者由工作人员手工记录,这依赖于这些行为在策略上的定位。如果有行业或者国际标准可以使用,档案存储需要确保相关行为遵守这些标准,而且被正确的执行。

这些记录一般在档案存储过程中生成,记录者(可能是人或者程序)应该详细记录完整的 AIP 的处理过程和结果,以及对 AIP 的所有行为,内容包括各种成功或者失败的原因和处理过程的细节。

记录中应该包含所有针对 AIP 的行为的完整过程,而且记录中必须明确记载且保证所有对 AIP 的行为都符合既定的规范。档案存储中所有信息的完整性与忠实的记录和保存数据相关的各种行为密切相关。对所保存数据的特殊处理出现的情况越多,越说明这种特殊情况在未来不可预见,档案存储中的数据也越容易出现问题。如果数据的处理过程可以清晰地被跟踪和记录,则不可预见情况对于数据的影响也越容易引起注意,也就更容易被更正,在未来甚至会被预先识别。

8.2　档案存储的硬件技术

硬件设备是档案存储中的重要组成部分,在物理上,档案存储会将 AIP 及元数据等内容直接保存在硬件设备之上,媒体更换和灾难恢复功能更是直接在硬件设备上完成。近年来随着数字资源数量的不断增加,数字保存系统普遍需要保存处理极大规模的数据,硬件在数字保存中的作用越发明显,大容量和高并发的硬件存储设备越来越受到关注。OAIS 模型中有很多模块会直接同硬件进行交互,如媒体更替和存储体系结构管理等,因此硬件技术客观上决定了一个数字保存系统的功能和性能。在数字保存系统中,常用的硬件技术概括有三种,即在线存储、离线存储和分层存储体系。

8.2.1 在线存储

在线存储是仓储系统中最常用的和最重要的存储设备[4]。在线存储的最大特征是硬件设备和所存储的数据需要时刻保持"在线"状态,可以随时读取和修改,以满足仓储系统对数据访问的要求。因此,在线存储经常会保存大量的仓储系统常用数据,需要满足高速读写和大容量两个要求。目前最常使用的在线存储技术有硬盘存储、磁盘阵列存储和网络存储等。

(1)硬盘存储

硬盘存储是目前数据存储的最基本设备,也是目前的主流存储媒介之一。硬盘是一种用于存储数据的设备,当前所使用的硬盘有机械硬盘、固态硬盘和混合硬盘等。机械硬盘是由磁盘片为主要存储介质的硬盘,固态硬盘是用固态电子存储芯片阵列而制成的硬盘,而混合硬盘是综合了机械硬盘和固态硬盘的新型硬盘。

机械硬盘(Hard Disk Drive)主要由盘片、磁头、磁头臂和控制芯片构成。磁盘盘片用于保存数据,磁头负责在盘片中读写数据,磁头臂从控制芯片获取指令,移动磁头臂到读取位置。磁盘上的数据读取采用了随机访问的方式,也就是每个硬盘的块都可以独立地存储和检索,不需要顺序进行。硬盘在运行时,盘片是高速旋转的,目前盘片旋转的速度可以达到7200rmp,企业级的高速硬盘旋转速度可以达到10 000—15 000rpm[5]。目前企业级的硬盘数据传输率可以达到140MB/s。

固态硬盘(Solid-state Drive,SSD)以集成电路组件作为存储数据的媒介。SSD的主要组件是内存和控制器。内存用于保存数据,使用DRAM易失性存储器,或非易失的NAND闪存芯片。相比DRAM易失性存储芯片,NAND尽管读写速度较慢,但是不需要额外的电力来保证数据不丢失,而且成本较低。控制器是计算机和闪存芯片沟通的桥梁,其中内嵌处理器来执行固件级别的代码。控制器除了读写数据之外,还需要管理每个闪存芯片的任务量,对所有的闪存芯片状态进行监控,甚至将多个存储芯片以阵列的方式进行管理等。因此,控制器的处理性能是影响SSD的重要因素之一[6]。

不同于机械硬盘在盘片上的随机存储方式,SSD使用了损耗均衡(wear leveling)的机制。SSD的存储芯片分成很多个块,控制器会顺序地在这些块中写入数据。SSD写入和擦除的最小单位并不相同,写入最小单位为4KB,称之为一个"页"(page),而擦除则为512KB,叫作"块"

(Block)。进行写入时,以页为单位来进行,但是若要删除这个数据,就需要将整个块进行擦除操作。当有一个块中的数据需要删除时,会先对需要删除的数据进行标记而非真正物理擦除,然后当再次需要在同一物理位置写入之时,会将有效数据保留,复制到新的块上,然后擦除原来的块。由于控制芯片和闪存芯片质量不同,固态硬盘的数据传输速度由 100MB/s 到 600MB/s。

混合硬盘即是将机械硬盘和固态硬盘混合使用,较小容量的固态硬盘作为容量较大的机械硬盘的缓存使用,用于提高数据的读取速度,而数据主要保存在机械硬盘中,只是将经常或即将使用的数据存放在固态硬盘中。相对于机械硬盘,固态硬盘有着很多的优点,可以总结如下:

1)防震抗摔性:机械硬盘是碟片型的,数据储存在磁碟扇区里,在读取时磁头需要在高速旋转的碟片上寻找数据,轻微的震荡都有可能导致磁盘受到损坏。而固态硬盘是使用闪存颗粒制作而成,所以固态硬盘内部不存在任何机械部件,这样即使在高速移动甚至伴随翻转倾斜的情况下也不会影响到正常使用,可以将发生碰撞和震荡时的数据丢失可能性降到最小。

2)数据存储速度:机械硬盘需要一定的寻址时间,控制磁头寻找数据。而固态硬盘的寻道时间非常短,持续写入的速度相对于机械硬盘更快,通常可以达到 500MB/S。固态硬盘的读写速度相对机械硬盘提升 2 倍以上。

3)功耗:机械硬盘需要运行很多设备,例如盘片、马达等,固态硬盘不需要额外的设备,只需要运行电路板上的存储芯片和控制芯片。固态硬盘的功耗上低于机械硬盘。

4)噪音:由于固态硬盘内部没有机械部件及闪存芯片,所以具有发热量小、散热快等特点,而且由于没有机械马达和风扇,工作噪音值为 0 分贝,很安静。机械硬盘运行时需要运转机械设备,因此有一定的噪音。

但是,由于技术和成本的问题,固态硬盘也有很多不足,例如:①价格:固态硬盘的价格远高于同样容量的机械硬盘。②容量:目前可以成熟应用的固态硬盘的最大容量远小于机械硬盘的最大容量。③使用寿命:使用 SLC(单层单元)颗粒的固态硬盘只有 10 万次的读写寿命,使用成本低廉的 MLC(多层单元)颗粒的固态硬盘读写寿命仅有 1 万次。而机械硬盘的理论寿命可以达到 10 万小时以上。

(2)磁盘阵列(RAID)存储

磁盘阵列是把多个较小容量的磁盘连在智能控制器上形成一个逻辑扇区,由控制器对磁盘进行控制,将数据有选择性地分布在多个磁盘上,其数据存取速度很快,既提高了系统数据的吞吐率又增加了存储容量,并能免除单块硬盘故障所带来的灾难后果，因而提高了数据的可靠性和可用性。它在使用上分为几个层次，采用 RAID 0、RAID 1、RAID 5、RAID 0 +1、RAID 5 +0 多种级别备份数据，不同级别的结构和性能不同，用于应对不同的生产环境，除 RAID 0 外，其他层次都可使数据安全得到很高的保障[7]。

RAID 0 阵列由所有磁盘平等组成，没有数据镜像或奇偶校验，RAID 0 的容量就是所有磁盘的容量。数据同时分布在所有的磁盘上，可以同时读写，因此性能很高。但是由于没有冗余数据的保障措施，数据比较容易丢失，而且丢失后无法找回。RAID 1 是一种镜像阵列方式，多个磁盘互为镜像，在整个阵列中，只要有一个磁盘正常运行即可。由于多个磁盘可以并行读取，一次读取速度很快。但是 RAID0 阵列的容量只相当于一个磁盘的容量，利用率很低。RAID 5 是一种兼顾性能、容量和安全的解决方案。RAID 5 至少使用三块硬盘组成，数据和内容的奇偶校验保存在不同的磁盘上。当 RAID 5 损坏一个硬盘时，可以利用剩下的信息和奇偶校验信息将损坏硬盘的数据进行恢复。RAID 0 +1 是 RAID 0 和 RAID 1 的组合，先将数据分布在一半的硬盘上，形成 RAID 0，剩余的一半硬盘则同有数据的硬盘互为镜像，形成 RAID 1。RAID 5 +0 是 RAID 5 和 RAID 0 的组合，先做 RAID 5，后做 RAID 0。

磁盘阵列是一种高效、快速、易用的网络在线存储备份设备，运行在对数据安全或者吞吐量有着较高要求的特殊环境中。但是磁盘阵列的扩展、替换和携带不便，一旦出现问题，设备中的数据必须转储，单位容量成本高。

(3)网络存储

网络存储主要原理是利用网络共享存储[8]。目前应用较为广泛的网络存储从系统上分为基于存储设备、基于主机或服务器和基于网络三种存储方案。前两者是直接附加存储(DAS)模式，后者是网络存储模式，它又分为存储区域网络(SAN)和网络附加存储(NAS)模式。

DAS(Direct Attached Storage)是指将存储设备通过 SCSI 接口或光纤通道直接连接到一台计算机/服务器上，两点之间直接连接，不通过网络设备连接。DAS 的适用环境为：①服务器在地理分布上很分散，很难通过远程连接进行互连；②存储系统必须被直接连接到应用服务器上时；③包括许多数据库应用和应用服务器在内的应用，它们需要直接连接到存储器上，群件应用和一些邮件服务也包括在内；④企业决定继续保留已有的传输速率并不很高的网络系统；⑤存储设备中的资源无法共享。可见，DAS

适用于低端和无网络连接的应用。

存储网络(Storage Area Network,SAN)是通过光纤通道连接到多个计算机/服务器上,多个计算机/服务器共同使用存储空间。SAN 便于集成,备份速率快,能改善数据的可用性及网络性能,可以减轻管理作业,减少单点故障。适合用于存储量大的工作环境,但目前成本较高、标准尚未确定等问题影响了 SAN 的应用。SAN 主要是针对海量、单文件体积较大的数据传输。

网络附加存储(Network Attached Storage,NAS)是将存储设备通过标准的网络拓扑结构(例如以太网),连接到一群计算机上。NAS 的重点在于帮助工作组和部门级机构解决迅速增加的存储容量需求。NAS 提供文件级的数据访问功能,产生类似文件服务器在网络上的带宽消耗,使用网络进行备份和恢复。与将备份数据流从 LAN 中转移出去的 SAN 不同,NAS 的缺点是它将存储事务由并行 SCSI 连接转移到了网络上,使局域网除了必须处理正常的最终用户数据传输流外,还必须处理包括备份操作的存储请求,增加了网络负担。

8.2.2　离线存储

离线存储的特点是经常会保持为离线状态,仓储系统不会对离线存储随时进行访问,而是在需要的时候将离线存储中的数据复制到在线存储进行访问。在档案存储模块中,离线存储通常负责保存仓储系统中冗余的 AIP 数据或不经常使用的数据,因此对数据吞吐带宽的要求不高,但是对于容量和设备稳定性的要求较高。常用的离线存储包括磁带存储和光盘存储等。

(1)磁带存储

磁带存储(Tape Drive)指在磁带上进行读写的存储方式。磁带存储是一种经济、可靠、大容量的备份设备,磁带库则主要作为集中式网络数据备份存储设备。磁带存储技术分为线性数据流记录方式与螺旋扫描记录方式。线性方法是将数据保存在很长的平行磁带轨道中。多个磁头并行写入平行的轨道。早期的磁带使用这种技术。扫描的记录方式是在磁带媒介中写入短的致密的轨道,而不是整条轨道顺序写入。磁带头放置在磁鼓上,可以快速旋转,而磁带会缓慢地通过磁头。目前流行的磁带技术是 LTO(Linear Tape Open,线性磁带开放协议)和 AIT(Advance Intelligent Technology,高级智能技术)。LTO 技术是一种结合了线性多通道双向磁带格式的磁带存储新技术,有很好的开放性、兼容性和延续性。AIT 是一种智能型技术,大多用于网络存储备份与恢复。磁带存储提供了一种顺序读写的存储方式。与磁盘不同,磁盘采用随机存储的方式,而磁带必须利用旋转轮对磁带进行旋转才能找到特定数据的位置,因此磁带的寻道时间非常长。但是磁带的顺序传输速率很高,LTO 方式所支持的持续传输速率可以达到 140MB/s,可以媲美磁盘的存储速度。磁带中的数据可以进行压缩,支持 2:1 的压缩率,即容量 80G 的磁带可以保存 160GB 的数据。

磁带库(Tape Library)是一种装载了多个磁带驱动器的设备,带有多个磁带盒用于加载磁带,由机械手自动装卸磁带,自动加载磁带机的多盒磁带可以有 100—200GB 或者更多的数据容量,能够支持例行备份过程。磁带库存储容量可达到数百 PB,可以实现连续备份、自动搜索磁带,也可以在驱动管理软件控制下实现智能恢复、实时监控和统计,整个数据存储备份过程完全摆脱了人工干预,磁带库的管理成本较低。

尽管目前存储媒介的可选性已经大大增加,但是从存储稳定性、移动性、高质量性、低成本性方面来说,磁带存储仍然是一种比较成熟的解决方案,磁带本身十分可靠,极少会出现数据失效的情况。因此,磁带相比于磁盘,成本低,损耗小,是十分理想的归档媒介。

(2)光盘存储

光盘存储是一种光学信息存储技术,利用激光原理进行数据的读写。根据光盘结构,可以分为 CD、DVD、蓝光光盘等,尽管结构不同,但是读写的原理是相同的。光盘的表面由有机染料构成,烧录时激光会在基板上烧录出一个一个的“坑”,有坑的部分和没坑的部分就代表“0”和“1”,就是需要保存的二进制代码。光盘的读取技术主要包括 CLV(Constant-Linear-Velocity,恒定线速度读取方式)、CAV(Constant-Angular-Velocity,恒定角速度读取方式)和 PCAV(Partial-CAV,区域恒定角速度读取方式)[9]。

光盘主要的读取设备是光盘驱动器、光盘塔、光盘库。光盘驱动器是日常使用的光盘读取设备,一次只能读取一张光盘,但是价格便宜。光盘塔则由几台或十几台 CD-ROM 驱动器并联构成,可通过软件来控制某台光驱的读写操作,它可以同时支持几十个到几百个用户访问信息。光盘库实际上是一种可存放几十张或几百张光盘并带有机械臂和一个光盘驱动器的光盘柜,因此光盘库也叫自动换盘机。它利用机械手从机柜中选出一张光盘送到驱动器进行读写。光盘库的库容量极大,机柜中可放几十片甚至上百片光盘片。光盘库主要用于网络系统中的海量数据的访问,这种有巨大联机容量的设备非常适用于海量信息存储与检索中心。

与其他存储技术相比,光盘存储具有存储密度高、同计算机联机能力强、易于随机检索和远距离传输、还原效果好、便于拷贝复制、适用范围广等特点。光盘不仅存储容量巨大,而且单位容量成本较低、制作简单、体积小,其信息可以保存100年至300年之久,但是数据访问速度远低于硬盘和硬盘阵列。目前光盘是价格最低的计算机数据存储介质。特别随着蓝光标准的统一,蓝光产品上市,单碟存储量可以达到50GB,克服了单张光盘存储容量有限的问题。光盘存储的物理特性决定了光盘上的数据无法轻易修改,因此在不可更改档案的保存中,光盘存储发挥了重要的作用。

8.2.3　分层存储体系

分层存储管理(Hierarchical Storage Management,HSM)[10-11]是一种数据存储技术,由性能不同的硬件设备按照层次关系构成,实际使用时会自动地将数据在昂贵但高性能的和廉价但低性能的存储设备之间移动,以较小代价满足了数据的高速读写和大容量存储要求。由于很多高速存储设备,比如硬盘阵列,相对于低速设备(如光盘和磁带等)价格昂贵,如果将所有的数据都保存在高速存储设备上,虽然便于使用,但是成本很高。HSM系统同时使用了低速存储和高速存储,低速存储中保存大量数据,当需要的时候复制到高速存储中。事实上,HSM将高速存储转化为了低速存储的缓存,用于提高数据的访问速度。HSM系统会监控数据使用的方式,预测哪些数据可以安全地复制到低速存储中,哪些需要留在高速存储中。从概念上讲,分层存储体系类似于计算机CPU中的缓存,缓存的读写速度大幅度高于磁盘,而磁盘的价格却要低得多。在实际应用中,HSM通常会由特定的软件完成,如IBM的Tivoli存储管理、Oracle的SAM-QFS等,支持基于策略的分层存储体系,这些资源可以分散在AIX、Linux和Windows上,支持将数据在多个存储层级之间进行迁移。

由于硬件设备的多样性,分层存储体系的硬件组成也有多种组合。早期的分层存储体系使用光纤设备、磁盘、磁带作为存储媒介。随着串行硬盘的出现,三层存储体系也开发出来,第一层是高性能的光纤SAN,第二层是可以保存TB级数据的廉价SATA磁盘阵列,第三层是最稳定的磁带设备。闪存盘的出现也给分层存储体系带来了新的发展,闪存读写速度都超过普通磁盘,可以组成廉价实用的HSM。

在数字仓储中使用HSM,可以平衡在线存储和离线存储在性能和价格上的巨大差距,提高存储设备应用的性价比。经常使用的数据文件存储在在线存储器中,如果一段时间不被使用,就会迁移到离线存储如磁带中。这个时间长度阈值可自由定制。如果用户需要重新使用离线存储中的数据文件,可以自动将文件移动到在线存储中。

8.3 档案存储的软件技术

档案存储的软件技术部署在硬件之上,提供了对 AIP 和其他所存档资源的管理、校验、分布式存储和备份等功能,可以有效地保证数据的安全。软件存储技术还可以整合物理上分布在多个地点的硬件存储设备,对分散的数据进行无障碍的访问;也可以同时对多个存储设备进行读写,提高数据效率。由于软件存储技术可以从软件层面上对硬件设备和保存于其上的数据进行检查,因此拥有较高的可靠性和稳定性,可以保证 AIP 数据的完整保存。

8.3.1 基于网格的 SRB 和 iRODS

网格是一种信息社会的网络基础设施,它可以将网络上所有资源互联互通,包括计算资源、存储资源、通信资源、软件资源、信息资源、知识资源等。长期保存系统首先要实现的目标就是资源存储,网格技术的使用将更有利于充分利用网络上的基础设施。

档案存储使用的网格技术主要是数据网格,它经由计算网格发展而来,主要是对数据的高速传输、数据复制、数据复制的选择、元数据管理等进行了研究和实现。SDSC 存储资源代理(Storage Resource Broker,SRB)和基于其上扩展的面向自动工作流的集成数据系统(Integrated Rule-Oriented Data System,iRODS)是使用较广的数据网格软件之一。

(1)SRB

SRB 最大的特点是打破技术障碍,可以将多个不同文件类型的仓储设备中的异构数据集成在一起,以统一的方式提供数据访问,降低同时使用多个仓储设备的难度,提高仓储系统的使用效率[12-13]。

SRB 是一个基于 C/S 模式的中间件,它为用户提供了一个访问文件系统、档案系统、数据库系统等多种异构存储系统的统一接口,屏蔽了存储系统的异构特性。它支持广域网络环境下多种数据源的访问,提供了复制、对已复制数据的访问、文件的汇集、分布文件的逻辑集合等功能,提供了一种用于实现数据网格的数据共享、发布和保存的持久稳固存档的机制。

SRB 支持各种类型的资源,可以是来自于 Unix 下的文件系统,Windows 的文件系统,HPSS、UniTree 和 DMF 等档案保存系统,也可以是存储在 DBMS(DB2,Oracle,Illustra)中的二进制的对象、DB2 或 Oracle 中的数据库 SQL 可查询对象或者是磁带库系统。SRB 还包含了一组磁带 I/O 函数以及对 STK 磁带库系统的接口,可以说,SRB 可以起到完整的基础档案存储系统的作用。

如图 8-2 所示,各种应用使用 SRB 中间件来访问保存在分布式系统中的异构资源。SRB 中间件采用了元数据目录服务 MCAT 来管理描述性和系统性的元数据。描述性元数据描述了整个数据集合以及每个数据项的描述性信息内容。系统性元数据提供了地点信息和访问控制信息。通过 MCAT,SRB 可以保存数据信息和用户的信息并对其进行检索。除了提供了地点的透明性,MACT 服务还支持基于属性的数据访问。这样各种应用就可以不必提供低等级的数据细节,也不用通过路径名来调用资源,而是通过对于属性的限制来动态访问数据项,进而可以进行信息发现和自动化数据处理。

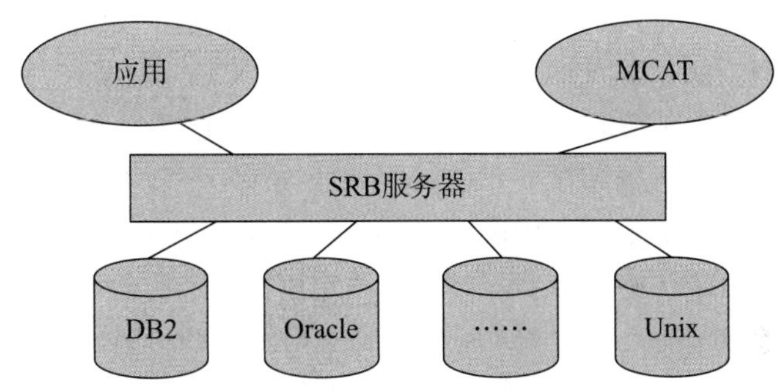

图 8-2 SRB 中间件示意图[14]

早在 1997 年,SRB 从 1.0 开始就是一个完整的数据网格系统。目前最新版本是 2003 年发布的 SRB 2.1 版本[15-16]。SRB 可以控制多组分布在本地网络或者广域网网络的客户端和服务器端,使其共同协作提供对存储资源、数据和元数据的透明访问。他们正在参与很多数据网格研究以及研发、产品合作,其中包括 PPDG、GriPhyN、BaBar、CDL、NASA 信息力量网格等。SRB 在很多项目中或者被作为产品使用,或者被其评估,这些项目来自 NSF、NASA、DOE、DOD、NIH、NLM、NARA 和美国国会图书馆。SRB 支持将 GSI(Globus Brid Security Infrastructure)作为一个可选的认证方式,并计划研发一个 OGSA 兼容的 SRB。

(2)iRODS

iRODS[17]数据网格系统是由美国圣地亚哥超算中心(SDSC)融合了近 10 年来 SDSC SRB 的经验开发的一种新的分布式数据管理方法。iRODS

的目标是为用户提供一个灵活的、可定制的、开源的、用户群体需求驱动的网格数据管理平台。iRODS 可被部署在异构数据资源之上,用户可以统一共享和管理分布式的数据资源。2007 年 SDSC 发布了 iRODS 的 1.0 版本,目前最新的版本是 2014 年 3 月发布的 iRODS4.0 beta 版[18]。

iRODS 作为一个中间件,沿用了 SRB 关于数据对象、资源、用户和元数据管理方法对数据进行管理。iRODS 沿用了 SRB 的架构,但是进行了加强型的设计,并在 SRB 的基础之上增加了新的功能,其中最重要的是增加了一个规则引擎和微服务。规则引擎为策略定制和用户自定义工作流提供了支持,用户能够通过操作指令方便地对 SRB 进行操作,用户可以高效地调用和管理 SRB 所存储和配置的各类数据资源。它具有多种数据管理策略特性,如强制执行、访问限制、数据存取、数据描述以及元数据抽取和部署等。

如图 8-3 所示,iRODS 系统采用 C/S 架构,由服务器和客户端组成。服务器主要分为两种类型:iCat 服务器和 iRODS 服务器,二者均可运行在 Unix、Linux 和 Windows 平台上。一个 iRODS 系统包括一个 iCat 服务器,用于存储元数据的数据库并且负责处理查询这些元数据的请求,并且管理逻辑命名空间到物理命名空间的映射;多个 iRODS 服务器用来存储数据资源。一个 iCat 服务器和多个 iRODS 服务器构成一个数据网格单元。与其他分布式文件系统不同,iRODS 依赖于存储资源的本地文件系统(UNIX、NTFS),不会部署自己的文件系统。用户可以选择不同的客户端软件连接到 iRODS 服务器。

iRODS 服务器软件安装在每个存储服务器中。存储系统通常使用 IP 地址定位。iRODS 服务器依照远程存储系统的要求把操作命令转换成相应协议。此外,规则引擎也被安装在每一个存储位置。规则引擎控制在该网站上进行的操作。图 8-3 显示了 iRODS 系统的组成部分,包括一个用于访问数据网格的客户端,数据网格服务器安装在每个存储系统;还包括安装在每个存储位置的规则引擎,用于永久存储状态信息的 iCAT 元数据目录和一个用于保存规则的规则库。

iRODS 利用规则实现了自动化的工作流管理,通过虚拟数据集实现了多类型异构数据的共享。iRODS 数据网格有效地实现了一个分布式操作系统。它支持计算、应用程序调度、数据迁移、数据存储和维护跟踪所有操作结果的内部表。iRODS 数据网格还支持微服务的计算执行,调度延迟执行的规则、服务器之间的数据迁移、数据存储,维护数据库中的永久状态信息。不同的是,iRODS 实现了在多个管理域的控制之下控制多个不同物理位置的分布式服务器的场景。

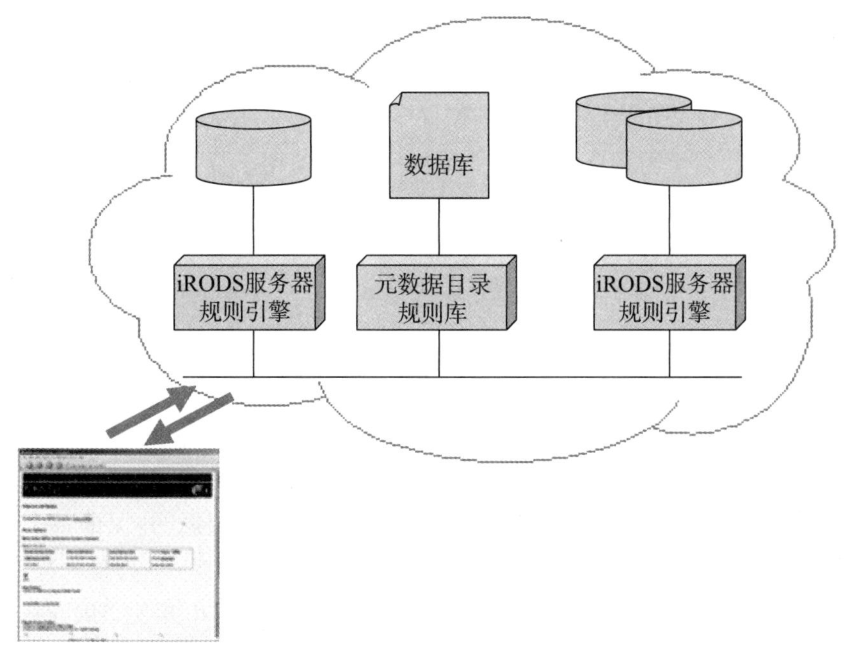

图 8－3　IRODS 架构图[19]

为了使 iRODS 数据网格可以有效地工作，分布式服务器之间的数据线性的在网络中传输。远程操作产生的结构化信息在微服务和客户端之间传递。每个微服务有特定的数据结构。详细定义结构化信息的需求是一个主要的优势，这样才有可能把多个微服务链接到一起。一个微服务的输出结构可以映射到另一个微服务的数据结构。

iRODS 继承了 SRB 在数据网格、数字图书馆、永久保存和实时数据系统中应用的经验，并有所超越。SRB 实现了对多类型异构数据的整合，iRODS 让 SRB 系统支持虚拟数据集和自动化工作流，更加具有可用性。通过 iRODS，科研人员可以从实时传感器网络中摘取数字化数据，可以有效地管理这些数据，并从中抽取出描述信息，可以与合作者之间安全地共享这些数据，可以将其发布在数字图书馆中，并最终长期保存这些数据。

8.3.2　分布式文件存储 HDFS

分布式文件存储是一种将数据分散在多台服务器上，进行统一管理，协同提供服务的技术。分布式文件存储可以提供远高于传统的本地硬件存储的数据读写速度，有效地利用碎片空间形成大容量存储，有完善的安全策略保证数据不会丢失。知名的分布式文件系统包括 Oracle 的 Lustre、Google 的 GoogleFS 和 Hadoop 的 HDFS。本节将以 Hadoop 为例对分布式文件系统的特点进行分析。

Hadoop 是由 Apache 基金会所开发的分布式系统基础架构。用户可以在不需了解分布式底层细节的情况下，开发分布式程序，充分利用集群的威力进行高速的运算和存储。由于 Hadoop 使用了分布式的存储方式，因此具有高并发的特点，可以在短时间内进行大吞吐量的读写操作；采用了分布式计算的方式，Hadoop 可以将一个计算任务分解为多个小任务，并交给多个节点并行计算，具有很高的计算效率。它主要有以下几个优点：

1）高可靠性和高容错性。Hadoop 能够自动保存数据的多个副本，因此可以保证数据的高可靠性和高容错性。

2）高扩展性。Hadoop 是在可用的计算机集簇间分配数据并完成计算任务的，这些集簇可以方便地扩展到数以千计的节点中。

3）高效性。Hadoop 能够在节点之间动态地移动数据，并保证各个节点的动态平衡，因此处理速度非常快。

4）低成本。与其他一体机、商用数据仓库、数据集市相比，Hadoop 是开源的，项目的软件成本因此会大大降低。

Hadoop 由许多元素构成。其最底部是 Hadoop 分布式文件系统（Hadoop Distributed File System，HDFS），它存储 Hadoop 集群中所有存储节点上的文件。HDFS 是 Hadoop 实现的一个分布式文件系统，具有高容错性的特点，并且设计用来部署在低廉的硬件上，同时可以提供高数据传输率来访问应用程序的数据，适合那些有着超大数据的应用程序[20]。HDFS 架构如图 8－4 所示。HDFS 通过多台服务器来保存较大的文件，通过在多个主机中复制数据来保证数据的可靠性。HDFS 系统默认的备份数量为 3，也就是会有三份数据同时保存在系统中。HDFS 采用了一种 Master/Slave 的架构，该架构中有一个核心的 NameNode，用于管理文件系统的命名空间，规范对数据的访问。架构中有多个 DataNode，分散于不同的服务器中，用于管理附加在节点上的存储设备。文件在 HDFS 中以文件块形式保存。在 HDFS 内部，一个文件会被分解成为多个块，这些块保存在不同的 DataNode 中。NameNode 负责执行文件系统中对于文件的操作，例如打开、关闭、重命名等。同时，NameNode 需要管理 DataNode 中文件块的映射。DataNode 负责保存数据，执行读取和写入的操作。

由于 Hadoop 使用了分布式的存储方式，因此适合进行存储并管理 PB 级数据和处理非结构化数据。Hadoop 可以支持大吞吐量的读取操作，因此适合 Hadoop 的应用模式应为一次写入多次读取，其特点非常适合进行档案存储。但是 Hadoop 的分散读写的特点并不适合进行零碎文件的存储和大量随机的文件读取环境。

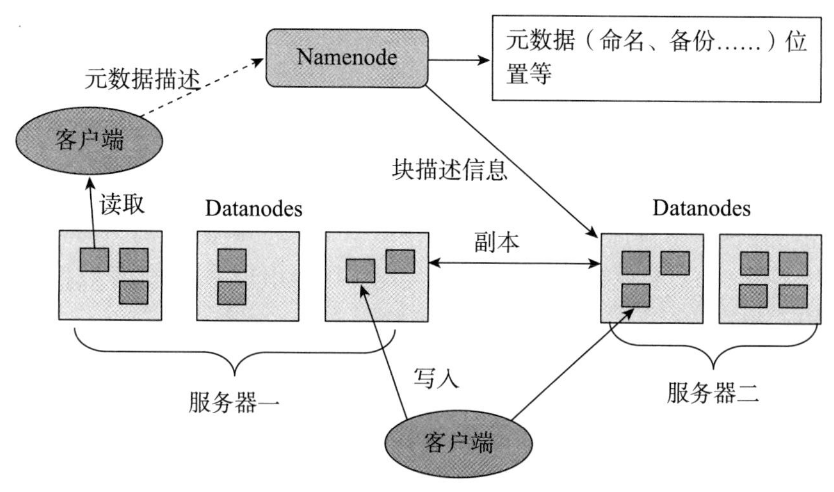

图 8－4　HDFS 架构图[21]

8.3.3　云存储与 Duracloud

(1)云存储的基本架构和原理

云存储是一种业务服务模式，云服务商替客户将客户的数据保存在数据云之上，客户通过高速网络(通常是互联网)对数据进行快速访问。云存储根据面向用户范围不同，可以分为公共云和私有云。数字保存系统通常付费使用大云服务商提供的公共云保存数据。

云存储基于虚拟化的架构，是云计算的扩展。云存储是一种数据存储模型，数据存储在逻辑存储池中，物理存储和多个服务器以及物理设备等通常由云管理机构负责维护，用户只需要使用逻辑池来存储数据。云存储提供商负责保证数据可以访问，以及物理环境的正常运行。用户或者使用机构购买或者无偿使用云存储提供商提供的存储空间[22]。图 8－5 是云存储的高级架构图，主要分为物理存储层、逻辑存储层、应用接口和访问层。

1)物理存储层。物理存储层是云存储最基础的部分。云存储的存储层可以是任何类型的存储媒介，可以是光纤设备，也可以是 NAS 和 iSCSI 等设备，还可以是 SCSI 或 SAS 等 DAS 存储设备。这些存储设备往往数量庞大且分布于不同地域，彼此之间通过广域网、互联网或者 FC 光纤通道网络连接在一起。存储设备之上是一个统一存储设备管理系统，可以实现存储设备的逻辑虚拟化管理、多链路冗余管理，以及硬件设备的状态监控和故障维护。

2)逻辑存储层。逻辑存储层是云存储最核心的部分,也是云存储中最难以实现的部分。该层通过集群、分布式文件系统和网格计算等技术,实现云存储中多个存储设备之间的协同工作,使多个存储设备可以对外提供同一种服务,并提供更好的数据访问性能。

3)应用接口。不同的云存储运营单位可以根据实际业务类型,开发不同的应用服务接口,提供不同的数据使用和管理应用服务,例如视频监控应用平台、IPTV 和视频点播应用平台、网络硬盘引用平台、远程数据备份应用平台等。

4)访问层。用户通过标准的接口来使用云存储服务。不同的用户类型,访问层的内容和结构也不同。

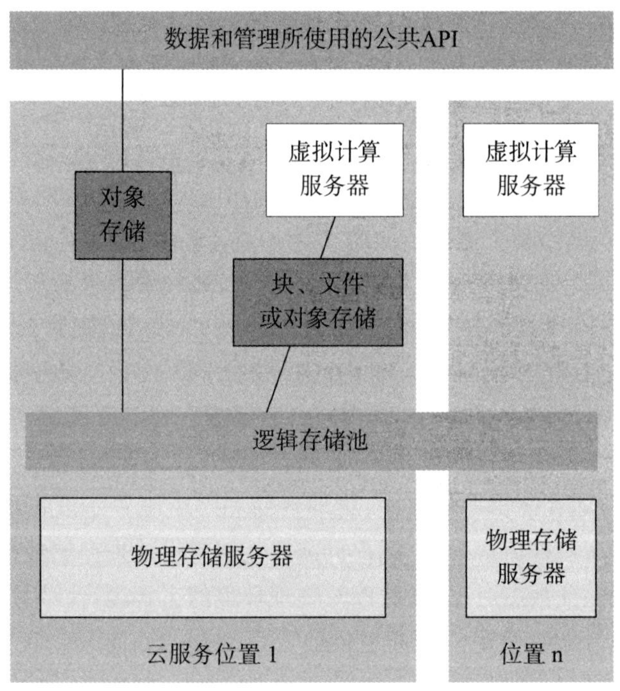

图 8-5　云存储架构[23]

(2) DuraCloud

在数字仓储领域中,最典型的云存储应用就是由美国国会图书馆发起的国家数字信息基础设施与保存项目 NDIIPP(National Digital Information Infrastructure and Preservation Program)和 DuraSpace 合作开发的 DuraCloud 项目。

DuraCloud[24]是一个基于云服务的免费开源工具,可以帮助保存机构将档案内容保存在多个云服务提供商的托管云服务中,确保保存机构的重要的文档、影像和视频总是可访问的。云计算通过网络利用远程计算机为用户提供本地化服务,以云服务为支撑,提供存储与访问服务,包括可在多家云存储服务提供商之间实现互操作的内容复制与内容监控服务。一些全美最负盛名的机构,包括麻省理工学院、哥伦比亚大学、西北大学和莱斯大学,都已签署使用托管云服务来保存其数字资源。DuraCloud 的主要功能包括:

1)使用一个统一的接口来复制和同步横跨多个云服务提供商的内容;

2)访问嵌入在 DuraCloud 平台中的一系列应用程序来更好地利用数据;

3)将数据分布和分流到任何一个互联网联网的设备;

4)安全存储数字档案,定期对内容进行"健康检查",确保信息保存完好;

5)使用一个简单易用又功能强大的控制台来管理云上的所有内容;

6)一个致力于开发持续发展技术的开源社区,为简化向云的过渡提供支持。

DuraCloud 系统框架如图 8-6 所示,主要包括三个模块:系统管理模块、服务管理模块和存储管理模块。

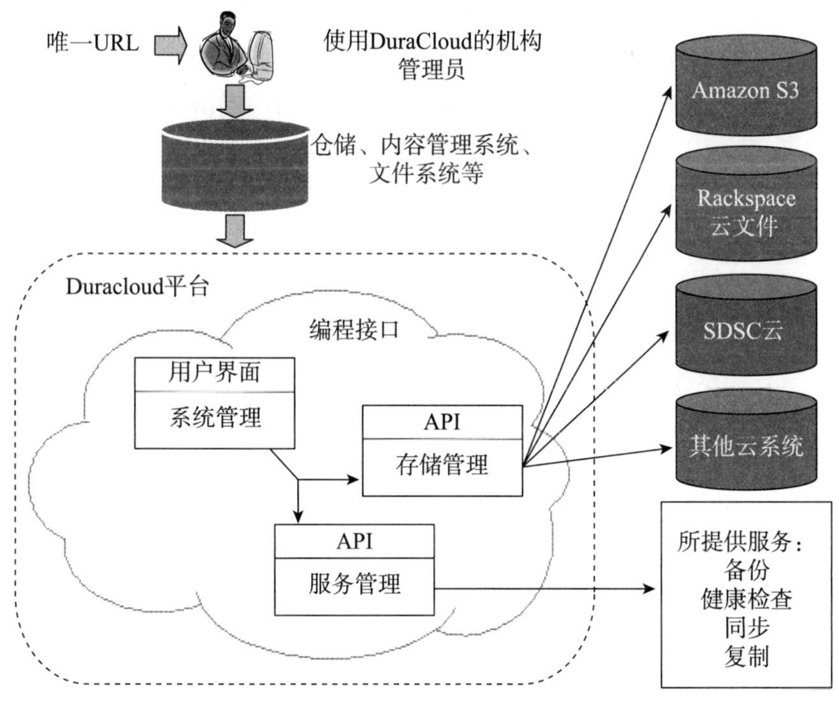

图 8-6　DuraCloud 系统框架[25]

1)系统管理模块负责通过 DuraCloud. org 网站为用户提供一个可以交互的图形化界面。这个界面作为独立的 Web 应用运行在云服务器上,通过 ServiceClient 和 StoreClient 调用相应的 REST API 直接与存储管理模块和服务管理模块交互。DuraCloud 采用了 REST API,可以利用 URL 网址识别和定位服务,能够更灵活地扩展 Web 服务,更好地支持互操作。

2)服务管理模块负责管理和部署 DuraCloud 所提供的服务。通过服务管理器(ServiceManager)可以完成服务的部署和卸载、服务配置,提供服务属性列表。同时服务管理器负责把请求递交给服务管理员(ServicesAdmin),由服务管理员执行具体的服务部署以及服务配置和管理。考虑到在运行过程中,需要动态启动、终止或者重新配置服务,而不去重启整个应用,DuraCloud 采用了 OSGiContainer 作为服务托管环境。同时,它还管理着一个服务仓储(ServiceRepository),所有可提供的服务以服务包(服务 OSGiBundles + 支持文档)方式存放其中,根据用户需求将这些服务安装到 OSGiContainer 中。不论底层服务是一个纯 Java 应用、命令行操作、Web 应用,还是一个外部计算实例,都需要包装成 OSGiBundles 以提供统一的调用接口。当需要增加新的功能时,只要提供同样的接口就可以方便地进行扩展。

3)存储管理模块负责与底层的不同存储平台进行交互,实现内容的上载、下载、删除,元数据和标签的创建、删除,内容空间的创建、删除等功能。DuraStore 的存储中间层(StorageMediation),能够将应用请求转换成对不同存储平台的接口调用。DuraCloud 的一个显著特点在于为每个支持的云存储平台开发了相应的 Adapter,抽象掉了底层的细节,屏蔽了不同云存储平台在 API 上的差异。同时,通过增加新的 Adapter 可以方便地增加新的云存储平台。

DuraCloud 在各种云存储系统之间提供了一个调解层。DuraCloud 使用一些存储系统并把它们称之为"存储提供者",这些存储系统可以被配置并且在需要的时候可以同时使用。DuraCloud 使用一个存储系统作为主存储提供者,配置其他数个二级存储提供者。用户上传的内容首先被存储在主存储,然后被自动拷贝到所有二级存储系统。目前,DuraCloud 的主存储提供者为 Amazon S3,二级存储提供者为 SDSC Cloud Storage、Rackspace Cloud Files 和 Amazon Glacier。

DuraCloud 将存储建立在多个商业化云平台之上,各个机构不仅可以根据自身情况选用不同的云平台,还可以实现跨平台的多重备份,避免一个云提供商发生断电故障、倒闭时导致数据丢失,提高了数据的可靠性;同时，通过云提供商的访问控制、Web 应用安全、通道安全、实例防火墙，对数据的安全性实施提供尽可能的保障；除此之外，DuraCloud 还可以利用云平台对海量数据的处理能力进行大规模计算，如将图像从 TIFF 格式转换为 JPEG2000 格式。

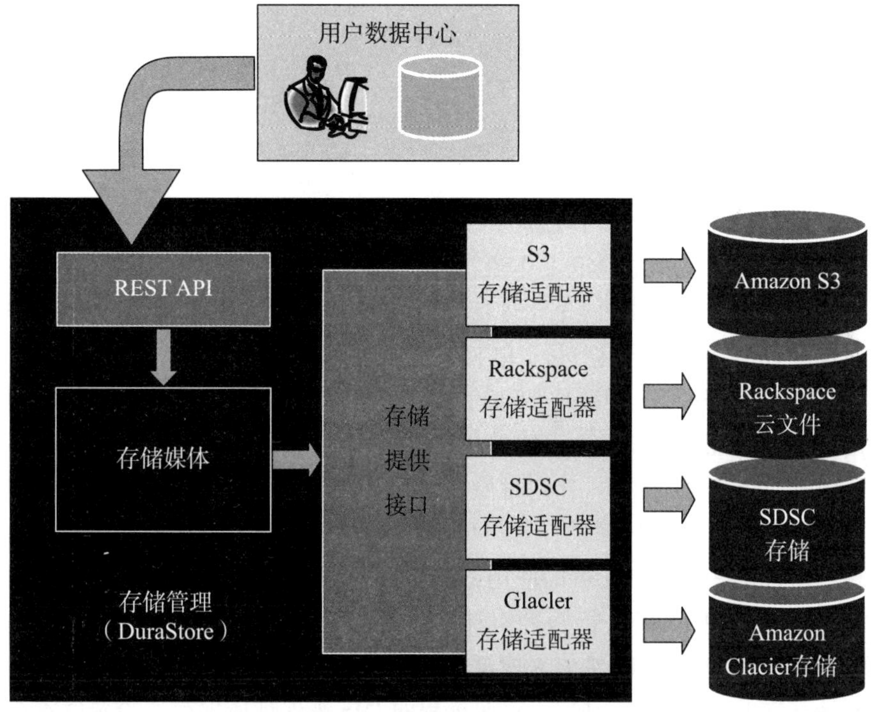

图 8－7　DuraCloud 结构图[26]

8.3.4　审计控制环境 ACE

在档案存储中，保证数据的完整性和正确性是最重要的任务。尽管在软件硬件层次都有奇偶校验、指纹验证等功能，但都是分散的、不系统的，档案存储仍然需要一个完整的、系统的机制来对数据进行控制。审计控制环境（Audit Control Environment，ACE）就是为了满足该需求而产生的。ACE 是帮助存档机构对所保存的数字馆藏进行监控的工具[27－28]，提供了一种允许第三方机构独立地进行馆藏完整性检查的机制。ACE 使用了严格的加密技术来保证存档文件的完整性。ACE 会遵循提前设置好的策略，对不同对象类型的内容进行持续性的审计。ACE 有两个组件，第一是审计管理器（Audit Manager，AM），该组件负责对本地文件进行检查，保证他们没有发生变化。第二个组件是完整性管理服务（Integrity Management Service,IMS),该组件负责为 AM 提供工具,以保证本地存储的文件摘要值不会被干扰而发生变化。

ACE 采用了一个双层的架构来进行完整性检查,第一层负责数字对象进入仓储时,为每个数字对象建立体积较小的完整性记号(Integrity Tokens,IT),并同对象保存在一起或者作为元数据保存在仓储的注册信息表中。同时在特定的时间间隔为每个数字对象生成加密摘要信息(Cryptographic Summary Information,CSI),并独立进行管理,保存在仓储之外的地方。IT 和 CSI 用户持续地验证数字对象的完整性。而第二层负责针对数字对象持续生成详细的加密证据值。

ACE 使用了两种工作流。第一种是符号注册工作流,由 IMS 生成 IT 值。第二种工作流是验证工作流,之前所生成的 IT 值用于验证文件和完整性符号本身的完整性。AM 进行注册和验证工作,该模块会持续地监控文件和数据,可以对数据进行比特级别的访问,读取所有的文件,生成摘要值。AM 可以从 IMS 中获取 IT 值。IMS 负责进行整合和证据生成,同时作为一个保存证据值和 CSI 的远程仓储。当需要对 IMS 进行审计时,需要第三方拥有证据值的备份,并定时检查。

ACE 的使用比较简单,用户只需要在本地安装一个 AM 来管理本地文件。AM 是一个基于 Web 的应用,支持对百万级别的文件、TB 级别的数据进行审计。AM 可以进行两种审计,第一种是文件审计,对特定目录中的文件进行检查,对比哈希值来保证文件不会损坏。第二种是记号审计,对本地存储的哈希值进行检查,对照远程的 IMS 来保证所保存的哈希值不会发生变化。AM 会保存详细的系统日志,包括每个文件的状态和各种变化。存档文件的各种变化都会被监控,并在报告中体现。

8.4 灾难备份与恢复技术

灾难备份指利用科学的技术手段和方法,提前建立系统化的数据应急方式,以应对灾难的发生,保障当前的系统数据能在断电、火灾等各种意外事故发生后使用备份系统的资源恢复数据的正常使用,避免或减少由于灾难带来的损失[29]。理想的备份系统应该是全方位、多层次的,充分利用各种存储设备与技术完成。灾难备份是档案存储中最终的数据恢复方案,用于在极端情况下大规模数据恢复。

8.4.1　灾备模式

灾备模式主要有同城灾备、异地灾备以及同城—异地灾备三种方式。同城灾备，是指灾备中心与数据中心处于同一城市内，可同时采用同步备份与异步备份技术。其具有最低的投资成本，最快的灾难恢复速度，极高的数据保障，但无法应对区域性的灾难风险。异地灾备，是指灾备中心与数据中心在不同的城市，一般只能实现异步备份。其投资成本较高，灾难恢复速度与数据保障能力略低，但可应付广泛的灾难风险。同城—异地灾备则是两者的结合，投资成本最高，但同时具有前两者的优点。

8.4.2　灾难备份技术

系统灾难备份技术是指通过建立远程数据备份中心，将主中心数据实时或分批次地复制到备份中心所使用的技术。正常情况下，系统的各种应用运行在主中心的计算机系统上，数据同时存放在主中心和备份中心的存储系统中。当主中心由于断电、火灾甚至地震等灾难无法工作时，则立即采取一系列相关措施，将网络、数据线路切换至备份中心，并且利用备份中心计算机系统重新启动应用系统。这里最关键的问题就是保证切换过程时间满足业务连续性要求，同时尽可能保持主中心和备份中心数据的连续性和完整性。而如何解决主中心和备份中心的数据备份和恢复则是备份方案的重点。

以下对灾难恢复系统所采用的几种常用技术做一简单描述。结合应用系统的相关特点（实时性要求、运行中断敏感性等）、数据更新频度、数据量大小、相关条件等因素，实际的灾难恢复系统解决方案可能是多种技术方案的组合。

（1）基于磁带的数据备份

利用磁带拷贝进行数据备份和恢复是常见的传统灾难备份方式。这些磁带拷贝通常都是按天、按周或按月进行组合保存。

使用这种方式的数据拷贝通常是存储在盘式磁带或盒式磁带上，并存放在远离基本处理系统的某个安全地点。磁带通常是在夜间存储数据，然后被送到储藏地点。而在灾难或各种故障出现，系统需要立即恢复时，将磁带提取出来，并运送到恢复地点，数据恢复到磁盘上，然后再恢复应用程序[30]。

基于磁带拷贝的传统灾难备份方式有着明显的缺陷，已经不再适合用户不断发展的业务系统的需要。基于磁带拷贝的灾难备份方式不管是备份过程还是恢复过程都非常复杂,复杂的恢复过程将会极大地影响系统恢复的效率。磁带通常是在夜间备份的,并于次日被送到储藏地点。该过程本身给备份数据的使用带来相当大的延迟。在进行恢复操作时,必须使用正确的磁带。而存档磁带的数量可能有成百上千盒,要在成堆的磁带中找到正确时间的磁带给管理上带来很大的挑战。在恢复数据库的时候,要求事件处理的顺序必须正确,这样才能恢复到数据库的当前状况。当恢复过程需要涉及若干个磁带时,出现磁带找不到、不可读或顺序错误的可能性是很大的。

(2)基于应用软件的数据备份

基于应用软件的数据备份是指由应用软件来实现数据的远程复制和同步,当主中心失效时,灾难备份中心的应用软件系统恢复运行,接管主中心的业务。这种技术是通过在应用软件内部,连接两个异地数据库,每次的业务处理数据分别存入主中心和备份中心的数据库中。但这种方式需要对现有应用软件系统做比较大的修改升级,甚至重新开发,增加应用软件的复杂性,对应用软件开发上技术水平要求较高,系统实施难度大,而且后期维护比较复杂。并且由应用软件来实现数据的复制和同步会对整个业务系统的性能造成较大的影响。

(3)远程数据库复制

远程数据库复制是由数据库系统软件来实现数据库的远程复制和同步。在复制过程中,使用自动冲突检测和解决的手段保证数据一致性不受破坏。基于数据库的复制方式可分为实时复制、定时复制和存储转发复制[31]。

实时复制:当主中心的数据库内容被修改时,备份中心的数据库内容实时地被修改,此种复制方式对网络可靠性要求高。

定时复制:当主中心的数据库内容被修改时,备份中心的数据库内容会周期性地按照主中心的更新情况进行刷新,时间间隔可长可短,长则达到几天或几个月,短则几分钟或几秒钟。

存储转发复制:当主中心的数据库内容被修改时,主中心的数据库服务器会先将修改操作 Log 存储于本地,待时机成熟再转发给备份中心。

远程数据库复制的实质是实现主、备用系统的数据库的数据同步(实时或者准实时同步),即是将主用系统数据库操作 Log 实时或者周期性地复制到备用系统数据库中执行,实现二者数据的一致性。

远程数据库复制对主机的性能有一定影响,可能增加对磁盘存储容量的需求(包括对 Log 的存储),但系统恢复较简单,在实时复制方式时数据一致性较好,所以对于数据一致性要求较高、数据修改更新频繁的应用可采用基于数据库的数据备份方案。

远程数据库复制需配置数据库远程复制管理软件,并具备主、备用系统间的网络通信条件(例如 TCP/IP 通道)。远程数据库复制的灾难备份方案中主、备用系统中的服务器主机类型、存储设备类型可以不一样。对数据库的操作访问基于开放接口时甚至可以实现异种数据库之间的互为备份复制,也可以通过网关(Gateway)的方式实现不同数据库间的备份复制。此外,主、备用系统可通过路由器进行互连。

(4)基于逻辑磁盘卷的远程数据复制

将物理存储设备划分为一个或者多个逻辑磁盘卷(Volume),便于数据的存储规划和管理。逻辑磁盘卷可以理解为在物理存储设备和操作系统之间增加一个逻辑存储管理层。基于逻辑磁盘卷的远程数据复制是指根据需要将一个或者多个卷进行远程同步(或者异步)复制。该方案的实现通常通过软件来实现,基本配置包括卷管理软件和远程复制控制管理软件[32]。

远程复制控制管理软件将主用节点系统的卷上每次 I/O 的操作数据实时(或者准实时,或者延时)复制到远程节点的相应卷上,从而实现远程两个卷之间的数据同步(或准同步)。主、备节点之间通常需要配置相应带宽的 IP 通道。根据数据的更新频度、广域通信条件和质量等因素,可将数据复制设置成同步、准同步或者定期同步等方式(或者自动适应)。

基于逻辑磁盘卷的远程数据复制会增加各节点主机的一些处理性能需求,在主机性能和通信带宽的要求得到满足时,远程复制效率和数据一致性可以得到保证。

基于逻辑磁盘卷的远程数据复制是基于逻辑存储管理的技术,一般与主机系统、物理存储系统设备无关,对物理存储系统自身的管理功能要求不高,有较好的可管理性,也便于主、备系统的扩充和发展;同时,也可方便地做到多对一或者一对多的远程数据复制;由于主机系统对数据的处理主要是基于磁盘卷,对硬件设备的选择也比较灵活。

在同时对多个系统进行灾难备份的情况下,可以通过在备份中心磁盘阵列上划分不同的磁盘卷,以对应不同的系统进行复制或镜像处理的方法。但该技术会增加主机的负载。

(5)基于智能存储系统的远程数据复制

磁盘阵列将磁盘镜像功能的处理负荷从主机转移到智能存储系统上。基于智能存储的数据复制由智能存储系统自身实现数据的远程复制和同步,即智能存储系统将对本系统中的存储器 I/O 操作 Log 复制到远端的存储系统中并执行,保证数据的一致性。由于在这种方式下,数据复制软件运行在存储系统内,因此较容易实现主中心和备份中心的操作系统、数据库、系统库和目录的实时拷贝维护,一般不会影响主中心主机系统的性能。如果系统恢复场所具备了实时数据,那么就可能做到在灾难发生的同时及时开始应用处理过程的恢复[33]。

基于智能存贮系统的方案具有高效快速的特点,能较好地保证数据的完整性和一致性,数据的复制备份过程不占用主机资源,操作控制比较简单。但基于目前的情况,该方案有受主、备中心距离限制比较明显(通常要求在几十到一百公里范围)、开放性差(不同厂家的存储设备系统一般不能配合使用,不利于投资保护)、对于主备中心之间的网络条件(稳定性、带宽、链路空间距离)要求较苛刻等缺点。另外,本方案要求存储设备自身具有较强的智能管理功能,需配置相应的容灾备份管理软件,配置主、备用系统存储设备间的网络通信专用接口设备和相应的通信通道。

(6)远程集群主机切换

远程集群主机切换技术并非是一种数据复制技术,但该技术能和上述的数据复制技术相结合,对分布在多个节点的主机系统进行集群化管理控制。当主节点系统故障无法正常运行时,控制系统对相应应用系统的运行在主机间进行切换(检测到故障后人工干预切换或者自动切换)。管理控制系统对硬件系统和操作系统的状态、数据库系统的状态、应用软件的状态(通过 API 或脚本编写定制应用代理)、相关的网络通信状态(包括局域网、广域网等)、远程数据复制运行状态等主机系统运行状态进行监测,还通过开发/定制代理对其他有关状态进行监测。

一般情况下,考虑远程集群主机切换方案时,应首先解决数据的远程复制,否则单纯主机系统间的应用切换就失去意义。此外,远程集群主机切换方案要求节点间具备通信条件(例如 IP 通道),每个节点主机需配置相关的集群管理控制软件以及管理代理。

8.4.3 灾难恢复预案

灾难恢复预案是定义信息系统灾难恢复过程中所需的任务、行动、数据和资源的文件,用于指导相关人员在预定的灾难恢复目标内恢复信息系统支持的关键业务功能[34]。

灾难恢复预案用于响应和处理保存机构面临的灾难性事件。一两个人或者一两个部门是无法响应整个灾难性事件的。灾难恢复预案在灾难性事件被发现时开始启用，直到所有信息系统被完全恢复为止。灾难恢复预案回答灾难发生时谁应该在哪里、应该做什么，如何尽快接管被中断的业务或信息系统的运行，以及在灾难事件结束后如何将业务和信息系统恢复到正常状态。

灾难恢复预案的开发必须适合单位的人员编制、组织结构特点，适合灾难恢复策略的实现，具有实用性、易用性、可操作性和及时更新的特点，并经过完整测试和演练。

灾难恢复预案的开发可以由单位的内部人员自行完成，也可以同灾难恢复专业服务商合作开发。从以往的经验看，单位完全自行开发灾难恢复预案将耗费大量的人力物力，而且还可能因为缺乏灾难恢复项目实施的实际操作经验，使得预案本身缺乏完整性、可行性，在灾难真正发生时不能起到预期的效果，造成极大的损失。一般来说，灾难恢复预案的开发应该以单位内熟悉业务流程和本机构信息系统架构的高级管理人员为主，同时配合具有灾难恢复项目实施经验的第三方共同完成。

8.5　存储技术的安全性层次分析

上几节分析了档案存储的功能需求以及软硬件技术，本节作者将在功能软硬件技术和需求的分析研究之上，总结分析存储技术安全性层次。

档案存储的安全性是数字保存最基础也是最重要的需求，因此数字保存系统的安全性理论上应该是越安全越好。然而，在实际的生产生活中，不同的保存机构针对不同的对象数据类型会有不同的安全性要求，不同的安全性要求需要不同的软硬件技术来满足。该部分内容在 OAIS 模型中并没有提及，但是本书作者认为，对于存储技术的安全性进行分层描述和解释对于建立适当的数字存档系统具有指导意义，是很重要的内容。

存储技术层次是数据保存软硬件技术在客观上可以满足的安全层次。作者认为，数据存储技术的安全性层次可以分为三层，随着层次递增，安全性递增。

第一层，存储介质。该层为最简单的层，将数据保存在磁或光介质中，带有一些保证措施，让这些数据受到保护，不会受到简单的数据失效的影响。该层的关键特征是保证资源不受到常见威胁的影响，比如物理损坏。

第二层，存储管理。第二层增加了主动的存储管理，可以将数据移动到正确的地点。而数据应该保存到什么位置会根据存储设备的可用性、性价比或者性能来决定。由于需要管理并平衡很多的磁盘,因此管理标准比较灵活,可以根据不同的情况制定不同的策略。在第二层中,信息必须保存在至少两个位置,例如磁盘和备份磁带中,或者有多个磁盘备份,以数据冗余保证数据安全。

存储管理的主要特征是更换对象保存位置的设定规则取决于成本、可持续性和性能;对象需要至少在两个位置进行保存,甚至可能更多;当需要对数据进行移动时可以定义规则。

第三层,存储校验。最终的存储复杂性增加了多数据对象存储和可靠性验证来保证存储可持续性。通过在规定时间间隔中来对对象进行存储访问来保证数据没有发生变化。如果发现了数据失效,从数据备份进行自我恢复就会进行。

存储校验的主要特点为数据备份保存在多个安全的存储位置,最好是地理上分散的;对于所有的信息对象,进行指纹识别;在固定间隔时间和访问时,使用指纹来检查信息完整性;如果信息失效,则从信息备份自动恢复。

综合上述的长期保存存储的三个存档安全层次以及各个存储技术的特点,对存储技术进行以下一些归纳。

在线存储技术在实际应用中一般不会直接使用磁盘进行存储,而是利用 Raid 技术将硬盘、NAS 等设备建立为 Raid 1、Raid 0 + 1 或者 Raid 5 阵列使用。这几种 Raid 阵列方式会对磁盘上的数据进行冗余备份或者校验,保证数据不会因为微小的硬件损坏而丢失。但是在线存储设备缺少对单个文件的指纹验证和识别,也不会自动地对损坏文件进行恢复。因此,在线存储技术满足第一层和第二层的存储安全,但是并不满足第三层的要求。

离线存储技术的使用目的是保证数据备份,对存储设备的性能没有过高的要求,不会经常更换存储位置。在进行离线存储时,如果不是经济比较紧张,一般也会留存多个备份以降低数据丢失风险。因此,离线存储满足第一层的要求,但是仅满足第二层的部分要求。

分层存储管理会使用多种类型的存储技术来进行,性能高的存储技术保存使用频率高的内容,性能低但是安全性好的存储技术来保证整体数据的安全,并且可以根据数据的使用情况,自动将常用数据保存在高性能存储中。因此分层存储管理满足第二层的要求。

SRB 存储技术、分布式存储技术和云存储技术依赖于互联网和内部网络,在网络条件好的时候,具有较为客观的数据吞吐量,因此没有必要将数据分层保存。而这三种技术都以软件为依托，设定了针对单个文件的定时检查和自动恢复功能，可以保证数据的安全性，因此，这三种技术都已经达到了第三层的功能要求。

而灾难备份技术是数字保存在最极端情况下才会选择的手段，因此具备最高级别的安全性，可以满足目前所有的安全性要求。

表 8－1　各种存储技术的安全性

	第一层	第二层	第三层
在线存储	√	√	
离线存储	√		
分层存储管理	√	√	
网格存储	√	√	√
分布式存储	√	√	√
云存储	√	√	√
ACE	√	√	√
灾难备份技术	√	√	√

8.6　小结

档案存储是数字保存的核心功能，它前后连接了摄入和访问两个功能模块，同时需要融合软硬件来完成存档资源的安全存储。因此，OAIS 参考模型和可信赖数字仓储都对档案存储的相关功能提出了要求。本章主要分析了 OAIS 模型和可信赖仓储对档案存储的功能要求，并以此为基础结合各种数字保存实践，对档案存储相关的软硬件技术方法进行了研究，并针对它们的安全性进行了总结与比较，旨在从安全角度提供各种软硬件存储技术方法的对比，有助于在实践中选择更适合的技术方法进行数字资源长期保存。经过分析，作者认为，有一些问题还阻碍着档案存储的进一步发展。

第一，保存机构还不得不过多地关注计算机软硬件的具体参数和应用效果，无法集中精力进行更高层次问题的思考。本章所论述的软硬件技术是从各大机构的数字保存实践中总结而来，其中潜在的一个问题就是数字保存机构和从业者还需要投入较大精力研究和熟悉计算机软硬件，如搭建占用较大空间的机房用于保存服务器和存储设备，熟悉计算机软硬件的各项性能，以便选择适合自身的型号和技术等。这样他们就无法投入全部精力思考数字保存中更高层次的资源保存规则、迁移和保护策略等。

第二，目前的硬件存储设备还无法同时满足档案存储所要求的读写速度和数据容量两个巨大的需求。机械硬盘的技术发展遇到了瓶颈，其读写速度在短时间内无法有重大突破，而固态硬盘技术成本较高，这就导致保存机构无法找到具有高性价比的存储硬件设备。另外，存储设备的空间/容量比较大，占用了较大的空间，但是却提供了较为有限的存储容量，这也是阻碍档案存储发展的硬件瓶颈之一。

因此，作者认为，档案存储技术方法的发展趋势应该是“将专业的事交给专业的人”，档案存储将会更多地使用云存储技术、虚拟化技术，具体的技术细节交由专业的存储公司或技术团队负责，数字保存相关人员可以从具体的技术参数中解脱出来，思考更高层次的数字保存问题。而将来的硬件技术发展方向必然是向着高速度、大容量、小体积方向发展，随着生物存储技术、纳米存储等新技术的不断发展和普及，相信档案存储可以在较低成本下大规模地保存信息并提供高速的读写带宽，数字保存系统就可以成为数字网络的基础设施，提供无处不在的、安全的信息保存和访问服务。

（曲云鹏、张智雄）

参考文献

[1] Reference Model for an Open Archival Information System(OAIS),Recommended Practice[EB/OL]. [2014 - 08 - 20]. http://public. ccsds. org/publications/archive/650x0m2. pdf.

[2] Consultative Committee for Space Data Systems(CCSDS), CCSDS 650. 0-M-2, Reference Model for an Open Archival Information System(OAIS),Recommended Practice, Issue 2, Page 2-8. June 2012[EB/OL]. [2014 - 12 - 05]. http://public. ccsds. org/publications/archive/650x0m2. pdf.

[3] Space data and information transfer systems—Audit and certification of trustworthy digital repositories[EB/OL]. [2014 - 12 - 05]. http://www. iso. org/iso/home/store/catalogue_tc/catalogue_detail. htm? commid = 46612&csnumber = 57950.

[4] 王科峰. 浅述 RAID 技术和硬盘存储技术的发展[J]. 内蒙古科技与经济，2004(13):98 - 99.

[5] Hard Disk Drive[EB/OL]. [2014 - 12 - 05]. http://en. wikipedia. org/wiki/Hard_disk_drive.

[6] Solid-state drive[EB/OL]. [2014 - 12 - 05]. http://en. wikipedia. org/wiki/Solid-state_drive.

[7] RAID[EB/OL]. [2014 - 12 - 05]. http://zh. wikipedia. org/wiki/RAID.

[8] 李云龙,张晓慧,张振华,等. 网络存储技术的应用研究[J]. 计算机光盘软件与应用,2013(2):33 - 37.

[9] Compact disk[EB/OL]. [2014 - 12 - 05]. http://en. wikipedia. org/wiki/Compact_disc

[10] 王希瑶. 数据存储的浅析[J]. 电脑学习,2010(12):118 - 119.

[11] Hierarchical storage[EB/OL]. [2014 - 08 - 20]. http://en. wikipedia. org/wiki/Hierarchical_storage.

[12] The SDSC storage resource broker[EB/OL]. [2014 - 08 - 20]. http://www. sdsc. edu/srb/index. php/Main_Page.

[13] The SDSC Storage Resource Broker[J/OL]. [2014 - 08 - 20]. http://citeseerx. ist. psu. edu/viewdoc/download;jsessionid = E3DC820966D841FB9AD95595ADD21B0C?doi = 10. 1. 1. 53. 7376&Rep = rep1&type = pdf.

[14 - 15] SRB[EB/OL]. [2014 - 08 - 20]. http://www. sdsc. edu/srb/index. php/Main_Page IRODS Architechture.

[16][19][21] ApacheHadoop[EB/OL]. [2014 - 08 - 20]. http://en. wikipedia. org/wiki/Apache_Hadoop.

[17] IRODS: Data _ Grids, DigitalLibraries, PersistentArchives, and Real-timeDataSystems [EB/OL]. [2014 - 08 - 20]. https://wiki. irods. org/index. php/IRODS: Data _ Grids,_Digital_Libraries,_Persistent_Archives,_and_Real-time_Data_Systems.

[18] iRODS Architecture[EB/OL]. [2014 - 08 - 20]. https://wiki. irods. org/index. php/iRODS_Architecture.

[20][24] Duracloud[EB/OL]. [2014 - 08 - 20]. http://duracloud. org.

[22] Cloud Storage[EB/OL]. [2014 - 08 - 02]. http://en. wikipedia. org/wiki/Cloud_storage.

[23] HDFS Architechture Guide[EB/OL]. [2014 - 08 - 20]. http://hadoop. apache. org/docs/r1. 0. 4/hdfs_design. html.

[25] Building community clouds to support access to scholarship[EB/OL]. [2014 - 08 - 20]. http://docs. duraspace. org/documents/DuraCloudEducauseFeb2012. pdf.

[26] DuraCloudArchitecture[EB/OL]. [2014 - 08 - 20]. https://wiki. duraspace. org/display/duracloud/DuraCloud + Architecture.

[27] Ace, Audit Control Environment[EB/OL]. [2014 - 08 - 20]. http://www. alliancepermanentaccess. org/index. php/preservationsoftware/ace-audit-control-environment.

[28] ACE[EB/OL]. [2014 - 08 - 20]. https://wiki. umiacs. umd. edu/adapt/index. php/Ace:Main.

[29] 方剑锋.灾难备份技术的应用研究与实现[D].上海:华东师范大学,2009.
[30] 李大伟,灾难备份与恢复技术研究[J].甘肃科技,2009(19):30-31.
[31] 张艳,李舟军,何德全.灾难备份和恢复技术的现状与发展[J].计算机工程与科学,2005,27(2):107-110.
[32] 汤泳,吕英杰.数据容灾技术介绍[J].邮电设计技术,2002(10):40-44.DOI:10.3969/j.issn.1007-3043.2002.10.008.
[33] 杨晓红,李健,杨卫国.信息系统容灾技术的分析与研究[J].计算机工程与设计,2005,26(10):2727-2729.
[34] 赵鹏.信息系统灾难恢复预案结构分析[J].金融电子化,2012(2):62-64.

9　数据管理功能实体研究

在 OAIS 参考模型中数据管理功能实体(Data Management)主要维护数据和元数据的关系,对与存档信息资源相关的描述信息及管理信息进行管理。在数字保存的具体实践中,数据管理功能实体的主要功能由数字仓储(Digital Repository)来承担,数字仓储管理数字内容对象、元数据及二者之间的相关关系,并提供对数据的导入、导出、查询、访问等基础服务功能。

本章将在分析 OAIS 参考模型和可信赖数字仓储对数据管理功能实体要求的基础之上,分析了数字保存系统中数据管理功能需要管理的信息类型和相关的管理方法,在参考前人研究的基础之上,作者提出了一个数字仓储的系统框架,并总结梳理了数字仓储应当具备的主要功能,最后对当前两个主要的数字仓储,即 DSpace 和 Fedora 的数据管理方案进行了论述。

9.1　数据管理的主要功能要求

OAIS 参考模型对数据管理功能实体应当具备的功能进行了描述。可信赖数字仓储规范,也对数字对象的信息管理提出了相关的要求。它们对于明确数据管理的功能要求具有重要意义。

9.1.1　OAIS 对数据管理功能的要求

在 OAIS 中,数据管理功能实体主要实现对存档馆藏描述信息(Descriptive Information)和存档系统管理数据的载入、维护和访问存取。在这里,存档馆藏描述信息一般指的是对存档馆藏进行描述和标识的各类描述元数据信息,而存档系统管理数据则一般指对存档系统的数据内容和系统功能进行管理的管理元数据。数据管理功能实体的主要功能包括:管理存档数据库(维护数据库中概念模型及视图的定义,维护系统的参照完整性等),执行数据库更新(装载新的描述信息或存档系统管理数据),提供查询功能实现数据查询，根据查询结果生成相关报告[1]。

数据管理功能实体又包括管理数据库、执行查询、生成报表、接收数据库更新四个子功能。如图 9－1 所示。

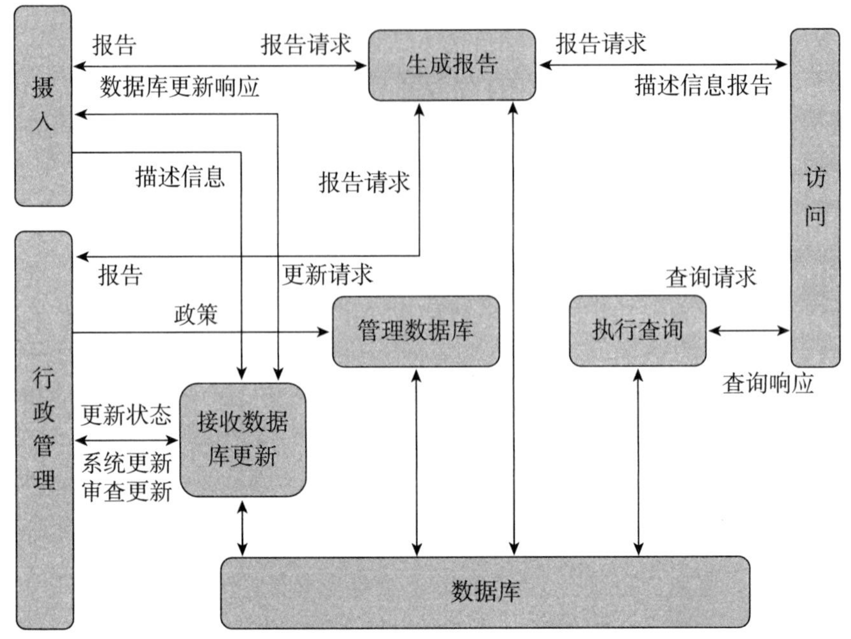

图 9－1　OAIS 参考模型中数据管理功能实体的四个主要功能[2]

（1）管理数据库功能

数据管理需要在一个数据库中进行。管理数据库功能（Administer Database Function）主要负责维护这一数据库的完整性。数据库中主要存储两种信息，即描述信息和系统信息，其中，描述信息用于标识和描述存档的数字内容对象，而系统信息用于支持存档系统的运行和管理。管理数据库功能负责创建支持数据管理功能所需的数据模式或表定义；提供创建、维护和定制用户视图的功能，以存取数据库中的数据；并提供内部校验机制实现对数据库内容的校验（例如，参照完整性）。管理数据库功能根据行政管理（Administration）功能实体的政策开展工作。

（2）执行查询功能

执行查询功能（Perform Queries function）接收来自访问功能实体（Access）的查询请求，执行查询，并将查询结果反馈给请求者。

（3）生成报表功能

生成报表功能（Generate Report function）接收来自摄入功能实体（Ingest）、访问功能实体（Access）或行政管理功能实体（Administration）的报表请求,执行所有相关的查询或其他必要流程,生成报表并将报表提供给请求者。典型的报表包括对存档内容的分类统计,对存档内容使用情况的访问统计等。生成报表功能也可能收到来自访问功能实体的报表请求,为具体的 AIP 包提供相应的统计或描述信息。

(4)接收数据库更新功能

接收数据库更新功能(Receive Database Updates function)负责在数据管理的持久存储上新增、修改或删除相关信息。数据库更新的要求主要来自摄入功能实体和行政管理功能实体。如摄入功能实体会要求在数据库中为每一个新的存档信息包(AIP)新增相关的描述信息,并且在数据库中为这一存档信息包生成一个新的唯一标识,以标识这一存档信息包。而行政管理功能实体会提出系统更新和审查更新请求。其中,系统更新包括所有系统相关的信息(如运行统计信息、消费者信息、请求状态信息)的更新,而审查更新指的是通过定期审查和对信息值(如联系人姓名、地址、访问控制和权限策略)的修改而产生的信息更新。接收数据库更新功能向行政管理实体提供定期的报告以总结数据库的更新情况,也需要将数据库更新的结果反馈给摄入功能实体。

9.1.2　可信赖数字仓储中对数据管理的主要要求

在 OAIS 数据管理功能中所说的描述信息及管理信息也就是通常所说的元数据。在可信赖数字仓储系统[3]中,主要从元数据要求、元数据和存档信息包之间关系的维护,以及确保这种关系能够长期双向关联三个方面,对数据管理提出了相关的要求。具体体现在以下三个方面。

1)在数字仓储系统中,应当有一系列描述数字内容的必备的元数据字段。这些必备的元数据字段,能够帮助人们检索仓储中存储的数字内容,让指定用户团体能够发现和识别所感兴趣的数字对象。数字存储都需要提供对这些必备元数据字段的索引和检索的功能。数字仓储需要索引数字内容的描述性信息、发现元数据(如都柏林核心元数据及其他描述对象的信息),提供检索发现服务。

2)数字仓储需要能够解析并获取存档信息包的元数据,并确保这些元数据与存档信息包(AIP)紧密关联。为确保元数据与存档信息包密切相关,需要进行一系列的工作,如需要基于内部或外部的唯一持久标识将元数据与存档信息包关联,需要有唯一持久标识的定位解析器,能够将某个唯一持久标识定位到特定的存档信息包存储位置上。

3)数字仓储需要有效维护存档信息包和元数据之间的双向联系。数字仓储需要具备检查机制，能够有效地检查存档信息包和元数据之间的相关关系，确保一个存档信息包必须有相关的元数据与其关联，所有的元数据都必须至少有一个与其关联的存档信息包。数字仓储需要能够长期有效维护存档信息包和元数据之间的关联关系。数字仓储需要提供记录和维护数据完整性的功能，特别是提供存档信息包和元数据关系的自我修复机制，当存档信息包和元数据之间的关系被临时破坏时，可以确保关联关系能够自我恢复。

9.2　数据管理中的信息类型及管理方法

从前一节可以知道，数据管理的描述信息及管理信息是存储在诸如数据库管理系统之类的持久存储之中，以方便灵活地对这些信息进行管理。本节分析数字管理功能需要管理的信息类型和主要的管理方法。

9.2.1　数据管理需要管理的信息类型

OAIS 参考模型的制定者认为，在开放存档信息系统中，数据管理功能实体需要管理的信息类型主要是包描述信息（Package Descriptive Information）和存档管理信息（The Archive Administration Information）。其中，包描述信息（即描述信息）是存档信息包的描述元数据，而存档管理信息是存档系统日常工作或日常运营过程中需要应用到的一些信息。图 9－2 揭示了在 OAIS 参考模型中，OAIS 制定者认为在数据管理功能实体中需要管理的主要信息类型。

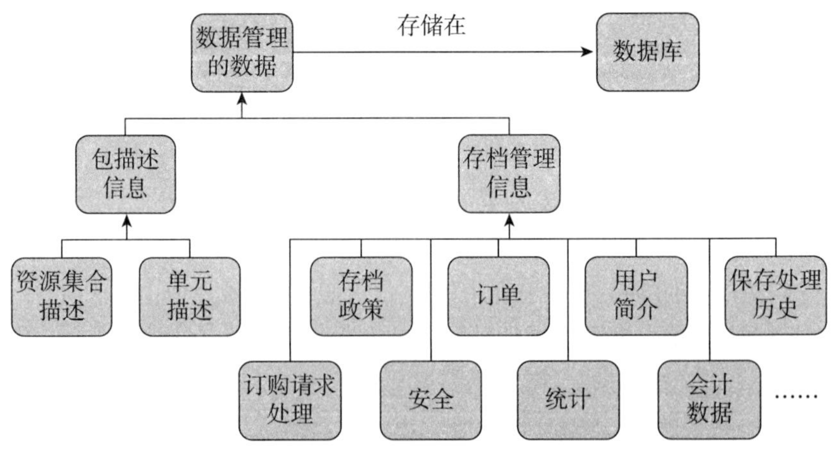

图 9－2　OAIS 参考模型中数据管理功能实体管理的主要信息类型[4]

（1）包描述信息

包描述信息中，在数据管理功能实体中需要管理的信息类型主要有资源集合描述信息（Collection Description）和单元描述信息（Unit Description）。

1）资源集合描述信息。资源集合描述信息是包描述信息的一个子集，它提供了结构化描述的功能，可以对存档信息集合中所包括的内容信息进行描述。资源集合描述信息需要对资源集进行描述，同时还需要对资源集中的成员组成情况进行描述。

2）单元描述信息。单元描述信息也是包描述信息的一个子集，它对每一个存档信息单元的内容信息进行描述，通常包括一系列的关联关系描述。这些单元描述信息都是为了更好地存取存档信息单元，如发现存档信息单元、排序存档信息单元和访问存档信息单元。

（2）存档管理信息

存档管理信息支持存档系统的日常运营和日常管理，OAIS 参考模型认为，主要的存档管理信息有以下几种类型。

1）存档政策信息。使用者购买所存档信息的定价政策、使用规定等方面的信息。

2）订购请求处理信息。记录用户提交了订单请求之后，这一订单处理过程的信息。

3）安全信息。包括用户名和密码在内，或其他必需的机制来验证存档用户的身份和权限的信息。

4）订单信息。用户购买某一存档内容所需要的订单信息，保存它能够支持重复订购或订单信息查询。

5）统计信息。统计信息是存档管理所需的，支持存档系统的更有效运行，对未来政策和性能优化提供参考的信息。例如，在一段时间内某个 AIP 被购买的次数，从接收订单到完成订单之间的平均时间等。

6）保存处理历史信息。跟踪记录 AIP 迁移，包括存储介质的更换、AIP 转换的历史。

7）用户信息。存档系统需要维护诸如用户名、地址等与用户相关的基本信息，避免用户每次订购一个存档信息时还需要重复输入这些信息。

8）会计信息。包括档案系统商业运作所需的数据。会计数据包括工资数据、会议收支数据等信息。

（3）数据管理功能还需要管理的其他重要信息类型

本书作者认为，在实际的数字保存系统中，数据管理功能实体需要管理的信息类型不能仅限于上述包描述信息和存档管理信息。

在实际的数字保存系统中，经常需要从一个存档信息包的四种相关信息，即内容信息(Content Information)、保存描述信息(Preservation Description Information)、打包信息(Packaging Information)和描述信息(也就是包描述信息，Package Descriptive Information)中抽取出一些重要的元数据信息放入数据库中，通过数据管理功能来对这些数据进行管理。特别是保存描述信息(Preservation Description Information)所包括的五类信息：参照信息(Reference)、起源信息(Provence)、环境信息(Context)、不变性信息(Fixity)以及访问权限信息(Access Rights)，一方面需要纳入AIP包中进行管理，另一方面也需要抽取出其中的元数据信息存入数据库中进行管理。

虽然在OAIS参考模型中，一个信息包相关的四类信息中，只有包描述信息(即描述信息)被明确地纳入数字管理的范畴中，而其他三类信息，即内容信息、保存描述信息、打包信息被排除在外。但OAIS参考模型也认为，除了包描述信息之外所有需要有效运行存档系统的信息都可以被存储到数据库中进行管理。因此，在数字保存系统的建设中，不能机械地仅仅将包描述信息和存档管理信息纳入数据管理功能实体的管理范畴，仅仅对这两种信息进行数据库管理。

在本节中所列举的OAIS认为需要管理的包描述信息和存档管理信息仅仅是一些例子，并没有详尽列举所有类型。另外，上述的OAIS参考模型所提出的需要管理的信息类型也是概念性的，不能代替具体的信息类型设计。在实际的数字保存系统设计和实现中，要根据实际情况的需要进一步具体细化。

9.2.2 数据管理中元数据的存储管理方法

PREMIS工作组曾在2004年9月公布了一项保存元数据的调查报告[5]，结果表明在数字保存系统中，有多种不同方法实现元数据存储，包括各种数据库存储、与相关内容数据文件捆绑存储、固定结构文件存储等。如表9-1所示。

表9-1 PREMIS元数据存储管理方法统计[6]

元存储管理方法	数量	百分比
关系数据库	33	69%
相关内容文件捆绑存放	22	46%
XML数据库	13	27%
专有数据库	11	23%

续表

元存储管理方法	数量	百分比
固定的文件	9	19%
面向对象的数据库	2	4%

实际上大多数系统采用两种甚至更多种方法存储和管理元数据。较为普遍的是把元数据存储在关系数据库的表中，另一种常用的方法是把元数据保存在一个 XML 文档中，并且与相关内容数据文件一起捆绑存放，或将 XML 元数据保存在 XML 数据库中。图 9－3 示例了常用的元数据存储和管理的几种组合模式。下文将进一步阐述几种常用的元数据存储和管理方式。

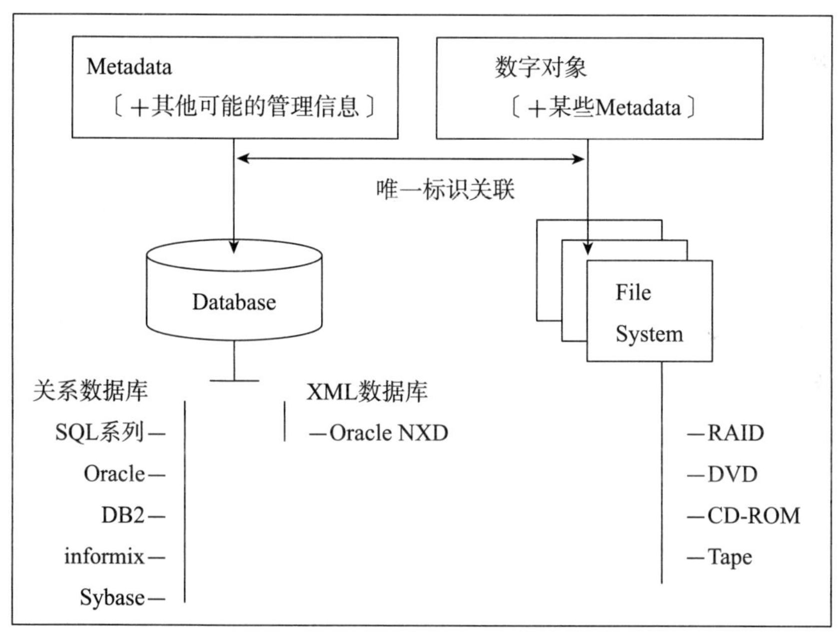

图 9－3　常见数字对象和元数据存储管理模式

(1)元数据独立存储模式

内容数据文件和元数据之间一个重要的区别是进入数字保存系统之后元数据是动态变化的，而内容数据文件则相对不变，较为稳定。将元数据和内容数据文件分开存储，元数据保存在数据库系统，而将内容数据文件通过文件系统存储是目前较为通行的一种模式。它具有很多优势，如能够让元数据的访问更快速、更新查询更为方便、报告统计更容易生成等。当然，它也有一个主要问题，即需要有效维护内容数据文件和元数据之间关联的有效性和正确性,保持二者更新的同步。在这模式下,还可进一步区分为以下几种存储方案。

1)文件系统+关系数据库

这种数据管理存储方案将内容数据对象存储在文件系统中,元数据保存在关系数据库中。目前这种组合方式因在元数据管理、维护、访问等方面具有较大的优势而为大多数系统所采用。

荷兰国家图书馆的 e-Depot 数字存档系统是这种模式的一个例子。这一系统的核心的存储组件包括 IBM Content Manager 和 IBM DB2 Universal Database for AIX。所有的数字内容文档存储在 Content Manager 管理的对象服务器中,元数据则存储在基于 IBM DB2 的图书馆目录服务数据库系统。图书馆目录服务数据库系统实现元数据的管理、检索查询、存取内容的安全控制以及与对象服务器之间的通讯。Content Manager 管理的对象服务器被用于存储真正的数字对象,对象服务器又与 IBM 的另外一个产品 Tivoli Storage Manager(TSM)结合在一起实现灵活、可扩展的存储方案。这一存储方案可以根据需要将数字对象分别存储于磁盘、光盘和磁带之上。用户可以从荷兰国家图书馆的目录服务系统中检索元数据,并通过 DIAS(Digital Information Archiving System,e-Depot 系统的核心组成)的检索器(Retriever)来得到所保存的对象。检索器实现从 Content Manager 中提取出 AIP,并生成一个 DIP 包。DIP 包括一个对电子出版物进行内容说明的 XML 文件和一个包括电子出版的文件及子目录的目录树。DIP 包可通过传递器(Deliverer)来传送,让用户可以获得相应的电子出版物及其元数据。

2)文件系统+XML 数据库

内容数据对象被存储在文件系统中,元数据保存在 XML 数据库中。这里所说的 XML 数据库包括支持 XML 文档的关系数据库扩展和原生的 XML 数据库(Native XML database)。

英国国家档案馆的 Digital Archives 项目中所开发的数字档案仓储系统,采用的是运行在 Unix(Sun Solaris)下的 Oracle 9i XML database 来存储元数据,内容数据对象被存储在文件系统中,保存在服务器的 RAID 阵列中。

3)文件系统+RDBMS+元数据备份

数字保存系统将内容数据对象存储在文件系统中,元数据在存储到 RDBMS 的同时,也复制一份,与数据对象一同被保存在文件系统中。作为另一个变化,就是元数据和数据存放在离线媒介中(如 DVD 或 CDROM),

元数据保持一份复本在数据库或电子数据表单中提供快速检索服务。

DAITSS 项目的元数据存储就采用了这一方案。DAITSS 系统的 SIP 包支持 METS 封装，它包括一个存储了元数据 XML 文件和相应的内容数据文件，DAITSS 系统的 Ingest 功能组件将元数据描述信息保存到档案的数据管理功能组件中（Mysql），并且将 SIP 包重新打包为 AIP 包进行存储，所有存储在数字管理数据库中的元数据都被冗余地存储在 AIP 包中。为了能够将 AIP 存储在多种存储系统之上，DAITSS 提供了一个对多种存储系统的通用接口。这种方式下，一个 AIP 包中完整地包括了对象数据和相关的元数据，便于保存管理，特别是在数据库中的元数据有问题的时候，可以独立地恢复相关信息。

4）文件系统 + RDBMS + 元数据分散存放

内容数据对象被存储在文件系统中，一部分元数据存放在 RDBMS 中，其他元数据与数据对象一同保存在文件系统中。

NEDLIB 项目的 dSEP 系统认为 AIP 是一个概念性的信息包，并不是一个实际的数据结构，AIP 中包括有信息对象，维护着 dSEP 中需要保存和检索的信息单元，但是一个实际实现的 AIP 可以自由地选择采用什么样的元数据集来与信息对象存储在一起，形成一个供保存的数据结构。NEDLIB 建议只有那些属于原有电子出版物的元数据，也就是那些离了它电子出版物就不完全的元数据，才应当与 AIP 中的信息对象（也就是字节流）存储在一起（一个这样类型的元数据是“结构化”元数据，如一个 XML 的 DTD 文件）。而那些被不同的 dSEP 功能所需要的元数据不应当作为 AIP 的一部分保存，但需要随时能够被存取到。这些元数据根据需要，要求经常被更新，或者迁移到其他新的系统或新的数据结构，而不必解开或者修改被保存在 AIP 中电子出版物的数据信息。因此结构元数据被允许与内容数据一起保存。

（2）元数据与内容数字对象一起保存模式

为了确保元数据和文件不会分开，而且备份处理简单，一些系统把元数据也作为一类数字对象，与内容对象数据一起保存。有些系统采用数据库系统，有些系统采用文件系统。

加利福尼亚大学图书馆的数字保存仓储（Digital Preservation Repository）的摄入功能将一个包括多个文件的数字对象，以及相应的元数据整合成为一个完整的对象，并且将它们封装到 METS 包装器之中。接下来这一对象被唯一命名，以对它进行唯一标识。在数字保存仓储中，这一过程生成一个 ARK 标识并将这一标识与相应的数字对象相绑定。数字对象相应地被保存到存储系统之中。内容存取的功能是接收一个 ARK 标识并且返回一个与它相绑定的数字对象。

元数据记录作为数字对象与内容对象一起保存也有它的优势:元数据与内容很难分隔,便于同步更新,可以很好地保持一致性,而且对于内容对象采用的保存策略可以同样应用到元数据保存中。然而,这一方式也会导致数字对象的处理过程复杂,对元数据的每一次编辑处理就要实现一次信息包的内容解析和内容组装,不利于内容对象数据的安全保护。

9.3 数据管理承担者:数字仓储

在实际的数字保存系统中,数据管理的主要功能是由数字仓储(Digital Repository)来承担的。数字仓储管理数字内容对象、元数据及二者之间的相关关系,并提供对数据的导入、导出、查询、访问等基础服务功能。本节简述数字仓储的主要功能和作用,特别论述在长期保存系统中对数字仓储的功能要求。

9.3.1 数字仓储和保存数字仓储

“仓储”一词源自英文 Repository,它指的是一个能够容纳各种异构类型数字资源的仓库,由于数字资源在科学文献信息服务中以知识呈现,因而在很多时候研究者也称仓储为“知识库”或者“典藏库”。

其实在 20 世纪 90 年代,后来被称为 Digital Repository 的数字内容管理系统就已经出现,如 Los Alamos National Laboratory 的 arXiv. org[7],英国 University of Southampton 的 CogPrints[8] 和存储电子硕博论文的 NDLTD[9] (The Networked Digital Library of Theses and Dissertations)等,当时它们被称为 E-print Archive。

OAI 计划(Open Archives Initiative)的提出,对 Repository 进行了明确的定义,并提供了互操作的标准规范,客观上对 Repository 热潮的形成起到了推动作用。进入 21 世纪之后,遵循 OAI 协议的开源机构仓储软件纷纷推出。例如,2000 年 University of Southampton 推出 Eprints 系统[10],2001 年 Cornell University 发布了 Fedora(Flexible Extensible Digital Object Repository Architecture)系统[11],2002 年 Hewlett-Packard 和 MIT 开发出了 Dspace 软件系统[12]。正是这些数字仓储构建工具的出现,使得数字图书馆界在 2000 年代初期迅速掀起数字仓储建设的热潮。机构仓储(Institutional

Repository)和主题仓储(Subject Repository)成了数字仓储的建设主体,一些研究机构也将其构建的数字仓储称为 eScholarship[13](如 CDL)或 Digital Commons(如 DigitalCommons@ ILR)[14]。

英国联合信息系统委员会(The Joint Information Systems Committee, JISC)给了数字仓储下了一个相对广泛的定义,该机构主要研究人员 Rachel Heery 认为数字仓储是一个"能够存储各种类数字资源的场所,它有一套相关的原则确定仓储中可以存储什么样的数字内容以及仓储的服务目标是什么"[15]。

研究图书馆组织(Research Libraries Group,RLG)提出了可信赖数字仓储(Trust Digital Repository)的概念,认为数字仓储不仅仅只是异构数字资源的馆藏,它还具备以下的特性:①内容对象是通过内容创建者、所有权者或是代表两者利益的第三方存储到仓储中;②仓储不但能够管理内容对象,还能够管理元数据;③至少能够提供诸如放入、取出、查询、访问等基础服务;④必须稳定可信任、界面友好、易于管理[16]。

随着数字保存实践活动的深入,在数字仓储的概念之上,还提出了数字保存仓储(Digital Preservation Repository),或是保存仓储(Preservation Repository)的概念。

例如,加利福尼亚数字图书馆(California Digital Library,CDL)就明确提出了数字保存仓储的概念。加利福尼亚数字图书馆认为数字保存仓储承担了对加利福尼亚大学图书馆的数字内容的保存、管理和受控分发的功能,让这些数字内容能够被研究和教学所利用。数字保存仓储提供了一系列的功能接口,可能实现数字对象的存储和管理[17]。并且认为一个数字保存仓储需要承担以下重要职责:长期保存数字对象及其元数据;对保存的数字对象提供访问控制;给被保存对象提供可靠、持久的唯一标识;对数字对象进行管理并生成管理报告[18]。

PREMIS(PREservation Metadata:Implementation Strategies,元数据保存实施策略)工作组则认为,数字保存仓储是一系列用于存储和安全保护数字资源,以使这些资源可以在将来被使用的工具[19]。

实现上,数字保存仓储是一种数据管理系统,它收集、组织、管理、存储需要长期使用的数字资源,并在保证这些数字资源长期可用的基础之上,实现对这些数字资源的共享使用。数字保存仓储需要保证数字对象在仓储中可以长期存活,在将来能够被人们所利用。

9.3.2 数字仓储的主要功能

在实际的数字保存系统中,数字对象及其元数据的存储和管理一般是通过数字仓储进行的。Paul Wheatley 认为数字仓储作为一种介于具体应用和存储系统之间的重要软件系统,需要实现以下四个目标:①确保仓储中所保存的数字内容不被损坏、丢失或非法地改动;②确保存档的数字内容可以被发现,可以从存档系统中提出并提供给用户;③确保存档的数字内容能够被解释并被用户所理解;④确保上述仓储的三项功能要求在很长的一段时间内都能够有效[20]。

为了达成上述四个目标,Paul Wheatley 认为一个数字仓储应当提供以下五个方面的功能支撑:①需要有一个摄入的过程,可以创建和抽取必要的元数据来实现保存管理;②需要有一个存储数字对象呈现信息的框架,可以对数字对象的呈现信息进行管理和利用;③要有一个实施"技术监测"进程,可以对数字对象的呈现信息及其相关的技术依存关系进行监测,当发现数字对象的呈现技术过时的时候(如数字对象的格式已经过时了),能够提示需要采取必要的数字保存行动;④要有一个进行对象呈现的进程,能够对所检索到的数字对象进行正确呈现;⑤要有一个进行系统信息记录的进程,能够记录元数据的变化和其他系统信息[21]。

本书作者总结了数字仓储的一般要求,提出了一个数字仓储的系统框架,并对数字仓储应当具备的主要功能进行了归纳总结,如图 9-4 所示。在下文中,本书作者总结归纳了一个数字仓储应当具备的 14 项主要功能。

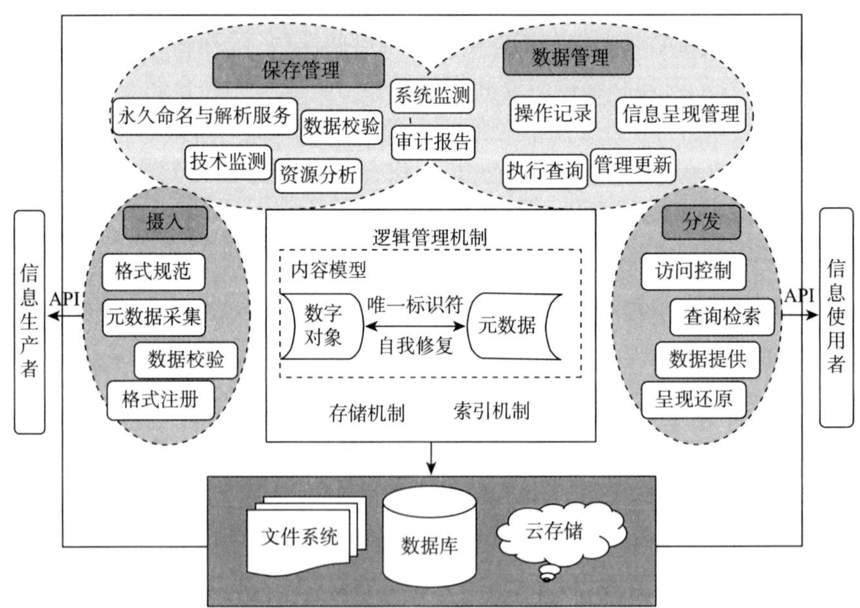

图 9-4 数字保存仓储的主要功能架构

(1)数字仓储需要提供一个可扩展的系统框架

数字仓储是在数据库、硬件平台之上的一个可扩展框架,它需要协调各种应用软件、工作流程、计算机硬件和存储体系,向内实现数字对象和元数据的管理,向外提供数字保存的功能服务。因此数字仓储需要一个可扩展、可伸缩性的系统框架,能够灵活扩展,同时可根据短期、中期、长期等目标及保存规模的需要进行灵活定制。

(2)数字仓储需要支持唯一持久标识

唯一持久标识是管理数字对象的一种重要机制,对于能够找到数字对象,实现数字对象与其元数据的关联有着重要的意义。很多情况下,数字对象的物理位置可能需要改变,但唯一持久标识保证了数字对象即使在物理位置改变了的情况下,也能够有效定位这一数字对象。唯一持久标识通常通过命名注册解析来实现。

(3)数字仓储需要支持元数据、呈现信息的采集

数字仓储需要支持在摄入过程中实现元数据、呈现信息的采集。能够在摄入过程中自动抽取元数据,自动识别文件格式,并对照相关的文件格式规范,对数字对象进行校验,判断数字对象是否符合格式规范的要求。在数字仓储中,通常通过集成相关工具插件来实现元数据、呈现信息的采集。

(4)数字仓储需要支持呈现信息的管理

数字仓储需要支持呈现信息的管理。通常情况下数字仓储需要提供一种呈现机制来存储和管理呈现信息。这些呈现信息提供了一个知识基础,以使人们从数字对象的数据流中可以看到有意义的信息内容。目前的数字仓储通常情况下通过技术注册(格式注册)的方法来实现对呈现信息的管理。

(5)数字仓储需要提供技术监测功能

技术监测功能对数字对象的呈现信息及其相关的呈现功能进行监测,确保数字对象的呈现信息和呈现能力不随着时间的流逝而陷入技术过时的窘境。仓储需要提供技术监测的进程,定期对数字对象的相关呈现信息进行扫描,确保能够对技术过时情况进行预警。

(6)数字仓储需要提供信息内容的呈现机制

仓储需要提供相关的呈现机制,能够将数字对象的字节流转化成为有意义的信息,从原始的数字信息中能够呈现有意义的知识内容。呈现机制,反映了数字仓储在数字保存上所采用的技术策略,如通过迁移能够保证数字内容在一种格式过时之前,得到新的呈现方式;而仿真则通过保存

原来数字对象的呈现环境来保证信息内容可以呈现。

(7)数字仓储需要记录对数字对象和元数据的操作

数字仓储需要提供对数字对象和元数据操作进行记录的功能。它一方面需要确保被保存的数字内容不会被非法改变,保证被保存数字对象的真实可靠;另一方面通过对数字内容及元数据操作的记录,能够使数字对象的操作可以被追溯,有利于制定未来这一数据对象的保存活动。

(8)数字仓储需要实现数字对象的存储机制

数字仓储需要管理数字对象如何存储在底层的存储系统之上(例如磁盘阵列之上)。通常情况下,数字仓储提供一定的逻辑管理机制,将数字对象存储到文件系统之中。现在的很多数字仓储软件也支持将数字对象存储在 NoSQL 等新型数据库、分布式文件系统(如 Hadoop 分布式文件系统,HDFS),或更为透明的云存储之中。

(9)数字仓储需要实现数字对象的内容组织机制

在数字仓储中,经常会碰到一个数字对象又由多个不同类型的数字对象组成的情况(如一本电子图书由多个章节组成)。针对这一情况,数字仓储一般提供内容模型(Content Model)构建的功能,通过定义内容模型,将多个不同类型的数字对象,组织成一个逻辑上完整的数字对象。

(10)数字仓储需要实现数字对象和元数据的有效关联

在数字仓储中一般通过唯一持久标识实现数字对象和元数据的关联。数字仓储一般还需要提供数字对象和元数据关系的自我修复功能。有些数字仓储,如 Fedora,在存储元数据的数据库出了问题的时候,能够从数字对象的存储信息中自我恢复元数据,同时恢复数字对象和元数据的关系。

(11)数字仓储需要对数字对象和元数据提供真实性、稳定性校验功能

数字仓储对于保存到仓储中的数字对象和元数据,需要提供校验功能。例如在摄入过程中形成被保存数字对象和元数据的校验码,并定期执行对数字对象和元数据的校验,确保二者的检验码相同。

(12)数字仓储需要提供数字对象的检索查询功能

数字仓储需要基于元数据及数字对象本身的知识内容,提供检索查询的功能。通常情况下,除了直接使用数据库管理系统的索引和查询体系(如基于 SQL 的数据库查询)之外,还通常会利用一些其他的索引系统(如 Solr 等)来实现更为高效、强大的检索功能。

(13)数字仓储需要提供数字对象的审计和报告功能

为了让数字保存活动能够正常开展,让行政管理层能够规范地执行保存工作,保证数字仓储中的内容对象可以被访问、被利用和技术不过时。

数字仓储系统需要提供对数字对象的审计和报告功能。定期报告数字仓储内数字对象的各类审计情况（如数字对象的完整性审计、数字对象数量审计、数字对象与元数据的关联审计等），报告仓储的各项管理活动情况。

（14）数字仓储需要提供数字对象和元数据的访问控制机制

为了保障数据提供者的利益，保证数字仓储内的数字对象不会被非法利用和非法篡改，需要根据数字对象的应用授权许可情况，实现对数字对象的访问控制。不同的用户，只能访问其被授权的对象。

9.4　当前主要数字仓储的数据管理方案

上文分析了 OAIS 中数据管理功能实体的主要承担者数字仓储的主要概念和功能。目前国内外很多数字保存系统都是基于数字仓储系统来实现数字保存系统的功能扩展。

本节对当前重要的开源数字仓储 DSpace 和 Fedora 系统进行阐述，以进一步了解在数字保存系统建设中，这些可供利用的，能够对数字对象和元数据进行管理的系统框架。

9.4.1　DSpace 数字仓储

DSpace 是 MIT（美国麻省理工大学）与 HP（惠普）公司合作开发一个数字仓储系统。DSpace 于 2002 年 11 月正式发布。目前由非营利组织 DuraSpace 来支持。到 2014 年年末，其最新的版本是 4.2 版[22]。

与 Fedora 主要提供仓储服务功能，各种应用需要二次开发不一样，DSpace 是一个面向组织机构的、具有完整应用界面和应用功能的简单易用的数字仓储系统。如果这一组织机构的需求有所改变，DSpace 允许通过工作流和其他策略的调整来满足用户的需求。

（1）数据模型

DSpace 支持对各种类型的数字内容（文本、图像、音频、视频等）的存储和访问。DSpace 的数据模型反映了使用 DSpace 系统的组织本身的结构。

DSpace 的数据模型包括社群（Community）、子社群（Sub-Community）、数据集（Collection）、条目（Item）、命名包（Bundle）、比特流（bitstream）和比特流格式（Bitstream Format）组成，如图 9－5 所示。

一个 DSpace 系统由若干个数字社群(Community)组成,一个社群可以对应于大学的院系、实验室、研究中心等。这些数字社群下又可以分为更为细小的子社群(Sub-Community)或数据集(Collection)。数据集是社群下逻辑相关的资源集合,如某个课题组的资源。数据集由一个个的条目(Item)构成。一个条目可以出现在多个数据集中,但有且只能有一个所属数据集。条目是存档的基本元素,一个条目可由一个或多个命名包(Bundle)组成。一个命名包由存储在磁盘介质上的比特流(Bitstream)构成,每个比特流都有对应的比特流格式(Bitstream Format)。在 DSpace 中,比特流格式是一种指向特定文件格式的唯一的持久标识,它包括文件的 MIME 以及文件的扩展名。DSpace 将比特流格式与比特流分离,很好地解决了基于不同格式的存储问题。

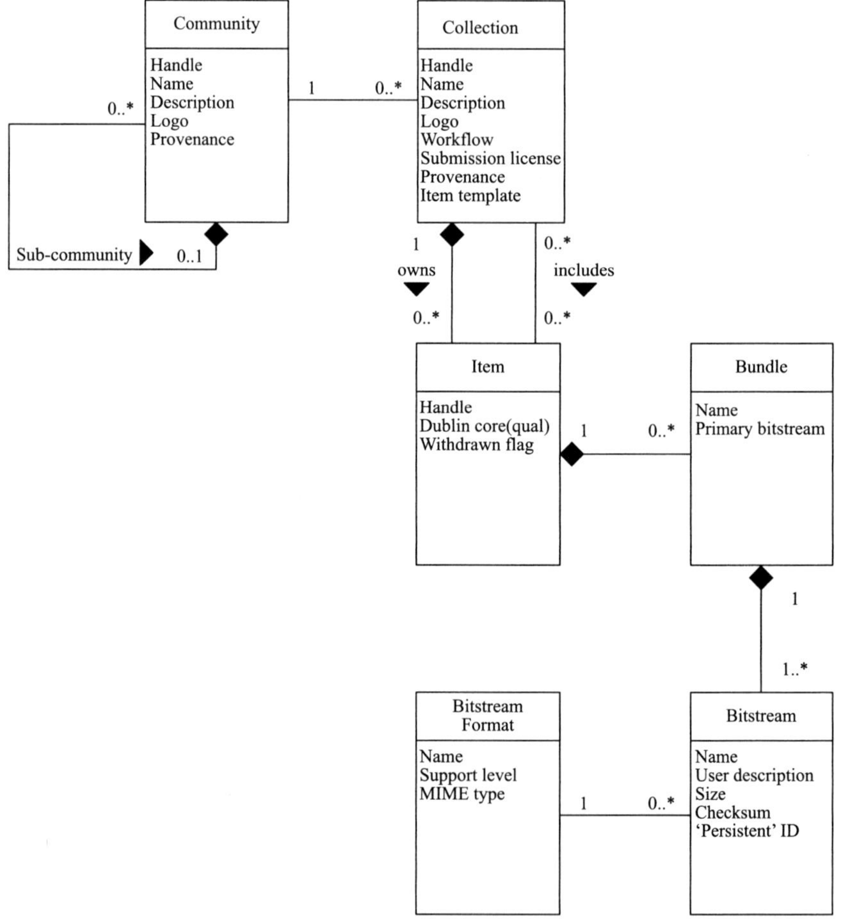

图 9-5　DSpace 的内容模型[23]

(2)元数据管理

DSpace 的元数据包括三种类型:描述性元数据(Descriptive Metadata),如描述条目属性的 DC 元数据;管理性元数据(Administrative Metadata),包括保存元数据、来源与授权元数据、数字对象的字节流长度与 MIME 格式类型等;结构性元数据(Structural Metadata),描述一个条目的组织结构的元数据,包括一个条目的多个字节流构成,一个条目与其他条目之间的关系等。

在描述元数据方面,DSpace 支持都柏林核心(DC)元数据集。每个条目需要包括三个必备的元数据字段:题名(Title)、语言(Language)、提交日期(Submission date)。每个条目都有一个 DC 元数据记录,支持资源的检索访问。如果需要利用到其他元数据,可以自行在 DSpace 中注册扩展。

(3)DSpace 系统功能结构

DSpace 的主要系统功能结构如图 9－6 所示。DSpace 能够面向数据提供者、数据保存管理者和最终用户提供服务。

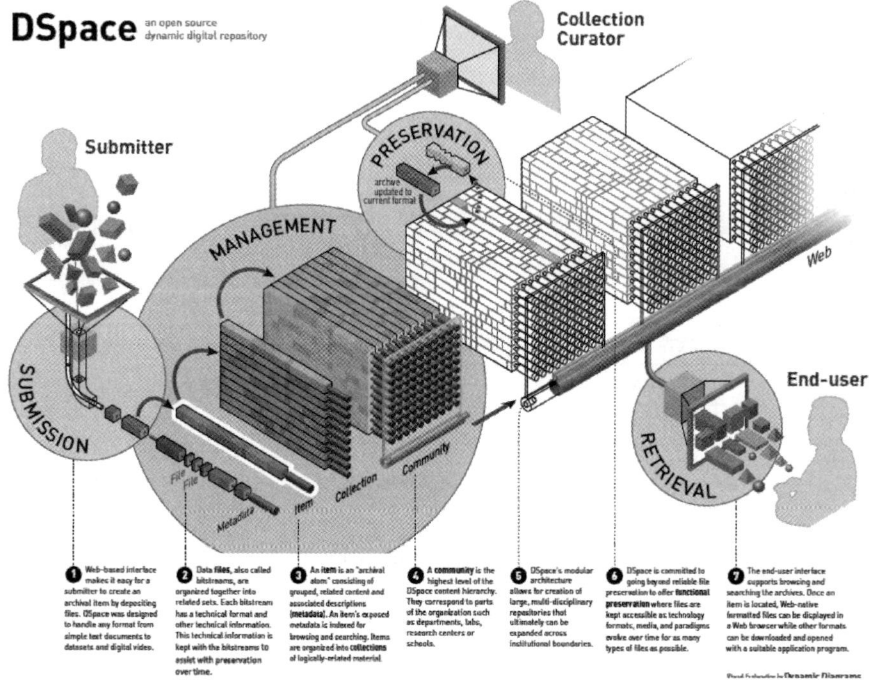

图 9－6　DSpace 的系统功能结构[24]

对于数据提供者,DSpace 提供了提交功能。用户提交的数字对象及其元数据能够被保存在数字仓储中,以数据库方式存储元数据,以文件方式存储对象数据。

对于数据保存管理者而言，DSpace 提供了数字对象管理和保存管理两项功能。数字对象管理按 DSpace 的数据模型将数字对象存储在相应的数据库和文件系统之上，并按社群、数据集、条目等组织关系对数字对象进行管理。保存管理对数字对象的呈现信息进行监测，保障能够及时对将要过时的文件格式进行迁移。

对于最终用户，DSpace 提供了仓储内容的检索查询功能，在取得授权的情况下，这些用户可以获取 DSpace 中保存的数字对象内容。

DSpace 数字仓储的功能层次结构包括存储层、业务逻辑层和应用层三个层次，如图 9－7 所示。其中：

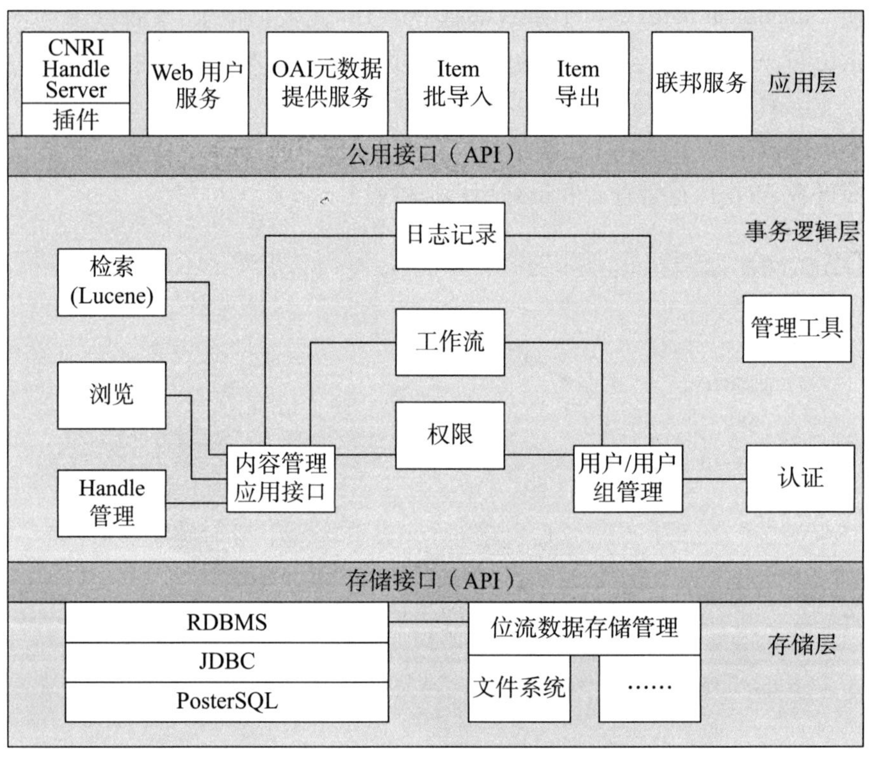

图 9－7　DSpace 的功能层次结构[25]

存储层负责对数字条目和关联的元数据进行存储，数字内容存储在文件系统中，以数字流和数字流包的形式与条目相关联，条目中可以包含不同类型的文件；

业务逻辑层包括实现浏览、检索、用户（组）管理和授权、工作流管理、内容管理等工作的各种组件。

应用层提供基于 Web 的用户界面、批量数据导入工具、OAI 元数据供应等各种用户接口功能。考虑到长期保存的需要，DSpace 提供了对 CNRI (Corporation for National Research Initiatives) Handle 系统的支持，保证每个数字条目有一个全球唯一的标识。

(4) DSpace 的主要特点

通过对 Dspace 的研究和实际应用，作者认为 DSpace 具有跨平台性、功能完善、支持互操作、支撑数字保存和易用性等特点。

1) 跨平台性。DSpace 用 Java 实现，因此具有良好的跨平台性。

2) 具备较为完善的功能。DSpace 具有数字资源的创建、管理和发布功能，并且具有用户授权管理、全文检索以及版本控制功能。

3) 互操作性。DSpace 系统支持 OAI-PMH 和 OpenURL 互操作协议。

4) 支持数字保存。本身具有基础的数字保存功能，可以利用 Handle 系统来生成唯一的资源标识，以达到数字资源长期保存的目的。

5) 易用性。DSpace 是一个相对比较完整的数字仓储系统，提供了 Web 用户界面(包括普通用户界面和管理员界面)，用户下载安装之后就可使用。

9.4.2 Fedora 数字仓储

Fedora 的是(Flexible Extensible Digital Object Repository Architecture，可灵活扩展的数字对象仓储框架)的简称。Fedora 数字仓储由 Virginia 大学图书馆和 Cornell 大学共同合作来全面开发，并得到 Mellon 基金的支持。该系统 2001 年首次发布。与 DSpace 一样，目前 Fedora 数字仓储也是由非赢利组织 DuraSpace 来支持。到 2014 年年末，其最新版本是 4.0 版[26]。

(1) 数据模型

为了有效实现对各类信息内容的管理，Fedora 的开发者提出了 Fedora 数字对象模型(The Fedora Digital Object Model)的概念，定义了一个面向对象的通用数据模型，并通过 FOXML 语言来描述数字对象的组成、属性以及数字对象之间的相关关系。Fedora 数字对象模型能够描述、组织和管理各类复杂的数字对象关系，它是 Fedora 仓储数据处理的基础。具体内容请参见本书 7.3.3“Fedora 对象可扩展标识语言”小节。

(2) 元数据管理

在 Fedora 的数字对象通用模型中保留了 RELS-EXT、DC、AUDIT 三个数据流以提供对数字对象的描述和管理。其中，在 RELS-EXT 数据流中，可以描述这一数字对象与其他数字对象之间的关系；在 DC 数据流中，可以基于 DC 元数据来描述这一数字对象；而在 Audit Trail 数据流中，系统能够自动记录对这一数字对象的所有操作日志。

由于在实际中,需要处理的数字对象比较复杂,在基于 Fedora 的数字保存系统设计和实现中,仅仅通过上述三个数据流来描述和管理数字对象是不够的。经常需要在这一通用的数据模型之上,自行定义一系列的数据流,通过这些数据流实现元数据的扩展。

在 Fedora 仓储系统通过定义若干可扩展的数据流,来容纳更多的元数据信息,确保数字对象可被完整、准确地描述和保存。例如在图 9 - 8 中,在通用数据模型的基础之上,增加了三个自行定义的数据流,分别为:Descriptive_Metadata、Administrative_Metadata 和 Preservation_Metadata。通过这三个数据流,可以实现描述元数据、管理元数据和保存元数据的存储和管理。具体的元数据元素及其 XML Schema,可以根据实际情况自行定义。

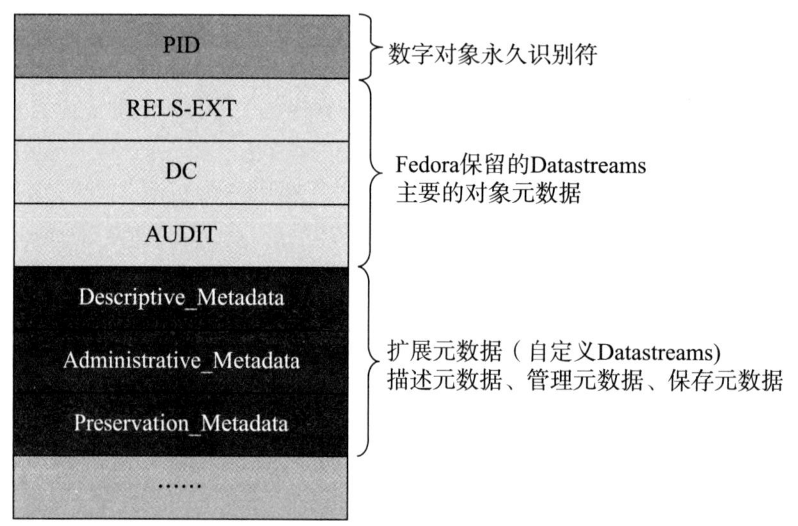

图 9 - 8　Fedora 基于数据流扩展元数据管理

(3) Fedora 系统的功能结构

Fedora 认为其数字管理包括两个功能组件:结构内核(Structural Kernel)和功能分发层(Disseminator Layer)。其中,结构内核负责对数字对象的比特流、数字对象的元数据以及数字对象和元数据的访问权限进行管理。而功能分发层实现对这些数据的操作,它向上提供结构内核中所存储数据的各种操作服务,使上层应用可以对数字对象及其元数据进行检索、访问和管理。

基于这种数据管理模式,Fedora 仓储是由内部管理内核和外部 Web Services 接口组成的一个仓储系统。其系统体系结构是一个三层的体系结构。如图9－9所示。

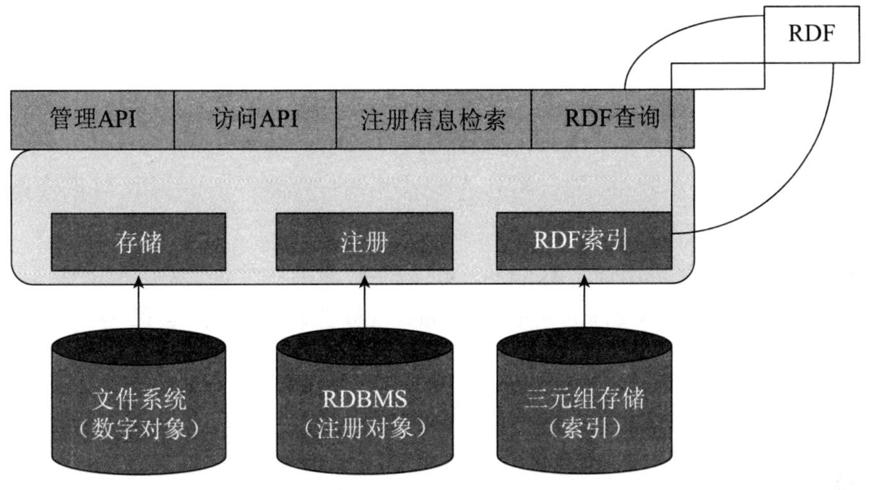

图9－9　Fedora仓储的体系结构[27]

最上层是Web Services接口层，由管理（Manage）、访问（Access）、检索（Search）和RDF查询（RDF Query）四个部分构成。用户可以通过这四种接口同仓储进行交互，包括利用客户端、浏览器、批处理等。其中管理接口定义了管理仓储的公开接口，包括创建、修改、删除数字对象或者数字对象的数据元素（包含数据和元数据），访问接口定义了访问数字对象的公共接口。

中间层是内部服务层，包含对象存储（Store）、注册信息（Registry）和RDF索引（RDF Index）三个子系统。

底层是存储层，负责读写数字对象和数字对象元素，对应上一层保存了文件系统、关系型数据库以及针对RDF查询而生成的三元组索引记录。存储层需要负责实时请求和缓存分布的数据。Fedora支持通过HTTP协议和FTP协议访问分布式资源。

Fedora当前版本的软件可以非常有效地处理上百万的数据对象。在将来的版本之内，还要增加许多对机构仓储十分有用的功能，例如存取策略管理、对象版本控制等，此外还将进一步提高性能，以支持更大规模仓储的需要。

（4）Fedora数字仓储的主要特点

通过对Fedora的研究和实际应用，本书作者认为Fedora数字仓储有以下主要特点。

1）跨平台性。Fedora也用Java实现，具有良好的跨平台性。

2）灵活的数字对象模型。Fedora的数字对象模型支持创建包括文档、图像、电子书、多媒体学习对象、数据集、元数据等在内的各种类型的对象，具有很大的灵活性和良好的可扩展性。Fedora 对象模型支持将一个或多个内容项聚合为数据流，还提供相应机制来支持数字对象模型的动态扩展。

3）具有丰富的服务功能实现。Fedora 提供了以 Web Service 方式发布管理和访问服务、版本控制、XML 格式数据的存储和导入导出、对象之间的关联支持、简单检索等多种功能。

4）较好的互操作性。每个 Fedora 数字对象有一个原始的 DC 记录，符合 OAI PMH 2.0 协议所定义的 Schema 规范，因此 Fedora 系统支持 OAI-PMH 互操作协议。

5）支持数字资源长期保存。Fedora 中使用了对象唯一标识符 PID（Persistent IDentifier）和 Fedora URI 标识符来支持数字资源的长期保存。

6）应用需要二次开发。与 DSpace 相比，Fedora 的应用较为复杂。Fedora 的功能实现是以 API 的形式给出的，没有提供可视化的用户界面，用户下载安装之后还要进行一定的程序开发才可使用。

9.5 小结

本章分析了 OAIS 参考模型和可信赖数字仓储对数据管理功能实体的基本要求，在此基础之上，作者研究分析数字保存系统中数据管理功能需要管理的信息类型和相关的管理方法，特别对目前数据管理中元数据的存储管理方案进行了总结归纳。由于数字保存系统中，数据管理的功能主要通过数字仓储系统来实现，因此作者在本章中重点研究了数字仓储的框架和功能。在参考前人研究的基础之上，作者提出了数字仓储的一个系统框架，并总结归纳出一个数字仓储应当具备的 14 项主要功能。本章所提出的系统框架和相关的系统功能，可以作为评价一个数字仓储系统，或设计实现一个数字仓储系统可以遵循的基本规范。

作者需要强调的是，虽然 OAIS 参考模型的制定者认为 AIP 包和元数据的管理分别是由档案存储功能实体和数据管理功能实体来管理的，但在实际的数字保存系统中，AIP 包和元数据通常结合在一起，交由数字仓储系统来统一管理。在实际的数字保存系统建设过程中，数据管理功能实体的实现需要根据实际情况来灵活处理。

（张智雄、吴振新、曲云鹏）

参考文献

[1－2] Consultative Committee for Space Data Systems. CCSDS 650. 0-M-2, Reference Model for an Open Archival Information System(OAIS)[EB/OL]. [2014－12－17]. http://public. ccsds. org/publications/archive/650x0m2. pdf.

[3－4] International Organization for Standardization, International Standard: Space Data and Information Transfer Systems—Audit and Certification of Trustworthy Digital Repositories, ISO 16363:2012(en)[EB/OL]. [2014－12－27]. https://www. iso. org/obp/ui/#iso:std:iso:16363:ed-1:v1:en.

[5－6] Implementing Preservation Repositories For Digital Materials: Current Practice And Emerging Trends In The Cultural Heritage Community[R/OL]. [2014－12－27]. http://www. oclc. org/research/projects/pmwg/surveyreport. pdf.

[7] arXiv. org[EB/OL]. [2010－03－05]. http://arxiv. org/.

[8] CogPrints[EB/OL]. [2010－03－05]. http://cogprints. org/.

[9] NDLTD[EB/OL]. [2010－03－05]. http://www. ndltd. org/.

[10] Eprints[EB/OL]. [2010－03－05]. http://www. eprints. org/.

[11] Fedora[EB/OL]. [2010－03－05]. http://fedora-commons. org/.

[12] Dspace[EB/OL]. [2010－03－05]. http://dspace. org/.

[13] eScholarship[EB/OL]. [2010－03－05]. http://escholarship. org/.

[14] Digital Commons[EB/OL]. [2010－03－05]. http://digitalcommons. ilr. cornell. edu/.

[15] JISC Circular 3/05: Summary Letter Call for Projects in Digital Repositories[EB/OL]. [2014－12－27]. http://webarchive. nationalarchives. gov. uk/20140702233839/http://www. jisc. ac. uk/media/documents/funding/2005/04/03－05_summary_letter_final. pdf.

[16] RLG/OCLC Working Group on Digital Archive Attributes. Trusted Digital Repositories: Attributes and Responsibilities[EB/OL]. [2014－10－13]. http://www. oclc. org/content/dam/research/activities/trustedrep/repositories. pdf.

[17] The Digital Preservation Repository[EB/OL]. [2014－12－27]. http://www. cdlib. org/uc3/dpr. html.

[18] UC Libraries Preservation Repository System Design[EB/OL]. [2014－12－27]. http://www. cdlib. org/services/uc3/docs/DPRDesign_Final_Dev. pdf.

[19] PREMIS Implementation Survey[EB/OL]. [2014－12－27]. http://www. oclc. org/research/projects/pmwg/survey. doc.

[20－21] WHEATLEY P. Institutional Repositories in the context of Digital Preservation, Digital Preservation Coalition(DPC) Technology Watch Series Report 04－02, March

2004[EB/OL]. [2014 - 12 - 27]. http://www.dpconline.org/component/docman/doc_download/90-institutional-repositories-in-the-context-of-digital-preservation.

[22] DSpace[EB/OL]. [2014 - 12 - 27]. http://www.dspace.org/.

[23] DSpace 4x Documentation[EB/OL]. [2014 - 12 - 27]. http://softlayer-sng.dl.sourceforge.net/project/dspace/DSpace%20Stable/4.2/DSpace-Manual.pdf.

[24] DSpace[EB/OL]. [2014 - 12 - 27]. http://www.dspace.org/sites/dspace.org/files/media/DSpace%20Diagram_0.pdf.

[25] DSpace Internal Reference Specification: Technology & Architecture[EB/OL]. [2005 - 12 - 15]. http://web.mit.edu/dspace/live/implementation/design_documents/architecture.pdf.

[26] Duraspace[EB/OL]. [2014 - 12 - 27]. https://wiki.duraspace.org/display/FF/Releases.

[27] Fedora Repository Server[EB/OL]. [2014 - 12 - 27]. https://wiki.duraspace.org/display/FEDORACREATE/Tutorial%201%20 - %20Introduction%20to%20Fedora#Tutorial1-IntroductiontoFedora-Section6:FedoraRepositoryServer.

10　行政管理功能实体研究

在 OAIS 参考模型中，行政管理（Administration）功能实体负责管理开放存档信息系统中其他功能实体的日常运行和系统的环境配置，制定存档的标准规范，审查 SIP 是否符合存档标准规范，维护存档信息等。在具体的一些数字保存系统设计时，该功能可能已分散到其他功能实体中，而没有单独设计出行政管理模块。但是本书作者认为行政管理在整个数字保存系统中起着协调各种保存管理活动的作用，研究行政管理的功能要求和支撑技术，分析其与其他功能实体的数据流交互情况，有助于为数字保存系统的设计提供有益的参考。

本章分析行政管理相关的功能，在可信赖数字仓储规范对行政管理职责要求的基础之上，阐释数字保存系统中行政管理的主要职能范围，然后解析了行政管理与 OAIS 中其他功能实体的数据流交互情况，并对支撑行政管理的工具实例 C3PO 进行了深入分析。最后对现实中大型存档系统的行政管理进行了研究，以期为设计、实践数字保存系统的行政管理提供方法和依据。

10.1　OAIS 参考模型中行政管理的主要功能

行政管理功能实体为数字保存系统提供整体运作的服务和功能，设计数字保存系统的行政管理，需要借鉴 OAIS 参考模型[1]对于行政管理功能的要求。OAIS 参考模型认为在开放存档信息系统中，行政管理功能实体需要实现八个主要功能，如图 10－1 所示：与生产者协商提交协议，安排数据提交日程；管理系统配置，监管存档系统各组件的软件配置信息；存档信息更新，更新信息包的内容；物理访问控制，控制对存档系统物理基础设施的访问；制定标准和政策，制定和维护存档系统的标准和政策；审计提交，验证提交的 SIP、AIP 是否符合提交协议规范；触发请求，管理事件驱动的请求记录从而生成分发请求;客户服务,维护客户的账户信息。这八个功能分述如下。

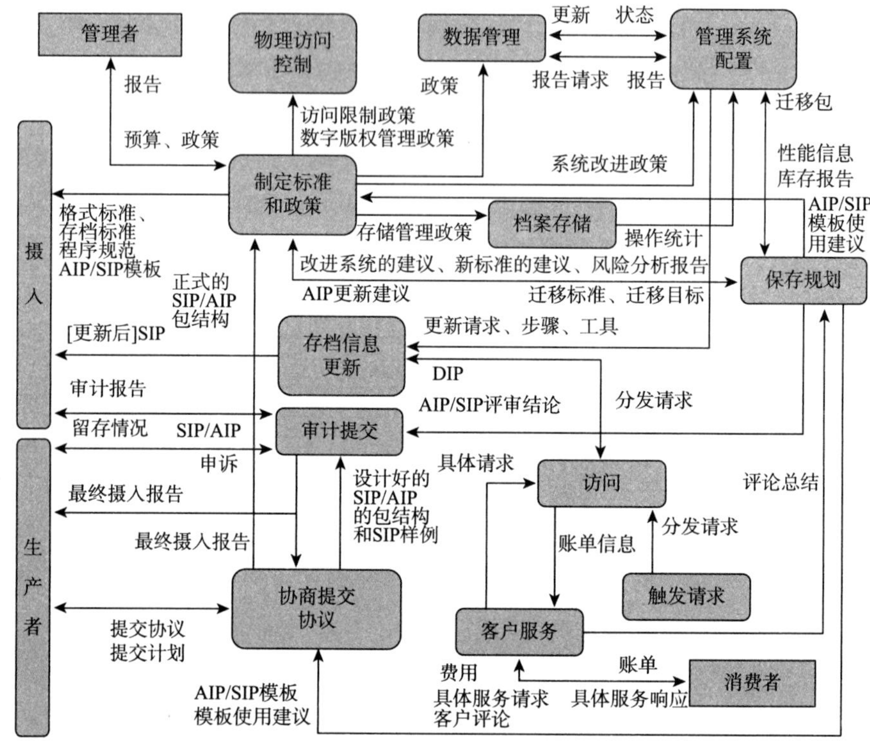

图 10-1 OAIS 中行政管理功能实体的八个主要功能[2]

10.1.1 协商提交协议功能

协商提交协议功能(Negotiate Submission Agreement)负责为存档信息系统征集有保存价值的存档信息,并与信息生产者协商信息的提交协议和提交计划,以便将提交信息摄入存档信息系统中。该功能接收保存规划功能实体传来的 AIP、SIP 模板和模板的使用建议,然后将设计好的 SIP、AIP 的包结构和 SIP 样例提供给审计提交功能,以审查是否符合提交的格式和规范。它还将设计好的正式 SIP、AIP 包结构提供给制定标准和政策功能,以备摄入功能实体在摄入数据时使用。在存档系统的数据提交政策中,必须规定数据提交的格式和规范;在提交的协议中,必须要求信息生产者对所提交的信息数据进行确认。

10.1.2　管理系统配置功能

管理系统配置功能（Manage System Configuration）系统地监测整个存档系统的运行，维护系统各组件的软硬件配置信息，确保这些配置信息的完整性且有记录可查，还审查存档系统的运行、性能和使用情况。该功能向数据管理功能实体请求并接收有关系统信息的报告，还接收档案存储功能实体传来的操作统计，然后对这些报告进行汇总，并定期向保存规划功能实体提交存档系统的性能信息和存档库存报告。管理系统配置功能接收保存规划功能实体提供的迁移包，并向存档信息更新功能发送更新请求，提供更新的步骤和所需要的工具信息。它接收制定标准和政策功能传来的系统改进政策，并制订和实施系统改进的计划。

10.1.3　存档信息更新功能

存档信息更新功能（Archival Information Update）负责更新存档系统的数据内容。它接收管理系统配置功能发送来的更新请求、更新的步骤和所需要的工具信息，再向访问功能实体发送分发请求，获取到需要更新的DIP，修改其内容后，作为SIP重新提交给摄入功能实体。

10.1.4　物理访问控制功能

物理访问控制功能（Physical Access Control）负责管理门禁安保系统，根据制定标准和政策功能提供的访问限制政策，限制不相干人员接触存档系统的物理基础设施。

10.1.5　制定标准和政策功能

制定标准和政策功能（Establish Standards and Policies）负责制定和维护存档系统的标准和政策。它接收管理者的预算信息和政策，例如存档系统的规章制度、保存范围、资源利用指南和定价政策等，也定期向管理者提供存档系统的运行报告。它接收保存规划功能实体对改进存档系统的建议、新存档数据标准的建议和定期的风险分析报告。它能够应对突发事件（比如网络故障产生的意外掉线、软硬件故障、人为过失等），并执行正确的决策，将存档任务的风险降到最低。它还接收管理系统配置功能提供的有关存档系统的性能信息和库存情况，经过分析制定存档标准和政策，并发送给存档系统的各个功能实体，这些标准包括格式标准、存档标准和摄入过程中应遵循的规范。在接收到保存规划发送来的AIP更新建议后，向保存规划功能实体提供审查过的迁移标准和目标,让保存规划功能实体制定迁移包后提供给管理系统配置功能。制定标准和政策功能也为档案存储功能实体中的存储体系结构管理功能制定存储管理政策,包括迁移政策和数据库管理政策,以确保存储格式不会过时。它还制定灾难恢复策略和存档内容的安全政策,包括影响物理访问控制的数字版权管理政策和整个存档系统的出错控制技术策略。

10.1.6 审计提交功能

审计提交功能(Audit Submission)验证提交的 SIP 或 AIP 是否符合提交协议规范,并检验它们的可理解性。该功能接收保存规划功能实体或外部委员会对 AIP、SIP 的评审结论,主要评审在摄入时是否正确使用了 AIP、SIP 模板。审计流程必须验证数据的质量是否符合存档系统和审查委员会的要求,还必须验证是否有足够的呈现信息和呈现描述信息来确保内容信息的可理解性。审计时会判定 SIP 的各部分是否适合存档,不适合则必须修改后重新提交或者排除,然后向摄入功能实体提供一份审计报告,并向生产者报告其所提交信息的留存情况;生产者可以向摄入功能实体重新提交 SIP 或向行政管理功能实体提起申诉请求决议。生成新的 AIP 时,审计提交功能要检查迁移的目标是否已实现,包括检查 AIP 的可用性和信息包转换的证据真实性,例如是否保留了信息包转换的信息属性等。在审计完成之后,生成最终的摄入报告并提供给生产者和协商提交协议功能。审计的方法有采样、定期审查和同行评议。

10.1.7 触发请求功能

触发请求功能(Activate Requests)负责管理以事件来驱动的请求记录,并周期性地将请求的数据与存档内容进行对比,以确定请求的数据是否可用。如果请求的数据可用,则生成一个分发请求给访问功能实体。触发请求功能还定期地生成数据分发请求,其生成的周期由消费者或某些事件(例如,数据库更新)触发。

10.1.8 客户服务功能

客户服务功能(Customer Service)负责创建、维护和删除客户的账户。它从访问功能实体收集账单信息,并向使用了存档系统资源的消费者发送账单和收取费用。它还对平时的信息请求做出响应,收集客户对访问功能实体的服务和产品的评论,对这些客户评论进行总结发送给保存规划功能实体加以利用。

10.2　可信赖数字仓储规范对行政管理的职责要求

在数字保存系统的设计上应当保证能够收集、管理、处置与组织管理、基础设施与安全风险相关的信息，支持数字保存系统中行政管理功能的运行。组织管理和基础设施与安全风险管理两方面是构建可信赖数字仓储的重要方面。可信赖数字仓储规范[3]对这两个方面提出了更为具体的要求。

10.2.1　组织管理

行政管理要从数字保存的组织方面考虑和制定相关的保存目标、保存政策和保存规划，确保组织管理机构能够存活，健全组织结构和培养合格员工，制定可行的保存政策，保证财务的可持续性，保障有合法的授权收集和保存数字内容。

(1)确保组织管理机构能够存活

行政管理要从以下三个方面制定出有效的保存任务、保存战略规划和获取标准，以确保组织管理机构能够长期存活。1)确保组织管理机构的高层达成保存共识，并制定出保存、管理和访问数字信息的长期保存任务。2)制订保存战略规划，实现数字保存系统的长期保存任务，帮助组织机构做出行政决策、制定保存政策和分配资源，实现保存数字资源的目标。3)制定资源集获取政策和标准，指定所要保存的数据类型，以便组织管理机构识别、保存有价值的数字内容。

(2)健全组织结构和培养合格员工

行政管理要从以下两个方面健全组织机构的保存管理职责，通过培训措施培养合格的数字保存专业人员。1)完善长期保存和数字对象管理的相关职责要求，让有经验的员工来完成这些任务。2)制订专业人员培养计划，为员工提供专业知识和技能的培训机会，确保员工的专业技能紧跟保存技术和规范的发展。

(3)制定可行的保存政策

行政管理要从以下三个方面制定相应的保存政策，保障开展有效的数字保存活动。①明确指定用户团体及其相关的知识范围，建立审查、更新和制定保存政策的机制，确保实施保存战略规划的要求和保障数字保存系统能够履行保存任务。②准确记录操作日志,以便相关各方可以识别和追踪到对数字保存系统所做的决策,保证对数字保存系统的操作符合公认的标准和要求。③制定信息的完整性校验机制和方法,确保保存内容的完整性,并定期进行自我评估和外部认证,确保保存内容的可信赖性和可靠性。

(4)保障财务可持续性

行政管理要从以下三个方面制定相应的财务政策,保障数字保存的财务可持续性。①制订短期和长期的业务发展规划,保障数字保存系统的运营经费,保证保存内容的可用性和可访问性。②制定透明的财务规范,符合有关会计标准,接受第三方审计,防止经济上的违法活动。③不断地分析和报告财务风险、效益、投资和开支(包括资产、许可费用和债务)情况,保持风险与收益、投资与回报之间的平衡。

(5)保障数字保存的授权和合法性

行政管理要从以下两个方面确保数字内容有足够的授权和保存许可。①对所保存的数字内容确保签订了保存许可协议、权限转移合同和存档协议,拥有正当的授权保障数字保存系统对数字资源进行保存、管理和存取。②跟踪和管理保存内容的知识产权,并按照存档协议、合同、许可的要求来使用保存内容。

10.2.2 基础设施与安全风险管理

行政管理要考虑数字保存系统的基础设施与安全风险管理,主要从系统、数据损失、流程评估、备份和安全等方面来保障数字保存服务的可信、可靠。

(1)系统基础设施风险管理

行政管理要从以下两个方面监测、识别和评估系统基础设施的风险。①识别和管理与系统有关的保存动作和保存目标的风险,以构建安全可靠的保存系统基础设施。②采用技术环境监测系统,跟踪软硬件的过时情况,评估软硬件的技术风险,做到及时更换软硬件基础设施以保障保存服务。

(2)数据损失风险管理

行政管理要从以下三个方面监测、评估和报告数据损失的风险,以及时进行恢复操作。①保证要有足够的软硬件支持备份,以保障数字内容的可恢复性。②建立有效的机制来检测比特腐化或数据丢失,以确保 AIP 和元数据的完整性。③记录所有数据损坏或丢失的事件,从而采取措施来修复、替换损坏的数据。

(3)流程评估风险管理

行政管理要从以下三个方面创建识别风险的关键流程,保障数字保存的职能。①建立基于风险效益评估的流程来记录和处理系统安全升级的操作,以保证存档对象的完整性,防止被未经授权的操作修改或删除。②确保有明确的流程来处理存储介质和硬件的变化(例如,更新、迁移),以保证当存储介质或硬件发生故障时,数据不会丢失。③对关键流程进行监测,识别出影响保存职能正常工作的关键流程,以确保这些关键流程能够继续履行保存职能。

(4)备份风险管理

行政管理要从以下两个方面管理复本、建立复本的同步机制,保障数字保存内容的一致性。①有效管理所有数字对象的复本和存放位置,以确保能够准确有效地提供数字对象的真实复本。②建立确保任何数字对象的多个复本的同步机制,以保证在数字长期保存期间,数字对象的多个复本保持一致。

(5)安全风险管理

行政管理要从以下四个方面分析控制风险、明确职责和创建复本,实现安全风险管理。①对保存系统进行安全风险因素分析,这些风险因素与数据、系统、人员和物理实体有关,以确保为指定用户团体提供持续不断地服务。②要有可执行的控制措施来充分地处理每一个确定的安全风险,确保这些控制措施满足存档系统的安全需求。③保存人员应有相应的角色、职责和授权来实施安全操作。④建立配套的灾难预防和恢复计划,至少创建一个所有保存内容的异地备份复本。确保有足够的备份和恢复能力,以继续提供保存、访问存档系统及其数字内容的服务。

10.3　行政管理与其他功能实体的数据流交互

行政管理起着协调各功能实体的作用,保证各功能实体有效地运作,保障整个数字存档系统的运行,因此在设计数字保存系统时有必要了解行政管理与各功能实体的数据流交互情况。

10.3.1　行政管理与其他功能实体的数据交互情况

行政管理与各功能实体的数据流交互情况比较复杂,现分别阐述与OAIS 模型中每个功能实体的数据流交互过程,如图 10-2 所示[4]。其中的公共服务(Common Services)属于支持服务,包括数据流之间的通信、名称服务、临时存储分配、异常处理、安全服务和目录服务等。与公共服务相关的数据流已隐含在图 10-2 的各功能实体中,这里不再标识。

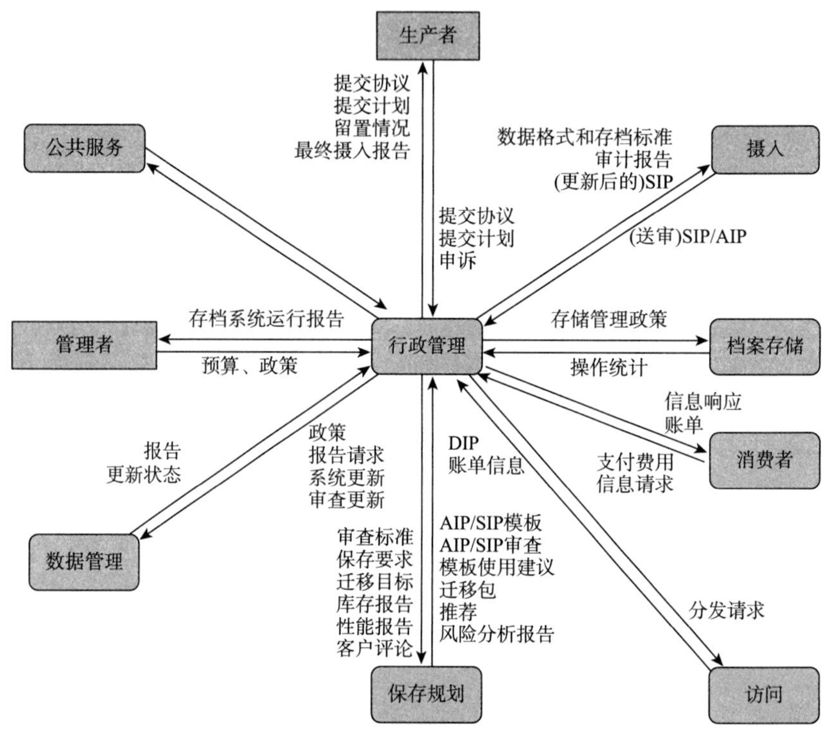

图 10-2 行政管理与各功能实体的数据流交互图[5]

1)行政管理与生产者的数据流交互:提交信息包前,行政管理与生产者相互商讨提交数据信息的协议和计划。在提交信息包后,行政管理向生产者通告提交数据信息的留存情况。如果信息包不能被提交或部分提交,生产者可以向行政管理提起申诉,行政管理做出是否允许继续提交的决定。提交完成后,行政管理向生产者发送最终的摄入报告。

2)行政管理与摄入功能实体的数据流交互:行政管理向摄入功能实体提供数据格式和存档标准,以供摄入时检验 SIP 是否符合存档的格式规范;摄入功能实体向行政管理提供 SIP、AIP 用于审计是否正确使用了 SIP、AIP 模板,并将审计报告提供给摄入功能实体。对于 AIP 的更新,行政管理向摄入功能实体提供更新后的 SIP 重新摄入存档系统中。

3)行政管理与档案存储的数据流交互:行政管理向档案存储功能实体提供存储管理政策,以确保存储格式不会过时。档案存储功能实体向行政管理提供其业务操作的统计数据,汇总后提交给保存规划功能实体进行风险分析。

4）行政管理与消费者的数据流交互：消费者向行政管理发送信息请求，行政管理响应消费者的信息请求；行政管理向消费者提供账单，消费者支付费用给行政管理。

5）行政管理与访问功能实体的数据流交互：行政管理发送分发请求给访问功能实体；访问功能实体接收到分发请求后，将请求的 AIP 转换成 DIP 再发送给行政管理并发送所产生的费用账单信息。

6）行政管理与保存规划的数据流交互：行政管理接收保存规划功能实体传来的 AIP、SIP 模板和模板的使用建议，设计合适的 AIP、SIP 包结构。摄入时，根据行政管理提供的审查标准，保存规划功能实体对 AIP、SIP 是否正确使用了 AIP、SIP 模板进行审查并将 AIP、SIP 审查结论发送给行政管理。行政管理定期向保存规划功能实体提供存档系统的性能信息和存档库存报告，还将客户评论进行总结发送给保存规划功能实体。保存规划功能实体根据这些报告分析提出改进存档系统的建议、新存档数据标准的建议和风险分析报告，发送给行政管理。行政管理接收到保存规划发送来的 AIP 更新建议后，向保存规划功能实体提供审查过的迁移标准和目标，让保存规划功能实体制定迁移包后提供给行政管理功能实体。

7）行政管理与数据管理功能实体的数据流交互：行政管理向数据管理功能实体提供政策，以维护数据管理功能实体的数据库完整性；行政管理向数据管理功能实体提出报告请求，数据管理功能实体根据请求的内容，执行查询，生成报告返回给行政管理，例如存档分类情况或访问存档的情况统计。行政管理向数据管理发送系统更新和审查元数据值更新的命令，数据管理接收到更新命令后更新数据库中有关的系统信息和元数据值，并向行政管理返回更新的状态。

8）行政管理与管理者的数据流交互：行政管理向管理者提交存档系统运行报告；管理者向行政管理提供存档系统的预算信息和保存政策。

10.3.2　行政管理与其他功能实体的数据交互实例

为了进一步明确行政管理与相关功能实体交互的数据流情况，下面具体分析 AIP 的迁移过程。AIP 迁移的目的在于更好地保存内容信息，本实例主要针对 AIP 呈现信息的迁移，即当指定用户团体的知识背景变化了，需要修改呈现信息的情况。尽管不用改变 AIP 中的数据对象，但需要改变其呈现信息，就需要改变 AIP 的内容信息，从而产生 AIP 的迁移。其交互过程如下：

1）保存规划功能实体对指定用户团体和技术环境的监测结果（报告、需求预警、新标准、外部数据标准、新技术适用性结果和技术预警）进行分析，认为有必要针对 AIP 的呈现信息进行更新。

2）保存规划功能实体向行政管理功能实体提供 AIP 呈现信息迁移的建议方案和风险分析报告，行政管理评估这些建议方案，再向保存规划功能实体提供决策以确定标准、保存要求和迁移目标。

3）保存规划功能实体按照行政管理功能实体的决策指令生成详细的迁移方案，并将这些方案（AIP 模板、迁移包和使用建议）返回给行政管理功能实体。

4）行政管理功能实体通过管理系统配置功能执行这些方案，以对 AIP 的呈现信息进行更新。

5）行政管理功能实体发送分发请求指令到访问功能实体，访问功能实体将原来的 AIP 转换为 DIP，摄入功能实体将该 DIP 和更新后的呈现信息打包成 SIP 后再次摄入。

6）在摄入功能实体中创建了新的 AIP，其中包含了更新后的呈现信息，AIP 的更新完成。

10.4 支撑行政管理的工具实例：C3PO[6]

行政管理在协调各功能实体的保存活动时，需要收集、管理、处置各类信息，通过分析这些信息来支持决策、管理、规划和识别风险。所以对数据资源的内容特征的收集和管理是很重要的。本节以 C3PO 内容剖析工具为实例，探讨数字保存系统如何对大规模资源集进行内容剖析，以提供资源集的重要内容特征的概况；如何对数字对象相关信息进行收集、管理和处置，以支撑行政管理功能实体的决策。

C3PO（Clever，Crafty，Content Profiling of Objects）是一个聪明、灵巧的数字对象内容剖析工具，它利用特征工具抽取出的元数据来大规模地分析数字对象的技术特征，提供技术特征的聚合分析信息，如文件大小、MIME 类型、压缩方式等的分布情况。

C3PO 可以帮助用户深入了解资源集中的内容构成，通过可视化技术展示内容分析的结果。它使用了一种可扩展的过滤技术，基于数据的特征，能够将复杂的异构资源集划分为同构的资源子集。同时，此工具还采用了一些新的技术（如 MongoDB），能够提高对大规模数据资源集的分析处理速度。

如图 10－3 所示,C3PO 能够聚合来自不同资源集的元数据信息,分析数字资源集的元数据特征,生成内容剖析结果[7]。

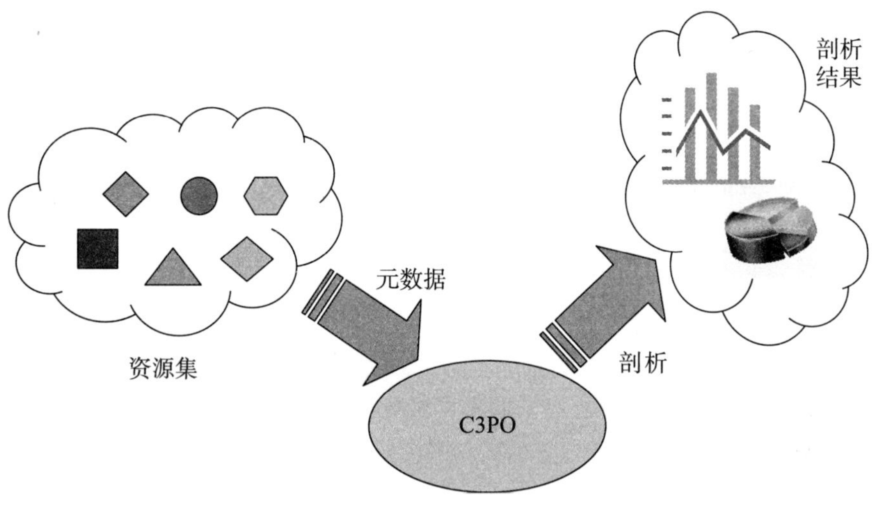

图 10－3　C3PO 内容剖析[8]

C3PO 内容对象剖析的工作流程如图 10－4 所示。其主要分为三个步骤:元数据收集、处理和聚合、元数据分析揭示。

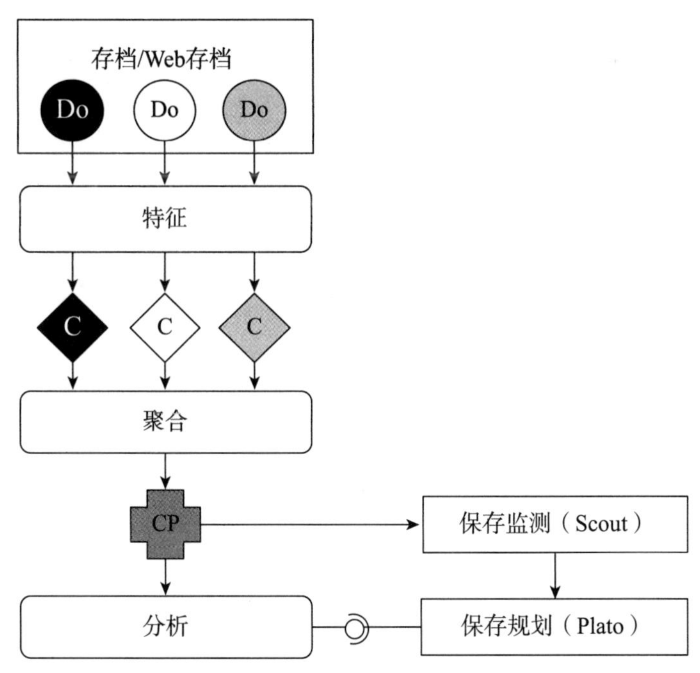

图 10－4　内容剖析工作流的步骤[9]

第一步为元数据收集。它利用 FITS(File Information Toolset)、Apache Tika 等特征抽取工具从数字资源集中抽取元数据,并将这些元数据转换为支持快速和大规模分析的数据模式。C3PO 采用开放的设计模式,可以方便地集成由其他工具抽取出的不同元数据格式。

第二步为处理和聚合。它处理元数据的冲突问题,例如对于同一个数字对象元数据属性值,不同的抽取工具会抽取出不同的值,从而导致元数据的不一致问题,需要进行归一处理。在这一步中,C3PO 还对各种元数据抽取工具的结果进行聚合,自动生成机器可读的分析结果。

第三步为元数据分析揭示。这一步基于元数据的聚合信息,为保存规划专家提供当前资源集的元数据特征分析服务。它能够根据数字对象的细微差别,将资源集划分为更小的资源集合,并分析这些子集的特性,以便保存规划专家对不同的子集采取不同的保存动作。它输出详细的数字对象分析结果,能够描述资源集的关键特征分布。通过 C3PO API 与保存规划工具 Plato 和保存风险监测工具 Scout 集成,有效地实现对数字对象的保存管理。

除了提供命令行操作的接口外,C3PO 还提供了 Web 交互界面[10],帮助用户可视化剖析资源集的元数据信息。如图 10 - 5 所示,显示了有 206 个对象的 demo 资源集。默认显示了该资源集的大小特征以及 MIME 类型和格式、格式版本等技术特征的分布图。用户可以通过“Add Diagram”按钮添加更多的技术特征分布图,点击每个分布图的柱状条可以查看更为详细的分布情况。另外,C3PO 也提供工具来导出分析结果。

C3PO 能够单独使用,也可与 Scout 和 Plato 集成使用。与 Scout 的集成可以随时监测任意数量的资源集的特征分布情况,通过创建资源集特征的历史情况可以揭示资源集的关键特征分布的变化情况。与 Plato 的集成通过从 C3PO 导出的资源集内容剖析文件来实现。内容剖析文件描述了资源集的情况,提供了文件格式识别和重要特征抽取的统计摘要,Plato 可以利用这些内容剖析信息创建保存规划。C3PO 的内容剖析还有利于在数据集中选出具有代表性的样本进行实验[11],减轻人工选择的负担。

C3PO 采用 MongoDB 实现元数据存储。MongoDB 是一种可大规模扩展的 NoSQL 解决方案。由于 MongoDB 采用了键值对的结构(Key-Value Structure)来存取元数据,因此与采用传统的关系数据库的解决方案相比,C3PO 在性能上有了巨大的提升。另一方面,由于 MongoDB 存储方案中采用了原生的 Map-Reduce 算法[12],使得 C3PO 能在几秒内迅速实现对大规模数据集的元数据进行分析。

Add Diagram

Overview of ‘demo’

Size Stats

Count : 206 objects
Size : 1701.93 MB
Min : 512 B
Max : 27.27 MB
Average : 8.26 MB
SD : 7.65 MB
Var : 58.51 MB

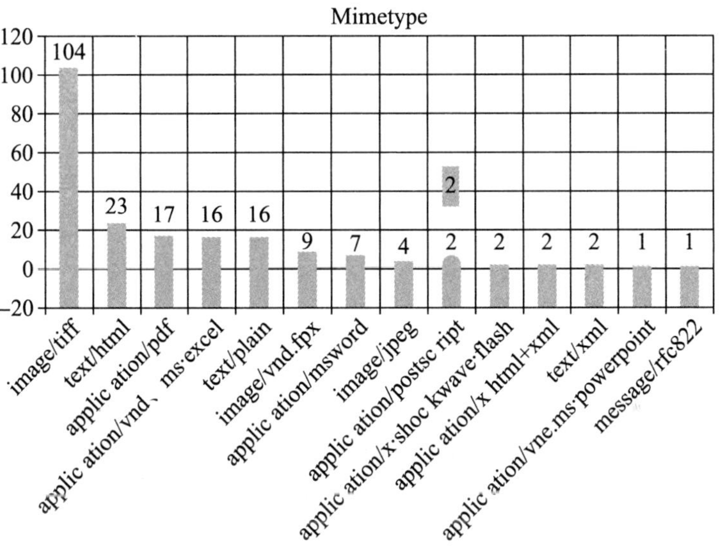

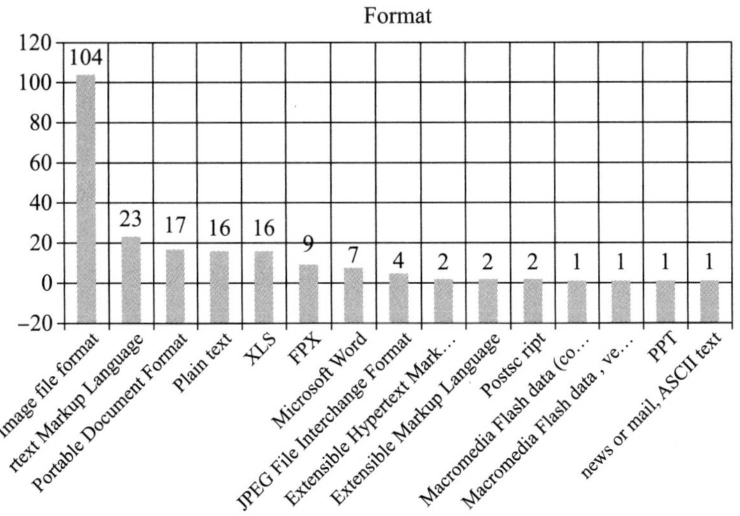

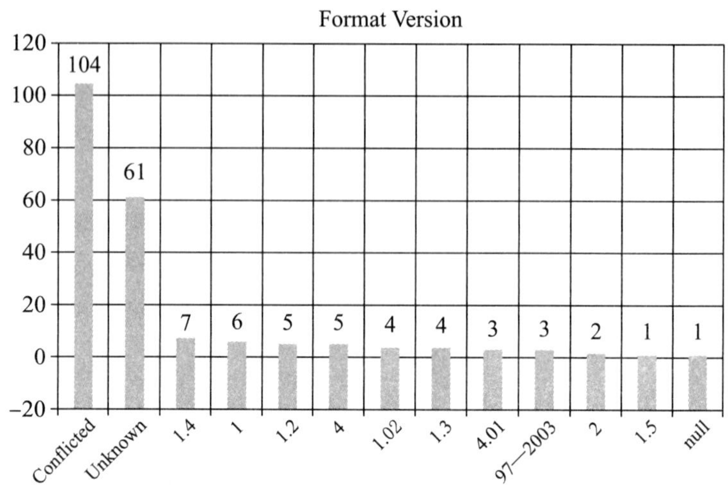

图 10－5　C3PO 内容剖析特征分布图[13]

10.5　行政管理实例研究

在实践中，行政管理的各种功能职责，是存档系统管理运行的有机组成部分，体现在存档管理的日常工作中，通常由多个部门和人员共同承担，也是保存大量资源集、服务用户和进行有效管理的必要保障。下面分别研究 UKDA、TNA、DSpace 等大型存档系统的行政管理实践，通过分析现实中的行政管理的操作流程、功能职责，为设计数字保存系统的行政管理功能提供参考价值。

10.5.1　UKDA 行政管理

英国数据存档[14]（UK Data Archive，UKDA）创建于 1967 年，由埃塞克斯大学、经济社会研究理事会和信息系统联合委员会（JISC）共同出资运维，旨在保存用于存储、检索和二次分析的社会调查材料。UKDA 最初被称为数据银行，现已成为英国社会科学研究数据的数字化主体仓储库。几十年来，这些资源集的保存已成为 UKDA 的核心服务，近年来 UKDA 还拓展了新的服务，如 AHDS 历史服务、普查登记服务和相关领域的研究项目。

UKDA 的行政管理功能主要从行政管理组织结构、创建政策规范、协商提交协议、用户访问控制、系统管理配置和物理访问控制六个方面负责制定标准和政策以指导存档服务的工作。

1）行政管理组织结构方面。整个存档系统由 UKDA 主任带领管理团队和管理服务部门制订战略规划和负责财务、人事管理，例如协商经济社会研究理事会的数据集战略规划，从而制定获取政策。埃塞克斯大学委任高级管理团队成员担当 UKDA 主任，管辖副主任和 AHDS 历史服务、系统服务、保存信息服务、数据支持服务、推广培训服务部门的领导，还管理内部管理团队，即主任的咨询小组。副主任和各服务部门的领导定期向主任述职。

2）创建政策规范和标准方面。各服务部门负责制定具体的政策，如获取政策、存储管理政策和保存政策，但要与主任和主任咨询小组达成一致意见。标准的选择由合同义务、法律义务决定，原则上是采用现有的开放标准。除非有专门的要求或与 UKDA 直接相关，才与其他专业团体合作开发自己的标准。

3）协商提交协议方面。提交到 UKDA 的资源由审查委员会每半月开会审查批准，审查所有自上次会议以来的新获取或提交的资源。审查委员会由委员、专家和成员组成。委员由副主任和宣传培训的领导担任，成员包括推广培训、数据支持服务部门的代表，专家由相关咨询委员会或相关学科的专家担当。审查委员会制定所有与资源获取功能相关的管理政策及事项。审查流程为每个待“接收”的提交资源创建工作计划，要求所有文件以其原始格式保存，有格式转换要求时，采用最适合保存的格式。每个资源要有操作说明，要有验证级别、编目索引和其他相关描述文档。在提交阶段，签订许可协议，保障数据存储的授权，而缴存人保留对数据集的合法所有权。这个做法不同于 OAIS 参考模型，许可协议在保证原始数据集完好存储的同时赋予了 UKDA 保存和分发数据的权限。推广培训部门的获取人员负责处理数据的转换和提交，还为数据缴存人提供创建和存储数据的指导和建议。

4）用户访问控制方面。UKDA 设立了客户服务部门，通过电子邮件、邮政、电话和传真接受咨询，指导客户搜索、访问和使用数据，管理收据和订单以及提供用户注册和培训支持。UKDA 用户大多数都是英国的学者、教师和学生，他们可以从 UKDA 的下载系统免费获得数据。商业用途的数据申请就要收费，管理服务部门负责记账和财务管理。UKDA 一般不让用户访问用于存储的 AIP，用户只能访问用于分发的 DIP，这一点不同于通用的 OAIS 参考模型。

5）管理系统配置方面。保存系统的负责人和系统管理员一起负责保存系统的使用、备份恢复和配置。从一开始存档系统的配置规范就与具体的生命周期结合进行配置和设计,并考虑了存档资源集的增长率和使用情况。保存系统的正常生命周期是五年,第一年与旧有保存系统联合运行,最后一年又与新的保存系统联合运行。配置好保存系统的运行参数后,按照参数自动监测保存系统的每个部分的运行性能和使用情况。一旦发现这些参数值有所偏离,就要进行研究和处理。

6)物理访问控制方面。UKDA 根据存档策略和服务要求制定了严格的物理访问控制机制,禁止非工作人员进入 UKDA 大楼。物理访问控制由管理服务部门负责,采取必要的预防措施确保物理安全和所保存的数据资源集的安全。只有重要的保存人员才能进入数字资源和纸质资源存储室。存储室内安装有警报系统和火灾探测保护系统,而且其安全防火门能够承受一小时的火灾。

如上所述,UKDA 主任组织各服务部门制定相应的保存政策和提交协议,实施系统配置,保障保存系统的物理安全和访问控制。这些行政管理功能贯穿于整个 UKDA 保存服务中,一旦职责分配到位,由相关部门负责日常事务。

10.5.2 TNA 行政管理

英国国家档案馆[15](The National Archives,TNA)于 2003 年 4 月成立,由公共档案办公室和历史文献委员会共同创建,负责维护中央政府和法院的档案文献,并向公众提供开放档案访问。该资源集从 11 世纪到现在一直无间断完整保存。

TNA 行政管理按照 OAIS 参考模型的行政管理功能要求来实施,包括管理系统配置、协商提交协议、审计提交、存档信息更新、触发请求、用户管理、创建标准和政策等功能。

1)TNA 的管理系统配置功能由数字保存部门的系统科来负责。保存配置系统由多个子系统组成,每个系统都有判断是否正常运行的识别功能,这些识别功能由系统管理员监测管理。但是,这些子系统还没有集成为一个统一的监控平台。数字保存部门的技术监测功能使用 PRONOM 和其他工具处理迁移规划的任务。

2)协商提交协议和审计提交功能由存档管理部门的客户经理来处理。客户经理与资源缴存人和数字保存部门的技术人员合作,以确保提交的档案完整、长期有效和可用。存档的记录只接受认可的格式,并列在转换清单上,还必须列出所有必需的技术支持和元数据。获取资源人员负责收集元数据。资源缴存人还要提供一份转让资源的表单复印件。

3)存档信息更新功能由获取资源人员、PROCAT 目录编辑和保存系统联合完成。所有接收到的数字档案和元数据都要经过完整性、真实性、元数据标准验证和病毒检查,还要对目录元数据进行审查。如果符合保存协议标准,数字档案将被摄入功能提交到保存系统。数字档案进入保存系统后,则由联机目录系统 PROCAT 来处理数字档案的存档更新。

4)触发请求功能通过阅览室实现。客服帮助用户查找存档、培训使用 TNA 系统、提供存档的副本等。如果用户请求的是不能公开的存档,必须跟踪和审查,因为信息自由法严格限制这种访问。如果请求的是没有访问限制的资源,但要求以其他媒介方式交付,则要经过审查并付费。对于不允许下载的存档,可以用专门的软件浏览查看。

5)用户管理方面。TNA 没有集中式的用户管理系统,账号只会在支付费用时创建,不会记录用户的访问日志。“访问规则”系统追踪和管理信息自由法例外的记录,并限制访问这些记录。

6)物理访问控制方面。严格限制对 TNA 保存系统的物理访问。在 TNA 的安全分类等级中,系统的物理安全采用存档管理的政府标准来保障。这包括电子门禁、消防、入侵检测系统和闭路监控,以限制物理访问,并以政府信息安全标准对系统和网络进行档案保存的认证。

7)在创建标准和政策方面。TNA 严格遵循政府档案的标准和档案信息管理法规。主要由数字保存部门和数字档案委员会负责制定具体的数字保存标准和政策,有时还要考虑安全委员会、档案管理部门、咨询服务部等的意见。TNA 还密切关注国际标准研究,并积极参与一些国际标准的制定。

10.5.3　DSpace 行政管理

为了解决数字资源的长期保存问题,美国惠普实验室和麻省理工学院图书馆合作开发了采集和保存数字资源的仓储系统 DSpace[16],旨在以简单易用、可定制的方式为机构知识库提供长期保存功能。

DSpace 的行政管理功能可以集中式实施,也可由有需要的保存机构单独执行分布式管理。集中式管理要求对操作和系统熟练的工作人员集中实施,有利于保存系统的统一管理。分布式管理方便保存机构管理自己的存档内容,避免集中管理的负担。

保存机构能够操作的行政管理功能包括给提交者授权、创建资源集合和分配提交工作流中的角色等。DSpace 主要有两种操作行政管理的途径。一种是通过在服务器上运行命令执行一些简单的任务,如批量导入

SIP、管理备份、搜索和浏览索引等。一种是通过 Web 界面执行行政管理功能。Web 界面上提供的行政管理功能有:为机构和资源集合创建和编辑元数据;创建并维护电子用户(E-person)记录;控制授权组和访问控制列表;存档项修改接口;撤销存档项等。

10.5.4 DHS 行政管理

DNB 家庭调查[17](The DNB Household Survey,DHS)为国际学术界提供独特的纵向数据,关注理财行为的心理和经济因素。其目的是为研究人员提供易于访问的研究数据及其可信的长期保存服务。DHS 于 1993 年启动,收集了参与 CentERpanel 网络社区的 2000 个家庭的调查数据。

在系统管理方面,除了使用 DHS 数据分发系统外,还使用荷兰数据归档和网络服务的在线存档系统(DANS),以简化数据存档方式并保证数据长期可用。可通过 DHS 数据访问网站(www. dhsdata. nl)在线访问这些可靠的调查数据,包括 DHS 的数据和元数据,并且用于科研的数据可以免费使用。

在安全访问控制方面,DHS 数据访问系统记录了数据库事件和请求之类的管理信息,用于核查发生的事件。CentERdata 外部用户访问该系统会有权限限制,主要是限制下载发布的数据集。CentERdata 内部人员也需要注册后才能访问该系统。系统的访问权限与角色有关,根据该人员的职责分配其相应的角色。所有用户下载的每一条数据都有日志记录,能够追溯。任何数据和元数据发生变化的时间戳也有日志记录。

10.5.5 IASA 行政管理

国际声音影像存档协会[18](International Association of Sound and Audiovisual Archives,IASA)于 1969 年在阿姆斯特丹成立,它在国际上各个声音影像存档系统合作中起着协调作用。

IASA 认为,行政管理对于保障存档系统的持续运营、确保存档内容的真实性来说至关重要,因为该功能能够正确查找已保存的存档,并可识别出访问过的存档,包括检查系统生成存档查找结果集的能力、使用情况统计以及内容摘要等管理信息。

行政管理还负责对数字内容的访问安全进行控制。权益信息的管理很重要,比如音频内容,必须使用耐用的系统来保存,以便将来很容易地被转移到任何可替换的保存系统中。管理信息采用 XACML(可扩展访问控制标记语言,eXtensible Access Control Markup Language)编码,便于执行和迁移到其他系统。XACML 是一种 XML 实现的声明性访问控制策略语言和处理模型，描述如何解释政策，由 OASIS（Organization for the Advancement of Structured Information Standards）标准组织维护。

IASA 还提出建议，当选择、建立和安装数字保存系统时，关键是要测试该保存系统的行政管理能力是否达到了保存机构的要求。系统功能和使用广度往往与安装和使用的复杂性有关。如果系统不易管理和维护，就会造成所保存的内容出现重大的风险。因此，还要考虑现有的技术能力能否操作长期保存系统的行政管理功能。

10.6　小结

本章深入分析了行政管理的主要功能、职能范围和要求，阐释了行政管理与各功能实体之间的数据流交互，最后研究了现实中大型存档系统的行政管理实施情况，以期为数字保存系统的行政管理设计实践提供有益的参考。行政管理是负责与其他功能实体协作调度的功能实体，在现有的数字保存系统实践中它有很多功能都与保存规划、数据管理、档案存储等功能实体相结合交互。但本书作者认为在具体设计数字保存系统时，还是有必要将行政管理单独分离出来设计，以负责收集各功能实体的操作信息来支持决策，协调各功能实体的运行。而且，在具体实践中，因为每个保存机构都有自己的一套政策、程序和要求来指导行政管理功能实体的实施，所以对于保存系统的行政管理功能设计并没有严格一致的要求。OAIS 参考模型也只提供了一个通用的行政管理的功能子集，还有许多行政管理的功能可以围绕着信息安全管理、信息自由跟踪、资源发现、目录增强等功能来设计。总之，设计好数字保存系统的行政管理是一项艰巨的任务，数字长期保存必须高度重视行政管理。

（廖建军、张智雄）

参考文献

[1－2][4－5] Consultative Committee for Space Data Systems. Reference Model for an Open Archival Information System（OAIS）[EB/OL].[2014－06－15]. http://public. ccsds. org/publications/archive/650x0m2. pdf.

[3] Consultative Committee for Space Data Systems Audit And Certification Of Trustworthy Digital Repositories[EB/OL]. [2014 - 06 - 15]. http://public. ccsds. org/publications/archive/652x0m1. pdf.

[6] Overview[EB/OL]. [2014 - 12 - 06]. http://ifs. tuwien. ac. at/imp/c3po.

[7 - 8] C3PO-Content Profiling Tool for Preservation Analysis[EB/OL]. [2014 - 12 - 06]. http://www. scape-project. eu/leaflets/c3po-leaflet.

[9] D12.2 Final version of the Preservation Watch component[EB/OL]. [2014 - 12 - 06]. http://www. scape-project. eu/deliverable/d12-2-final-version-of-the-preservation-watch-component.

[10][13] Current collection: demo[EB/OL]. [2014 - 12 - 06]. http://c3po. scape. keep. pt/c3po/overview.

[11] KULMUKHAMETOV A, BECKER C. Content Profiling for Preservation: Improving Scale, Depth and Quality [M]//The Emergence of Digital Libraries-Research and Practices. Springer International Publishing, 2014: 1 - 11.

[13] PETROV P, BECKER C. Large-scale content profiling for preservation analysis [J]. Proc. iPRES, 2012.

[14 - 15] BEEDHAM H, MISSEN J, et al. ASSESSMENT OF UKDA AND TNA COMPLIANCE WITH OAIS AND METS STANDARDS[EB/OL]. [2014 - 08 - 03]. http://www. jisc. ac. uk/uploaded_documents/oaismets. pdf.

[16] TANSLEY R, BASS M, SMITH M K. DSpace as an open archival information system: Current status and future directions[M]//Research and advanced technology for digital libraries. Springer Berlin Heidelberg, 2003: 446 - 460.

[17] DE BRUIJNE M, STREEFKERK M, et al. Data Management and Preservation Policy of DNB Household Survey(DHS) [EB/OL]. [2014 - 08 - 03]. http://www. centerdata. nl/sites/default/files/projectbestanden/data_management_and_preservation_dhs_1. 1. pdf.

[18] IASA Technical Committee. Guidelines on the Production and Preservation of Digital Audio Objects[EB/OL]. [2014 - 08 - 03]. http://www. iasa-web. org/tc04/data-management-and-administration.

11　保存规划功能实体研究

在 OAIS 参考模型中，保存规划（Preservation Planning）功能实体监测指定用户团体的要求和技术环境的变化，识别数字资源的保存风险以确保数字内容的可访问性和可理解性。在具体设计数字保存系统时，保存规划需要提供的功能和服务包括监测和分析系统环境，推荐更新存档内容的方案，制定存档标准和政策，提供定期的风险分析报告，设计信息包模板，制订详细的迁移计划和测试计划以保障行政管理功能实体实施迁移计划。

本章分析 OAIS 参考模型和可信赖数字仓储规范对保存规划的相关功能要求，通过 Planets 保存规划实例研究探讨保存规划的技术要求、基本流程、对象模型及其应用案例，在此基础之上梳理数据管理规划流程并研究其他保存规划相关工具，以期为数字保存系统实现保存规划功能提供参考。

11.1　保存规划的主要功能要求

保存规划基于系统环境监测分析，为数字保存系统推荐最优的保存方案，减少数字保存的风险。本节通过分析 OAIS 参考模型和可信赖数字仓储规范，探讨实现保存规划所必须具备的功能要求。

11.1.1　OAIS 参考模型中保存规划的主要功能

根据 OAIS 参考模型[1]，保存规划功能实体需要实现四个主要功能，如图 11 - 1 所示：监测指定用户团体的要求，提供要求预警；监测技术的新变化，形成技术预警；根据相关的预警报告制定政策和标准，评估保存风险；根据保存标准和要求，制订信息包模板和迁移计划。具体内容分述如下。

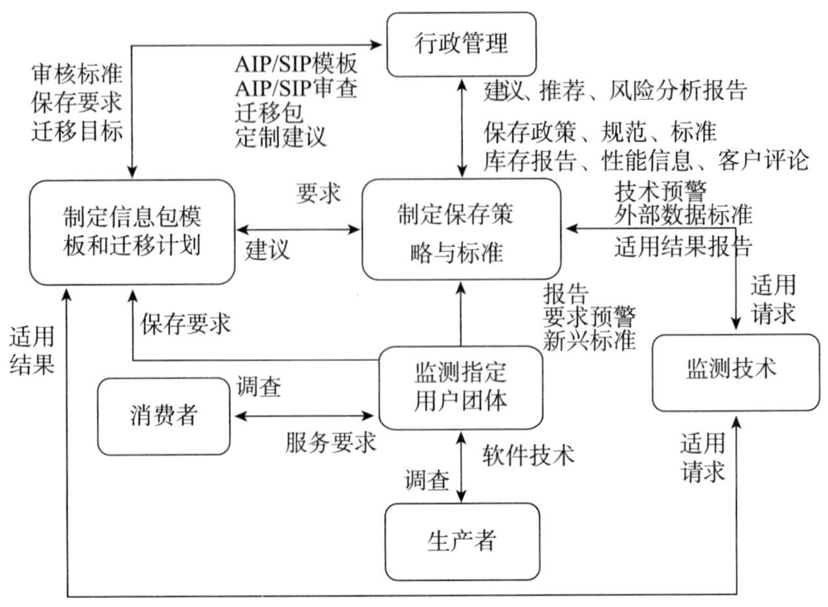

图 11-1　OAIS 中保存规划功能实体的四个主要功能[2]

(1)监测指定用户团体功能

监测指定用户团体功能(Monitor Designated Community)负责收集消费者、生产者对服务的要求和他们所使用的软件技术情况,形成保存要求报告和汇总新兴标准,然后将保存要求发送给制定信息包模板功能(Develop Packaging Designs),将要求预警和新兴标准的报告发送给制定保存策略和标准功能(Develop Preservation Strategies and Standards)。

(2)监测技术功能

监测技术功能(Monitor Technology)负责监测新的数字技术、信息标准和软硬件计算平台,识别存档系统的过时技术,评价新兴技术的适用性,并向制定保存策略和标准功能发送报告、外部的数据标准、新技术的适用性结果和技术预警,同时向制定信息包模板和迁移计划功能(Develop Package Designs and Migration Plans)发送新技术的适用性结果。

(3)制定保存策略与标准功能

制定保存策略和标准(Develop Preservation Strategies and Standards)功能,负责制定保存策略和标准,评估保存的风险,使存档系统在制定标准、政策和管理系统基础设施时有据可依,做出合理的决策。

制定保存策略和标准功能向行政管理功能实体提供定期的风险分析报告,以处理风险,并对操作性的政策、程序和标准提出更新建议。

该功能接收来自监测指定用户团体和监测技术功能的报告、要求预警和新兴标准，并接收来自行政管理功能实体的操作性政策、程序和标准、性能信息、库存报告和客户评论总结。从这些信息中，该功能能够发现存档的迁移要求。

该功能还向行政管理功能实体发送改进存档系统的建议和推荐对 AIP 进行更新；接收来自监测技术功能的外部数据标准，生成这些标准的总结，发送到行政管理功能实体作为参考；接收来自制定信息包模板和迁移计划功能不能处理的提交要求，并给出处理这些要求的建议。

(4)制定信息包模板和迁移计划功能

制定信息包模板和迁移计划功能，负责制定新的信息包模板、详细的迁移计划和迁移软件原型，以实施行政管理功能实体的政策和指令。

该功能从行政管理功能实体接收存档标准和迁移目标。存档标准有格式标准、元数据标准和归档标准，按照这些标准的要求向行政管理功能实体提供 AIP 和 SIP 的信息包模板设计。在应用这些模板设计时，该功能也向行政管理功能实体提供具体的信息包定制建议和对 AIP/SIP 模板的评价。该功能遇到现有标准不能处理的提交包时，就向制定保存策略和标准功能发送请求，以获得新的标准来处理这些提交包。

为了实现迁移目标，制定信息包模板和迁移计划功能还要制定新的 AIP 模板、迁移软件的原型、测试计划、用户团体审查计划和创建新 AIP 的逐步实施计划。一旦与迁移计划相关的 AIP 模板和软件被行政管理功能实体测试和审批通过，该功能就会将整个迁移包发送给行政管理功能实体。行政管理功能实体的制定标准和政策功能会接收并审批这些迁移计划；在审批通过的基础上，保存规划功能实体制定、验证并提供迁移包，行政管理功能实体部署和执行迁移计划。

11.1.2　可信赖数字仓储规范对保存规划的要求

在可信赖数字仓储中，保存规划是数字对象管理的重要方面。可信赖数字仓储规范[3]分别从保存策略、保存环境、保存计划等方面，对保存规划的功能提出了更为具体的要求，分述如下。

(1)保存规划需要对所保存的信息有明确的保存策略

保存规划要制定保存策略来识别、处理保存风险，以保障制订出明确的保存规划方案来确保数字信息长期可用。为了制订有效的保存规划，保存策略要阐明如何应对保存风险，涉及处理存储介质的老化、软件驱动的过时和呈现信息(如格式)的过时与不足，还要防止数字比特腐化。

(2)保存规划需要监测保存环境

保存规划要采取措施时刻监测指定用户团体的要求变化,确保保存规划能够采取适当的策略应对这些变化,保证数字信息的可理解和可用。保存规划要监测数字信息的呈现信息,包括处理文件格式的信息以及呈现、处理该文件格式的软件信息。当呈现信息临近过时或不再使用时要发出通知预警。如果该监测机制调用了外部的注册服务,还必须说明如何使用这些服务。

(3)保存规划要能够适时变更保存计划

保持规划要定期审查保存计划和技术环境,时刻监测外部环境的变化,并针对这些变化对保存计划做出变更,确保保存规划持续有效。可以采取的措施有:将保存计划与监测技术相结合;在短期内(最多五年)按时执行保存规划或流程;记录保存政策和保存计划的变更;保存政策部门制订详尽的变更、审查计划。

(4)保存规划需要重点关注呈现信息

数字内容的呈现信息很重要,虽然呈现信息不是数字内容本身,但它对于理解数字内容有着重要作用。保存规划必须创建、识别、收集、保存数字内容的呈现信息,确保保存的数字内容信息能够被指定用户团体理解和使用。通过格式注册服务、监测技术服务和调查指定用户团体等措施来处理呈现信息,并要监测、预警和处理过时的呈现信息。

(5)保存规划要有证据证明其保存活动的有效性

保存规划要对指定用户团体的具体需求从多个角度进行评估,确保保存活动的有效性,保证保存资源的可持续存储,保障数字信息对指定用户团体长期可用。相关措施有:收集元数据信息、跟踪记录数字对象的可用性证据、征集指定用户团体的意见。

11.2 Planets 保存规划实例研究

OAIS 参考模型提出了保存规划功能实体的概念和模型,Planets 在此基础之上进行了进一步细化,较为全面地研究保存规划的具体流程,提供集成的数字保存方法,帮助数字保存机构制定、评估和执行保存规划,因此在保存规划研究方面有较大的影响。本节以 Planets 保存规划实例来分析探讨数字保存系统在保存规划实现上需要关注的技术要求、基本流程、对象模型、技术工具和应用案例。

11.2.1　Planets 保存规划概述

Planets[4]保存规划从预警、信息流、保存策略三个方面对 OAIS 参考模型的保存规划功能实体进行分析，设计用于评估保存方案的目标树（Objective Tree），对不同的保存策略进行对比，实现保存规划的监测、预警、评估和执行的流程[5]。

Planets 保存规划定义一系列的保存动作[6]，帮助存档机构识别所保存的数字对象集的风险。Planets 项目还提出保存规划方法框架，在评估、验证保存服务的试验平台基础之上通过保存规划服务、特征服务和保存动作服务协同完成保存规划，如图 11－2 所示。

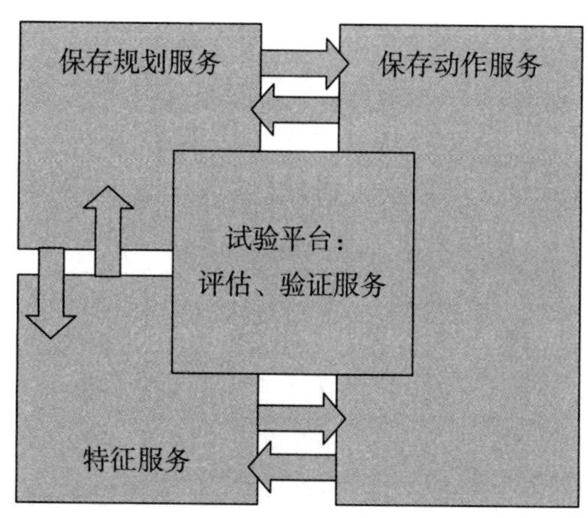

图 11－2　Planets 保存规划方法框架[7]

其中，保存规划服务考虑多种保存要求和因素，制定、评估和执行保存规划。保存规划服务通过保存动作服务执行保存动作，评估保存规划。当没有合适的保存动作时，保存规划服务则请求保存动作服务制定相应的保存动作。特征服务提供自动分析数字对象特征的服务，以支撑保存动作的评估活动。保存动作服务在评估保存规划方案时要请求特征服务对样本数字对象进行特征化，以元数据的形式返回，以便对比评估。试验平台提供保存规划服务评估、验证保存方案的软硬件环境。

在保存规划方法框架中，特征服务主要检测数字对象的改变或比特腐化，验证当前的数字对象是否准确而真实的呈现了源文件。Planets 针对特征抽取开发两种新的 XML 语言：可扩展特征描述语言（eXtensible Characterisation Description Language，XCDL），用于描述对象的属性；可扩展特征抽取语言（eXtensible Characterisation Extraction Language，XCEL），用于抽取数字对象的属性，以便比较不同数字对象的属性。

11.2.2 Planets 保存规划的技术要求

Planets 保存规划认为要制定出一个可执行的保存规划必须具备以下九个方面的技术要求[8]。

1）保存规划要可标记。为了方便调用、检索保存规划，每个保存规划必须要有一个唯一的标识。

2）保存规划要有触发条件和反映进展的信息。触发条件是指能够触发制定和变更保存规划的事件，例如，新增资源集、变更资源集描述文件和保存环境等事件都可触发保存规划活动。保存规划的进展信息包括保存规划的定义、审批、部署和执行的状态信息。

3）保存规划要与机构的制度背景相适应。制定保存规划要考虑保存规划所涉及的机构制度框架、保存规划活动的主要环境、保存规划需要的资源，要广泛考虑各种影响因素。具体而言，包括仓储的授权、指定用户团体的描述、法律义务、运营和保存政策、保存合同协议、维护和访问协议等。

4）保存规划要针对数字资源集的具体特征创建相应的保存计划。保存规划所涉及的所有数字对象都应使用相同的工具、相同的参数设置进行处理。所以，要有资源集的特征描述信息，包括资源集的对象类型、文件格式、对象的标识、属性描述以及它们的原始技术环境等。

5）保存规划要收集明确的保存要求。保存要求是选择最佳保存规划方案的前提，所以要详细地描述保存规划的保存要求。具体包括数字对象重要属性的规范说明、过程特征、成本限制、技术约束和潜在的需求等。

6）保存规划要记录所做决策的证据。基于证据的决策有助于构建可信的保存规划。

7）保存规划要估算保存方案的成本。成本模型能够定量评估保存方案的执行成本，帮助选择出最优的保存方案。

8）保存规划要分配负责监测和评估保存计划的负责人及其所承担的角色职责。

9）保存规划要制订可执行的保存动作计划。保存动作计划是保障数字资源集可用、可访问的具体操作。保存动作既可以应用单一的保存工具对数字资源集进行处理，也可以采用多个保存工具的组合来共同处理。

11.2.3 Planets 保存规划的基本流程

Planets 在 OAIS 参考模型的基础上细化保存规划的工作流程，将保存规划的制订流程分为四个阶段,包含14个步骤[9],如图11-3所示。

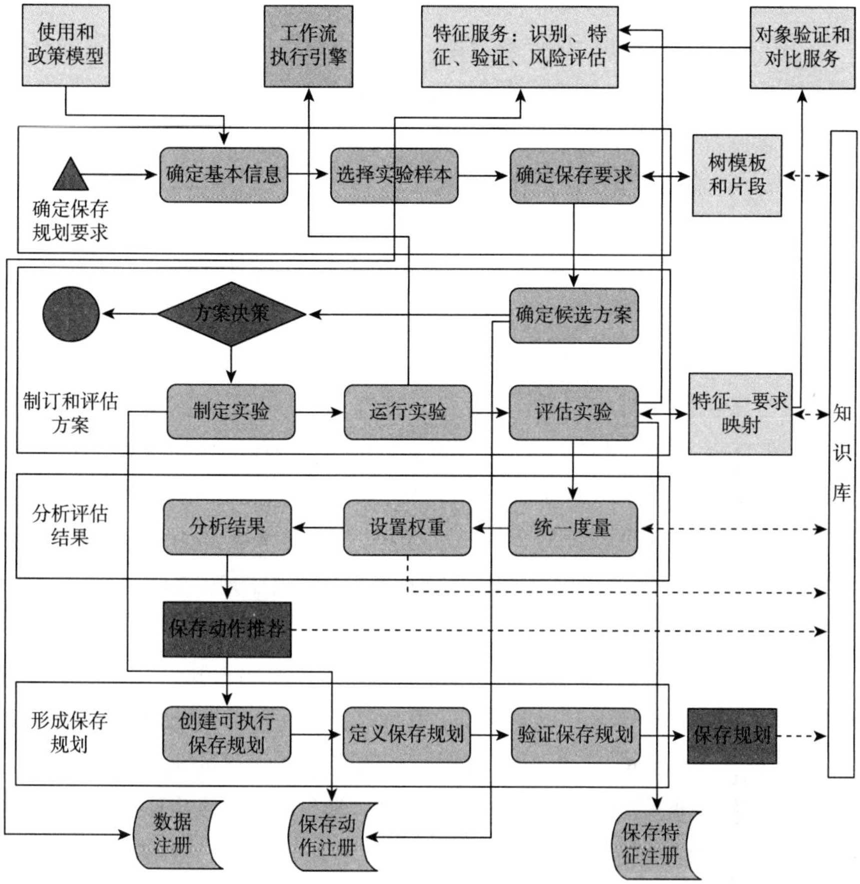

图11-3　Planets保存规划工作流程和环境[10]

第一阶段,确定保存规划要求。这是保存规划流程的基础阶段,包括确定基本信息、选择实验样本、确定保存要求三个步骤。确定基本信息,该步骤广泛收集管理员、领域专家以及用户团体等参与者的保存要求和影响保存活动的机构制度背景因素,包括机构的保存政策、法律法规、文件格式标准、知识产权和存取规范等。选择实验样本,该步骤选择样本进行实验,以评估候选保存策略。样本的选择要有代表性,应该具有资源集所有对象的特征和本质属性,从而涵盖资源集中的各种情况。确定保存要求,该步骤是形成评估候选保存策略的基础,采取量化的方式明确保存任务的要求和目标,并以目标树的形式保存在知识库(Knowledge Base)中。所谓目标树,就是将抽象的保存目标和详细的要求整理和组织在一个树型结构中。目标通常可以分成四个主要的类别:对象特征(Object Characteristics)、技术特征(Record Characteristics)、过程特征(Process Characteristics)和成本(Costs)。

第二阶段,制订和评估候选方案。通过应用相应的工具对选定的样本内容进行实验,评估出候选保存策略,并针对具体的保存要求评估结果,包括确定候选方案、方案决策、制定实验、运行实验和评估实验五个步骤。确定候选方案,该步骤是选出最佳的保存规划方案的基础,保存规划服务从服务注册中选出可用的保存动作对样本进行实验和评估,以估算成本。方案决策,该步骤依据保存要求、候选方案和成本,决定所提出的候选方案是否可行,即决定是继续后面的评估流程,还是放弃、推迟使用某些工具,同时给出理由。制定实验,该步骤设置执行实验所需工具的配置信息,为下一步执行实验搭建基础,具体包括安装步骤、软硬件环境配置和进行实验评估需要的其他相关步骤。运行实验,该步骤将保存动作所需要的所有候选工具应用到第一阶段选出的样本集中,所产生的一系列实验结果,可以进行分析并保存为决策证据。评估实验,该步骤估算候选保存动作方案符合保存要求的程度,主要用量化方法评估目标树中的叶结点(保存要求)指标。

第三阶段,分析评估结果。考虑保存要求的不同权重,并让保存规划员推荐可采用的最佳保存动作方案,包括统一度量、设置权重和分析结果三个步骤。统一度量,该步骤使用转换算法将各种保存要求的度量转化为统一的单位度量,使各指标间具有可比性。设置权重,该步骤以自顶向下的方式分配相对重要度权值到每个目标叶结点,表示该结点在最终决策中发挥作用的大小。分析结果,该步骤将每个方案的各个目标的性能值乘以权重得到一个可比较的数值,方案目标树的根节点会有一个综合性能值。基于每个候选方案的综合性能值进行排序,以作为选择具体保存规划方案的决策依据。

第四阶段,形成保存规划。这是保存规划流程的最后阶段,将一系列最佳的保存动作组合为保存规划,同时编排具体的执行步骤,包括创建可执行的规划、定义保存规划和验证保存规划三个步骤。创建可执行的规划,该步骤定义执行保存规划的触发条件和保存动作运行的环境。为了能够执行保存规划,要确定该保存动作执行工具的配置信息和资源集的位置。定义保存规划,该步骤编排保存规划,确定保存规划的成本,分配职责监测保存动作执行过程、重新评估保存规划的事件和触发条件。验证保存规划,该步骤审核保存规划的所有文档记录。再次验证保存规划是否有效,包括验证候选方案的评估过程、推荐工具的决策过程以及保存机构的基本框架和参数等。验证后的保存规划由审核人审核。

图 11－3 还阐明保存规划的环境交互,即把上文所描述的四阶段工作流程部署在服务和注册的工作环境中集成运行。集成的服务注册提供数据、保存动作和特征的注册服务以便于快速查找,知识库提供可重用的模式和模板。使用和政策模型为确定基本信息提供保存政策的相关信息;工作流引擎为运行实验提供流程服务;特征服务抽取资源集的特征,识别和验证数字对象,评估数字对象的格式风险,帮助选择具有代表性的资源集实验样本;对象验证和对比服务通过特征服务所抽取的特征判断数字对象之间的相同程度;特征—要求映射服务为评估实验提供比较和评价,还将保存要求的特征存储到知识库中。树模板和片段服务为确定保存要求提供创建目标树的服务,并将目标树保存到知识库中。保存特征注册为特征服务提供特征注册;保存动作注册为制订实验和确定候选方案提供保存动作注册;数据注册为选择实验样本提供数字对象标识注册。

11.2.4　Planets 保存规划的对象模型

Planets 保存规划的工作流程较为复杂,为了便于理解和理清流程中各对象间的活动关系,通过如图 11－4 所示的 Planets 保存规划对象模型的 UML 类图[11],解析保存规划中各核心对象间的保存活动关联关系,涉及的核心对象有保存动作、保存对象、保存风险、保存指导要求集、特征、要求和环境。

保存动作可由多个子保存动作组合而成。一个保存动作可以处理一到多个输入保存对象,并输出一到多个新的保存对象。保存对象和保存动作都有与其相适应的环境,每个环境也可能有其相适应的父环境。保存对象、保存动作和环境都有其对应的特征,特征的提取依赖于要求。保存对象要有相应的保存指导要求集,保存指导要求集由一到多个要求聚合而成。保存对象和环境都可能会出现保存风险,保存风险的判定需要一定的要求作为依据,根据要求决定采用相应的保存动作。

当保存规划对象模型发现存在保存风险时,就会触发保存规划进程,选择最优保存动作来减少保存风险。在保存规划的执行过程中,保存动作会对存在风险的保存对象或环境实施具体操作,消除保存风险,产生新的保存对象及其环境。如图 11－5 所示,保存对象分为输入保存对象和输出保存对象,每个保存对象和保存动作都有与其相适应的环境,保存动作将存在风险的保存对象作为输入保存对象进行处理,处理后的输出保存对象就是消除保存风险的新保存对象。在此过程中,如果保存对象有其必需的环境,则该环境也将被保存动作处理为新的输出环境。保存动作与保存对象及其关系的处理过程就是迁移或仿真。

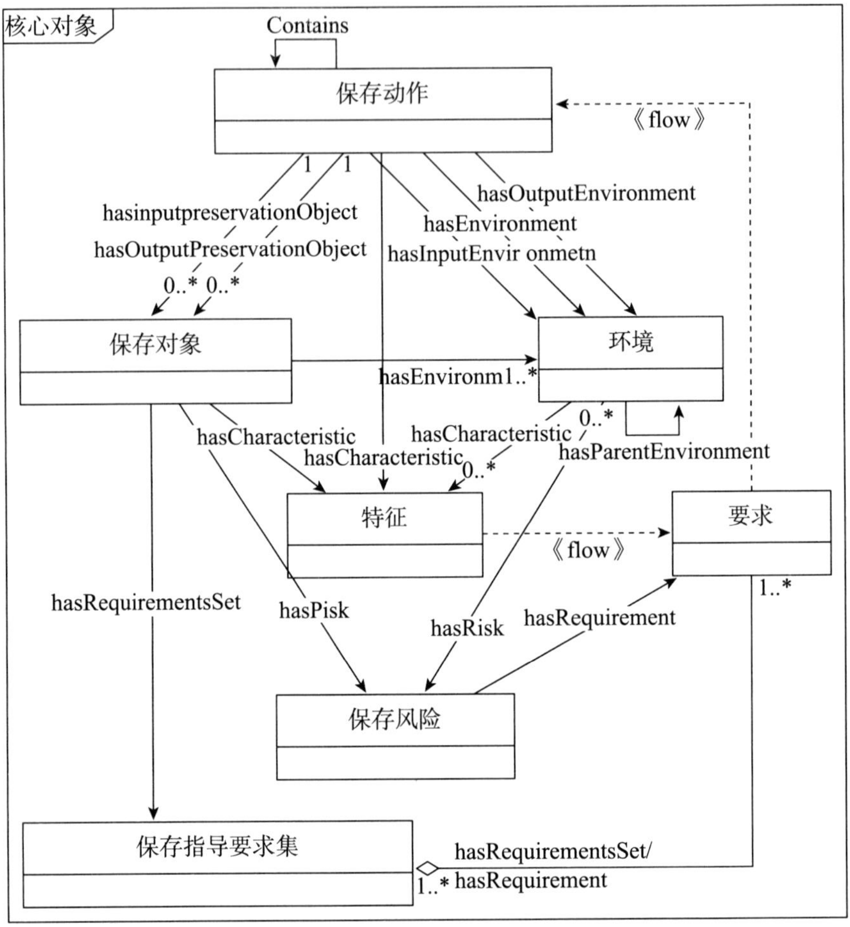

图 11－4 保存规划对象模型 UML 类图[12]

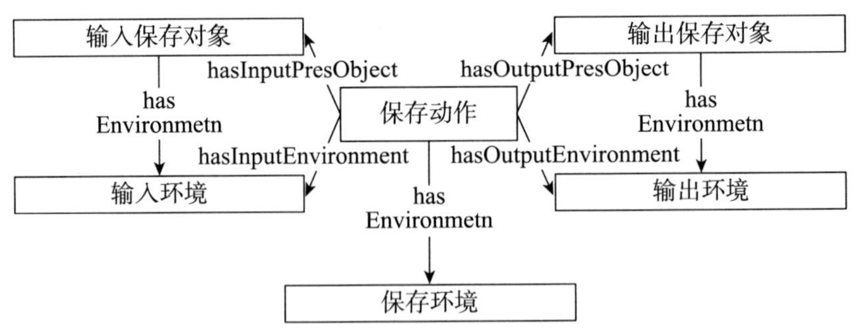

图 11－5 保存动作与保存对象和环境的关系[13]

对于给定的保存对象及其环境,减少其保存风险的最佳保存动作推荐方案由具体的要求决定,主要是数字资源托管机构、指定用户团体等相关各方的保存要求。例如,数字资源的输出格式、输出大小和保存规划的执行周期等。

11.2.5　Planets 保存规划工具

Planets 项目开发的保存规划决策支持工具 Plato[14],基于保存规划方法框架,集成内容特征、质量分析、保存动作、对象自动比较、工作流管理等服务,实现可靠的保存规划流程。这种面向服务的体系结构对保存规划工作提供良好的支持,使用该工具可以部署和执行一个完整的保存规划。

Plato 是基于 J2EE 的 Web 应用程序,以开放框架 JSF 和 AJAX 作为显示层,EJB 为后台,于 2007 年 11 月发布第一版,目前已更新到 4.5 版本。下面用 Plato 官方网站所提供的保存规划测试样例,说明保存规划的四个主要阶段:确定保存规划要求、制订保存规划方案、评估和分析结果、形成保存规划所要处理的工作,其保存目标是选择合适的保存计划方案来保存 pdf 文档。

图 11－6 是 Plato 确定保存规划要求的界面。Plato 头部的导航菜单分为五项:"Plan""Define Requirements""Evaluate Alternatives""Analyse Results""Build Preservation Plan",其中"Plan"可以对保存规划进行查看、复制、导出等操作,后四项功能菜单则严格遵照 Planets 保存规划工作流程引导用户制定保存规划。图中,根据保存目标设定目标特征、技术特征、过程特征和成本四个高层次的保存要求,然后进一步通过编辑(Edit)功能细分为更多的要求指标并给出度量单位。目标树(Objective Tree)也可用思维导图软件 Freemind 来设计,存成 XML 文件后通过"Import Freemind file"的"Select File"功能导入到 Plato 直接使用。

图 11－7 是 Plato 制订保存规划候选方案的界面。通过"Add alternatives"功能,可以自定义(Custom)保存方案或调用已注册(如 myexperiment、MiniMEE 和 MiniREEF 注册)的 Web 服务来组成候选保存方案。图 11－7 中,最终确定的三个候选方案是 Adobe Acrobat－>PDFA、PdfMagiConversion 和 Adobe Acrobat－>HTML。

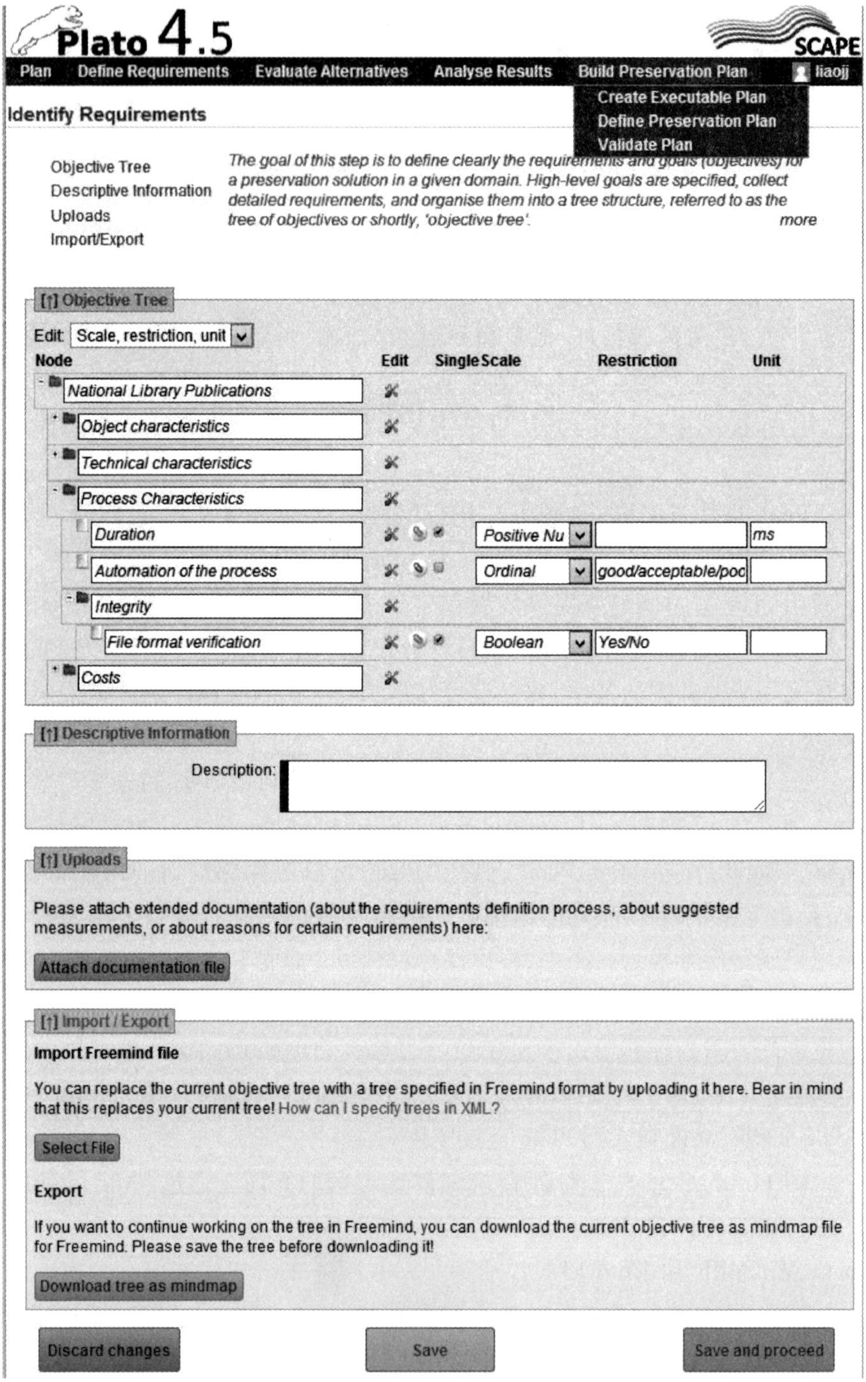

Plato 4.5 SCAPE

Plan | Define Requirements | Evaluate Alternatives | Analyse Results | Build Preservation Plan | liaojj

Create Executable Plan
Define Preservation Plan
Validate Plan

Identify Requirements

Objective Tree
Descriptive Information
Uploads
Import/Export

The goal of this step is to define clearly the requirements and goals (objectives) for a preservation solution in a given domain. High-level goals are specified, collect detailed requirements, and organise them into a tree structure, referred to as the tree of objectives or shortly, 'objective tree'. *more*

[↑] Objective Tree

Edit: Scale, restriction, unit

Node	Edit	Single	Scale	Restriction	Unit
National Library Publications					
Object characteristics					
Technical characteristics					
Process Characteristics					
Duration			Positive Nu		ms
Automation of the process			Ordinal	good/acceptable/poc	
Integrity					
File format verification			Boolean	Yes/No	
Costs					

[↑] Descriptive Information

Description:

[↑] Uploads

Please attach extended documentation (about the requirements definition process, about suggested measurements, or about reasons for certain requirements) here:

Attach documentation file

[↑] Import / Export

Import Freemind file

You can replace the current objective tree with a tree specified in Freemind format by uploading it here. Bear in mind that this replaces your current tree! How can I specify trees in XML?

Select File

Export

If you want to continue working on the tree in Freemind, you can download the current objective tree as mindmap file for Freemind. Please save the tree before downloading it!

Download tree as mindmap

Discard changes | Save | Save and proceed

图 11－6　Plato 确定保存规划要求的界面[15]

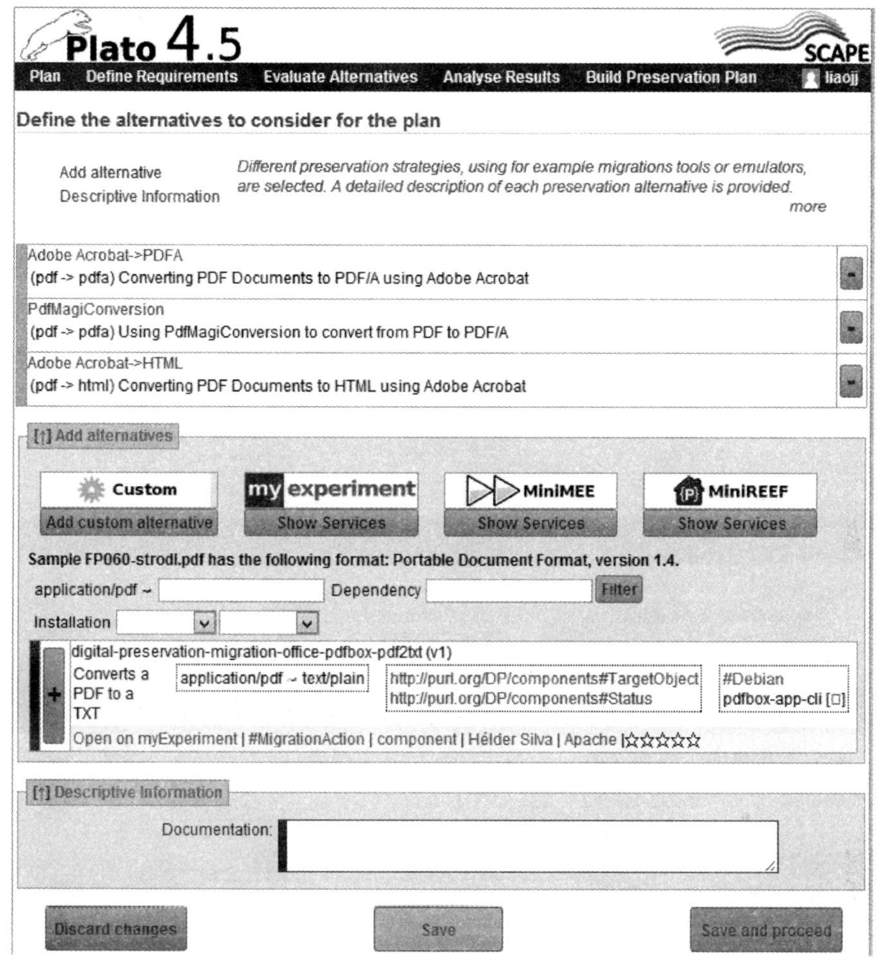

图 11－7　Plato 制订保存规划候选方案的界面[16]

图 11－8 是 Plato 分析评估结果的界面。图中给出三个候选方案的实验评估结果得分，PdfMagiConversion 的分数最高为 3.95 分，因此在"Recommendation"一栏推荐 PdfMagiConversion 作为最佳的保存方案，并给出推荐的原因。

图 11－9 是 Plato 形成保存规划的界面。图中要求填写保存规划执行的触发条件和所采用工具的配置信息，还可以通过"Upload Executable Plan"按钮添加预先编排好的可执行计划。

通过上面的规划过程，可以看出 Plato 的特点在于：采用过程指导来系统地优化保存要求的处理流程；对比保存策略和动作，选出最佳的保存策略；根据这些策略生成和评估保存规划，定义保存动作；自动编译出机器可解析的保存规划和工作流程；比较采用保存动作前后的数字对象的内容特征变化，从而确定保存动作是否成功。

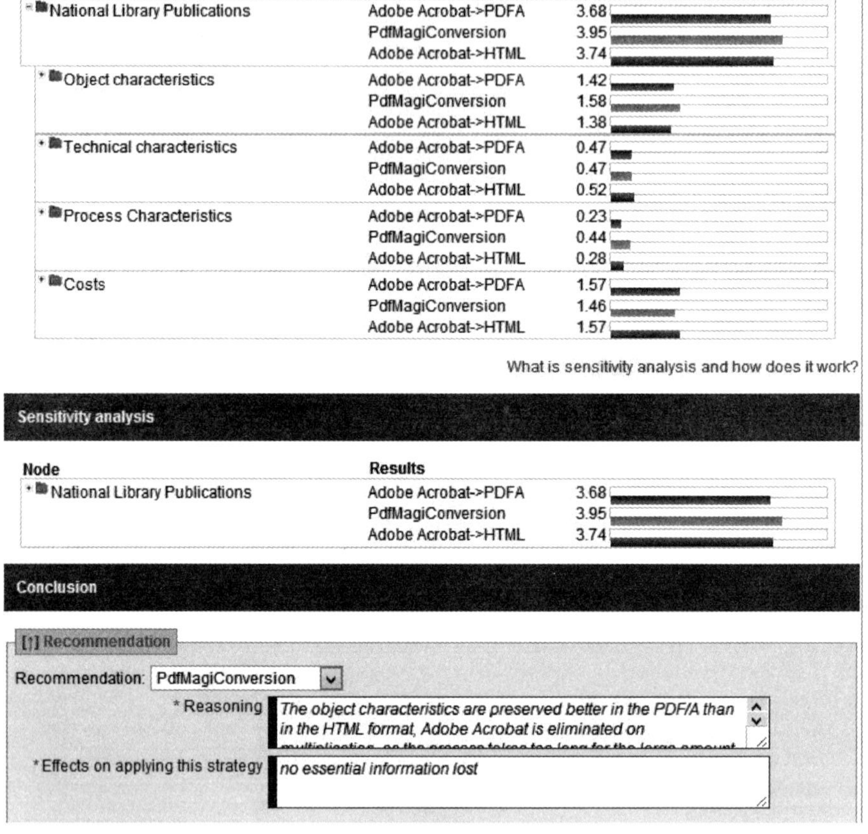

图 11－8　Plato 分析评估结果的界面[17]

未来 Plato 将与主流仓储库（如 ePrints、RODA）和其他基于 Fedora 的解决方案整合[18]，以增加这些系统的保存规划功能，加强监测保存规划的能力，连续不断地监测仓储库的运行。通过推荐技术，进一步提高 Plato 的主动推荐保存规划方案的能力。支持更广泛的应用，特别注重非文化遗产领域的应用，如医学影像、电子政务、生产工艺和科学数据集等。而且，随着提供可信数字服务的要求日益增强，越来越需要加强保存规划操作流程中的可信评估验证。

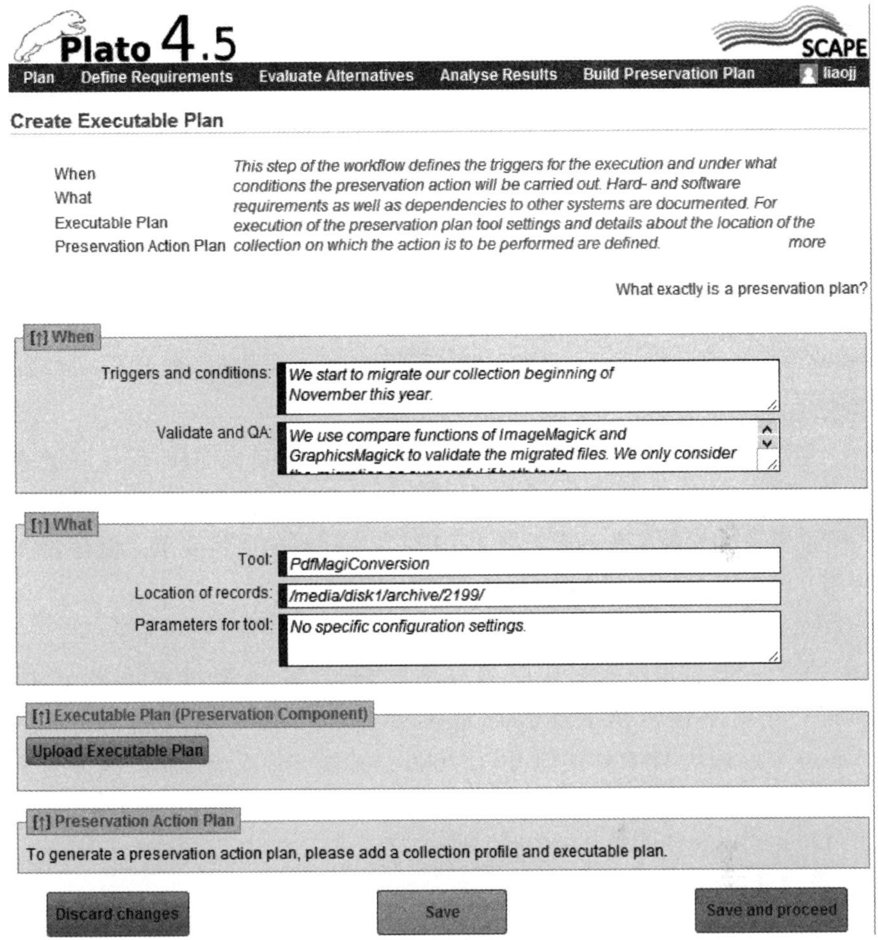

图 11 -9　Plato 形成保存规划的界面[19]

11.2.6　Planets 保存规划应用案例

本案例讨论德国巴伐利亚国家图书馆[20]（Bayerische StaatsBibliothek，BSB）首次部署 Planets 保存规划的经过，以期对保存规划的整体流程有一个具体直观的理解。BSB 要规划的资源集是在 2007 到 2009 年之间由德国研究基金会资助的数字化项目所扫描的高质量古籍图像资源，总页数超过了 400 万页，采用高保真无压缩 TIFF 格式存储，总存储容量达到 72TB。于是 BSB 着手规划这一特别的保存目标：评估将图像资源集从 TIFF 无压缩格式迁移到 JPEG 2000 压缩格式是否有利。其具体过程如下：

（1）确定保存规划要求

保存对象是 16 世纪古籍的高质量扫描图像资源，以便市民可以通过互联网访问这些古籍的低分辨率复本。数字化人员对这些图像资源进行特征抽取创建内容概况(Content Profile),如文件格式、格式的版本、创建日期和嵌入对象的数量等。基于这些内容概况,选出六个不同大小、内容的样本作为实验样本对象。最小的图像约为 11MB,最大的图像约为 30MB。

在巴伐利亚国家图书馆举行两次为期半天的要求征集会议,向数字图书馆与数字化服务的负责人、数字保存专家以及员工征集相关的保存要求,以自顶向下的方法,从四个高层目标:目标格式的技术特征、对象特征、过程特征和成本开始进一步细化为多个可度量的指标,即具体的保存要求。

最终确定的要求树如图 11 - 10 所示,如要求保持高品质,保持图像像素、分辨率、色彩和元数据的真实性,减少存储成本等。同时还考虑某些机构资助古典书籍数字化的政策要求,如对数字拷贝的质量要求。保存要求树用开源工具 Freemind 创建,导入到 Plato 使用。

(2)制订和评估候选方案

按照 BSB 的保存政策要求,确定五个候选方案,见表 11 - 1。其中,选择四个开源图像转换工具 Kakadu、GeoJasper、ImageMagick 和 GraphicsMagick 来处理从 TIFF 格式到 JPEG 2000 格式的无损压缩迁移。因为继续采用 TIFF 无压缩保存并不会造成风险,所以"维持现状(Keep status quo)"可以作为一个候选方案,一起进行实验评估。

表 11 - 1　候选保存方案的工具及其参数[21]

方案工具	描述	命令参数
ImageMagick TIFF to JP2000	版本:6. 5. 3 - 5 2009 - 06 - 11 Q16	- compress Lossless - quality 100
GraphicsMagick TIFF to JP2000	版本:1. 3. 6 2009 - 07 - 25 Q8	- compress Lossless - quality 100
Kakadu TIFF to JP2000	版本 6. 1	Creversible = yes - rate - ,1,0. 5,0. 25 Clevels = 5
GeoJasper TIFF to JP2000	版本 1. 3. 1	- T jp2
Keep status quo	保持现状仍以 TIFF 6 格式保存原资源	

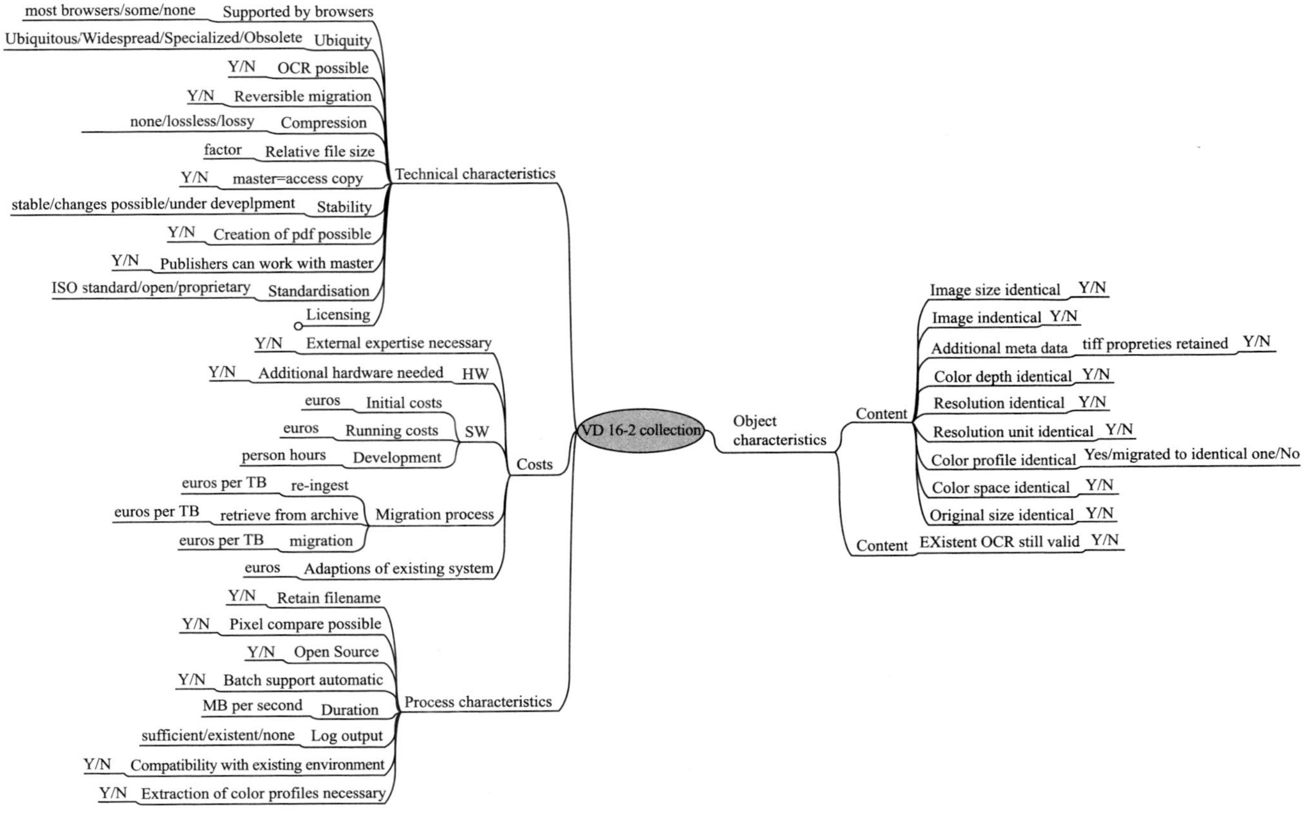

图11—10　保存规划要求树[22]

保存规划的实验部署在2 GB内存、Intel 1.40兆赫双核CPU的机器上运行，操作系统是Windows XP SP2。ImageMagick和GraphicksMagick已在Planets服务中注册，集成在Plato中，因此这两个工具的实验可通过Web服务进行调用。迁移后的文件用JHove特征工具与原始文件进行对比分析，生成目标对比树，其叶结点为每个保存要求的标准化度量值。根节点的值表示每个保存动作的综合得分。Plato对比显示各方案的JHove树，以便于彻底检查试验后的文件的特征是否满足特征要求。

(3)分析评估结果

为了便于评估结果，将每一个要求指标值转换成统一的度量范围，从0.0到5.0(0.0表示不可接受)，然后Plato将这些候选方案进行排序，如图11-11所示，显示每个高层目标(Object characteristics、Technical characteristics、Costs、Process characteristics)的得分，根节点(Scans)是各个方案的综合得分，便于保存规划员选出符合保存要求的最佳保存方案。

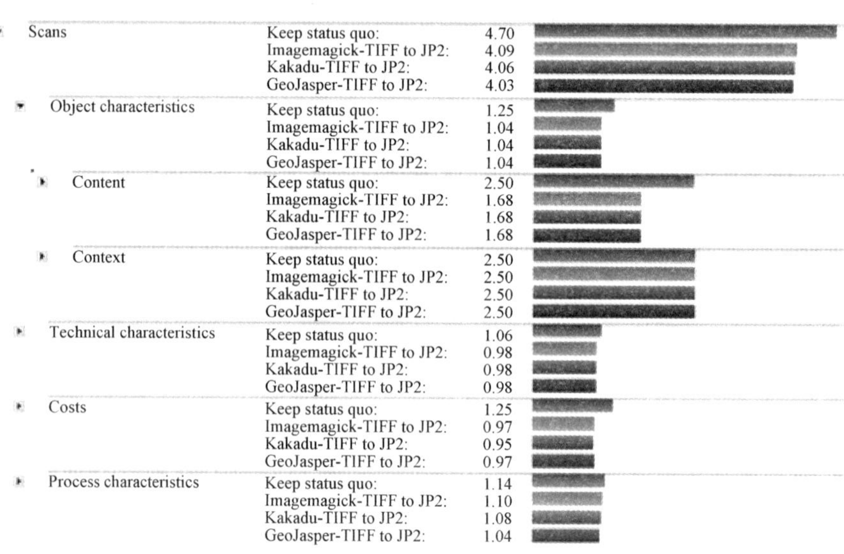

图11-11　高层保存要求的综合值[23]

通过对Plato给出的候选方案的评估值对比，可以发现“维持现状”优于其他三个保存方案，否定假设目标，推荐按照原始的TIFF6.0格式无压缩保存。

在图11-11中并未列出GraphicsMagick的方案，原因是它在转换图像过程中发生了数据损失。用GraphicksMagick和ImageMagick的对比功能直接进行图像像素比较，发现GraphicsMagick将TIFF格式的图像转换成JPEG 2000格式的过程中，图像像素变化了。而要求无损压缩是整个迁移过程的硬性指标，每个工具都必须满足这个要求，所以将 GraphicksMagick 的方案排除在外。

对 Plato 的结果树进行详细的分析发现，候选方案中的工具都不能很好地满足对象特征的要求，即不能很好地保留色彩保真描述信息（ICC profile），因为 TIFF 图像的原始色彩保真描述信息都被 JPEG 2000 图像的默认描述信息所替换。

除了色彩保真描述信息外，所使用的工具也不能保持原始图像的分辨率。用 ImageMagick 和 GraphicksMagick 的识别功能和 XNView 图像查看软件分析迁移后的图像的元数据发现分辨率和 TIFF 属性都有所损失。

迁移成 JPEG 2000 也不能满足 OCR 识别和普适性（Ubiquity）的要求。因为 BSB 的 OCR 软件不能处理 JPEG 2000 格式，只能处理 TIFF 格式。而且采用 JPEG 2000 作为主备份，虽然节省存储成本，但当时的浏览器对 JPEG 2000 格式支持不足，达不到随处可用的普适性要求。因此，也达不到“保存主本即为访问复本”的技术特征要求。

（4）形成保存规划

所有上述活动都有各自的负责人做好相应记录，也将保存规划相关的配置参数保存到知识库。而且计划在以后某个时间点对该保存规划进行重新审查，比如考虑是否有更多更好的工具可以利用，未来的浏览器可能会很好地支持 JPEG 2000 格式，符合“保存主本即为访问复本”的要求，以减少内存消耗和数据文件的数量，便于管理存档系统。所有的这些考虑都会对保存规划的变更造成影响。

提取色彩保真描述信息以及内嵌的元数据并存成单独的文件也会造成保存规划的修改，因为这会改变既定的工作流程，也会对存档系统造成重大影响。估算保存规划的成本很必要，虽然直接存储成本明显在减少，但目前还不可能给出准确的成本估计，因为针对数字对象整个生命周期的详细的过程和成本模型仍在研究中。这些情况都被收集到 Plato 的知识库中，而成为保存规划变更的触发条件。

这个案例告诉我们，数字资源的保存问题可以通过创建可执行的保存规划以结构化的方法来解决。保存规划过程提供保存策略的实验证据，因此能辅助高层管理人员的决策，同时也为后续制定其他资源集的保存规划奠定基础。

11.3 数据管理规划

除了 OAIS 参考模型和 Planets 项目提出功能性的保存规划外,数据管理规划(Data Management Plan,DMP)[24]从数据管理层面对数字保存系统实现保存规划功能提供方法指导,明确保存规划各阶段的问题和方案[25],规划保存什么内容、要保存多久、将来如何访问和利用。英国 Digital Curation Centre(DCC)[26]和 JISC[27]分别制定了相应的数据管理规划流程和方法,现归纳总结如下,以帮助实现数据管理层面的保存规划。

11.3.1 数据管理规划流程

数据管理规划的制定应从保存目标、知识产权、数据发布、可信赖数字仓储标准、数据短期保存管理、数据长期保存管理、软件和服务的保存、估算资源成本、数据损失建模九个方面的流程来考虑。

(1)确定保存目标

制定出明确的保存目标要考虑以下三个方面的影响因素:

1)明确组织机构、学科领域以及指定用户团体的保存要求;

2)明确保存数据的用途和保存的期限;

3)确定保存的数据集类型,并选择相应的格式、标准和收集的方法。

在项目的早期阶段,必须分清数据保存目标的优先次序。经过成本和价值评估分析,才能最终决定保存哪些数据。

(2)审查保存数据的知识产权

审查并确保拥有保存数据资源的存档权和提供数据共享服务的许可协议,协商好保存数据资源的知识产权问题。

1)在保存数据前要弄清数据资源的所有者,并与其签订数据保存的存档权和允许向公众提供共享服务的协议。如果购买第三方数据的使用许可,要了解这些数据存储和共享的所有限制。

2)参考相关的知识产权管理方法,有效地解决数据保存管理的知识产权问题。

3)明确访问数据共享服务的任何限制(如时滞期、访问限制等),并给出充分的理由。

(3)制订数据发布规划

明确数据公开发布的时间表,提供数据的访问、共享和重用的方法和机制,确保用户能够访问到可信、可用的数据资源。

1)根据具体情况规划数据发布的时间表。对于大型科研机构通常在一定时滞期后才会将数据公开发布;资助机构也经常会规定数据出版、发布的预定时间;还可以根据数据集的具体情况来确定发布时间,例如,天文观测数据一般在观测季节结束后或整理后统一发布。

2)合理规划保存数据的共享发布服务。考虑保存的数据集中哪些数据符合指定用户团体的数据使用需要,并按照他们的数据质量标准,预先准备数据,以确保数据可以被他们理解和利用。

3)制定用户访问的具体步骤细节。让用户清楚地知道数据保存在何处、何时能够访问、如何进行访问。明确数据的使用限制,告知谁可以访问该数据和使用的目的。

4)选择可靠的数据发布平台。尽量选择合适的存储基础设施,如数据中心、机构知识库或学科数据库来发布数据。

(4)按照可信赖数字仓储的标准保存数据

引入可信赖数字仓储的审计标准来保存数据,达到 ISO 标准的认证要求。以下是数据管理规划必须满足的基本审计要求,包括:

1)要有清晰的保存任务、保存策略规划和保存政策。

2)要明确指定用户团体的要求。

3)要能够监测影响仓储库运营的外部环境变化。

4)要能够识别保存数据存在的风险;出现紧急情况时,要有接续计划和灾难恢复机制。

5)要参考 OAIS 信息模型来划分信息包,注意区分各种信息包并保存其呈现信息。

6)建立跟踪和监测数字对象的机制,确保数字内容的完整性。

如果认为完全遵守 ISO 标准的认证要求很苛刻,可以考虑进行自我审计,通过结构化的审查方式,发现数据保存中的问题。另外,需要根据保存要求来设定具体的存档系统验证标准,这有利于数据保存管理,尤其是有的个别要求需要制订特别的解决方案。

(5)短期存储数据的保存管理

对于短期存储数据的保存管理,要制定质量保证规划和备份规范,在所有参与机构的研究团队内明确数据管理和监管的职责。

1)选定数据管理的技术支持方案,明确机构内外已有的技术和资源,分配好不同数据管理任务的负责人。

2)协同监测数据的质量,可以派遣调查员到保存场地或通过远程访问进行协同监测。

3)应用不同层次的服务或组合服务保证数据管理符合保存目标要求,如使用数据加密服务、在线安全存储服务、完全自动化备份文件管理服务,以及结合便携式存储和云计算的服务等。

(6)长期存储数据的保存管理

对于长期存储数据的保存管理,要确保重要的数据集的长期保存。

1)提供切实可行的策略,选择具有长期保存价值的重要数据,并用特定的标准保存这些数据。

2)保存数据的元数据,对于没有明显描述信息的数据,要抽取出它们的元数据,以确保其可访问性。

3)考虑资质可靠的数据中心和高校的数据管理服务,着力保障数据的可访问性。

(7)软件和服务的保存

因为有大量的重要信息记录在软件或软件配置信息中,所以保存数据的同时还要保存其相应的软件和服务。

1)保存软件,除了需要保存软件本身以外还要保存软件依赖的大量类库资源、运行它的操作系统、配置信息和启动指令。

2)通过以软件设计文档、用户使用文档的形式保存更多的呈现信息来保存软件的持续使用性。

3)保存运行服务的基础设施和服务接口文档的描述信息,确保服务可理解和正常运行。

(8)估算保存所需的资源和成本

估算出保存数据所需要的各种资源,如硬件、软件、专业技术支持、培训以及它们的成本。

1)存储成本,分为物理存储成本和保存管理成本。物理存储成本即存储数字物理字节的成本,主要是购买存储设施的成本。保存管理成本,则是将数据转换为存档信息包,并进行保存和管理所产生的相关成本。

2)摄入成本,包括获取数据和预处理数据的成本,涉及设计和创建元数据、规范数据、整理保存权益问题等的成本。

3)人员成本,很大一部分是做摄入工作的人工费用,还包括日常系统管理维护的人员成本。

数据保存的成本可以参考现有的成本模型和工具进行估算,参见本书“16.4　数字保存成本分析工具”。

(9)数据损失建模

通过数据损失建模揭示数据损失的趋势,依靠复制策略防止数据的损失。

1)数据损失模型。Baker[28]提出数据损失概率模型,侧重于发现“可见”和“潜在”的数据损失,揭示出保存策略对数据损失率的影响,评价保存策略的成本效益。

2)保存复本策略。以相当高的安全标准保存大量复本来保证数据安全的一种策略。这个策略是 LOCKSS 系统采用的解决方案,以松散协调的方式互相合作,对检测到的损失用复本进行修复,参见本书“20.3 LOCKSS 的主要关键技术”。

11.3.2 数据管理规划工具 DMPonline

DMPonline[29]是基于 Web 的数据管理规划工具,目前已发展到 4.0 版本。该工具由英国数字监管中心、研究资助机构和各所大学联合开发,帮助研究人员根据大多数科研资助机构的要求来创建数据管理规划。DMPonline 的工作流程基于英国数字监管中心研制的数据管理规划清单[30],该清单规范数据管理规划过程中需要考虑的相关事项,包括保存目标、数据集类型、知识产权、存储备份等方面。

在数据管理的整个生命周期过程中,DMPonline 可以帮助研究人员制定有效的数据管理规划。DMPonline 的模板库中有很多资助机构的模板可以选择,研究人员可以根据资助机构的具体要求选择相应的模板制定数据管理规划。资助机构也可以通过该工具在线定制、添加模板和指南。DMPonline 还为研究人员提供数据管理规划的制定向导和最佳实践示例,也可通过“众包”方式获取 DCC 的资源和其他人的建议。

11.3.3 数据管理规划工具 DMPTool

DMPTool[31]是与 DMPonline 功能类似的数据管理规划工具。2011 年 1 月,美国国家科学基金会增加了将数据管理规划列入资助申请的要求,并提供数据管理规划的制定指南。为了辅助研究人员创建有效的数据管理规划,加利福尼亚数字图书馆组织相关机构合作开发了 DMPTool,帮助研究人员创建数据管理规划的在线应用。DMPTool 提供详细的指导和一般的机构资源链接,帮助研究人员生成全面的符合相应数据管理要求的规划。

2011 年 10 月发布的第一版 DMPTool,在科学和图书馆界产生了巨大的反响,被评为美国国会图书馆2011年度最佳十项数字保存开发之一。2013年11月,已有超过600家机构的6000名用户使用过DMPTool。鉴于DMPTool第一版的成功,创始合伙人从Alfred P. Sloan基金获得资助,开发了第二版,于2014年发布。

DMPTool可以免费获取,其源代码开源,能够帮助研究人员创建数据管理规划,节省规划的时间,最大限度地满足资助机构的要求。DMPTool指导用户通过分步向导制定规划,提供帮助文档、资源和推荐答案。研究人员可以与同事合作开发规划,提交规划给机构管理员审查,还可保存和打印他们的规划。DMPTool支持所有主要的资助机构,当资助机构发布新的要求时可进行同步更新,保证DMPTool所提供的信息是最新的。

11.4 其他保存规划相关工具

除了前面提到的保存规划工具Plato、DMPonline和DMPTool外,还有一些与保存规划相关的工具。可信任电子资料库规划工具(Planning Tool for Trusted Electronic Repositories,PLATTER)能够评价保存系统的性能优势;基于风险评估的数字仓储审计方法(Digital Repository Audit Method Based On Risk Assessment,DRAMBORA)工具集能够识别保存系统的风险;可扩展保存环境(Scalable Preservation Environments,SCAPE)规划和监测套件能够提供持续监测和管理保存系统的功能。

11.4.1 可信任电子资料库规划工具(PLATTER)

PLATTER[32]由欧洲数字保存(Digital Preservation Europe)开发,旨在识别数字仓储的保存目标和优势,帮助电子仓储库实现可信任存储的目的。PLATTER本身不是审计和认证的工具,而是补充现有的审计和认证工具的框架,使新的仓储库从初期就将实现可信存储的目标结合到其规划中。使用PLATTER规划的仓储库将处于优势地位,有利于随后采用现有的审计工具来确认是否足以维持其内容的长期可用性和可访问性。

PLATTER的规划过程围绕战略目标计划(Strategic Objective Plans,SOPs)进行,为仓储库建立可信的审计流程来设定当前的目标和绩效指标。该工具以问卷调查的形式开始确定仓储库的问题性质,然后提出仓储库的目标和绩效指标框架,并扩展为九个战略目标计划来考虑,包括财务经营、人力资源、元数据规范、技术架构、内容的获取、内容的保存、内容的访问、接继计划和防灾计划。PLATTER 可以作为比较仓储库目标的基本工具,促进仓储库机构组织及其战略目标规划的共同发展。

11.4.2　基于风险评估的数字仓储审计方法工具集(DRAMBORA)

英国数字监管中心和欧洲数字保存基于实践,研究和开发 DRAMBORA[33]是一个自我评估的方法。该方法的相关工具集已在英国国家图书馆、科学数据中心和档案机构等各个保存组织机构中进行应用和评估。

2008 年,英国数字监管中心和欧洲数字保存发布 DRAMBORA,该工具集免费在线使用,数字仓储管理员可使用它来评估他们的数字保存能力,认识自己的优点,找出自己的弱点,使得数字仓储管理员自我审计的过程更为容易和有效。DRAMBORA 的审计方法分为六个步骤[34],包括确定组织的角色和目标、政策框架、保存活动和资源、识别保存活动和资源风险、制定相应策略。DRAMBORA 认为数字监管是一种风险管理活动,提供评测风险的定量计算方法,支持在各数字仓储之间和不同时期数字仓储本身之间的风险比较。审计员通过这些风险测评再结合组织管理机构和仓储库的保存目标,评估实现保存要求方面的风险。

DRAMBORA 工具集有助于记录组织管理框架,鉴别保存活动和资源,识别、评估和管理数字信息的相关风险,以确保业务的持续和信息的可用。DRAMBORA 使保存机构能够更好地履行职责,实现自己的战略目标,确定数字仓储的优势和劣势,协助他们有效规划,减少风险。

11.4.3　可扩展保存环境(SCAPE)规划和监测套件

SCAPE 规划和监测套件[35]是 SCAPE 项目开发的一套框架和工具集,用于规划和实施机构的保存策略,扩展现有工具,加强大规模异构数据集的长期保存能力。SCAPE 项目由欧洲委员会资助,从 2011 年 2 月开始至 2014 年 9 月结束。SCAPE 规划和监测套件建立在 PLATO 保存规划基础之上,支持通过开放接口逐步实现系统整合,并使保存机构能够以可扩展、半自动的方式使用规划和监测功能。SCAPE 套件的特点在于通过特征剖析识别保存内容的风险并自动采取可扩展的保存规划处理措施,监控保存过程的质量。

图 11-12 阐明 SCAPE 保存生命周期过程中监测、规划、运行、仓储库之间的交互情况。SCOUT 组件负责监测环境和用户的变化情况以及来自仓储库保存内容的 C3PO 内容剖析报告,通过这些报告进行特征分析,与相关的保存政策比对,识别风险。确认有风险或变更需要处理就调用

PLATO 的保存规划服务创建或重新评估保存规划。再通过自动工作流部署保存动作计划和监测保存动作,并在仓储库中执行保存动作计划。以此保证用户对仓储库的访问和数据摄入、收割的正常运行。

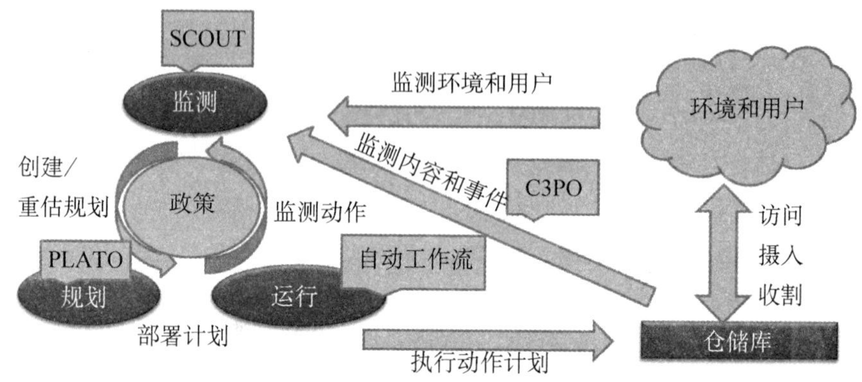

图 11-12　SCAPE 保存生命周期[36]

SCAPE 规划和监测套件在设计上可以连接任意的仓储库,开放所有的访问接口,每个 API 都有参考文档。在图 11-12 的交互流程中,为了创建内容概况,仓储库集成 FITS 工具来特征化数字文档。特征化后的结果传入可扩展的内容剖析工具 C3PO 以进行内容剖析,并创建内容概况描述。SCAPE 平台将实现对百万级的对象执行并行操作,仍然使用监测组件 SCOUT 完成对这些并行操作的监测,监测它们是否遵守服务层协议。

11.5　小结

本章详细分析保存规划的功能要求、基本流程、对象模型、工具案例和数据管理规划等方面的内容,以实现有效的指导、开展保存规划活动的目的。保存规划制定保存策略、迁移计划和信息包模板,监测影响保存要求的指定用户团体以及技术环境的变化。保存规划的流程根据具体的保存对象,确定保存要求,实施保存规划工作。保存规划的方法基于一系列的实验为数字保存提供一个标准化的方法来规划和评估保存策略。保存规划的工具通过效用分析进行评估,帮助建立数字保存流程和维持可信任的保存环境。数据管理规划是一种全局的保存规划,强调对数字保存生命周期过程中的各个环节进行规划,能够有效指导保存规划的具体开展。目前,保存规划已有 Plato、DMPonline、SCAPE 规划套件等工具和软件支持。

未来在保存规划方法方面，将构建自动、系统、灵活的集成基础结构，以支持自动监测保存环境、创建保存规划、持续自动管理保存活动；研究估算保存规划的成本模型，选择成本最小的保存方案；开发推荐算法，推荐最优的保存方案，降低保存规划的决策难度。在保存规划工具方面，开发更加易用的数据源连接适配器，进一步整合优秀的文件分析和转换等工具，加强与保存动作和保存特征服务的集成。不断地将保存规划方法和工具用于现实的保存工作中，建立最佳实践模型，构建推荐流程，确保保存规划方法和工具的高效性。不过制定保存规划也要考虑到机构自身的保存要求和政策，绝不能照抄照搬别人的成功经验，而且也要注意到随着保存的数字对象日趋复杂，特别是关联数据对象的情况越来越多，将增加保存规划的难度。

（廖建军、张智雄）

参考文献

[1－2] Consultative Committee for Space Data Systems(2012). Reference Model for an Open Archival Information System(OAIS)[EB/OL]. [2014－06－15]. http://public. ccsds. org/publications/archive/650x0m2. pdf.

[3] Consultative Committee for Space Data Systems Audit And Certification Of Trustworthy Digital Repositories[EB/OL]. [2014－06－15]. http://public. ccsds. org/publications/archive/652x0m1. pdf.

[4] BONIN S. Preservation and Long-term Access via NET worked Services[EB/OL]. [2014－06－11]. http://planets-project. eu/docs/comms/PLANETS_BROCHURE. pdf.

[5][8] STRODL S, RAUBER A. Preservation Planning in the OAIS Model[J]. 现代图书情报技术, 2008, 24(1): 61－68.

[6] BECKER C, KULOVITS H, GUTTENBRUNNER M, et al. Systematic Planning for Digital Preservation: Evaluating Potential Strategies and Building Preservation Plans[J]. International Journal on Digital Libraries, 2009, 10(4): 133－157.

[7] SIERMAN B. Report on Comparison of Planets with OAIS[J]. Retrieved December, 2007(7): 2007.

[9] STRODL S, BECKER C, et al. Report on methodology for specifying preservation plans [R/OL]. [2014－06－15]. http://planets-project. eu/docs/reports/Planets_PP4-D1_SpecifyingPreservationPlans_v1af. pdf.

[10] BECKER C, KULOVITS H, RAUBER A, et al. Plato: A Service Oriented Decision Support System for Preservation Planning[C]//Proceedings of the 8th ACM/IEEE-CS

Joint Conference on Digital Libraries. ACM,2008:367 – 370.

[11 – 13] BALLAUX B,MAYR M,van BUSSEL S. Report on Policy and Strategy Models for Libraries,Archives and Data Centres[M]. Planets,2008.

[14] What is Plato? [EB/OL]. [2014 – 06 – 15]. http://www. ifs. tuwien. ac. at/dp/plato/intro.

[15 – 17][19] How to start[EB/OL]. [2014 – 06 – 15]. http://plato. ifs. tuwien. ac. at/plato/index. jsf.

[18] BECKER C,KULOVITS H,et al. Trustworthy Preservation Planning with Plato[EB/OL]. [2014 – 07 – 19]. http://ercim-news. ercim. eu/en80/special/trustworthy-preservation-planning-with-plato.

[20] KULOVITS H,BECKER C,et al. Roles and Responsibilities in Digital Preservation Decision Making Towards Effective Governance[EB/OL]. [2014 – 12 – 12]. http://digitalcollecting. com. au/node/421.

[21 – 23] KULOVITS H,RAUBER A,BRANTL M,et al. From TIFF to JPEG2000? Preservation Planning at the Bavarian State Library Using a Collection of Digitized 16th Century Printings[J]. D-Lib Magazine,2009,15(11/12).

[24] Data Management Plans[EB/OL]. [2014 – 06 – 15]. http://www. dcc. ac. uk/resources/data-management-plans.

[25][30] Checklist for a Data Management Plan[EB/OL]. [2014 – 06 – 15]. http://www. dcc. ac. uk/sites/default/files/documents/resource/DMP_Checklist_2013. pdf.

[26] JONES S. How to Develop a Data Management and Sharing Plan[EB/OL]. [2014 – 06 – 15]. http://www. dcc. ac. uk/resources/how-guides/develop-data-plan.

[27] BICARREGUI J,GRAY N,HENDERSON R,et al. DMP Planning for Big Science Projects[J]. arXiv preprint arXiv:1208. 3754,2012.

[28] BAKER M,SHAH M,ROSENTHAL D S H,et al. A Fresh Look at the Reliability of Long-term Digital Storage[C]//ACM SIGOPS Operating Systems Review. ACM,2006,40(4):221 – 234.

[29] About DMPonline[EB/OL]. [2014 – 06 – 15]. https://dmponline. dcc. ac. uk/about_us.

[31] Community Resources[EB/OL]. [2014 – 06 – 15]. https://dmptool. org/community_resources.

[32] Repository Planning Checklist and Guidance[EB/OL]. [2014 – 06 – 15]. http://www. digitalpreservationeurope. eu/platter/.

[33] A Risk-aware Path to Self-assurance and Partner Confidence for Digital Repositories [EB/OL]. [2014 – 06 – 15]. http://www. repositoryaudit. eu/img/drambora_flyer. pdf.

[34] Digital Curation centre (DCC) and DigitalPreservationEurope (DPE) Audit Toolkit: DRAMBORA[EB/OL]. [2014 – 06 – 15]. http://ipres. las. ac. cn/pdf/innocenti_

ipres07. pdf.

[35] SCAPE(SCAlable Preservation Environments)[EB/OL]. [2014 - 06 - 15]. http://openpreservation. org/about/projects/scape/.

[36] KRAXNER M, PLANGG M, DURETEC K, et al. The SCAPE planning and watch suite: supporting the preservation lifecycle in repositories[EB/OL]. [2014 - 06 - 15]. http://purl. pt/24107/1/iPres2013 _ PDF/The% 20SCAPE% 20Planning% 20and% 20Watch% 20suite. pdf.

12 访问功能实体研究

访问功能实体(Access)在开放存档信息系统(OAIS)中提供存档信息的查询和传递服务。它接收用户的访问请求,根据用户的资源访问权限,将符合需求的信息返还给用户。访问功能实体承担着数字保存系统的对外服务功能,体现数字保存系统的价值所在。

本章分析 OAIS 参考模型和可信赖数字仓储对访问功能的技术要求,在此基础之上,作者重点对访问的主要流程、访问中的信息处理和转换、访问中的资源授权和认证技术三个关键技术问题进行研究,并分析当前数字保存系统中三个具体的访问应用实例,可为数字保存系统的访问功能开发实现者提供参考。

12.1 访问的主要功能要求

OAIS 参考模型对访问功能实体应当具备的功能进行描述,可信赖数字仓储系统,也对访问功能的具体实现提出相关要求。这些描述和要求,有助于明确数字保存系统中访问功能实体应当具备的功能和职责。本节论述 OAIS 参考模型和可信赖数字仓储对访问功能实体的主要要求。

12.1.1 OAIS 对访问功能的要求

在 OAIS 参考模型中,访问功能实体提供的服务和功能是支持消费者,使消费者可以了解、选择以及访问存储在 OAIS 中的信息,让消费者可以请求并接收信息产品。访问功能包括与消费者进行通讯以接收请求,对于某些需要特别保护的信息进行管理控制以限制其访问,协调请求的执行来保证请求的完全响应,生成响应(分发信息包 DIP、结果集、报告)并且将这些响应传送给消费者。

从功能结构上看,访问功能实体包括三个主要功能:访问活动协同功能、DIP 生成功能、响应结果传递功能。访问功能实体的主要功能，如图 12－1 所示。

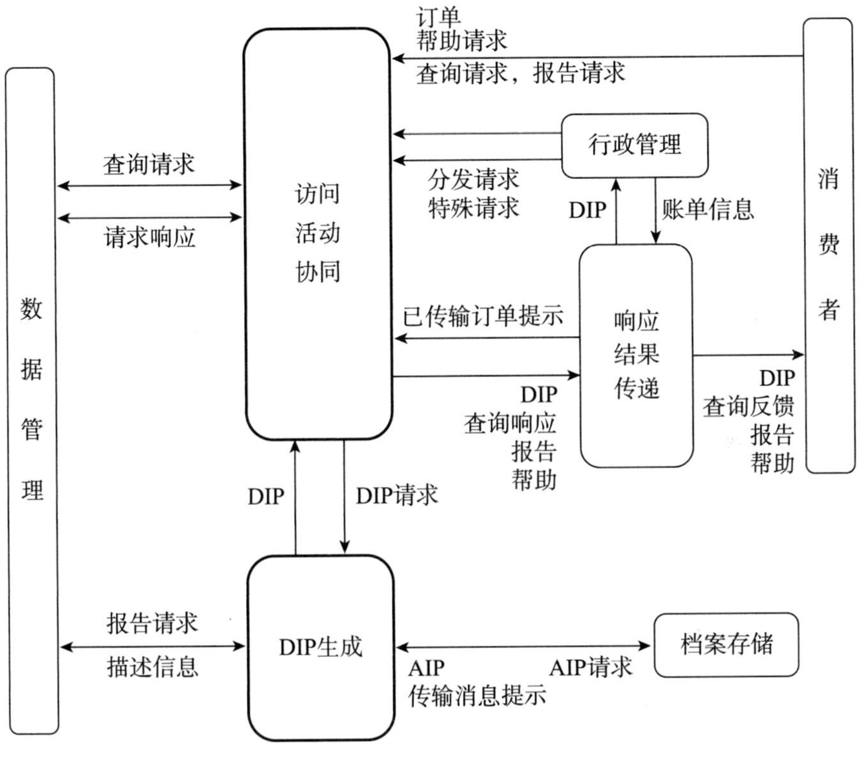

图 12－1　访问功能实体的三个主要功能[1]

（1）访问活动协同功能

访问活动协同功能（Coordinate Access Activities function），接受消费者的访问请求，协同相关功能实体，对消费者的请求进行反馈，并根据存档系统的实际情况，提供相关的信息服务。

一般来讲，访问功能实体需要协同三种类型的消费者请求，即查询请求、报告请求和订单请求。其中，查询请求主要查询数据管理功能实体所管理的各类数据，并及时将查询结果返回给消费者；报告请求，其实是在大量的查询结果基础之上，生成格式化的报告交付给用户；而订单请求是用户请求 OAIS 中所保存的数字信息，需要生成这一数字信息的分发信息包（DIP），并提交给用户。

访问活动协同功能首先需要确定消费者所请求的信息在存档系统是否存在，请求者是否有权获得所请求的资源，并向消费者反馈其请求是被接受还是被拒绝了。在接受消费者请求之后，访问活动协同功能会将请求传送给数据管理功能实体和档案存储功能实体，并调用 DIP 生成功能（Generate DIP function），从存档信息包（AIP）和相关元数据中抽取出信息，形成分发信息包（DIP）。分发信息包的分发过程还需在行政管理功能实体中进行管理。对于可以对外传递的分发信息包（DIP），行政管理功能实体会发出一个分发请求指令，来发起相关 DIP 的分发服务。行政管理功能实体中的存档信息更新功能同样也会提交分发请求，以获得执行更新功能所必需的 DIP。

访问活动协同功能也会对 OAIS 消费者提供一些帮助，如提供订单的状态查询、针对消费者的请求帮助进行响应等。

（2）DIP 生成功能

DIP 生成功能（Generate DIP function），在接收到 DIP 请求之后，一方面从档案存储功能实体中检索出 AIP，并将一份数据复本拷贝到临时存储区，以供进一步处理；另一方面，这一功能也将报告请求传递给数据管理功能实体，以获得 DIP 所需的描述信息。

之后，DIP 生成功能获取临时存储区中的数据对象并按照相关的应用要求进行处理。这些处理过程可能包括：进行数据统计；抽取即将分发的部分数据；实现数据格式转换；插入 DRM（数字版权管理）信息；滤除某些不宜对外提供的信息等。之所以执行这些操作，是为了确保所提供的数据内容与发出请求的用户权限一致。

最后，DIP 生成功能会在临时存储区内形成满足请求需要的 DIP，并将 DIP 提供给访问活动协同功能。需要注意的是，在一些具体的数字保存系统中，会将与用户请求相关的 AIP 和 DIP 在临时存储区内保存一段时间，以备各种实际需要。

（3）响应结果传递功能

响应结果传递功能（Deliver Response function），通过在线和离线方式向消费者交付响应结果。这些响应结果可能是 DIP、查询响应、报告或各种帮助。

对于在线交付而言，它接受来自访问活动协同功能的响应结果，并通过网络在线地将结果分发给用户。在传递过程中，它需要识别预定接收者，决定传输过程，将在临时存储区域的响应结果放置到传输点，并进行在线传输。

对于离线交付而言，它需要获取来自访问活动协同功能的响应结果，对响应结果及相关信息进行打包，标记上传输目的地，并对交付过程进行记录。

当响应结果已经传输给请求者之后，一个订单已传输的消息将会返回给访问活动协同功能，同时与此次用户访问过程相关的账单信息也会被提交给行政管理功能实体。

12.1.2　可信赖数字仓储对访问功能实体的要求

访问功能实体是数字保存系统的价值所在。如果不能在需要的时候及时为用户提供所保存的数字信息，数字保存工作就失去了意义，数字保存系统也会变得不可信赖。

在可信赖数字仓储的规范中[2]，规范的制定者认为，在访问功能实体的具体实现过程中，需要重点关注两个方面的问题，即：访问操作应当符合访问政策；访问操作应当确保所分发给消费者的数字对象真实可信。其中，第一个问题涉及当用户的请求发起后，数字保存系统如何处理这些请求以确保访问者的权利和义务得到尊重，安全得到监管，合理请求能够得到满足等。而第二个问题涉及仓储交付给消费者的数字对象是否真实可信的问题，以及仓储在消费者心中信任度的问题。

(1)访问操作应当符合访问政策

一个数字保存系统要有一个明确的访问政策，并将这一访问政策公之于众。在访问政策中需要明确各种不同类型的用户，在不同环境下能够访问相关资源的权限。

访问操作的执行，应当符合相应的访问政策。例如，对于每一次用户访问，需要进行用户身份的真实性验证和用户的授权检查；需要根据协议，对访问行为进行权限判断，记录下所有访问行为。特别重要的是数字保存系统需要提供一些自动化的手段记录和审查所有在访问过程中出现的故障或异常，以识别系统面临的安全威胁，对访问管理系统的有效性进行检查。

(2)访问操作应当确保所分发给消费者的数字对象真实可信

一个满足可信赖数字仓储要求的数字保存系统应当遵循其政策和过程的要求，使分发给消费者的数字对象真实可信，能够追溯到这一数字对象的原件，并且能够提供证据证明这一数字对象的真实性。

这也就是说，①需要在存档信息包(AIP)和用户最终接收数字对象的分发信息包(DIP)之间构建一条数字对象真实性的审计链；②要求数字保存系统在数字对象的摄入、保存和转换的过程中，数字对象的重要属性没有丢失，有足够的证据表明，从存档信息包中提取出来的数字对象和提供给最终用户的数字对象都是真实可信的数字对象。

12.2 访问的主要流程

访问是数字保存系统对外服务的一项重要功能。在消费者的所有访问请求中,最重要的请求就是对数字保存系统中所保存的存档信息的请求。在现实的数字保存系统中,经常将数字保存系统的访问过程认为是一个 D2D 的过程,即从"发现"到"传递"(From Discovery To Delivery)的过程。"发现"意指数字保存系统提供检索查询服务,能够让消费者可以发现所需要的信息资源;"传递"是指在消费者发现所需的信息资源之后,可以通过传递服务从数字保存系统中获取到所需的信息资源。D2D 过程,基本反映出数字保存系统中访问的总体流程,在具体的数字保存系统中,需要对这一流程进一步细化。

通过对相关数字保存系统访问流程的梳理,本书作者结合数字保存系统建设的实践情况,将数字保存系统中对存档信息访问的处理流程划分为四个阶段:即存档信息查询阶段、访问请求接收处理阶段、DIP 包生成阶段和 DIP 包传递阶段,并对这四个阶段中的主要处理过程进行梳理。本节按上述四个处理阶段对存档信息访问的具体处理流程进行阐述。

12.2.1 存档信息查询阶段

在存档信息查询阶段,数字保存系统主要向消费者揭示数字保存系统中是否有其所需的数字信息资源。在这一阶段,数字保存系统提供检索查询功能,让消费者可以检索数字保存系统中所保存的信息资源,发现自己所需要的数字信息;通过查阅数字信息的元数据、相关缩略图、部分节选内容,了解所关注的数字信息;并提供访问请求接口,让消费者可以向数字保存系统请求所需的数字信息。

(1)检索浏览存档信息

数字保存系统需要提供检索和浏览功能,让消费者从所保存的存档信息资源中,发现自己需要的存档信息资源。

检索和浏览其实都是帮助消费者获得所保存的数字信息资源集的一个子集的过程。检索功能的实现一般需要提供多个检索点,可以让消费者从数字对象的内容、类型、保存时间等多个方面来缩小资源范围。一般的检索系统,主要基于数字对象的元数据进行检索。对于文本类型的数字对象,也会提供全文检索功能。浏览功能可以从资源内容分类、摄入时间、

A－Z字顺等多个途径来发现相关的资源。

在用户检索和浏览特定的资源之后，数字保存系统应当返回用户的检索和浏览结果。检索和浏览结果一般是满足用户特定要求的所有存档信息的一个元数据列表。目前，随着分面索引系统的应用，一般还会提供检索结果的分面统计，以揭示检索结果的主要分布情况，并对结果进行导航提示。

(2)获取存档信息的元数据、缩略图或部分内容节选

通过对检索结果的查阅，用户一般需要进一步了解其中某些感兴趣的存档信息。数字保存系统为此需要提供对存档信息各类相关元数据的查阅功能，可以让用户较为完整地查阅存档信息的各类相关元数据，如存档信息的内容和类型各是什么，存档信息如何组成，从哪里获取，访问权限如何，经过什么处理等，以便较全面地让用户了解其所查阅的存档信息是否是其真正需要的信息。

一些数字保存系统除了提供存档信息的元数据之外，还提供存档信息的缩略图、部分内容节选功能，使用户可以更深入地了解所查阅的存档信息，决定是否申请获取此存档信息。

(3)提出对存档信息的访问请求

当用户通过检索功能查阅存档信息的元数据及相关信息之后，可以决定这条信息是否是其所需要的信息。对于某条用户决定需要的信息，用户可以向数字保存系统提出访问请求，以获取这条存档信息。

数字保存系统一般提供两种方式让用户可以对特定的存档信息提出访问请求。①通过填写访问请求表，来明确访问请求。用户对某条存档信息提出访问请求时，一般需要填写访问请求表。表中包括请求者类型、请求者所属机构、请求者联系信息、所请求的存档信息等相关内容。为了精确表示所请求的存档信息，在访问请求表中，一定要填入(系统可以根据检索查询系统自动填入)所请求存档信息的唯一持久标识(PID)。在用户提交访问请求表之后，需要数字保存系统来确认用户是否具有对相应存档信息的访问权限。只有符合相关权限要求的用户，才能获取相关的存档信息。②通过明确用户身份，来提出访问请求。对于已经注册到数字保存系统中的用户，可以通过用户账号、密码等技术手段进行安全验证，明确用户身份，进而提出对某条信息的访问请求。

12.2.2　访问请求接收处理阶段

当用户提交对某条存档信息的访问请求之后，访问过程进入访问请求

接收处理阶段。在这一阶段,数字保存系统根据接收到的访问请求,判断用户是否对所请求的存档信息有相应的访问权限,对于符合访问权限要求的访问请求,形成用户 DIP 请求订单,以供进一步处理。

(1)判断用户访问权限

数字保存系统在接收到用户的访问请求之后,需要根据用户的类型、所属机构、可访问权限等来综合判断此用户是否具有合法获取所请求存档信息的权限。

数字保存系统中所保存的存档信息,都是依据相关保存协议、法律条款来合法保存的。用户对某一存档信息的访问,也必须符合相应的法律权限框架。对于无权访问的存档信息,数字保存系统应当及时拒绝用户的访问请求。而对于有权访问的用户请求,数字保存系统还需要进一步查阅此用户拥有的权限级别。例如,对于某一图像文件,可能会存在不同分辨率的访问权限,对于一些用户可能具有访问高分辨率图像文件的权限,而对于其他用户可能只有权访问较低分辨率的图像。

(2)生成用户 DIP 请求订单

符合访问权限的用户请求,数字保存系统需要根据用户请求表和用户的访问权限,生成用户 DIP 请求订单。在 DIP 请求订单中,除了用户请求表中的信息之外,还需要包括相应的 DIP 生成要求信息,如 DIP 的封装格式要求,数字对象本身的质量要求、内容要求、格式要求等。在生成用户 DIP 请求订单之后,数字保存系统需要根据用户 DIP 请求订单生成符合要求的 DIP 包。

12.2.3 DIP 包生成阶段

在用户 DIP 请求订单生成之后,数字保存系统需要根据请求订单中所请求的存档信息从档案存储系统中获取相应的 AIP,从数据管理系统中取出与这一 AIP 相关的元数据,按照 DIP 生成要求信息,生成相应的 DIP 包。

(1)获取 AIP 包及相关元数据

数字保存系统需要根据请求订单中的存档信息的唯一持久标识(PID)从档案存储系统中获取出相应的 AIP 包,从数据管理系统中获取出相应的元数据。

对于只请求一个数字对象的用户 DIP 请求订单,实现这一数字对象的 AIP 包和元数据关联即可。但对于请求一批数字对象的 DIP 请求订单,数字保存系统需要有相应的处理机制,保证这一批次中的每一个数字对象的 AIP 与相应的元数据一一关联,不产生混乱。

(2)抽取 DIP 所需信息内容及相关信息

在获取 AIP 包及相关元数据之后,数字保存系统需要根据用户 DIP 请求订单,从 AIP 包及其相关元数据中提取出用户所需要的信息内容。

数字保存系统需要保证所保存信息内容的完整性、真实性、可理解性。因此在从 AIP 和相关元数据中抽取 DIP 包所需信息的时候,要保障:①数字对象是完整的。不能出现比特丢失,也不能缺少相关的组成元素,数字对象和元数据需要明确对应。②提供保存元数据和校验机制以证明数字内容的真实性。特别是需要通过保存元数据,描述这一数字对象的来源、对这一数字对象所做的各种保存处理等,形成较为完整的证据链,证明数字对象内容的真实可信性。③提供足够的数字对象的呈现信息,确保数字对象的内容可以呈现并被人理解。特别需要防止呈现信息的循环嵌套。

(3)生成 DIP 包

对于从 AIP 包中抽取出的信息内容,数字保存系统需要根据用户 DIP 请求订单中的 DIP 生成要求信息来生成数字对象的 DIP 包。

从 AIP 包中抽取出的信息内容,一般需要通过格式转换处理、插入权益信息、执行清点校验、重新打包信息等几个步骤以生成符合订单所要求的 DIP 包。①格式转换处理。需要对数字对象的格式进行转换处理,以确保用户所得到的数字对象符合其格式要求。在转换处理的过程中,数字保存系统也应当滤除某些不宜对外提供的信息。②插入权益信息。对于分发出去的数字对象,数字保存系统一般需要插入版权声明、合理合法使用之类的权益信息。有些系统还会通过向数字对象添加数字签名、插入数字版权管理组件等方式,对将要提供出去的数字对象的访问和应用进行一定的访问限制。同时,这些技术手段也可保证这一数字对象的应用和分发能够被跟踪和追溯。③执行清点校验。对于用户请求的一批数字对象,需要对这些数字对象进行清点,形成一个分发对象清单列表;而对于每一个数字对象,也应当对这一数字对象的各个组成部分进行清点统计,确保这一数字对象的各个组成部分都已经完整地包括在 DIP 包中。对于即将分发出去的数字对象,为了保证在传输过程中数字对象的完整性和真实性不会被改变,需要对数字对象及其各个组成部分进行校验,生成校验码,以验证在分发过程中数字对象有无受损。④重新打包信息。在完成格式转换处理、插入权益信息、执行清点校验之后,数字保存系统需要根据用户 DIP 请求订单中的 DIP 生成要求信息中的要求,选择适宜的 DIP 格式规范,重新对即将分发出去的数字对象及其相关信息进行打包,以便传输。

12.2.4 DIP 包传递阶段

在用户所请求的数字对象的 DIP 生成之后,数字保存系统需要根据 DIP 请求订单,将相应的 DIP 传递给用户。在 DIP 包传递阶段,数字保存系统一般需要对三个环节进行管理:执行 DIP 包传递、接收用户反馈和关闭访问请求订单。

(1)执行 DIP 包传递

在此环节,数字保存系统将符合用户需求的分发信息包(DIP)传递给用户。DIP 包的传递可以通过在线和离线的方式进行。在线的传递方式有 HTTP 下载、电子 E-mail 传递、FTP 传递以及一些更为复杂的数据提交和接收规范(如 SWORD)等。离线的传递方式需要将 DIP 包复制到离线媒体(如光盘、U 盘、移动硬盘)之上,通过物流系统实现传递。不论在线传递,还是离线传递,在数字保存系统之中,都需要生成一个 DIP 传递记录凭证,记录在什么时候,由哪个人,以什么方式,向哪个用户传递了能够满足哪个 DIP 请求订单的哪个 DIP 包。如果是在线传递,需要明确记录 DIP 的发往地址(如邮件地址、下载 DIP 的 IP 地址、FTP 服务器地址等)。如果通过离线传递,需要明确什么物流系统的什么人承担了传递任务。

在执行 DIP 包传递的同时,数字保存系统还需将 DIP 传递记录凭证的相关信息通过适宜的通讯方式(如短消息)发送给 DIP 接收者,让用户知道其所需要的 DIP 包已经发出,可以怎么去接收 DIP 包。

在 DIP 包的传递过程中,需要保证数据的安全,保证特定用户请求的 DIP 包不会被扩散,不会被他人盗取。另一方面,如前所述,需要保证 DIP 包的内容不会在传递过程中被修改和损坏。

(2)用户接收反馈

为了保障将 DIP 包正确无误地传递给相应的用户,在数字保存系统的 DIP 包传递过程中,还需要对用户的接收反馈进行管理。

用户的接收反馈需要包括以下两个层面的信息反馈:①用户是否接收到 DIP 包;②这个 DIP 包是否是符合其要求的 DIP 包。如果用户接收到的 DIP 包不是其所要求的 DIP 包,则用户的访问请求没有被满足,数字保存系统还需根据用户的请求,重新提供相应数字对象的 DIP 包。

(3)关闭访问请求订单

在用户明确反馈所接收到的 DIP 是符合其要求的 DIP 包之后,一个用户的访问请求处理过程也就相应结束。此时,数字保存系统可以正式关闭用户的请求订单,表示这一订单处理完毕。

应当看到，本节所阐述的访问流程是一个主要流程，在实际的数字保存系统设计和实现中，还需要考虑更多的处理环节，如所涉及的订单费用的管理、经费支付手段和方式的嵌入、相关消息的传递等，这些都需要在具体的数字保存实践中深入细化。

12.3 与访问相关的信息处理

在访问过程中，数字对象需要从 AIP 包中被提取出来，一方面需要脱离保存环境，通过呈现信息呈现给用户；另一方面，数字对象需要从 AIP 包中被抽取出来，重新组织并转换成 DIP 包。因此，在访问的信息处理中，需要重点关注数字对象呈现信息的处理和信息包的数据转换。

12.3.1 数字对象的软件呈现信息处理

在数字保存系统中，为了使数字对象能够被指定用户团体所理解，需要在访问操作中，将数字对象的内容及其呈现信息提供给用户。在 DIP 中，提供什么呈现信息，提供到什么程度，对于数字对象的可理解性有着直接的影响。特别是在很多数字对象的内容信息本身及数字对象的呈现信息都通过软件系统来呈现的情况下，需要特别关注以下访问过程中的呈现信息问题。

(1)区分两类数字对象的软件呈现信息

在 OAIS 中，定义了两种特别的、与呈现信息相关的软件，分别是访问软件(Access Software)和呈现表达软件(Representation Rendering Software)。其中，访问软件是呈现、访问、操作数字对象的软件，它提供对信息对象的一部分或全部信息内容的展示，以让人们或机器能够了解信息，操纵或处理信息内容。与数字对象的访问软件不一样，呈现表达软件不对数字对象的信息内容进行呈现，而是对数字对象的呈现信息进行呈现的软件。也就是说，访问软件呈现的是数字对象的内容信息，而呈现表达软件则是呈现数字对象的呈现信息。

一个软件，针对不同的数字对象，可以是访问软件，也可能是呈现表达软件。例如，许多 CD-ROM 的文件和目录结构遵从 ISO 9660 标准，我们将 ISO 9660 标准的内容做成一个 PDF 格式的文件。对于这个 PDF 文件，能够阅读 PDF 文件的 Acrobat Reader 软件则是这个 PDF 文件的访问软件。但对于一个 CD-ROM 数字对象而言，ISO 9660 标准变成了 CD-ROM 数字对象的呈现信息,它描述 CD-ROM 文件结构是如何实现的。因此,上述包含 ISO 9660 标准内容的 PDF 格式的文件是 CD-ROM 数字对象的呈现信息。这个 PDF 文件呈现信息需要通过 Acrobat Reader 软件来呈现。因此对于 CD-ROM 数字对象而言,Acrobat Reader 软件是其呈现表达软件,它呈现 CD-ROM 数字对象的呈现信息(即 PDF 格式的 ISO 9660 标准)。

(2)呈现表达软件需要纳入 DIP 包的范畴

在访问系统的功能实现中,一般都会将访问软件纳入到 DIP 的范畴内,而对呈现表达软件则较少给予考虑。例如,在上述的例子中,可能仅会将 CD-ROM 数字对象和 ISO 9660 标准内容的 PDF 文件纳入到 DIP 包中,而不将 PDF 文件的阅读软件纳入。

实际上,为了减少指定用户团体理解数字对象所需要知识基础,也需要将呈现表达软件提供给 DIP。因为在没有 PDF 阅读软件的情况下,ISO 9660标准内容可能就不会被理解,进而 CD-ROM 数字对象是如何构成的也就难以理解了。

(3)访问软件不能全部取代呈现信息

访问软件可以提供数字对象的访问服务,如对信息对象进行显示、控制、处理或配置。对于一些数字对象,可供利用的软件可能会很多,数字保存系统一般没有必要提供和维护那些可以普遍获得的软件,但对于类型比较特别的数字对象,数字保存系统就需要长期维护这些数字对象的访问软件,并在访问功能系统中,将访问软件作为呈现信息提供给用户。

由于访问软件通常包括一些对呈现信息的理解,因此,在一些数字保存工作中,可能会出现利用访问软件替代全部呈现信息的情况。特别是在拥有访问软件源代码的情况下,认为访问软件包括对相关呈现信息的理解,可以被用作是对呈现信息进行表达的一种文档。

利用访问软件替代全部呈现信息的主要问题是访问软件不能清晰表达数字对象的呈现信息。因为在访问软件的源代码中,呈现信息可能会被混杂于各种计算、处理和显示的程序算法之中,很难通过程序代码完整清晰地反映出数字对象的呈现信息。特别是当源代码利用一些更为底层的系统调用时,由于这些系统调用可能不是开源的,因此更加难以从中了解呈现信息。

使用只有执行程序而无源代码的访问软件,将会带来更大的风险。这是因为随着时间的变化,维护一个软件的运行环境要比迁移一种文档类型要困难得多。目前,利用仿真技术来保存可用的软件仍然还是一个需要继续探索的领域。

综上所述,在数字保存系统的访问操作中,为了更好地让用户能够理解数字对象,不能仅仅将访问软件提供给用户,还需要将数字对象的其他呈现信息完整地提供给用户,特别是在数字对象的呈现信息中还有嵌套的情况下,还需要将包括呈现表达软件在内的重要嵌套呈现信息提供给用户。

12.3.2　访问过程中的数据转换

在访问过程,数字对象需要从 AIP 包中抽取出来,重新组织并转换成 DIP 包提交给用户,因此从 AIP 包向 DIP 包转换是访问流程中的一个重要环节。

(1)从 AIP 包向 DIP 包转换的决定因素

一般来讲,数字对象从 AIP 包向 DIP 包的转换方式取决于两个因素:

1)用户的 DIP 请求订单。一旦用户确定需要获取数字保存系统中的某一数字对象,就会产生一个用户 DIP 请求订单。在用户 DIP 请求订单中,除了说明其请求的数字对象内容是什么之外,还需要说明分发信息包(DIP)和包描述信息(Package Descriptions)是什么,并指明 DIP 传递过程中的一些具体技术细节,如数字对象传递的媒体类型是什么,数字对象的格式要求是什么等。订单还可能指定在创建 DIP 过程中用户希望采用什么方式实现数字对象从 AIP 中的抽取和转换。

2)数字对象的访问权限。用户对某一存档信息的访问权限,也决定着数字对象如何从 AIP 包向 DIP 包的转换。例如,在用户请求一个图像文件时,当这一用户对这个图像文件拥有完全访问权限的时候,数字保存系统可能将这一数字对象的 AIP 包直接就当成 DIP 包提供给用户;但当用户只能访问这一图像的低分辨率图像文件的时候,数字保存系统需要将高分辨率图像文件转化为低分辨率图像文件提供给用户。

(2)从 AIP 包向 DIP 包转换的几种主要模式

根据数字保存系统提供的处理服务和用户的服务请求的不同,从 AIP 包向 DIP 包转换的复杂性可能很不一样。总结起来,主要有以下几种模式。

1)相互等同模式。这是最简单的情况,DIP 包等同于 AIP 包,它基本上就是 AIP 包的一个复本。更具体而言,DIP 仅仅包含了来自档案存储功能实体的 AIP 和来自数据管理功能实体的相应的包描述信息,基本没有更多的转换处理。

2)对应转换模式。这是更为复杂一些的模式。虽然这种模式下 DIP

和 AIP 之间的关系仍是一一对应的,但数字保存系统需要根据需求从 AIP 中抽取出需要的数字对象,对相应的数字对象构成元素进行转换,并重新组织生成不同于 AIP 的 DIP 包。此时,用户需要的数字对象、组成元素和相关元数据可能必须从 AIP 包中提取出来,被插入到相应的 DIP 格式中,而且可能必须改变上述数字对象、组成元素和相关元数据的编码方式和文件格式。

3)重新组织模式。这是最为复杂的模式。在这一模式下,数字对象的粒度将被改变,AIP 和 DIP 不能互相对应,可能需要从一个 AIP 包中生成多个 DIP 包,也可能是多个 AIP 包组合成一个 DIP。这种模式经常被应用于数字对象具有子集服务功能的环境。例如,通常情况下,在数字保存系统中,数字对象的粒度为期刊论文,也就是说一个数字对象对应的是一篇期刊论文。而当用户请求的是某一期刊某一期的全部论文的时候,数字保存系统就需要实现粒度的转换,将一篇篇的期刊论文(每一篇论文对应一个 AIP 包),重新组织成为一期全部的期刊论文(一期全部的期刊论文为 DIP 包,由多篇论文的 AIP 包组成)。需要注意的是,在这模式之下,除了数字对象本身需要重新组织之外,数字对象相关的元数据(包描述信息)也需要重新组织转换。

12.4 访问的资源授权和保护技术

数字保存系统中的资源访问需要在遵循相关保存协议、法律条款的前提下合理合法的展开,数字保存系统需要根据用户的类型、所属机构、可访问资源的权限等来综合判断某一用户是否具有合法获取所请求存档信息的权限。

在访问功能实体中,数字保存系统需要根据用户的身份信息和相关权限,决定其是否有权访问数字保存系统中的数字信息资源。在数字保存系统中,一般通过资源访问控制机制和用户认证授权机制来实现数字保存系统中资源的安全保护,防止非授权用户接触和存取数字保存系统中的重要资源。

一般来讲,资源的访问控制通常在操作系统、存储管理系统、数据库管理系统层面上展开,通过系统管理员控制用户对服务器、应用系统、目录、文件、数据库资源的访问;而用户认证授权机制通常被运用到应用系统层面,通过用户身份认证技术来识别用户,保证用户只能访问其授权访问的资源。

12.4.1　资源的访问控制技术

资源的访问控制(Access Control,AC)是一种通过相关途径显式地准许或限制用户对某些系统资源访问的技术方法。通过访问控制服务,可以限制对某些关键资源的访问,防止非法用户的侵入,或者因合法用户的不慎操作导致的系统破坏。在操作系统、存储管理系统、数据库管理系统层面,访问控制通常根据用户的身份及其所归属的用户组来限制其对某些资源的访问[3]。

访问控制种类很多,主要有自主访问控制(DAC)、强制访问控制(MAC)和基于角色的访问控制(RBAC)等。

(1)自主访问控制

自主访问控制是目前计算机系统中采用最多的访问控制机制之一,它是在确认资源拥有者的基础之上,让资源拥有者可以自主地对资源的访问权限进行限定的一种方法。其基本思想是允许某个资源拥有者明确地指定哪些用户可以访问其拥有的这一资源。例如,在操作系统中,用户有权对自身所创建的资源(如文件或目录)进行访问,而且可以将这些资源的访问权限授予他人,也可以收回已授权限。自主访问控制在操作系统、数据库管理系统中都被普遍应用。

(2)强制访问控制

强制访问控制是由系统管理员强制性地指定不同用户对相关资源的访问权限。在强制访问控制机制下,即使是某个资源的创建者,在创建这一资源之后,也可能无权访问这一资源。

强制访问控制通常需要将系统中的资源分类分级管理,由系统管理员统一对资源的访问权限实施强制性控制,按照一定的规则决定哪些用户可以访问哪些资源。也就是说,在强制访问控制下,用户和系统资源(如文件)都被标记上了固定的安全属性(如安全级、访问权限等)。在每次用户访问某一资源的时候,系统都会进行安全属性检测,以确定这一用户是否有权访问这一资源[4]。

(3)基于角色的访问控制

基于角色的访问控制(RBAC)模型[5]由 Sandhu 等人提出,其基本思想是不直接将操作资源的各种权限授予具体的用户,而是在用户集合与操作权限集合之间建立一个角色集合,用户通过不同角色的指派来获得访问权限[6]。基于角色的访问控制能够通过用户、角色、权限之间的多对多指派,来实现多种不同的访问控制策略。

基于角色的访问控制模型由以下几个元素组成：

1）U、P、R 和 S 分别表示用户集合（User）、操作权限集合（Permission）、角色集合（Role）和会话集合（Session）。其中，U 是人或其代理；P 是可以对资源进行操作的权限；R 是一组操作权限的集合，不同的角色具有不同的操作权限集。

2）$PA \subseteq P \times R$ 表示操作权限与角色之间多对多的指派关系。

3）$UA \subseteq U \times R$ 表示用户与角色之间多对多的指派关系。

4）user：$S \to U$ 是一个映射函数，用于将特定的会话 s_i 指派给单个用户 user（s_i）。

5）role：$S \to 2^R$ 是一个映射函数，用于将特定的会话 s_i 指派给特定的角色集合 role（s_i），其中 $role(s_i) \subseteq \{r \mid (user(s_i), r) \in UA\}$（可以随时间变化），会话 s_i 具有授权 $Ur \in role(s_i)\{p \mid (p, r) \in PA\}$。

6）$RH \subseteq R \times R$ 是角色上的一个偏序关系，称之为角色层次关系或者支配关系，也可用“=”（等号）表示。

基于角色的访问控制模型中的各种元素及其关系如图 12-2 所示。基于角色的访问控制模型中，一个用户可被指派成多种角色，一个角色可被指派给多个用户。类似地，一个角色可有多个操作权限，同一个操作权限可被指派给多个角色。角色以偏序关系组织，如果 x≥y，那么角色 x 就继承了角色 y 的操作权限，x 的成员也是 y 的成员。在基于角色的访问控制模型中，每次会话（Session）把一个用户和可能的许多角色联系起来，在一个会话中，用户会激发他所属角色的操作权限，此时，用户可用的操作权限是当前会话所激发的所有角色权限的并集。

基于角色的访问控制支持最小特权原则、责任分离原则和数据抽象原则等基本安全原则。

最小特权原则是指在配置角色和操作权限关系的时候，只把任务执行中需要的操作权限指派给角色，也只把任务中需要的角色指派给用户，用户执行任务时，能够激活的操作权限不会超过执行任务所需要的权限。

责任分离原则是指需要对有冲突的角色进行约束管理。一种是静态责任分离，在用户到角色的指派中，把互斥的角色指派给不同的用户；另一种是动态责任分离，在用户执行会话的时候来决定激活哪些角色。

数据抽象原则，在权限划分的时候，并不是直接定义读、写、执行等权限，而是在应用层面上定义，在具体系统中，这些抽象的权限会被赋予实际的含义。

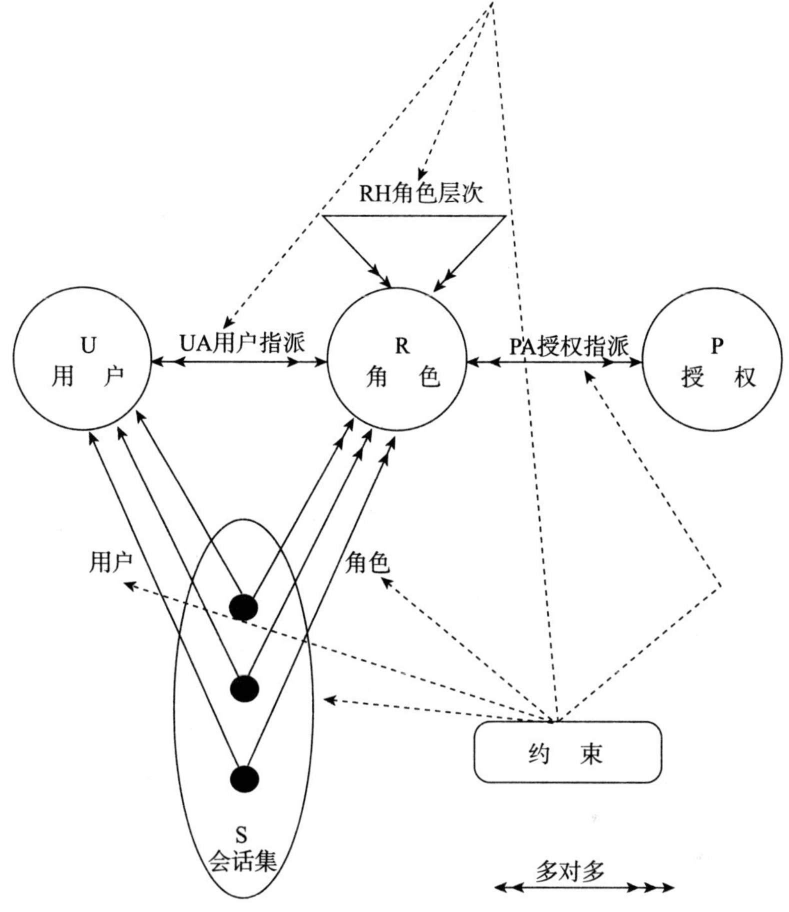

图 12－2　基于权限的访问控制模型[7]

12.4.2　用户认证和授权技术

除了需要在操作系统、存储管理系统、数据库管理系统层面对资源的访问进行控制之外，在数字保存系统中，还需要在应用层面通过用户认证和授权技术来识别用户身份，对不同用户给予不同的访问授权，防止资源被非法访问和利用。

(1)用户身份认证技术

用户身份认证（Authentication）也被称为“身份验证”或“身份鉴别”[8]，指的是在计算机系统中，对进入这一系统的用户身份进行识别，确认这一用户具体身份的过程。

在数字保存系统中，由于资源的访问权限往往与用户的身份密切关联。一旦确认进入系统者的用户身份，也就意味着这一进入系统的用户获得了相应资源的访问权限。因此，在数字保存系统中，需要注意用户身份认证的安全，特别在访问功能的设计中，需要高度重视用户的身份认证，确保系统所存档数字信息资源的安全。

从工作原理上看，用户身份认证的过程可以看成是从用户那里获取身份凭据，并对这些身份凭据的真实性、有效性进行验证的一个过程。如果这些身份凭据是真实有效的，则视为通过身份验证[9]。

根据身份凭据的不同，目前用户身份认证技术主要有以下几种[10]：

1）基于共享密码的身份认证，是指服务器和用户共享一套或一组密码，用户通过输入某一用户的正确的密码来证明其就是这一用户。具体而言，在数字保存系统中，保存有各个用户的密码（用户名和密码一一对应）。当用户需要访问其所授权的资源时，数字保存系统会要求访问者输入其用户名和密码，数字保存系统接收到访问者提交的用户名和密码之后，需要检查其所提交的用户名和密码是否与数字保存系统中所保存的用户名和密码相一致。如果访问者提交的用户名和密码，与数字保存中存储的用户名和密码相一致，就可以判断访问者是那个用户名所指代的合法用户，并将授权与其身份相一致的资源访问权限。

基于共享密码的身份认证中，除了用户通过键盘输入用户名和密码之外，近年来通过保存有密码的设备来进行认证的技术方法得到了长足发展。例如，智能卡（IC 卡）认证、USB Key 认证等。

基于 USB Key 的身份认证是目前较为便捷通用的认证模式。在实际的 USB Key 的身份认证中，经常会采用双因子认证模式。所谓双因子认证，指的是在身份认证的过程中，用户为了确认其身份认证，必须通过两种不同方式的认证[11]。对于 USB Key 认证而言，在数字保存系统中用户的身份信息中，一个用户除了有由用户名和密码构成的密钥之外，还必须持有保存其硬件密码的 USB Key。进行双因子认证时，除了通过用户输入的用户名和密码认证之外，还必须同时在系统上插入 USB Key，进行硬件密码认证。用户只有同时通过用户密码认证和 USB Key 认证，才能够登入系统，获得访问权限。

2）基于生物特征识别的身份认证，是指基于每个人身体上独一无二的生物学特征的识别，如指纹、声音、手迹、虹膜等，来实现用户的身份认证。这类身份认证技术以人体唯一的生物特征为依据，具有安全、方便、应用效果好的特点，但这类身份认证技术比较复杂，实施成本昂贵，技术成熟度还有待进一步提高。

3）基于公开密钥加密算法的身份认证，采用非对称密码算法对数据加密和解密，通过对数据的加密和解密来验证数据加密者是否是合法用户[12]。在基于公开密钥加密算法的身份认证中，用户和数字保存系统双方分别持有私有密钥和公开密钥，进入系统的用户需要采用私有密钥对特定数据进行加密，而数字保存系统则需要采用公开密钥对用户加密的数据进行解密，如果解密成功，就认为用户是合法用户，否则就认为是身份验证失败。使用基于公开密钥加密算法的身份认证技术有：SSL、数字签名等[13-15]。

（2）用户访问授权技术

在数字保存系统中，用户的访问授权（Authorization）就是按照相关保存协议、法律法规的要求，指定某用户对某一数字对象的访问政策。

需要明确指出的是，用户能够访问数字保存系统中的哪些资源，对这些资源可以访问到什么样的层次级别等都取决于相关的数字保存协议、法律法规和相应的数字保存政策。数字保存系统需要保证享有权限的用户能够访问其授权的数字资源，而没有权限的用户则一定不能访问未经授权的资源。

用户的访问授权技术在数字保存系统的应用层面实现对数字资源的访问控制。数字资源的访问控制规定了用户对数字保存系统中所保存资源的访问限制。用户的访问授权过程是一个在用户身份认证的基础之上，根据用户享有的资源授权列表来决策用户是否能够访问所请求资源的一个过程[16]。

数字保存系统中，用户的访问授权模型如图 12－3 所示。

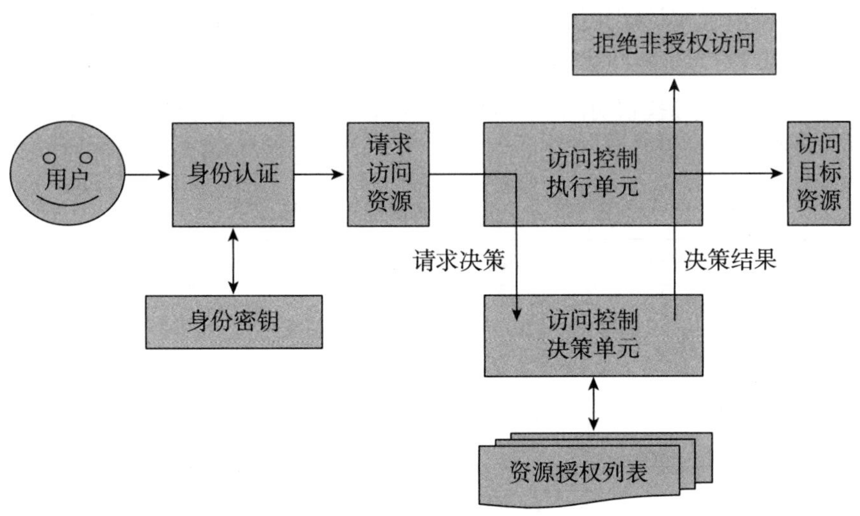

图 12－3　用户访问授权模型

一个用户要访问某一数字保存系统中的数字信息资源，一般需要通过以下几个步骤：

1）进行身份认证。用户需要在身份认证系统提交其身份密码来证明其身份。数字保存系统根据身份密码来识别出用户的真实身份。

2）请求需要访问的资源。向数字保存系统发出对特定数字资源的访问请求。

3）访问控制执行单元请求访问决策。数字保存系统的访问控制执行单元将这一用户以及他请求访问的资源，提交给访问控制决策单元，请求对用户是否具有这一资源的访问权限进行决策。

4）访问控制决策单元进行访问请求决策。访问控制决策单元需要查询这一资源的授权列表，判断这一用户是否是这一资源的授权访问用户中的一员。进而对这一用户是否具有这一资源的访问权限进行决策。

5）访问控制执行单元根据决策结果执行后续访问过程。在接收到访问控制执行单元的决策之后，数字保存系统根据决策结果执行后续访问过程。如果用户被认为是有访问权限的用户，则其可以访问所请求的目标资源，如果用户被认为是没有访问权限的用户，则系统将拒绝用户的访问请求。

在上述用户的访问授权过程中，资源的授权列表是访问控制决策的基础。因而在数字保存系统的设计中，需要重点关注资源的授权列表。实际上，每一个资源的授权列表来源于用户和资源授权访问矩阵。数字保存的用户和资源授权访问矩阵，描述了每一个用户对每一种资源的访问权限，它是数字保存系统中数字保存协议、法律法规以及数字保存政策的具体体现。用户和资源授权访问矩阵的示意如表 12－1 所示。其中“√”表示用户有相应资源的访问权限，而“X”表示用户没有相应资源的访问授权。

表 12－1　用户和资源授权访问矩阵

用户	资源 1	资源 2	资源 3	…	资源 n
用户 1	×	√	√	…	√
用户 2	×	×	√	…	×
…	…	…	…	…	…
用户 m	√	√	√	…	√

近年来，随各类系统间互操作需求的不断加强。用户的开放授权得到了越来越多的关注。开放授权标准 OAuth[17] 是目前系统间互操作的主要标准。它可以让用户授权第三方应用，有限地通过第三方应用（如，接下来

的2小时内)访问该用户在某一服务系统中有权访问的资源。对于数字保存系统而言,如果这一系统支持了OAuth标准,就意味着这一数字保存系统的用户可以授权他的某个应用平台来访问数字保存系统,有限地访问数字保存系统中其有权访问的数字资源。目前,OAuth2.0标准[18]已经发布,它进一步简化了开放授权的开发工作,并对HTTP服务中的其他第三方的Web应用、桌面应用和移动应用的接入提供了重点支持。

12.5　访问的具体实例研究

在实际的数字保存系统中,不同的系统在访问功能的具体实现上有所不同。一些数字保存系统借助图书馆的馆藏目录检索系统、资源发现系统等提供访问的检索支持,有些系统通过开发工具软件的支撑框架及系列工具来支撑不同类型资源的访问,有些系统开发了底层接口支持访问的构建。下面对一些有代表性的数字保存访问实例进行分析,供数字保存系统的访问功能开发者参考。

12.5.1　澳大利亚国家图书馆的访问功能实现

澳大利亚国家图书馆(NLA)通过其数字服务项目(Digital Services Project),开发了数字馆藏管理系统(Digital Collections Manager,DCM)来提供数字馆藏的获取、保存、管理、标识、访问、传递和长期保存等服务[19-20]。

澳大利亚国家图书馆的数字馆藏管理系统的访问服务是一个"发现服务"和"传递服务"有效结合的例子。通过发现服务让用户可以查询选择所需要的资源,而通过"传递服务"实现用户所需资源的交付。具体的系统框架如图12-4所示。

在发现服务方面,数字馆藏管理系统(DCM)提供了基于元数据的资源发现系统。这些系统包括澳大利亚国家图书馆的馆藏目录,以及对澳大利亚图书馆(Libraries Australia)、澳大利亚图片库(Picture Australia)和澳大利亚音乐库(Music Australia)的集成检索目录等。数字馆藏管理系统(DCM)也提供了基于OAI的元数据收割功能。目前,澳大利亚国家图书馆的数字馆藏也可以通过Internet搜索引擎搜索到。

在传递服务方面,数字馆藏管理系统(DCM)提供了传递系统,可以让用户通过Web访问数字馆藏中的资源。传递服务系统的功能随着所要传递的资源的不同而变化。例如,对于地图数据,传递服务系统能够通过图像压缩技术，提供了对地图图像中选定区域的快速放大功能。目前，数字馆藏管理系统(DCM)还正在开发数字资源的访问控制功能，以实现对数字馆藏更有效的访问管理。

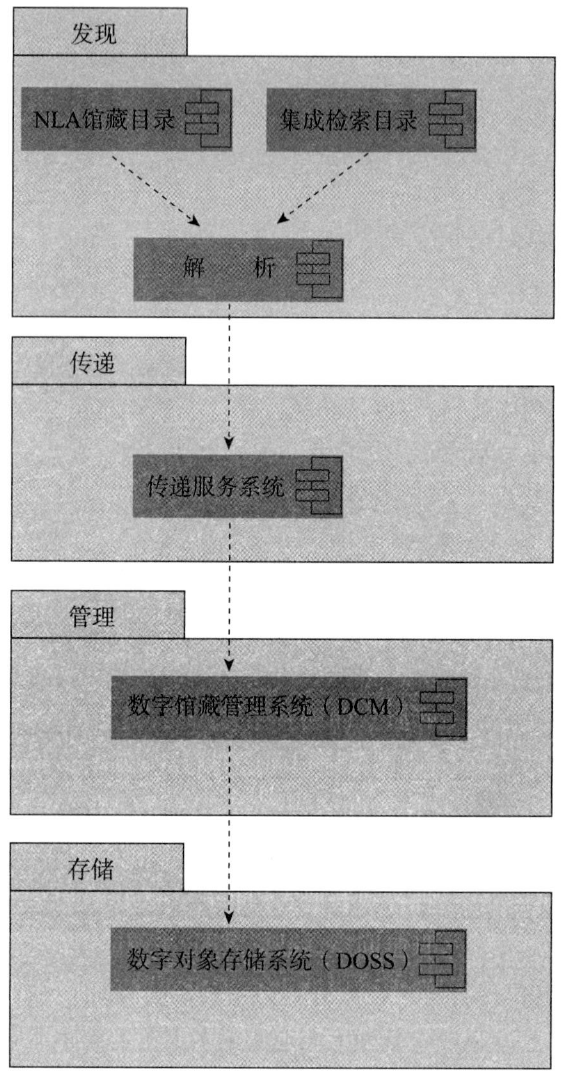

图 12－4　NLA 的数字馆藏管理系统框架[21]

12.5.2　斯坦福大学数字图书馆的访问功能实现

在斯坦福大学的数字图书馆生态系统中，主要有三个系统分别实现数字资源的管理、保存和发现传递服务[22]。其中，斯坦福大学数字对象登记系统(Digital Object Registry，DOR)实现对数字对象内容的登记和管理，提供数字对象信息的接收、转换、打包等功能,并为访问和保存提供支持。斯坦福大学数字仓储(Stanford Digital Repository,SDR)实现数字资产的长期保存,确保所保存数字资源的完整性、真实性和可重用性[23]。而对于数字资源的访问服务,则主要由被称为数字堆(Digital Stacks)的系列工具和斯坦福大学图书馆的联机目录查询系统 SearchWorks[24] 及 Socrates[25] 来承担。

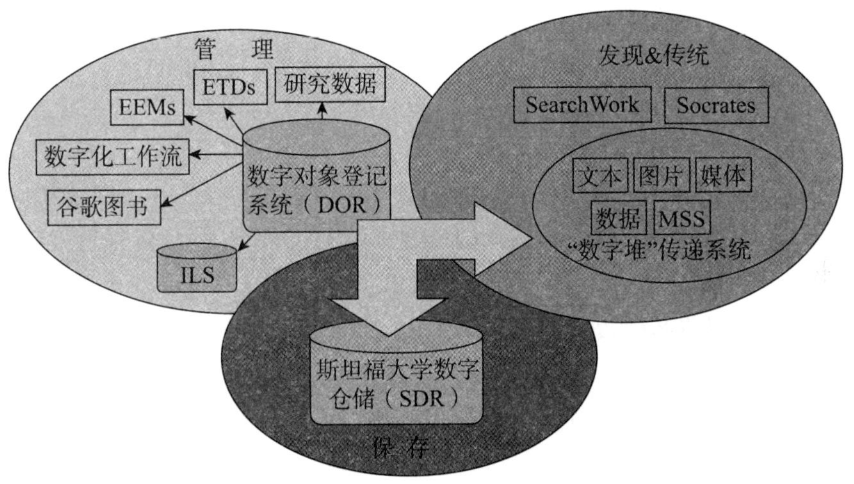

图 12-5　斯坦福大学数字图书馆框架[26]

数字堆(Digital Stacks)是一系列的访问工具,提供数字资源的发现和传递功能。数字堆包括一系列基于 Ruby on Rails 开源框架的应用系统,通过 Solr 来实现元数据、基于网络文件系统(NFS)的数字资产内容的索引。这些工具与斯坦福大学的统一认证和授权服务相集成。由于采取了 Ruby on Rails 的应用框架,使得在数字堆之上,系统开发人员可以方便开发各种灵活的前端界面,能够适用于特定资源类型(如图书、图片、视频、空间地理数据)和特定领域(如医学研究)的用户界面。数字堆平台为斯坦福大学数字图书馆的数字资源访问提供了统一的较为底层的资源访问接口。

在数字堆平台之上,是斯坦福大学图书馆的联机目录查询系统 SearchWorks 及 Socrates。SearchWorks 是斯坦福大学图书馆新的联机检索工具,正在替代旧的 Socrates 访问系统。SearchWorks 可以检索斯坦福大学图书馆的 700 多万数字馆藏,并且支持对斯坦福大学数字仓储(SDR)及相关授权资源的访问。

通过企业级的安全措施,斯坦福大学数字图书馆可以对用户的资源访问过程实施严格的访问控制。对于一种资源可以指定不同的访问级别,例如,可找到这一资源、可以查看这一资源和可下载这一资源。也可指定有权访问这一资源的用户范围,是全球的用户都可访问,还是仅斯坦福大学的人员可以访问,或是只有几个特定的用户能够访问。

12.5.3 DAITSS 系统的访问功能实现

DAITSS[27]是佛罗里达图书馆自动化中心(Florida Center for Library Automation,FCLA)开发的数字保存仓储软件。DAITSS 是一个底层的数字保存仓储服务软件,它并不提供终端用户的应用界面。为了构建一个终端用户可用的数字保存系统,还需要在 DAITSS 数字仓储服务的基础之上,进行用户界面的开发。

DAITSS 系统的设计者自认为 DAITSS 本身不支持公共的在线访问。为了访问 DAITSS 仓储中所保存的 AIP,请求者需要向 DAITSS 系统发起一个分发请求来实现。DAITSS 的分发功能从仓储中提取所请求 AIP 的一个复本,经过修改转换,并将其放到一个请求者可以存取到的地方,供请求者访问。

在 DAITSS 的分发处理过程中,DAITSS 需要检查请求者是否有权访问所请求的数字对象。如果有权访问,DAITSS 将会从相应的 AIP 中为请求者生成一个 DIP。由于 DAITSS 系统本身还在不断地升级,会持续地改进系统的格式识别和格式处理程序。因此,DAITSS 在生成一个 DIP 之前,会翻新这一数字对象相应的 AIP,即 DAITSS 会对 AIP 中的每一个文档执行重复的摄入处理。这样,无论最初 SIP 是何时摄入的,都能确保生成 DIP 时可用的 AIP 是当前最新版本的 AIP。

在 DAITSS 的 DIP 中,将会包括一个描述包的 METS 文件(即 DIP 描述文件,DIP Descriptor)、所有原始提交的内容文件,以及 DAITSS 系统自身增加的一些文件(如 XML 解析器需要的 XML Schema 的压缩包)。

DIP 描述文件记录了包中各个文档不同版本之间的关系,它还标明最初提交的文档是哪些,如果有不同版本的文档,它还会标明哪些文档是最新的文档。例如,有这样一个提交包,它是由五个文件组成的一个 Web 页面:一个 HTML 文件、一个样式文件、两张 JPEG 格式图像文件和一个 GIF 格式的图标文件。如果几年后,GIF 文件过时了,DAITSS 就会创建一个持续可用的 PNG 格式的图标文件。DIP 中就会包含六个内容文件。而这时 DIP 描述文件就会记录这一 DIP 包中包括两个文件集:一个文件集是原始提交的五个文件;另一个文件集则是当前正在用的五个文件,即一个HTML 文件、一个样式文件、两个 JPEG 图片文件和那个新创建的 PNG 图标文件。

如果请求者想查这一 Web 页面的原始提交文件,他只需查看第一个文件集;而如果他想通过浏览器显现这一 Web 页面,则他可以用第二个文件集来实现。

除了上述访问之外,DAITSS 正在开发它的第二种被称为"偷窥"(Peek)的访问形式[28]。之所以称其为偷窥,是因为它能够让有授权的用户直接查看在档案存储功能实体中的 AIP,而不用去翻新,或将其转换成 DIP。偷窥功能对数字仓储的审计员特别有用,因为通过它可以真实地看到数字仓储中所保存资源的实际状况。

在 DAITSS 的访问系统中,DAITSS 操作管理员能够访问系统中所保存的或在处理中的所有资源的信息;取得授权的仓储资源提交者可以通过 Web 接口访问自己提交的信息包;用户可以查看自己的任何信息提交、分发请求,以及撤销请求的处理状态,并能查询存储包的摘要信息,还能够访问即时生成或预生成的报告。

12.6　小结

本章主要研究数字保存系统中与访问功能相关的技术。作者认为访问的工作流程、访问的信息处理和转换、访问的资源授权和认证是数字保存系统中访问功能设计和实现中的主要问题。作者因而重点对上述三个主要问题进行研究梳理。在访问工作流程方面,作者在访问的 D2D(即从"发现"到"传递")过程的基础之上,提出数字保存系统中访问的四个阶段流程,并对四个阶段中的具体过程进行论述。在访问的信息处理和转换方面,作者重点探讨访问过程中数字对象的呈现信息的处理问题和数字对象从 AIP 包向 DIP 包转换中的问题。而在访问的资源授权和认证方面,作者分析资源的访问控制和用户的认证授权技术,提出用户访问授权的基本步骤和基本模型。为了更加具体说明访问功能的设计和实现方案,作者分析当前数字保存系统中三个具体的访问应用实例,从实例中,可以看到上述访问中的三个主要问题在实例中都有更为具体的实现。

在实际的数字保存系统建设中,还应当注意:①数字保存访问系统不能简单地等同于资源的检索和下载系统。虽然数字保存的访问系统与数字图书馆的资源检索和下载系统功能相似,而且当前的一些数字保存系统在访问功能的实现也利用了数字图书馆的资源发现服务系统,但应当明确看到,数字保存系统的访问功能是一个较为复杂的信息处理过程,不能简单地将数字保存系统的访问功能等同于通常的资源检索和下载。②数字保存访问系统的实现需要在易用性和安全性之间实现平衡。数字保存的访问系统是面向用户的服务系统。作为一个用户系统,应当充分考虑系统的易用性和可用性,让用户能够方便地访问所保存的数字资源。但需要认识到的是,访问系统的易用性和可用性,不能以牺牲数字保存系统的安全性为代价。数字保存的访问系统需要保障数字资源的安全访问,不能让非法用户访问未授权资源。

(张智雄、吴振新)

参考文献

[1] Consultative Committee for Space Data Systems(CCSDS),CCSDS 650.0-M-2,Reference Model for an Open Archival Information System(OAIS),Recommended Practice,Issue 2,Page 4 - 16. June 2012[EB/OL].[2014 - 12 - 05]. http://public.ccsds.org/publications/archive/650x0m2.pdf.

[2] International Organization for Standardization. International Standard:Data and Information Transfer Systems-Audit and Certification of Trustworthy Digital Repositories[S]. ISO 16363:2012(E),2012 - 02 - 15.

[3] 访问控制[EB/OL].[2015 - 05 - 06]. http://baike.baidu.com/view/469056.htm.

[4] 强制访问控制[EB/OL].[2015 - 05 - 06]. http://baike.baidu.com/view/4420215.htm.

[5][7] Role-Based Access Control Models[EB/OL].[2014 - 12 - 13]. https://cs.nmt.edu/~doshin/t/s06/cs589/pub/5.Sandhu-RBAC.pdf.

[6] 基于角色的访问控制[EB/OL].[2015 - 05 - 06]. http://baike.baidu.com/view/1227497.htm.

[8] 用户身份认证[EB/OL].[2015 - 05 - 06]. http://baike.baidu.com/view/1014826.htm.

[9] ASP.NET 身份验证[EB/OL].[2015 - 05 - 06]. https://msdn.microsoft.com/zh-cn/library/eeyk640h(v = vs.100).aspx.

[10] 身份验证[EB/OL].[2015 - 05 - 06]. http://zh.wikipedia.org/zh/身份验证.

[11] USB Key 身份认证[EB/OL].[2015 - 05 - 06]. http://baike.baidu.com/view/5762047.htm.

[12] 身份认证技术[EB/OL].[2015 - 05 - 06]. http://baike.baidu.com/view/105146.htm.

[13] 解析用户身份认证的六大方式[EB/OL].[2015 - 05 - 06]. http://network.chin-

abyte. com/363/12418863. shtml.

[14] PKI(Pubic Key Infrastructure)[EB/OL]. [2015 - 05 - 06]. https://enterprise. bank. ecitic. com/corporbank/corporbankInfoCenter/securityCenter/zhishi/gongyaoji-chuss. html.

[15] SSL 常见加密算法[EB/OL]. [2015 - 05 - 06]. http://www. willrey. com/support/ssl_des. html.

[16] Authorization(computer access control)[EB/OL]. [2015 - 05 - 06]. http://en. wikipedia. org/wiki/Authorization_(computer_access_control).

[17] OAuth[EB/OL]. [2015 - 05 - 06]. http://oauth. net/.

[18] The OAuth 2.0 Authorization Framework[EB/OL]. [2015 - 05 - 06]. http://tools. ietf. org/html/rfc6749.

[19][21] National Library of Australia, Digital Collections Infrastructure[EB/OL]. [2015 - 05 - 06]. http://www. nla. gov. au/digicoll/infrastructure. html.

[20] RUUSALEPP R, DOBREVA M. Digital Preservation Services: State of the Art Analysis [EB/OL]. [2015 - 05 - 06]. http://www. dc-net. org/getFile. php? id = 467.

[22] Stanford Digital Repository[EB/OL]. [2015 - 05 - 06]. http://library. stanford. edu/research/stanford-digital-repository.

[23][26] CRAMER T, KOTT K. Designing and implementing second generation digital preservation services: A scalable model for the stanford digital repository[J]. D-Lib magazine, 2010, 16(9): 1.

[24] SearchWorks of Stanford University Libraries[EB/OL]. [2015 - 05 - 06]. http://searchworks. stanford. edu/.

[25] Socrates: Stanford's Online Catalog[EB/OL]. [2015 - 05 - 06]. http://bodoni. stanford. edu/uhtbin/cgisirsi/? ps = 52ADFeWwxr/GREEN/6090011/60/668/X.

[27] DAITSS Digital Preservation Repository Software[EB/OL]. [2015 - 05 - 06]. https://daitss. fcla. edu/.

[28] Chapter 1 of the DAITSS OSS User Manual[EB/OL]. [2015 - 05 - 06]. https://daitss. fcla. edu/sites/daitss. fcla. edu/files/Chapter_1_DAITSS_Overview. pdf.

第四篇 数字保存的技术专题研究

本篇包括以下内容：

13 数字保存的格式管理

14 数字保存元数据体系

15 数字保存的标准体系

16 数字保存的成本问题

17 数字保存系统研究

18 仿真的保存技术方法

19 迁移的保存技术方法

13 数字保存的格式管理

格式管理是数字保存中一个重要问题。格式是为了存储数字信息而使用的对信息的特殊编码方式,用于识别内部存储的资料。格式是对数字对象的内容信息进行存储、交换和表示的一种重要标准,也是一个数字对象能否被有效使用的一个重要因素,是有效地建立、交换及保存数字内容的基础,是正确解释某个数字对象所包含的信息内容的前提条件。

数字保存的很多阶段,例如,评价、选择、获取、摄入、保存和访问都要考虑到文件格式的诸多问题。例如,采用什么样的标准格式确保数字内容可持续性的访问,过期的文件格式如何处理,如何访问其内容等。为了充分了解格式本身完整的标识信息,即对信息进行数字编码的语法和语义规则,必须进行有效的格式管理。这一活动主要涉及格式选择的原则和评价、常见的文件格式、技术注册、风险评估、格式工具等,本章将围绕这些研究内容进行阐述。

13.1 数字保存的格式选择和评价

随着信息技术的迅猛发展,各种新的格式涌现出来,旧的格式不断被淘汰和弃用。如何在众多的格式中进行选择,一直是困扰相关学者和保存机构相关人员的一个难题,亟须在一定的原则指导下选择有效的格式,以便采用适宜的格式,保证数字内容的可持续性。

13.1.1 数字保存的格式选择原则

数字保存的格式选择需要根据数字保存活动的实际情况来决定,格式选择原则会有助于制定合理的格式选择方案。在调研国内外相关研究的基础之上,本书作者总结归纳了以下几条指导性的数字保存的格式选择原则,以供数字保存活动的实践者灵活应用。

(1)所选择的格式应当适用于多种环境

能在不同的环境下使用的格式，指的是能在不同语言的操作系统、不同的硬件平台上使用，不受硬件、软件平台限制的格式。这样不仅可以减少管理程序与管理费用，便于资源共享，更重要的是有利于减少文件长期保存中数据丢失的风险。因而，以这类兼容性强的格式形成的文件，相对来说迁移频率较少，即使需要数据迁移，也更便于数字内容从一种载体介质转移到另一种载体介质，或从一种数字平台向另一种数字平台转换。这无疑可以降低文件长期保存中因迁移而可能带来的数据丢失风险。

(2)所选择的格式应当支持从专用环境向通用环境的迁移

在只有专有格式可选的情况下，选择支持从专用环境向通用环境迁移的格式。

在任何领域特别是许多新的应用领域，经常会使用特有的专用格式，尤其在初始阶段，例如地理信息系统、虚拟现实技术等。通常，文件格式发展的速度与其标准化程度是不匹配的，这样就会导致专用格式日益增多、扩展；从另一方面看，由于特定的需要，一些通用的格式也被用户修改，变为不通用的专用格式，这些都会影响文件的长期保存，特别是元数据以及系统文件的长久完好保存。在这种情况下，从长期保存文件的角度出发，就期望这些专用的输出格式能支持文件数据从专有环境中迁移出来。

(3)所选择的格式应当是标准化程度较高的格式

标准化的主要目的就是能够尽可能地兼容不同的产品。在保存数字资源中尽量使用标准的格式。选用标准格式能够保证数据的易传性与共享性，也就减少了文件保存过程中数据丢失的风险。

(4)所选择的格式应当是被业界或用户广泛支持的格式

被业界或用户广泛支持、使用的格式，即使暂时不是标准，由于它已牢固地占领并主导了市场，已经形成事实标准，其他的应用系统与数据都会以它为规范，以求达到与其兼容。

从保存角度看，被业界或用户广泛支持的格式，厂家更乐意也更可能为该格式的更新提供迁移路径，这将在最大程度上保证新、旧版本之间的兼容性，自然也就降低了文件长期保存中数据丢失的风险。但必须注意，向下的兼容很少会支持1代以上或2代以上的旧版本，也就是说能够用于迁移的格式有效期还是相对比较短暂，因而仅靠向下兼容性来长期保存文件并不十分可靠。

(5)所选择的格式应当是可扩展性强的格式

文件在长期保存的过程中,可能会变更某些环境数据(如改变保存单位),也可能由于检索要求增加某些元数据等。这些情况要求我们所选用格式形成的文档,在不干扰该文件内容的真实性与完整性的前提下,能够支持信息的扩充或变更。

(6)所选择的格式应当可真实完整地被用户读出并理解

用户能够使用应用软件或工具读写所选用格式形成的文件,不丢失任何的信息,保证了数据对象内容的完整性,并且这些内容易被理解。用户所查到的文件信息还要真实反映出数字对象的内容。

(7)所选择的格式应当是能够记录文件处理过程的格式

理想的文件格式要能够记录下该文件内容的所有的变动状况,例如,谁创建了文件、何时创建、文件大小、变更记录等。这些信息详细地揭示了文件的处理情况。

(8)所选择的格式应当是具有自身校验能力的格式

理想的文件格式要能够提供让用户自我评测文件真实性、完整性的数据或工具。例如,提供让用户比较所浏览的文件与保存在他处的同一文件之间异同性的数据或工具,显示出文件在何处授权创建、何时曾被转移,或者被破坏过的记录等。

13.1.2　数字保存的格式评价

如何在众多格式中判断孰好孰坏,这是格式评价所要解决的问题。格式评价是格式选用的重要参考依据和前提条件,是判断一个格式是否适宜在长期保存中应用,是否具有可持续性的可靠途径和渠道,直接决定了数字保存的成败。对一个格式,可以从定性和定量两个方面进行评价和衡量。近年来,在这两方面都取得了一定的进展。

(1)数字保存的格式定性评价

很多的组织机构和项目都非常重视格式的定性评价,进行了大量的研究。

欧盟委员会赞助的乌尔比诺大学 DELOS 项目[1](数字保存的文件格式分类和注册),在其研究报告里对文件格式进行分类,试图定义适宜保存的标准数字格式。另外讨论了数字持久性问题,提出档案管理的格式评估标准和管理文件格式的最重要的长期保存策略,建议评价文件格式可持续性采用开放性、非二进制、保真、跨平台操作性等指标。

丹麦皇家图书馆在其 2004 年“档案数字格式需求”[2]研究报告中提

出适合长期保存的数字格式应该能够兼容 OAIS、支持重要网络协议和元数据、易于检验、维护和备份、容易转换、压缩等，还指出评价文件格式未来使用性的标准有开放性、可移植性等，识别出格式可持续性的重要影响因素，提出长期保存的格式选择策略。

利兹大学的表示和呈现项目在其“文件格式的软件文档信息来源的调查和评估”[3]最终报告里，对数字格式的质量和完整性进行了重点的描述和评论。

亚里士多德委员会和法国航天局的一个关于数字信息长期保存提案[4]中，其中一项重要内容就是评估长期保存的格式，根据确保长期保存的适用性对数字格式进行评估。

2007 年，美国国会图书馆在其“数字格式：可持续性、功能和质量影响因素”[5]研究报告中指出，在考虑馆藏文献所用的数据格式时候，两类因素起着重要作用：持续性因素和质量、功能因素。其中，持续性的因素包括公开性、采用性、透明性、自解释性、外部依赖性、专利影响、技术性保护机制等。

可持续性数字保存和访问的蓝丝带任务组 BRTF-SDPA 在其 2010 年的最终研究报告“数字地球的可持续经济：确保对数字信息的长期获取”[6]中，从经济可持续性的角度，提出数字保存的基本原理和措施，强调制定数字格式的战略计划时，要充分衡量数字格式的成本因素和经济适应性。

总之，为了确保长期保存的可持续性，以上的各个机构或项目从不同的角度进行了相关研究，重点都是集中在可持续性的重要影响因素，例如开放、可移植性、技术性保护、自我解释、透明性、经济成本等。这些因素对于在长期保存的实践活动中格式选用的评价标准具有一定的指导意义。但是由于还缺乏定量的衡量和判断，在实际应用中无法根据这些影响因素，对各种备选的格式进行精确的度量和取舍。

（2）数字保存的格式定量评价

格式的定量评价是很多项目和机构的重点研究内容。

英国国家档案馆的 Digital Continuity 项目[7]为了确保数字内容的可连续性，从数字持久性的角度出发制定了数字格式的评价标准，它归纳为四个标准：①能力，满足业务需要的水平；②质量，存储信息的准确性，包括精确度、损失率；④韧性，包括普适性、稳定性、恢复能力；③灵活性，对环境的适应性，包括交互性（现存的软件能访问这种格式的程度）、实现性（设计一种软件，访问这种格式的难易程度）。每个标准得分范围在 0—5 之间，最后用总分进行比较判断。

2008 年,荷兰国家图书馆提出文件格式评估的定量方法[8],从风险评估的角度,根据长期保存的需要,主要进行文件格式的可持续性评判标准的研究。这个评估体系分为七个标准,即开放性、采用性、复杂性、技术保护机制、自我解释性、健壮性、依赖性,每个标准分解为若干个特性。根据重要性,每个标准和其中的每个特性被赋予不同的权值,权值根据当地政策以及数字保存界的常识来确定,权值范围是 0—7。根据对长期保存的重要程度,每个特性被赋予一定的分值,分值的范围是 0—2,0 代表对长期保存是种威胁、2 表示对长期保存最重要。根据分值和权数得出每个特性的总分,最后进行规范化处理。荷兰图书馆建议赋予标准的权值要在当地机构政策指导下进行,希望激励其他文化遗产机构定义自己的定量文件格式评估方法。

总之,荷兰国家图书馆参照了美国国会图书馆的格式可持续性影响因素的相关研究。两者的标准既有重叠,又有区别,各有优缺点。美国国会图书馆对影响因素分析透彻,但是没有对每个影响因素进一步细分,也没有提出具体的评估方法和计算过程。荷兰国家图书馆虽然提出一个评估方法,但是评判标准描述简略,每个特性权值的确定过于含糊简单,具有一定的主观性,缺乏一定的客观性和科学性。

13.2　数字保存的推荐格式

在长期保存的实践活动中,不同的机构或者组织根据自身的需求和特点,各自形成了一套较为成熟的格式使用规范,用于指导组织机构内部进行数字保存过程。这些推荐格式,经过实践的考验,具有一定的指导意义,值得去借鉴和研究。本节将分别阐述美国佛罗里达数字档案项目、美国国会图书馆、英国数据档案的推荐格式规范,并且归纳和总结 PDF/A、JPEG、Tiff、MPEG 等这些长期保存中的重点格式的发展、特点和应用。

13.2.1　FDA 的推荐格式规范

美国佛罗里达数字档案(Florida Digital Archive,FDA)项目是由图书馆自动化佛罗里达中心(Florida Center For Library Automation Digital Archive)主持的一项数字存档项目,该项目的目的是帮助佛罗里达大学的管理者为 FCLA 数字存储项目的文件格式提供指导。

在 2013 年,FDA 提出了一份详细的推荐文件存储格式[9],对文本、图像图形、声音视频、程序、电子表格等各种形式的数字内容,从稳定可靠的角度,划分为三个层次,分别是高度可信赖、中度可信赖、低度可信赖三个层次,如表 13－1。

表 13－1　FDA 推荐文件存储格式[10]

媒介	高可信层次	中可信层次	低可信层次
文本	-纯文本(编码:USASCII,UTF－8,UTF－16) -XML(包括 XSD/XSL/XHTML) -PDF/A－1(ISO 19005-1)(＊.pdf) -PDF/A－2(ISO 19005-2:2011)(＊.pdf) -PDF/A－3(ISO 19005-3:2012)(＊.pdf)	-层叠样式表(＊.css) -DTD(＊.dtd) -Plain text (ISO 8859-1 编码) -PDF(＊.pdf)(内嵌字体) -富文本格式 1.x(＊.rtf) -HTML(包括一个 DOC-TYPE 声明) -SGML(＊.sgml) -Open Office(＊.sxw/＊.odt) -OOXML(ISO/IEC DIS 29500)(＊.docx) -EPUB(非加密)(＊.epub)	-PDF(＊.pdf)(加密) -Microsoft Word (＊.doc) -WordPerfect(＊.wpd) -DVI(＊.dvi)
光栅图像	-TIFF(非压缩) -JPEG2000(无损)(＊.jp2) -PNG(＊.png)	-BMP(＊.bmp) -JPEG/JFIF(＊.jpg) -JPEG2000(有损)(＊.jp2) -TIFF(压缩) -GIF(＊.gif) -Digital Negative DNG (＊.dng) -Google WebP(＊.webp)	-MrSID(＊.sid) -TIFF(in Planar format) -FlashPix(＊.fpx) -PhotoShop(＊.psd) -RAW -JPEG 2000 Part 2 (＊.jpf,＊.jpx) -etc.
矢量图形	-SVG(没有 Java script 绑定)(＊.svg)	-ComputerGraphic Metafile (CGM,WebCGM)(＊.cgm)	-Encapsulated Postscript (EPS) -Small Web Format (＊.swf) -etc.

续表

媒介	高可信层次	中可信层次	低可信层次
声音	-AIFF(PCM)(*. aif, *. aiff) -WAV(PCM)(*. wav) -AES3(LPCM)(*. aes)	-SUN Audio(非压缩)(*. au) -Standard MIDI(*. mid, *. midi) -Ogg Vorbis(*. ogg) -Free Lossless Audio Codec (*. flac) -Advance Audio Coding (*. mp4, *. m4a, *. aac) -MP3 (MPEG - 1/2, Layer 3)(*. mp3)	-AIFC(压缩)(*. aifc) -NeXT SND(*. snd) -RealNetworks 'Real Audio'(*. ra, *. rm, *. ram) -Windows Media Audio (*. wma) -Protected AAC (*. m4p) -WAV(压缩) (*. wav) -etc.
视频	-动态 JPEG 2000 (ISO/IEC 15444-4)(*. mj2) -AVI (非压缩, 动态 JPEG)(*. avi) -QuickTime Movie (非压缩,动态 JPEG) (*. mov)	-Ogg Theora(*. ogg) -MPEG-1,MPEG-2(*. mpg, *. mpeg, wrapped in AVI, MOV) -MPEG-4(H. 263,H. 264) (*. mp4,wrapped in AVI, MOV) -WebM(*. webm) -3GPP(*. 3gpp)	-AVI(others)(*. avi) -QuickTime Movie (others)(*. mov) -RealNetworks 'Real Video'(*. rv) -Windows Media Video (*. wmv) -Advance Streaming Format(*. asf) -Flash Video(*. flv) -etc.
电子表格/数据库	-Comma Separated Values (*. csv) -定界文本(*. txt) -SQL DDL	-DBF(*. dbf) -OpenOffice(*. sxc/*. ods) -OOXML(ISO/IEC 29500) (*. xlsx)	-Excel(*. xls)
虚拟现实	-X3D(*. x3d)	-VRML(*. wrl, *. vrml) -U3D(Universal 3D file format)	

续表

媒介	高可信层次	中可信层次	低可信层次
计算机程序		-计算机程序源代码(*.c, *.c++, *.java, *.js, *.jsp, *.php, *.pl, *rb,etc.)	-编译/执行文件(EXE, *.class,COM, DLL,BIN,DRV,OVL, SYS,PIF)
演示		-OpenOffice(*.sxi/ *.odp) -OOXML (ISO/IEC DIS 29500)	-PowerPoint(*.ppt)

除了上述 FDA 推荐文件存储格式之外,FDA 还强调在数字保存的格式选择和应用中,需要重点关注以下几点:

1)数字保存应当尽量使用独立于平台、独立于厂商、通用的、稳定的、开放的、受到广泛支持的格式。

2)使用 PDF/A-3 格式时,应当避免嵌入文件。因为 PDF/A-3 格式支持内嵌任何格式的文件,如 XML、CSV、CAD、字处理文档等,这会给数字资源的长期保存带来困难,因此在提交 PDF/A-3 文件时,要避免嵌入文件。

3)在提交文件时候,需要使用最新的杀毒软件扫描病毒,尤其是对 DOC、XLS、MDB、PPT、ZIP、EXE 等格式要格外注意。

4)尽量不要使用以下的各类文件保存数字内容:完全加密或部分加密的文件、密码保护的文件、涉及压缩算法或者数字版权的文件。

5)如果使用压缩文件提交时,要恢复到压缩之前的最初文件格式。

13.2.2 美国国会图书馆的推荐格式规范

美国国会图书馆主持的国家数字信息基础设施和保存项目(National Digital Information Infrastructure and Preservation Program NDIIPP),从网页内容、音频视频、图像和文本、地理空间等角度去研究格式以及相关标准,见图 13-1。它认为使用可持续的格式,遵循一定的技术标准,能够使得保存更加可靠,使成本更加节约。

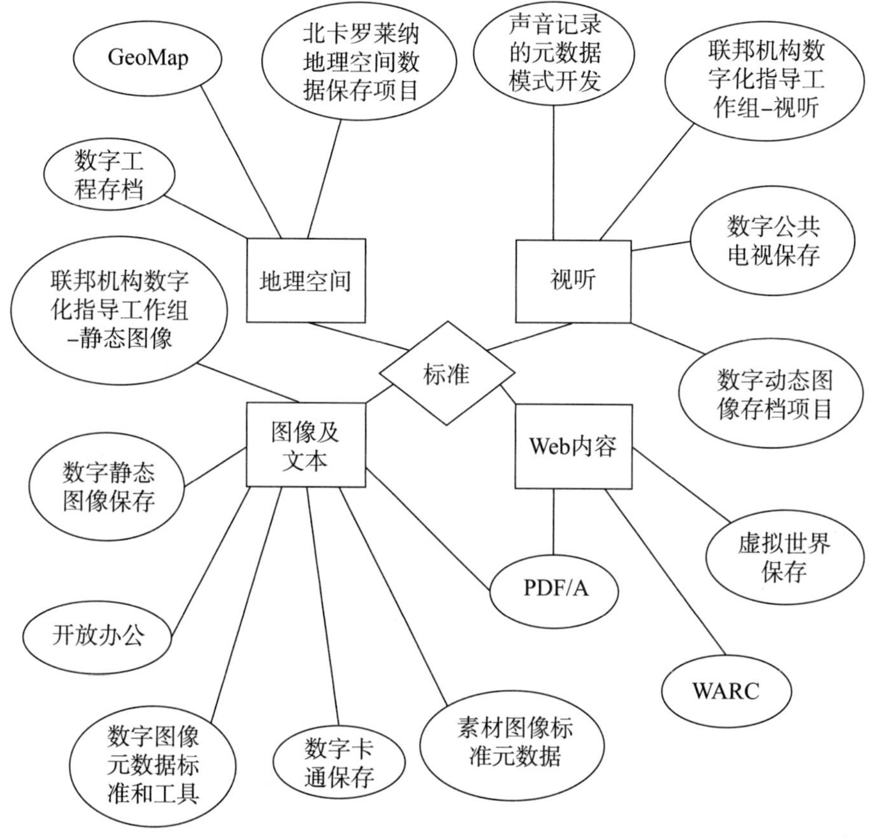

图 13-1 NDIIPP 的格式研究的主要内容[11]

在以上研究基础上,美国国会图书馆进一步发布了一套推荐格式规范[12],这是创建格式(模拟和数字)的物理和技术特征的层次结构,最大程度上满足了需求,保障了对创建的内容可持续性的访问。美国国会图书馆识别出了适合长期保存中大规模收集和保存的文件格式。根据相关专家的研究,把创建内容分为六大类,为每一个类制定了特定的格式规范。这六类分别是:文本和音乐作品、静态图像作品、音频作品、运动图像作品、软件和电子游戏和学习、数据集/数据库。在每一大类下,还划分了具体的子类。以下是规范的重点类别和内容:

(1)文本

最优格式有两类:一类是基于 XML 标记格式,DTD/schema,XSD/XSL 样式表,主要包括兼容 BITS(NLM Book DTD)、兼容 EPUB、其他广泛使用的 book DTDs/schemas(如 TEI、DocBook 等);另一类是页面布局格式,主要有 PDF/UA(兼容 ISO 14289—1)、PDF/A(兼容 ISO 19005)、PDF。

可以接受的格式主要包括：①XHTML 或者 HTML，DOCTYPE 声明和样式表；②基于 XML 的文档格式（广泛使用和公开记录），带有样式表，包括 ODF（ISO/IEC 26300）和 OOXML（ISO/IEC 29500）；③SGML，附带 DTD；④其他基于 XML 的非专有格式，附带样式表；⑤基于 XML 的格式，使用专有 DTDs 或 schemas，附带样式表；⑥其他格式，例如，富文本格式、纯文本或者广泛使用的专有字处理格式。

（2）电子出版物

最优格式要求内容要兼容 NISO JATS：Journal Article Tag Suite（NISO Z39.96－201x），页面布局格式有 PDF/UA（兼容 ISO 14289—1）、PDF/A（兼容 ISO 19005）和 PDF。

可以接受的格式主要包括：①其他结构化或标记格式，即广泛使用的非专有的基于 XML 的出版物或期刊 DTDs 模式（附带样式表）、专有的基于 XML 的格式、XHTML 或 HTML、基于 XML 文档格式，包括 ODF（ISO/IEC 26300）和 OOXML（ISO/IEC 29500）；②页面格式主要包括 PDF；（3）其他格式，主要包括富文档、纯文本、广泛使用的专用字处理格式或页面布局格式。

（3）数字图片

最优格式包括：TIFF（非压缩）、JPEG2000（无损）（＊.jp2）、PNG（＊.png）、JPEG/JFIF（＊.jpg）、Digital Negative DNG（＊.dng）、JPEG2000（＊.jp2）、TIFF（压缩）、BMP（＊.bmp）、GIF（＊.gif）。

可以接受的格式主要包括：TIFF（平面格式）、PhotoShop（＊.psd）、Camera raw（＊.dng，＊.raw，＊.nef，＊.crw）、JPEG 2000 Part 2（＊.jpf，＊.jpx）、FlashPix（＊.fpx）、Computer Graphic Metafile（CGM，WebCGM）（＊.cgm）、Encapsulated Postscript（EPS）。

（4）音频

最优格式要求包括：①最终创建、发布版本，而不是创建前的版本；②最高自身分辨率 PCM 波形文件，（44.1 kHz/16 位以上）最终产生版本，除了光盘 CD 以外；③具有内嵌式元数据的波形文件（Broadcast WAVE）；④自身分辨率的文件而不是采样分辨率；⑤高分辨率文件格式，如 DSD、PCM 176.4khz、192khz—384khz 用于发布，光盘 CD 除外；⑥DSD 发布版本（例如环绕声或立体声）。

可以接受的格式要求：①非压缩文件的最终发布版本；②主流标准压缩方案的最高分辨率压缩版本；③无损压缩方案。

(5)数据集/数据库

最优格式的要求包括:①自我描述性,如JSON;②行编辑的格式,例如TSV、CSV;③独立于平台的原生格式,如Excel(.xls,.xlsx)。

可以接受的格式主要包括:①Transportable exports广泛使用的软件程序包,例如MATLAB、MS Access、R、SAS、SPSS、Stata;②非专有的公开记录格式,被专业团体和政府机构作为标准使用,如CDF、HDF。

总之,美国国会图书馆推荐的这些格式标准,涵盖内容全面,都是具有开放性、独立性、跨平台操作性、通用性、自我解释性、支持广泛、经济适用等特点,这样就能保证选用的格式能够适合不同的软硬件环境,格式之间的转换和迁移也相对容易,具有较强的可持续性,从而保证了数字资源的长期保存。

13.2.3　UK Data Archive的推荐格式规范

UK Data Archive拥有英国最大的社会科学和人文科学的数字研究数据馆藏。UK Data Archive为了更好地对数字资源进行长期保存,提出对研究数据进行共享、重用、保存的格式规范,分为最佳格式和可以接受的格式两类,它的推荐格式见表13-2。

表13-2　UK Data Archive的格式推荐标准[13]

数据类型	最佳格式	可以接受的格式
具有广泛元数据的定量表格数据 (除了数据矩阵以外,带有变量标签、编码标签和自定义的缺省值的数据集)	SPSS便携式格式(.por) 带分隔符的文本和命令文件(SPSS,Stata,SAS等),包含元数据信息 一些结构化文本或者标记文件,包含元数据信息	统计软件包的专用格式,如SPSS(.sav)Stata(.dta) MS Access(.mdb/.accdb)
具有少量元数据的定量表格数据 (数据矩阵,具有或者没有列标题或变量名,但没有其他元数据信息或标签)	逗号分隔数值(CSV)文件(.csv) tab-分隔文件(.ab) 包括给定字符集分隔的文本,必要时,有SQL数据定义语句	特定的字符集的分隔文本-(.txt)只有数据中没有的字符才可以作为分隔符使用 广泛使用的格式,e.g. MS Excel(.xls/.xlsx),MS Access(.mdb/.accdb),dBase(.dbf)和OpenDocument Spreadsheet(.ods)

续表

数据类型	最佳格式	可以接受的格式
地理空间数据 (矢量和光栅数据)	ESRI Shapefile (.shp,.shx,.dbf, o .prj,. sbx,.sbn) geo-referenced TIFF (.tif,.tfw) CAD data(.dwg) tabular GIS attribute data	ESRI 地理数据库格式(.mdb) MapInfo Interchange Format (.mif) for vector data Keyhole Mark-up Language (KML)(.kml) Adobe Illustrator(.ai), CAD data(.dxf or .svg) GIS 和 CAD 包的二进制格式
定性数据 (文本)	可扩展标记语言(XML) 富文本格式(.rtf) 纯文本数据,ASCII(.txt)	超文本标记语言(HTML)(.html) 广泛使用的专有格式,e. g. MS Word(.doc/.docx) 其他专有或特定软件使用的格式,如.NUD * IST, NVivo 和 ATLAS. ti
数字图像数据	TIFF 版本 6 非压缩(.tif)	JPEG(.jpeg,.jpg) TIFF(其他版本)(.tif,.tiff) Adobe Portable Document Format(PDF/A,PDF)(.pdf) standard applicable RAW image format(.raw) Photoshop files(.psd)
数字音频数据	免费无损音频 Codec(FLAC)(.flac)	MPEG - 1 Audio Layer 3 (.mp3) but only if created in this format Audio Interchange File Format (AIFF)(.aif) Waveform Audio Format(WAV)(.wav)

续表

数据类型	最佳格式	可以接受的格式
数字视频数据	MPEG－4(.mp4) motion JPEG 2000(.mj2)	
记录和脚本	富文本格式(.rtf) PDF/A or PDF(.pdf) HTML(.htm) OpenDocument Text(.odt)	纯文本(.txt) 一些广泛使用的专有格式，如.MS Word(.doc/.docx)or MS Excel(.xls/.xlsx)XML 等

从 UK Data Archive 的推荐格式，可以看出，保证数字资源能够长久访问和使用的最稳妥的方法就是将数据转换成标准的格式。如果数字内容使用标准的格式进行保存，大多数软件能够对数据进行解读，也有利于数据的交换和传递。另外，尽量采用开放或通用格式，如开放文档格式(ODF)、ASCII、制表符分割格式、逗号分隔值、XML 等，而不要使用专有格式。一些专有格式，如 MS excel 和 SPSS 等，虽然广泛使用，但不可能永久存在。研究学者根据自身的研究计划，可以使用最合适的数据格式和软件，但一旦完成数据分析后，需要保存数据时，研究学者需要把研究数据转换成标准的、可交换的、长期存在的格式，数据转换过程需要检错和查新。

13.2.4　数字保存的重要格式

文件格式品类繁杂，数量众多，各有自己的特点、优势和适用场合，以下是在长期保存中比较重要的几种有代表性的格式。

(1)PDF/Archive(PDF/A)

PDF/A 标准是美国印刷、出版及纸品加工设备器材供应商协会(NPES)和美国国际图像信息管理协会(AIIM)共同发起的，主要是为了满足两方面的需要：一是为电子归档工作寻找一个能够长期、安全保存文件内容的方式；二是在将来检索时，能够保证文件拥有始终如一的显示效果。PDF/A 一直是业内的事实标准，在 2005 年 5 月，又获国际标准化组织 ISO 批准，在 ISO 19005：Document Management-Electronic Document File Format for Long-term Preservation 中把 PDF/A 作为长期保存的电子文档格式。发展至今，共有 PDF/A－1、PDF/A－2、PDF/A－3 三种格式标准，见表 13－3。

表 13-3　ISO 19005 标准(PDF/A)

序号	名称	发布时间	标准	PDF 版本
1	PDF/A-1	2005	ISO 19005-1	PDF 1.4(Adobe 公司,PDF 参考第3版,2001)
2	PDF/A-2	2011	ISO 19005-2	PDF 1.7(ISO 32000-1:2008)
3	PDF/A-3	2012	ISO 19005-3	PDF 1.7(ISO 32000-1:2008)

PDF/A-1 是 ISO 19005 的第一部分,它是基于 Adobe 公司的 PDF1.4 版本。PDF/A-1 有两种风格:①ISO 19005—1 等级 B 规范(PDF/A-1b)确保文档的可视化外观可以得到长期保持。简而言之,PDF/A-1b 确保文档在将来某个时候进行处理时,看起来仍然一样。②ISO 19005—1 等级 A 规范(PDF/A-1a)是基于等级 B,但添加了 PDF 中的一些关键属性,如结构信息和可靠的文本语义,以便保存文档的逻辑结构和自然阅读顺序。PDF/A-2 是 ISO 19005 的第二部分,包含了 PDF1.5、PDF1.6、PDF1.7 里面的新的特性,如能够支持透明效果和层、嵌入 OpenType 字体、基于 PAdES(PDF Advanced Electronic Signatures,PDF 高级电子签名)标准的数字签名、支持 JPEG2000 图像压缩等。PDF/A-3 是 ISO 19005 的第三部分,和 PDF/A-2 格式最显著的不同是在文档中可以嵌入任意格式的文件,如 XML、CSV、CAD、字处理文档等。但由于嵌入的文件格式有些不是适合于长期保存的格式,所以这一特性也会给长期保存带来一定的困难,在数字长期保存中使用 PDF/A-3 格式时,要尽量避免嵌入文件。

PDF/A 具有创建快速、文档体积小、高度灵活并且支持数字签名、格式开放、独立于软硬件、格式自包含、格式自描述、固定显示、不包含加密、可向其他文本格式转换等特点,易于更新、搜索、整理,保存成本低,易于传送,可长期持续可靠地进行访问。它能够使电子文件在长时间之后依然以一种保留其外观的方式重现,而不管该文件是用什么工具和系统创建、储存或制作的。这种方式使 PDF 文件可自我持续,它是通过嵌入在文档自身内部显示该文档的信息(内容、颜色、字体、图像等)实现永久保存。PDF/A 文件不要求任何附加的外部信息也能适当地显示,还确保其内容(语义)能够得到可靠的解释,这样可以进行可靠的数据交换,用来进行长期安全地存档。因此,PDF/A 成为了电子文件长期保存最理想的文档格式,甚至很多欧美国家将 PDF/A 作为某些文档的法定要求格式,在数字长期保存实践中受到各个保存机构的重视和推崇,被广泛用来保存文本数字对象。

(2)JPEG

JPEG 是 Joint Photographic Experts Group(联合图像专家小组)的缩写。JPEG 的压缩方式通常是有损压缩(lossy compression),即在压缩过程中图像的品质会遭受到一定的破坏。有一种以 JPEG 为基础的标准,Progressive JPEG,是采用无失真的压缩方式,但 Progressive JPEG 并没有得到广泛的支持。

JPEG 格式分为标准 JPEG、渐进式 JPEG 及 JPEG2000 三种格式。

1)标准 JPEG 格式:此类型格式在网页下载时只能由上而下依序显示图片,直到图片资料全部下载完毕,才能看到全貌。

2)渐进式 JPEG 格式:渐进式 JPEG 为标准 JPEG 的改良格式,可以在网页下载时,先呈现出图片的粗略外观后,再慢慢地呈现出完整的内容(类似 GIF 格式的交错显示),而且存成渐进式 JPEG 格式的图像比存成标准 JPEG 格式的图像所占存储容量小,因此如果要在网页上使用图片,可以采用这种格式。

3)JPEG2000 格式:新一代的基于小波变换的图像压缩标准,JPEG2000 是国际标准化组织(ISO)发布,文档代码为 ISO/IEC 15444-1:2000。该格式压缩品质更好,压缩比更高,同时支持有损压缩和无损压缩,支持更复杂的渐进式显示和下载,而且不会产生原先的基于离散余弦变换的 JPEG 标准产生的块状模糊瑕疵,解决了无线传输时常因讯号不稳造成马赛克及位置错乱的问题,改善传输的品质。此外,以往浏览网上地图时要花许多时间等待全图下载,JPEG2000 格式具有随机访问的特性,可让浏览者先从服务器下载 10% 的图档资料,在模糊的全图中找到需要的部分后,再重新下载这部分资料即可,这样可以大幅缩短浏览地图的时间。JPEG2000 通常被认为是未来取代 JPEG(基于离散余弦变换)的下一代图像压缩标准,在有损压缩下,JPEG2000 比较明显的优点就是没有马赛克失真效果。JPEG2000 的失真主要是模糊失真,模糊失真产生的主要原因是在编码过程中频率存在一定程度的衰减,传统的 JPEG 压缩也存在模糊失真的问题。JPEG2000 文件的扩展名通常为 . jp2,MIME 类型是 image/jp2。

JPEG 系列格式具有较好的压缩率,失真率比较低,图像品质好,存储容量小,节约了保存成本,传递和呈现速度快,在技术上有一定的优势,支持广泛,非常适合图像的长期保存。因此,在长期保存活动中,JPEG 是主要的图像保存格式之一。

(3)TIFF

标签图像文件格式(Tagged Image File Format,TIFF)是一种主要用来存储包括照片和艺术图在内的图像文件格式。它最初由 Aldus 公司与微软公司一起为 PostScript 打印开发。TIFF 是最复杂的一种位图文件格式，它是基于标记的文件格式，广泛地应用于对图像质量要求较高的图像的存储与转换。由于它的结构灵活和包容性大，已成为图像文件格式的一种标准，绝大多数图像系统都支持这种格式。TIFF 是一种结构灵活且适应性强的文件格式，通过在文件头中包含“标签”它能够在一个文件中处理多幅图像和数据。标签能够标明图像的基本几何尺寸或者定义图像数据是如何排列的，并且是否使用了各种各样的图像压缩选项。例如，TIFF 可以包含 JPEG 和行程长度编码压缩的图像。TIFF 文件也可以包含基于矢量的裁剪区域（剪切或者构成主体图像的轮廓）。使用无损格式存储图像的能力使 TIFF 文件成为图像存档的有效方法。与 JPEG 不同，TIFF 文件可以先编辑然后重新存储而不会有压缩损失。其他的一些 TIFF 文件选项包括多层或者多页。

总之，TIFF 的特点是结构灵活，适应性强，压缩损失率较低，能够可靠地、高质量地存储图像，受到了广泛的支持和重视，是各大保存机构在保存图像时的首选格式之一。

（4）MPEG

MPEG 标准主要有以下五个：MPEG－1、MPEG－2、MPEG－4、MPEG－7 及 MPEG－21。MPEG 标准工作组成立于 1988 年，专门负责为 CD 建立视频和音频标准，成员都是视频、音频及系统领域的技术专家。他们成功地将声音和影像的记录脱离了传统的模拟方式，建立了 ISO/IEC 11172 压缩编码标准，并制定出 MPEG－格式，让视听传播进入数码化时代。因此，大家现在泛指的 MPEG－X 版本，就是由 ISO 所制定而发布的视频、音频、数据的压缩标准。MPEG 标准的视频压缩编码技术主要利用具有运动补偿的帧间压缩编码技术以减小时间冗余度，利用 DCT 技术以减小图像的空间冗余度，利用熵编码则在信息表示方面减小了统计冗余度。这几种技术的综合运用，大大增强了压缩性能。

MPEG 文件既具有高压缩比，容量小，节约保存空间和成本，失真率又低，较为完整地记录声音和视频。因此，在长期保存中被视为保存音频和视频的理想格式，得到了广泛的应用。

13.3 数字保存的技术注册

长期保存中面临一个重要威胁是用户不能理解或使用数据，特别是涉及语义、格式、流程或算法的数据。另外,格式会随着时间而演化,经常会发生显著的变化,即使它们的名字和外部标识符(如一个 PRONOM 的 PUID)在不同的版本中经常保持不变。有时候,应用程序开发人员还会常常无意或者有意写错源代码中的数字对象的注释和说明,也会导致这些数字对象无法被理解。数字保存的技术注册详细记录了数字对象是如何进行编码,每个对象的编码是什么格式,以及格式的技术特性、依赖和要求,描述了已知的所有变动的可靠的、准确和全面的信息资源,从而能够对数字内容进行更加深入的保存和管理。

13.3.1　技术注册的基本思路

数字保存的技术注册是用来描述数字对象的技术依赖性,存储、发现和传递与数字格式相关的表示信息,在数字对象的标识符和格式编码描述之间建立起明确的关系,保障文件格式能够被长久地识别。这些信息可以由单个的机构存储在本地,但是,由于数字保存的复杂性和广泛性,把这样的信息存储在协同设计、开发和维护的注册中心会更加有效。无论是单个机构还是联合机构,都应该具有文件格式、应用软件、介质、硬件、操作系统和输入/输出设备等技术环境。

注册中心的主要特点包括:

1)将技术信息资源集成到一个中心资源中。不论参与的机构组织的地理位置如何分散,使用统一的数据仓储存放各种的技术注册相关信息,方便维护和更新。

2)用户创建新内容。根据需要,用户可以在权限允许的情况下输入新的实体信息(如新的格式)或者实体之间的关系信息。

3)用户在注册中心内部的所有实体信息之间建立各种关系。关系是技术注册的核心内容,主要涉及文件格式、软件、硬件、输入输出设备和载体介质等实体之间关系。

4)允许群体评价、讨论和共享注册中心内的格式信息。针对各种格式的使用,用户可以相互交流和共享经验,方便纠正错误。

总之,注册中心可以提供可信赖的高质量的信息,加深人们对数字馆藏的了解,支持藏品管理和风险评估,带来了一定的经济收益和规模经济,共享经验和知识。所以说技术注册是长期保存中一个基础部分,起着至关重要的作用。

13.3.2　技术注册的架构和主要功能

一个技术注册中心应该具有以下功能:

1）从外部的注册中心中导入信息。导入功能，方便快捷地引入外部来源的注册信息，有利于不同的注册中心之间的格式信息的共享、传递和交换。

2）存储格式记录的各种版本。文件格式会不断地发生演变和更新，注册中心要把变更的信息详细记录下来。

3）支持内部注册以及联机维护内部注册。用户可以录入新的注册信息，还可以远程管理录入的注册信息。

4）灵活的链接外部来源和内部注册记录。在外部来源数据和内部注册记录之间建立起映射关系。

5）定义和维护实体信息之间的各种关系。记录和管理文件格式、软件、硬件、输入输出设备和载体介质等实体之间的各种关系。

6）权限配置和安全管理。通过基于属性设置和过滤规则等方法来配置用户、角色和机构浏览的内容。

7）提供基于 Web 的用户接口和外部系统数据输出的 API。用户可以远程进行注册中心的各种操作，API 接口方便与外部第三方的软件或系统进行对接，直接把注册系统内的信息进行输出保存。

一个格式注册中心的经典架构主要包括数据存储（核心数据、快照存储、补充信息）、内容管理系统、数据维护组件、数据关系管理、搜索查询工具、日志系统、审计系统、安全管理、抽取转换装载工具、外部系统访问接口、统一的浏览器用户接口等，见图 13－2。

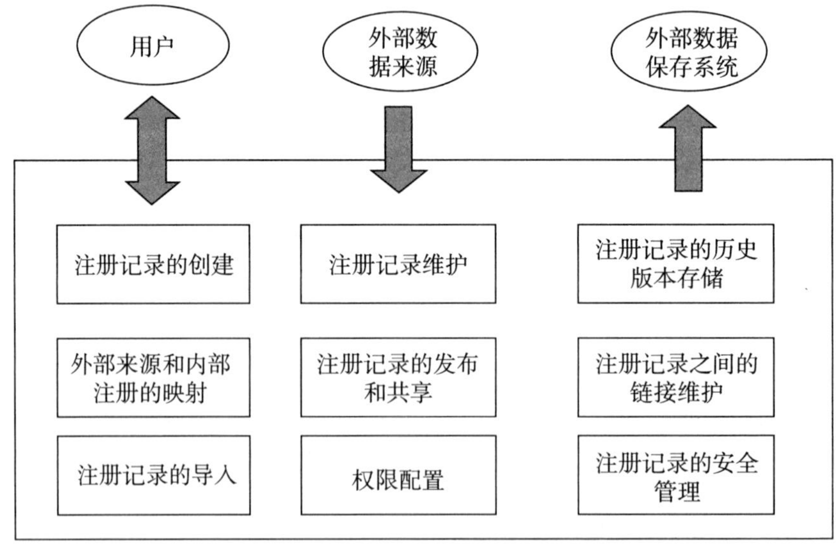

图 13－2　典型注册中心的架构组成

13.3.3　相关项目和机构

近年来,很多的数字长期保存项目和机构开展格式注册相关的研究,致力于存储、发现和传递与数字格式相关的表示信息,取得了一定的研究成果,建立了一批成熟的格式注册中心,提供了格式管理的相关服务,解决了文件标识符和格式描述关联的问题,进行了一定的实践、应用和推广,得到了广泛的参与和响应。

(1)GDFR

GDFR(全球数字格式注册)项目[14]是由哈佛大学图书馆发起,联机计算机图书中心 OCLC 参与此项工作。它的目标是提供可持续的分布式服务,对数字格式相关的表示信息进行存储、发现和传递,提出具有权威性的标识符(Unique Format Identifier)和标准化的格式描述,在标识符和格式编码描述之间建立明确联系。GDFR 解决了 PRONOM 中数据所有权问题,以政府共享、机构合作为基础建立注册模型,可实现对数据共同管理和发布。但它是以 XML 和关系数据库建立起来的,当时很多长期保存机构更倾向于使用以 RDF 为基础的语义和关联数据库构建格式注册系统,因此并未受到广泛的重视。

(2)PRONOM

由 TNA(The National Archives digital preservation department)开发的系统 PRONOM[15]是数字格式注册服务方面的一个重要实例。

PRONOM 是一个技术注册服务系统,通过描述数字对象的技术依赖性来达到长期保存的目的。这些技术依赖与表达信息的 OAIS 概念相对应,包括了对象的编码格式、对对象进行操作(如创建、恢复、迁移等)的软件工具,以及这些工具的操作系统和硬件依赖性。

对于实际的对象比特流而言,执行自动格式识别所需的登记信息有内、外之分,即 internal and external signatures。PRONOM 技术注册服务系统中存放了各种不同格式的详细信息,包括这些格式对应的登记信息。PRONOM 中每个格式都有多个相关的内、外登记信息。每个内部登记信息由一个或多个字节序列构成。格式之间可能定义了多种关系。格式也可能被赋予 PRONOM 系统内的唯一标识符(PRONOM Unique Identifiers,PUIDs)。标识符使得一个给定对象的格式识别与 PRONOM 中的格式描述之间建立了长久的确定的联系。

外部登记信息涵盖了在对象数位流之外的所有格式指针,如 Windows 中的文件扩展名、Macintosh 中的数据分支。在微软的 Windows、DOS 之类的操作系统中,外部登记信息由文件扩展名来提供。这表明了对象的格式,例如 Mydoc. doc 是 Microsoft Word 文档,而 Mypic. tif 是 TIFF 图像。但是,扩展名的主要作用并不在于识别格式,而在于指明操作系统该用什么样的缺省软件包来打开文件。因此,作为一种识别对象格式的方法,文件扩展名具有以下三个缺点:

1)扩展名有时并不能唯一地确定一种格式。例如,扩展名 . wks 既用作 Lotus 1 -2 -3 的工作表,也用作微软的工作文档。

2)扩展名没有提供足够的信息来有效地识别格式的版本。例如,扩展名 . doc 无法区分是 Word 2000 的文档还是 Word 2003 的文档,而这两种文档的格式有着明显的差异。

3)扩展名可被用户修改。例如,WordPerfect 5. 1 的用户可能选择使用扩展名 . let 和 . mem 来区分信件和备忘录,而覆盖系统所赋予的缺省扩展名。

外部登记信息最适于提供文件格式的总体描述,却不适于据此进行格式的明确识别。PRONOM 记录和给定格式相关的已知的外部登记信息。而在 DROID 中,在识别格式时外部登记信息远没有内部登记信息重要。在 PRONOM 中,外部登记信息被描述为 type/value 对。目前,文件扩展名是唯一合法的类型(type)。

内部登记信息涵盖了包含于对象数位流的所有格式指针。从定义上来说,一种文件格式标准规定了数位流内容的特定结构。这就意味着这种格式的所有对象其内容结构都是一致的。因此,这种结构特点可以作为识别格式的登记信息,这就是内部登记信息。

在 PRONOM 中,一个内部登记信息由一个或多个字节序列构成,每个序列包含了一连串十六进制字节值,有时还有规则的表达式。通过描述一个登记信息字节序列在数位流中的起始位置以及该序列的值,就可对其建模。

(3)The Planets 核心注册

The Planets Core Registry[16] 是欧洲数字保存项目 Planets 在 2006—2010 年间建立的技术注册中心。Planets Core Registry 整合了该项目前期开发的 Preservation Characterisation Registry 和 Preservation Action Registry。目前,该注册中心由 Tessella 公司进行维护和进一步开发,注册数据使用 PUIDs 进行分类。

(4)Mediapedia

Mediapedia[17] 能够在不需要具有相关的先验知识的情况下,去发现一个载体的名称。它通过专门设计，使载体类型可以通过许多不同的方式确定。用户可以搜索到的物理特性，包括测量或描述的细节，如制造商、产品代码和其他特定的识别标志，都可以在载体上发现。为了更高级的用户，载体可以通过详细、系统的分类系统进行识别，这个分类系统是基于几种常见的标准进行开发的，这些标准包括都柏林核心类别词汇表和 RDA/ONIX 资源分类框架。这一分类系统的主要功能是把载体组织成有意义的、灵活的分类群体或类别，并让它们被不同的用户群体去发现。因此，用户还可以用不同种类的载体或过程类型进行搜索。

(5) TOTEM

可信赖在线技术环境元数据注册 TOTEM(the Trustworthy Online Technical Environment Metadata Registry)[18] 是由朴次茅斯大学和 Future Proof 计算集团共同创建。该名字的英文意思是“图腾柱”。图腾柱是由太平洋西北部沿岸的一个国家建立的纪念物，用来代表和纪念祖先、历史、人或事件。TOTEM 是用来记录数字对象之间的复杂的硬件和软件关系，在数字保存界展示出这些关系。

(6) DPTR

DPTR(Digital Preservation Technical Registry，数字保存技术注册)[19] 项目是澳大利亚国家和州立图书馆 NSLA 的数字资源长期保存工作组在 2012 年 6 月主持下开展的。为了确保项目能够利用注册领域内最好的理念和思想，以 NSLA 主导的该项目汇聚了 NSLA 和国际上的专家团队。该项目团队主要包括：新西兰国家图书馆 Te Puna Matauranga o Aotearoa (NLNZ)、澳大利亚国家图书馆(NLA)、美国国家档案和记录管理管理局(NARA)、朴次茅斯大学(UOP)和新西兰档案馆(Te Rua Mahara o te Kāwanatanga，ANZ)。

该项目的目标主要是开发和维护一个技术注册中心，存储文件格式、计算机、应用程序、硬件和介质的核心技术性信息和关系信息，用来对组成数字馆藏的数字对象进行编码和解码。这一全面的、综合的信息资源能够用于任何数字存储库，以支持机构用来保存数字对象。

(7) UDFR

UDFR(The Unified Digital Format Registry，统一数字格式注册)[20] 是一个新的开源的、具有语义功能的收集平台，它可以对格式的重要属性进行收集、长期管理并可发布到长期保存机构中。它是以 PRONOM 和 GDFR 为基础进行构建，现由以加州数字化图书馆(California Digital Library)为代表的数字化保存机构对 UDFR 进行操控管理，用户可通过各种类型的许可权向 UDFR 注册系统发布信息，旨在以 PRONOM 系统和数据库的技术理论为基础，使用 PRONOM 的软件和格式数据库，支持为 GDFR 编写的需求和使用案例，吸取 GDFR 的共享管理机制，创建区域管理模型，支持本地扩展和增加数据库以实现注册数据的发布机制，让更多的机构参与到格式注册的发展中。UDFR 具有参与机构广泛、数据来源丰富、功能完善、语义数据库等特点。

13.3.4 不足和展望

技术注册面临的问题之一是信息模型一般固定，难以改进，即使信息模型很灵活，但用户却难以理解。另外一个问题是注册中心的信息治理。因为参与的组织机构对注册中心的建设进行了一定的投资，其他没有参与的组织机构，即使可以免费使用，但是他们不能在注册中心中添加或编辑信息。注册中心的所属机构通常可以接受添加和变更请求，但存在延迟问题或者不同的参与组织机构无法达成一致意见。

目前，出现了一种新的方法，它采用关联数据技术创建关联数据注册（LDR）。这种方法意味着它可以简单地扩展数据模型，并且链接到一个外部来源，该外部来源能够更全面地描述技术注册里面的一个实体。此外，又尽力确保有一个简单的用户界面，用户可以很容易地发现和理解在注册中心的信息。

新方法的关键元素是分布式维护模型，旨在解决治理问题。任何拥有一个 LDR 实例的组织都可以免费添加和编辑内容及扩展模型。如果一个 LDR 实例暴露在互联网上，其他任何的组织都可以免费检索这些附加信息，在自己的 LDR 的实例使用这些信息。这意味着建立起一个对等网络，在网络中的每个注册实例选择什么样的其他注册实例进行信任，从而选择从谁那里收到什么内容。这将控制权交到每一个组织上，因为它们不依赖于任何其他机构或组织，但可以选择合适的权威来源获取到不同的内容。同时，它允许使用合作的方式，来减少所有信息维护相关的管理负担。

13.4 数字保存的格式风险评估

数字保存中的格式面临着兼容性、过时、成本、版权等各种风险。这些风险都有可能导致长期保存的失败，数字保存格式的风险评估是识别、判断和评价长期保存中涉及的格式面临的危险、存在的弱点以及各种可能的风险,并进行量化研究,将未来可能的损坏降到最低,确保长期保存顺利进行。格式风险评估是一个非常困难的活动,探讨格式风险评估的因素,设计风险评估模型,熟悉和掌握相关的工具,对风险评估的整体过程都是非常有意义的工作。

13.4.1　数字保存的格式风险评估因素

根据相关的调查和研究,影响一个文件格式的风险评估的主要因素有:

1)兼容性。软件的新版本是否能够从旧版本中读写文件,或者软件的旧版本能够从新版本软件中读写文件。兼容性越强的文件格式,具有的风险越小。

2)业界/第三方支持。除了原有的软件厂商,业界或者第三方支持文件格式的程度。支持广泛的格式,则具有的风险较小。

3)复杂性。为了解释或者理解一个特定的文件格式的内容,所付出的努力程度。越简单的格式,具有的风险越小。

4)压缩。一个文件格式是否支持压缩或者压缩的程度。支持压缩的文件格式具有的风险较小。

5)成本。维持对一个特定的文件格式编码的信息的代价,例如,文件迁移,维护软件,运行一个仿真环境。格式的成本越低,风险则越小。

6)开发人员支持。是否有个人或者组织创建软件,用这种文件格式作为输出,并且持续地支持这种格式。开发人员支持越多的格式,具有的风险越小。

7)易识别性。格式被识别的难易程度。格式越容易被识别,则具有的风险越小。

8)可验证性。验证一个文件是否符合格式要求。根据文件格式被验证的难易程度,越容易被验证的文件格式,具有的风险越小。

9)容错。格式能够容忍的损害的程度,直到不可读写。格式容错性越强,则风险越小。

10)可使用的专业知识。技术专业知识可以用来维持能够读写以这种格式保存的文件的软件的存在。存在越多的相关专业技术知识,则格式具有的风险越小。

11)法律限制。文件格式受法律约束限制的程度,例如,版权、复制和知识产权。受法律制约越少的文件格式,具有的风险越小。

12)生命周期。文件格式存在的时间长短。周期长的格式具有较小的风险。

13)元数据支持。文件格式是否允许包含元数据。具有元数据支持的格式风险相对较小。

14)可用的支持软件。是否有任意类型的软件可以读写以这种文件格式存储的信息。支持软件越多,文件格式风险越小。

15)更新率。一个文件格式的软件新版本发布的速度。更新率越高的文件格式具有的风险越小。

16)可供使用的说明书。是否有一个免费的文档,用来建立或适应能够读写以这种格式存储信息的软件。格式相关的说明文档越齐全,风险越小。

17)标准。一个文件格式是否被认可作为标准来使用或者被一个著名标准机构来保存。标准化程度较高的格式具有的风险越小。

18)存储空间。一个文件以一种格式保存需要的平均空间大小。占有的存储空间越小,风险则相对越小。

19)技术依赖性。文件格式依赖于特定的软件、操作系统、硬件,以便它的内容被成功读写或渲染的程度。技术依赖性越弱的格式具有的风险越小。

20)技术保护机制。文件格式是否被技术保护的机制。例如,数字版权管理所允许或阻止。受技术保护限制越少的格式具有的风险越小。

21)普遍性。文件格式推广和被广泛使用的程度。普遍性强的格式具有的风险相对较小。

13.4.2 数字保存的格式风险评估基本思路和工具

随着对格式风险评估的重视,涌现出不少风险评估的实现方法和成熟的工具软件,有效地提高格式风险评估的效率,促进风险评估过程中各个阶段和步骤的稳步推进,保证风险评估的顺利开展。

(1)风险评估基本思路和方法

目前,有些学者运用模糊模型对文件格式的威胁等级进行半自动化的评估,支持和辅助数字保存。利用一个坚实的知识库,自动地从关联开放数据仓储汇聚相关知识,从开放存储库整合的文件格式的描述往往是不完整和不正确的,需要整合专家知识,用高可信的信息来改善这样的存储库,识别出冲突和错误,为文件格式是否过时进行评估,以便改善风险分析过程的质量。现有评估系统一般采用文件格式元数据聚合器(File Format Metadata Aggregator,FFMA)系统和信息集成的方法,重用建立保存规划工具的经验，对数字长期保存的内容进行评估。该系统基于风险评分进行文件格式分析。常用的评估系统主要由知识聚合、度量计算、风险计算模型和风险报告四个组成部分，格式风险分析的工作流程见图 13－3。

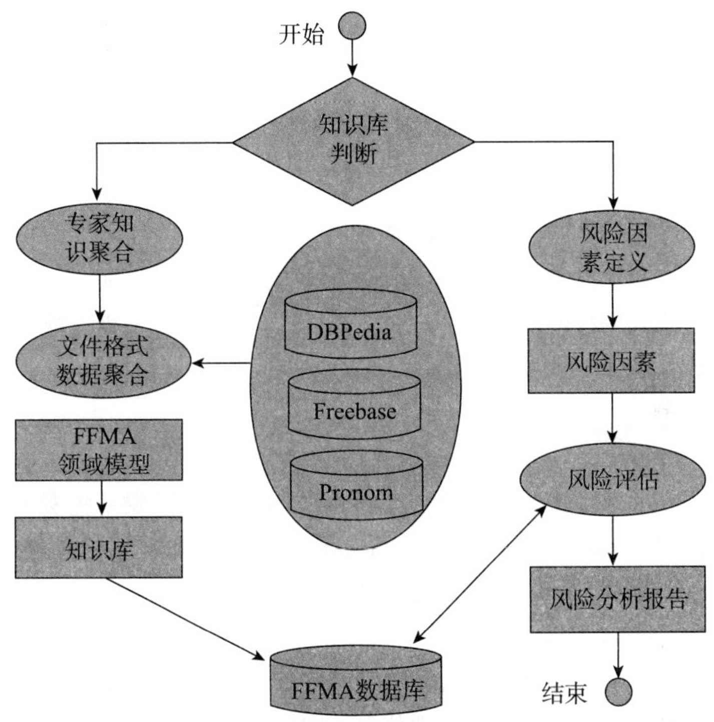

图 13－3　格式风险评估的流程图[21]

(2)风险评估工具

1)The AONS II。自动过时通知系统(Automated Obsolescence Notification System，AONS II)[22]旨在数字馆藏中识别格式，根据外部的注册来检索过时风险指标信息。该工具能够正确区别格式的不同版本，用来识别相关的风险级别。这个工具通过给每一个发现的明确格式建立一个内部标识符，用来解决诸如错误的文件扩展名和同一格式不同名称的问题，然后把这个内部标识符映射到外部注册中心所使用的相应的格式标识符。但是，这个工具没有应用风险因素度量来计算风险。

2)The PANIC。PANIC 工具[23]旨在当文件格式废弃时，能够自动告诉数字仓储管理员这些变化，这些变化有可能会对他们的馆藏引发访问的风险和警告。这个工具的设计理念就是进行数据和元数据聚合，方便以后进一步的分析。但是汇聚数据和元数据比较困难，这样的信息不容易获得，搜集到的信息也未必是具有代表性的。

3)FFMA。FFMA(File Format Metadata Aggregator tool)工具[24]主要用来在长期保存领域内通过关联数据和推理知识,聚集起已经建立的、可信的文件格式信息,从关联数据中收集信息,并把它用通用表示形式集成起来,在这个过程中,运用到了本体映射技术。

13.5 数字保存的格式工具

数字保存的格式工具主要功能包括文件识别和验证。文件格式识别是判定一个数字对象的预定格式的过程。格式验证是鉴别一个数字对象是否符合格式的权威规范定义里的语法和语义规则的过程。数字保存的常用格式工具和软件如下所示。

13.5.1 DROID

为了增加数字格式的可持续性,英国国家档案馆开发了免费的数字记录对象识别(Digital Record Object Identification,DROID)[25]应用软件,它能够自动识别多达200多个的文件格式,记录它们的类型、版本、大小、文件最后修改时间等,评估数字对象是否使用了不再被现有技术支持的数字格式,及时发现文件格式的风险,从而采取迁移行动,还能够支持数据容量缩减,节约存储成本,更有效的管理信息。DROID软件工具使用存储在PRONOM中的登记信息来实现自动格式识别。文件首先被读进内存(如果文件很大的话,可分块读进),然后通过一个循环来完成文件与内部登记信息的匹配,并把相匹配的内部登记信息及其相关格式记入结果列表中,接下来再根据文件的扩展名(即外部登记信息)做进一步的分析处理。

13.5.2 Fido

数字对象格式识别工具(Format Identification for Digital Objects,Fido)[26]是使用PRONOM格式签名的识别工具。它实质上是一个DROID克隆。识别结果可以按照PRONOM兼容的持久唯一标识符PUIDs进行报告。Fido是使用Python编写的开源命令行应用程序。Fido的主要目标客户群体就是长期保存界人士。与DROID不同,它关注的重点是自动化工作流的使用。

Fido试图确定是否使用文件签名或者已知的扩展名。这些都是在配置文件中进行定义的,是基于PRONOM的数据库信息。实际上,它覆盖了

PRONOM 数据库的所有格式，只要这些格式有一个有效的签名。这些文件的格式与 DROID 的签名文件不相同。

13.5.3　MET

元数据抽取工具（Metadata Extraction Tool，MET）[27]是由新西兰国家图书馆（National Library of New Zealand）开发的、以程序自动化处理方式从一系列的文件格式，如 PDF 文件、图像文件、声音文件、微软 Office 文件等，抽取保存元数据。这个工具最初在 2003 年开发出来，在 2007 年作为开源软件进行发布。它是建立在图书馆数字保存和元数据保存模式工作基础上，旨在从数字文件自动抽取出保存相关的元数据，并把这些元数据以标准格式（XML）输出，供长期保存活动使用。包含的文件格式：图像类，有 BMP、GIF、JPEG 和 TIFF；办公文档类，有 MS Word、Word Perfect、Open Office、MS Works、MS Excel、MS PowerPoint 和 PDF；音频、视频类，有 WAV、P3、FW、FLAC；标记语言类，有 HTML 和 XML；联网文件类，有 RC。该工具有一个微软的 Windows 界面和 UNIX 命令行界面，使工作可以自动通过批处理进行或根据个别的需求进行处理。这个应用程序打开所有文件都为只读，这样就保证原始文件的完整性。由于该工具只读取文件头部信息，所以整个抽取过程速度很快。

13.5.4　JHOVE2

JHOVE2[28]是在著名的 JHOVE 工具上进行改进的一个开源软件。它的设计者把 JHOVE2 视为“下一代的格式感知特性的 Java 框架”。它是由加利福尼亚数字图书馆、Portico、斯坦福大学联合开发，受到国会图书馆的国家数字信息基础设施和保存项目（NDIIPP）的资助。JHOVE2 的功能包括识别、特征提取、评估和策略验证。目前，最新版本 JHOVE2.0.0 是在 2011 年 4 月发布的。

JHOVE2 使用 DROID4.0 进行识别。DROID 的识别是基于文件签名或者扩展名。这些是在一个签名中被定义的，通常是由国家档案馆进行定期更新。JHOVE2 安装了包含 DRIOID 签名文件的一个很旧的版本。这个 DROID 版本不支持容器格式的容器签名，例如，ZIP（开放文档和微软办公系统开放 XML 格式）和 OLE2（微软办公系统格式的容器）。

因为，DRIOID 可以处理的格式是由签名文件信息定义，新的格式可以通过修改签名文件添加（或从国家档案馆下载最新版本）。然而，JHOVE2 识别模块的配置文件包含一个注释，在 JHOVE2 软件中的 DRIOID 签名和配置文件进行编辑，可以检测其他的格式签名。但是对这种“编辑”的实质和程度都没有进一步的规定和明示，这就引发了一些担忧，如果用户用一个最近的签名替换默认的签名文件，就会出现无法预料的结果。

JHOVE2 另一个相关的特点是可以容纳外部工具。理论上能够把其他的识别工具都整合进 JHOVE2 框架。除此之外，JHOVE2 的各个模块也能够被关闭（如基于策略的评估模块，或计算消息摘要模块）。

像微软 Word 和开放文档格式这些格式都是基于多个文件对象，被包裹在一个物理容器之中，例如，微软 Word 97 的 OLE2 和开放文档格式的 ZIP。原则上，这些都可以作为 JHOVE2 的组成部分。此外，JHOVE2 引入了一个 clump 的概念，这是一个容器内或文件集里面的一组逻辑相关的文件，例如，文件对象构成一个 ODF 文件。

实际上，JHOVE2 仍然视微软 Word 文件为 OLE2 对象，开放文档文本和 EPUB 文件为普通 ZIP 文件。同时，一个小的 EPUB 文件（300 KB）会引起 JHOVE2 挂起，即没有异常发生，但文件的处理无限继续下去，只能通过手动中断 JHOVE2 而停止。

13.5.5 FITS

FITS（File Information Toolset）[29]是“文件识别工具集”的缩写。它不是一个独立的表示工具，而是一些外部工具的包装器。目前，这些工具包括 JHOVE、Exiftool、新西兰国家图书馆的 Metadata Extractor、DROID 3.0、FFIdent、Unix File Utility（windows port）。FITS 是由哈佛大学图书馆办公室开发的信息系统，作为开源软件在 2011 年 2 月进行发布。该工具除了具有识别的功能，还可以用于特征提取和验证。FITS 提供两个自带的工具：FileInfo 和 xmlmetadata，它也可以添加其他工具。FITS 将所有从这些基本工具的本地输出转换成通用格式（FITS XML）。此外，FITS 能够以多种方式处理这些工具的输出结果的不一致性。

13.5.6 Apache Tika

Apache Tika[30]是一个使用 Java 编程语言的开源工具集，利用现有的解析类库，用来从文档中探测和抽取元数据和结构化文本内容。其中探测模块可以用来识别文件的 MIME 类型。该项目的目标使用群体主要为搜索引擎以及其他内容索引和分析工具。主要功能包括侦测文档的类型、字符编码、语言等其他现有文档的属性，并在此基础上提取结构化的文字内容。支持的文档格式和相应的解析类，见表 13－4。

表 13－4　Tika 支持的文档格式以及描述

格式	详细描述
Microsoft Excel	在所有的 Tika 版本中都有对 Excel 电子数据表的支持,基于的是 POI 的 HSSF 库
Microsoft Word (application/msword)	在所有的 Tika 版本中都有对 Word 文档的支持,基于的是 POI 的 HWPF 库
Microsoft PowerPoint	在所有的 Tika 版本中都有对 PowerPoint 演示的支持,基于的是 POI 的 HSLF 库
Microsoft Visio (application/vnd. visio)	在 Tika V0. 2 中加入了对 Visio 图表的支持,基于的是 POI 的 HDGF 库
Microsoft Outlook	在 Tika V0. 2 中加入了对 Outlook 消息的支持,基于的是 POI 的 HSMF 库
GZIP 压缩(application/x-gzip)	在 Tika V0. 2 中加入了对 GZIP 的支持,基于的是 Java 5 类库中的 GZIPInputStream 类
bzip2 压缩(application/x-bzip)	在 Tika V0. 2 中加入了对 bzip2 的支持,基于的是 Apache Ant 的 bzip2 解析代码,而它最初基于的是 Aftex Software 的 Keiron Liddle 的工作成果
MP3 音频(audio/mpeg)	在 Tika V0. 2 中加入了对 MP3 文件的 ID3v1 标记的解析。如果找到,如下的元数据将被提取并设置:TITLETitleSUBJECTSubject
MIDI 音频(audio/midi)	Tika 使用 javax. audio. midi 内的 MIDI 支持来解析 MIDI 序列文件。很多卡拉 OK 文件格式都基于的是 MIDI 并包含嵌入文本歌曲形式的歌词,并且Tika 知道该如何提取
Wave 音频(audio/basic)	Tika 通过 javax. audio. sampled 包支持取样的 wave 音频(. wav 文件等)。只有取样元数据才被提取
Extensible Markup Language (XML)(application/xml)	Tika 使用 javax. xml 类解析 XML 文件
HyperText Markup Language (HTML)(text/html)	Tika 使用 CyberNeko 库解析 HTML 文件
图像(image/ *)	Tika 使用 javax. imageio 类从图像文件中提取元数据

续表

格式	详细描述
Java 类文件	Java 类文件的解析基于的是 ASM 库以及 JCR - 1522 的 Dave Brosius 的工作成果
Java Archive Files	JAR 文件的解析是综合使用 ZIP 和 Java 这两种类文件解析器完成的
OpenDocument (application/vnd. oasis. opendocument. *)	Tika 使用 Java 语言中的内置 ZIP 和 XML 特性来解析多为 OpenOffice V2.0 或更高版本所用的 OpenDocument 文档类型。较早的 OpenOffice V1.0 格式也受支持,但它们目前不能像较新的格式那样被自动检测
纯文本(text/plain)	Tika 使用 International Components for Unicode Java 库(ICU4J)来解析纯文本
Portable Document Format (PDF)(application/pdf)	Tika 使用 PDFBox 库来解析 PDF 文档
Rich Text Format(RTF)(application/rtf)	Tika 使用 Java 的内置 Swing 库来解析 RTF 文档
TAR(application/x-tar)	Tika 使用来自 Apache Ant 的 TAR 解析代码的调整版本来解析 TAR 文件。而此 TAR 代码基于的是 Timothy Gerard Endres 的工作成果
ZIP(application/zip)	Tika 使用 Java 的内置 ZIP 类来解析 ZIP 文件

13.6 小结

格式管理贯穿数据保存生命周期的各个阶段,是数字保存的重点问题。本章首先确定数字保存的格式选择的原则,从定量和定性两个角度对格式进行全面衡量和评价;通过分析 FDA、美国国会图书馆、UK Data Archive 等组织机构推荐的格式规范,总结数字保存实践中的 PDF/A、JPEG、TIFF、MPEG 等重点格式的特性、优势及适用场合;详细阐述技术注册的基本思路、架构和主要功能,重点介绍 GDFR、PRONOM、The Planets Core Registry、Mediapedia、TOTEM、DPTR、UDFR 等相关的项目和机构,总结他们的发展过程和技术特点,在此基础上指出不足,进行展望;总结出 21 条数字保存的格式风险评估因素,探讨格式风险评价的基本思路,分析 The AONS II、The PANIC、FFMA 三种风险评估工具的特点和主要应用;最后分析和比较用于文件格式识别和验证的 DROID、Fido、MET、FITS、Apache Tika 等工具软件的技术特点和适用场合等。

总之,格式管理越来越受到重视,涌现出很多优秀的推荐格式规范,技术注册中心得到推广应用,格式评价、风险评估、格式识别和验证等也都在逐渐成熟和完善,但是还依然存在着一些问题,例如,如何定量的评价格式的可持续性,如何解决注册中心的信息治理等,有待进一步探讨和研究。

(刘振、张智雄)

参考文献

[1] DELOS, File Formats Typology and Registries for Digital Preservation[EB/OL]. [2014-10-07]. http://www.dpc.delos.info/private/output/DELOS_WP6_d631_finalv2(5)_urbino.pdf.

[2] Denmark, the State and University Library and the Royal Library. Handling File Formats[EB/OL]. [2014-10-12]. http://netarkivet.dk/wp-content/uploads/FileFormats-2004.pdf.

[3] Leeds, University of, Survey and Assessment of Sources of Information on File Formats and SoftwareDocumentation[EB/OL]. [2014-10-12]. http://www.jisc.ac.uk/uploaded_documents/Fileormatsreport.pdf.

[4] PIN, Groupe Pérennisation des Informations Numériques[EB/OL]. [2014-10-13]. http://www.association-aristote.fr/lib/exe/fetch.php/fiche-pin-2011.pdf.

[5] Digital Formats: Factors for Sustainability, Functionality, and Quality[EB/OL]. [2014-10-15]. http://memory.loc.gov/ammem/techdocs/digform/Formats_IST05_paper.pdf.

[6] Blue Ribbon Task Force on Sustainable Digital Preservation and Access[EB/OL]. [2014-10-09]. http://brtf.sdsc.edu/.

[7] What is digital continuity[EB/OL]. [2014-10-15]. http://www.nationalarchives.gov.uk/information-management/our-services/dc-what-is.htm.

[8] National Library of the Netherlands(KB), Evaluating File Formats for Long-term Preservation[EB/OL]. [2014-10-15]. http://www.kb.nl/sites/default/files/docs/KB_file_format_evaluation_method_27022008.pdf.

[9-10] FDA Format[EB/OL]. [2014-10-15]. http://fclaweb.fcla.edu/uploads/recFormats_2.pdf.

[11] NDIIPP format[EB/OL]. [2014-10-15]. http://www. digitalpreservation. gov/.

[12] LOC Format[EB/OL]. [2014-10-09]. http://www. loc. gov/preservation/resources/rfs/index. html.

[13] UK Data Archive[EB/OL]. [2014-10-15]. http://www. data-archive. ac. uk/create-manage/format/formats-table.

[14] GDFR[EB/OL]. [2014-10-15]. http://library. harvard. edu/preservation/digital-preservation_gdfr. html.

[15] PRONOM[EB/OL]. [2014-10-09]. http://www. nationalarchives. gov. uk/PRONOM/Default. aspx.

[16] Planets Core Registry[EB/OL]. [2014-10-15]. http://www. openplanetsfoundation. org/planets-core-registry.

[17] Mediapedia[EB/OL]. [2014-10-15]. http://mediapedia. nla. gov. au/.

[18] TOTEM Project[EB/OL]. [2014-10-15]. http://keep-totem. co. uk/.

[19] NSLA[EB/OL]. [2014-10-15]. http://www. nsla. org. au/project/digital-preservation.

[20] UDFR[EB/OL]. [2014-10-15]. http://www. udfr. org/.

[21] GRAF R, GORDEA S. A risk analysis of file formats for preservation planning[EB/OL]. [2014-10-15]. http://purl. pt/24107/1/iPres2013_PDF/A%20Risk%20Analysis%20of%20File%20Formats%20for%20Preservation%20Planning. pdf.

[22] AONS II[EB/OL]. [2014-10-15]. http://www. nla. gov. au/openpublish/index. php/nlasp/article/.

[23] HUNTER J, CHOUDHURY S. Panic: an integrated approach to the preservation of composite digital objects using semantic web services[J]. International Journal on Digital Libraries, 2006(2): 174-183.

[24] GRAF R, GORDEA S. Aggregating a knowledge base of file formats from linked open data[C]. Proceedings of the 9th International Conference on Preservation of Digital Objects, poster, 2012: 292-293.

[25] DROID, automatic format identification documentation[EB/OL]. [2014-10-15]. http://www. nationalarchives. gov. uk/aboutapps/pronom/#documentation.

[26] FIDO[EB/OL]. [2014-01-16]. http://www. openplanetsfoundation. org/software/fido.

[27] Metadata extraction tool[EB/OL]. [2014-10-16]. www. dcc. ac. uk/resources/external/nlnz-metadata-extraction-tool.

[28] Jhove2[EB/OL]. [2014-10-16]. http://www. digitalpreservation. gov/partners/jhove2. html.

[29] FITS[EB/OL]. [2014-10-16]. http://projects. iq. harvard. edu/fits/home.

[30] TIKA[EB/OL]. [2014-10-16]. http://tika. apache. org.

14　数字保存元数据体系

随着长期保存研究的开展,人们发现为了保证数字资源在长期保存过程中保有长期的可生存能力、可呈现能力、可理解能力、真实性、一致性等特性,仅仅依靠现有的某类或某几类元数据的元素合集是远远不够的,人们需要一类专门记录保存过程中信息的元数据,即保存元数据。

本章将简要概述保存元数据的基本情况,然后对几个保存元数据实例进行分析。第三节开始,重点对保存元数据的核心标准 PREMIS 进行深入的研究分析,完整解读 PREMIS 保存元数据框架。同时,通过对 PREMIS 与 METS 的结合使用方法、应用 PREMIS 的实践案例进行分析,提出相应的 PREMIS 元数据实施建议,为更好地实施数字资源长期保存元数据实践提供参考。最后,综合全章对各类保存元数据实例的研究,分析当前保存元数据的最新研究进展。

14.1　保存元数据概述

保存元数据作为直接支持保存过程的元数据,其研究源起于国外,从目前的研究成果来看,国外成型的保存元数据体系、保存元数据使用方法、保存元数据相应的工具等均已形成,国内则以应用为主。本小结将从保存元数据的发展起源、定义与范畴、重要性与功能等方面来综合概述保存元数据。

14.1.1　保存元数据的源起与发展

长期保存领域对保存元数据的研究兴起于 20 世纪 90 年代。随着长期保存活动的不断开展,研究人员意识到要实现数字资源在长期保存过程中保有长期的可生存能力、可呈现能力、可理解能力、真实性、一致性等特征,需要记录很多有关资源本身、资源的硬件和软件环境、变动历史等相关信息。基于此,他们开始探索针对保存的元数据集合。

Research Library Group(研究图书馆组织,RLG)针对数字图像保存探索了相应的长期保存元数据集合[1]。1999 至 2012 年,Consultative Committee for Space Data Systems(美国空间数据系统咨询委员会,CCSDS)先后出版了三版 OAIS 参考模型(Reference Model for an Open Archival Information System),为各类长期保存活动提供参考模型和基本概念框架。OAIS 信息模型[2]提出,一个数字保存系统中的信息对象由数据对象本身和它的呈现信息组成,其中数据对象由一个或多个比特序列组成,而呈现信息将这些比特序列转换成为更有意义的信息。呈现信息又可以分为结构呈现信息和语义呈现信息两种,其中前者指出数据对象的组成结构,而后者用于表现数据对象的语义含义。某一呈现信息可以引用已经定义好的呈现信息。通常情况下,为了让被保存的某一信息对象能够被"独立理解",这一信息对象需要一系列具有引用关系的呈现信息组成呈现网络来进行表述。根据信息对象内容和功能的不同,OAIS 又将数字保存系统中信息对象分为内容信息对象、保存描述信息对象、打包信息对象和描述信息对象四种类型[3],其中明确描述信息对象包括指引信息、环境信息、来源信息、稳固性信息和访问权限信息。英国 CURL Exemplars in Digital ARchiveS (CEDARS)[4]项目在充分吸收 OAIS 参考模型和其他领域的元数据研究成果基础上,考虑了多种数字格式,开发出 CEDARS 项目对应的保存元数据框架。此外,还有澳大利亚国家图书馆和欧洲 Networked European Deposit Library(NetLib)也在这一阶段提出了针对保存需求的元数据框架。OAIS、CEDARS、NetLib 等保存元数据的发布标志着保存元数据从概念到理论标准的跨越。

1998 年, Michael Day[5] 首次采用"Preservation Metadata"(保存元数据)的概念。随后,2000 年,Online Computer Library Center(联机计算机图书馆中心,简称 OCLC)和 RLG 共同发起一个对数字保存元数据的基础架构进行研究的行动计划[6],他们继续沿用 Preservation Metadata 这一术语,开发了一个广泛适用的、综合性元数据框架,并在此基础上发布了可应用于实践操作的数据字典。2005 年,PREMIS1. 0[7] 正式发布,保存元数据实现了从理论标准到实践操作的升级。国内比较有代表性的国家图书馆、清华大学[8]和军队院校提出了相应的保存元数据框架。自 PREMIS 之后,针对保存元数据的研究越来越贴近实际应用,其在具体的应用策略、相应的元数据获取工具等方面都取得了不少成果。

14.1.2　保存元数据的定义与范畴

由于保存元数据无法对应现有的任何一种已知的元数据类型，目前关于保存元数据的定义并没有一个统一的说法[9]。比较有代表性的几种定义如下：

1）在 OAIS 信息模型中，对于保存元数据的范围界定存在两种不同的声音。一种观点认为保存元数据指的是保存系统中所有的元数据。就 OAIS 信息模型而言，应该包括内容信息中的表达信息、保存描述信息、包装信息和描述信息。另一种观点认为，保存元数据只包括其中有关保存的元数据，就 OAIS 信息模型而言，它不应该包括描述信息[10]。

2）保存元数据是与数字对象的技术、物理性质相关的元数据，需要记录这些对象随时间发生的变化以确保数字对象的寿命，它是维护数字对象可生存性、可呈现能力和可理解能力的必要信息。保存元数据可以作为这些保存过程的输入，也可以作为这些过程的输出[11]。

3）保存元数据指的是有助于确保某个对象长期可获取和管理的，与该对象相关的元数据，它包括“权利元数据”“技术元数据”等[12]。

4）PREMIS 将保存元数据定义为在一个仓储系统中对数字保存过程进行支持的信息。保存元数据确立了一个被保存的数据对象的各种操作背景知识，这些知识包括其起源、保存活动、技术和揭示环境等[13]。

从上述的各种定义可以看出，尽管保存元数据存在多种定义，但保存元数据仍具有以下几个共性特点：

1）保存元数据是与数字保存的过程、技术密切相关的，它是数字资源在生产、传播、加工、利用、保存过程中形成的一系列数据。

2）保存元数据是为了支持数字资源的长期可获取，与数字资源密切相关。

3）保存元数据是众多元数据中的一种，具有元数据的基本特征，同时与其他的元数据有着密不可分的关系，如描述元数据、管理元数据、结构元数据等。

基于此，对于保存元数据的范畴界定不能像传统的元数据一样，从基本的功能细节入手，而应该结合元数据支持的具体保存过程来说明。目前的研究认为，典型的保存元数据框架中应该包括如下几个方面的内容[14]：

1）保存对象的起源信息。描述保存对象的创建、实施于保存对象上的行为、保存对象内容或外观功能上的变动及归属等信息。

2）权利管理信息。该信息用于描述当前一切与知识产权相关的信息，以验证或者限制仓储机构保存对象、提供访问的权限。

3)技术与相应的环境信息。描述用于访问和使用保存对象的技术需求,包括保存对象的文件格式、软件应用、操作系统、硬件需求、当前的保存状态等。

14.1.3 保存元数据的重要性与功能

从上述分析可以看出,保存元数据涉及存档数字对象保管、技术甚至法律方面的全面描述。因此,自然而然地就引发了另一个问题,为什么这些信息对长期保存是必要的呢?对此问题,我们可以从以下三个方面寻找到相应的答案。

第一,与印本资源相比,数字对象是依赖于技术而存在的,用户总是不能“直接”获得某个数字对象的内容,需要在一系列复杂的技术环境的支持下,包括软件、硬件甚至一些网络技术,才能获取到目标内容。因此,在存储数字对象时,并不能只是简单地存储其内容,同时需要存储理解和使用该数字对象的方法信息。尤其在技术不断变革的今天,更加需要仔细记录存档数字对象的技术环境,以确保它在当前和未来环境中的可解读性。

第二,数字对象是可变的。无论是有意还是无意的行为,都可能对一个数字对象的外观、功能等造成显著的变化。寿命相对短暂的各类数字存储介质在存储退化的过程中,也可能导致部分甚至全部信息的逐步丢失。此外,一些保存行为也可能改变一个数字对象的格式或功能。基于这些原因,利用元数据记录下数字对象的起源信息和真实性信息就显得格外重要,尤其是记录其创建时的一些显著特征,即由谁、出于什么目的、做了哪些改变。

第三,数字对象是受知识产权约束的。数字存储介质相对短暂的“保质期”和现代技术的迅速过时,往往会产生一些极短的“非活动窗口”,在这些“非活动窗口”期间,保存活动往往会被推迟。多数情况下,数字保存只是避免损伤数字对象,但不会修复它。一旦数字文件被损坏,或其访问方法丢失,该内容就可能永远丢失。基于这些原因,数字保存必须在信息生命周期的早期就开始介入。此时数字资源是受版权限制的,保存仓储必须遵从当前知识产权制定的系列保存和访问政策限制来开展相应的工作。知识产权对数字保存的影响可以依据背景发生变化,并以复杂的方式进行修改。因此,记录存档数字对象相关的知识产权,对保障长期保存活动与该对象绑定的版权限制的同步性有重要的意义。

总而言之,保存元数据之所以重要,是因为它使得数字对象的自我记录成为可能,即便是所有权、保管、技术、法律限制、用户全部发生了变化,也可以确保数字对象的长期保存和访问。因此,保存元数据应当具备下列两个基本功能。

1)创建清晰的起源:能够记录数字记录随时间而改变的流程;详细描述真实状态;记录数字对象经历的技术处理;对数字对象的技术细节进行描述;描述数字对象的起源环境;指定权限管理信息[15]。

2)提供长期维护的信息:保障可生成能力、可还原能力、可理解能力。在数字长期保存中使用保存元数据时,基本的流程通常首先是依据保存目标制定相应的保存元数据策略,构建相应的数据模型,提取出所需的元数据,再用 XML 对保存元数据进行封装,最终利用保存元数据实现数字资源的长期保存[16]。

14.2　保存元数据实例研究

自 OAIS 出版后,许多长期保存项目和机构在 OAIS 基础上,设计并开发出相应可操作的保存元数据框架,其中,英国 CEDARS、澳大利亚国家图书馆 NLA(National Library of Australia)、欧洲 Nedlib 等较有影响,下文将重点介绍这几个保存元数据框架。

14.2.1　CEDARS 的保存元数据

CEDARS 项目的重要工作之一是开发元数据框架促进数字资源的长期保存。在充分吸收 OAIS 参考模型和其他领域的元数据研究成果基础上,考虑了多种数字格式,CEDARS 开发出其对应的保存元数据框架。

CEDARS[17]认为 OAIS 模型已经识别并区分出了在长期保存系统中支持数字保存的各种元数据。每一个数字对象与它的元数据一起,被打包在一个信息包(Informaiton Package)之内。呈现信息是为了确保数字保存对象有意义存储的元数据,而保存描述信息(PDI)则被划分成为不同类型的描述元数据,这些设计使得用户在理解数字对象时不会受到影响。CEDARS 在设计其元数据框架时,总体上采纳了 OAIS 信息模型的思路,也是以信息包为最高层元素,其包括的二、三层子元素基本上与 OAIS 提出的信息包模型中的信息相似,只是在更低层的子元素上 CEDARS 对 OAIS 的信息模型进行了细化，为低层子元素选择和制定了更为精细的子元素。这些元数据层级的设计满足了不同层次描述的需要。

表 14－1　CEDARS 的保存元数据框架[18]

<table>
<tr><td rowspan="35">信息包</td><td rowspan="18">保存描述信息</td><td rowspan="2">指引信息</td><td>资源描述</td><td></td><td></td></tr>
<tr><td>现存元数据</td><td>已有记录</td><td></td></tr>
<tr><td>环境信息</td><td>相关信息对象</td><td></td><td></td></tr>
<tr><td rowspan="14">来源信息</td><td rowspan="7">起源历史</td><td>创建原因</td><td></td></tr>
<tr><td>保管历史</td><td></td></tr>
<tr><td>存档前的变更历史</td><td></td></tr>
<tr><td rowspan="3">起源技术环境</td><td>先决条件</td></tr>
<tr><td>程序</td></tr>
<tr><td>文档</td></tr>
<tr><td>保存原因</td><td></td></tr>
<tr><td rowspan="3">管理历史</td><td>摄入处理历史</td><td></td></tr>
<tr><td rowspan="2">管理历史</td><td>操作历史</td></tr>
<tr><td>政策历史</td></tr>
<tr><td rowspan="4">权利管理</td><td>谈判历史</td><td></td></tr>
<tr><td rowspan="3">权利信息</td><td>版权声明</td></tr>
<tr><td>行为者</td></tr>
<tr><td>行为</td></tr>
<tr><td>稳固性信息</td><td>认证标志</td><td></td><td></td></tr>
<tr><td rowspan="17">内容信息</td><td rowspan="16">呈现信息</td><td rowspan="11">结构信息</td><td>基本抽象形式描述</td><td></td></tr>
<tr><td rowspan="5">变更对象</td><td>平台</td></tr>
<tr><td>参数</td></tr>
<tr><td>呈现/分析引擎</td></tr>
<tr><td>输出格式</td></tr>
<tr><td>输入格式</td></tr>
<tr><td rowspan="5">呈现/分析/转换对象</td><td>平台</td></tr>
<tr><td>参数</td></tr>
<tr><td>呈现/分析引擎</td></tr>
<tr><td>输出格式</td></tr>
<tr><td>输入格式</td></tr>
<tr><td rowspan="5">语义信息</td><td rowspan="5">呈现/分析对象</td><td>平台</td></tr>
<tr><td>参数</td></tr>
<tr><td>呈现/分析引擎</td></tr>
<tr><td>输出格式</td></tr>
<tr><td>输入格式</td></tr>
<tr><td>主要数字对象</td><td></td><td></td><td></td></tr>
</table>

14.2.2　Nedlib 的保存元数据

Nedlib[19-20]认为数字保存系统需要元数据来处理和监控被保存的数字对象内容。对于 OAIS 的信息模型，Nedlib 认为，数字保存系统中的元数据需要根据与信息对象在一起的呈现信息（RI）和与内容信息在一起的保存描述信息（PDI）这两个概念来提出。基于对这两种类型的保存元数据分类，Nedlib 提出一个建议性的核心保存元数据集，重点关注对技术过时问题的处理。

Nedlib 认为与呈现信息相关的元数据是一系列与数字对象的呈现信息相关，或者是与用户操纵数字对象所需的工具设施相关的技术元数据。Nedlib 进而根据 OAIS 的 ANNEX E 提出的五个层次的呈现信息，提出了与呈现信息相关的元数据应当相应地包括特定硬件需求、操作系统、解释器和编译器、对象格式、应用系统五个子元素。Nedlib 也提出，在呈现信息元数据的使用上，也要根据数字对象类型的不同而采用不同的元数据。Nedlib 认为数字对象可以区分为“依赖特定系统的应用系统”和“与特定系统无关的格式”。前一类型的数字对象需要强制性地要求提供特定硬件需求和应用系统两个元数据；而后一类型则需要强制性地要求提供对象格式和可能的应用系统两个元数据。

对于保存描述信息（PDI）元数据，Nedlib 认为 PDI 元数据的主要目标在于，“对内容信息的过去和现在的状态进行描述，确保内容信息具有唯一标识性，并且内容信息没有在不为人知的情况下被改动过”。针对 OAIS 提出的四种类型的 PDI 信息，Nedlib 提出环境信息和来源信息的区分没有太多的必要，而且在保存系统中，最需要了解的是数字对象以前和现在的状态，因而在 Nedlib 提出的保存描述信息（PDI）元数据集中，将环境信息和来源信息合二为一，成为一个名为变更历史的子元素。所以，Nedlib 的保存描述信息元数据由指引信息、稳固性信息和变更历史三个子元素组成。

Nedlib 提出的核心保存元数据集，如表 14－2 所示。总体上看，Nedlib 元数据集的制定吸收了 OAIS 的信息模型的思想，同时也根据实际需要进行了一些创新。可以看到，在 RI 元数据方面，Nedlib 吸收 OAIS ANNEX E 中呈现信息的五层划分的思想，但也根据需要做了更为明确的解析；在 PDI 元数据方面，在吸收 OAIS 提出的四种信息类型的同时，对保存描述信息元数据做了更大胆的修改，实用性更强。

表 14－2　Nedlib 的核心保存元数据集[21]

<table>
<tr><td rowspan="12">呈现信息</td><td rowspan="3">特定硬件需求</td><td>特定微处理器要求</td><td></td></tr>
<tr><td>特定多媒体需求</td><td></td></tr>
<tr><td>特定外设的需求</td><td></td></tr>
<tr><td rowspan="2">操作系统</td><td>名称</td><td></td></tr>
<tr><td>版本</td><td></td></tr>
<tr><td rowspan="3">解释器和编译器</td><td>名称</td><td></td></tr>
<tr><td>版本</td><td>先决条件</td></tr>
<tr><td>说明</td><td>程序</td></tr>
<tr><td rowspan="2">对象格式</td><td>名称</td><td>文档</td></tr>
<tr><td>版本</td><td></td></tr>
<tr><td rowspan="2">应用系统</td><td>名称</td><td></td></tr>
<tr><td>版本</td><td></td></tr>
<tr><td rowspan="19">保存描述信息</td><td rowspan="9">指引信息</td><td>创建者</td><td></td></tr>
<tr><td>标题</td><td></td></tr>
<tr><td>创建日期</td><td></td></tr>
<tr><td>出版者</td><td></td></tr>
<tr><td rowspan="3">分配的唯一标识符</td><td>值</td></tr>
<tr><td>构建方法</td></tr>
<tr><td>责任者/责任机构</td></tr>
<tr><td rowspan="2">URL</td><td>值</td></tr>
<tr><td>验证日期</td></tr>
<tr><td rowspan="3">稳固性信息</td><td rowspan="2">验证码</td><td>值</td></tr>
<tr><td>算法</td></tr>
<tr><td>数字签名</td><td></td></tr>
<tr><td rowspan="7">变更历史</td><td rowspan="5">主要相关的元数据</td><td>日期</td></tr>
<tr><td>旧值</td></tr>
<tr><td>新值</td></tr>
<tr><td>工具</td></tr>
<tr><td>撤销</td></tr>
<tr><td rowspan="2">其他相关元数据</td><td>旧值</td></tr>
<tr><td>新值</td></tr>
</table>

14.2.3　NLA 的保存元数据

NLA 通过它的 PANDORA（Preserving and Accessing Networked Documentary Resources of Australia）[22]项目，对澳大利亚的联机出版物开展了长期保存。为了对数字对象进行保存，NLA 认为需要保存有关被保存对象本身的详细信息，以及被保存对象随着时间的变化所受到的各种处理，以使未来数字对象的使用者能够了解到数字对象的各类相关信息，例如，数字对象的最初格式是什么，在获取和保存过程中，是否有什么信息丢失等[23]。

与 CEDARS 和 Nedlib 的数字保存元数据不同，尽管 NLA 的数字保存元数据参考了 OAIS 模型，但其元数据的选择主要是基于对相关实践经验的总结和对其中所涉及问题的思考。NLA 保存元数据集的设计还有另一个指导思想就是这些元数据仅仅是对数字馆藏进行保存管理时所需要的元数据，它从数字对象保存接收者的角度来设计元数据，而不是从元数据加工者的角度来设计元数据。正如 NLA 所说的，这种模式可以简单地理解为，“不论你们（数字对象提供者）怎样做，你们需要传递给我们（数字对象保存者）的东西就是这些（元数据），有了这些我们就可以对数字对象进行保存”。

与 CEDARS 和 Nedlib 相比，NLA 的保存元数据具有以下特点：①NLA 的元数据集并不像 CEDARS 和 Nedlib 一样以 OAIS 信息模型为基础，没有明确地体现出保存元数据应当反映呈现信息和保存描述信息的理念；②元数据的主体是一级元数据元素，NLA 选择 24 个元素形成一个比较松散的并列顺序结构，而不去试图构建成为一个更加有层次关系的元数据体系；③在 NLA 的保存元数据集中，明确地提出对图像、音频、视频、文本、数据库、可执行程序这六类数字资源进行保存时所需要的各种保存元数据；④OAIS虽然没有对 NLA 的保存元数据的整体体系产生较大影响，但可以明显地看到在一些地方，NLA 保存元数据还是吸收了 OAIS 参考模型的一些提法及做法，例如，指定永久标识符（Persistent Identifier），吸收 OAIS 呈现信息中“查询与检索辅助并获取推动者（Finding and Searching Aids and Access Facilitators）”的概念等。

14.3　PREMIS 保存元数据

上述的几个保存元数据均是早期保存元数据研究的重要成果，它们为推动保存元数据从理论到实践的发展提供了很好的基础。但是，这些研究大都是在一种孤立、缺少跨组织合作的情况下完成的，这些元数据集趋向于反映各自组织的特定需求。在一定程度上看，虽然数字保存研究团体从这些先期的研究和实践中受益匪浅，但数字保存界仍然缺乏一个反映业界领先研究和实践水平，可被广泛应用于各种数字保存实践的数字保存元数据框架。

因此,OCLC 和 RLG 发起并完成了一个可广泛应用于各种数字保存实践的数字保存元数据框架 PREMIS。该框架作为数字保存领域的核心保存元数据标准,虽未覆盖保存元数据中的方方面面,但重点关注了保存功能中的核心语义单元,为数字长期保存提供了更具实际应用价值和可操作的核心元数据参考。本小结将重点阐述 PREMIS 的元数据框架和数据模型。

14.3.1 PREMIS 的背景与发展历史

2000 年 3 月,OCLC 和 RLG 发起对数字保存元数据基础架构进行研究的行动计划,其主要工作目标包括:定义保存元数据;描述在数字保存过程中元数据的角色功能;对当前的元数据 Scheme 进行评议和综合;开发一个广泛适用的、综合性的元数据框架以支持对数字资源的长期保存。2001 年出版的 *Preservation Metadata for Digital Objects:A Review of the State of the Art*[24] 和 2002 年发布的 *Preservation Metadata and the OAIS Information Model, A Metadata Framework to Support the Preservation of Digital Objects*[25] 报告,解答了上述四个问题。也正是这两个报告的发布,激起了数字保存界对数字保存元数据更加实用化的需要。

2003 年,OCLC 和 RLG 在吸收相关领域的其他研究成果之后,发起了 PREMIS 项目。项目的主要目标是在保存元数据框架的基础上,关注保存元数据在具体实践中的实施问题,提出在数字资源的长期保存过程中,实施保存元数据的具体指导方案。项目中,PREMIS 分两个工作组进行,一个工作组寻求定义一个"核心"的保存元数据元素集,能够应用于广泛的数字保存活动,开发一个数据字典,提供相关的指南应用、植入和管理核心元素,期望的研究成果是:核心元素、数据字典、XML Schema、数字保存术语表。另一个工作组的目标是提出在数据保存系统内和系统之间进行保存元数据的编码、存储、管理和交换的规范,期望的研究成果是:如何在数字保存中利用元数据,数字保存仓储体系中元数据如何存储。PREMIS 项目分别于 2004 年 9 月和 2005 年 5 月发布相应的研究报告,并在 2005 年正式发布了 PREMIS 数据字典的 1.0 版本,通过在数据字典和 XML Schema 中定义实体、实体属性及实体间关系相关的语义单元的方式,描述保存元数据集合。

自 2005 年 PREMIS1.0 发布之后,通过系列的维护活动和编辑委员会的努力,PREMIS 先后于 2008 年、2011 年、2012 年、2014 年发布了 PREMIS2.0[26]、PREMIS2.1[27]、PREMIS2.2[28] 和 PREMIS2.3[29]。目前,PREMIS3.0 正在筹备中,尚未正式发布。图 14-1 展示了 PREMIS 的基本发展历程。

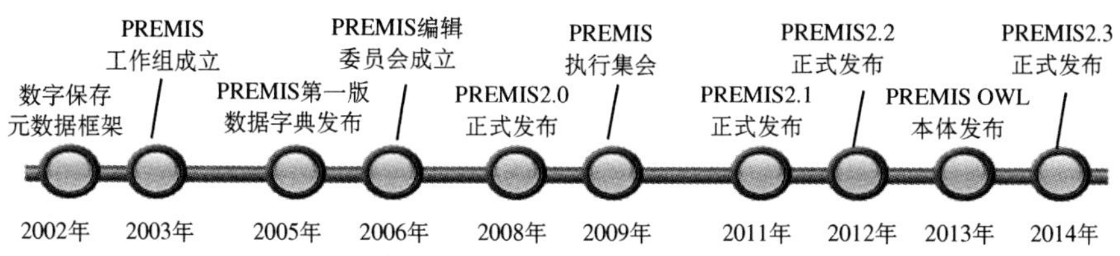

图 14－1　PREMIS 的发展历程

14.3.2　PREMIS 的理念与思路

PREMIS 认为，元数据对信息资源管理是非常重要的，不论这种资源信息的主要功能目标是提供访问还是进行保存。正如为了访问的信息资源需要元数据进行资源发现，为了保存的信息资源也同样需要元数据进行持久的数字保存。

在 PREMIS 看来，保存元数据是支持数字保存处理过程的信息框架。它是为了实现对数字对象进行长期保存，维持数字资源的长期可生存能力、可呈现能力和可理解能力所必需的信息。可生存能力要求被保存的数字对象的比特流完整无缺并且能够从它所存储的载体之上被读取；可呈现能力指的是能够将比特流转变为一种可以被人看，能够被计算机处理的能力；可理解性包括提供足够的信息使得这些被呈现的内容可以被目标用户所理解和认识[30]。

更具体而言，PREMIS 认为保存元数据应当支持和记录数字保存的处理过程，它们应当具有以下主要功能：创建清晰的源起：能够记录数字记录随时间而改变的流程；详细描述真实状态；记录数字对象经历的技术处理；对数字对象的技术细节进行描述；描述数字对象的起源环境；指定权限管理信息[31]。

对于 OAIS 信息模型，PREMIS 项目认为，它从一个较高的角度反映了一个完善的长期保存系统中各个功能组件产生和管理的信息类型。由于 OAIS 参考模型与某种具体的平台无关、与所存储的具体数字对象无关，基于 OAIS 参考模型构建和开发保存元数据框架应当具有较广的普遍适应性。PREMIS 项目也认为 OAIS 的内容信息和保存描述信息直接与保存元数据相关。打包信息应当被排除在保存元数据之外，因为打包信息仅仅将数字对象及其相关的元数据绑在一起，形成一个独立的具有逻辑结构的数字包，它与保存对象本身并没有直接的关系。而描述信息是进行资源发现的元数据，它同样在保存元数据的范畴之外。在对 OAIS 进行扩展和细化的基础之上，PREMIS 提出了一个它认为具有普适性的保存元数据框架和相应的保存元数据集[32-33]。

14.3.3 PREMIS 的保存元数据框架

OCLC/RLG 的 PREMIS 保存元数据框架是基于 OAIS 的信息模型，对已有的各种元数据集进行综合比较的基础上提出的，这一框架同时包含了一个“原型化”保存元数据集。在 PREMIS 保存元数据框架中存在两类元数据体系，分别是内容信息元数据体系和保存描述信息元数据体系。

内容信息元数据体系的重点是呈现信息元数据。与 OAIS 将呈现信息区分为结构呈现信息和语义呈现信息的做法不同，PREMIS 忽略了结构呈现信息和语义呈现信息之间的差别。在 PREMIS 看来，实际工作中的某种呈现信息是结构呈现信息还是语义呈现信息，更多地来自个人的主观判断，这两者很难明确区分。因此，PREMIS 从另外一个角度对呈现信息进行区分。它将呈现信息分为内容数据对象描述和环境描述两类。其中内容数据对象描述元数据是与内容数字对象本身的特点和性能相关的描述信息，它们在内容的呈现和理解上有着重要的意义；而环境描述元数据是对内容数字对象的呈现、显示和处理所需的软硬件环境进行描述。环境描述又分为软件环境和硬件环境。在软件环境中，有两类元数据，关于呈现程序的元数据和关于操作系统的元数据，其中呈现程序又可分为转换类型的程序和显示/访问的程序。在硬件环境方面，又可分为计算资源、存储和外设三种类型的元数据。表 14－3 展示了内容信息元数据体系的详细情况。

表 14－3 PREMIS 的内容信息（Content Information）元数据框架[34]

内容数据对象		
呈现信息	内容数据对象描述	Underlying abstract form description（基础抽象格式描述） Structural type（结构类型） Technical infrastructure of complex object（复杂对象的技术架构） File description（文件描述） Installation requirements（装载需求） Size（大小） Access inhibitors（访问限制） Access facilitators（访问服务） Significant properties（重要属性） Functionality（功能） Description of rendered content（呈现内容的描述） Quirks（兼容性） Documentation（文档）

续表

<table>
<tr><td>内容数据对象</td><td></td><td colspan="4"></td></tr>
<tr><td rowspan="11">呈现信息</td><td rowspan="11">环境描述</td><td rowspan="3">软件环境</td><td rowspan="2">呈现程序</td><td>转换程序</td><td>转换引擎</td></tr>
<tr><td>显示/访问应用程序</td><td>输入格式
输出格式
存储位置
文档</td></tr>
<tr><td>操作系统</td><td colspan="2">操作系统名称
操作系统版本
操作系统位置
操作系统文档</td></tr>
<tr><td rowspan="8">硬件环境</td><td rowspan="3">可计算资源</td><td colspan="2">微处理器要求</td></tr>
<tr><td colspan="2">内存要求</td></tr>
<tr><td colspan="2">文档</td></tr>
<tr><td rowspan="2">存储</td><td colspan="2">存储信息</td></tr>
<tr><td colspan="2">文档</td></tr>
<tr><td rowspan="2">外围设备</td><td colspan="2">外围设备需求</td></tr>
<tr><td colspan="2">文档</td></tr>
<tr><td>位置</td><td colspan="2"></td></tr>
</table>

对于 PDI 元数据，PREMIS 参考了 OAIS 对 PDI 的分类，但又对各种具体的信息类型进行了细化。其中，将指引信息细划为本地存档系统中的标识、全局标识以及资源描述；将环境信息元数据分为数字对象的创建原因以及数字对象与其他数字对象的关系；将来源信息元数据分为起源、摄入前、摄入、档案维护和权益管理元数据；将稳固性信息元数据分为各种类型的对象验证元数据。对于来源信息中各元数据的事件子元数据，PREMIS 又将其分为事件的名称（Designation）、事件的详细过程（Procedure）、事件的日期（Date）、责任实体（Responsible agency）、事件结果（Outcome）、对事件的注释（Note）、下次发生事件的时间（Next occurrence）。表 14－4 展示了 PREMIS 保存描述信息的各类元数据。

表 14－4　PREMIS 的保存描述信息（PDI）元数据框架[35]

<table>
<tr><td rowspan="7">保存描述信息</td><td rowspan="7">指引信息
（Reference Information）</td><td rowspan="3">本地存档系统标识
（Archival System Identification）</td><td>值</td></tr>
<tr><td>构建方法</td></tr>
<tr><td>责任者/责任机构</td></tr>
<tr><td rowspan="3">全局标识
（Global Identification）</td><td>值</td></tr>
<tr><td>构建方法</td></tr>
<tr><td>责任者/责任机构</td></tr>
<tr><td>资源描述（Resource Description）</td><td>已有元数据</td></tr>
</table>

续表

<table>
<tr><td rowspan="12">保存描述信息</td><td rowspan="3">环境信息
(Context Information)</td><td>创建原因(Reason for creation)</td><td></td></tr>
<tr><td rowspan="2">数字对象与其他对象的关系
(Relationships)</td><td>表示</td></tr>
<tr><td>知识内容</td></tr>
<tr><td rowspan="5">来源信息
(Provenance Information)</td><td>起源(Origin)</td><td>事件</td></tr>
<tr><td>摄入前(Pre-Ingest)</td><td>事件</td></tr>
<tr><td>摄入(Ingest)</td><td>事件</td></tr>
<tr><td>档案维护(Archival retention)</td><td>事件</td></tr>
<tr><td>权益管理(Rights management)</td><td>事件</td></tr>
<tr><td rowspan="4">稳固性信息
(Fixity Information)</td><td rowspan="4">对象验证
(Object authentication)</td><td>验证类型</td></tr>
<tr><td>验证程序</td></tr>
<tr><td>验证时间</td></tr>
<tr><td>验证结果</td></tr>
</table>

总体上看,这一保存元数据框架的特点是:基于 OAIS 信息模型,并且对 OAIS 的信息模型进行延伸和扩展,更加具体化;结合之前多种的元数据方案,例如,借鉴 CEDARS、NLA、NEDLIB 以及 OCLC 存档元数据;正如 OCLC/RLG 在报告中所说的,这一元数据体系更多的是提供一个框架,为将来元数据集的制定打下基础。这一点我们也可以从它提供的元数据集中看到,它所包括的元数据集很多都来源于此前的元数据体系,本身在具体保存元数据的制定上没有很大的突破,因而仅仅是一个“原型化”的元数据集。

14.3.4 PREMIS 的保存元数据

OCLC/RLG 的数字保存元数据框架提出了一系列“原型化的”元数据元素。为了使上述的原型化元数据更具有可操作性,PREMIS 工作组在已有工作的基础之上,着重进行核心保存元数据元素集的开发,希望形成一个对核心保存元数据元素进行解析的数据字典,使这些元数据能够被应用于数字档案的具体保存实践之中;对数字保存系统中的元数据元素应用提供指导性意见;形成应用这些元数据集的最佳实践建议。

早期的保存元数据框架和 PREMIS 数据字典都基于 OAIS 参考模型。保存元数据框架可以被看成是对 OAIS 信息模型的细化和详细阐述,它通过将保存元数据映射在 OAIS 信息模型的概念框架之上进行说明。PREMIS 的工作是将这一框架转换为一系列更具有可操作性的语义单元。但是值得注意的是,PREMIS 和 OAIS 利用不同的术语体系,术语体系的不同反映出 PREMIS 的元数据元素需要比 OAIS 提供的信息类型更加具体,

PREMIS 数据字典需要能够从一个概念框架之中走出来,变成一个可实施的具体应用。

PREMIS 将"保存元数据"定义为在一个仓储系统中对数字保存过程进行支持的信息。因此,保存元数据兼有管理(包括权益和权限)元数据、技术元数据和结构元数据的功能。在保存元数据中,特别需要关注的是记录下数字对象历史的来源信息和在保存仓储中数字对象之间的关系信息。

PREMIS"核心"的意思是指这些元数据在任何保存环境都是必需的;从另一方面说,也意味着这些元数据在任何保存类型的任何一种仓储系统中都是普遍适用的。工作组认为数据字典应当是完全独立实现,也就是说,核心元数据定义的信息是一个仓储需要了解的信息,不论这些信息是如何在仓储中存储的[36]。

为了实现 PREMIS 元数据集的逻辑组织,PREMIS 在其数据模型中通过定义实体、实体的属性和实体之间关系的方式对保存元数据的元素进行描述。如图 14 - 2 所示,PREMIS 数据模型中包括对象(Objects)、知识实体(Intellectual Entities)、事件(Events)、权利(Rights)和行为者(Agents)五类实体,每个实体都包括不同的属性,这些与实体相关的一些必要属性信息会在数据的长期保存过程中发挥重要的作用。在 PREMIS 数据模型对应的数据字典中定义了两种类型的语义单元(容器和语义组件)来表示这些实体的属性,其中,容器是由多个相关的语义单元组合起来的,语义组件是在同一个容器下的语义单元。需要说明的是,语义单元不是元数据元素。

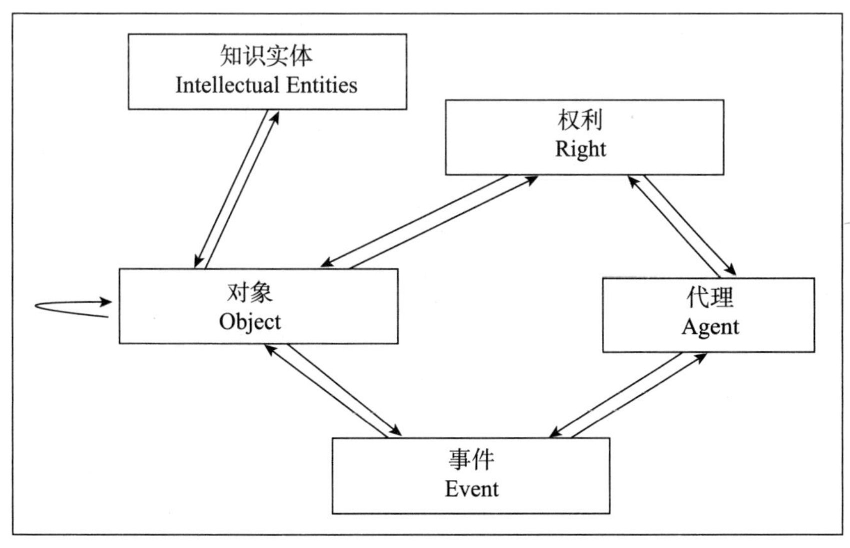

图 14 - 2　PREMIS 保存元数据[37]

元数据元素是用于实现语义单元的,一个语义单元可以用一个元数据元素表示,也可以用多个元数据元素表示。下面的例子揭示了容器与语义组件的关系。

ObjectIdentitier //容器

ObjectIdentitierType //语义组件

ObjectIdentitierValue //语义组件

从图 14－2 的 PERMIS 数据模型中可以看出,除实体外,带箭头的连线所展示出的对象实体之间以及不同实体之间的关系也是该模型的重要组成部分。对象实体之间的关系是指一个对象与另外一个或多个对象有关系。通常的关系有:结构关系(指明对象的组成部件之间的关系,如一个WEB 站点是由什么文件,通过什么相关的结构组织在一起的),衍生关系(指明某一对象由哪一个对象复制或转换而来)和依赖关系(指明一个对象需要其他对象的支持)。不同实体之间的关系则是指如对象与知识实体、事件和权利相关,代理与事件和权利相关等内容。PREMIS 数据字典通过引用其他对象或实体的标识符实现了上述几类关系的建立,其中 relationship 表示对象实体之间的关系,linking 表示实体之间的关系,实体之间的关联可以双向也可以单向。下文将结合 PREMIS 最新版的数据字典,详细解析 PREMIS 中不同类型实体具体的元数据集[38－39]。

(1)对象实体(Object Entity)

对象是指以数字形式存在的一系列不连续的信息单元,是实际保存的对象。对象实体用于聚合数据保存知识库中数据的信息,并描述与保存管理相关的特性,包括:数据的标识符、数据的类别、数据的存储媒体、数据的特性(不变性、大小、格式、创建的应用程序、符合级别等);数据的环境信息;数字签名以及与其他数据对象和实体的关系等。在 PREMIS 模型中,对象实体又分成三种子类:文件(file)、表征(presentation)、比特流(bit)。其中,文件和比特流的概念与通常所说的没有太大的分别。文件是经过命名的、能被操作系统理解的有序的字节序列。一个文件通常具有以下特点:具有 0 或更多的字节、明确的文件格式、访问限制以及一些文件系统的性质,如大小、上次修改的时间等。比特流是一个文件中连续的或不连续的,有一定意义并且具有保存价值的数据。通常,bit 在没有额外的文件结构信息的情况下是不能转换为一个独立的文件或被重新格式化的。表征是 PREMIS 提出的一个概念,它是一个对知识实体进行具体化的数字对象实例,由一系列的文件和结构元数据等构成,提供对知识实体的完整的具体表现,例如,某篇文章有一个 TIFF 图像表征,该 TIFF 图像由 12 个页面和一个由结构元数据构成的 XML 文件组成,XML 文件用于定义页面的顺序,因此,这 13 个文件构成了一个表征。在一个保存仓储中,同一个知识实体可能会有多个表现形式。

为了描述对象实体的属性,PREMIS 数据字典中定义了 13 个属性容器及其对应的语义组件,其中,一个属性容器用于描述对象实体之间的关系,三个属性容器分别用于描述对象实体与事件实体、知识实体和权力实体之间的关系。在这 13 个属性容器中,对象唯一标识符、对象类别、对象特征三个容器为强制必备,其他属性容器均为可选。此外,还需要注意,这 13 个容器中,保存层次和原始文件名称仅用于文件和表征对象实体,而对象特征、存储和签名信息仅用于文件和比特流对象实体。表 14-5 展示了最新版的 PREMIS 数据字典中对象实体下定义的各类语义单元。

表 14-5 PREMIS 模型中对象实体语义单元的定义[40]

<table>
<tr><th>属性容器</th><th>属性——语义组件</th><th>备注说明</th></tr>
<tr><td rowspan="2">对象唯一标识符(objectIdentifier)</td><td>唯一标识符类型(objectIdentifierType)</td><td rowspan="2">必备,容器可重复</td></tr>
<tr><td>唯一标识符值(objectIdentifierValue)</td></tr>
<tr><td>对象类别(objectCategory)</td><td></td><td>必备,容器不可重复</td></tr>
<tr><td rowspan="4">保存层次(preservationLevel)注:适用于文件和表征</td><td>保存层次值(preservationLevelValue)</td><td rowspan="4">保存仓储用于实现其保存对象的保存活动或目标的描述。该容器支持保存仓储在记录其保存层次的同时,还可记录与制定该保存层次有关的“why、when、what context”重要信息,为保存仓储实施多重保存策略提供有效的元数据支撑。可选,容器可重复</td></tr>
<tr><td>保存层次角色(preservationLevelRole)</td></tr>
<tr><td>保存层次依据(preservationLevelRationale)</td></tr>
<tr><td>保存层次分配时间(preservationLevelDateAssigned)</td></tr>
<tr><td rowspan="3">重要属性(significantProperties)</td><td>重要属性类型(significantPropertiesType)</td><td rowspan="3">重要属性(某个特定对象的特征,如外观、观感、知识内容等)是较为独特的存在,这类特征并不是数字对象固有的,而由保存活动发生环境主观决定。对重要属性的选择将直接影响保存仓储的保存策略。可选,容器可重复</td></tr>
<tr><td>重要属性值(significantPropertiesValue)</td></tr>
<tr><td>重要属性扩展(significantPropertiesExtension)</td></tr>
</table>

续表

属性容器	属性——语义组件	备注说明
对象特征（objectCharacteristics）注：适用于文件和比特流	组分级别（compositionLevel）	必备语义组件，不可重复。一般可由系统自动赋予
	稳固性（fixity）	包括信息摘要算法、信息摘要、信息摘要历史等子元素
	大小（size）	
	格式（format）	包括格式名称、格式注册、格式说明等子元素
	创建程序（creatingApplication）	包括创建程序名称、创建程序版本、程序创建日期、程序创建扩展等子元素
	限制信息（inhibitors）	限制信息由保存仓储在接收对象时获取，并不由系统自动提取，因此一般由对象提供者一并提供
	对象特征扩展（objectCharacteristicsExtension）	
原始文件名称（originalName）注：适用于文件和表征		可选，不可重复
存储（storage）注：适用于文件和比特流	内容位置（contentLocation）	包括内容位置类型和内容位置值
	存储介质（storageMedium）	
环境（Environment）	环境特征（environmentCharacteristic）	
	环境目标（environmentPurpose）	
	环境说明（environmentNote）	
	环境依赖性（dependency）	包括依赖名称和依赖标识符
	软件（software）	包括软件名称、软件版本、软件类型、软件其他信息、软件依赖
	硬件（hardware）	包括硬件名称、硬件类型、硬件其他信息
	环境扩展（environmentExtension）	

续表

属性容器	属性——语义组件	备注说明
签名信息(signatureInformation)注:适用于文件和比特流	签名(signature)	包括签名编码、签名者、签名方法、签名值、签名验证规则、签名属性、关键信息
	签名扩展信息(signatureInformationExtension)	
关系(relationship)	关系类型(relationshipType)	
	关系子类型(relationshipSubType)	
	关联对象标识(relatedObjectIdentification)	包括关联对象标识符类型、关联对象标识符值、关联对象序列
	关联事件标识(relatedEventIdentification)	包括关联事件标识符类型、关联事件标识符类型、关联事件标识符类型
链接事件标识符(linkingEventIdentifier)	链接事件标识符类型(linkingEventIdentifierType)	用于记录那些不派生对象关系的事件,如格式扫描和病毒扫描等
	链接事件标识符值(linkingEventIdentifierValue)	
链接知识实体标识符(linkingIntellectualEntityIdentifier)	链接知识实体标识符类型	
	链接知识实体标识符值	
链接权利声明标识符(linkingRightsStatementIdentifier)	链接权利声明标识符类型	
	链接权利声明标识符值	

(2)知识实体(Intellectual Entities)

知识实体是一系列连贯的内容集合,它能够合理地构成一个单元,例如,一本书、一张照片、一个数据库等。一个知识实体可以包括其他的知识实体,例如,一个网站可以包括一个网页,一个网页可以包括一张图。一个知识实体也可以有一个或多个数字表征(representation)。例如,一本具有189页的图书是一个知识实体,它具有题名、作者、出版日期等属性。对于这本书,在保存仓储中可能存在两种表现形式。一种表现形式为189页TIFF文件和一个XML文件,其中每页书是一个TIFF文件,而XML是一个结构元数据,它反映这些 XML 文件如何组装成为一本完整的书。另一种表现形式是一个 SGML 文件:由于图书馆对这 189 个 TIFF 文件进行了 OCR 识别,并且将这些识别出的内容都组合在一个利用 SGML 进行标识过的大文本报告之中。

(3)事件实体(Events Entities)

事件是数字仓储中至少涉及一个数字对象或行为人的活动。事件实体用于记录发生在数据身上的行为信息:包括对象的修改、对象关系的改变、对象的验证和完整性检查等。具体的事件类型有:验证、迁移、摄入、一致性检查、消息摘要计算、标准化、数字签名验证、捕获、压缩、解压缩、加密、分发、病毒检查、删除等。是否需要将发生在数据上的动作记录为事件,由数据保存知识库本身决定。事件实体用于帮助记录溯源信息,通过事件链跟踪对象的历史。在 PREMIS 系统的数据模型中,对象有两种方式与事件实现关联。如果由于某件事件,使得一个对象与另一个对象发生了联系,则在对象的 relationship 容器中,相应的事件标识需要用 relatedEventIdentification 语义组件。如果一个对象仅仅有一个相关事件,而没有与第二个对象发生关系,则使用 linkingEventIdentifier 容器。所有的事件有结果(outcomes),而只有部分事件有结果输出(output)。语义单元 eventOutcome 和 eventOutcomeDetail 可被用来记录结果内容。

在 PREMIS 事件实体的语义单元中,事件标识符、事件类型和事件日期是必备的语义单元。表 14-6 展示了 PREMIS 数据字典中事件实体的各类语义单元。

表 14-6 PREMIS 模型中事件实体语义单元的定义[41]

属性容器	属性——语义组件	备注说明
事件标识符(eventIdentifier)	事件标识类型(eventIdentifierType)	必备,不可重复
	事件标识值(eventIdentifierValue)	
事件类别(eventType)		必备,不可重复
事件时间(eventDateTime)		必备,不可重复
事件详情(eventDetail)		关于事件的附加信息
事件产出信息(eventOutcomeInformation)	事件产出(eventOutcome)	
	事件产出详情(eventOutcomeDetail)	事件产出详情说明、事件产出详情扩展

续表

属性容器	属性——语义组件	备注说明
链接代理标识符(linkingAgentIdentifier)	链接代理标识符类型(linkingAgentIdentifierType)	
	链接代理标识符值(linkingAgentIdentifierValue)	
	链接代理角色(linkingAgentRole)	
链接对象标识符(linkingObjectIdentifier)	链接对象标识符类型(linkingObjectIdentifierType)	
	链接对象标识符值(linkingObjectIdentifierValue)	
	链接对象角色(linkingObjectRole)	

(4)代理实体(Agents Entities)

代理实体是在对象生命周期中与存储事件相关的个人、组织或软件。显而易见,行为者在保存过程中非常重要,但是它并不是 PREMIS 数据字典的关注重点。在 PREMIS 元数据中,仅仅定义了行为者的标识方法和行为者的分类。同时也要看到,行为者是通过事件来间接影响数字对象的。一个事件可以拥有一个或多个相关的对象和行为者。由于一个行为人可以在不同的事件中充当不同的角色,因此行为者的角色是事件实体的属性,而不是行为者实体的属性。

在代理实体的所有语义单元中,PREMIS 仅定义了代理标识符这一个必备语义单元。表 14 -7 展示了 PREMIS 数据字典中代理实体的各类语义单元。

表 14 -7　PREMIS 模型中代理实体语义单元的定义[42]

属性容器	属性——语义组件	备注说明
代理标识符(agentIdentifier)	代理标识符类型(agentIdentifierType)	必备,不可重复
	代理标识符值(agentIdentifierValue)	
代理名称(agentName)		
搭理类别(agentType)		
代理说明(agentNote)		
代理扩展(agentExtension)		

续表

属性容器	属性——语义组件	备注说明
链接事件标识符(linkingEventIdentifier)	链接事件标识符类型(linkingEventIdentifierType)	
	链接事件标识符值(linkingEventIdentifierValue)	
链接权利声明标识符(linkingRightsStatementIdentifier)	链接权利声明标识符类型(linkingRightsStatementIdentifierType)	
	链接权利声明标识符值(linkingRightsStatementIdentifierValue)	

(5)权利实体(Rights Entities)

权利是某个行为者对某个数字对象拥有某种权利或权限的声明。PREMIS 工作组一致认为,数字保存的权利和权限是与保存活动有关的权利和权限,与访问和分发中涉及的权利和权限无关。数字保存中的权利和权限主要是需要说明一个行为者对某一数字对象拥有权限,这一行为者将那些数字对象的权限授权给保存仓储的问题。PERMIS 共支持三种明确形式的知识产权:版权、许可、法规,此外还提供了"其他权利信息"语义单元以供对上述三种形式之外的知识产权进行描述,该语义单元拥有与其他三种形式的权利一样的通用元数据,不适用于上述三种形式的权利可采用该新增语义单元进行描述(如机构政策等)。针对三种明确形式的知识产权,PREMIS 设置了"文档标识符"语义单元,这意味着可以通过文档标识符链接到某种权利的更多信息。此外,为了明确相应权利的适用起止时间和受限时间,除了"权利授予"语义单元外,PREMIS 还分别定义了"应用日期"语义单元和条件约束语义单元。

表 14-8 PREMIS 模型中权利实体语义单元的定义[43]

属性容器	属性——语义组件	备注说明
权利声明(rightsStatement)	权利声明标识符(rightsStatementIdentifier)	必备,不可重复。包括权利声明标识符类型、权利声明标识符值
	权利基础(rightsBasis)	必备,不可重复
	版权信息(copyrightInformation)	包括版权状态、版权权限、版权状态确定日期、版权说明、版权文档标识符、版权应用日期

续表

属性容器	属性——语义组件	备注说明
权利声明(rightsStatement)	许可信息(licenseInformation)	包括许可文档标识符、许可条款、许可说明、许可应用日期
	法规信息(statuteInformation)	包括法规权限、法规引用、法规信息确定日期、法规说明、版权文档标识符、版权应用日期
	其他权利信息(otherRightsInformation)	包括其他权利文档标识符、其他权利基准、其他权利应用日期、其他权利说明
	权利授予(rightsGranted)	包括行为、限制、权限有效的时间范围、授权限制、权利授予说明
	链接对象标识符(linkingObjectIdentifier)	包括链接对象标识符类型、链接对象标识值、链接对象角色
	链接代理标识符(linkingAgentIdentifier)	包括链接代理标识符类型、链接代理标识符值、链接代理角色
权利扩展(rightsExtension)		

14.4　PREMIS 与 METS 的结合应用

PREMIS 虽然对保存元数据的类别、语义表达进行了详细的定义，也提供了一个详细的 XML Schema 来定义记录元数据，但 PREMIS 并未在元数据的编码方面做很多工作。同时，因为 PREMIS 仅仅考虑了通用于各类格式数字对象的元数据，对特定文件格式的技术元数据、知识实体以及更丰富的权利元数据等内容则需要通过引入外部的相关元数据方案来补充。另外，在实际存储过程中，数字存档和资产管理环境中产生的大量、多样、复杂的保存元数据都需要仔细打包，这不仅仅是因为保存元数据本身需要被保存，也因为这些保存元数据还需要与数字对象在系统中的其他描述元数据、管理元数据以及结构元数据进行关联，这样才能构成一个存档数字对象的完整保存元数据方案。

经过不断的实践摸索，研究者们发现，PREMIS 和 METS(Metadata

Encoding and Transsmission Standard，元数据编码和传输标准）对保存元数据进行了必要的分类，并且确定了元数据的格式。前者提供了数字资源长期保存的技术和事件元数据，后者提供了结构元数据，并可以对数字对象相关的描述性元数据、管理性元数据和结构性元数据进行编码，生成一个 XML 文档，支持数字对象的存储、传输、转换等操作。这两个标准都是公开、灵活、可拓展的，并且均以公开的方式进行维护。这些特点使得越来越多的长期保存实践者采用 PREMIS 和 METS 结合的方式，作为数字资源长期保存的元数据实施方案。本小节将从 PREMIS 与 METS 结合的问题、框架案例分析方面，说明 PREMIS 与 METS 结合使用的一般方法。

14.4.1 PREMIS 与 METS 结合使用的关键问题

由于 PREMIS 与 METS 一开始并没有作为一套完整的方案一起考虑，同步设计，而是各自发展，所以导致了两者之间并不是完全的匹配[44-45]。在将二者结合使用时，需要特别注意以下几个关键问题。

（1）两者元数据类型的匹配问题

尽管 PREMIS 数据字典中的大多数都可以被划分到 METS 文档的管理元数据部分，但其数据模型中的事件、权利、对象和代理四个顶层实体并不太容易对应到管理元数据的四个子数据部分。其中，事件和权力实体可以对应到 METS 相应的数字起源和权利子单元，但是对象实体既可以纳入 METS 的技术元数据部分，也可以加载到数字起源部分；同样的，代理实体既可以映射到数字起源部分，也可以作为权利信息的一部分。这些都需要在实际的实施过程中根据资源的内容做出一定映射决定。可以将 PREMIS 所有的元数据全部放到 METS 文件中，也可以选择性地将 PREMIS 的部分元数据放到 METS 文件中。

（2）元数据的重复冗余问题

除了两者元数据不完全对应的问题外，PREMIS 与 METS 中还存在不少重复的元素，这也为实际的使用带来了一定的困扰。例如，校验和（Checksums）既可以用 METS 的语法记录（作为 <file>元素的一个属性），也可以用 PREMIS 语法描述（对象实体的固定性信息的一个内嵌元素）。另外，METS 文件核心组成结构图可用于记录数字对象的层级结构，它可以依据特殊的实施要求来定义不同的粒度级别，而 PREMIS 中也提供了相应的语义单元记录对象实体的结构关系。除了这些重复外，在 METS 中包含了拓展的其他外部 schema 时，也会与 PREMIS 的语义单元发生冲突。

例如,PERMIS 对象实体的多数内容作为技术元数据,可能与 MIX(Metadata for Images in XML Schema)或者 TextMD(Technical Metadata for text)中的内容重复。针对这些可能存在的重复,需要制定明确的保存元数据策略,以明确这些信息是否需要重复,哪个版本具有优先权,系统如何处理这些不一致性等问题。

(3)两者的灵活扩展机制带来的互操作问题

因为 METS 文件允许对多种对象内容、多种不同方式进行处理,这为 METS 记录的交换带来了很多困难。METS 本身为了弥补这一缺陷,提供了 METS Profile(一些用来记录在项目中实现 METS 的方法的 XML 文档),以减轻交互时的困难。这些文档记录了 METS 文件中使用的内容模式、系统采用的标识符、元数据是内嵌的还是指向外部的、文件中元数据如何组织等信息。但它们并不支持系统之间 METS 文件的自动转换,主要是帮助长期保存实施者理解其他人如何使用 METS,如何能映射到他们自己的 METS 中。此外,METS 和 PREMIS 为了保障元数据的完整性,都提供了对其他元数据的兼容扩展机制。这些现实都加剧了 PREMIS 和 METS 结合使用时的互操作问题。在具体实施过程中,需要制定明确的规范,从标准化、内部受控词表、共同遵守的准则以及充分的预测交互能力等方面提高互操作能力。

14.4.2　PREMIS 与 METS 结合使用指南

针对上述 PREMIS 与 METS 结合使用时的几个关键问题,PREMIS 编委会提供了一系列的指南来推动 PREMIS 与 METS 的组合使用。这些指南重点关注了数字对象交互方面的 METS 和 PREMIS 使用,以及将 METS 作为 OAIS 的 SIP 和 DIP 时的问题。此外,这些指南也为将一个数字对象表达为 OAIS 的 AIP 时,PREMIS 与 METS 两个标准之间存在的问题提供了合理有效的指导方案。具体而言,这些指南的主要内容包括如下几个方面[46-47]:

1)如果需将 PREMIS 所有的元数据聚集在一起,建议使用 PREMIS 的容器元素,并将完整的 PREMIS 包放置到 METS 的数字起源部分 <digiProvMD>;如果将 PREMIS 元数据分散到 METS 管理元数据的各个子单元,则不要使用容器元素,即如果 PREMIS 的元数据可以很清晰地分布到 METS 管理元数据的不同子单元,尽量避免使用 PREMIS 的容器元素。

2)遇到重复冗余时,结合预期的用途对更具表达力的模式赋予高的优先权。通常情况下,如果对象主要用于显示,则优先 METS,如果主要用于保存,则优先 PREMIS。

3)采用 METS 的结构图来处理结构关系,尽量不要用 PREMIS 的关系元素。与 PREMIS 的关系元素相比,METS 的结构图更加丰富,更加可扩展。但如果保存了对象的交换范围,这些信息需要采用 PREMIS 的关系元素记录下来。

4)使用 PREMIS 作为外部 schema 时,需要采用 METS profile 记录所做的决策,尤其要详细记录如何处理冗余,关联是如何建立的。Vermaaten[48] 等人针对 METS Profile 文档的记录内容专门做了相关调研,确定 13 个需要注意的方面,其中就包括某个 profile 如何与其他 METS profiles 关联;采用何种 schema(PREMIS、MODS、MIX),位于何处;PREMIS 语义单元采用什么受控词表,位于何处;PREMIS 信息是打包装载在 METS 文件中还是仅仅提供一个参考;PREMIS 信息是捆绑在一起,还是分散在 METS 文档的多个单元;PREMIS 信息是作为独立描述元数据元素存在还是放置在描述元数据的各个子元素下;等等。

14.4.3 PREMIS 与 METS 结合的典型框架

除了上述的使用指南外,一些机构在结合使用 PREMIS 和 METS 的过程中形成了一些可供参考的框架。比较典型的框架有:美国国会图书馆的事件记录 METS 框架、加州伯克利图书馆的 USCD 复杂对象框架和伊利诺伊大学厄本那—香槟分校的 ECHO 基本保存和数据交互 METS 框架[49] 等。这些框架为长期保存实施者提供了在如何将 PREMIS 各元数据元素与 METS 元数据部分进行映射,如何处理重复冗余的元数据,如何记录 METS Profile 等方面详细的案例参考。图 14 - 3 提供了一个 OAIS、METS 与 PREMIS 结合的基本框架,可以为保存实施者在应用 METS 和 PREMIS 时提供一定的参考。

除了上述这些外界的努力外,PREMIS 和 METS 本身也围绕着标准结合使用的问题在调整各自的结构、内容等。如 2010 年 METS 编辑委员会发布了一个白皮书,综合分析了执行该标准时的各种现实问题(包括对应 PREMIS 元素的管理元数据各个子部分),旨在为新一版的 METS 标准中解决这些问题。而 PREMIS 编委会正在筹备的 PREMIS3. 0 中,也将通过对 Object 实体类的调整以及权利元数据的扩展等工作来应对当前两者结合中的一些实际使用问题。这些工作都推动了实际保存元数据应用的发展。

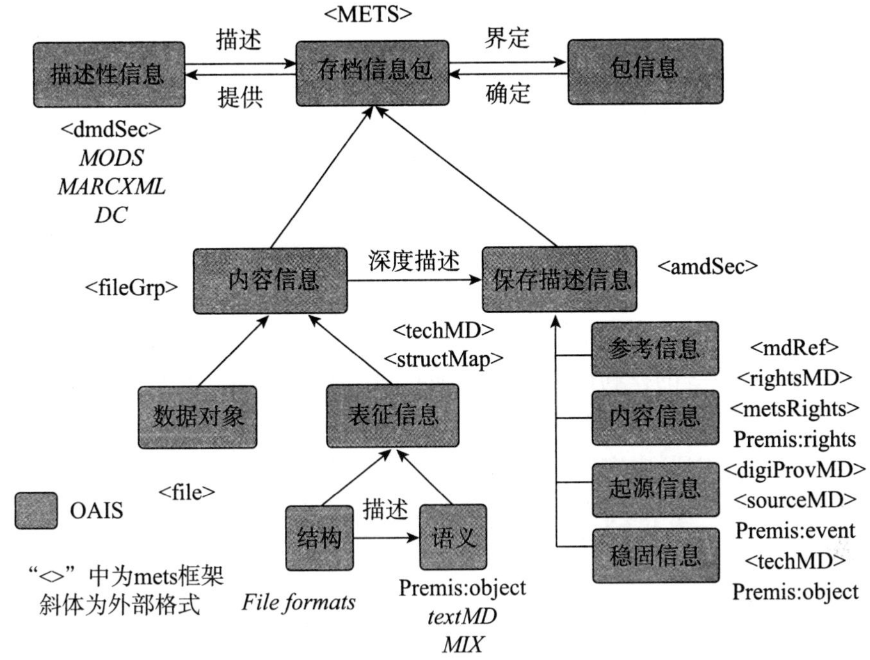

图 14－3　OAIS、METS 与 PREMIS 的基本框架[50]

14.5　PREMIS 的应用实施

PREMIS 经过这么多年的发展，毫无疑问已经成为保存元数据策略的核心组件之一，对 PREMIS 的关注也逐渐从对其数据字典的解析转向了实际的应用，不少项目或保存系统采用 PREMIS 支撑相应的保存功能。本小节主要从分析一些 PREMIS 的应用实例入手，总结 PREMIS 元数据的实施建议。

14.5.1　应用 PREMIS 的实例分析

目前，在 PREMIS 维护小组不懈地努力推广下，不少用户已经逐步采纳 PREMIS 作为其保存元数据策略的核心组成。使用 PREMIS 的用户类型非常广泛，包括商业公司、各类图书馆、档案馆、政府机构，等等。采用 PREMIS 进行保存的数据对象类型也越来越广泛，尽管文本型对象依然是保存的主体，但是图像、多媒体、数据集、网页存储等也占到了不小的比重。此外，不同用户实现的 PREMIS 功能也各不相同，除了苏格兰国家档案馆和捷克共和国国家图书馆在所有的仓储工作流中都应用了 PREMIS 外，很少有用户使用了 PREMIS 的全部特性。通常的使用方式包括:采用固定性信息如 MD5 校验来进行认证,验证数字对象的格式,检查格式的迁移,起源验证,作为技术和管理元数据的打包机制等。当然,也有一些应用中使用 PREMIS 来支持 OAIS 三个信息包的语义需求。在对 PREMIS 四个核心实体的利用上,对象实体是被使用最多的,大多数的实施者都选用对象来编码其技术元数据,而不是采用如 MIX 或者 textMD 一类的特殊格式标准;事件实体主要用于进行起源核查和变更追踪;代理实体通常都是与事件实体共同使用;与前三者相比,权利实体是被使用最少的实体,而更多的用户选择使用 METS 的权利模式 METSRights 进行权利的控制。表 14 – 9 列出了一些应用 PREMIS 的项目、项目来源的性质、应用 PREMIS 实现的功能以及应用 PREMIS 中实体的情况。

表 14 – 9 应用 PREMIS 的部分项目情况列表[51]

项目名称	性质	采用 PREMIS 实现的功能	采用 PREMIS 中实体的情况			
			Object	Agent	Event	Right
Archivematica	公司	包括摄入、固定性检查、校验、创建标准化版本	√	√	√	√
Carolina Digital Repository	档案馆	存储对象信息,生成缩略图和准入格式对象,通过校验和保存报告实施认证	√	√	√	
Creating a digital repository at the Swedish National Archives Using PREMIS	档案馆	多种功能	√	√	√	
Digital Data Archive (DDA) Project	档案馆	所有的仓储工作流	√	√	√	√
European Project SHAMAN	图书馆	作为将 OAI_PRE 转换成 LMER 元数据的谓词	√		√	
Kramerius	图书馆	长期保存和认证	√			√
OpenSky	研究中心	真实性/完整性检验;格式验证;迁移	√			

续表

项目名称	性质	采用 PREMIS 实现的功能	采用 PREMIS 中实体的情况			
			Object	Agent	Event	Right
Scholars Portal Project	联盟	内容管理/完整性检验	√	√		
Statistics New Zealand Data Archive	公共机构	固定性检查,变更记录,起源验证	√	√	√	基础
The Portal to Texas History	图书馆	文件元数据,事件追踪	√	√	√	
UCSD Library Digital Asset Management System(DAMS)	图书馆	数字内容存储,权利管理,访问控制,	√	√	正在开展	√
PrestoPRIME	图书馆	摄入、保存操作、权利管理	√	√	√	√

通过分析相关的 PREMIS 应用研究,可以发现,在 PREMIS 的应用过程中有两个比较突出的问题是保存实施者所关心的,一是如何选择合适的实体和语义单元,并获取到实体和语义单元对应的信息,将这些信息表达在数字仓储系统中;二是确定保存元数据决策过程的本质或模式。下文将选择几个具有代表性的应用项目进行分析,以便为更多想应用 PREMIS 的用户提供一些参考。

(1)瑞典国家图书馆对 PREMIS 的应用

瑞典国家图书馆的数字存档[52]由三部分组成,一部分是对数字音像内容的存储,一部分是 Mimer 平台上的数字仓储和数字化资源,还有一部分是自 1997 年至今的网页存档(KW3),其中 Mimer 管理国家图书馆数字资产的重要平台。该图书馆的数字仓储设计遵循了 OAIS 参考模型,其中使用了 METS、PREMIS、MODS 等知名的元数据标准。

在项目开展前期,瑞典国家图书馆在数据与数据模型的构建上投入了很多的精力。Mimer 借鉴了 PREMIS 数据模型中的基本术语,定义了描述元数据、技术与结构元数据、保存元数据三个层次的元数据,保留了知识、对象、事件与代理实体四类实体,采用了表征等概念,并将 PREMIS 映射到了 METS 中(图 14 -4 展示了 Mimer 的数据模型)。METS 的描述元数据部分主要记录知识实体及其关系,主要采用 MODS 标准表达。管理元数据包括技术元数据部分主要存储每个文件的 PREMIS 或 MIX 元数据、PREMIS 中事件与代理的保存元数据。然后在文件库区存储一个信息包中的文件列表,结构图部分制定表征的物理结构。在 Mimer 中,PREMIS 主要用于满足保存元数据的需求，而为了避免同一个信息的过多重复问题，与文件相关的事件数据仅仅记录一次，而且从表征层面与 PREMIS 对象实体关联。关于需要记录的事件元数据，Mimer 也从应用的角度做了定义，其中包括验证（如检测用户提供的验证码、检测元数据专用所有列出的文件等）、固定性检查（如验证码比较）、摄入（信息包被成功摄入）。对于权利元数据，Mimer 并未采用 PREMIS 的权利实体，而是考虑在 Mimer 外部建立一个应用来处理权利，这一部分应用将主要依赖于书目元数据中已有的信息。后续的，Mimer 还将进一步采用 RDF 三元组的方式来共享其保存元数据。

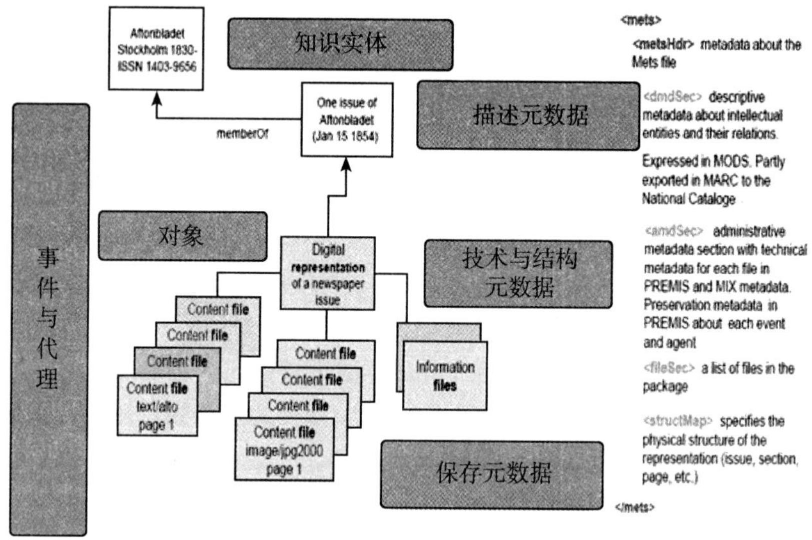

图 14－4 Mimer 的基本数据模型结构[53]

（2）Archivematica

Archivematica[54－55]是由加拿大的 Artefactual Systems 开发的，其目标是部署成本低、技术简单并且是可理解、可互操作的数字保存系统。Archivematica 认为 PREMIS 的主要用途是用于仓储的设计、仓储评价以及保存仓储之间存档信息包的交换，使用 PREMIS 可以通过描述记录、记录一切行为、维护记录保存链、保持记录的安全等来确保数字资源的确定性、完整性和真实性等。因此，PREMIS 在 Archivematica 中主要支持包括摄入、固定性检查、校验、创建标准化版本等过程。

在具体应用 PREMIS 时，Archivematica 在摄入中将 PREMIS 中的语义单元值以 SQL 数据进行存储，摄入完成后，将语义单元值以 XML 形式输出到 AIP 中。在具体的 AIP 包中，采用 METS 进行编码，整个 PREMIS 记录分别记录在 METS 管理元数据下的技术、起源和权力元数据部分，图 14－5

展示了 PREMIS 在 Archivematica 的 METS 中元数据的对应分布。目前，Archivematica 已经实现了对 PREMIS 中对象、事件、代理和权力四种实体的应用，其中对象实体中涉及的元素包括 Identifier、Category、Composition、Size、Fixity、Format、Characteristics、Relationships；事件实体中覆盖 Registration、Image capture、Ingestion、Fixity check、Message Digest calculation、Identifier assignment、Unpacking、Quarantine/Unquarantine、Virus Check、Name cleanup、Format identification、validation、Normalization 和 creation；代理实体则覆盖机构、个人和软件三类。

<dmdSec> (descriptive metadata)
 Dublin Core XML
<amdSec> (administrative metadata)
  <techMD>
   PREMIS: object
  <digiProvMD>
   PREMIS: events
   PREMIS: agents
  <rightsMD>
   PREMIS: rights
<fileSec> (a list of the files and their roles and relationships)
<structMap> (a representation of the physical structure of the AIP)

图 14－5　Archivematica 中 PREMIS 在 METS 中的分布

(3) Florida Digital Archive 实践 PREMIS 的经验

Florida 图书馆自动化中心的 Florida Digital Archive（FDA）[56] 作为美国比较知名的数字长期保存仓储，其运作依赖于 DAITSS 系统，该系统参考 OAIS 模型实现了其中的各项功能，利用 METS 实现 OAIS 中三类信息包的编码，其内部存储的保存元数据与 PREMIS 的核心保存元数据相一致。目前，最新的 DAITSS2.0 已经实现了对 PREMIS 元数据字典的全面支持。

FDA 在实施 PREMIS 的过程中，专门针对实施 PREMIS 的过程、步骤、遇到的挑战及提出的解决方案开展了专门的研究。根据其研究结果，FDA 在实施 PREMIS 过程中，首先考虑的是那些他们已经收集到的信息以及这些信息与 PREMIS 的概念、实体或语义单元关联的紧密程度，基于这些对比，他们制定出相应的策略来确定如何在 PREMIS 中呈现他们可以获得的元数据信息。研究表明，FDA 的实施者定义了明确的步骤来管理 PREMIS 的实施过程，所有过程都是从问题出发，基于 FDA 获取、管理和长期保存数字资源所需的合适的信息描述需求，从问题中了解需要表达出来的信息，一旦获得这些信息再进一步从 PREMIS 中选择相应的实体与语义单元。

在获取数据和创建数据原型方面，为了接收不同成员机构（弗洛里达州的各州立大学和学院）提交的信息，FDA 要求各机构以 SIP 信息包提交数字对象，SIP 包中包括了数字对象及描述数字对象的 XML 文档，该信息包格式需要符合 METS 的结构与格式。基于此，如何在 PREMIS 中表示各机构提交的 SIP 元数据的策略就显得尤其重要。该研究中提供一些对单个 TIFF 图像的 SIP 描述示例片段，以展示 FDA 如何将 METS 中提供的元数据表达在 PREMIS 中。图 14 -6 示例 METS 中的第一个元素是描述元数据部分，对于该部分的 MODS 标题，FDA 将其嵌入 PREMIS 的 objectCharacteristicsExtension 语义单元，该 PREMIS 对象实体即可采用描述元数据部分的 MODS 数据来表征。第二个示例中为管理元数据（如图 14 -7），在 FDA 内部这类元数据均从本地创建的 DAITSS 模式生成，针对此，FDA 也采用了 PREMIS 的 objectCharacteristicsExtension 语义单元来完整地表征整个 DAITSS 模式数据。这些对 PREMIS 实体及语义单元的选择最终形成 PREMIS 实施的原型框架，这些框架在正式实施前，将由各成员机构进行测试，并需要向 FDA 工作组提交解释说明。经过反复的测试调整之后，最终形成的数据结构才被正式用于数据交换。

```
-<dmdSec ID="DMD-0">
 -<mdWrap MDTYPE="MODS">
 -<xmlData>
  -<mods>
   -<titleInfo>
    <title>The(fd)A Team</title>
   -</titleInfo>
  -<mods>
  -</mdWrap>
 -<dmdSec>
```

图 14 -6　SIP 描述中的 METS 示例片段 1[57]

```
-<amdSec>
 -<digiprovMD ID="DPMD-0">
 -<mdWrap MDTYPE="OTHER">OTHERMDTYPE="DAITSS"
  -<xmlData>
   -<daitss>
   -<AGREEMENT_INFO ACCOUNT="ACT"PROJECT="PRJ"/>
   -</daitss>
  -</xmlData>
  -</mdWrap>
 -</digiprovMD>
 -</amdSec>
```

图 14 -7　SIP 描述中的 METS 示例片段示例 2[58]

14.5.2　PREMIS 元数据的实施建议

PREMIS 的数据字典为长期保存系统提供了一个“核心保存元数据语义单元集合”，但是 PREMIS 设计的目标是制定一套适用于任何类型的任何保存仓储的元数据元素集，因此，在具体应用 PREMIS 时还需要结合具体的保存策略，从语义单元的选择、数据模型的实施、元数据值的获取等方面来实施保存元数据。

（1）PREMIS 必备语义单元的筛选

PREMIS 数据字典中除了定义实体、实体的语义单元和实体间关系外，还依据长期保存的需求，对不同的语义单元使用提供可选、必备等参考建议。从实体类型上看，PREMIS 只是要求对象实体是必备的，对于事件实体、代理实体和权利实体均未做强制规定。在对象实体下，也并非所有的语义单元均是必选项，主要的必选项包括：对象标识符类型、对象标识符值、保存级别、对象类型、组分级别、存储载体。除此之外，一些附加的语义单元也很重要，如电文摘要算法、电文摘要、大小、格式名称、原始文件名称等。需要注意的是，因为这些必选项可能不适用于所有对象类型，所以，PREMIS 的 XML 模式中并未对这些语义单元全部做必选的限制。在事件实体中，事件可以通过对象实体的可选关系或链接事件标识符，链接到一个对象上，或者它也可以通过事件的可选链接对象标识符链接到一个对象上。尽管如此，《国家数字图书馆长期保存元数据标准规范应用指南》中仍然建议在事件实体方面，将事件标识符类型、事件标识符值、事件类型、事件日期四个语义单元作为必备元数据。代理实体是与事件实体密切关联的一个实体，虽然链接代理标识符在事件实体中是可选的，但是在保存过程中，建议保存对于代理实体的描述。因为 PREMIS 在制定之初认为已经存在了不少权利元数据，PREMIS 中无需再做过多详细的描述，因此，PREMIS 在权利实体的语义单元描述略显单薄，尽管这些年的新版本中已经对权利实体语义单元做了丰富和完善，但在长期保存实施者中往往习惯于采用外部的权利元数据。不论如何，权利元数据对一个保存系统是很重要的，建议在保存元数据的必备元数据筛选时，可以从 METS 权利、Creative Commons 许可、XACML，或 PREMIS 权利中筛选出适当的元数据元素。

（2）语义单元的实现

在实现语义单元前，首先需要构建合适的数据模型。PREMIS 的数据模型是为了阐明数据字典中语义单元的意义和使用而组织的，它不具体指代某种实施的结构。在具体实施时，保存系统需要构建适量的数据模型来分组组织筛选出来的语义单元,每一个数据模型都需要有清晰的定义和记录。

完成数据模型的构建后,保存实施者需要根据实际的保存目的来确定保存元数据的存储方案,可以采用关系数据库的方式存储,也可以 XML 文档存储。如果是以访问为主的存储,建议采用关系数据库的方式存储,若以保存为目的,则以 XML 为主。存储关键的保存元数据时,为确保安全,也可同时采用两种方式。

在获取元数据值实现语义单元时,很多的 PREMIS 语义单元的值可以通过程序或者采用相应的工具自动解析文件获取,也可以作为保存系统摄入程序的常数提供。针对此,建议在处理过程中,对 PREMIS 相应的语义单元使用受控词表。这些受控词表可以采用 PREMIS 工作组中注册的受控词表,也可以自行定义,以提高处理的效果和系统交互的可操作性。

14.6 保存元数据的发展趋势

伴随着数字保存理论研究和实践活动的不断深入,考虑到实际使用的便利性、合作保存及分布式保存环境下明晰的权力信息需求、保存内容多元化的需求、多重保存策略的需求、动态保存的需要等因素,结合 OAIS 保存元数据体系及 PREMIS 元数据的发展与变化,在权利元数据、重要属性元数据、特殊类型数字资源及学科化特色、语义化、起源元数据等方面,保存元数据有比较明显的发展。

(1)权利信息日趋受到重视

2009 年新版 OAIS 出版后,其原有的保存描述信息(PDI)下明确区分出了一类访问权限信息,该信息主要用于确定内容信息相关的访问约束,包括法律框架、许可条款及访问控制等。该信息中包含遵从提交协议前提下的访问和分发条件,同时还包含应用权利强制措施的说明。这标志着权利类型元数据作为保存元数据的一个重要组成部分,有了明确的理论基础。而由 Digital Preservation Coalition(数字保存联盟,DPC)中心 2013 年出版的《Preservation Metadata(2nd edition)》[59] 中,也明确将保存元数据划分为起源元数据、权利元数据、技术与环境说明元数据三类。这些都从概念和理论上强调了权利元数据对保存元数据的重要性。从保存元数据实践上看,PREMIS 在其最近新出版的三个版本元数据字典中,有关权利元数据的调整和变动占据了绝对主要的地位,包括扩展权利元数据语义单元、定义权利元数据与其他实体之间的关系等。牛津大学和曼彻斯特大学合作完成的 Paradigm[60] 项目将权利信息作为长期保存元数据的一个重要组成部分，重点关注其中的知识产权元数据，他们认为知识产权元数据对保存和获取都有重要的意义，在重点考察各类权利元数据的基础上，Paradigm 确定了在个人档案存储中的权力保存方案。由 Ex Libris 和新西兰国家图书馆共同研发的长期保存方案 Rosetta[61] 中，权利管理作为核心保存元数据之一，一方面用于保存权利元数据，另一方面也用于控制对保存对象的访问。欧盟第七框架资助的视听资料长期保存项目 PrestoPRIME[62] 在充分调研了现有的 MPEG－21、Open digital Rights language、PREMIS 等权利表达语言与格式，以及 Media Streaming MAF、MPEG Extensible Middleware 等权利管理系统的基础上，基于 Media Value Chain Ontology（ISO/IEC 21000—19）设计了详细的权利管理元数据本体模型，支撑视听资源的长期保存[63]。

总体上看，不论是独立的权利元数据方案还是嵌入保存元数据体系中的权利元数据，目前针对权利元数据的定义已经趋于成熟，国内保存机构在实施保存活动时至少要记录下保存系统对其所保存的数字对象可采取的被授权的保存行为。至于更多的面向资源服务的权利描述信息，则需要参照实际的需要遴选合适的语义单元进行记录。

（2）数字资源重要属性元数据越来越具体清晰

在保存元数据中，重要属性的概念是数字保存元数据界争论的焦点内容之一，它对保存仓储的保存策略选择有着直接的影响。研究者们普遍认为重要属性并不是数字对象固有的，而是随着时间的流逝，由保存活动发生的环境所决定，必须维护的关于数字对象的关键特征（如外观、观感、知识内容等）。但是之前，“重要属性”被给予了各式各样的定义且以很多不同的方式使用，对于重要属性怎样归类和使用缺乏一致的认同。2009 年，Cultural，Artistic and Scientific knowledge for Preservation，Access and Retrieval（CASPAR）项目组的 David Giaretta[64] 在 iPres 2009 会议上，在讨论 OAIS 的新版本中提出的定义的基础上，对重要属性、可靠性、出处、表现信息和 OAIS 进行探讨，明确重要属性与可靠性、出处、表现信息的关系，并给出相应的应用示例，为重要属性的使用提供有力的理论依据。2008 年，正式出版的 PREMIS2.0 数据字典为重要属性创建了结构化语义单元集合，通过这些语义单元有助于保存对象重要属性的管理，同时还可确保这些属性不会受到保存活动的损害而长久存在，这为重要属性的实施提供可操作的元数据支持。为了深入调查重要属性的完整概念，确定对各种类型保存对象重要的属性,并评价每一个属性对于对象未来呈现的重要性,Joint Information Systems Committee(英国联合信息系统委员会,JISC)专门资助了 Investigating the Significant Properties of Electronic Content Over Time(InSPECT)项目[65]。根据研究目标,InSPECT 项目收集整理有关重要属性的各种版本定义、观点,分析并发展出一个清晰一致的概念[66],在此基础上还形成一个完整的重要属性数据字典,清晰地定义重要属性相关的语义单元[67]。该项目的研究成果为 JISC 资助的相关长期保存项目提供了有关重要属性的重要参考。

尽管目前为止,还尚未有一个长期保存项目开发出针对该元数据的词表,但是已经有一些机构在实践中开始运用此元数据来记录保存信息。例如,英国的 SHERPA 人文数据服务数字保存项目针对电子预印本这一类保存资源构造重要属性元数据,以记录电子预印本资源中的一些特殊属性,如语义内容(文本或图片)、文档布局等,以便于日后对资源的维护[68]。我国相关机构在实施长期保存过程中,也需要逐步重视该类元数据,参照 OAIS、PREMIS、InSPECT 等项目,从资源利用的角度出发,扩展出尽可能完整描述对象属性的语义单元,在存储过程中记录相应的重要属性元数据。

(3)特殊类型数字资源、学科化特色的保存元数据受到越来越多的关注

随着长期保存的不断发展,原先主要针对数字文本资源的长期保存工作逐步扩展到对更多类型资源的保存上,如音频/文件、互动多媒体资源、科学数据(如地球科学的卫星遥感数据等)、网络内容(网页、blog 等)、互动内容、应用程序和进程等。同时,原先主要集中在图书馆、档案馆、博物馆等文化机构对传统文化资源开展的长期保存工作也逐步扩展到了各个学科领域。在这种情况下,单独一种保存元数据体系无法满足多种类型的数字资源的保存需求。因此,不少研究者结合所需要保存的数字资源本身的特点和学科特色需求,利用已有的各类元数据和领域知识结构,为有学科化特色的或特殊类型的数字资源设计相应的保存元数据模型。Ruth Duerr 等人在 PREMIS、ISO 1115、Content Standard for Digital Geospatial Metadata(CSDGM)[69]等元数据体系基础上,设计针对地球科学领域科学数据的长期保存元数据模型。Kia Ng 等人[70-71]参考并重用 OAIS、CIDOC Conceptual Reference Model 和 FRBR model,提出可有效描述互动多媒体资源的 CASPAR 本体元数据框架。Günter R. Fuhr 等人[72]针对医疗机构与临床研究数据,利用领域已有的一些正式本体来定义和描述数字对象的保存元数据。由欧盟第七框架资助的 PrestoPRIME[73]项目主要关注视听资料

的长期保存,并需要解决原生数字化视频资料的长期保存问题,为了实现这一目标,该项目在 OAIS、PREMIS 和 Ex Libris 的 Rosetta 保存元数据基础上,扩展了保存元数据的范围,将起源元数据、技术元数据、权利元数据作为重要组成部分纳入保存元数据中。欧盟的 BlogForever 项目集中针对博客这一类的社会网络数据,设计包括博客内容、博客种子、网络与关联数据、分类内容、内容语义信息、垃圾检测信息、采集信息、外部插件、排序等内容在内的保存元数据模型[74],为博客资源的长期保存、管理和使用提供很好的参考意见。

随着国内保存活动的逐步开展,当前以数字文本资源为主的长期保存工作必然会逐步向其他类型扩展,同时,针对特定学科的学科化保存也必然会逐渐增多。针对此,在条件允许的情况下,各机构可以在现有一些较为成熟的元数据体系基础上,重新制定对应的完整的长期保存元数据模型。但更多机构可以充分利用现有元数据体系中提供的扩展机制,如 PREMIS 提供的扩展语义单元机制,在相应的语义组建容器中嵌入外部定义好的特殊格式的元数据,如针对数字静止图像的 NISO Z39.87 MIX scheama,这样即可快速地实现对于不同类型、不同学科的元数据的扩展。

(4)保存元数据的语义日趋丰富

随着语义技术的不断发展,保存元数据也越来越重视语义技术的融合与应用,与传统简单的元数据描述相比,语义技术的引入可以促进保存元数据对数字资源内容的深层揭示,提升内容挖掘的深度,同时,语义技术也进一步提高了保存元数据在细粒度和交互操作方面的性能。

保存元数据语义的丰富是从其自身和实施操作过程两个方面实现的。在自身的发展中,保存元数据主要是通过应用 OWL 语言、采用 RDF 格式存储和管理元数据,例如,PREMIS 于 2013 年 6 月发布的 OWL 语言的本体,提供了可兼容关联数据、支持 PREMIS 有序化的数据词典[75]。在具体的实施操作中,语义化的丰富主要体现在不同环节对语义化技术的应用。具体来讲,包括利用 RDF 三元组描述保存元数据记录、关联数据用于数字资源的组织等。欧盟资助的 Memories[76]在保存元数据之间建立 RDF 三元组,描述类、从属类、属性、术语与关系,构成基于本体的保存结构,实现音频资源的长期保存。法国 SPAR 项目[77]利用 METS 标准,在 METS 与 RDF 三元组之间建立联系,如通过 <infor:bnf/spar/provenance# hasEvent>对应来源本体中的"hasEvent"属性。除了应用 RDF 三元组外,SPAR 项目还尝试通过关联数据技术,将整个数据仓储整合成一个关联数据。欧盟 FP7 框架计划资助的地球数据保存项目(SCIence Data Infrastructure for Preservation-Earth Science,SCIDIP-ES)[78]对地球数据保存元数据的相关技术问题进行调查和分析,认为“GeoNames”本体、通用多语种环境叙词等本体资源的应用,完善了保存元数据对地理数据的描述和保存。Kia Ng 等人[79-80]参考并重用现有的相关标准模型,如 CIDOC-CRM 和 FRBR model,提出 CASPAR 的本体元数据框架,其中描述互动多媒体资源各种概念之间存在的复杂关系,实现互动多媒体资源的本体驱动保存方法。通过这一框架,他们更全面、有效地描述所需要保存的元数据之间的关系和依赖性。基于这一研究,他们认为本体与保存元数据在长期保存应用中的结合对数字仓储系统的互操作、数字对象之间关系的自动推理等有很大用处。

从上述已有的研究可以看到,目前在具体实施操作中语义化的实现主要依靠的是 RDF 三元组、关联数据和本体框架三种技术,其中又以本体为主。因此,我国的一些存储机构在开展相关存储工作时,可以充分借鉴和应用现有的一些通用或学科本体框架,采用本体的方式来描述、存储和管理元数据。

(5)起源元数据日渐丰富和完善

起源元数据是保存元数据中的一类重要元数据,它负责记录数字对象创建、保存过程中系列动作的信息及相应的结果,同时还包括一些验证的信息,此类元数据对确保保存对象的真实性有重要的意义[81]。随着数字保存实践活动和语义网的不断发展,起源元数据在内容、表达模型方面不断丰富和完善。在内容方面,有些保存仓储认为数字起源应该包括自对象创建之后的所有变化的历史记录,包括迁移、标准化和其他的一些操作。在 PREMIS 中,对象是不可变更的,所有的修改操作会产生一个新的对象记录,该新对象与其来源对象之间建立关系。对所有的对象而言,数字起源相关的元数据均包括对象的创建者、所有者、权力拥有者、影响对象的事件或过程操作以及操作的时间等。这些元数据元素分别以 PREMIS 事件实体与代理者实体下相应的语义单元表示,在对象实体中也提供了包括对象特征或重要属性的扩展元素。National Library of New Zealand(新西兰国家图书馆,NLNZ)定义的起源元数据包括了对过程的描述,这些元数据类似于 PREMIS 中的事件,但 NLNZ 中涉及更长时间范围内的多个步骤,同时 NLNZ 还提供记录过程实施的原因的元数据。Ex Libris 的 Rosetta 明确将起源元数据作为其保存元数据方案中的核心元素之一,该元数据用于记录数字对象的来源、所有发生在该数字对象上的变动,即系列事件、行为以及相关行为者的记录。METS 在其管理元数据部分也提供了名为 digiProvMD 的特定元素,用于描述任何与数字对象相关的任何保存活动。在起源元数据的表达模型上,2007 年发布的开放起源模型(Open Provenance Model,OPM)[82]最具典型,OPM 旨在定义一套不同系统间可交互的起源信息模型,允许开发人员创建并共享操作该模型的工具。OPM 从技术的角度定义起源,支持对多种事物的起源描述,允许多级描述同时存在。该模型中定义了 Artifact、Process 和 Agent 三个核心概念以及六种关系和角色,在该模型中,时间也可被标注用于参考。其他还有如 Provenir Ontology[83]等模型,也从不同的角度提出起源元数据的表示模型。

基于这种发展趋势,在实施数字资源保存过程中,尤其是针对科学数据的保存中,保存实施机构要充分考虑对起源信息的记录。在目前尚无统一通用的模型前提下,实施中可以从 OPM、Provenir、Provenance 等现有表达模型中选择一个作为通用模型的基础,然后在此基础上,根据本机构保存策略或针对保存内容的学科领域,构造个性化的起源模型并定义适合自己的起源信息描述细粒度,便于记录相应的起源信息。

14.7 小结

本章首先简单介绍保存元数据的基本概况,结合部分保存元数据实例的分析,阐述保存元数据的基本发展概况;然后重点对保存元数据的核心标准 PREMIS 进行深入的研究分析,完整解读 PREMIS 保存元数据框架;此外还通过分析 PREMIS 与 METS 的结合使用方法、应用 PREMIS 的实践案例分析,提出相应的 PREMIS 元数据实施建议,为更好地实施数字资源长期保存元数据实践提供参考;最后,综合本章对几个典型保存元数据的分析,探讨当前保存元数据的最新研究进展,以期为国内的长期保存元数据实践提供参考。

(刘建华、张智雄)

参考文献

[1-2] RLG Working Group on Preservation Issues of Metadata[R/OL]. [2014-12-13]. May 1998. http://www.rlg.org/preserv/presmeta.html.

[3] Consultative Committee for Space Data Systems: Reference Model for an Open Archival Information System (OAIS) [EB/OL]. [2014-10-13]. http://public.ccsds.org/publications/archive/650x0b1s.pdf.

[4] DAY M. CEDARS:Digital Preservation and Metadata[C]//6th DELOS Workshop:Preservation of Digital Information,1998,Tomar.

[5][13][17-19][24] DAY M. Issues and Approaches to Preservation Metadata[C]//Guidelines for digital imaging:papers given at the joint National Preservation Office and Research Libraries Group preservation conference in Warwick. London:National Preservation Office,1998:73-84.

[6] Preservation Metadata for Digital Objects:A Review of the State of the Art,A White Paper by the OCLC/RLG Working Group on Preservation Metadata[EB/OL].[2014-10-13]. http://www.oclc.org/research/projects/pmwg/presmeta_wp.pdf.

[7][30][32] Data Dictionary for Preservation Metadata: Final Report of the PREMIS Working Group[R/OL].[2014-10-13]. http://www.oclc.org/research/projects/pmwg/premis-final.pdf.

[8][14][16][68] 程变爱,郑小惠,童庆钧,等.国家数字图书馆长期保存元数据标准规范应用指南[EB/OL].[2014-10-13]. http://www.nlc.gov.cn/newstgc/gjsztsggc/bzgf/201101/W020120412526555524627.pdf.

[9][44][46][51][59] LAVOIE B,GARTNER R. Preservation Metadata(2nd Edition)[R/OL].[2014-10-13]. http://dx.doi.org/10.7207/twr13-03.

[10] 牛金芳,吴开华.论保存元数据[J].大学图书馆学报,2002(2):67-70.

[11] RUUSALEPP R. AHDS Preservation Metadata Framework-Recommended AHDS Preservation Metadata Schema[R/OL]. September 2002. Estonian Business Archives,Ltd.

[13] North Carolina Preservation Metadata for Digital Objects[EB/OL].[2014-10-13]. http://digitalpreservation.ncdcr.gov/pmdo2013final.pdf.

[15][36] CAPLAN P. Understanding PREMIS[EB/OL].[2014-10-13]. http://www.loc.gov/standards/premis/understanding-premis.pdf.

[20-21] VAN DER WERF-DAVELAAR J. Long-term Preservation of Electronic Publications-The NEDLIB projec[J]. D-Lib Magazine,1999(5):9.

[22] National Library of Australia. Preservation Metadata for Digital Collections-Exposure Draft[R/OL].[2014-10-13]. http://pandora.nla.gov.au/pan/25498/20020625-0000/www.nla.gov.au/preserve/pmeta.html.

[23] pandora overview[EB/OL].[2014-10-13]. http://pandora.nla.gov.au/overview.html.

[25][34-35] The OCLC/RLG Working Group on Preservation Metadata. Preservation Metadata and the OAIS Information Model,A Metadata Framework to Support the Preservation of Digital Objects[R/OL].[2014-10-13]. http://www.oclc.org/content/dam/research/activities/pmwg/pm_framework.pdf? urlm=161391.

[26] PREMIS Editorial Committee. Data Dictionary section from Data Dictionary section from PREMIS Data Dictionary for Preservation Metadata version2.0[R/OL].[2014-

10 - 13]. March 2008. http://www. loc. gov/standards/premis/v2/premis-dd-2-0. pdf.

[27] PREMIS Editorial Committee. Data Dictionary section from Data Dictionary section from PREMIS Data Dictionary for Preservation Metadata version2. 1[R/OL]. [2014 - 10 - 13]. http://www. loc. gov/standards/premis/v2/premis-dd-2-1. pdf.

[28][38] REMIS Editorial Committee. Data Dictionary section from Data Dictionary section from PREMIS Data Dictionary for Preservation Metadata version2. 2[R/OL]. [2014 - 10 - 13]. July 2012. http://www. loc. gov/standards/premis/v2/premis-dd-2-2. pdf.

[29] PREMIS Version 2. 3 now available[EB/OL]. [2014 - 10 - 13]. http://www. loc. gov/standards/premis/version-2-3-announcement. html.

[31][33] PREMIS Working Group. Implementing Preservation Repositories For Digital Materials: Current Practice And Emerging Trends In The Cultural Heritage Community [R/OL]. [2014 - 10 - 13]. http://www. oclc. org/research/projects/pmwg/surveyreport. pdf.

[37][39] PREMIS Editorial Committee. Introduction and Supporting Materials for PREMIS Data Dictionary for Preservation Metadata, Version 2. 2[R/OL]. [2014 - 10 - 13]. http://www. loc. gov/standards/premis/v2/premis-report-2-2. pdf.

[40 - 43] PREMIS Data Dictionary Version 2. 2: Hierarchical Listing of Semantic Units [EB/OL]. [2014 - 10 - 13]. http://www. loc. gov/standards/premis/v2/premis-dd-Hierarchical-Listing-2-2. html.

[45] GUENTHER R S. Battle of the Buzzwords-Flexibility vs. Interoperability When Implementing PREMIS in METS[J]. D-Lib Magazine, 2008(14): 7 - 8.

[47] Guidelines for using PREMIS with METS for exchange[EB/OL]. [2014 - 10 - 13]. http://www. loc. gov/standards/premis/guidelines-premismets. pdf.

[48] VERMAATEN S. A Checklist and a Case for Documenting PREMIS-METS Decisions in a METS Profile[J]. D-Lib Magazine, 2010(10): 7 - 8.

[49] Using PREMIS with METS[EB/OL]. [2014 - 10 - 13]. http://www. loc. gov/standards/premis/premis-mets. html.

[50] GUENTHER R. Metadata to Support Long-Term Preservation of Digital Assets: PREMIS and its Use with METS[R/OL]. [2014 - 10 - 13]. http://ddp. nist. gov/workshop/ppts/03_03_Rebecca_Guenther_US_DPIF_NIST-PREMIS. pdf.

[52 - 53] DEGERSTEDT S. PREMIS in NL Sweden[R/OL]. [2014 - 10 - 13]. http://www. loc. gov/standards/premis/pif-presentations-2013/06PREMIS-Degerstedt. pdf.

[54] Archivematica[EB/OL]. [2014 - 12 - 14]. https://www. archivematica. org/wiki/PREMIS_metadata:_events.

[55] MUMMA C C. Archivematica's PREMIS in METS in the AIP[R/OL]. [2014 - 10 - 13]. http://www. loc. gov/standards/premis/pif-presentations-2013/09PREMIS-

Mumma. pdf.

[56 - 58] DONALDSON D R, CONWAY P. Implementing PREMIS: a case study of the Florida Digital Archive[J]. Library Hi Tech, 2010(28): 273 - 289.

[60] Rights metadata for personal archives[EB/OL]. [2014 - 10 - 13]. http://www. paradigm. ac. uk/workbook/metadata/rights-metadata. html.

[61] SHERWINTER N, WRIGHT R. Strategy for use of preservation metadata within a digital library[R/OL]. [2014 - 10 - 13]. https://www. prestocentre. org/system/files/library/resource/strategy_for_use_v1. 02. pdf.

[62][73] SCHREIBER G. Metadata Models, Interoperability Gaps and Extensions to Preservation Metadata Standards[R/OL]. [2014 - 10 - 13]. https://prestoprimews. ina. fr/public/deliverables/PP_WP2_D2. 2. 2_MetadataModels_InteroperabilityGaps_v1. 50. pdf.

[63] DI CARLO A. Internal Deliverable ID4. 0. 5b-Common Rights Ontology[R/OL]. [2014 - 10 - 13]. https://prestoprimews. ina. fr/public/deliverables/PP_WP4_ID4. 0. 5b_RightsOntology_R0_v1. 11. pdf.

[64] DAVID G, BRIAN M, JUAN B, et al. Significant Properties, Authenticity, Provenance, Representation Information and OAIS Information[EB/OL]. [2014 - 10 - 13]. http://escholarship. org/uc/item/0wf3j9cw.

[65] The significant properties of digital objects[EB/OL]. [2014 - 10 - 13]. http://www. jisc. ac. uk/whatwedo/programmes/preservation/2008sigprops. aspx.

[66] Wilson A. Significant Properties Report[R/OL]. [2014 - 10 - 13]. http://www. significantproperties. org. uk/wp22_significant_properties. pdf.

[67] Knight G. InSPECT Significant Properties Data Dictionary[R/OL]. February 2010 [2014 - 12 - 14]. http://www. significantproperties. org. uk/sigprop-dictionary. pdf.

[69] DUERR R, WEAVER R, PARSONS M A. A New Approach to Preservation Metadata for Scientific Data-A RealWorld Example[M/OL]. Springer-Verlag Berlin Heidelberg, 2010, 113 - 125[2014 - 10 - 13]. http://link. springer. com/chapter/10. 1007/978 - 3 - 540 - 88264 - 0_7.

[70][79] NG K, MIKROYANNIDI E, ONG B. An Ontology based Framework for the Preservation of Interactive Multimedia Performances[C]//2009 Fifth IEEE International Conference on e-Science, 2009: 40 - 44.

[71][80] VU PHAM T, NG R. Preservation of Interactive Multimedia Performances: Ontologies and OAIS[EB/OL]. [2014 - 10 - 13]. http://www. casparpreserves. eu/Members/metaware/Presentations/preservation-of-interactive-multimedia-performances-ontologies-and-oais/at_download/file. ppt.

[72] FUHR G R, ZIMMERMANN H. An Ontology Framework for Long-term Digital Preserv ation and beyond[EB/OL]. [2014 - 10 - 13]. http://www. ibmt. fraunhofer. de/con-

tent/dam/ibmt/en/documents/PDFs/ibmt-product-information-sheets/telematics-intelligent-health-systems/MT_ENSURE_en. pdf.

[74] STEPANYAN K, JOY M, CRISTEA A, et al. D2.2 Report: BlogForever Data Model[R/OL]. [2014-10-13]. https://zenodo. org/record/7488/files/BlogForever_D2_2WeblogDataModel. pdf.

[75] PREMIS OWL ontology 2.2 now available[EB/OL]. [2014-10-13]. http://www. loc. gov/standards/premis/ontology-announcement. html.

[76] COSANDIER J, DAHL P. The European Project MEMORIES: Management, Description, Retrieval of Audio Archives[R/OL]. [2014-08-24]. http://www. memories-project. eu/documents/Presentation_MEMORIES_Amsterdam. ppt.

[77] A work in progress at BnF. Linked data and preservation metadata[EB/OL]. [2014-10-13]. http://www. dpconline. org/component/docman/doc_download/773-linksthatlast2012peyrard.

[78] D33.2 Earth Science metadata, semantics and ontology harmonisation report[R/OL]. [2014-12-14]. http://www. scidip-es. eu/assets/Deliverables/SCIDIP-ES-DEL-WP15-D15-1. pdf.

[81] CAPLAN P. DCC Digital Curation Manual: Instalment on Preservation Metadata[R/OL]. [2014-10-13]. July 2006. http://hdl. handle. net/1842/3356.

[82] The OPM Provenance Model(OPM)[EB/OL]. [2014-10-13]. http://openprovenance. org.

[83] Provenir Ontology[EB/OL]. [2014-10-13]. http://wiki. knoesis. org/index. php/Provenir_ontology.

15 数字保存的标准体系

在一个特定领域内，标准的发展往往被视为这个领域成熟的标志。标准化同样是数字资源长期保存中的一个重要问题，是保证数字资源长期保存各环节之间进行互操作的基础，贯穿于数字资源整个生命周期。

近年来，数字资源长期保存的技术和实践都有了很大的进展，数字资源长期保存标准的建设随之也取得了显著的成果，积累了一定的经验，但是标准体系总体上还处在建设初期，还存在一些问题和不足，很大程度上是因为缺乏一个清晰明确的标准体系框架的指导。因而，根据数字资源长期保存的实践进展及技术发展的要求，全面、清晰地梳理长期保存过程中涉及的标准，完善和发展长期保存标准体系框架，具有重要的现实意义。它可以缩短数字资源长期保存相关标准的制定周期，节约标准制定时间，有利于数字资源长期保存实践的开展。

15.1 数字保存的标准体系框架

虽然不少学者对数字资源长期保存标准体系框架进行了深入研究，但对于框架的内容并没有达成共识。比如，有的学者从系统实现的角度出发，认为数字资源长期保存标准框架可以划分为系统层次标准、业务层次标准、数据层次标准等内容；有的学者认为框架可以划分为长期保存的格式标准、元数据标准、系统需求标准、数据传输标准；还有的学者认为可以划分为基础标准、业务技术标准、科学管理标准等内容。标准体系框架的划分虽然不影响某一项具体标准的制定，但不同的划分思路反映了人们对数字资源长期保存的不同认识，会影响最终呈现的标准体系的范围、标准内容的侧重点等。以上对标准体系框架不同的划分角度给了我们一定启示，使我们能够综合考虑以上标准体系的优缺点，结合数字保存工作和系统建设中存在的问题，去思考和研究数字资源长期保存标准体系框架。

长期保存标准体系框架可以从流程结构和层次结构两个角度考虑，对数字长期保存涉及的各个标准化对象进行规划化管理。流程结构即横向角度，分别从 OAIS 参考模型的摄入、存储和访问三个主要业务流程展开，主要体现标准化对象在业务流程中的时间性。数字资源的长期保存过程一般遵循比较严格的流程控制，由若干阶段前后相继完成，前一阶段的标准是后续阶段标准得以实施的前提。层次结构即纵向结构，是表达标准化对象内部上级与下级、共性与个性等关系的良好的表达形式，分别从基础数据、功能、管理、互操作、框架与系统等层次进行划分。其中基础数据层主要涉及数据字符编码、唯一持久标识符、元数据、数字对象封装、文件格式等内容，这一层是以上各层的基础；功能层包括摄入、存储和访问，即构成体系框架的横向结构；管理层主要包括信息安全、审计等；互操作层主要是解决系统、数据资源等之间的相互访问、交换和互动等问题；框架与系统层涉及长期保存的整体模型和构成。管理层、互操作层以及框架与系统层一般贯穿于数字资源长期保存的整个生命周期，这样就从粗到细，从上而下，从宏观到微观，较为完整地反映标准化对象的抽象性、共性，以及具体性、个性。这种标准体系框架使得各个标准能够按照过程的内在联系和顺序关系进行结合，各个标准相互联系而又相互作用，相互制约而又相互依赖，具有良好的灵活性和弹性，使得该数字资源长期保存标准体系具有科学性和可操作性。

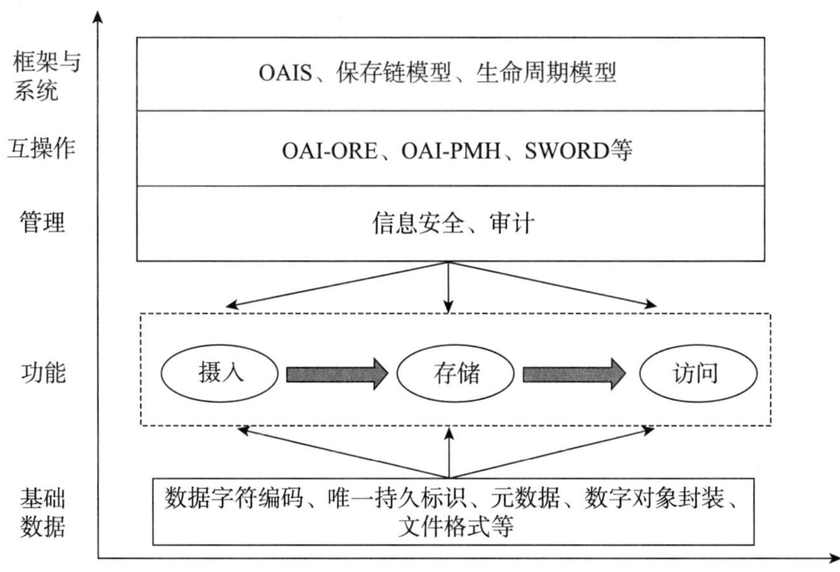

图 15 – 1 长期保存标准体系框架

15.2 长期保存标准体系框架的主要内容

数字信息资源长期保存是一项复杂而又艰巨的工作，涉及数字资源生命周期的全过程。数字信息资源长期保存的每一个过程都需要标准的支持，所以涉及的相关标准众多，长期保存标准体系框架全面系统梳理了涉及的相关标准，按照基础层、功能层（摄入、存储、访问）、管理层、互操作层、框架与系统层分析数字长期保存系统建设过程中涉及的相关标准的作用、主要标准以及项目应用等。

15.2.1 基础数据标准

基础数据层是整个数字长期保存标准体系框架的底层和基石，是以上各个层次的基础，贯穿长期保存的整个生命周期，起着至关重要的作用。主要包括数据字符编码、唯一持久标识、元数据、数字对象封装、文件格式等方面的内容。

（1）数据字符编码

数据字符编码是数字长期保存中数字对象的最底层和最核心的表示方法，也是网络传输数字资源的基本通讯技术和规范。数据字符编码标准用于规范数字信息资源长期保存系统对资源的编码描述。常见的数据编码标准有单极性码、极性码、双极性码、归零码、双相码、不归零码、曼彻斯特编码、差分曼彻斯特编码、多电平编码、4B/5B 编码等。字符编码主要有 ASCII 码、Unicode、UTF－8 等。

（2）唯一持久标识

对数字对象（如文章、数据集、图像或数据流）进行持久标识，可以唯一的定位和访问这些数字资源，把它们和相关的作者和其他实体（如机构、项目或研究团体）相联系，以便发现、引用和重用数字资源。不同的领域使用不同的持久标识标准，常见的数字对象的持久标识系统有 URN、DOI、PURL、ARK 等，Bazzanella 等学者[1]的调查研究表明，DOI、Handle 系统和 URN 是目前应用最广泛的系统，在欧洲范围内 DOI 占 33%，Handle 系统占 29%，URN 占 25%，而其他的系统，如 PURL 和 ARK，只被少数人使用。一些有关作者标识符的系统和项目最近几年也开始出现，如 Author Claim、Scopus Author ID、Researcher ID、ORCID 等，NISO 机构标识工作组在信息供应链的环境下开始关注机构识别的标准制定。

(3)元数据

元数据是描述数字对象的数据,在长期保存中可以用于识别数字对象,追踪数字对象在使用过程中的变化,简单高效地管理大量数据,实现数字对象的发现、查找、组织、共享和管理。主要有技术型元数据、保存型元数据、管理型元数据、描述型元数据等。

OAIS 参考模型提供数字档案的功能和信息模型,但它没有定义特定的元数据应该收集什么或应该如何实现以支持保存目标,OCLC/RLG 保存元数据工作组在 2005 年颁布了第一个核心保存元数据元素的倡议——PREMIS 保存元数据数据字典。PREMIS 定义了一个公共数据模型来支持共享组织保存元数据。PREMIS 数据模型包括五类实体:知识实体、对象实体、权限实体、代理实体和事件实体。在数据模型中描述实体的语义单元也被严格定义,它通过元数据管理和使用的指导原则来支持具体的实施,重点强调自动化工作流程。但是它没有涉及具体的技术框架、内容类型或保存策略。由于它不涉及具体的技术细节,可以支持各种的实施架构。目前,PREMIS 由美国国会图书馆进行维护,已经被翻译成法语、德语、意大利语和西班牙语等多国语言。尽管 PREMIS 在国际上广泛使用,但在德国,电子资源长期保存元数据 LMER(Long Term Preservation Metadata for Electronic Resources)[2]应用更加普遍。LMER 是德国国家图书馆制定的一个标准,它是基于新西兰国家图书馆提出的数据模型。

目前,很少有长期保存的元数据规范得到国家级或国际级的标准机构的认可。一些标准,像 PREMIS 或 METS,都是事实上的标准,有着明确维护和更新它们的社会团体。随着数据仓储数量和应用不断增长,实践的不断发展演变,人们迫切希望有一个持久、稳定的元数据标准。但是由于经验相对不足,目前还不能制定一个稳定的长期保存元数据标准。

(4)数字对象封装

在长期保存中,具体采用什么样的信息包,如何有效封装提交信息和存档信息,是一个重要问题。数字对象封装解决了对信息包内各类信息的具体构成和组织的问题。通常利用三种方式来实现对信息包的封装组织,分别为 METS(元数据编码和传输标准)、JATS 和 FOXML。具体内容详见本书第 7 章。

(5)文件格式

文件格式是实现对数字对象的内容信息进行存储、交换和表示的一种重要标准,也是一个数字对象能否被有效使用的一个重要因素,是有效地建立、交换及保存数字内容的基础,是正确解释某个数字对象所包含的信息内容的前提条件。通过使用标准的文件格式,使数字对象随着时间的推移仍然可以访问,是一种常见的数字保存策略。稳定的、已被广泛采用的格式,更有可能在很长时间内被支持。开放的文件格式标准,因为有一个庞大的用户基础愿意参与其中,往往不太可能在短时间内过时,这样就确保标准的可持续性。

一些文件格式已经通过一个正式的规范化过程被明确下来,如 PNG (ISO/IEC 15948,2004),JPEG 2000 (ISO/IEC 15444),MPEG (ISO/IEC 14496)和 MPEG－7 标准(ISO/IEC 15938)。其他的标准,如 PDF/A(ISO 19005),TIFF/EP(ISO 12234—2,2001),TIFF/(ISO 12639,2004),开放文档格式(ODF)(ISO/IEC 26300,2006)和 Office Open XML (ISO/IEC 29500),这些是通过标准化认证过程后颁布的。

15.2.2 与摄入相关的标准

摄入功能是开放存档信息系统与信息提交者之间的信息传递桥梁,主要实现从信息生产者那里接收提交信息包(SIP),对所提交信息进行检查、转换、规范等处理,使这些信息可以在存档系统中被规范地存储和管理。主要涉及文件格式技术注册、信息封装、安全检测、完整性校验等方面的标准。

(1)文件格式技术注册

文件格式技术注册是用来描述长期保存系统中数字对象的技术依赖性,存储、发现和传递与数字格式相关的表示信息,保障文件格式能够被长久地识别。对于绝大多数的存储机构来说,即使一个管理员选择的用于归档的格式全部都是标准格式,也不可能确保所有获取到的数字对象都使用的是基于开放标准的文件格式。数字领域内可以使用的格式众多,而且还在急速增长,而标准化过程相对比较缓慢,不能覆盖全部类型的内容和他们的流行格式。因此,需要专门的机制描述数字对象的技术依赖性,存储、发现和传递与数字格式相关的表示信息,在数字对象的标识符和格式编码描述之间建立起明确的关系,具体详细内容见本书第 13 章。

(2)信息封装标准

在长期保存中,数字对象需要打包到信息包中,以便能够容纳相关的元数据,来描述和管理数字对象,使数字对象能够被理解。信息封装是对信息资源进行存储、传输、分发之前所进行的数据封装、压缩、分组编码等方面的技术。在长期保存系统中,使用到的信息封装标准主要有 METS、FOXML 和 ARC 等。

(3)安全检测

在提交给长期保存系统中的信息包中有可能会包含有一些病毒、木马或者恶意代码,会破坏数字对象的内容,入侵长期保存系统,干扰正常的信息服务,阻断数字资源网络传输,严重危害数字资源的长期保存。安全检测是对提交信息包进行病毒扫描、清除特洛伊木马、恶意代码和间谍程序等工作,以消除安全隐患。

(4)完整性校验

随着大量信息的传送需要依靠网络进行,长期保存系统的摄入同样需要依赖网络实现。因此,保障数字信息在传输过程中的完整一致性就显得格外重要。完整性校验通常包括以下内容的检查:数据的完整性和一致性,媒介的可读写性检查、资源描述检查、资源结构和格式检查等,其中最主要的就是信息传送前后的数据完整一致性校验。目前,普遍采用的技术是对信息进行加密,常用的算法标准有 MD5 和 SHA-1 等。

15.2.3　与存储相关的标准

存储功能层负责从摄入功能实体接受 AIP,并将它们存储到永久存储系统中,管理存储系统的组织结构,对存储文档的介质进行翻新,提供日常维护。主要涉及存储介质和存储方式等方面的标准。

(1)存储介质

存储介质是实现数字长期保存的存储功能所要具有的基本物质环境和条件,是构建数字仓储系统的基础前提。数字信息只有保存到物理介质上,才有可能被永久的存储下来。存储在光介质或磁介质的数据容易受环境因素影响而受损。因此,物理存储介质和存储条件是数字长期保存中的一个核心问题,需要进行标准化。ISO 11799 档案馆和图书馆资料文档存储需求(ISO 11799,2003)以及其前身 BS 5454 文档存储和展览推荐(BS 5454,2000),都对存储空间设定了一些要求。同样,ISO 18925(2008)、ISO 18938(2008),ISO/TR 10255(2009)或 BS 4783—8(1994)都讨论了特定类型的存储介质的存储要求,包括磁带和光盘,为维护文档光盘集提供了推荐建议和指导。

(2)存储方式

存储方式标准是对存储对象进行备份和恢复的方法,包括常见的磁带存储、光盘存储、磁盘阵列存储,也包括各种类型的分布式文件系统、基于 NAS 或 SAN 模式的网络存储和基于网格的存储体系,同时也包括相应的备份和恢复系统。

15.2.4 与访问相关的标准

访问功能层负责与消费者进行通讯,接受和响应请求,对于某些特殊保护的信息进行权限管理控制。主要涉及检索、访问控制与授权等方面的标准。

(1)检索标准

检索是实现数字长期保存系统的访问功能的重要手段和方法。检索浏览技术通过索引、检索引擎和知识体系能够方便地帮助查找和发现仓储中所保存的相关数字对象。目前,在检索方面应用较广泛的技术主要是Lucene 搜索引擎技术。

(2)访问控制与授权

为了确保长期保存系统中的数字资源能够被安全的访问,防止一些敏感的数字资源被随意泄露,阻止一些恶意的访问行为,需要采取访问控制与授权措施。访问控制与授权能够防止数字资源被未授权的用户所访问或者恶意破坏,主要内容涉及访问控制策略、语言、模型、PKI 等。

1)访问控制策略。策略即访问规则,指定谁允许在哪个对象进行什么操作,依赖于请求者的属性和对象,以及操作参数和环境因素,如时间等,在关联数据环境下用来保护安全和隐私。一个应用保护服务和敏感数据的合适策略决定一个新的服务的成败。用户发布数据的时候,可以为建立的每一个数据集定义一个访问策略。访问策略还需进行周期性的测评和验证,确保安全策略得到正确的表达和实施。

2)策略语言。策略语言专门用来表达用户的隐私需求,目前常用的策略语言有 KAoS[3]、Ponder[4]、Rei[5]、Protune[6]、PsSF[7]等,这些语言都是基于逻辑形式化,因此具有定义良好的语义,允许用他们自身的格式,使用语义网络语言定义策略。KAoS 策略支持行为者、操作和其他策略的关系,拥有良好的图形界面工具,提供了灵活的策略更新机制及对策略的可确定性进行判断的能力,但这些策略没有考虑实体之间的语义关系,缺乏对访问控制模型进行整体支持的能力。Rei 是基于本体的策略语言,允许基于语义关系的策略传递和推理,支持灵活的、丰富的策略,可扩展性良好,实现了更加灵活的授权描述与管理方式。但在处理策略冲突检测与消解方式上显得较为单一,同时不支持图形操作界面,从而大大影响了使用范围。KAoS 和 Rei 都具有冲突协调的能力。Protune 是基于规则的语言,具有解释的能力。PsSF(Prolog-style SWRL Format)在语义网数据的通用规则语言SWRL 的基础上增加了定制的谓词进行数据分类,每个规则包括一个标签、一个前件(描述规则满足的条件)以及后件。前件和后件都包含逻辑与条件连接的谓词集合,支持用于数据分类的三个谓词。

3)访问控制模型。主要分为基于对象的访问控制模型(Object-based Access Control Model,OBAC Model),基于任务的访问控制模型(Task-based Access Control Model,TBAC Model),基于角色的访问控制模型(Role-based Access Control Model,RAC Model),基于令牌的访问控制模型(Token-based Access Control Model,TAC Model)和基于本体的访问控制模型(Ontology-based Access Control Model,OAC Model)。

4)公钥基础设施(Public Key Infrastruction,PKI)。公钥基础设施中主要涉及证书管理协议、PKI组件最小互操作规范、数字证书格式、特定权限管理中心技术规范、时间戳规范、PKI系统安全等级、PKI系统安全等级保护评估准则。

5)安全断言标记语言(Security Assertion Markup Language,SAML)。Shibboleth是一个开源代码项目,对学员提供联邦制的身份确认和访问控制。Shibboleth利用OpenSAML实现其功能,这样学生就可以访问其他学校的图书馆。SAML规范由以下部分组成:

断言与协议。该规范处理定义XML编码的断言的语法和语义,以及请求和响应协议。

绑定与配置文件。该规范处理SAML请求/响应消息到底层通信协议如SOAP和SMTP的映射。控制在底层通信协议中嵌入和提取SAML信息的一组规则称为一个配置文件。

一致性规范。不同的SAML只实现这些规范的一部分。一致性规范设置了一种基本标准,SAML规范的实现必须满足这一标准。这样有助于提高互操作性和兼容性。

安全和保密的问题。该规范涉及SAML体系结构中的安全风险,具体而言就是SAML如何应对和解决这些风险。

15.2.5　管理标准

数字长期保存需要一个安全、可信赖的环境,主要涉及信息安全管理和审计等方面的标准。

(1)信息安全管理标准

在数字长期保存的整个生命周期中会存在各种安全隐患和风险,涉及硬件、软件、数据、物理环境、基础设施等,直接会威胁到数字对象的完整性、机密性和可用性,必须进行有效和全方位的信息安全管理,降低其安全风险。信息安全管理标准用来保障数字资源的机密性、完整性和信息的可用性。信息安全管理体系标准(ISO 27001)的前身为英国的 BS 7799 标准,该标准由英国标准协会(BSI)于 1995 年 2 月提出,并于 1995 年 5 月修订而成的,1999 年 BSI 重新修改了该标准,于 2005 年被 ISO 采用。该标准可有效保护信息资源,保护信息化进程健康、有序、可持续发展。ISO 27001 是信息安全领域的管理体系标准,当某组织通过了 ISO 27001 的认证就表示该组织信息安全管理已建立了一套科学有效的管理体系作为保障。自 2005 年国际标准化组织将 BS 7799 转化为 ISO 27001:2005 发布以来,此标准在国际上获得了广泛的认可,相当数量的组织采纳并进行了信息安全管理体系的认证,至 2011 年年底,国际上颁发的 ISO 27001 认证证书总数约为 15 625 张。目前,ISO 组织公布的正式版本的颁布时间为 2013 年 10 月 19 日,在新版公布后的 18 至 24 个月内是转换缓冲期,即原有已取得证书的企业最迟需要在 2015 年 10 月 19 日前转换到新版标准。

(2)审计标准

可信赖仓储的审计和认证规划,有利于构建一个可信赖的数据存储体系,发现和改进数字保存实践中的薄弱环节,识别和降低数字仓储风险,提高数据保存的质量,可靠有效地实施数字保存。数字存储基础设施的一个关键组成部分是存在着足够数量的可信赖组织,能够储存、迁移和访问数字馆藏。数字文档认证过程需要创建一个整体的、可持续保存数字信息的信任环境。已经出现的模型,特别是 OAIS(因为它是一个参考模型,而不是过程模型),缺乏可供审计认证过程所需的粒度。单个、新兴的标准缺乏构成一个可信赖存储库的框架,业界仍然不能就可信任文件的标准定义达成广泛的共识。

目前,形成了以 TRAC 为基础的国际标准 ISO 16363、以 Nestor 工作组为基础的德国国家标准 DIN 31644 和由荷兰数字存档和网络服务(DANS)主导的 DSA(数据正式认可)体系。

随着国际标准草案的日益成熟,可信赖数字仓储库的审计标准化进程也将完成初级阶段,还需要进一步深化下去。由于已经具有了一个稳定的基础,包括过程模型、相关的标准和对过程中的各个部分的最佳实践,并伴随着数字保存业界内的经验和专业知识不断增长,审计的相关标准将不断发展。

15.2.6 互操作标准

系统间的互操作协议除了 X.500、LDAP、Web Services 等通用的相关标准以外，还有长期保存业界内的一些专有的标准，如 OAI-ORE、OAI-PMH、SWORD 等。ISO/IEC 联合技术委员会的数字内容管理和保护研究组致力于数字保存互操作框架标准化工作，以便在互操作的数字保存仓储之间有效和可靠地访问数字内容。美国 DPIF（Digital Preservation Interoperability Framework）工作组在 2010 年提出长期保存互操作框架路线图发展策略，通过确定需求、技术和最佳实践为数字资源长期保存标准化建立一个全国路线图，定期召开国际 DPIF 研讨会。

SWORD（Simple Web-service Offering Repository Deposit）是一个互操作标准，它允许数字仓储库通过标准化的协议接受来自不同来源的、不同格式的保存内容。就像 HTTP 协议允许任意一个 Web 浏览器和任意一个 Web 服务器之间进行对话一样，SWORD 允许客户端跟仓储服务器之间进行交互。SWORD 协议的最早版本是在 2007 年由英国机构仓储库专家联合创建的，由 JISC 资助，UKOLN 进行管理，旨在实现数字仓储库的标准化存储界面。它基于在日志和其他内容网站广泛采用的原子出版协议，能够用来收割内容或者查询，适用于把资源存放到学术系统的不同应用场合，包含一次存放到多个仓储库、在桌面客户端（而不是在仓储库系统内部）进行存放、通过第三方系统（例如自动实验设备）进行存放、仓储库到仓储库的存放等。兼容该标准的数字仓储库有 arXiv、Dspace、Eprints、Fedora、Intralibrary、Microsoft Zentity 等。SWORD 客户端有 BibApp、EasyDeposit、Facebook client、Open Journal Systems、Microsoft Word Article Authoring Add-in for Word 等。SWORD v2 是在 JISC 进一步资助下在 2011 年设计和实现的，通过支持整个存储生命周期进一步扩展对 AtomPub 的支持。该标准提供的机制不仅仅用来存储资源，还可以进行更新、替代和删除等操作。

OAI-PMH 协议（Open Archives Initiative-Protocol for Metadata Harvesting），是一种独立于应用的、能够提高 Web 上资源共享范围和能力的互操作协议标准。为了加强系统之间的互通性，更准确地存取和使用学术性电子全文资源，OAI 进一步发展了元数据收割协议协定（Protocol for Metadata Harvesting，简称为 OAI-PMH）。OAI-PMH 是以 HTTP 为基础，在协议中，储存地点被定义为可存取的网络系统，其包含可使用收割协议进行检索的资源；这些资源以 XML 的编码格式传回，不过需要使用无修饰词的 Dublin Core-元素集（Element Set）来支持编码记录，而且 OAI 的协议也允许使用其他支持 XML 记录定义。另外，OAI-PMH 亦可支持 Perl、Java 和 C + + 等编程语言。OAI-PMH 主要的功能在于从电子全文的数据库中获得相关资料，并制作索引作为查询线索，达到便于搜索电子全文的目的，而在进行全文检索时 OAI-PMH 会以不同的格式提供相关的资源。

OAI-ORE(Open Archives Initiative-Object Reuse and Exchange,开放存档倡议对象重用和交换)定义了描述和交换网络资源聚合的标准。这些聚合,有时也称为复杂数据对象,用多种媒体类型,包含图像、文本、数据和视频等,把分布式的资源集成起来。这些标准的目标是把这些聚合的丰富内容展示给那些支持授权、存储、交换、可视化、重用和保存的应用。它定义了基础数据模型和词汇表示模型里的实体和属性。为了能够明确表示网络资源的聚合,引入了一个新的资源——聚合体(Aggregation),这是一个概念结构,具有一个 URI。为了获得一个聚合体的相关信息,引入了另一个新资源——资源图(Resource Map),它具有机读的表示形式,提供关于聚合体的详细信息。它不仅表示出了聚合体描述的内容,列举了聚合体组成部分的所有资源,而且还揭示出了这些资源相关的关系、属性和元数据,如谁是资源发布者、资源最新修改时间等。资源图可以用不同的格式进行表示,包括 Atom XML、RDF/XML、RDFa、n3、三元组等。

在互操作标准的研究领域中,PID 之间的相互访问与操作也是一个非常重要的内容。在数字资源的生命周期中,根据管理数字资源的机构的识别需要,一个数据对象能够被赋予多个唯一持久标识,例如,出版时被赋予一个 DOI,提交给机构数据库,分配一个 handle,各个持久标识符服务互相补充,会出现部分重叠现象。因此,有必要在这些系统之间建立起一个互操作框架,满足不同领域、不同群体的识别服务需求,对于保存、管理、访问和重用海量数据至关重要,也是整个信息社会的一个关键问题。Norman Paskin[8] 为唯一持久标识互操作定义了三个层次:①语法互操作性,即系统处理语法字符串的能力,即使不同的系统采用了不同的语法模式,也可以识别出来。②语义互操作性,即系统确定两个不同的标识符是否表示同一个指示物。如果不是,两者是否有关系。③交流互操作性,即系统使用标识符合作和沟通的能力,在使用系统中其他的标识符时要充分尊重数据使用上的权限。PLIN 项目给出的定义是:在标识符管理系统的控制范围外对一个组件进行操作,这个组件就是可互操作的。这个操作必须遵循一个良好的界面,如果这个组件不是互操作性的,只有自己的标识符管理系统基础设施可以对它进行操作。如果操作可以通过开放协议(如 Web 服务),使用一个公共记录界面,它就是互操作的。

近年来,多个计划和项目已经开始解决 PID 互操作性的问题,提出在不同的环境下、面对一些在标识符或元数据层次上问题的解决方案。一些项目专门关注数字对象的 PID 互操作问题(如 PILIN),而另一些项目提出作者标识符互操作问题(如 ORCID)。目前,多数的研究项目主要是解决某些局部范围的持久标识符互操作的问题,或者是研究对象的具体性,或者是应用范围的局限性,多数是零散的、不完整的。目前,最普遍的、跨领域的方法是开放文档,但是没有采用它的机构或组织,会采用不同的解决方案,由于还没有一个唯一的全球标识符被统一采用,只能在各个不同的持久标识符系统中寻求建立一个互操作性方案。互操作服务的实现,要应对组织和社会的复杂性,如何在各个不同的持久标识符系统的范围内识别基本的概念、相关的属性以及概念之间的关系,实现跨系统的交流,需要一个整体框架,即互操作参考模型,定义一个公共的语义,即一个公共的概念表示,不涉及任何持久标识符互操作的具体技术实现、标准或系统,这是设计互操作服务的基本前提。这个公共的框架用来支持互操作服务的开发以及有关活动,突破各自持久标识符系统的边界,为各个不同系统的信息交流建立一个公共层,以便产生新的跨系统的互操作服务,确保数字资源的可靠持续的访问,有利于长期保存。

15.2.7　框架与系统标准

开放存档信息系统参考模型(OAIS)(ISO 14721,2003),定义了有效的长期保存和访问信息对象所需的过程,建立了一个共同的语言来描述它们。但它并没有具体说明实施过程,而是提供一个框架,通过描述保存环境所需的基本功能和信息类型,以便成功地进行实现。OAIS 确定了纸质和数字记录的生产者、消费者和管理者之间的强制责任和互动,它通过档案信息和档案功能的详细模型,提供一个标准化的方法来描述仓储库功能。OAIS 出自标准组织——空间数据系统咨询委员会(CCSDS),这个组织主要关注地面和空间数据,但它的发展范围很广,涉及更广泛的利益相关者,而不是仅仅简单地局限在 CCSDS 成员,该组织在 2012 年对此标准进行了修订(ISO 14721:2012)。OAIS 参考模型的另一个补充标准是生产者—档案接口方法抽象标准(PAIMAS)(ISO 20652,2006),它描述了提交和转移一个数字对象到一个档案的协调和合作工作流。

InterPARES 项目[9]保存链模型覆盖了数字记录的生命周期的所有阶段,包括数字对象的制定,它们的创造者对他们批准、配置和长期保存的行动和事宜进行维护。该模型把保存记录的功能放置到一个组织的其他业务功能的语境中。

数字图书馆参考模型由欧盟资助的 DELOS 项目最初创建,之后由 dl. org 项目进一步发展,提供了一个正式的概念框架,描述一个数字图书馆管理系统的特点。该模型旨在克服现有的数字图书馆系统的异构性，提供一致性的检查。

英国数字管理中心公布了其管理的生命周期模型[10]，对成功的数据管理和保存所需的从最初概念或接收开始的各个阶段做了图形化的、较高层次的概述。该模型可用于计划组织内的活动，确保能覆盖到管理周期的所有必要步骤。该模型是一种理想化模型，重点关注管理工作各个阶段之间的相互关系。

15.3 有关问题及建议

数字资源长期保存标准制定和实施应用中存在了诸多的问题：①相关标准的数量非常大，包括正式标准和事实标准，开放标准或专属标准，强制标准或推荐标准，而且标准不断更新，不断废弃，如何管理这些现有标准以及废弃标准，面对众多的标准，一个组织该如何进行选择和取舍，会出现各种困惑。②数字资源长期保存涉及众多的存储机构、研究单位、政府机构、企业、服务提供商等组织，但标准的制定和认证往往被少数行业协会等组织或企业所承担，容易造成一定的垄断控制，服务于少数利益集团，而没有集思广益，多方参与。③尽管已经在这个领域内制定的标准能够处理工作流控制，但是不可能把保存工作流完全在整个业界内统一进行，缺乏一致性；各个组织建设系统，各自为营，又欠缺成熟的互操作标准，导致孤岛现象频现。④数字资源长期保存业界内还普遍存在“重技术，轻管理”的现象，特别是对于安全标准重视不足。为了解决以上的问题，建议从以下几个方面入手。

15.3.1 加强合作，协调各个标准制定方利益

数字保存是一个包容性的领域，需要众多的机构和组织参与，其中政府部门和存储机构处理数字保存业务、策略和需求，学术界、商业公司、研究实验室等提供丰富的实践和解决方案。标准的制定涉及众多的机构和组织的利益，但事实上，随着每一个新格式或者设备的出现，IT 业界都会产生事实标准。到目前为止，除了计算机行业和一些大的政府机构以外，很少有人能对这些标准产生任何有意义的影响。因此，存储机构在技术标准方面，更多地扮演着“标准遵循者”的角色，而不是“标准制定者”的角色，因为它们所占的计算机系统的市场份额相对比较少，它们的影响力也相对比较

小。目前为止，长期保存专家只参与了极少数的标准的制定（如 PDF/A、MPEG -7）。因此，他们对于数字长期保存相关标准发展的影响还相当有限。标准的制定是一个耗时、费力和繁琐的过程，遵循 ISO 的步骤同样也是非常复杂的。加强专家和从业者之间的国际合作会缩短制定和实施的周期，改善工作流程。不同机构、组织或企业都有自己的优势和不足，各方可以共享计划、工具和方法，充分调动各个方面的力量参与到长期保存标准化活动中。数字长期保存界应该在一些相关领域采取更加积极的行动，与标准机构和工作组共同合作，相互沟通，在相关标准制定方面担负起更实质性的作用。一起解决不同领域的标准难题是每个数字保存专家需要具有的技能，还要有判断一个标准是否适合自己领域内的技能。数字保存专业人士也能通过主动监测其他领域的技术发展，监测相关的趋势，更早地采取行动。加强专家和从业人员之间的沟通，由于数字保存领域专业人员更了解自身的实际工作需求，具有丰富的专业背景知识，这样的合作，使得数字长期保存从业人员更容易接受、推行和遵循自己领域专家参与制定的标准。

15.3.2　重视互操作

因为目前还不存在高度一致的、万能的标准，所以软件系统间的交换是目前已知的数字对象的生命周期里的主要风险点。数字资源保存领域每个存储机构的目的不同，因此不可能在所有的问题上都采用完全一致的标准去建设系统。数字保存越来越多地被看作是一个互操作活动，它伴随着一连串的步骤，这些步骤形成一个对象的生命周期，还有更多的内容将在系统之间进行迁移。各个存储机构根据自己的需求，会采用不同的标准来建设数字长期保存系统。如何保证不同系统之间的互操作，是一项艰巨的任务。例如，在数字资源的生命周期中，根据管理数字资源的机构的识别需要，一个数据对象能够被赋予多个持久标识符；例如，出版时被赋予一个 DOI 标识符，提交给机构数据库，分配一个 handle 标识符，各个持久标识符服务互相补充，即使会出现部分重叠现象，但也不能相互替代。实现不同的 PI 系统之间的互操作，实体和它们的持久标识符之间的关系标准化，为实现正确的互操作解决方案和交换奠定基础。因此，有必要在这些系统之上建立起一个互操作框架，创建持久标识符系统之间互操作的条件和环境，使不同持久标识系统下的数字资源之间可以顺畅交流。

15.3.3 建立可信赖性仓储

存储机构通过安全存放信息和提供访问途径来满足社会需求,信息安全的主要目的是确保现有的服务,这些信息安全标准不是替换数字长期保存界已有的标准,而是加强现有的标准。存储机构的信息安全需求和标准的意识都不断增强,但还没有广泛地具有应用这些标准和管理工具的能力,很多存储机构由于对其复杂的信息安全需求缺乏认识,没有考虑到实施这些安全标准的不同的环境因素。通常情况下,在存储机构里实施的所有信息安全措施,除了业务持续计划外,还缺乏长远的战略规划。信任是通过一个长期保存规划的基于标准的方法来实现的,人们越来越意识到需要一个独立机构验证的可靠的过程,验证、审计和认证的独立性需要一个更高水平的信任,确保可信赖性仓储的顺利建设。

15.3.4 制定标准导航图

许多现有的标准对于一个存储机构来讲,具有不必要的细节,或过于技术化,以至于难以适用在日常工作。组织应该能够清楚地知道它们何时是适用的,如何务实、连贯地实施它们。而目前面临的挑战是从与长期保存相关的200多个标准中如何进行选择,来满足其组织的特定需求。正式标准并不一定被广泛采用和实施,例如,JPEG 2000图像格式是一个ISO标准,但它不被目前Web浏览器版本广泛支持,而不太利于长期保存的GIF(图形交换格式)、JPEG(联合图像专家组)和PNG(便携式网络图形)却得到了很好的支持。任何一个进行数字长期保存的存储机构,都应该建立一套标准导航图,即标准指南。这个标准导航图不是简单的标准列表,应该能够详细地说明每个标准的适用范围和选择依据。在标准导航图的指导下,相关人员能够确定哪些标准是适用的,去实施这些有利于他们组织的标准。这样就能快速方便地去浏览标准库,帮助选择对组织来讲比较适合的标准。

15.4 小结

本章提出数字保存的标准体系框架,从横向和纵向两个角度对数字保存涉及的标准进行划分,进行规划化管理;详细阐述长期保存标准体系框架中的主要标准,系统地归纳和分析基础数据标准、与摄入相关的标准、与存储相关的标准、与访问相关的标准、管理标准、互操作标准、框架与系统标准的作用、特点和应用环境；最后针对数字资源长期保存标准制定和实施应用中存在的诸多问题，例如，如何在众多的标准中进行选择和取舍，标准制定中的垄断控制问题，“重技术，轻管理”的现象，提出了相应的建议：加强合作，协调各个标准制定方的利益，重视互操作，建立可信赖性仓储，制定标准导航图。

数字资源长期保存标准框架应该是一个动态变化、逐渐完善的体系，在宏观框架确定的前提下，根据技术的发展，实践的反馈，我们会对其进行适当的微调和修改以使其更具科学性，更适合实践的发展。在按照数字资源长期保存标准框架制定新标准的同时，应该及时考虑陈旧标准的废止、修订工作，针对当前的技术水平和实践状况，及时调整原有标准中与实践发展不相适应的内容，否则这些标准不仅不能成为数字资源长期保存实践的有力指导，还会成为束缚其发展的瓶颈。

（刘振、张智雄、郭家义）

参考文献

[1] Bazzanella B, Palpanas T, Stoermer H. Towards a general entity representation model [C]. Information Reuse & Integration, 2009. IRI '09. IEEE International Conference on. IEEE, 2009: 431 - 432.

[2] LMER [EB/OL]. [2014 - 11 - 15]. http://www.dnb.de/EN/Standardisierung/LMER/lmer_node.html.

[3] USZOK A, BRADSHAW J, JEFFERS R, et al. KAoS policy and domain services: Toward a description-logic approach to policy representation, deconfliction, and enforcement [C]. Policies for Distributed Systems and Networks, 2003. Proceedings. POLICY 2003. IEEE 4th International Workshop on. IEEE, 2003: 93 - 96.

[4] DAMIANOU N, DULAY N, LUPU E, et al. The ponder policy specification language [M]. Policies for Distributed Systems and Networks. Springer Berlin Heidelberg, 2001: 18 - 38.

[5] KAGAL L, FININ T, JOSHI A. A policy language for a pervasive computing environment [C]. Policies for Distributed Systems and Networks, 2003. Proceedings. POLICY 2003. IEEE 4th International Workshop on. IEEE, 2003: 63 - 74.

[6] BONATTI P A, DE COI J L, OLMEDILLA D, et al. Rule-based policy representations and reasoning [M]. Semantic techniques for the web. Springer Berlin Heidelberg, 2009: 201 - 232.

[7] MUHLEISEN H, KOST M, FREYTAG J C. SWRL-based access policies for linked data [C]. SPOT 2010 2nd Workshop on Trust and Privacy on the Social and Semantic Web, Heraklion, Greece, 2010.

[8] Paskin N. Digital object identifier (DOI) system [J]. Encyclopedia of library and information sciences, 2010(3): 1586 - 1592.

[9] InterPares [EB/OL]. [2014 - 11 - 15]. http://www.interpares.org/.

[10] DCC [EB/OL]. [2014 - 11 - 15]. http://www.dcc.ac.uk/resources/curation-lifecycle-model.

16　数字保存的成本问题

数字保存的成本问题是数字保存经济问题的重要方面。要实现数字保存的经济可持续性，必须对数字保存的成本有深入理解，比如，数字保存成本的主要影响因素有哪些，主要构成方面是什么，有哪些分布规律可循，可使用的成本计算工具有哪些，等等。上述问题是数字保存利益相关者普遍关注的问题，也是很多机构、政府部门的决策者最关心的问题。

本章对数字保存的成本问题进行分析、梳理和总结，从数字保存成本的影响因素、数字保存的生命周期成本、人工成本、软硬件成本等角度，揭示数字保存成本的一些规律，并简要介绍几个数字保存成本分析工具模型。

16.1　数字保存成本研究的重要性

数字保存的成本，是指进行数字保存所耗费的各种资源的价值，这些资源主要包括人力、各种基础设施、设备、软件以及管理费用等。

透彻地理解数字保存的成本，对合理配置资源、确保数字保存活动的可持续性具有重要意义。数字保存，与其他组织管理活动一样，由一系列资源调配决策所推动和维护。这些决策必然要基于对数字保存的成本包括所需投入以及预期收益理解之上，否则一旦成本大于收益，数字保存活动将极易陷入财务危机而不可持续，最终以失败告终[1]。对成本的理解，也将使决策者能够做出更明智的投资选择，确保相关投入产生最大的影响[2]。另外，数字仓储或档案馆不仅要对数字保存活动的成本有深入理解，并且要对这些成本进行专业地管理，以向资助方证明资金投入的有效性，或者至少证明资金使用是可控的，从而获得更多的资金支持[3]。

然而，理解数据保存成本面临诸多挑战。随着数字资产在数量和复杂程度上的飞速增长，对数字保存活动进行财务预算越来越困难[4]。同时，对数字保存活动的成本数据进行对比依然较为困难,因为目前大多数研究,都是针对某个机构或某类数字对象,基于特定的方法进行成本测量和调整[5],过于具体,不够宏观。

在这种情况下,对数字保存的成本进行研究以揭示数字保存成本规律变得尤为迫切和重要。

16.2 数字保存成本的差异性分析

研究表明,不同的数字保存项目,其数字保存的成本往往差异较大。影响数字保存成本的因素很多,笔者认为,主要有以下五个:

(1)馆藏数字对象的性质

馆藏数字对象的性质主要是指数字对象的媒介材质、对保存环境要求等。数字对象的性质,对保存方法、保存流程等有较大影响,因而对成本影响较大。例如,一些珍贵的历史文献,由于历史原因,或存在于光盘上面,或存在于磁带上面,为了使此类数据能够长期存活,不得不采取一系列技术手段和流程,如迁移、仿真等,这种馆藏的长期保存成本,与磁盘数据相比,通常要大一些。

(2)馆藏数字对象格式的复杂程度

通常,馆藏数字对象的格式越复杂,对其进行数字保存的方法和程序也越复杂,成本往往越高。例如,对英国考古数据服务(Archaeology Data Service,ADS)[6]的成本研究表明,图片、文本、简单的 EXCEL 工作表和数据表格文件的数字保存成本要少于 CAD、GIS 和关系数据库文件。这种成本差异主要是由数字归档(Digital archiving)过程中对馆藏进行迁移(Migration)和确认(Validation)的相关程序差异造成的。

(3)数字保存仓储成熟程度

仓储越成熟,其对资源的调配越趋于合理,成本也相对较低。一些数字保存仓储,如英国图书馆、剑桥大学、伦敦国王学院等机构,其数字保存仓储已经较为成熟,积累了较多数字保存成本管理经验,被 LIFE[7-8]、KRDS[6][9]等著名数字保存成本研究项目选作案例进行研究。但是一些初创的数字保存仓储,无论在人员设置还是流程管理方面都不够成熟,经验相对缺乏,导致成本相对较高。

(4)从事数字保存工作人员的职级构成

人工成本是数字保存成本的主要组成部分。不同的数字保存仓储,其人员职级往往存在差异，因而薪资水平不同，导致了人工成本的差异，进而导致数字保存成本的差异。例如，一些以数字保存为核心业务的机构，从事数字保存的人员级别（专业职称或行政职位等）较高，薪资也较高，而一些以数字保存为边缘业务的机构，从事数字保存的人员级别较低，薪资也较低，这一差异直接导致了人工成本的差异。

（5）数字保存的自动化程度

自动化程度会对人工成本和软件成本产生较大影响，进而影响数字保存的成本。通常，自动化程度越高，人工参与越少，越能节省人工成本。但自动化程度高，通常意味着使用了更多的软件工具，即软件成本可能会增加。

16.3　数字保存成本的主要构成及投入规律

数字保存是一个连接数字资源生产者、消费者、管理者的复杂系统和工程，涉及人力资源、软硬件、基础设施、行政管理等成本因素。面对不同的应用场景，数字保存的体系框架往往有所差异，所消耗的资源也复杂多样。本节对当前的数字保存成本研究进行分析整理，从生命周期成本、人工成本、软硬件成本等角度，对数字保存的成本构成及投入规律进行归纳总结。

16.3.1　数字保存成本的生命周期分布

数字对象的生命周期是指该数字对象从被创建（Creation）到被访问（Access）的全部过程[10]。在数字保存活动中，为了便于研究，研究人员将具有较强相关性的过程（比如与摄入相关的过程）分别聚集（Group）在一起，形成若干个生命周期阶段（Lifecycle Stage），这些生命周期阶段构成了完整的数字保存生命周期。数字保存成本分布在生命周期的各个阶段，从生命周期的角度揭示数字保存成本分布规律，例如，各个生命周期阶段耗费的成本是怎样的，哪个生命周期阶段的成本最高，等等，对揭示数字保存的成本分布和管理数字保存成本具有重要意义。

电子文献的生命周期信息（Lifecycle Information for E-literature，LIFE）项目从生命周期角度对数字对象的长期保存成本进行研究。LIFE 模型（V1.1）[11]将数字对象的生命周期划分为七个阶段，分别是创建（Creation）、获取（Acquisition）、摄入（Ingest）、元数据创建（Metadata Creation）、位流保存（Bit-stream Preservation）、内容保存（Content Preservation）和访问（Access）。每个阶段由若干个生命周期元素（Lifecycle Element）构成，在实际应用中，可根据实际情况将元素进一步细分。LIFE1.1 模型的生命周期阶段和生命周期元素如表 16－1 所示。

表 16－1　LIFE 生命周期阶段和生命周期元素（V1.1）[12]

生命周期阶段（Lifecycle stage）	创建或购买（Creation or Purchase）	获取（Acquisition）	摄入（Ingest）	元数据创建（Metadata Creation）	字节流保存（Bit-stream Preservation）	内容保存（Content Preservation）	访问（Access）
生命周期元素（Lifecycle element）	挑选＊	挑选（Selection）	质量保证（Quality Assurance）	复用现有元数据（Re-use Existing Metadata）	仓储管理（Repository Administration）	保存监测（Preservation Watch）	提供访问（Access Provision）
	运输＊	提交协议（Submission Agreement）	存放（Deposit）	元数据创建（Metadata Creation）	提供存储（Storage Provision）	保存规划（Preservation planning）	访问控制（Access Control）
		知识产权及许可（IPR & Licensing）	保持更新（Holdings Update）	元数据抽取（Metadata Extraction）	更新（Refreshment）	执行保存（Presevation Action）	用户支持（User Support）
		订购（Ordering and Invoicing）	参考链接（Reference Linking）		备份（Backup）	再摄入（Re-ingest）	
		获得（Obtaining）			检查（Inspection）		
		登记（Check-in）					

笔者在 LIFE 研究结果的基础上，整理总结出一些数字保存的生命周期成本分布规律，简述如下。

1）获取（Acquisition）成本和访问（Access）成本在总成本中所占比例相对固定，其中获取成本一般占总成本比例较大，访问成本在总成本中占一定比例。以 LIFE1 中的伦敦大学图书馆电子期刊的数字保存案例为例（见表 16－2），其成本主要分布在获取上，占总成本 98.42%；其次是访问成本，占 1.51%。

表 16－2　伦敦大学电子期刊数字保存成本[13]

LIFE 生命周期	10 年保存成本	占总成本比例
获取（Aq）		
购买	£ 5105.71	97.40
职员	£ 53.36	1.02
摄入（I）	£ 0	0
元数据（M）	£ 3.97	0.08
访问（Ac）		
职员 A	£ 44.69	0.85
职员 B	£ 34.84	0.66
存储（S）	£ 0	0
保存（P）	£ 0	0
总计	£ 5242.57	100%

LIFE2 的 SHERPA DP 案例中，获取成本占到总成本的 61.81%，访问成本占总成本比例则为 9.93%，如表 16－3。

表 16－3　SHERPA DP 一年生命周期成本分布及占总成本比例表[14]

LIFE 生命周期阶段	创建（C）	获取（Aq）	摄入（I）	元数据（M）	比特流保存（BP）	内容保存（CP）	访问（Ac）	总计
成本（£）	0	74 050	763	0	19 848	13 233	11 901	119 801
占总成本比例（%）	0	61.81	0.64	0	16.57	11.05	9.93	100

2）对于自动化程度较高的数字保存项目，保存（Preservation）成本在总成本中所占比例较为显著，摄入（Ingest）和元数据（Metadata）成本占总成本比例则较小。LIFE2 成本模型将保存细分为两个子阶段，即比特流保存和内容保存。SHERPA DP[15] 是一个自动化程度较高的数字保存项目，被 LIFE2 作为案例进行研究。该项目一年生命周期成本分布如表 16－4 所示，保存成

本占总成本比例为 27.62%，其中比特流保存占 16.57%、内容保存占 11.05%。访问成本占总成本比例 9.93%。而摄入(Ingest)和元数据(Metadata)成本则占比较小，分别为 0.64% 和 0。SHERPA DP 项目的五年生命周期成本分布及占总成本比例如表 16-4 所示，各阶段成本从大到小依次主要分布在比特流保存(39.62%)、内容保存(20.34%)、获取(24.40%)和访问(14.44%)。摄入和元数据成本占比较小，分别为 1.21% 和 0。

表 16-4　SHERPA DP 项目的五年生命周期成本分布及占总成本比例[16]

LIFE 生命周期	创建(C)	获取(Aq)	摄入(I)	元数据(M)	比特流保存(BP)	内容保存(CP)	访问(Ac)	总计
成本(£)	0	77 510	3 841	0	125 870	64 615	45 875	317 711
占总成本比例(%)	0.00	24.40	1.21	0.00	39.62	20.34	14.44	100.00

3)对于自动化程度较低的数字保存项目，摄入成本和元数据成本占总成本比例较为显著，甚至超过了保存成本。SHERPA-LEAP[17] 是一个由伦敦大学发起的伦敦高校联盟。LIFE2 以 SHERPA-LEAP 中的三个高校的数字保存仓库为研究案例，分析了他们的数字保存成本分布情况。图 16-1 是三所院校数字仓储单个实体一年的生命周期成本分布图。除了分布较为固定的获取和访问成本外，与之前案例不同的是，摄入和元数据成本在总成本中比例较为显著，甚至超过了保存成本。

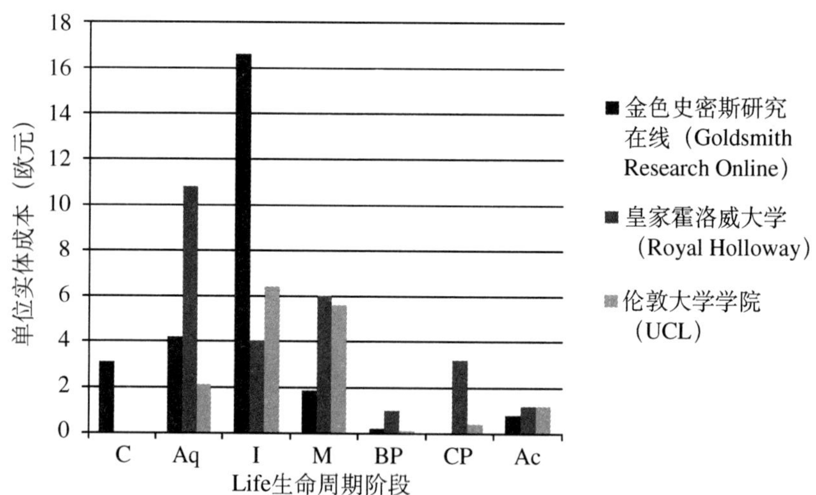

图 16-1　SHERPA-LEAP 案例中单位实体一年的生命周期成本分布[18]

LIFE2 中的英国图书馆报纸长期保存案例同样支撑了这个观点[19]。表 16－5 是英国图书馆单个报纸实体长期保存的五年成本明细，其中，摄入和元数据成本占总成本比例分别为 18.18% 和 3.64%，高于比特流保存的 3.64% 和内容保存的 1.82%。

表 16－5　英国图书馆报纸长期保存单个实体五年成本[20]

LIFE 生命周期	创建（C）	获取（Aq）	摄入（I）	元数据（M）	比特流保存（BP）	内容保存（CP）	访问（Ac）	总计
成本（£）	2.4	1.2	1	0.2	0.2	0.1	0.4	5.5
占总成本比例（%）	43.64	21.82	18.18	3.64	3.64	1.82	7.27	100.00

16.3.2　数字保存的人工成本

在数字保存活动中，有一些工作必须由人工完成，比如软硬件操作和维护、行政管理等。这些人员的薪金是人工成本的主要构成部分。

（1）人工成本在数字保存总成本中占比非常大

人工成本是数字保存成本的主要组成部分。数字保存活动的执行、运营、软硬件维护和技术支持等，都离不开人工。许多研究案例[21－24]表明，数字保存是一项高劳动强度的活动。分析考古学数据服务（ADS）[25]的数字保存成本后发现，24 件馆藏中，人工成本占总成本 60%—62% 的有 12 件馆藏，人工成本占总成本 50%—59% 的有 6 件馆藏，人工成本占总成本 40%—49% 的有 2 件馆藏，人工成本占总成本 30%—39% 的有 1 件馆藏，人工成本占总成本 20%—29% 的有 2 件馆藏，人工成本占总成本 10%—19% 的有 1 件馆藏。

使用 KRDS2 模型对 ADS 的数字保存成本进行分析发现，人工成本最大的五个生命周期阶段，按数字保存流程依次是预存档（Pre-archive），获取（Acquisition），摄入（Ingest），存档和访问（Access）。其中，消耗人工成本最大的是访问，占总人工成本的 31%。馆藏在到达档案馆之前，包括摄入过程，总共消耗了 55% 的人工成本，存档（Archive）活动消耗的人工成本相对较小，仅占总人工成本的 15%。当然，不同的数字保存项目，情况可能有所不同。

人工成本与数字保存活动的自动化程度直接相关，因而变动区间较大。自动化程度低的数字保存活动，人工成本较高。反之亦然。很多数字保存活动既可以通过人工完成,也有自动化解决方案。例如,元数据可通过工具自动抽取,也可由人工创建。

随着技术进步和新工具的不断开发,数字保存对人力资源的依赖程度正逐渐降低。那些之前需要投入人工成本的活动,在采用自动化解决方案后,将大幅减少人工成本的消耗。

(2)数字保存团队的人员构成

数字保存是一项劳动密集型活动,需要较多的人工投入。一个数字保存团队通常至少要有:①一名管理人员,全面负责整体的协调沟通;②一名技术人员,负责软硬件的安装管理、代码开发等技术支持;③一名数字保存人员,负责数字保存规划和标准制定、数字保存活动的实施等。上述人员构成是数字保存最基本的人力资源成本要求。根据实际需求,可适当调整人力资源投入,如增加若干名助理等。

数字保存团队的人员构成与机构的组织结构有关。一个机构在它成立之时,其人员构成通常已经基本固定了。虽然人事自主权较大的机构,有时可以将一位员工从一个活动调动至另一个活动,但这种情况并不经常发生。而在一些专业机构,具有某专业技能的员工比率往往是固定的,也影响着数字保存团队的人员构成[26]。

以下是一些机构的数字保存团队人员构成,可供读者参考:

剑桥大学的数字长期保存服务(Dspace@ Cambridge)[27]具有 150TB 的存储能力,其团队由四个全职工作人员组成,其中,三个为 G8 级别(Grade8)、一个为 G6 级别,共同负责系统管理、摄入、元数据、用户培训、开发新服务、修复代码、数据库优化等。另外还有一个半日工时的数字化和数字保存专家,负责制定保存策略和保存规划、元数据管理、保存方法的技术监测和研究、生命周期管理以及为数据创建者提供格式和保存问题建议。

伦敦国王学院的数字保存仓储[28]每年可人工摄入 30 件藏品,其数字保存团队共设置了三位职员:一个全职档案馆管理员(年薪 45 000 英镑)来协调各项活动;一个半职系统管理员(年薪 24 000 英镑)来安装和管理软硬件;一个藏品员(年薪 35 000 英镑)负责开发和实现合适的科研数据长期保存工作流和标准。当藏品数量达到仓库的极限后,需要新增 CO 来协助完成额外工作。

英国图书馆(British Library)网站内容保存团队[29]负责管理、运营和执行网站内容保存活动。该团队的人力成本为七个全工时员工,分别是网站内容保存规划管理员一名、技术工程师一名、网站内容保存员一名、项目管理员一名、网站内容保存官两名、版权管理官一名。

16.3.3　数字保存的软硬件成本

软硬件投入是数据保存活动总成本中非常重要的组成部分。要实现数字资源的长期保存，必定需要相关的硬件设备支撑，如存储介质、服务器等；在一些功能实体中，使用软件工具完成相关任务，无论是效率还是质量，都要优于人工。

（1）硬件成本

无论自动化程度高低，对于数字保存而言，硬件都是必需的。在由德国科学基金会资助的数字保存成本研究项目 DP4LIB[30] 的案例中，硬件成本是仅次于人工成本的第二大成本，占总成本 23.47％。

要满足基本的数字保存需求，最低的硬件投入通常如下：①服务器若干台，用于管理数字保存过程，如提供接收和分发各种信息包、管理数据库、向用户提供访问服务等；②存储设备若干，用于提供一定容量的存储能力。

硬件成本主要并不体现在硬件本身，而体现在硬件系统的维护上。随着技术的不断进步，硬件设备本身的成本正在快速降低[31]。KRDS 项目报告称，物理磁盘存储和备份媒介成本正在快速降低，根据存储市场价格测算，2008 年存储 1GB 的成本低至大约 1 元人民币，而目前这一成本已低至 0.25 元人民币，估计不久以后将几近于零，可忽略不计。但相比之下，硬件系统的周边成本，包括持续更新、维护、备份和保险成本等，要大得多。当档案保存达到了存储能力上限，档案馆则需要对数字保存系统进行新的、显著的调整。另外，技术进步以及软硬件的变化，也使得档案馆不得不定期地更新系统。以 ADS 为例，十年来，ADS 已更新了三代设备，五年一个更新周期，无论从设备上，还是人工成本上，都是极为昂贵的。

以下是一些机构的数字保存硬件构成，可供读者参考：剑桥 Dspace@Cambridge 数字保存服务具有 150TB 的保存能力，其硬件投入包括：一个 Sun Fire X4500 x64 服务器，成本为 69 171.12 英镑，存储设备 DELL/EMC CX3－20c FC4 SPE、DAE4P－OS for CX3－20，DAE DAE4P FC4 for CX3－10/20/40/80，成本为 107 122.70 英镑。伦敦国王学院艺术与人文数据服务（AHDS）有 15TB 存储能力，其硬件系统由存储媒介、磁带库和为终端用户提供访问功能的分发服务器构成。

（2）软件成本

在数字保存活动中，相关的辅助软件工具，既可以节省人工成本，也可以提高质量和效率。目前,已有一些成熟的数字保存软件工具,如数字保存元数据工具 JHOVE2[32]、DROID[33],数字仓储软件 Fedora[34]、Dspace[35],数字保存系统 LOCKSS[36]、CHRONOPOLIS[37]等。

软件成本在数字保存总成本中所占比例通常较小。在数字保存中用到的软件很多是开源免费的。

成熟的数字保存系统大部分是开源免费的。例如,有国际数字档案馆示范工程之称的 RODA(Repository of Authentic Digital Objects)[38]数字保存系统,由葡萄牙国家档案馆开发,良好支持现有的数字保存标准 OAIS、METS、EAD 和 PREMIS 等,是一款开源免费软件。佛罗里达图书馆自动化中心(Florida Center for Library Automation,FCLA)开发的阳光之州中的暗存档(Dark Archive In The Sunshine State,DAITSS)[39],系统实现了 OAIS 参考模型中的各项功能实体,也是一个开源的数字保存系统。其他著名的开源数字保存系统还有 DSPACE,Razuna[40]等。

数字保存活动中用到的专业软件工具大部分也是开源免费的。例如,本书前面章节中提到的诸多工具,包括用于摄入的包处理工具 BagIt、元数据提取工具 MET、PDF 处理工具 PDFBOX、格式识别工具 Xena;用于存储的 Hadoop、Duracloud;数字仓储系统 Dspace、Fedora;用于保存规划的 Plato,用于格式管理的 JHOVE2、Fido 等,都是开源工具。

SHERPA-LEAP[41]数字保存项目所用到的软件为开源软件,分析其成本数据发现,其软件成本为零。DP4LIB[42]的案例研究表明,即便在数字保存中使用商业软件,软件成本也是各项成本(包括软件、硬件、人力、外部服务等)中几乎是最小的,仅占总成本 9.51%,与办公场地费用比例(9.30%)相当。如图 16-2 所示。

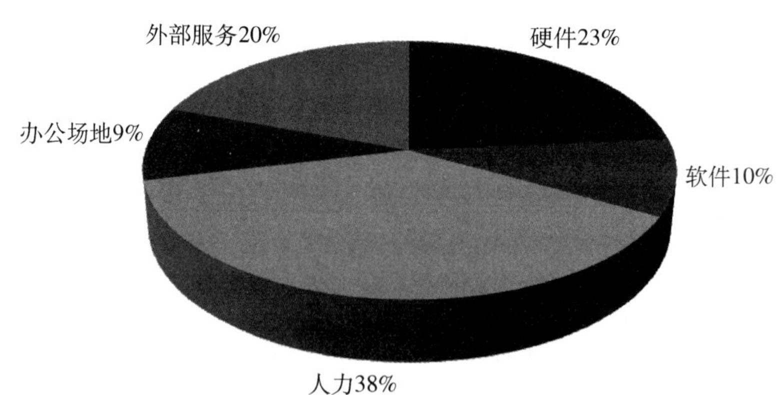

图 16-2　DP4LIB 成本研究案例的成本分布[43]

16.3.4　数字保存的其他成本

数字保存活动中的人事管理、财务管理、基础设施支持（如办公场地）等，以及一些经济因素（如通货膨胀、拆旧等），并不与数字保存活动直接相关，但也会产生成本。LIFE 成本模型中将这部分成本称为非生命周期成本（Non-lifecycle Cost），其他一些成本模型将这类成本称为间接成本[44-46]。间接成本通常是跟整个项目相关的，在数字保存项目中通常被多个数字保存活动共同使用。这些成本不可能分发到具体活动中，也不会因为某个活动的是否进行而变化。

间接成本并不是数字保存成本的主要组成部分，但也不容忽视。例如，英国数据档案馆（UKDA）隶属于艾塞克斯大学，但基本上独自承担了几乎所有的财务和人力资源管理活动，如果去除这些间接成本，UKDA 的数字保存支持服务的成本将减少 12% 左右。

由于缺少很好的测度方法，间接成本有时候被加在直接成本里面，作为直接成本的一部分（占直接成本的一个百分比），但并不完全等同于直接成本。T-CMDP[47]成本模型的间接成本包含了 1.25 倍薪水额来作为全部劳动力成本，包含了 20% 的日常管理费用作为办公空间支出。其他数字保存成本模型大多利用全经济成本（Full Economic Costing，FEC）模型来计算间接成本。

16.4　数字保存成本分析工具

分析数字保存活动的成本，通常面临两个主要问题：首先，该活动使用了哪些资源；其次，与该活动相关的成本影响因素有哪些，如数字资产数量、通货膨胀率等。通过建立资源组织模型，对众多资源进行合理有效的组织，可更清晰地梳理并准确表示它们。目前，大多数成本模型以活动（Activity-based）为线索来组织资源，即所谓的活动模型，同一活动（如摄入）所消耗的资源将被组织在一起。成本变量代表那些除了资源本身以外的影响成本的重要因素。

近年来，一大批数字保存成本模型项目不断涌现。本节从中挑选出三个较有代表性的数字保存成本模型，做简要介绍。

16.4.1　NASA-CET 成本估算工具

NASA-CET 是 NASA 地球科学事业部（ESE）开发的成本估算工具。主要用户有两类，一是项目调研员，他们需要估计具体数据服务活动的成本，为 ESE 管理层提供优质建议；另一个是 ESE 项目办公室，它需要估计不同数据服务架构的成本，以在可能的选择中实现最好的成本和收益平衡。NASA-CET 已发布了多个版本，最新版本是 2.4。

（1）NASA-CET 的资源组织模型和成本变量设置

NASA-CET[48-49] 的前提假设是：基于对过去的数据活动的历史和经验的分析，可对未来的数据活动成本进行合理可靠估计。这里，术语"数据活动"代表一个执行科学数据处理若干功能（functions，包括管理、设备、工程支持等）的实体。

NASA-CET 的成本估算围绕着资源组织和成本变量设置这两个问题。具体做法是，对 NASA 现有的 19 个数据活动，包括 NASA 地球和空间科学数据活动以及美国国家海洋和大气局、英国、法国等的数据活动，进行对比分析，调查这些数据活动所执行的功能以及特征信息，基于此，开发出一个通用的参考模型，即数据活动参考模型（Data Activity Reference Model，RM）。该模型包括一个功能区集合（详见《CET 用户手册》）、一个参数集合（详见《CET 技术说明文档》），以及一个各功能区需求和服务层级集合（详见《CET 用户手册》）。其中功能区集合即所谓的活动模型，用于对资源进行组织，包括摄入、处理、文件编制、存档、获取分发、用户支持等；而参数集合则包含了 NASA-CET 的成本变量设置情况。

RM 起到了活动基准的作用，将所有活动映射到 RM 上，即可实现不同数据活动的对比。以 RM 为框架，NASA 建立了对比数据库（Comparables Database，简称 CDB），即将 NASA 现有的 19 个数据活动映射到 RM 上，建立一个可供比较的基准数据库。最新的 CET2.4 版本中，CDB 已经存储了 29 个现有数据活动的描述信息。图 16-3 展示了 CET 的成本估算流程：

（2）数据活动描述及成本估算

进行数据活动成本估算时，用户需向 CET 输入对待估算数据活动进行描述的信息。CET 根据这些描述信息将数据活动以功能为单位映射到 RM 上，从而可以在 CBD 中为待估算数据活动的每个功能挑选出最相似的功能，以相似功能的成本来估算该数据活动功能的成本。各个功能的成本估算值的和，便是该数据活动的总成本估算值。

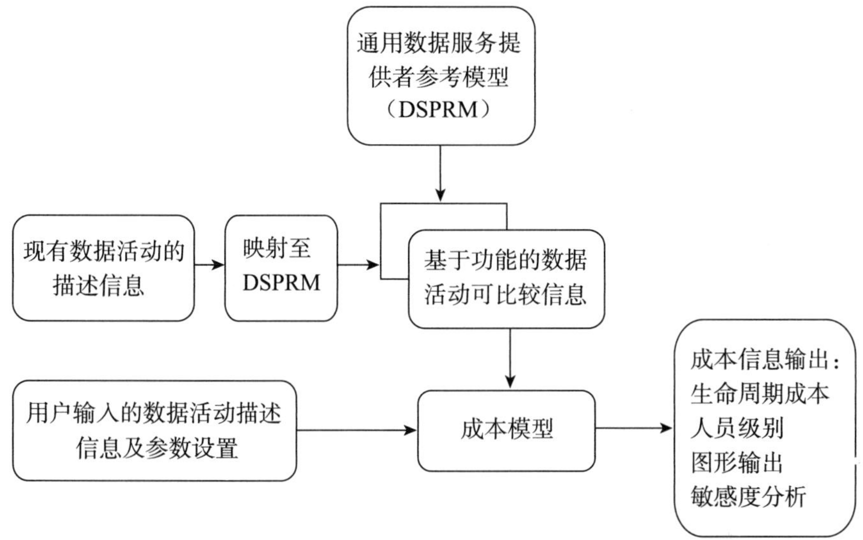

图 16－3　NASA-CET 数据活动参考模型的概念框架[50]

用户向 CET 输入的描述数据活动的信息，称为该活动的活动数据集（Activity Dataset）。活动数据集主要包括两类信息：数据活动级信息（Data Activity Level Information）和功能区信息（Functional Area Information）。功能区信息又可划分为操作型功能信息和非操作型功能信息，两者区别在于前者直接涉及数据处理和服务，如摄入、处理等，后者则涉及对数据处理功能的支持，如实现、维护工程等。

数据活动级信息。此类信息将作为整体应用于整个数据活动中，包括基本任务参数如活动开始年份、初步实施占用的时间长度、活动开始运作的时间和活动运作时间长度等。数据活动级信息还包括一个人工费率集，用于估算人工成本。

操作型功能信息（Functional Area Information-Operating Functions）。操作型功能包括摄入、处理、存档和分发，以及文档和用户支持。描述操作型功能需要两类信息。第一类是将功能作为整体进行描述的信息，如服务的整体级别。第二类信息是描述功能的工作量的信息，即关于数据处理或该功能执行的其他活动的细节描述的信息。在 CET 中，基本的工作量参数是产品类型、产品和（产品）数量。基于这些参数，以及其他一些参数，可对摄入、处理、分发、支持服务等功能的工作量进行描述。

非操作型功能信息（Functional Area Information-Non-Operating Functions）。非操作型功能包括实现、维护工程、技术协调、其他非人力成本等。

CET 的成本估算输出结果主要包括生命周期成本估算表、质量报告等。CET 工具包中还包含了一个估算复审工具,可用于在完成成本估算之后,对成本估算值进行检查和调整,以使成本估算更加适应特定的数据活动场景。

(3)NASA-CET 的优势和不足

NASA-CET 模型覆盖了很多项目内部成本的细节信息,因此对于想评价"科研数据管理"和分享新研究项目成本的项目调研员而言是非常有用的。但是,CET 需要用户自己确定数据活动并将其描述信息输入到这个工具中,这需要投入大量时间。对于空间科学家而言,这个复杂度可能一般,但是对绝大多数其他学科的科学家而言,它太复杂了。这使得绝大部分研究人员不愿意使用它。如果它再简单一点,它可能会成为一个有用的项目成本估算工具。

CET 对数据活动的成本估算基于它自己的一套假设、比较数据库和用户提供的数据活动描述信息。该估算值是众多成本估算工具产生的估算值中的一个,不能被视作是被估算数据活动成本的准确值。事实上,CET 的输出值质量不会优于输入数据质量、可比较信息质量或用户输入的数据活动描述信息质量中的任一个。换句话说,无论输入数据如何完美,CET 的输出数据也不会是完美的。

16.4.2 LIFE 数字保存成本模型

电子文献的生命周期信息(Lifecycle Information for E-literature,简称 LIFE)项目由英国图书馆和伦敦大学图书馆联合执行,由 JISC 资助。正如项目名称所指示的一样,LIFE 项目的目的是,弄清数字文献(图书馆的数字资源)在获取、摄入、存储、读取和保存等全生命过程中的成本是多少。经过广泛的文献调研,LIFE 项目选择生命周期法作为数字保存成本模型的方法。LIFE 共进行了三期[51-53],每期项目都是对前一期项目的深化和优化。到第三期结束时,LIFE 项目开发完成了一个基于生命周期的数字保存成本模型、一个数字保存成本计算工具(Spreadsheet 版、网络版)[54],以及若干个应用 LIFE 模型进行数字保存成本估算的案例,这些对于理解和计算数字资产的全生命周期的成本是极有帮助的。

(1)LIFE 的资源组织模型

LIFE 采用生命周期法来计算数字保存的成本。在 LIFE 成本模型中,数字资产的生命周期分为七个阶段。从资源组织的角度看,这七个阶段实际上即等同于七个活动,数字保存所使用的资源必将被投入到这七个活动中的一个或多个。因此,对生命周期阶段的划分实际上就是一个活动模型,通过这个活动模型,对资源进行组织。这七个阶段是创建(Creation)、获取(Acquisition)、摄入(Ingest)、元数据创建(Metadata Creation)、比特流保存(Bit-stream Preservation)、内容保存(Content Preservation)和访问(Access)。每个阶段都有若干个元素,元素又有子元素。子元素成本的和是元素成本,元素成本的和是阶段成本,各阶段成本的和便是数字保存的生命周期成本。各个阶段包含的活动范围详见 LIFE 项目报告。

(2)LIFE 成本预测工具

为了使用户更容易对生命周期成本进行估算,LIFE 采用 Spreadsheet 模板的形式,基于 LIFE 活动模型,融合各种成本变量,为用户提供了 LIFE 成本预测工具。工具中已准备好了成本变量及其默认值,这些默认值根据案例研究中的平均值计算而来。

LIFE 成本预测工具共包含了三类表,即基础输入表(Basic Input)、优化表(Refinement Sheets)和输出表(Output)。基础输入表中包含若干个与数字资产整体情况和组织机构类型相关的字段,以及执行或重置成本计算的命令按钮,用户只需根据待预测的数字保存项目情况,在基础输入表中输入相关字段值,执行成本计算命令,即可得到一个初始的成本估算值。优化表中包含了大量的具有预设值的各种成本变量,如数字资产类型、数量、大小等。用户可在优化表中根据实际情况调整各个生命周期阶段的成本变量值,以得到一个更加精确的结果,或者也可以重置工具,尝试其他设置。这样,用户便可通过审查默认数据值和假设来优化结果。输出表用来显示计算出来的成本值。详细使用方法,读者可参考 LIFE 用户手册。

(3)LIFE 模型的优势和不足

LIFE 成本模型和工具具有较好的易用性,LIFE 提供的快速用户指南将为用户带来便利,用户可以很快上手。从存档的角度看,LIFE3 很好地覆盖了绝大多数成本方面,但对预摄入(Pre-ingest)成本的计算仍有进一步细化空间。

16.4.3　KRDS 数字保存成本模型

保持研究数据安全(Keeping Research Data Safe,KRDS)是专门针对高等院校科研数据的数字保存成本模型研究项目,旨在提供一套可以帮助预测需求、提升机构规划,将成本核算置于机构赢利背景下的方法,为高等教育基金会和高等院校提供指导,并通过提供灵活的科研数据保存成本模型,向他们报告科研数据的规划和未来发展。

(1)KRDS 的资源组织模型

在吸收借鉴了 NASA-CET、LIFE 等成本模型经验方法的基础上,KRDS 对资源的组织也采用了基于活动的方式。KDRS 研究设计了一个活动模型,将数字保存划分为若干个活动及子活动,又设计了一个资源模板,描述数字保存活动所使用资源的类型和使用时间。

1)活动模型。KDRS 活动模型明确了对数字保存成本具有影响的活动。该模型将数字保存被分为预存档、存档和支持服务三个阶段。预存档阶段与科研项目有关,是创建科研数据的过程,存档阶段则是数据保存的过程。上述两个阶段都与研究数据的数字保存生命周期有关。支持服务活动可以为前两种活动提供支持,并且是典型的财务、IT 及其他共享服务的基础设施的一部分。这些在计算全部经济成本时都将包含在内。表 16-6 是 KRDS2 的活动模型。

表 16-6 KRDS2 活动模型[55]

预存档阶段(Pre-Archive Phase)	延伸(Outreach)
	启动(Initiation)
	创建(Creation)
存档阶段(Archive Phase)	获取(Acquisition)
	清理(Disposal)
	摄入(Ingest)
	档案存储(Archive Storage)
	保存规划(Preservation Planning)
	先发创新(First Mover Innovation)
	数据管理(Data Management)
	访问(Access)
支持服务(Support Services)	行政管理(Administration)
	公共服务(Common Services)
不动产(Estate)	

2)资源模板。资源模板以一种简化的、通用的,类似于英国高等教育机构成本方法论的基于透明成本计算法(Transparent Approach to Costing, TRAC)的形式,来表示成本类别和持续时间。资源模板按照活动模型分为预存档、存档和支持服务三个独立的板块。成本类别包括人力、设备、差旅、耗材、不动产和间接成本等,如表 16-7 所示。

表 16－7　KRDS 资源模板[56]

预存档(Pre-Archive)	持续时间(第一年,第二年,等)
人工成本(Staff costs)	
设备成本(Equipment costs)	
差旅费(Travel)	
耗材(Consumables)	
不动产成本(Estate costs)	
间接成本(Indirect costs)	
外包(Outsourcing/Archive Charges)	
存档(Archive)	持续时间(第一年,第二年,第5—10年等)
人工(Staff)	
设备(Equipment)	
差旅费(Travel)	
耗材(Consumables)	
不动产成本(Estate)	
间接成本(Indirect)	
外包(Outsourcing)	
支持服务(Support Services)	持续时间(第一年,第二年,第5—10年等)
人工(Staff)	
设备(Equipment)	
差旅费(Travel)	
耗材(Consumables)	
不动产成本(Estate)	
间接成本(Indirect)	

(2)KRDS 的成本变量设置

KRDS 成本模型提供了一个关键成本变量和单元列表,来描述影响数字保存成本的关键变量。KRDS 将成本变量划分为两个组:经济调整变量和服务调整变量。经济调整变量包括通货膨胀(紧缩)、折旧、投资活动融资成本等。服务调整包括其他影响研究数据保存成本的变量,如文件格式类型、数量、或者要求的元数据、人员成本、劳动生产率等。详细的变量设置可参考文献[6][9]。

(3)KRDS 成本模型的优势及不足

KRDS 的活动模型覆盖了数字保存生命周期的所有方面,KRDS 对资源类型也进行了划分，并设计了详细的成本变量。但是 KRDS 成本模型并未给出该模型的默认数值。用户需要根据他们的实际情况，开发他们自己的计算方法，使得 KRDS 的易用性受到影响。

16.5 小结

数字保存的成本问题涉及诸多方面，如项目管理、人力资源管理、经济分析、工程管理等，是一个较为复杂的问题。本章在现有数字保存成本相关研究的基础上，归纳总结出一些数字保存成本的规律，并简要介绍几个成本计算工具，以期为利益相关者和研究人员提供一些参考。

但不得不看到，数字保存的成本问题仍面临一些挑战。首先，现有的数字保存成本研究项目，以成本模型研究为主，通过开发成本模型，以成本模型为工具，来研究数字保存的成本规律。通过这种方式研究得出的成本结论，直接依赖于成本模型，因而受成本模型的影响极大。一旦成本模型存在缺陷，其得出的成本结论的科学有效性也大打折扣。其次，现有的数字保存成本模型，往往是在不同机构、不同基金的支持下，基于不同的背景、不同的目的开发的，难以统一于同一标准框架下。这使得使用不同的成本模型，成本分析结果往往缺乏可比性；也难以对不同模型进行比较，不利于数字保存成本模型的进一步优化。因此，非常有必要研究开发出一个先进科学的成本模型标准框架。

（刘家益、张智雄）

参考文献

[1] LAVOIE B, GRINDLEY N. A Draft Economic Sustainability Reference Model[EB/OL]. [2014-06-27]. http://www.4cproject.eu/ms9-draft-esrm.

[2-3] KAUR K, DALLMEIER-TIESSEN S. Report ON COST PARAMETERS FOR DIGITAL REPOSITORIES[EB\OL]. [2014-06-27]. http://www.alliancepermanentaccess.org/wp-content/uploads/downloads/2013/03/APARSEN-REP-D32_1-01-1_0.pdf.

[4] KEJSER U B, JOHANSEN K H E. Evaluation of Cost Models and Needs & Gaps Analysis [EB/OL]. [2014-08-15]. http://www.4cproject.eu/component/docman/doc_download/55-d3-1-evaluation-of-cost-models-and-needs-gaps-analysis-revision-1? Itemid=.

[5] Sustaining the digital investment: Issues and challenges of economicallysustainable digit-

al preservation[EB\OL]. [2014 - 06 - 27]. http://brtf. sdsc. edu/biblio/BRTF_Interim_Report. pdf.

[6][21][26 - 28][31][56] BEAGRIE N, LAVOIE B. Keeping Research Data Safe: A Cost Model And Guidance For Uk Universities[EB/OL]. [2014 - 12 - 25]. http://www. beagrie. com/krds. php.

[7][13][22][29] MCLEOD R, WHEATLEY P. Lifecycle information for e-literature: full report from the LIFE project[EB/OL]. [2014 - 06 - 27]. 2006. http://discovery. ucl. ac. uk/1854/.

[8][10][14 - 20][23][41] AYRIS P, DAVIES R. The LIFE2 final project report[EB/OL]. [2014 - 06 - 27]. http://discovery. ucl. ac. uk/11758/.

[9][24 - 25][44][55] BEAGRIE N, LAVOIE B, WOOLLARD M. KEEPING RESEARCH DATA SAFE2[EB/OL]. [2014 - 08 - 25]. http://www. jisc. ac. uk/media/documents/publications/reports/2010/keepingresearchdatasafe2. pdf.

[11 - 12][43] WHEATLEY P, AYRIS P, DAVIES R, et al. The LIFE Model v1. 1[EB/OL]. [2015 - 03 - 25]. http://eprints. ucl. ac. uk/4831/.

[30][42][45] Report on the DP4lib cost model: A Cost Model for a Long-Term Preservation Service[EB/OL]. [2014 - 08 - 25]. http://aparsen. digitalpreservation. eu/pub/Main/CostModels/DP4lib-Cost-By-Service-CostModel. docx.

[32] Jhove2[EB/OL]. [2014 - 10 - 16]. http://www. digitalpreservation. gov/partners/jhove2. html.

[33] DROID, automatic format identification documentation[EB/OL]. [2014 - 10 - 15]. http://www. nationalarchives. gov. uk/aboutapps/pronom/#documentation.

[34] Fedora Repository Server[EB/OL]. [2014 - 12 - 27]. https://wiki. duraspace. org/display/FEDORACREATE/Tutorial%201%20 - %20Introduction%20to%20Fedora#Tutorial1-IntroductiontoFedora-Section6: FedoraRepositoryServer.

[35] DSpace[EB/OL]. [2014 - 12 - 27]. http://www. dspace. org/.

[36] LOCKSS[EB/OL]. [2014 - 11 - 22]. http//www. lockss. org.

[37] Chronopolis—Digital Preservation Across Space& Time[EB/OL]. [2014 - 12 - 27]. http://libraries. ucsd. edu/chronopolis/index. html.

[38] What is RODA[EB/OL]. [2014 - 12 - 27]. http://www. roda-community. org/what-is-roda/.

[39] DAITSS OVERVIEW[EB/OL]. [2014 - 12 - 27]. http://www. fcla. edu/digitalArchive/pdfs/DAITSS. pdf.

[40] Razuna[EB/OL]. [2015 - 01 - 27]. http://www. razuna. org/.

[46] California Digital Library, Total Cost of Preservation (TCP)[EB/OL]. [2014 - 08 - 25]. https://wiki. ucop. edu/download/attachments/163610649/TCP-cost-price-modeling-for-sustainable-services-v2_1. pdf? version = 4&modificationDate = 1375721821000.

[47] Slats JaV R. Cost Model for Digital Preservation[C]//the IVth international conference of DLM Forum, Archive, Records and Information Management in Europe, 2005.

[48] HUNOLT G, BANKS M. Cost Estimation Toolkit (CET) Version 2. 4 Users' Guide [EB/OL]. [2014 - 06 - 27]. http://opensource. gsfc. nasa. gov/projects/CET/CET%20V2. 4. zip.

[49 - 50] HUNOLT G, BANKS M. Cost Estimation Toolkit (CET) Version 2. 4. Technical Description Document [EB/OL]. [2014 - 06 - 27]. http://opensource. gsfc. nasa. gov/projects/CET/CET%20V2. 4. zip.

[51] LIFE1: Documentation[EB/OL]. [2014 - 08 - 10]. http://www. life. ac. uk/1/documentation. shtml.

[52] LIFE2: Documentation[EB/OL]. [2014 - 08 - 10]. http://www. life. ac. uk/2/documentation. shtml.

[53] LIFE3: Documentation[EB/OL]. [2014 - 08 - 10]. http://www. life. ac. uk/3/documentation. shtml.

[54] Life project. Life Tool[EB/OL]. [2014 - 08 - 25]. http://www. life. ac. uk/tool/.

17　数字保存系统研究

前几章作者对数字保存的各个环节进行分析，本章重点对数字保存系统进行研究。数字保存系统是具体实现数字保存功能的软件系统，通常参考 OAIS，但 OAIS 只是一个参考框架，并不是具体的保存系统建设实践，各保存机构还需根据自身的特点灵活设计数字保存系统。截至目前，针对数字保存系统的研究与开发已经有将近 20 年的时间，这段时间里，出现了多种类型的数字保存系统，不同系统在保存的资源类型、硬件环境、对于资源的使用方式等方面各有差异。因此，系统的特点也不尽相同，有些系统重点考虑电子期刊的长期保存，有些系统重点考虑资源的模拟访问，有些系统重点考虑分布式存储及其扩展功能等。本书作者对重要的保存系统进行梳理和研究分析，根据数字保存系统的开发时间、体系结构、保存对象、适用对象等特征，将保存系统分为早期、成熟和发展中三个发展阶段，并对每个阶段的数字保存系统的特点进行总结与分析。

17.1　早期的数字保存系统

早期的数字保存工作主要由单一机构进行，各机构带着实验性目的对数字保存系统进行设计与开发，重点在于实现长期保存的功能和工作流程。早期的数字保存系统的建设重点在实现 OAIS 框架中所涉及的功能，具备冗余备份和灾难备份功能，可以灵活的摄入、保存和访问数据；系统中的数据类型较为单一，因此数据封装规范、元数据规范相对简单。由于各个机构保存的资源、目的、资源使用的对象各不相同，系统之间的差异也比较大。早期的数字保存系统中，具有代表性的系统有 CEDARS、NEDLIB、DIAS、DPR 等。

17.1.1 CEDARS的分布式数字档案保存系统

数字存档大学图书馆联盟示范（CURL Exemplars in Digital Archives，CEDARS）[1]，是由英国的三个大学研究性图书馆联盟（The Consortium of University Research Libraries，CURL）成员利兹大学图书馆、牛津大学图书馆、剑桥大学图书馆在1998年4月到2002年3月间进行的一个研究项目。这一项目由JISC资助，并作为当时eLib计划的一部分。CEDARS项目关注五个方面的研究内容：保存元数据、知识产权、数字馆藏管理、技术策略和分布式数字档案保存系统。其中，分布式数字档案保存系统是CEDARS项目为了验证其提出的长期保存方法的有效性而创建的一个系统，希望通过它证明数字保存是一个可以解决的问题。

CEDARS分布式数字档案保存系统的目标并不是解决所有的数字保存问题，而是从一个更加实用的角度考虑数字资源的保存。对于一个特定的数字资源，这一保存系统希望能够使数字资源在长期保存的存储体系中持续存在，确保被保存的数字对象能够被找到，使这些被保存资源在一段时间之后仍然能够被理解。

CEDARS分布式数字档案保存系统以OAIS为基础，对OAIS参考模型中所描述的功能和特点进行不同程度的实现。该保存系统是一个“联邦式”数字档案解决方案。它实现了一个包括协作、互联和分布式档案存储的体系架构。在实践中，CEDARS保存系统是由地理上相互隔离的三个站点组成的分布式框架，如图17－1所示。

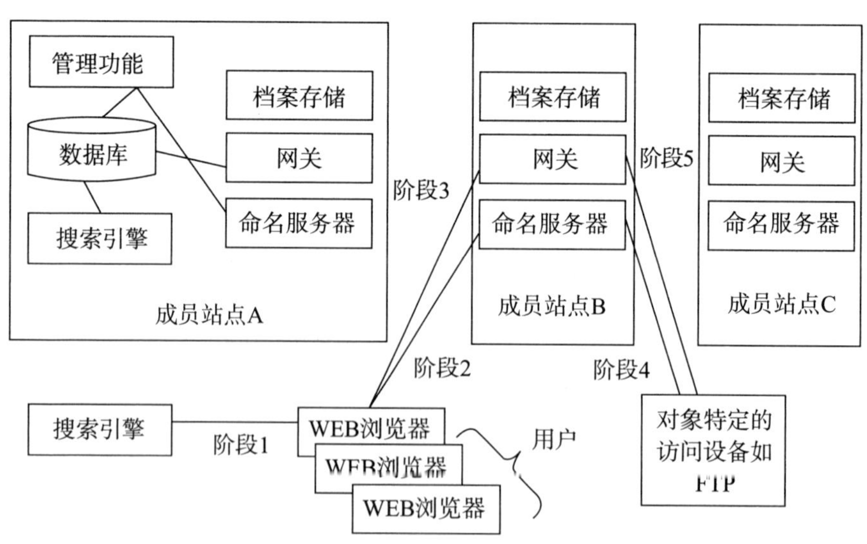

图17－1 CEDARS提出的分布式框架[2]

在这一框架中，存在多个档案存储（Storage Archival），每一个档案存储的前端是一个带有 Web 接口的网关。这些网关负责对元数据进行存取，并且依据存取的权限实现对保存对象的传递。所有对保存对象的访问首先通过一个 CRID 命名服务器指引，并通过它重定向到特定的网关之上。这一结构允许系统随时间的变化而演变，当被保存的对象被转移到新的系统之后，对象能够得到一个新的 URL 同时保持其原先的 CRID。

17.1.2　NEDLIB 电子出版物仓储系统 DSEP

NEDLIB（Networked European Deposit LIBrary）[3-4] 项目由欧洲国家图书馆联合会常设委员会发起，由欧洲委员会电信应用项目资助，开始于 1998 年，结束于 2000 年。该项目的目标是构建一个支持联网的欧洲保存图书馆的基础框架，NEDLIB 希望确保目前可用的电子出版物将来同样可供使用。

NEDLIB 的研究目标主要是国家保存图书馆在进行数字资源保存过程中所面临的技术问题，主要集中在保存系统的功能需求、对数字出版物进行处理的流程和数据模式、实现一个真正保存系统的体系架构、技术标准和解决方案、电子出版物的长期保存等几个方面。

通过项目研究，NEDLIB 提供了一系列的工具和系统以创建数字保存系统。这些工具和系统包括一个支持对电子出版物进行获取、存储、访问和长期保存的保存系统原型，即电子出版物保存系统（Deposit System for Electronic Publications，DSEP）；进行长期保存最佳实践中所开发的技术标准及解决方案、方法和过程；项目开发出的可以用于创建保存系统的工具以及对这些工具的小规模实验；以及一个支持对研究方案进行论证的电子出版物保存系统原型。

DSEP 是 NEDLIB 研发的一个基于 OAIS 的电子出版物保存系统，希望在当前图书馆自动化和编目系统的基础之上，能够安全地存储电子出版物。DSEP 的系统功能如图 17 -2 所示。

综合以上考虑，NEDLIB 提出了基于 OAIS 的 DSEP 框架和 DSEP 的处理流程，分别如图 17 -3 和图 17 -4 所示。

可以看出，DSEP 的系统框架和 OAIS 模型相似，但不完全一致。NEDLIB 认为，OAIS 是一个参考模型，而不是一个系统设计模型。这意味着 OAIS 以及基于它的 DSEP 规范中提出的功能和处理过程并不一定直接与一个系统的功能模块相对应。将系统功能分解成为适当的模块是系统设计的问题，一些设计的功能分解完全有可能与 OAIS 的参考模型相差很大。DSEP 框架是 DSEP 系统的逻辑过程设计，它参照了 OAIS 的功能，但并没有将 OAIS 的功能实体作为所需系统的功能分解。实际上,在 DSEP 中,还引入了 OAIS 原先没有的“保存”功能实体,这直接导致了新版 OAIS 中保存规划(Preservation Planning)功能实体的出现。

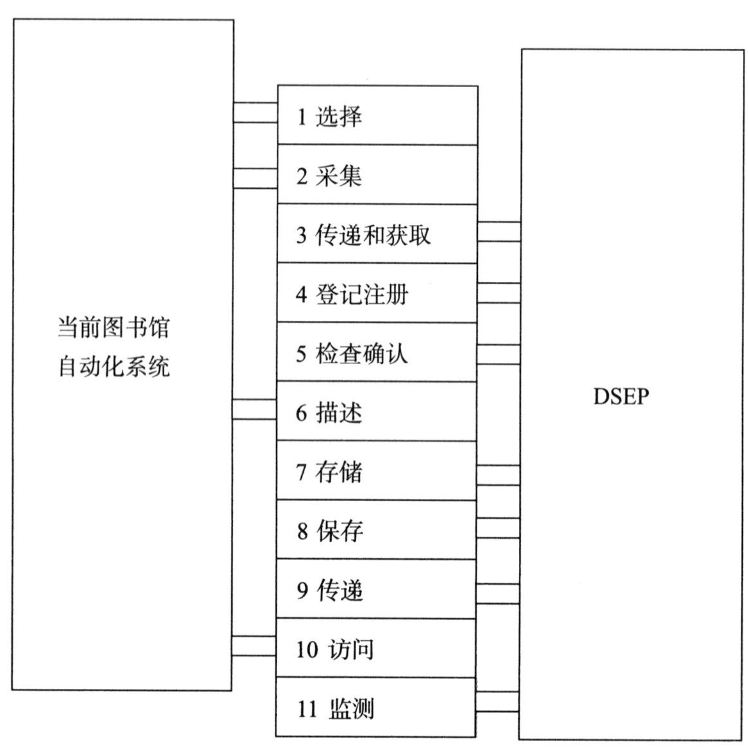

图 17－2 基于图书馆自动化系统和编目系统的 DSEP 系统功能[5]

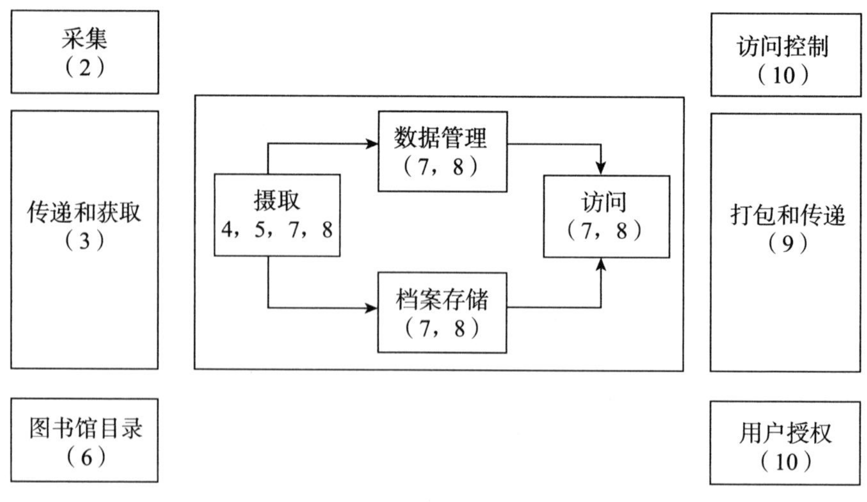

图 17－3 基于 OAIS 的 DSEP 的框架[6]

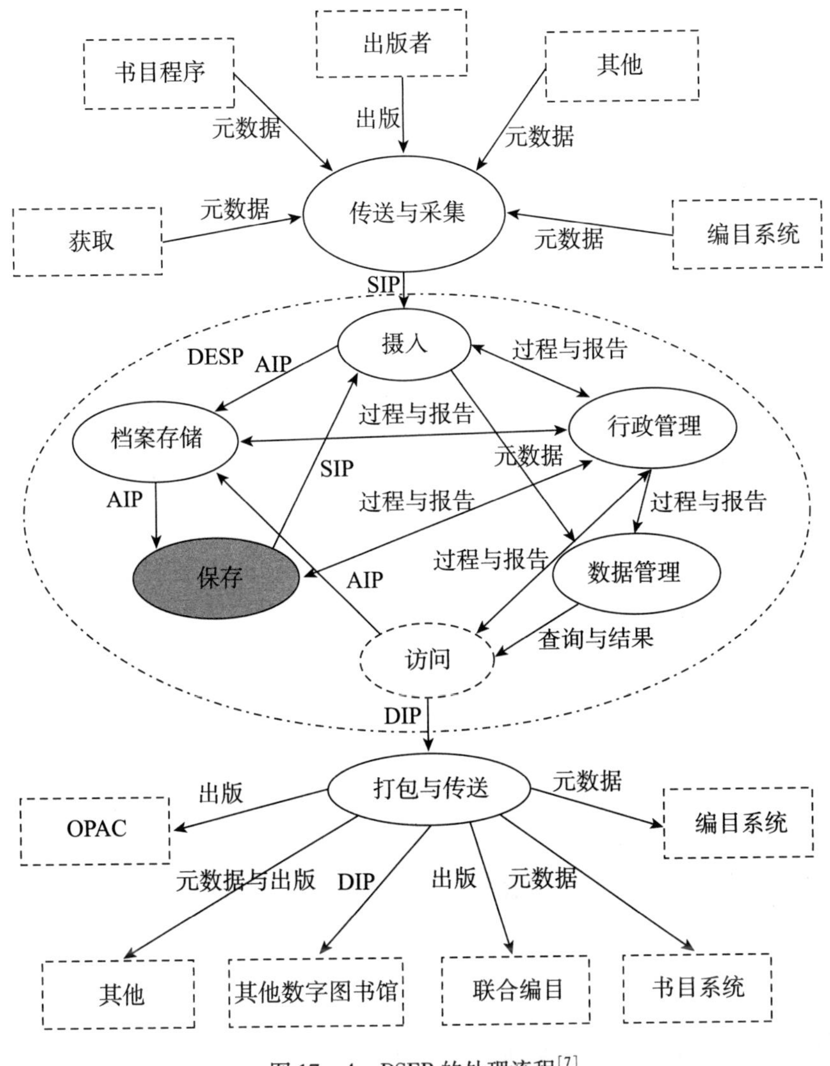

图 17－4　DSEP 的处理流程[7]

同样,NEDLIB 也认为 AIP 是一个概念性的信息包,并不是一个实际的数据结构,AIP 中包括有信息对象,维护着 DSEP 中需要保存和检索的信息单元,但是一个 AIP 的实际实现可以自由地选择采用什么样的元数据集来与信息对象存储在一起,形成一个供保存的数据结构。NEDLIB 还建议,那些属于原有电子出版物中记录了详细信息的元数据应当与 AIP 中的信息对象(即字节流)存储在一起(该类型的元数据是“结构化”元数据,如一个 XML 的 DTD 文件)。而那些被不同的 DSEP 功能所需要的元数据不应作为 AIP 的一部分保存,但需要随时能够被访问,这些元数据根据需要,要求经常被更新,或者迁移到其他新的系统或新的数据结构中,而不必解开或者修改被保存在 AIP 中的数据电子出版物信息。

17.1.3 电子出版物保存系统 DIAS

DIAS[8]是 2000 年由 IBM 和荷兰国家图书馆合作开发的 e-Depot 系统的核心系统,专注于电子出版物的长期保存功能。该系统符合 OAIS 参考模型,其设计的主要目标为:识别由于技术变化导致无法访问的数字对象;执行相关的技术保存的策略;重新登记技术元数据,确认数字对象所处的软硬件环境[9]。

DIAS 的组成框架及与 OAIS 的相互映射关系,如图 17-5 所示。DIAS 与 OAIS 主要区别在于与每个数字对象相关的技术元数据的位置。OAIS 使用信息包概念,包括内容信息和保存描述信息(Preservation Description Information,PDI),内容信息包括数字对象的实际内容,PDI 包括描述数字对象所需的所有的技术元数据。DIAS 只存储保存子系统中与特定的数字对象相关的技术元数据,保存的技术元数据取决于特定的环境:数字对象类型、应用支持、操作系统、硬件平台、数字对象的真实性。将数字对象与技术元数据信息分离,使得 DIAS 在不修改保存的数字对象的情况下能更新和管理技术元数据,通过 FileTypeID 管理连接对象。

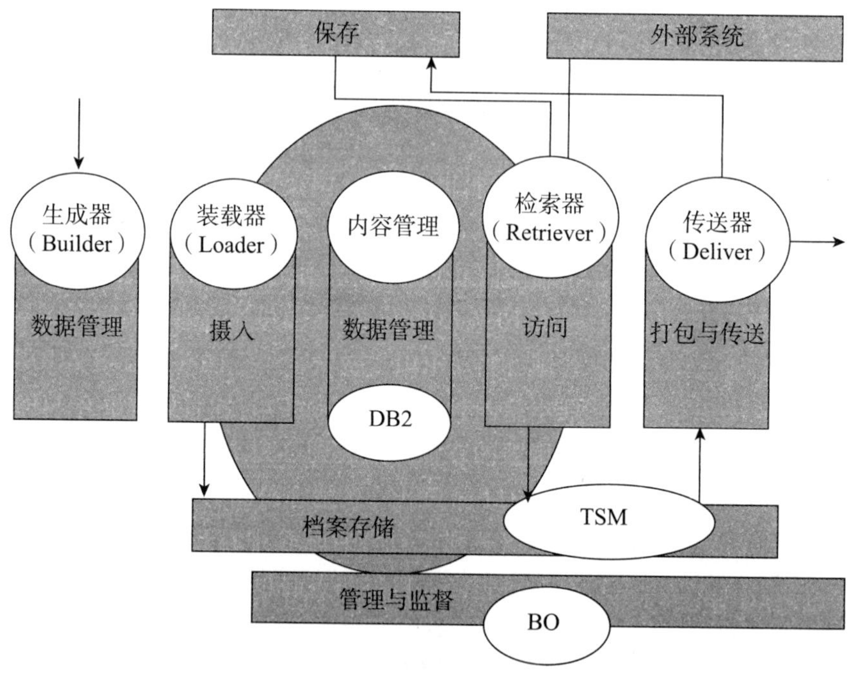

图 17-5 DIAS 系统框架与 OAIS 映射关系[10]

在图 17 -5 中,生成器(Builder)负责从各个来源收集电子出版物并且为这些电子出版物创建 SIP 包,为装载器(Loader)实现摄取做准备。装载器将 SIP 包装载到电子存档系统之中。在电子存档系统中,采用了 IBM 的内容管理产品,这一产品能够实现包括文本、图像、音频、视频的多种数字类型的存储管理和分布。内容管理又分成两个组件:库服务器(Library Server)和对象服务器(Objects Server)。其中库服务器实现编目信息的管理、保存对象的检索查询、对保存内容的存取安全控制,以及实现与对象服务器之间的通讯。对象服务器用于存储真正的数字对象,与 IBM 的另外一个产品 Tivoli 存储管理器(Tivoli Storage Manager,TSM)结合在一起实现一个灵活、可扩展的存储方案。这一存储方案可以根据需要将数字对象分别存储于磁盘、光盘和磁带之上。DIAS 除了使用了 IBM 的 DB2、Content Manager 和 TSM 之外,还应用了其业务对象模块(Business Objects)来实现报表的生成。

用户可以从荷兰图书馆的目录系统中检索元数据,并通过 DIAS 的检索器(Retriever)获得所保存的对象。检索器实现从内容管理器中提取出 AIP,并生成一个 DIP 包。DIP 包括一个对电子出版物进行内容说明的 XML 文件和一个包括电子出版的文件及子目录的目录树。DIP 包可通过 Deliverer 来打开,以得到元数据和电子出版物。

17.1.4　基于存储服务的数字保存仓储 DPR

加利福尼亚大学数字保存仓储(Digital Preservation Repository, DPR)[11]是加利福尼亚大学图书馆数字保存计划的基础,支持加利福尼亚 11 所大学图书馆、附属机构、用户对数字资源长期保存。加利福尼亚大学图书馆数字保存计划的目标是:对数字对象和它们的元数据进行持久保存、对保存的内容进行存取控制、管理数字对象并且使内容生产者和用户能够充分利用保存技术。这一保存计划依赖于开发一个能够在大学内重复复制的、健壮而且可靠的数字保存仓储。这一数字保存仓储是支持对数字对象长久保存的一系列服务,它将在授权用户和可信赖的长期保存系统之间提供受控的、有序的保存和利用机制。DPR 提供自服务的界面便于图书馆管理、检索数字资源,在加利福尼亚数字图书馆(California Digital Library,CDL)基础上提供存储和服务。2005 年 5 月,CDL 所管理的 215 000 条 METS 记录,可以通过 Calisphere、Online Archive of California(OAC)、eScholarship Editions 门户提供访问。

(1)功能框架

在数字保存仓储的开发中,可能存在的技术难点主要在于:如何有效地对具有不同特点的数据对象进行摄入;如何将各类型的数据对象打包封装到 METS 中,并且给数据对象提供足够的信息确保它在仓储系统中能够被找到并且以适当的方式呈现给用户;如何开发自动化、低成本、高效的并且可重用的存储体系,以实现对大规模数据的存储。

为了提高开发效率,并且节省成本,数字保存仓储的开发基于公认的标准,提交到仓储的数字对象需要遵循 CDL 数字对象指南中规定的 METS 标准;仓储内的数字对象根据存档资源键(Archival Resource Key,ARK)的命名模板规定分配永久标识符。

提供数字保存仓储支持的最基本功能是摄入、持久管理、存储和内容存取。数字保存仓储的摄取功能将一个包括多个文件的数字对象,以及相应的元数据整合成为一个完整的对象,并且将它们封装到 METS 包装器之中。接下来这一对象会被唯一命名,并进行唯一标识。在数字保存仓储中,这一过程将生成一个 ARK 标识,并将这一标识与相应的数字对象相绑定。数字对象相应地被保存到存储系统之中。内容存取的功能是接收一个 ARK 标识并且返回一个与它绑定的数字对象。各功能结构如图 17-6 所示。

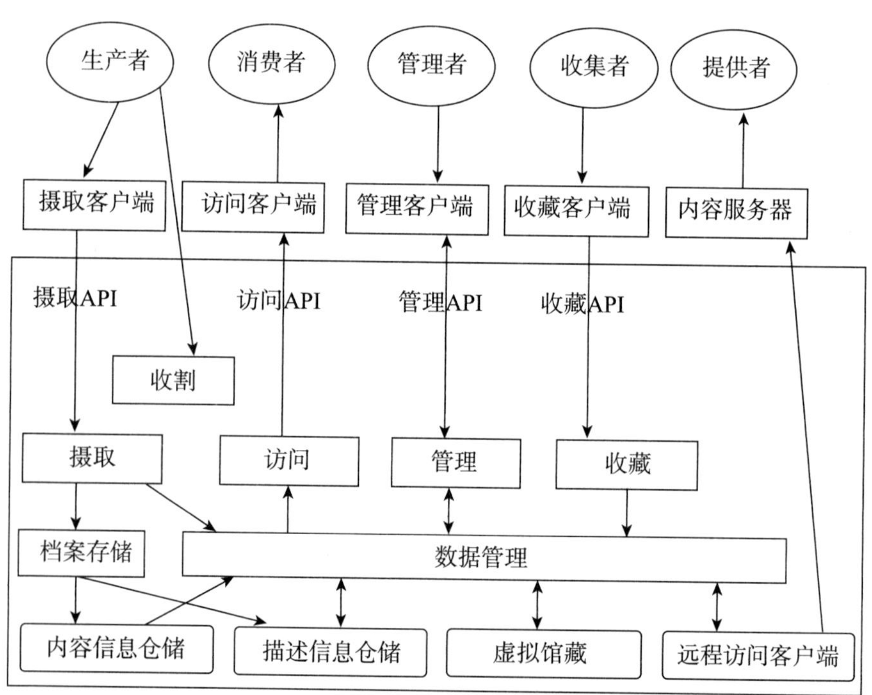

图 17-6　DPR 功能结构图[12]

(2)存储服务网格

为了提高摄入的效率,DPR 在不同的服务器上分布了多个摄入服务器，在装载增加的情况下，需要增加额外的摄入服务器。

这一系统的设计中提出了存储服务网格的概念。存储服务网格中的每一个格子都是一些带有附加存储的低成本计算机；这些计算机和它的存储形成一个小的、统一的物理框，这些框能够被堆叠起来形成一个大小适中的机器阵列。这些网络中的“格子”与数据库服务器相连，形成一个协调一致的存储单元。实际上，在这里数据库服务器相当于是一系列数字对象和保存仓储之间的一个网关。

在底层存储设计上，数字保存仓储基于 San Diego Supercomputer Center（SDSC）的开源系统存储资源代理（Storage Resource Broker，SRB）而开发。SRB 容易扩展，支持分布式的仓储体系，不仅能够帮助数字保存仓储实现低成本的保存需求，而且能够实现对存档数据的异地复制。例如，当一个 UC Library 站点上的新数据被摄入之后，SRB 能够自动将相应的数据摄入到其他复制站点之上。

除了上面提到的 SRB 之外，DPR 还集成了其他第三方系统，主要有：利用 JARGON 提供对 SRB 的 Java 接口，通过 Shibboleth 进行用户认证和授权，利用 MySQL 实现数据管理等，如图 17－7 所示。

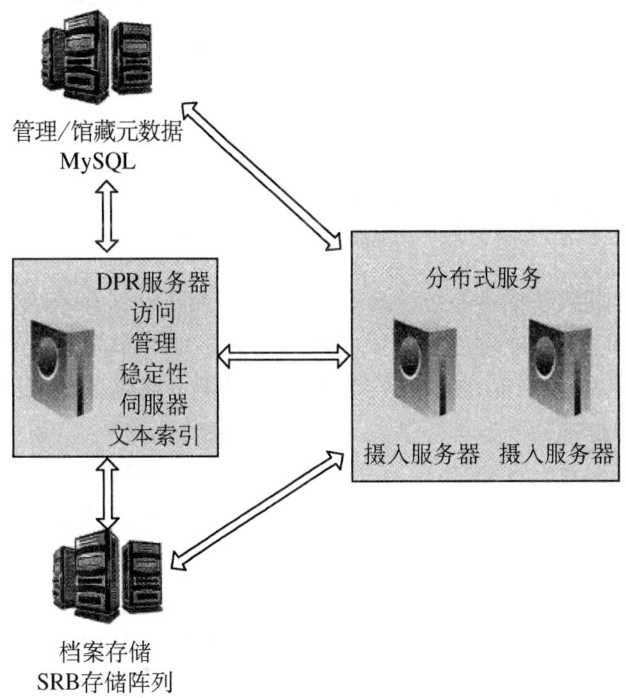

图 17－7　DPR 架构

(3)安全机制

保证数字资源存储的安全机制的关键是保证数据完整性、数据可获得性。DPR 提供访问权限控制、安全存储、数字对象完整性监测、审计等方面的安全机制服务。

访问有密码控制,图书馆可根据访问不同要求进行安全配置以获得不同的访问权限。安全存储方面,仓储使用日增量备份方式,将数字资源对象存储在 SAN 阵列上,做好迁移备份工作。数字对象完整性监测方面,仓储在摄入阶段就对数字对象的格式进行监测,在保证数字对象格式的完整性后生成整体校验和单独的校验值,定期进行检查校验。CDL 图书馆可查看各馆数字资源保存的日常报告,包括大小、对象数量、存储空间、记录等,便于对数字资源保存情况进行审计。

目前,DPR 保存的数字资源主要由法定烟草文档图书馆(The Legacy Tobacco Documents Library:LTDL)、UCLA 图像之胡佛收藏(The Hoover Collection:Images of UCLA)、老鼠脊髓图像保存(Rats Spinal Cord Image Archive)、墨西哥—美国施特拉赫维茨弗龙特拉馆藏记录(Strachwitz Frontera Collection of Mexican and Mexican-American Recordings)、地方史数字资源计划(The Local History Digital Resources Project:LHDRP)提供,计划在仓储易用性、开发支持数字资源长期保存的协议、执行长期保存的监测和完整性服务、与第三方共同评估仓储等方面进一步开发和完善。

17.2 成熟的数字保存系统

随着早期数字保存系统的不断发展,成熟的数字保存系统已经开始面向实际的数字保存应用进行开发。成熟的数字保存系统更注重于多机构的合作保存;系统中保存的资源类型丰富,对于不同类型的资源也有较为完善的元数据框架和数据封装规则;数据安全是开发重点,系统大多采用分布式保存或者云存储技术,在多地多点进行多份保存以保证数据安全,TRAC[13]标准也成为重点遵循的规范。目前,较为知名的成熟的数字保存系统包括 RODA、CHRONOPOLIS、Hathitrust、DAITSS 等。需要提一下的是,斯坦福大学 LOCKSS 系统是一个很有特点的成熟的数字保存系统,因此本书将其作为一个典型案例,将在第 20 章中对其进行详细的分析。

17.2.1 开源数字存档系统 RODA

RODA 是一款支持数字资源长期保存的开源软件[14],主要面向档案馆的保存工作设计，遵循 OAIS、METS、EAD、PREMIS 等多种标准规范，符合 TRAC 标准，是一款安全的、可扩展的数字保存系统。RODA 系统的特点可以总结为以下几点：

1）RODA 系统具有高度的可扩展性，具有面向服务的特性，可以在几个服务器之间进行分布式负载，将来 RODA 将会移植到 Hadoop 平台上。

2）RODA 内的保存行为和管理由一个任务日程管理组件负责。该组件允许管理员定义一系列的规则，触发特定的行为，以及时间安排等。保存行为包括格式转换、摄入的规范化过程、摘要值验证、报告等。

3）RODA 使用 PREMIS 保存元数据来建立一个信任链条，链接所有的格式迁移和内容认证。保存元数据以及对于周边环境的信任的建立，保证了服务的可靠性，以及数字记录的可信性。

4）支持多种格式。RODA 可以摄入和规范文本文件、位图图片、关系数据库、音视频文件，插件机制让 RODA 可以轻松地支持额外的格式。

5）可以适应快速变化的技术环境。插件和任务安排机制可以很容易的增加更多功能。同时，面向服务的系统架构允许它的基础组件可以不断更新，允许异构技术的使用。

6）高级访问控制。用户访问仓储之前必须得到认证。所有的用户行为都会被记录，以备将来查阅。权限粒度很细，可以在仓储层次到文件层次的各个层次进行定义。

如图 17－8 所示，RODA 采用了面向服务的架构，由三个组件组成，即 RODA WUI、RODA 核心服务和 RODA 的迁移服务。RODA Web 用户接口（RODA WUI）为用户提供了一个简易且清爽的工作界面，可以分别定制生产者、消费者、存档专家、系统管理员和保存专员的界面。RODA WUI 支持 AJAX 和 Web Service，是 RODA 核心服务的一个客户端。RODA 核心服务负责处理复杂的任务。RODA 在最初设计时，以 Fedora 作为设计的基本原型。Fedora 作为装载数据模型的容器，RODA 核心服务完成所有的逻辑过程，客户端可以通过可编程接口访问 RODA 的核心服务。开放的 LDAP 支持所有的验证和用户管理的后端工作。迁移服务和保存行为服务器允许数据进行分布式装载，支持迁移和保存行为的可插拔的接口。当进行迁移工作时，核心服务依靠 RODA 迁移服务，可以进行远程服务器中的既定目标的格式转换。

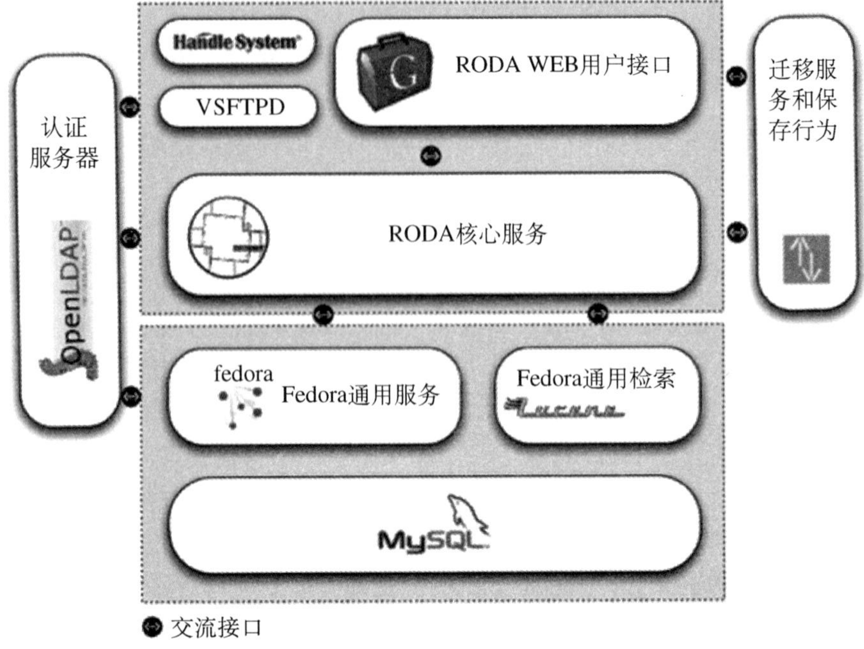

图 17-8　RODA 架构[15]

17.2.2　分布式异构数据的保存系统 Chronopolis

Chronopolis[16]是一个数字保存数据网络框架，由圣地亚哥超级计算机中心（SDSC）、UC 圣地亚哥图书馆和大气研究国家中心以及马里兰大学高级计算研究所等共同组成，其系统框架如图 17-9 所示。Chronopolis 项目

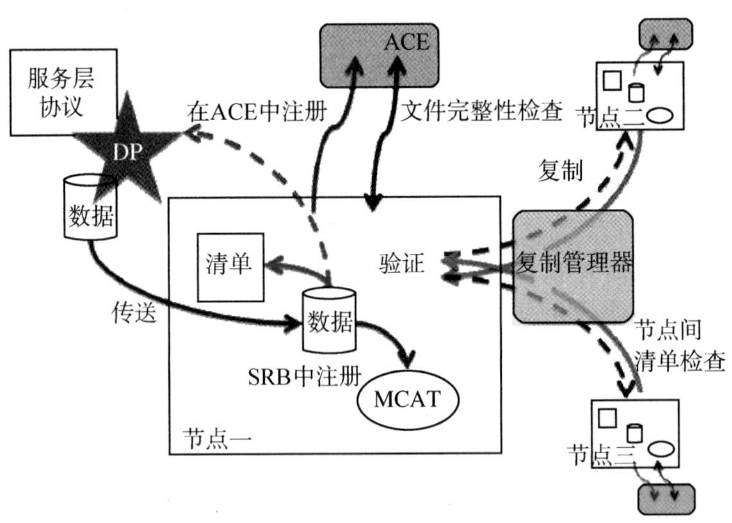

图 17-9　Chronopolis 的系统框架[17]

的主要目标是建设一个平台，可以对跨领域的馆藏进行长期保存和共享。该项目由美国国会图书馆资助，其数字保存网络可以保存千百 TB 的数字对象，不论任何类型或者大小，对数字对象提供者的要求也很低。

Chronopolis 是一个地理上分布的保存网络。网络中的所有数据在三个地理分布的合作者的站点中是冗余的。这种地理分布保证了不会有单独的灾难影响内容。该项目包括高速网络、大型的存储能力，还有合作者的专家，可以提供地理分布的、异构的和高冗余的存档系统。

Chronopolis 的主要工具包括：

1）审计控制环境（Auditting Control Environment，ACE）[18]。这是一个完整性监控平台，为每个数据对象建立一个小型的完整性令牌。这个令牌可以同对象保存在一起，也可以在一个认证的注册表中保存。这个令牌会同第三方的审计机构绑定。每个时间间隔都会为每个对象生成加密摘要信息（Cryptographic Summary Information，CSI）。这个摘要信息很复杂，同对象大小没有任何关系。这个周期可以在秒级定义，也可以根据需要进行定义。每天结束的时候，CSI 会被集中在一个最终值当中。这个最终值将被用来验证所有的 CSI。这个值被保存在可靠的、只读的媒体中，通过 Internet 发布。系统中有独立且可靠的审计工具，会周期性的检查所有 CSI 的完整性。ACE 系统由两个组件构成，第一组件是完整性管理服务（Integrity Management Service，IMS），该组件可以收集所有的令牌请求，每个周期结束时生成完整性令牌（Integrity Tokens）。IMS 系统负责发布每天的最终值。第二个组件是多个独立的审计管理员（Auditting Manager，AM）。这些 AM 被安装到存档中，根据预定义的策略周期性检查所监控对象的完整性。

2）IRODS[19]。Chronopolis 使用 IRODS 来联合合作者的站点，在其中进行数据的复制。IRODS 是一个数据网格中间件，由 DICE（Data Intensive Cyber Environments research group，数据敏感的网络环境研究组）和其合作者共同开发。相对于同一开发组的产品 SRB，IRODS 系统是新一代数据管理软件。IRODS 的最重要特点是规则引擎，允许管理者来决定以哪种方式来响应各种系统请求。

3）Bagit[20]。Chronopolis 使用 Bagit 打包协议来将数据传入到存储地址。Bagit 是一个层级文件打包结构，适于所生成的数字内容的交换。一个包有足够的结构来安全的封装一个详细的标签（tag）和一个负载（payload），但是不需要关于该负载内容的任何语义信息。

4）数据门户视图（Data Portal Viewing）。Chronopolis 为数据提供者提

供了一个数据门户，数据提供者可以通过一个安全的方式来查看数据。该门户可以在一个标准的浏览器中运行，显示数据的状态以及备份的状态、最后一次验证时间、存档的大小、系统的整体健康状态等信息。通过这个数据门户，数据提供者可以使用浏览器查看他们在 Chronopolis 中的数据状态，包括新的馆藏的摄入状态、任何在报告中所提到的摄入错误的当前状态、新的存档的备份状态、当前网络中的存档的状态，以及一个存档最后检查时间和下次检查时间。

Chronopolis 在 CRL Audit 的评测中得到了高分，获得了“可信赖仓储”称号。

17.2.3 团体数据存储和管理系统 Hathitrust

Hathitrust[21]是一个由学术和研究机构共同构成的团体主持开发的系统平台。通过这个平台，他们通过合作共享并共同提供数据用于保存和访问。保存策略的核心就是由合作机构共同管理和操作，保证各机构保存的数字对象的长期保存，以及提供对于法律允许和第三方允许的资源的最大程度的访问。

Hathitrust 的技术架构的设计目的是满足保存机构的需求，最重要的是实现可靠的资源长期保存与访问，以及有效的管理资料和资源。Hathitrust 仓储参考 OAIS 参考模型和 TRAC 标准进行开发，目标是开发一个大规模的、开放性的保存和访问仓储，对系统的稳定性和标准化有较高要求。因此在系统设计中使用了通用的摄入、保存和访问流程。图 17 - 10 为 Hathitrust 对照 OAIS 模型的系统架构图，主要组件包括：

（1）摄入

检查来自于其他仓储的对象的完整性和正确性，若有需要将对象文件转化为符合 Hathitrust 规范的对象，进行严格的验证，最终将对象存入仓储。摄入的功能包括：

1）保证提交的内容符合既定的标准。

2）防止数据在摄入过程中出现问题。

3）建立工作元数据（Hathitrust METS），和内容一同保存在仓储中。

Hathitrust 将摄入分为两个不同部分，第一是将书目元数据摄入到中心数据管理系统，第二是将内容摄入到仓储中，包括主要内容以及衍生内容格式和相关元数据。在内容摄入模块中，Hathitrust 会根据资源类型，分别进行正确的摄入，在摄入前会将内容转化为符合标准的文件。①书目元数据摄入：最常用的方法是从资源机构直接下载准备好的文件，也可以通过邮件附件或者可移动媒体进行。书目数据的摄入必须在内容摄入之前进行，也必须符合一定的标准。书目数据的转换也必须在提交之前进行。②内容摄入：最常用的摄入方法是通过下载或者移动媒体传输完成。内容接收后，要么直接进入到摄入过程，要么经过一系列的预摄入处理，将文档准备好后进入摄入过程。

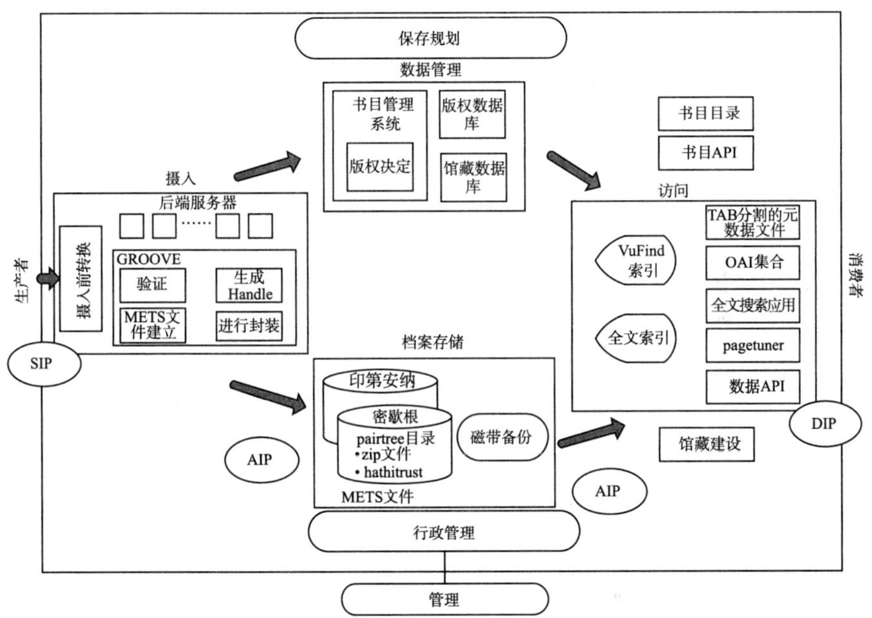

图 17－10　Hathitrust 框架[22]

摄入的主要机制是需要保存大量的资料，由很多后端的服务器构成，以及一个验证环境，名叫 GROOVE（Google Return Object-Oriented Validation Environment），它的主要功能包括：

1）条码验证。仓储中主要的识别手段，由物理实体的条形码构成。条形码会通过一个特定的框架来进行验证。

2）正确性检查。对所有的内容计算新的摘要值，同数字化源或者预摄入过程中所生成的摘要值进行对比。

3）完整性检查。进行检查，保证没有丢失内容，例如，页码顺序，以及页面图像和 OCR 文件的一一对应关系等。

4）正确格式检查。通过 Jhove 来对格式和嵌入的元数据进行检查。

5）建立 METS 文件。建立 Hathitrust METS 文件。

6）永久 URL。Hathitrust 使用 Handle 系统为数字对象分配永久 URL。

7）存储。Hathitrust METS 和 zip 文档包含所有的需要写入存储的文件。

8）预摄入。在这个过程中，数字对象会被评估，看是否符合系统标准。包括内容的格式，以及元数据需求。在这个评估之后，Hathitrust 就要决定应用于对象的标准和规范，准备内容用于摄入，通过更改或者转换来满足标准规范要求。

（2）档案存储

Hathitrust 档案存储的关键要求是可靠性、冗余性、可扩展性、可访问性。

存储媒体：使用 ISilon 系统存储，有着高内部冗余，可以防止数据丢失。复制软件高可靠，通过摘要值验证数据，有效并安全地在两个 Hathitrust 存储之间进行数据同步。该系统可以持续检查数据完整性，侦测损坏的磁盘扇区并进行修复，提供针对比特丢失或者其他数据丢失的防护。Isilon 存储高可扩展，支持增加存储节点，单独的文件系统可以扩展为节点簇，最大值超过 5PB。

Hathitrust 有两个存储，在地理上是分布的，一个在密歇根，一个在印第安纳。两个站点之间互为备份，进行负载均衡和失效援备。内容也会保存在磁带上，保存在密歇根的第三方位置。Hathitrust 会每三至四年替换存储。

（3）数据管理

系统中主要的数据管理行为就是书目数据管理和版权信息管理。

书目数据管理：使用艾利贝斯的 Aleph 系统来进行书目数据管理，主要功能包括：

1）提供正式的仓储内容清单。

2）可以从合作机构获取书目记录，包括记录更新。

3）提供内容摄入机制，通过 Groove 实现。

4）侦测和核对同一题名的多卷信息。

5）进行自动的权限确认。

6）接受和处理对于书目记录的变化，并通知其他系统这种变化。

7）导出信息，在 Hathitrust 的 VuFind 目录系统中建立 Solr 索引。

8）支持 Hathitrust 的手动版权检查处理。

当对应某一个特定的书目记录的对象进入仓储后，一系列的管理行为就会开始操作，包括正式接受该对象进入仓储，并在书目记录中进行标记；初始化一个自动版权决策过程，使用书目信息进行引导；在版权数据集中记录版权决策。

访问:访问模块由服务和应用层构成,直接链接在存储和管理源上,有很多的功能。在该模块中,主要的存档对象和一些书目和版权信息会组合构成一些整合的分发包。该模块对在分发行为中使用主要的数据对象进行管理,因为即使数据对象不需要写成多种格式,持续的使用也需要对内容正确性进行重要的检查。访问功能包括为资源的书目检索和全文检索、公共域和开放存取资源的阅读和下载功能、书目数据和仓储内容的访问提供了多重 API 和数据源。

在 Hathitrust 中,访问分成三种主要类型:第一,内容访问,图像、文本以及相关的元数据会被传送给用户。第二,检索和整合访问,使用索引来发现内容并使用。第三,元数据访问,描述和版权元数据会通过 Feeds 或者 API 提供给用户。

内容访问:内容访问的机制包括 PageTurner 应用,支持对多卷资源(如图像、OCR、PDF)的顺序读取,可以将整个对象包转化为 METS 文件、图像和文本,以及版权元数据。

检索和整合访问:机制包括 VuFind 数据目录、全文检索以及 Collect Builder 组件。所有这些组件都使用 Solr 索引,共享一个架构:在数据源和外向应用之间有一个 Solr 索引。Collection Builder 采用了 Solr 索引,可以对所有信息进行全文索引。每个单独的馆藏集合可以单独检索,也可以整合检索。CB 也可以通过抽取 OCR 进行索引,一些描述信息也会保存在集合的数据库中。

元数据访问:用户可以以多种方式检索元数据,包括 OAI 收割、Hathitrust 的 Tab 分割的元数据文件、书目检索接口以及数据检索接口等。前三个方式通过将 Hathitrust 记录插入到本地目录中的方式得到了很多应用,同时也是合作者和用户用于分析内容的工具。Tab 分隔的文件主要用于仓储的报告,提供每天摄入资源的版权信息、标准标识符以及描述元数据。

17.2.4 暗存档系统 DAITSS

暗存档系统(Dark Archive In The Sunshine State,DAITSS)[23]是由佛罗里达图书馆自动化中心(Florida Center for Library Automation,FCLA)为佛罗里达数字保存项目(Florida Digital Archive,FDA)所开发的一个数字保存仓储系统[24-25]。

DAITSS 与其他保存系统最大区别在于,该系统的设计目标是作为数字图书馆和机构仓储的后台系统,仅提供仓储保存功能,不支持外部用户的直接访问,需要与其他访问系统联合为用户提供检索访问服务,只对成员机构的授权系统所提交的分发请求提供资源的分发服务,因此 DAITSS 也称作“暗存档系统”。DAITSS 专注于保存功能的特点非常适于各机构构建一个基于已有资源环境的保存系统,避免与其他系统的功能重复。

除了一般仓储系统具备的摄取、数据管理、分发等功能之外,DAITSS 还具备一些非常重要的特性:

1)支持 OAIS 模型,系统设计和开发在一定程度上满足了可信赖仓储的属性。

2)遵循当前已有的开放标准和技术规范,SIP、AIP、DIP 采用 METS 格式,元数据全面兼容 PREMIS,支持 Z39.87 数字静态图像技术元数据规范。

3)能够提供非常灵活的保存策略支持文本、音频、视频、数据、数据集等多种数据类型数字对象的保存。

DAITSS 是一个真正提供长期保存功能的仓储系统,它支持格式规范、大规模格式迁移和按需迁移等积极保存策略。DAITSS 系统在遵循 OAIS 模型的基础上实现了预处理、摄入、档案存储、数据管理、行政管理、分发、撤销的功能,其中预处理和撤销是附加功能,如图 17 – 11 所示。

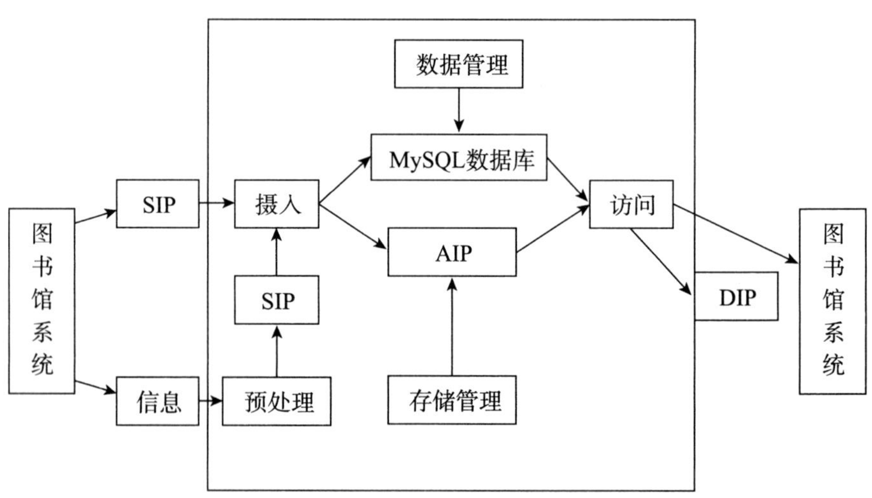

图 17 – 11 DAITSS 系统功能框架(矩形方框)[26]

其中各个模块的主要功能分别是:

预处理功能(Prep functions),要对附属机构提交的 SIP 进行相应的预处理,保证进入系统摄取模块 SIP 的有效性;如果不需要对 SIP 进行进一步的检查或改变,也可跳过预处理步骤。根据实际情况,运行 DAITSS 的保存系统可通过本地化的方法对 SIP 进行编辑、规范化等处理。

摄入功能(Ingest functions),主要是将接收的标准 SIP 转换为统一的 AIP 并写入存储系统。摄取功能包括,接收 SIP,提交信息的预处理,对 SIP 数据解包、校验、收集、重新分发,以及不同环境下数据备份、处理。最后,摄取模块为数字对象分配唯一标识符,打包成 AIP 格式,以备存储使用。在打包成 AIP 格式前,它还需要创建文件的本地化、规范化的迁移版本,对 AIP 和仓储指定元数据建立 PREMIS 保存元数据。当 AIP 被写入存储系统后,数据库进行更新,同时生成摄取报告。

档案存储功能(Archival Storage functions),是通过一个通用的界面调用第三方系统实现。如果项目需要使用一个特殊的存储管理系统,那么必须为 DAITSS 的通用存储管理界面开发执行程序,使得 DAITSS 可以通过通用存储管理界面管理新的存储系统,而无须改变系统中与存储系统交互的其他组件。DAITSS 提供常规检查确保所有存储文档的媒体可读性,并利用信息摘要的方法检查信息的完整性,实现数据监测。

数据管理功能(Data Management functions),是 DAITSS 利用 MYSQL 关系数据库实现,其功能包括数据库更新、建立仓储查询的结果集及报表、维护系统框架、查看定义及参照完整性。除此之外,它还提供仓储管理的报告,报告的内容包括账单报表、仓储的状态(存储空间利用情况、文件数量)、客户状态、数据库查询等。

行政管理功能(Administration functions),包括系统和账户配置表的用户界面,可以访问日志和错误报告,增加和清理队列。目前,管理模块的大部分功能使用 Unix 的命令行工具 vi 来实现,未来将会开发管理模块的图形界面。

分发功能(Dissemination functions),是 DAITSS 为授权机构的系统请求分发 DIP(分发信息包),DIP 包含原始的 SIP 和最新最佳的版本内容。分发功能包括对分发请求进行验证、从存储系统中提取数据并组装信息包、对信息包进行再摄取及系统格式识别、创建 DIP、发送分发报告通知请求机构可以进行 DIP 获取。

撤销功能(Withdrawal functions),是 OAIS 模型中所没有的,在客户要求删除仓储内容的情况下使用撤销功能,可用于修正错误(当摄入的 SIP 有错误时)、移除被格式转换所代替的版本。撤销功能包括撤销请求的认证(外部请求或内容请求)、文件删除、元数据修改。撤销操作可以移除完整的 AIP,清除与数据文件相关的所有元数据,只保留与知识实体有关的元数据信息,该操作作为一个事件被记录到 MYSQL 中,并给用户和保存系统发送撤销报告。

17.3 发展中的数字保存系统

成熟的数字保存系统已经在实际的生产生活中发挥了重要的保存作用,成为了数字时代图书馆必备的系统之一。由于图书馆之间的馆藏、技术、网络环境差别较大,对数字保存系统的需求也不尽相同,领先的数字保存系统开发机构和商业机构开始尝试引入微服务、模块化设计等,希望依靠这些技术可以让系统产品满足多样化的数字保存需求,以应对未来的技术发展,实现最小成本的系统升级。

17.3.1 微服务数字保存系统 UC3 Merritt

Merritt 是由加州大学管理中心(University of California Curation Center, UC3)开发的具有很高性价比的仓储服务[27]。加州大学各个团体使用该服务对有价值的数字内容进行管理、存档和共享。Merritt 的主要特征是用户界面易于使用,支持保存和更新;可以通过永久标识符访问;拥有支持长期管理的工具;支持数字内容的永久性仓储。

Merritt 使用了一种以内容为中心的、分布式的服务架构,如图 17 - 12 所示。该架构遵循的是一种以内容为中心而不是以系统为中心的思想。保存不是一个用于安全保存所存放内容的容器或设备,而是一个过程,在这个过程中,内容会不断发展,通过一系列基于策略的服务作用于内容,以催生潜在的管理价值。自动管理服务部署在广泛存在的连通性和虚拟化的云计算基础设施结构和存储环境中,为了提供所需要的可用性和反应性,云计算支持冗余的网络调度服务实现,可以很容易和灵活部署任意数量以及位置自动负载平衡和故障转移。

Merritt 主要依靠微服务(Micro service)为用户提供数字保存的各种功能。使用微服务是一种低粒度、低耦合和分布式的系统设计方式,最大的特征就是这些微服务支持热插拔,可以根据需要增加和删除组件。Merritt 的微服务覆盖了数字内容生命周期的各个部分,而其中的重点是风险评估和迁移。每个服务都很微小,都是自包含的,它们都很容易开发、部署、管理和增强。当它们无用的时候可以很容易地被替换。尽管任何服务的范围都被定义得很窄,负载管理功能也可以通过各种微服务的策略组合而达到。

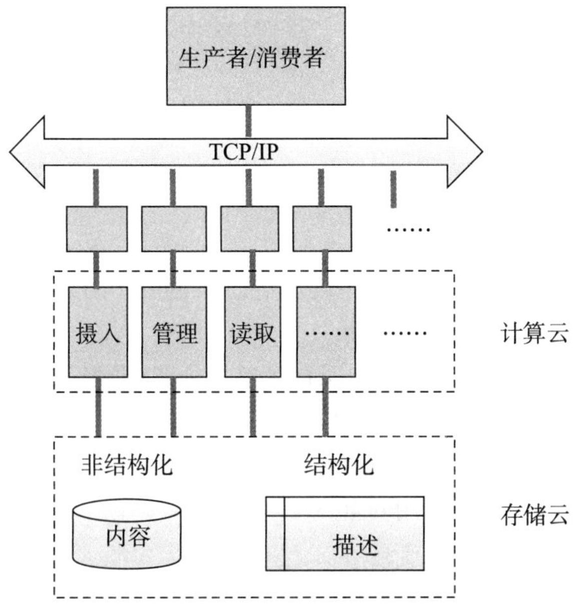

图 17－12　以内容为中心的服务架构[28]

Merritt 共包括 12 个微服务，这些微服务从最小必要性开始，随着充分性不断扩展。还提供了可以满足最小的 UC3 对于有效性、充分性、可持续性需求的基本功能。微服务具体为：

1）识别服务（Identification Service）：该服务提供在管理中识别不同实体的方法。

2）存储服务（Storage Service）：提供管理数字对象的方法。

3）完整性服务（Fixity Service）：提供一种方法来验证存储服务中所保存文件的比特级完整性的方法。

4）冗余服务（Replication Service）：该服务提供通用容错存储环境。

5）清单服务（Iinventory Service）：提供将句法、语义和碎片描述信息同数字对象关联起来的方法。

6）辨别服务（Characterization Service）：提供一个目录服务所管理的描述性信息的可靠来源。

7）摄入服务（Ingest Service）：提供向 UC3 所管理的环境中增加新的数字内容的方法。

8）索引服务（Index Services）：对于对象描述性信息和内容建立可检索的索引。

9）搜索服务（Search Service）：支持对于内容的请求，通过基于索引的搜索提供内容和描述信息的浏览。

10)转换服务(Transformation Service):提供将数字对象的表现形式从当前格式转换为新格式的方法。

11)出版服务(Publication Service):通知用户数字对象在系统管理下,可以使用。

12)标注服务(Annotation service):提供对于对象描述信息进行用户驱动的丰富行为的方法。

其他有增值功能的服务会持续地增加到Merritt的架构中。这些服务的应用扩展了数字管理生命周期。

如图17-13所示,这些服务可以被整合为四个服务层次——保护、解释、应用和交互。相应地提供了对于内容的状态、环境的维护,以及内容服务和价值的提供。四个层次分别为:

1)多个副本让用户使用安全。

2)多个描述让用户易于理解。

3)多个服务让用户易于使用。

4)多种使用让用户增值。

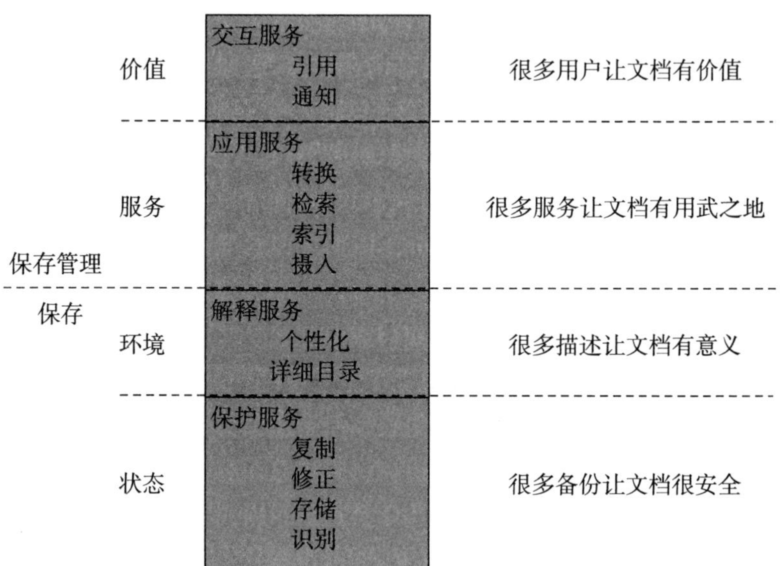

图17-13 12个Merritt微服务[29]

从架构上讲,这些微服务通过良好定义的抽象接口来提供功能,形成了公共服务的合约。外部系统和单位可以根据服务接口来发送请求,不需要知道服务具体是如何完成的。通过稳定的语言绑定或者协议绑定,就可以发出服务请求和获取服务。

从管理服务角度讲，这是为了业务的持续性，即所有的自动化管理和访问服务以及建立在管理内容之上的系统需要，可以根据文件系统的数据进行重建，Merriit 中的存档文件会被视为一个文件级别的独立容器进行管理，一些元数据内容也会以一种结构化存储进行管理，如关系数据库或 XML 文件等，数字对象的元数据记录可以在同文件相关的元数据文件中找到。

17.3.2　模块化的数字保存系统 PeDALS

永久数字存档与图书馆系统（Persistent Digital Archiving & Library System，PeDALS）[30] 由美国国会图书馆和 NDIIPP 所资助，是保存州级政府信息初始框架（Preserving State Government Information initiative）的一部分。PeDALS 遵循 OAIS 模型，是一个模块化的系统，使用不同的组件来处理不同的任务，如提交、存档和分发信息包等。其系统框架如图 17－14 所示。

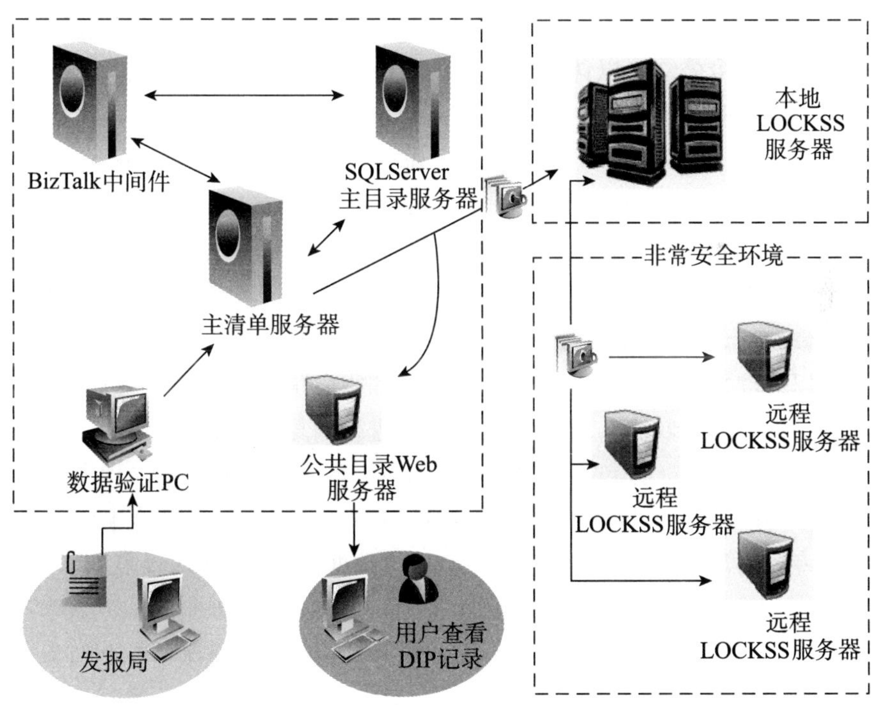

图 17－14　PeDALS 的系统框架图[31]

首先数字记录和元数据记录通过 Dropbox 提供给 PeDALS 系统。这时，负责管理数据传输的组件会将数字记录以 Bagit 的格式发送给 PeDALS。文件传输方式很多，通过 FTP、光盘、硬盘均可。当文件处于 Dropbox

中时，存档专员就开始进行数据验证，利用 Bagit 验证数据完整性，检查数据是否发生损坏或者感染病毒，检查元数据，决定如何利用，然后将规则写入中间件。这时，记录会通过新西兰元数据抽取工具（New Zealand Metadata Extractor，NZME）来获取额外的保存元数据。

数据检查之后，存档专员将所记录的高等级信息输入一个运行于 SQL Server 之上的管理记录数据库。信息专员会同技术专家讨论这些记录的业务规则，例如，如何丰富元数据，哪些可以用于开放记录，或者如何处理这些记录的分发拷贝等。这时，技术专家会将这些业务规则翻译为代码，写入 Microsoft BizTalk 服务器。

这些代码完成后，记录和元数据将会被整理和汇集，提交到 BizTalk 处理，应用业务规则代码，升级管理数据库，写入记录信息，建立 AIP，将编译成二进制的代码和符合 PeDALS 元数据标准的元数据一块打包。这些 AIP 就会组合成一个超级数据包。存档专员检查处理过的记录，对于准确性和完整性满意后，接收提交这些数据。这时，BizTalk 完成升级管理数据库，写入另外一个公众可以访问的数据库，建立记录的分发拷贝。BizTalk 可以将超级数据包提交给 PeDALS LOCKSS 联盟，用于保存。

PeDALS 使用了两个开源的工具，Bagit 和 NZME 来验证和鉴定记录，BizTalk 提供业务工具的元数据。二者之中，Bagit 可以保证传送数据的完整性。第二个工具是新西兰元数据抽取器提供记录的保存元数据，结果用于 Jhove 进行处理。

微软的 BizTalk 中间件通过 XML 消息来管理不同系统之间的沟通。它可以处理数以千计的微小的异步事件，如酒店预订等实时系统。它可以从不同的地址获取消息，处理这些消息并进行回复。它等待记录集合准备完毕，即通过 Bagit 打包和元数据抽取完毕，建立 AIP，将这些 AIP 打包成为一个超级数据包，同时生成管理数据。这些完成后，BizTalk 等候来自于存档专家的消息，当一切都完成后，将这些数据提交给 LOCKSS 联盟。

LOCKSS 用于保存超级数据包 AIP，以一种安全的分布式的方式来减少或防止比特腐败或者文件的损坏。在 PeDALS 系统中保存数字对象的比特流，PeDALS 使用了七个服务器作为一个集群。PeDALS 的模型是地理上分布的，很多服务器位于不同的州，可以减少由于突发事件引起的数据损坏可能。

17.3.3　主动数字保存系统 Preservica

Preservica 是一款由 Tessella 公司开发的商业软件。Preservica 遵循

OAIS 的工作流,包含数据摄入、数据管理、存储、访问、管理与保存,以及新的全球访问模块,允许开放数据的安全共享,可以让数字保存自然融入用户信息生命周期中[32]。Preservica 系统采用主动保存技术,可以根据保存需求设定自动保存规划并按时执行。在存储中,Preservica 使用 Amazon 的云服务,并且支持资源在 Amazon S3 和 Clacier 之间切换,以满足不同的数据使用要求。Preservica 系统模块如图 17 - 15 所示。

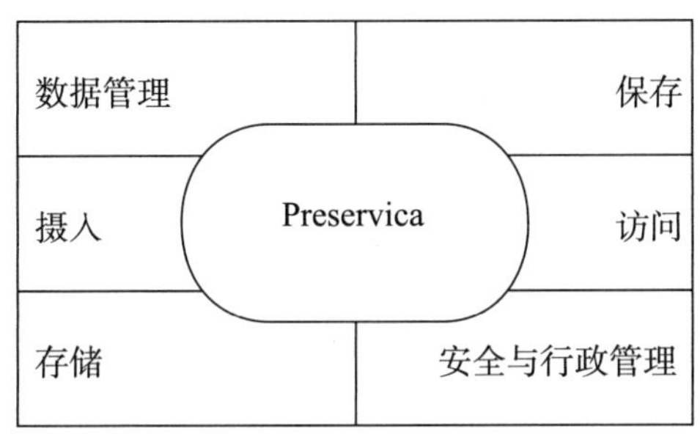

图 17 - 15　Preservica 模块图[33]

(1)访问模块

Preservica 的访问模块可以让用户安全共享且主动保存数字存档信息。访问模块中使用了标准的内容管理交互服务(Content Management Interoperability Service,CMIS)接口可以使用新的全球访问模块,更轻易地定制对外的 web 界面,允许内部或者公众用户浏览、发现、检索、查看和下载内容,PC、平板或者智能手机等设备都可以使用,不需要安装任何应用。

Preservica 提供了一个基于 Web 的浏览器,提供了复杂的浏览、高级检索和元数据编辑功能,可以对所有的元数据和对象数据进行浏览、检索、查看和下载。该工具有着交互性的特质,用户可以浏览各种级别的馆藏,查看和下载感兴趣的对象和元数据信息,在线查看、听取或者播放文件。全文检索功能可以对特定格式文件及其元数据进行全文检索,支持逻辑检索,也可以在特定的资源集合内进行检索。

访问模块还是某些工作流的启动点,可以激活工作流,例如,可以启动访问工作流,建立一个 DIP 用于下载或者分发,并发送 Email 或者文本通知用户 DIP 已经做好下载准备,也可以启动数据管理工作流,对对象资源进行移动或者删除。访问模块可以通过角色特性和访问控制列表对资源访问进行控制。

(2)摄入模块

Preservica 在摄入模块中使用了一个 SIP 构建器来简化内容及元数据

的提交和上传操作,使保存新摄入的数字内容变得更加容易。可以从本地文件中建立 SIP,同时将从别处过去的元数据碎块进行整合,形成描述性元数据,根据提前设定的规则将内容提交到 Preservica。Preservica 还提供通过浏览器直接提交 ZIP 文件的功能,也可以直接上传 Dspace 数据包。

系统的摄入工作流会自动执行质量保证步骤,保证内容正确保存下来,质量保证包括完整性检查、病毒检查、元数据整合和技术元数据的文件特性识别。Preservica 支持工作流来自动化导入 Dspace 的大量数据,包括大量的网络采集数据和数字化内容。用户还可以自动设定迁移工作流,将摄入的某种文件格式迁移为新的格式。

(3)保存模块

Preservica 在保存模块中使用了主动保存技术,可以使随着时间推移被废弃的文件格式主动进行迁移,来保证内容在未来 20 年的可访问性和可读性。在保存模块中,Preservica 使用了标准的文件格式注册系统和迁移工具,例如,Droid 和 Pronom,以及关联数据注册,允许用户定义自动化的保存行为,从 800 种不同的文件格式进行迁移,包括包含在复杂容器格式中的文件,例如,zip、warc 和 MS office。

Preservica 中已经保存了 300 多种数据迁移方案。在迁移策略中,可以对资源进行文件级的定制,如文件格式识别、格式验证等;可以进行复杂对象(如网页)的识别,并对其特征进行抽取。在迁移中,可以进行迁移后的组件级特征验证以保证数据迁移成功,可以建立新的主要保存复本,可以建立低质量的用于分发的数据复本,随时可以查看迁移前后的组件信息。可以抽取内嵌对象以及列举型的容器文件,如 ZIP、GZIP、TAR、MS Office 等。此外,Preservica 还进行了后台的完整性检查,确保内容不会丢失和损坏。

(4)数据管理模块

Preservica 的扩展性数据管理工具和工作流允许用户建立无限制的内容层次,对任一层级的数字文件进行管理。同样可以轻松地管理和编辑内容元数据,可以从标准框架中选择,如 EAD,MODS,Dublin Core 或者自己定义的 XML 框架。Preservica 同样提供双向的编目结果同步框架,使用 OAI PMH 来进行元数据共享和 Axiell CALM 编目系统的标准整合。

内容管理功能支持软删除数据对象并进行恢复,也可以硬删除数据对象;可以查看数据对象及其审计流程信息;可以对对象数据附加多个元数据碎片并进行编辑。可以无限设定资源层级关系,也可以随时修改对象数据的位置。

(5)存储模块

使用 Preservica 存储策略工具,用户可以选择内容存储的位置和方式。Preservica 云版本将元数据保存在高速的 Amazon RDS 系统中,数字内容保存在低延迟的 Amazon S3 或者廉价 Amazon Clacier,便于经常的访问。Preservica 标准版和企业版可以将内容保存在本地的存储阵列中以及使用云连接器将内容保存在 Amazon S3 或者 Amazon Glacier 中,也可以建立混合的存储模型。

Preservica 使用 Amazon S3 来存储大文件。在 S3 中,会将文件保存在多个数据中心的多个服务器上,这些服务中心会在地理上处于较分散的状态。每个 S3 的逻辑块都只保存一个机构的数据。在 S3 中,还会对所有的对象进行完整性检查,包括为每个文件计算摘要值,在访问时或者固定时间间隔对摘要值重新计算,可以自动地保存外部 FTP 服务器中指定的部分数据,也可以将数据根据需要分散在昂贵但高性能的 Amazon S3 和廉价但低性能的 Amazon Glacier 上。

(6)安全与行政管理模块

Preservica 允许用户分配各种用户角色和访问权限,包括细粒度的安全策略,可以部署在资源集合层面,也可以部署在单独的文件记录层面。而且,Preservica 还拥有昂贵的审计方式,包括一系列的标准报告和图标,涵盖摄入、访问和保存行为等,还可以查看各个文件格式的数量和类型。Preservica 企业版同样包括了标准的 DLAP 连接器,用于用户的外部认证。

Preservica 的行政管理模块支持以 PDF、XML 或者 CSV 格式生成各种报告,包括摄入、访问、数据管理、保存和行政管理报告。行政管理模块中还会永久保存内容提供者的文件传输协议,并管理内容描述信息的规范。

Preservica 的用户管理模块可以建立和停用用户,建立各种角色并将角色分配给用户。针对信息对象使用了很复杂的安全系统。系统定义了用户角色可以对对象实施的行为,并详细记录细粒度的对数字对象的用户访问控制信息。

17.3.4　大型的自动化保存系统 SCAPE

可扩展保存环境(SCAlable Preservation Environment,SCAPE)[34]项目是欧盟第七框架计划资助的数字保存项目,共有来自八个国家的 16 个学术和商业合作伙伴参加。SCAPE 是开发策划及执行机构保存策略的一个开源平台,用于实现大型半自动化的工作流程,复杂数字对象的异构集合的可扩展服务。

图 17 - 16 是 SCAPE 系统平台的框架图。SCAPE 保存平台是一个可灵活扩展的系统平台，由很多相互连接的组件构成，每个组件处理不同的功能，来保证数字对象存储的安全性。

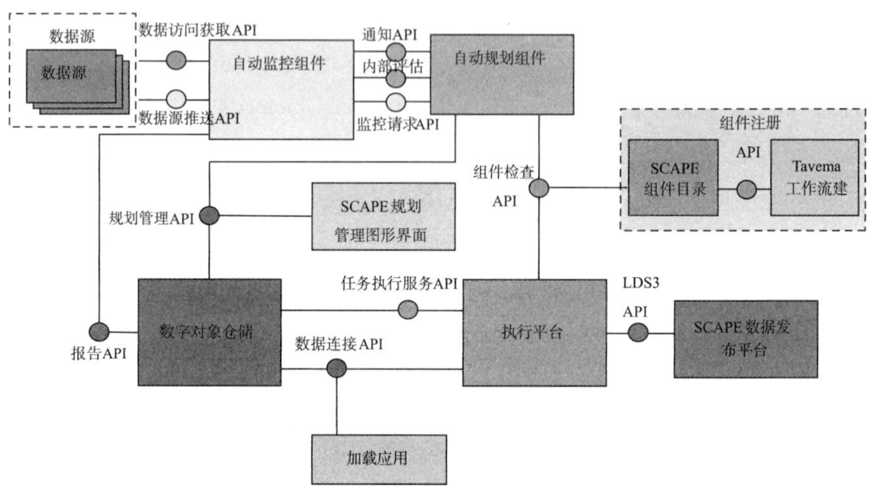

图 17 - 16　SCAPE 系统框架[35]

SCAPE 执行平台（execution platform）管理和运行并行保存工作流，负责有力且可靠的执行保存动作，保证产出的有效性。

工作流执行由数字对象注册系统（Digital Object Repository，DOR）发起，通过任务执行服务接口（Job Execution Service API）实施。DOR 数据本身通过数据连接接口（Data Connector API）访问或者指向，数据要么在工作流开始之前直接上传到执行平台，要么由执行平台处理的时候在存储中直接访问。这两种方式 SCAPE 都支持。工作流执行后的产出会在过滤后通过数据连接接口返回 DOR，或者存储和发布在 SCAPE 数据发布平台（Data Publication Platform）上。

对于自动监控组件（Automated Watch），即 SCOUT 来说，DOR 和 SCAPE 数据发布平台仓储都可以作为信息源使用。自动监控组件用于针对机构策略来监控输入源。自动监控会持续地通过轮询或者从源信息推送接口（Source Push API）来获取推送的监控信息，通知规划组件（Planning Component）一些标准中预定义的阈值是否符合条件。这些标准由规划组件通过监控请求接口（Watch Request API）预先定义，由监控组件进行评估和推动，通过通知接口（Notify API）来触发。规划组件同时负责建立、监控和测试保存计划。规划组件基于 PLATO 的规划工具，提供一个决策支持工具来评估对一个数据集合最正确的保存动作，同时审计证据并记录这个决策过程,用于建立相关的保存策略。SCAPE 目标是通过使用自动监控组件,机器可解释策略模型和内容档案等来辅助进行自动规划过程(Planning process)。

保存规划(Preservation Plans)通过保存工具和工作流(组件)定义建立,存储在 SCAPE 组件目录(Component Catalogue)中。工作流组件本身是在 Taverna 建模环境中建立的,通过组件注册接口(Component Registration API)在组件目录中注册。组件可以通过组件检查接口(Component Lookup API)进行查询和访问,并且可以在规划组件(Planning Component)中生成保存计划。保存计划被评估,成功的计划可以上传到 DOR,使用规划管理接口(Plan Management API)来执行。

上传到 DOR 的规划可以通过 SCAPE 的规划管理图形界面(Plan Management GUI)来管理。通过这个图形界面,保存规划可以在执行平台(Execution Platform)中创建。装载应用(Loader Application)提供了将数据装载入 DOR 的能力。

SCAPE 保存平台在多个层面使用云技术,包括主机、计算和存储。基础设施即服务(IaaS)提供了一个云主机模型用来提供自动的可扩展的平台开发环境。图 17－17 展示了一个简单地利用私有云平台部署保存平台实例的例子。简单起见,假设云平台只提供两种服务,分别是云控制器(Cloud Controller,CC)和存储控制器(Storage Controller,SC)。CC 能够在云节点(图 17－17 中实现方框表示)上部署虚拟机镜像。SC 提供存储和复制虚拟机镜像的服务。利用这个模型,有可能提出一个特定配置下的保存平台实例。一个平台的实例由多个平台节点(Platform nodes PT(x))组成。不同的节点有它们自己的角色并且在不同平台实例中有不同的行为。但是,除了提供外部服务的节点,该平台的内部对用户不可见。

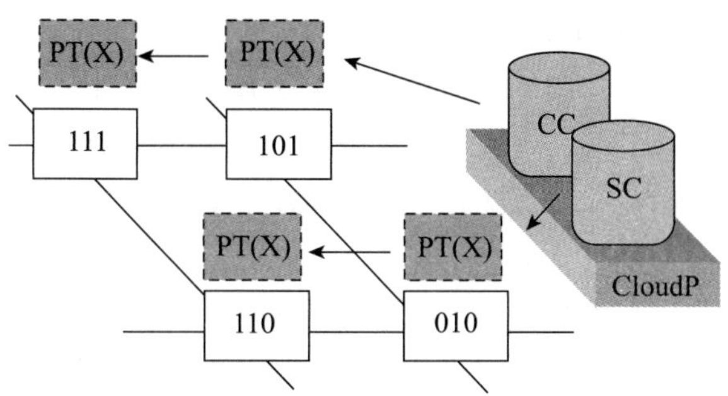

图 17－17　表示私有云环境下的 SCAPE 保存平台[36]

17.4 小结

数字保存系统是数字保存理论在实践中的实际应用,对数字保存系统进行研究和分析有助于更直观地理解各个数字保存理论的原理、彼此之间的关系和产生的效果。作者对重要的保存系统进行梳理和研究分析,根据数字保存系统的开发时间、体系结构、保存对象、适用对象等特征,将保存系统分为早期、成熟和发展中三个发展阶段,并选择相应的有代表性的系统进行分析与研究。作者将长期保存系统做了三个阶段的划分,只是作者根据系统环境和特点总结出来的一个结果,从其他角度进行分析研究,也会有不同的切分方式。

作者认为,在技术更新的推动下,数字保存系统在经历初期和成熟期的发展研究后,会逐渐融合新的存储设备和系统开发技术,向服务化、自动化、模块化、可伸缩化和存储云服务化发展。

服务化:数字保存系统不再是封闭的,而是开放多种服务接口,保存功能都转化为一项一项可调用的服务,可以由系统其他模块或者外部系统使用。

自动化:系统可以从内建知识库中获取知识,根据资源的类型和既定策略自动执行数字保存行为,系统自动化程度很高,几乎不用人工参与。

模块化:数字保存系统按照模块化进行设计,模块之间的耦合程度很低,可以随时根据保存需求升级或者替换系统模块,完成功能的更新和升级。

可伸缩化:数字保存系统将具有很强的可伸缩性,适应多用户、多资源、大规模并发的使用场景,并不断地根据外界情况调整服务能力,以保证数字保存服务可以被无处不在的访问。

保存服务云:保存服务将会像当前的云服务一样无所不在,只要有高速的互联网和移动网络,资源提供机构和个人可以随时将资源提交到数字保存系统进行保存,也可以随时从数字保存系统中获取所需要的资源。

简言之,未来的数字保存系统将会发展成为一个完善的资源保存与服务体系,系统可以根据知识库的内容,尽可能减少人工参与,自动进行业务工作和自身调整,通过高速网络连通用户、保存机构、出版商,存档资源和服务可以随时获取,以更加灵活、方便、快捷的方式嵌入用户的信息获取活动当中。

(曲云鹏、张智雄、马娜)

参考文献

[1] The CEDARS Project,CURL Exemplars in Digital ARchiveS[EB/OL].[2014 - 12 - 27].http://www.ukoln.ac.uk/services/elib/projects/cedars/.

[2] HOLDSWORTH D,SERGEANT D M. A Blueprint for Representation Information in the OAIS Model. IEEE Symposium on Mass Storage Systems[EB/OL].[2014 - 12 - 27].http://esdis-it.gsfc.nasa.gov/MSST/conf2000/PAPERS/D02PA.PDF.

[3] Networked European Deposit Library. Metadata for Long Term Preservation[EB/OL].[2014 - 12 - 27].http://www.kb.nl/coop/nedlib/results/preservationmetadata.pdf.

[4] NEDLIB[EB/OL].[2014 - 12 - 27].http://www.kb.nl/coop/nedlib.

[5] DSEP process model[EB/OL].[2014 - 12 - 27].http://www.kb.nl/sites/default/files/docs/DSEPprocessmodel.pdf.

[6] VAN DE WERF T. A Process Model:The Deposit System for Electronic Publications[EB/OL].[2014 - 12 - 27].http://www.kb.nl/coop/nedlib/results/DSEPproccess-model.pdf.

[7] Long-term Preservation of Electronic Publications,The NEDLIB project[EB/OL].[2014 - 12 - 27].http://www.dlib.org/dlib/september99/vanderwerf/09vanderwerf.html.

[8] E-Depot[EB/OL].[2014 - 12 - 27].http://en.nationaalarchief.nl/information-management-and-creation-of-archives/sustainable-management-of-digital-archiva-26.

[9] e-Depot[EB/OL].[2014 - 12 - 27].http://www.kb.nl/dnp/e-depot/dm/dm-en.html.

[10] The Long Term Preservation Study of the DNEP Project-an Overview of the Results[EB/OL].[2014 - 12 - 27].http://www.kb.nl/hrd/dd/dd_onderzoek/reports/1-overview.pdf.

[11] The Digital Preservation Repository[EB/OL].[2014 - 12 - 27].http://www.cdlib.org/services/uc3/dpr.html.

[12] UC Libraries Preservation Repository[EB/OL].[2014 - 12 - 27].http://www.cdlib.org/services/uc3/docs/DPRDesign_Final_Dev.pdf.

[13] Trustworthy Repositories Audit & Certification:Criteria and Checklist[EB/OL].[2014 - 12 - 27].http://www.crl.edu/sites/default/files/attachments/pages/trac_0.pdf.

[14] What is RODA[EB/OL].[2014 - 12 - 27].http://www.roda-community.org/what-is-roda/.

[15] RAMALHO, CARLOS J. RODA:a service-oriented digital repository:database archiving[EB/OL].[2014 - 12 - 27].http://repositorium.sdum.uminho.pt/handle/1822/17860.

[16] Chronopolis—Digital Preservation Across Space& Time[EB/OL].[2014 - 12 - 27].

http://libraries.ucsd.edu/chronopolis/index.html.

[17] KOZBIAL A. Generating Metadata for Digital Preservation: the Chronopolis Scenario [EB/OL]. [2014 - 12 - 27]. http://libraries.ucsd.edu/chronopolis/_files/publications/Kozbial_Chronopolis_metadata.pdf.

[18] ACE[EB/OL]. [2014 - 12 - 27]. https://wiki.umiacs.umd.edu/adapt/index.php/Ace:Main.

[19] IRODS[EB/OL]. [2014 - 12 - 27]. https://www.irods.org.

[20] BagIt[EB/OL]. [2014 - 12 - 27]. https://wiki.ucop.edu/display/Curation/BagIt.

[21] Hathitrust Digital Library[EB/OL]. [2014 - 12 - 27]. http://www.hathitrust.org/.

[22] YORK J. A Preservation Infrastructure Built to Last[EB/OL]. [2014 - 12 - 27]. http://www.hathitrust.org/documents/york-MemoftheWorld-201209.pdf.

[23] DAITSS Digital Preservation Repository Software[EB/OL]. [2014 - 12 - 27]. http://daitss.fcla.edu/.

[24] DAITSS(Dark Archive In The Sunshine State)[EB/OL]. [2014 - 12 - 27]. http://www.fcla.edu/digitalArchive.

[25] DAITSS OVERVIEW[EB/OL]. [2014 - 12 - 27]. http://www.fcla.edu/digitalArchive/pdfs/DAITSS.pdf.

[26] CAPLAN P. Preservation Rumination, Presentation for the OCLC Distinguished Seminar Series[EB/OL]. [2014 - 12 - 27]. http://www.oclc.org/research/dss/default.htm.

[27 - 28] UC3Merritt[EB/OL]. [2014 - 12 - 27]. http://merritt.cdlib.org.

[29] UC3 Curation Foundations[EB/OL]. [2014 - 12 - 27]. https://confluence.ucop.edu/download/attachments/13860983/UC3-Foundations-latest.pdf? version = 1.

[30] PeDALS[EB/OL]. [2014 - 12 - 27]. http://www.pedalspreservation.org/.

[31] Persistent Digital Archives and Library System: Final project report to the Library of Congress [EB/OL]. [2014 - 12 - 27]. http://www.pedalspreservation.org/Resources/PeDALS%20Final%20Report.pdf.

[32] Preservica[EB/OL]. [2014 - 12 - 27]. http://preservica.com/.

[33] How Preservica Works[EB/OL]. [2014 - 12 - 27]. http://preservica.com/preservica-works/.

[34] Scape Project[EB/OL]. [2014 - 12 - 27]. http://www.scape-project.eu/.

[35] SCAPE, Scalable Preservation Environment[EB/OL]. [2014 - 12 - 27]. http://www.scape-project.eu/wp-content/uploads/SCAPE_D2.2_BL_V1.0.pdf.

[36] SCHMIDT R. An Architectural Overview of the SCAPE Preservation Platform[EB/OL]. [2014 - 12 - 27]. http://homepage.univie.ac.at/rainer.schmidt/publications/iPres12.pdf.

18　仿真的保存技术方法

仿真(Emulation)是开发一种能运行过时软、硬件的软件,对某一过时的软、硬件进行模仿,使得人们认为原来的设备和功能在现行软、硬件上运行。对于一些不适于迁移的、复杂的数字馆藏,仿真技术具有较好的应用前景。仿真是延迟技术淘汰的一种方法。

本章分析仿真的保存技术,首先对该技术背景和相关问题进行分析,接着对仿真保存技术层次进行阐述,然后对相关的项目案例进行分析,在此基础之上对该技术的优势和挑战进行探讨,最后对仿真的保存技术发展趋势进行总结。

18.1　仿真保存技术背景

仿真源于计算机领域,得益于信息技术的发展。仿真策略的提出,使维护数字信息的长期保存有了新的突破。仿真保存技术的基本思想是通过在当前平台(新平台)上运行模拟原来平台(旧平台)的软件,达到能够在当前平台(新平台)上访问原来数据、运行原来软件的目的。

本节从仿真的基本概念、仿真器的工作原理两方面对仿真保存技术背景进行研究分析。

18.1.1　仿真的基本概念

在数字资源长期保存过程中,仿真通过仿真软件将已过时的、淘汰的系统模拟到下一代计算机上,使得过时的设备和功能得以在非原始技术平台上运行。所谓仿真就是构建一个仿真器,模仿数字信息创建时的软、硬件环境,使数字信息能够以原始状态得以重现[1-3],如图 18-1 所示。仿真器实质上也是程序,在目标平台和主机平台之间构建一个新的层,以实现期望的目标。当原始平台过时时,原始数字对象转换为被保护的数字对象(箭头 A),并且被保护的数字对象能由运行于主机平台 1 的仿真器 1 正确解释,显示出原始数字对象的重要特性。这一步确保原始平台即使过时,数字对象仍能存取。随着时间流逝,当转换再次进行时(箭头 B),通过更新运行于新平台(主机平台 2)的仿真器 1.01,即可继续维护被保护数字对象的可存取性。图中的等号表明随时间的流逝,被保护的数字对象本身没有发生任何变化。

正如图 18－1 所示,对计算机环境的模拟随着时间的变化而变化,而数字信息本身仍然以原始状态保存,不需要进行转换,这有助于保持数字信息的完整性和“外观和感觉(Look and Feel)”效果,也是数字保存所追求的理想效果。

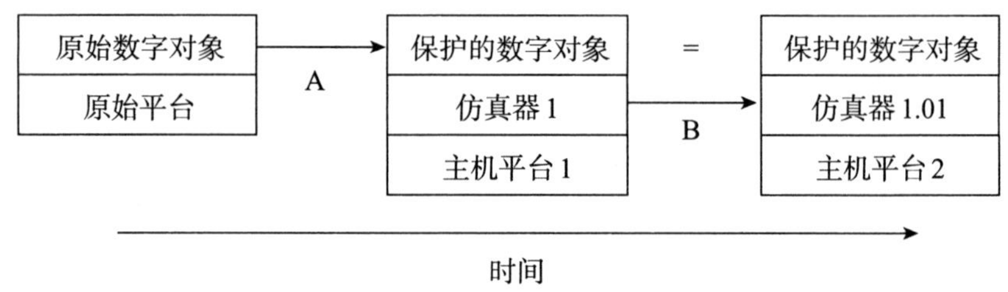

图 18－1　仿真保存技术过程

18.1.2　仿真器的工作原理

仿真策略的提出主要基于这样一个考虑:由于数字信息大多数都依赖于特定的软、硬件,因此,维护原始数字信息功能性和外观特征的最好方法是将数字信息及其原始软件一起保存,以使其能够在一个可以模仿过时硬件和操作系统的仿真器上顺利运行并得以正确解释。为此,仿真策略将数字对象以及产生和解释这个数字对象的实用软件和所需系统软件、硬件环境的描述(如仿真器的说明书)一起封装,并将注释元数据(关于怎样打开一个封装对象等信息的元数据)与封装对象一起保存。

仿真实际上是通过保护数字信息的利用环境来保障数字信息内容的可利用性。具体的实现方法则是构造相应的仿真器,使其在现有技术和过时技术之间架起了一座沟通的桥梁。毫无疑问,仿真的确复杂和困难,而且构建仿真器是一项高精确度且费时费力的任务,因为我们所模拟的环境必须配置无误且功能完善。

构建一个能用于数字资源长期保存的仿真器,必须具备两个条件:持久性和灵活性。要做到长期保存,持久性自然是必不可少的,而灵活性则是基于这样的考虑:尽量用最少的代价完成对不同计算机环境的模拟。此外，仿真器的开发需要解决知识产权方面的困扰，特别是考虑到仿真器本身也需要长期维护，就必须保证能够及时、合法地获得相关代码，而不能仅仅靠兼容功能实现仿真。

图 18－2 中显示的是 MESS 项目中的模块仿真器界面。MESS 是一个基于 GPL 许可证的开源项目，由一个庞大的开发者社区来支持和积极维护，MESS 代表多仿真器超级系统（Multiple Emulator Super System）。MESS 通过软件仿真各种（主要是老式的）计算机、视频游戏机和计算器等。MESS 可以重现近 800 种不同平台的硬件和各种衍生软件（Derivates in Software），它本身可以安装在 Windows，Mac OS 和 Linux 桌面操作系统上，可以让过时硬件平台上的软件和游戏能在现代的硬件平台上运行。

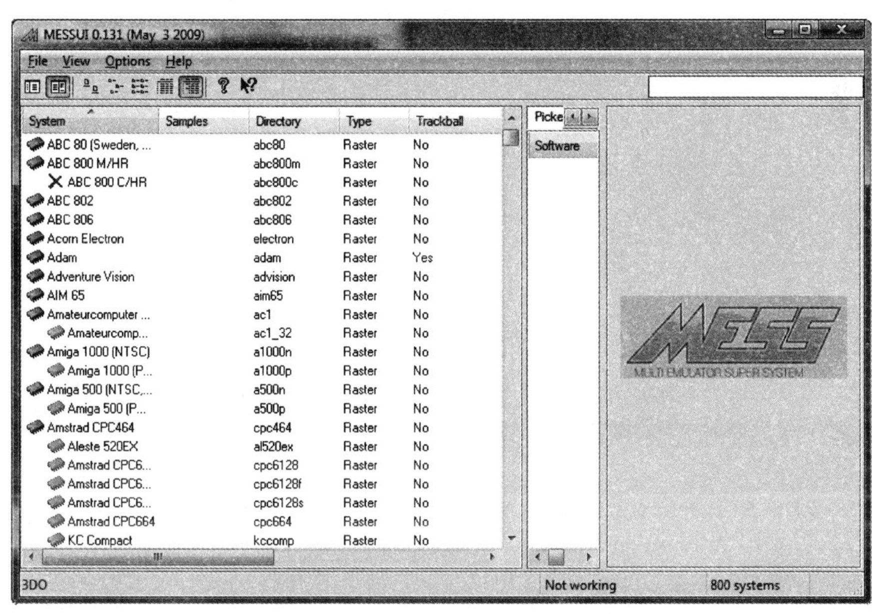

图 18－2　MESS 模块仿真器[4]

18.2　仿真保存实现的相关问题

仿真保存是仿真技术在数字保存中的应用，其目的是通过仿真技术，构建某个数字对象的已过时的技术环境，使这一数字对象可能在仿真的系统环境下能够被呈现、理解和应用。为此，本节围绕仿真保存实现的相关问题进行研究分析，具体包括三个方面：仿真保存的流程问题、仿真保存中的信息封装问题和仿真保存实施中的策略选择问题。

18.2.1 仿真保存的流程问题

基于仿真技术的保存策略与基于其他技术的保存策略存在很多共同点。基于仿真技术的保存策略涉及保存原始应用程序。仿真器程序能被设计,并能运行在未来的计算机平台上。通过对仿真器编程以模仿过时硬件平台和操作系统软件的行为,如为了游戏和可执行文件(后缀名为 .exe 的文件)等。这种策略不需要保存正在老化的硬件和原始操作系统软件。

仿真的目标是保存数字对象的外观、感觉及其功能,这一策略本质上是复制资源的技术环境,以允许原始对象或原始对象的复本在未来可用。图 18 - 3 中显示了罗森柏格(Rothenberg)提出的仿真过程中各元素之间关系的概念视图,它很好地说明了仿真保存方法是如何实现数字信息长期保存的。这种方法通过虚拟机将应用程序从平台分离,这样,通过迁移虚拟机到不同的平台,应用程序可以在这些平台上运行。Java 虚拟机就是这样一个例子。

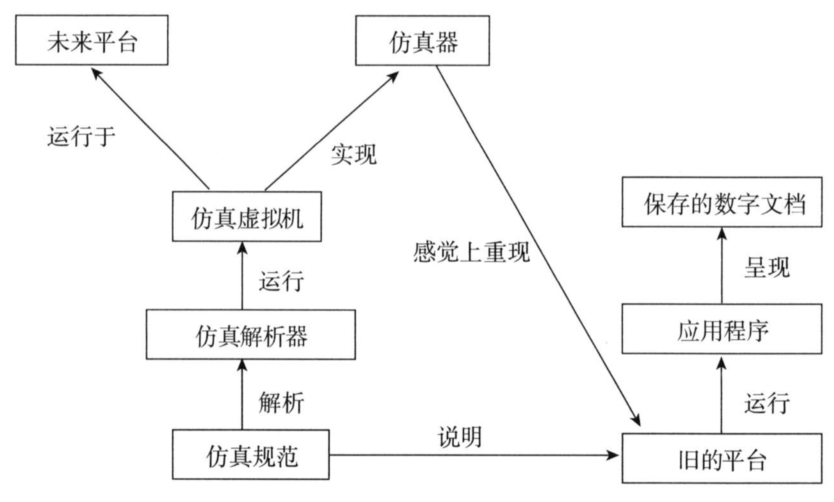

图 18 - 3 基于仿真的保存过程[5]

特别地,在基于仿真的保存过程中,首先针对旧的平台编写仿真器程序和仿真规范,其中,运行在旧的平台上的应用程序呈现保存的数字文档。接着利用中间媒介层或仿真虚拟机实现仿真,其中,仿真虚拟机通过解析器解析出仿真规范,并实现仿真器功能。最后,可通过在未来平台上运行仿真虚拟机,来实现仿真保存目标。

正如上述分析,仿真方法需要关于过时硬件和操作系统软件的详细规格,因此,需要开发仿真规范的标准格式。仿真保存方法在何种程度上应该完全仿真原始技术环境或只仿真那些必要的组件以访问数据，仍然是一个需要解决的问题。

18.2.2　仿真保存中的信息封装问题

罗森柏格认为在仿真保存的具体实现中，需要解决三个问题[6]：

1）开发仿真器。开发能运行在未来计算机上的特定仿真器，该仿真器能识别当前数字文档和未来数字文档重现行为所需要的所有属性。

2）发展元数据存储技术。元数据以人类能识别的形式存储，用作访问数字文档、重现数字文档之用。使文档管理工作变得更加容易，如分类等。

3）发展封装技术。封装文档、相应的元数据、相应软件和仿真器规范等方面，保证它们的内聚性，使数字资源所需的运行环境等一起打包。

这三部分意味着一个伟大的计划，同时也暗示要实现这项计划需要大笔资金，因为这主要涉及需要在仿真器中封装某些信息。为此，罗森柏格提供一个图表，它列举了需要封装的重要组成部分，如图 18－4 所示。

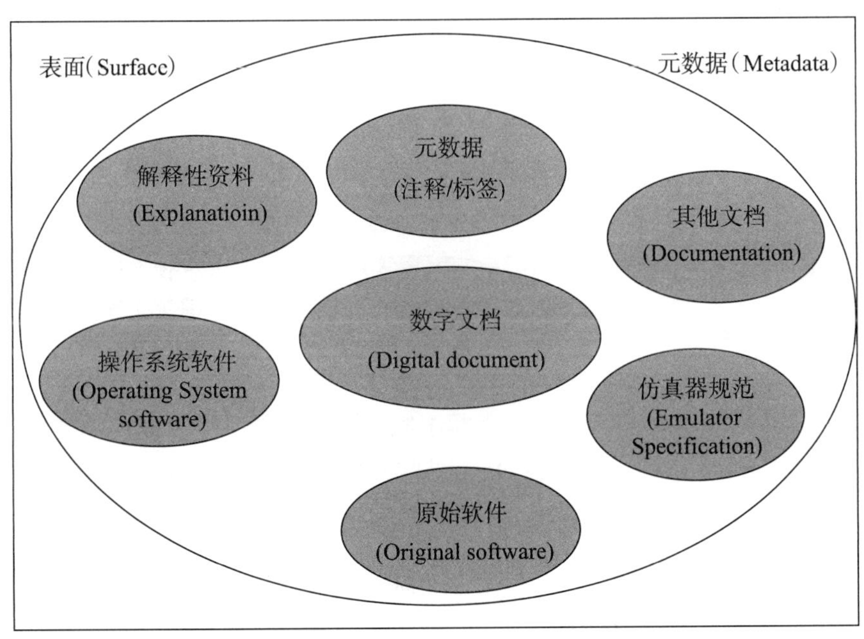

图 18－4　信息封装[7]

首先，封装的信息包括文档和它的软件环境。封装的中心部分是数字文档本身，它由一个或多个代表原来文档的比特流（bit stream）的文件构成，比特流文件是由原来相应的软件访问和存储的。另外，文档对应的软件也在封装之列。该软件由一个或多个代表原来应用程序的可执行比特流的文件构成,该应用程序用来创建该文档。文档对应的软件运行环境也在封装之列,该环境包括操作系统及其他的团体操作或数据文件,该环境对应的比特流就是封装的对象。

第二类封装信息是仿真器规范。仿真器规范是“指当原始软件在仿真器环境运行时,与原始文档重现行为相关的原来硬件平台的属性”。它包括交互模式、速度(运行、显示和存取等)、显示属性(像素大小、颜色和维数等)、时间表示法、设备特性、网络特性、多用户特性、版本和配置信息,以及其他属性等。

第三类封装信息是由解释性资源、标签信息、注释、文档的元数据及软、硬件文档信息等构成。

18.2.3 仿真保存实施中的策略选择问题

作为一种数字保存策略,罗森柏格认为仿真保存在实施过程中存在一些问题,主要包括技术方法、内容、法律/机构和其他问题等,如图 18－5 所示。

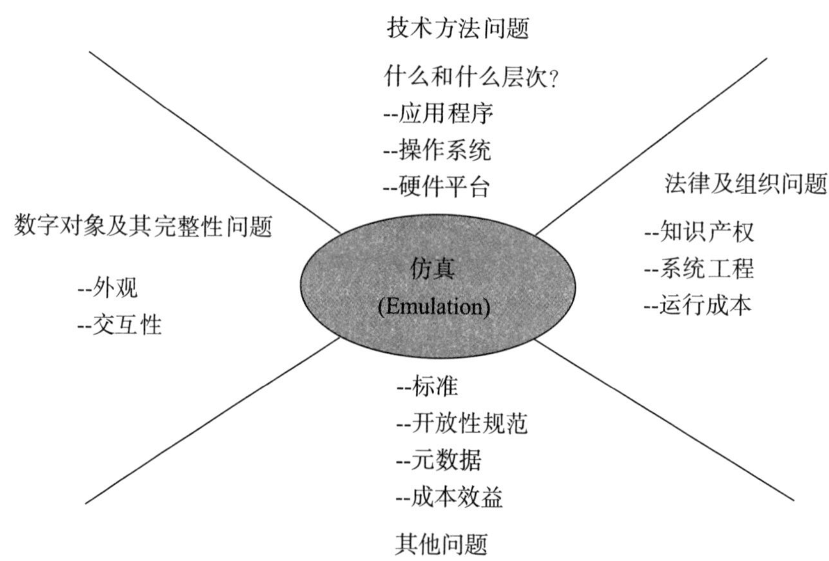

图 18－5　仿真保存实施中的相关问题[8]

(1)技术方法问题

如果采用仿真技术,第一个问题可能是将要仿真什么?其中,三个可行的仿真选择是:①仿真应用程序;②仿真操作系统;③仿真硬件平台。

(2)数字对象及其完整性问题

数字保存的问题之一是除了保存数字对象的纯知识性内容之外,还需要保存什么？在一些情况下，数字对象的“外观和感觉”可能是重要的，例如，保存书籍时，其真实的外观就可长久被保存。数字对象的交互性可能也很重要，例如，用户交互、程序和计算机平台之间的交互等。

令人担心的是，当用迁移技术将数据对象迁移到新平台上时可能会失去这些重要特性，仿真则是保存这些方面的唯一策略。随着多媒体和超媒体等复杂数字对象的利用越来越多，这个问题会更加突出。这就需要我们进行一些分析工作，为判断什么时候数字对象的这些方面是重要的问题提供框架，并为成本效益分析提供数据，用以确定保存数字对象的这些复杂方面而需要的额外成本。

(3)法律及组织问题

在仿真操作系统或应用程序时可能会涉及与知识产权相关的问题。毫无疑问，仿真成本的存在必将意味着仿真技术法将不是每个用户的选择。部分用户会要求可信的组织机构承担仿真工作，并将其成果共享。当然，此类组织的运用成本和性质是主要问题。

(4)其他问题

标准问题和开放的规范问题对作为数字保存策略的仿真技术也是重要的。开放的外部环境和标准的采用可能使仿真技术更切实可行，更加符合成本效益原则。元数据在仿真策略中很可能发挥关键性作用。准确定义元数据及其格式将会是主要任务。

18.3　仿真保存技术层次

在数字资源保存中，由于仿真技术可以保存原始文件，并适用于所有的数字对象，实现了一次处理永久使用，且能够保留原始数据的功能和显示效果，所以仿真被视为一种理想的保存策略。目前，仿真技术可以实施在三个不同层次上：仿真硬件层、仿真操作系统层和仿真应用程序层，它们形成仿真保存技术的策略，如图 18－6 所示。为了正确仿真特定的层次，需要知道相应层的设计和实现。

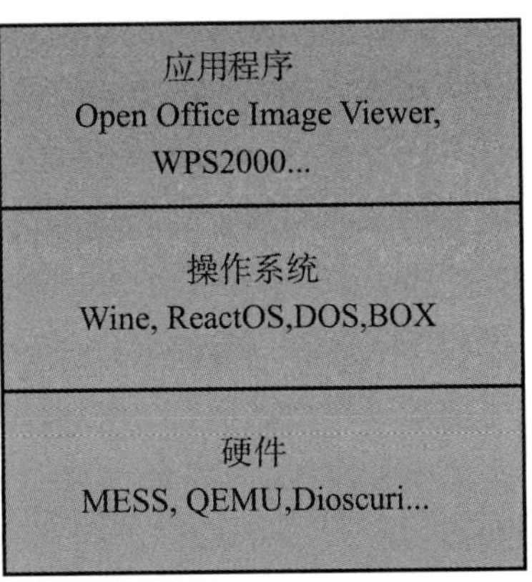

图 18－6　仿真层次[9]

1)仿真硬件层:让所有运行在原始硬件平台上的操作系统和应用程序,能在不更改的情况下运行在新的仿真硬件平台上。

2)仿真操作系统层:让所有运行在某个操作系统的应用程序能在仿真的操作系统上运行。然而,仿真操作系统也要求一个合适的硬件平台。

3)仿真应用程序层:编写一个新的应用程序以实现早期应用程序所实现的功能。除了创建它的原始应用程序能读取文件外,同时允许新的应用程序能读取该文件。

在硬件层面,Dioscuri 项目发布的仿真器是 Java 编写的基于组件的 X86 计算机硬件仿真器,具有持久性和灵活性? Dioscuri 完全基于组件,每个硬件组件通过称为模块的软件代理仿真? 通过各种模块的组合,允许用户配置任意计算机系统,新的或更新模块可以被添加到软件库中,为仿真器不断扩充提供运行这些新模块的能力? 在操作系统层面,Windows 操作系统中几乎都集成了 DOS 平台,32 位操作系统平台集成了 16 位平台,使得原来平台的应用程序可以在新环境中继续使用。在应用程序层面,WPS2000 中提供了 DOS 界面风格的"怀旧"版,也可以视作是应用程序级别的仿真。

18.3.1 仿真硬件层

开源社区提供的一些硬件仿真项目有 QEMU、Dioscuri、MESS 和 MAME 等[10],然而,这些项目发布的硬件仿真器并不都能满足数字长期保存的需要。从数字保存的角度来看,一种所谓的"硬件的软件仿真(Software-Emulation-of-Hardware)",或简单地称为"全仿真(Full Emulation)"的仿真技术被经常使用,它通过模仿硬件体系结构来实现仿真硬件层,这样,软件替代者(software surrogate)可被用来仿真计算机硬件[11-13]。尽管用硬件来实现"全仿真"是可能的,但缺乏灵活性且代价昂贵,并最终会产生像我们今天所面临的硬件设备过时那样的问题。

实际上,软件仿真器是在主机操作系统上运行,而不是直接在硬件上运行。这样,主机操作系统提供的服务和灵活性仍然保持可用,如应用程序编程接口(API)。在这种情况下,仿真器是一个运行在主机平台(硬件和操作系统)上的软件程序,它重现所仿真目标平台的硬件,如图 18-7 所示。

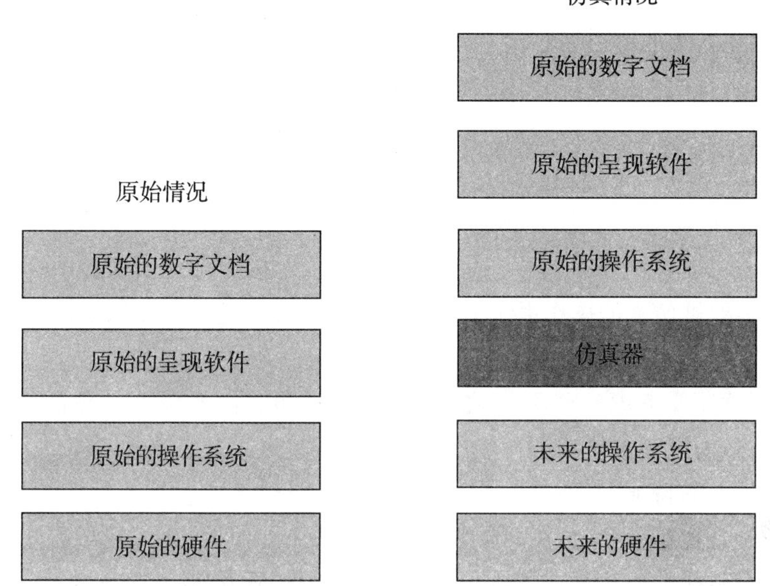

图 18 - 7 全仿真(full emulation)[14]

尽管“全仿真”技术可能相当复杂,但与仿真高层比起来,它更简单些。例如,像图形用户界面和多线程(同时运行多个应用程序)等系统高层上具有的特征是难以精确仿真的。仿真硬件平台不考虑这些方面,但要求重现原始硬件的功能,使得原始软件在运行时不能分辨出是仿真的硬件还是真实的硬件。因为,硬件规范的定义既清晰又通常是可获得的,所以硬件比操作系统或应用程序更容易通过仿真来重现。而且,这种方法保留原始操作系统、应用程序、驱动程序和配置,从而保证原始环境的真实性。

因此,“全仿真”定义为通过软件来仿真硬件,其中,软件运行在操作系统上,操作系统运行在硬件平台上。

18.3.2　仿真操作系统层

操作系统之间的仿真(跨平台仿真)可能有着广泛的用途,包括从仿真过时的游戏平台,到历史计算(historic computing,通过运行过时计算机平台来发现某些旧有的相同功能),再到通过在当前操作系统上模仿过时操作系统的方式,来简单地获得过时操作系统上的一些关键功能。

为在“新”的计算机系统上随意运行一个过时应用程序,人们必须首先创建原始环境,这个原始环境就是原始操作系统。操作系统是计算机硬件和用户之间的接口。因此,当试图仿真操作系统时,人们必须考虑某些重要的交互性(interactions),例如,可视化显示、声音能力和网络能力,甚至可能是不同的文件系统。在一些操作系统与底层硬件进行通信的情形中,操作系统的接口需要用一种完全不同的方式来重新实现。常见的例子是:微软当前操作系统使用 NTFS 文件系统,而在较早操作系统中使用的却是标准的 FAT 文件系统(File-Allocation-Table)[15]。因此,当仿真早期 Windows 操作系统时必须考虑这种文件系统不一致的情况。

此外,必须对目标(target)操作系统平台和主机操作系统平台(host platforms)加以分析。其中,目标平台是原始对象运行所依赖的系统平台,也是需要被仿真的操作系统平台。为了完全重现过时操作系统的行为,人们必须重新实现操作系统的技术特征,正如其源代码文件中所声明的那样,当然还要考虑一些不一致情况的调整(如文件系统不一致的情况)。否则,先前限制被仿真平台使用的原始对象范围,决定最低限度的目标平台所需要的特征。

涉及主机平台时,有两种明显不同的关于如何运行仿真器的方法。第一种最直接的方法是在主机平台上直接运行仿真器,这种方法将会失去非常可取的可移植特性。通过这种方法,创建的仿真器只能运行在一个特定的操作系统上。第二种方法是利用虚拟机充当仿真器和主机平台之间的"中介者(mediator)"[16-17]。

18.3.3 仿真应用程序层

当在应用程序上运用仿真原理时,人们可能很容易地认为这和保存没有什么关系。目前,由于大部分编程语言通常建立在另一种编程语言上,因而没有必要在编程语言之间进行仿真,除非具有不同的编程语言类型,例如,Java、C 或 Visual Basic 等。事实上,在软件工程项目中软件仿真经常被使用。

当谈到寻找软件中的错误时,人们使用所谓的"故障注入"来仿真在现实软件中故障所产生的影响,这是一种非常有用的方法。在这一过程中目标程序代码通过加入一些小的代码而得到改变,从而模拟原有的软件。这样,当出现错误时软件系统的行为能被分析。一旦不必要的例外(exceptions)被修复和注入的故障被排除后,软件系统将会更可靠地运行。

例如,当在设备驱动程序中注入故障时,人们就能在驱动程序有问题的情况下评价操作系统的性能。另外,当让操作系统变得有缺陷时,人们能评估上述设备驱动程序的容错性。

对应用程序进行仿真主要用来执行应用程序或显示特定的数据格式,对许多仿真器来说,首要任务之一是仿真目前已实施项目中过时应用程序的某些功能。当然,解释其他应用程序中当前的数据格式也是优先事项。这样,在不同项目间进行数据交换是可能的。这里应该指出的是,呈现和察看数字对象并不需要完整的功能。对一些常用格式来说,如 ASCII 文件、图像或音频文件,在多种可用的平台上存在许多查看器。数据格式变得越具体、越复杂,就越不可能存在一个能以满足所需要质量的方式,来重现数字对象属性的查看器。

18.4　仿真保存技术项目案例

本节通过对项目案例进行分析的方式来理解仿真保存技术的应用情况,它们分别是"CAMiLEON 项目"和"模块仿真器——Dioscuri"。

18.4.1　CAMiLEON 项目

CAMiLEON(Creative Archiving at Michigan & Leeds:Emulating the Old on the New)项目制订和评估一系列针对数字资源长期保存的技术策略。它是密歇根大学(Universities of Michigan)(美国)和利兹大学(University of Leeds)(英国)的联合项目。该项目的主要目标是:

1)探索针对数字对象外观和感觉和原始功能(Original Functionality)的长期保存方案。

2)研究仿真技术作为数字对象长期保存和访问的长期策略。

3)考虑在哪里实施基于仿真的数字保存策略,以及如何实施。

此外,CAMiLEON 项目包含三个关键的策略,它们分别是软件持久(Software Longevity)、按需迁移(Migration on Request)和仿真。其中,软件持久和按需迁移两个策略都遵循迁移和 UVC 策略,在这里不再解释。

第三个策略是仿真,被认为在未来有着非常好的前景。事实上,这种情况下使用的仿真方法也称为迁移仿真(Migrated Emulation)。图 18-8 表示在随时间推移情况下持续重新构建仿真器的过程,如果在主机平台和数字文档之间不出现大量层(layer)的话,那么这个迁移过程通常会有较好的效果。因此,每当旧的操作系统逐渐变得过时,并且新的操作系统流行时,编译器便重新解释仿真器以使仿真器能在新环境中可继续运行。

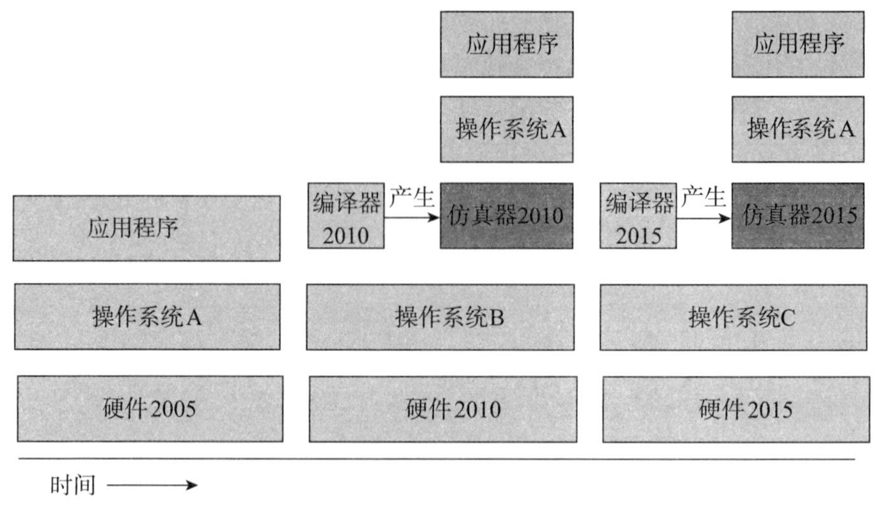

图 18－8 通过编译的迁移仿真[18]

当应用迁移仿真时,仿真器能适应不同的环境。首先,创建一个针对特定操作系统的仿真器。然后,如果仿真器的环境变化,即旧的操作系统变得过时,并且新的操作系统已开始投入使用时,仿真器将被转换以便可以在新的环境上运行。这个转换过程需要一个编译器,这个编译器能够将用语言 X(某种编程语言)书写的源代码转换成可在新的操作系统平台上执行的二进制代码。通过这种方式,原始仿真器可以定期转移到随后的系统环境中,整个过程如图 18－8 所示。

然而,对仿真器的源代码而言,它不是在目前被编译,而是在未来的某个时间被编译。这就提出了一些编译的环境问题,因为它不能保证适应于当前源代码语言 X 的编译器,在未来其仍然是可用的。而且即使可用,编译器的代码库可能与原始代码库不兼容,这可能会导致运行故障。

为此,CAMiLEON 项目尝试使用 C 程序语言的一个子集来构建一个仿真器,他们称之为 C--[19]。C--集仅包含在将来容易维护的基本 C 语言函数。虽然 CAMiLEON 项目已证实这种方法能有效仿真旧的 ICL1900 平台,但他们也承认,C--中存在的限制也使得某些事情是不可能的,而且这一情况是不可避免的。由于仿真器是一种在很大程度上高度依赖于与主机和目标平台进行通信的先进应用,因此“迁移仿真”策略具有较高的风险。

总之,通过对 CAMiLEON 项目分析可以了解到,它着眼于实现让仿真技术成为一种数字保存策略。实际上,它并没有将仿真技术作为重点,而更关注保存原始功能和数字对象的“外观和感觉”。

18.4.2 模块仿真器—Dioscuri

Dioscuri 硬件仿真器是“PLANETS”保存项目研究的结果，位于“KB e-Depot”保存研究项目的框架内。Dioscuri 硬件仿真器的两个主要特征是持久性和灵活性。因为它是用 Java 实现，所以可以移植到任何支持 Java 虚拟机（JVM）的计算机平台中，且不需要任何额外的工作。持久性由 Dioscuri 完全基于组件来实现。组合多个模块（这些模块是硬件组件的软件代理）的方法允许用户配置任何英特尔计算机系统（Dioscuri 基于 x86）。显然，这些组件必须兼容，否则，必须用更新的或新的模块来补充 Dioscuri 软件库。图 18－9 显示了仿真器的简化设计。

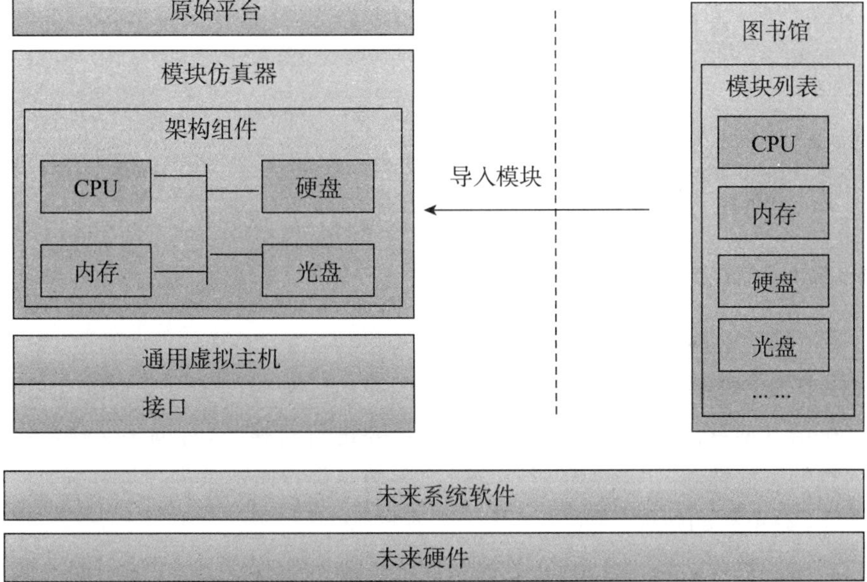

图 18－9 Dioscuri 设计过程[20]

整个 Dioscuri 设计过程包括模块仿真器、通用虚拟机、图书馆和导入模块等。其中，模块仿真器是整个设计的核心，它的任务是在当前的系统平台上重建过去的硬件平台，让原来的软件能在当前的平台上运行。通用虚拟机是在现有平台和仿真器之间添加的中间过渡层，目的是消除仿真器和底层之间的依赖性。导入模块部分由控制器和仿真器规范说明文档组成，控制器负责所有元素之间的连接，同时配置和控制仿真模拟过程。规范说明文档则负责描述仿真特定平台所需的模块，基于文档给出的选择，控制器从图书馆中选择相应的模块并完成配置。

显然,仿真器是设计过程的核心要素。实际上,它的任务是重现上层(仿真)平台的硬件,通过这种方式,各种原始软件能在仿真器上运行。

总之,通过对 Dioscuri 硬件仿真器分析可以了解到,通过使用仿真技术 Dioscuri 能在某种程度上像很多旧的英特尔电脑那样运行。从所有考虑的事情来看,与其他硬件仿真器相比,Dioscuri 似乎非常适合数字资源长期保存,因为它是为仿真保存技术进行特别设计的。必须开展的唯一工作是给实际仿真软件提供端口和维持封装文档的可读性。因此,只要过时操作系统和软件被安全地存放着,让他们在这种模块仿真器里运行应该没有问题。

18.5 仿真保存技术趋势

在数字长期保存过程中仿真保存技术有巨大的潜力,可能是一种比迁移更好的策略。下文总结了仿真保存技术存在的优势、劣势以及“仿真即服务”的发展。

18.5.1 存在的优势

(1)原始数据不需要做任何形式的转化

正如图 18 - 1 所示,对计算机环境的模拟随着时间的变化而变化,而数字信息本身仍然以原始状态保存,不需要进行转换,这有助于保持数字信息的完整性和“外观和感觉”效果,也是数字保存所追求的理想效果。

(2)可行的效率

一旦数字信息与合适的元数据、软件一起封装保存,除了进行媒介更新外,就不必再采取其他处理了。而且,构建的一个仿真器可用于相同操作环境下的多种数据对象,有助于提高效率、节约费用。

(3)作为迁移的补充

迁移是一个将正处在危险中的过时系统平台中的数据迁移到当前新系统平台的过程。这个过程有一定的风险和代价。在某些情况下,可能会导致数据丢失,原始功能或原始平台的“外观和感觉”损失。而仿真技术不需要对数字对象或其结构做出改变,而仅需“迁移”底层的硬件即可,因此,数字对象的原始状态和其真实性将保持不变。由于这些原因,有些人将仿真保存看作是一种替代迁移的重要策略,或是迁移的重要补充,特别是对一些不适于迁移的项目,仿真保存策略提供了更好的选择。

18.5.2　存在的劣势

仿真保存技术的最大难点是开发和维护仿真工具非常复杂,而且成本也非常高。在实际应用中,要维护多个仿真工具,即使这样也很难确保这些工具对未来计算机平台的有效性。其他主要体现在以下三个方面:

首先,仿真软件的兼容程度及其可靠性不一定令人满意,它不一定能读原始软件,而且仿真器自身的耐用性也必须得到维护。

其次,在技术日新月异、飞速发展的今天,片面追求兼容性将会限制新技术的发展及其应用,而且费用高。仿真技术要求较高的、持续的技术水平和运行支持能力,这往往是一般机构难以独立做到的,软件制造商也可能最终要放弃某些软件的向下兼容性。

再次,就是采取哪种级别的仿真了除根据保存内容、要求和特点来进行选择外,还涉及保存内容、法律问题、信任问题、相关标准和元数据等。

18.5.3　"仿真即服务"的发展

由于费时费力的准备和技术上的安装过程,使得仿真不能被很好地扩展,因此需要一种可扩展的仿真服务模型,它就是"仿真即服务"(Emulation as a Service,EaaS)。"仿真即服务"结构的基本构建模块是那些用来标准化部署过程和隐藏单个仿真器复杂性的抽象仿真组件(Abstract Emulation Components)。由于每个抽象仿真组件封装了一个特定的仿真器类型,因此不同的仿真器之间能进行互操作,如能进行互换或互连(interchanged or interconnected)等。

"仿真即服务"能像云服务一样运行,让保存机构和第三方服务提供商可提供专业化的服务,通常这能帮助实现对过时软件环境进行仿真的重要任务。最重要的是,不需要安装对许多系统平台来说难以维护的软件包,用户就能够对许多目前和将来都可利用的平台进行简单的访问。为了提供多元化服务,特别是在真实的性能与用户体验相结合方面,"仿真即服务"能带来很大的帮助。

"仿真即服务"能在减少原始环境中主机系统的差异和解决知识产权问题方面提供方便的解决方案。能向保存机构提供各种内容,从数字馆藏到原始数据本身,像数字艺术、百科全书、重要的科学数据、教学材料或名人的原先工作环境(在不能对它们进行直接访问的情况下)。能以更有效的方式对某些数字材料或整个环境的访问进行控制,阻止用户复制资料或以不好的方式分析它。

18.6 小结

本章对仿真保存技术背景、仿真保存技术层次进行阐述，并选择有代表性的项目案例进行分析，最后探讨仿真保存技术的趋势。仿真有助于保护、辨认那些极大依赖特别硬件与软件而又无法在新、旧技术平台间进行迁移的数字对象等，如超文本、多媒体等复杂文件。尽管仿真具有众多优于迁移的特点，但与迁移一样，并非尽善尽美，尤其是构造一个仿真器所需的时间、费用、可靠性以及大范围实施的技术可行性都需要进一步的研究。比如说，仿真器的构建最重要的一点是需要有关数字资源运行必需的软、硬件环境的详细说明，以保证在未来未知平台上模拟出原始运行环境。然而，哪些软、硬件环境的特性是必须描述的，如何进行描述；打开一个封装对象需要注释元数据，而注释元数据具体应该包括哪些要素；如何确保注释元数据随着时间流逝仍具有人类可识读性；采用仿真策略构建的仿真器是否真实可信。这一系列问题如果不能很好地给予解决，人们将会对仿真策略的可行性予以质疑。

（高广尚、张智雄）

参考文献

[1] Emulation for Digital Preservation in Practice: The Results[EB/OL]. [2014-12-20]. http://www.ijdc.net/index.php/ijdc/article/view/50/35.

[2] Avoiding Technological Quicksand: Finding a Viable Technical Foundation for Digital Preservation[EB/OL]. [2014-12-20]. http://www.clir.org/pubs/reports/reports/rothenberg/contents.html.

[3] LOHMAN B, KIERS B, MICHEL D, et al. Emulation as a business solution: The emulation framework[C]//8th International Conference on Preservation of Digital Objects (iPRES2011). National Library Board Singapore and Nanyang Technology University, 2011: 425-428.

[4][8-9] Requirements for emulation as a long-term preservation strategy[EB/OL]. [2014-12-20]. http://eprints.rclis.org/14860/1/emulation-requirements-in-dp.pdf.

[5] LEE K, SLATTERY O, LU R, et al. The state of the art and practice in digital preserva-

tion[J]. Journal of Research-National Institute of Standards and Technology, 2002, 107(1):93 - 106.

[6] Emulation as a Digital Preservation Strategy[EB/OL]. [2014 - 12 - 20]. http://www.dlib.org/dlib/october00/granger/10granger.html.

[7] Seminar Long-term Preservation Emulation[EB/OL]. [2014 - 12 - 20]. https://www.unibw.de/inf2/Lehre/FT09/lza/schwarz.pdf.

[10] VALIZADA I, RECHERT K, VON SUCHODOLETZ D. Emulation-as-a-Service-Requirements and Design of Scalable Emulation Services for Digital Preservation[J]. Hochleistungsrechnen in Baden-Wuerttemberg-Ausgewaehlte Aktivitaeten im bwGRiD 2012: Beitraege zu Anwenderprojekten und Infrastruktur im bwGRiD im Jahr 2012, 2014:103.

[11] IBM Corporation, IBM System/360 Principles of Operation[EB/OL]. [2014 - 12 - 20]. http://bitsavers.org/pdf/ibm/360/princOps/A22-6821-0360PrincOps.pdf.

[12] Hardware-Debugging durch die Kombination von Emulation und Simulation[EB/OL]. [2014 - 12 - 20]. http://lips.informatik.uni-leipzig.de/files/2002 - 58.pdf.

[13 - 14][16] Emulation-a viable preservation strategy[EB/OL]. [2014 - 12 - 20]. http://www.kb.nl/hrd/dd/dd projecten/Emulation research KB NA 2005.pdf.

[15] NTFS Technical Reference[EB/OL]. [2014 - 12 - 20]. http://technet.microsoft.com/en-us/library/cc758691(WS.10).aspx.

[17] Emulator-Wikipedia, the free encyclopedia[EB/OL]. [2014 - 12 - 20]. http://en.wikipedia.org/wiki/Emulator.

[18 - 19] CAMiLEON project[EB/OL]. [2014 - 12 - 20]. http://www.si.umich.edu/CAMILEON/.

[20] Seminar Long-term Preservation Emulation[EB/OL]. [2014 - 12 - 20]. https://www.unibw.de/inf2/Lehre/FT09/lza/schwarz.pdf.

19 迁移的保存技术方法

迁移是根据软件、硬件的发展将数字资源迁移到不同的软件或硬件环境下,从而保证数字资源可以在发展的环境中被识别、使用和检索。迁移的目的是保存数字资源的完整性,并向用户提供检索、显示的能力。迁移技术被认为是一种有效的长期保存策略。

本章分析迁移的保存技术,首先对该技术背景进行分析,接着对迁移保存技术策略进行阐述,然后对相关的项目案例进行了分析,在此基础之上对该技术的优缺点进行探讨,最后对迁移的保存技术发展趋势进行总结。

19.1 迁移保存技术背景

迁移保存被认为是目前应用较为广泛的一种数字信息长期保存策略。相比“翻新(Refreshing)”,迁移保存有着更广泛、更丰富的含义。本节围绕迁移保存的实现过程,对与其相关的技术背景进行了研究分析,具体包括五个方面:迁移的基本概念、OAIS 对迁移类型的划分、格式迁移、迁移的动机和迁移的兼容性问题。

19.1.1 迁移的基本概念

(1)定义

数字信息保存工作组织(Task Force on Arching of Digital Informarion)认为,迁移是周期性地将数字资源从旧软件/硬件系统转移到新软件/硬件系统,从旧的计算机技术环境转移到新的计算机技术环境中的一种保存策略[1]。这一套定期的整体行为能使数字资源适应技术更新而不断地被转移,从而使数字资源在将来也可以被保存。

数字保存联盟认为迁移是一种克服技术过时的方法。迁移不同于更新存储介质，因为不总是能进行精确的数字拷贝或复制原始特征和外观，并仍然需要维持数字资源与新一代技术的兼容性[2]。

在 OAIS 参考模型中，数字迁移（Digital Migration）被定义为将数据从一个 OAIS 系统转换到另一个系统，同时保持数据内容不变[3]。它和普通的数字迁移有三点区别：①数字迁移强调所有数据内容保持不变；②迁移后的存储环境代替老的存储环境；③迁移前后对数据的所有控制操作保持不变。

(2)迁移的下上文

在 OAIS 参考模型中，利用功能模型和信息模型来进行迁移，图 19－1 表示功能和信息模型中有关迁移的部分。访问模块中的 OAIS 用户界面提供一个或多个内容信息 ID 和相关的命名空间，用来定位特定的内容信息。其中一个或多个内容信息 ID 会被存储在该内容信息对象的 PDI 参考信息中。数据管理模块中的描述信息将内容信息 ID 映射到对应的 AIP 的 ID。访问函数用这些信息得到 AIP 的 ID 传递给存储模块获取相应的 AIP。

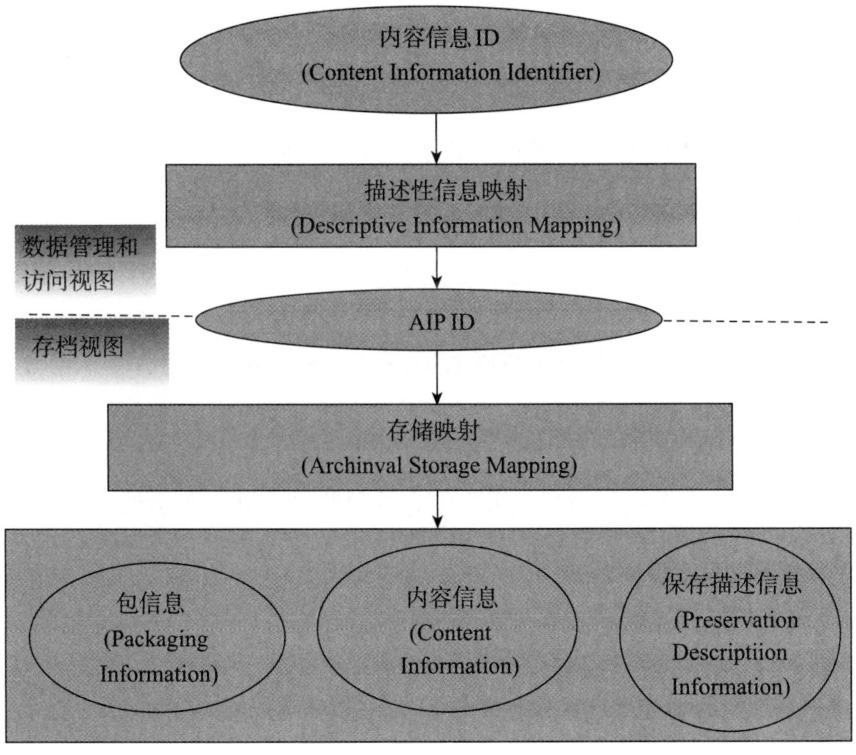

图 19－1　名称和 AIP 组件之间关系的概念视图[4]

在存储模块中获取的 AIP 包含相应的 DIP 内容信息,这将内容信息在单个实体中加以存储。例如,PDI 的内容信息是一系列文件、确定这些文件的指针以及文件内容,那么 DIP 中的内容信息则包括内容比特流、存储文件指针的数据结构、识别 PDI 的所需信息、数据结构封装信息。存储模块中的映射函数将 AIP 的 ID 映射到数据库中存储该封装结构的记录表中。

内容信息、PDI 或包信息在相同或不同存储介质间的迁移被定义为 AIP 的数字迁移。只改变存储模块中的映射信息不能称为迁移。

AIP 的实现方式对数字迁移的自动化程度和丢失信息风险有很大影响。好的设计可以提高自动化程度并降低信息损失。为了进一步解释这些因素对迁移的影响,需要把迁移分成几个类型,为不同的迁移类型选择不同的实现策略。

19.1.2 OAIS 对迁移类型的划分

根据迁移过程中信息丢失风险的大小,OAIS 将迁移划分为以下四种类型:

1)介质更新(Replace)。将数据和 AIP 完全不变地从旧介质拷贝到新介质,迁移过程中数据信息以及存储设备中的映射机制保持不变。

2)数据复制(Replication)。迁移过程中包信息、内容信息和 PDI 不变,存储设备中的映射机制有可能改变。

3)重新打包(Re-packaging)。迁移前后包信息会发生改变。

4)格式转换(Transformation)。迁移过程中内容信息和 PDI 中比特流会发生改变。格式转换也被称为格式迁移。

介质更新的信息丢失风险最小,因为它不需要对数据以及描述信息进行任何改变。数据复制的信息丢失风险也很小,因为 AIP 中的信息未做任何改变。然而,当加入新的存储介质时,需要对存储设备中的映射机制进行适当改变,在此过程中存在丢失信息的风险。重新打包会改变包信息,但内容信息和 PDI 不变,因此通常信息丢失的可能性也很小,当包信息和内容信息或 PDI 有交互时可能会丢失信息。最后,由于格式转换会使内容和 PDI 发生改变,因此丢失信息的风险最大。

19.1.3 格式迁移

上文介绍如何在不同媒介和不同数据格式中存储信息以保证信息迁移。然而,在迁移保存实践中,四种迁移类型中的格式迁移(格式转换)是最难解决的问题。英国 DCC(Digital Curation Center)在其《数字保存指南》(Digital Curation Manual)中,专门针对文件格式问题指出,格式是数字对象的基本特征,它在很大程度上决定了数字对象的有效性。没有适当的格式,无法识别数字对象的内容,数字对象就是一组无意义的比特流。文件格式迁移是指当个人或数字保存机构可以明确判断保存数字对象已经过期时,将已保存的资源周期性地迁移为新的格式,以保证资源的有效性[5]。

从迁移实施时机的角度划分,格式迁移主要包括三种情形:①过时时迁移到新的或标准的文件格式;②摄入时迁移到标准的文件格式和;③按需迁移。

(1)过时时迁移到新的或标准的文件格式

保存机构可能会丢弃以初始格式保存的数字对象,并依靠自己的监控技术来识别每种格式在什么时候会面临过时的风险。例如,当新发布的软件程序无法读取其早期版本创建的文件时,所有受影响的文件将迁移到一种不同的格式。针对这种情形,存在三种迁移方案:

1)转换到一种认为是原始格式的合理继任格式,如原始格式的更高版本,尽管在专有格式情况下这种方法可能会有些问题。

2)从一种专有格式转换到一种更适合保存的等价的开放格式,如将 Microsoft Word 文档转换成 OpenDocument 格式的文档。

3)转换成少量的首选格式,如资源集中常用的格式。

(2)摄入时迁移到标准的文件格式

为有效控制迁移过程中的复杂性和成本,保存机构可能仅接受少量的标准化文件格式,并且在摄入时将所有数字对象迁移到一种适当支持的格式。当某种特定类型的所有数字对象将被转换到一种单独选定的文件格式时,该格式总体上被认为在功能性、长期性和可保存性方面能体现出最佳折中方案。例如,所有影像图像(raster images)可能从其原始格式(如 JPEG 或 GIF)转换到无压缩基线(Uncompressed Baseline)TIFF 格式,以及所有字处理文档可能会被转换为 OpenDocumentText(ODT)文档。随后,保存机构承诺会无限期支持这种格式(或其他多种格式)。

另外,数字对象的比特流应予以保存,如开发一种工具来规范这种格式迁移过程,工具本身也应遵循这种规范化过程。相比迁移到更广泛格式,规范化被看作是一种更具成本效益的选择。如果使用像 XML 之类的单一格式,应避免重复周期性地迁移到不同的格式,因为这将会有数据丢失或损坏的风险。

一个支持对少量首选格式进行规范化的例子是,澳大利亚维多利亚州

的公共档案局提供的实践方案,其中包括:

1)所有纯文本文档类型记录(plain text document type records)转换为符合特定编码要求的文本文件(text files)。

2)所有格式化的文档类型记录(如 page-oriented)要么转换为 PDF/A 格式,要么转换为 PDF 格式,并规定优先使用 PDF/A 格式。

3)图像(如设计图)转换为 TIFF 格式。

4)连续色调图像(如照片),尤其是那些不具有尖锐边缘的图像,转换为 JPEG 格式。

5)视频转换为 MPEG4 格式。

同样的,存储库可能会限制仅支持一种友好保存(preservation-friendly)格式的方法,即在摄入时将所有数字对象转换到这种格式。为此,澳大利亚国家档案馆采用这样一种方法:它接受任何格式的数字档案,并使用规范化工具(如 XENA)将它们全部转换成基于 XML 的存档格式。XML 对象作为保存的原始版本,然后 XML 对象转换成用户可访问的格式。

应该注意的是,即使开放标准不断发展,如果将所有数字对象规范化到一个或多个标准格式,那么后续迁移仍可能是必要的。即便采用像 XML 之类的单一格式,每个对象类型仍将需要不同的 XML 模式(XML schemas)。也就是说,如果迁移成为必要,那么每个模式将需要不同的迁移途径。

(3)按需迁移(Migration on request)

按需迁移指将迁移的实施推迟到用户或保存机构需要保存已过时的文件时进行,且每次迁移都是以原始文件为中心,完成数字对象的迁移。该迁移方式的原则是以原始文件为中心,永久地保存原始文件及保存元数据,仅在需要的时候迁移到目标格式。目前,LOCKSS(Lots of Copies Keep Stuff Safe)项目已经采用这种方式开发了一个概念验证 POC(proof of concept)系统,用于后期迁移 GIF 格式到 PNG 格式,以支持网页内容的保存。

按需迁移方法也被 CEDARS 项目(Curl Exemplars in Digital Archives)和 CAMiLEON 项目(Creative Archiving at Michigan and Leeds:Emulating the old on the New)所倡导。这种方法涉及保存数字对象的比特流(CEDARS 使用术语“字节流”,一个字节由 8 位组成),以及开发一个按需迁移工具,该工具能呈现不同格式的数字对象的知识内容。当格式仍然可用时,需要继续开发按需迁移工具,并且其性能可与呈现原始数字对象时的性能进行比较。随着技术的发展,将来任何有可能成为必要的改变,都需要一个类似的验证过程。这意味着,有关原始环境中的初始软件和书面文档等,可能也需要与比特流和按需迁移工具一起被保存。

按需迁移方法具有许多优点:

1)避免重复的格式转换,使得该方法更具成本效益。

2)迁移是在原始比特流上执行,这降低了重复迁移带来的数据丢失的风险。

3)按照这种迁移方法,如果只有在用户请求访问数字对象时才发生,而不是周期性地发生,那么它可被视为推迟迁移(Deferring migration)。然而到那时,仿真技术可能已经发展,并且用户看到的最终结果很可能也更好。

4)如果一个数字对象没有被请求,它将永远不会被迁移,因此节省了系统资源。

按需迁移也有一些缺点:

1)需要迁移以评估存档资源的历史价值,并做出其是否应该被保留的决定。

2)存档中针对每种格式的按需迁移工具必须保持最新,否则,所开发的工具本身到按需要进行请求时可能已经过时。这种过时可能有两种情形:一是目标格式可能过时,因此需要迁移的数字对象可能需要进一步迁移到一个首选格式。二是迁移工具本身可能已经过时,这时可能需要一个仿真器。

3)它要求保存软件程序,因此可能会有一些许可证问题。

4)数字存档管理人员可能必须将实施迁移所需的时间考虑进它们的工作时间表中。

19.1.4　迁移的动机

计算机产业的快速发展和电子数据的短暂生命周期是 OAIS 进行长期数字保存需要考虑的问题。通常有如下三种因素造成数字迁移:

(1)不断改善的存储成本

软、硬件的飞速发展使得存储器容量不断增大,网络带宽不断增加,这些使得存储成本不断降低。旧存储介质的淘汰也是促使数字迁移的动机。此外,AIP 包设计的不断完善使得数据信息和存储介质的相关性降低,从而使数字迁移过程简化。为了提高数据存储性价比,这些技术需要加以利用。新技术出现后,改善的 AIP 可能被迁移到先前不支持它的存储系统中,在这种情况下需要重新实现 AIP 以适应新的技术。

(2)新的服务需求

用户在享受新技术带来收益的同时,对系统的期望也不断提高。系统中需要不断加入新的服务,这些新的服务需要为特定用户群定义新 DIP,进而需要 OAIS 产生新的 AIP 以减少输出转换的复杂度。此外,OAIS 需要为不同用户提供不同层面上的服务,这需要把数据分别存储到不同介质上以实现不同质量的访问服务。另外,特定用户对资源描述期望不同。这些都是造成数字迁移的原因。

(3)存储介质损坏

数字存储介质的可靠性随时间的推移而降低。即便是加入错误检查的存储介质在长时间使用后也不得不淘汰。这使得 AIP 信息必须在存储介质损坏前迁移到新的介质中。

数字对象迁移非常耗时,耗资源,而且很可能造成信息丢失。因而,在数字迁移过程中需要仔细地考虑存储介质损坏问题以及可能需要采用的方法。

19.1.5 迁移的兼容性问题

对特定专有文件格式来说,为了兼容性,其后续版本将为以这些格式存储的文件确定线性迁移路径(Linear Migration Paths)。软件供应商通常会提供转换程序,以使他们的新版程序能读取旧版程序创建的文档,然后在当前版本中对文档加以保存。数字存档包括以新的专有格式存储的资料,这些专有格式得到了充分的支持和记载。存储机构可能会决定保存以这种格式存储的资料,直到过时。在此期间,如果一个升级的、向后兼容的新版格式发布,那么可能需要将资源迁移到这种格式。然而,对专有格式的这种依赖并不会提供一个长期的解决方案,而且从数字保存角度来看存在一些明显的缺点:

1)专有文件格式的升级由市场的需求来驱动,而不是由可信数字对象的长期保存需求来驱动。因此,转换旧的专有文件格式到新的版本可能会导致重要属性的丢失或改变,例如,迁移微软 Powerpoint 幻灯片到其新版本可能会有不好的结果(ppt 格式到 pptx 格式)。

2)向后兼容性通常只局限于在少数几代版本之间,而且市面上的新版程序可能会出现得非常快,因此仍然存在一种风险,即档案机构获得的任何旧的文档将无法由新开发出的新版程序来读取。

3)对于保存机构的资源集所采用的那些格式来说,保存机构必须具备适当、有效的技术监控功能,以监测开放软件和专有软件格式的新发展。

4)仅将数字对象迁移到更现代、更易访问的格式,而不是有助于保存的格式。

5）保存机构必须持续购买新版应用程序。

19.2　迁移保存技术策略

对数字信息进行保存时，数字存档管理人员可能会有多种选择。他们可能会保存具有完整显示、检索和计算功能的数字对象的精确复本，或者保存数字对象的仅具备部分计算能力的代表（representation），或者保存数字对象的代替者（surrogate），如摘要、概要等。然而在几次持续的迁移过程中，细节或背景噪音可能会被有意抛弃，而且信息的形式、格式或媒介也可能会发生改变。因此，没有任何单一迁移保存策略适用于数字信息的所有格式，而且目前没有一个保存方法是完全令人满意的。

本节从改变媒介、改变格式、合作建设存档标准、构建迁移路径和合作构建专业的数据处理中心五个方面来分别阐述迁移策略。

19.2.1　改变媒介

改变媒介策略是将数字资源从不太稳定的媒介转换到更稳定的媒介。这种策略最常见的做法是将数字信息输出到纸上或将它们存档在缩微胶片上。纸张和缩微胶片比大多数数字媒介更加稳定，而且在中检索信息时不需要特殊的硬件或软件。如果信息以一种“独立于软件”的格式存在，例如，ASCII 文本文件或简单、统一结构的平面文件，那么将信息复制到新的数字存储媒介来保存信息可能是合适的。随着新的媒介和存储格式的引入，数据的逻辑结构在迁移过程中没有任何重大改变。

从一种媒介到另一种媒介的复制有明显的普遍适用和易于实现优势。这一策略使得保存内容是重要的，而显示、索引和计算特性可能是次要的。如果保存机构没有更强大和更具成本效益的迁移策略，那么输出到纸张、存档到胶片或保存到平面文件，仍将是许多保存机构的首选存储方法。然而，作为一种迁移策略，复制过程所具备的简单性和普遍性，可能是以数字信息的形式或结构的巨大损失作为代价。

19.2.2　改变格式

对那些保存大型、复杂和多种数字资源集的数字存档来说，可实施的另一种迁移策略是，将数字对象迁移到一些更小、更可管理的标准数字格式。这些格式仍然能对原始数字对象的结构和形式(structure and form)的复杂性进行编码。

作为一种迁移策略,改变格式能更多地保存原始对象的显示、分发和计算特性,同时减少大量的自定义转换(customized transformations)。改变格式策略基于这样一个假设:整体上来说,软件产品变化不大。这些产品要么与广泛采用的标准格式兼容,要么在市场上被广泛接受。此外,最常见的商业软件产品为迁移提供应用程序,为软件系统间的文档交换、数据库和更复杂对象提供应用程序。然而,由于软件和标准持续不断演化,因此该策略能简化(simplify)但不能消除(eliminate)定期迁移,并且仍然需要分析迁移对数字对象完整性产生的潜在影响。

19.2.3 合作建设存档标准

数字存档将受益于数据和通信标准的广泛采用,这些标准有利于引用数字信息对象,使数字对象在系统间相互交换成为可能。许多机构中的业务需求驱动数据标准的制定和采纳。例如,创建、使用和维护地理信息系统(GIS)的组织试图通过创建符合标准的数据来减少数据转换和维护成本,以便它们能被交换、重复使用或出售。解决系统间数字信息安全、可靠交换的标准问题,将对数据的标准化、规范化有利,最终将促进资源迁移到新一代技术。数字存档必须与标准发展保持一致,并确保技术基础设施符合广泛使用的标准。

19.2.4 构建迁移路径

在某种程度上,数字信息的创造者、供应者、拥有者承担存档各自数字对象的首要责任。这要求将迁移路径或其他保存规定合并成为用来产生数字信息的系统或过程中的不可分割部分。为实现这一过程,保存机构需要以一种可接受的格式为数字资源的定期、在线保存采取一些措施。在政府、机构和企业中,档案工作者和图书馆员可以发布关于数字资源长期保存的指南和意见,并鼓励他们的上级机构采用常见的使用规则,遵守数据标准和选择支持迁移的应用软件。从整体上看,保存机构需要与业界携手合作,共同建立信息系统和标准,以为存档所需考虑事项提供基础,如在最初规划时考虑向后兼容性。向后兼容性或迁移路径将使新一代软件在无须重新大量格式化的情况下从较旧系统中“读”出数据。尽管在软件产品线内有良好的向后兼容性,但在竞争软件产品间通常不提供迁移路径,或者市场上淘汰的软件产品不提供迁移路径[6]。

19.2.5　合作构建专业的数据处理中心

尽管建设标准和构建迁移路径在某一天可能会成为一种普遍现象，但是，目前存在大量以非标准格式保存的数字资源，而且组织和个人将继续使用未来可能需要迁移的格式来产生新的数字资源。发展专门从事过时资源迁移和重新格式化的“处理中心”可能会提供一种经济有效的数字保存方法。“处理中心”可能为特定类型的资料提供重新格式化服务，如文字、某些数据库结构、地理信息系统（GIS）或多媒体产品等。这些中心可能会维持硬件和软件的较旧版本以支持迁移。通过开发“软件仿真器”[7]，它们可能会提供一个用于阅读和查看具有与原始版本相同“外观和感觉”的数字信息平台。可行性研究和成本/效益分析决定这类处理中心的技术、经济和商业可行性。

19.3　基于迁移的数字保存案例分析

迁移过程涉及副本的创建和管理，在数字保存实践中，迁移过程一般在三个层面上进行：①同类型存储媒介上的实例之间；②一种媒介到另一种媒介；③一种格式到另一种格式。迁移过程可能是一个由系统运营商来处理的特殊事件，或可能是一个在没有操作者干预情况下自动进行处理的常规事件。

对同类型存储媒介上实例之间的迁移，例如从一个网站上的大容量存储到另一个网站上的大容量存储间的网络传输，通常通过实施复制和翻新媒介来实现。所有运用复制的保存系统似乎都使用迁移，迁移能有效应对媒介和硬件故障。

在媒介之间的经典迁移例子是磁带备份，许多系统采用这种方式。磁带备份能有效应对媒介、硬件和软件的故障与过时。

格式迁移可能是一种应对软件过时的有效策略。在众多数字保存系统实施格式迁移中，一些是通过“摄入时抢先”（preemptively on ingress）的方式进行处理（如 ANA[8]，澳大利亚国家档案馆），一些是通过“基于分批”（on a batch basis）的方式进行处理（如 DAITSS[9]），以及一些是通过“访问时（on access）”的方式进行处理（如 LOCKSS[10]）。输入抢先式迁移（pre-emptive migration on input）通常被称为“标准化（normalization）”迁移。

为了对格式迁移有更深刻的认识，下文主要分析 LOCKSS 系统中的格式迁移和“Migration-through-Emulation”功能组件中的格式迁移。

19.3.1 LOCKSS 系统的格式迁移

LOCKSS 系统[11]于 2004 年 4 月发布并投入使用，目前，世界范围内约有 80 多家图书馆使用它。LOCKSS 系统为管理人员提供一个简单、低成本的工具，用来确保能继续使用已发布在 Web 上的资源。下文从设计、概念验证实现和评估三个方面来说明 LOCKSS 系统的格式迁移过程。

(1)设计

LOCKSS 系统使用访问时迁移(migration on access)策略来保存以原始格式表示的内容，这将大大简化相互审核过程和修复过程。

在已经实现完整分发管道的情况下，为在迁移过程中有效实施格式迁移，LOCKSS 系统从三个方面来进行设计：

1)一个用于多个插件格式转换器的 API，转换器使用 API 来注册自己的输入输出 Mime-Type 值，LOCKSS web 代理代码使用 API 能调用转换器去立即执行转换。

2)一个用于匹配过程取出请求中 Accept 报头(Accept: header of incoming requests)，将它与保存内容的原始格式进行比较。如果原始格式是不可接受的，那么匹配过程搜索注册的格式转换器表，以寻找一个接受原始格式的转换器作为输入，同时转换器的输出格式也是可接受的。如果没有发现一个合适的转换器，一个 406 错误(406 error)将被返回。

3)一个分布式转换器注册表，类似于分布式插件注册表，它将使 LOCKSS 系统能适应于特定的内容。这些注册表将准确地映射相应的 Java 类(Java classes)，以便它们能被用来抓取 Web 以收集内容，并在通过相互审核和修复(mutual audit and repair)的情况下保存它们。

(2)概念验证实现(Proof-of-Concept Implementation)

为了确定该设计的可行性，需要实现并测试“概念验证”。为此，LOCKSS 系统选择在实际中被广泛使用的一种“过时”格式(具体内容由 LOCKSS 系统收集)，并选择一种能合适替代它的“当前”格式。假设 GIF 格式是过时的，一种长时间使用的图像格式。许多开放源码的倡导者已经放弃使用过时的 GIF 格式，因为它与知识产权方面的限制有关，而且能替代它的 PNG 格式已经被开发出来了。正如所期望的那样，如果一种广泛使用的 Web 格式变得过时，那么将会有大量的“GIF-to-PNG”转换工具可用。

LOCKSS 系统没有实现完全的 Mime-Type 匹配过程，而是实现

LOCKSS 代理 Web 服务器中的一个配置选项，因此能阻止"image/gif"匹配任何 Accept 报头。如果存在不匹配的情形，系统将直接触发"GIF-to-PNG"转换，即在原始 URL 处（其中"Mime-Type = image/png"）传送转换的 PNG 格式图片。

（3）评估（Assessment）

以图 19－2 和图 19－3 中的图片格式转换（格式迁移）为例，通过对它们显示的图片进行比较分析可知，对用户来说，从 GIF 到 PNG 格式（GIF-to-PNG）的转换过程是不容易被察觉到的，因为在用户访问页面的过程中，GIF 到 PNG 的格式迁移并没有引起一个明显的显示延迟。

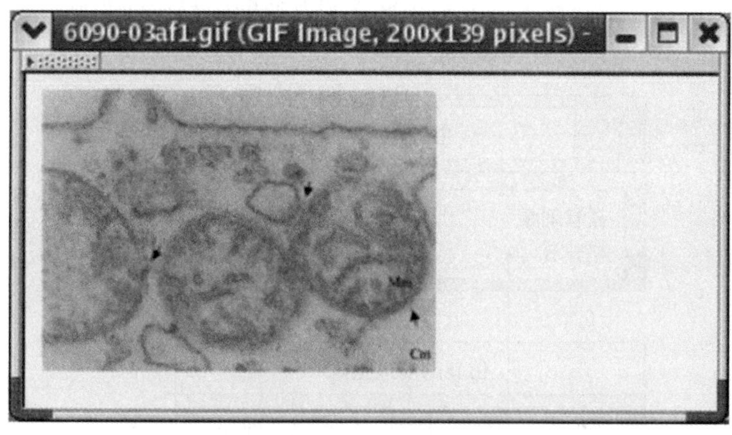

图 19－2 在 Firefox 浏览器中显示的 GIF 格式图像[12]

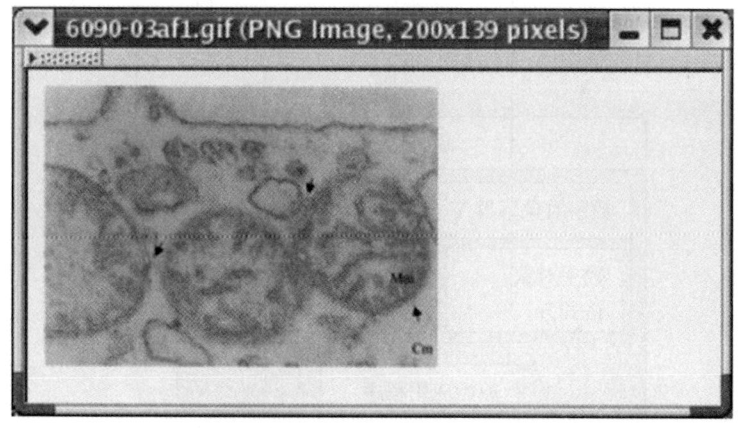

图 19－3 在 Firefox 浏览器中显示转换后的 PNG 格式图像[13]

总之，通过对 LOCKSS 系统中的格式迁移过程进行分析了解到，它验证了一种可能的格式迁移策略，并让使用 LOCKSS 系统的用户放心，他们正在保存的内容在将来仍是可访问的,尽管收集内容中的格式到时已经过时。

19.3.2 基于仿真的迁移(Migration-through-Emulation)

“基于仿真的迁移”功能组件在将指定数字对象迁移到新的格式时,需使用数字对象的原始软件环境[14]。然而这种环境的重现需要使用仿真硬件策略。这种方法通常能避免过时迁移工具对当前环境做出一些不适当的改变和调整,并允许迁移工具在数字对象的原始环境中运行。“基于仿真的迁移”功能组件的工作流程如图19-4所示,数字代表运用到工作流程中数字对象的步骤。为在大规模标准迁移工作流程中重现使用的原始数字环境,需要对相关的复杂预配置和方便的用户访问实施分离,这使得能通过网络实现大规模迁移。

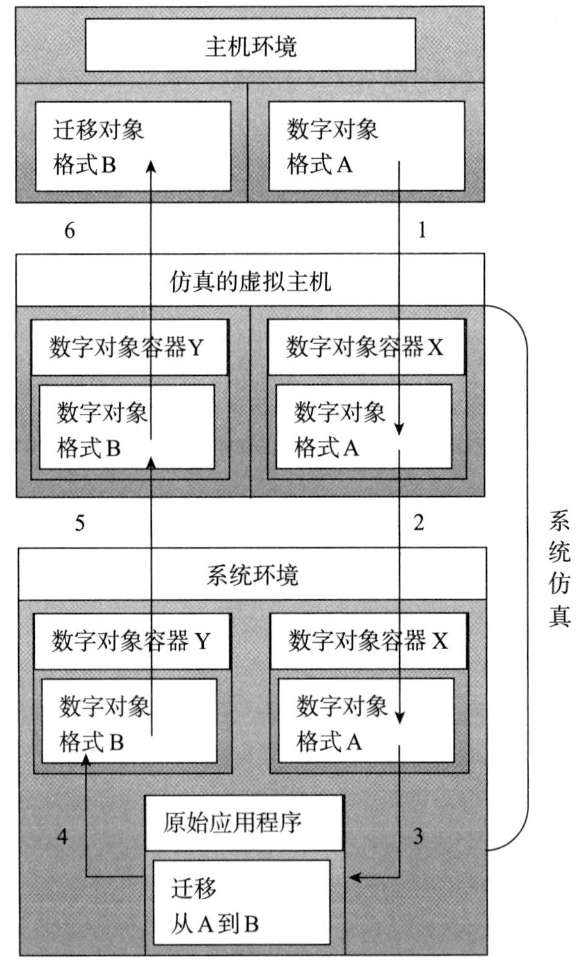

图19-4 “Migration-through-Emulation”功能组件的工作流程[15]

大量的迁移工具都是基于图形用户接口的应用系统，并能以一种不同于原始格式的格式导出/保存数字对象。当迁移数字对象时，这种工具仅适合人机交互的环境（鼠标点击/移动，击键）。在这种情况下，这种交互方式会让迁移的持续时间额外地延长，即便交互式会话方式会让它们被自动执行。

因此，扩展到数千甚至数百万计的相同类型数字对象时，单个线性迁移会话处理所有这些数字对象所需要的总运行时间可能会持续相当长的时间。对于这种情况，大规模地并行化涉及的工作流程和使用集群或网格基础架构（use cluster or grid infrastructure）将是有意义的。为让“基于仿真的迁移”功能组件的工作流程得以运行，所需的软件和硬件依赖性对指定对象来说必须是可解析的。这可以通过使用视图路径（viewpaths，VP）概念来确定（formalized）。视图路径描述数字对象所需的全部软件和硬件堆栈（如应用程序、驱动程序、操作系统和硬件设备）。在第二步骤，视图路径需要被实例化，即需要创建相应环境的运行实例，通过使用合适的硬件仿真器和可安装/可运行的软件依赖项。

总之，通过对“基于仿真的迁移”功能组件进行分析可以了解到，它通过配置原始环境来（自动）迁移过时格式到非专有格式，主要体现在以下三个方面：①在访问时进行规范化或即时迁移；②原始应用程序通常最适合处理格式；③组件提供运行重复任务的方法。

19.4 迁移保存技术优缺点

迁移过程完全由元数据进行记录，并且在理想情况下，还应该是可逆的，即保证在迁移过程中未丢失任何信息将是开展向后迁移的唯一方法，这应该产生一个与原始对象完全相同的呈现。然而，在现实中，一些“可接受的损失”在迁移过程中可能是存在的，且是不可避免的结果。像其他技术一样，迁移保存技术同样也有优缺点，下文分别对其优点和缺点进行归纳总结。

19.4.1 优点

数字资源总是以能被普遍接受的格式为人们所使用。现行的硬件与软件能够毫无障碍地访问数字资源，且可以复制。迁移保存技术保护了数字对象的真实性。其他主要体现在以下三个方面：

1)是目前大部分数字保存机构所采用的首先策略。

2)简单的迁移步骤能被很好地建立起来。

3)随着技术进步和各种平台数量的减少,迁移可能变得更简单。

19.4.2 缺点

1)在格式转化过程中,数字资源的一些样式(Layout)甚至一些数据,大部分细节和背景情况将被过滤掉,甚至可能会改变格式或存储载体,其没有保存原始数据的全部"面貌",而主要是保存数据内容和内容关系。如果数字资源的原始样式需要重点保存,迁移保存技术或许不是最好的选择。

2)每一次转换都可能丢失一定的结构、版式、链接、交互关系等信息,持续的转换可能将这些信息损失累积起来,从而使当前数字信息内容(包括结构、关系等)出现严重差异,不能恢复原有的版式和特征,部分功能有可能丢失。

3)迁移保存技术的操作对象是数字资源集中的单件资源。数字资源集庞大,转化过程很长,工作量很大。

4)如果数字资源的文件格式已作废或所用的转换工具不再有效,那么采用这种方法进行格式转换就不可行。因此,实施数据迁移策略时,必须不断地开发并运行转换程序,以免数字资源的格式过时,这样迁移费用较高,工作量也很大。

5)另一个迁移保存技术的关键问题是迁移时机的选择,人们很难预测什么时候、哪些信息需要迁移以及所需要的经费是多少。

19.5 小结

本章对迁移保存技术背景、迁移保存技术策略进行阐述,并选择有代表性的项目案例进行分析,最后探讨迁移保存技术优缺点。

目前,在基于迁移的保存技术中,还有许多问题没有得到很好的解决[16-18],如在迁移过程中,如何保持原有数字对象的本来面貌是我们在迁移时必须要认真思考的问题;虽然对原有数字对象进行标注、链接、增加索引等方法在技术层面上是完全可以做到的,但有可能改变原有数字对象的格式,从而对原有信息内容完整性和真实性造成损害;同时,对复杂的数字对象,我们如何保持其原有信息不受损害,目前还没有比较完整的实验来说明这方面的问题。因此,我们应加强对复杂格式数字对象迁移的实验研究,从而为建立数字对象迁移的最佳方法提供决策依据。

(高广尚、张智雄)

参考文献

[1] WATERS D,GARRETT J. Preserving Digital Information. Report of the Task Force on Archiving of Digital Information[M]. ERIC,1996.

[2][4] JONES M,BEAGRIE N. Preservation management of digital materials:a handbook [M]. London:British Library London,2001.

[3] Reference Model for an Open Archival Information System[EB/OL]. [2014 - 12 - 20]. http://public. ccsds. org/publications/archive/650x0m2. pdf.

[5] DCC Digital Curation Manual: Instalment on Preservation Metadata[EB/OL]. [2014 - 12 - 20]. https://www. era. lib. ed. ac. uk/bitstream/handle/1842/3356/Caplan%20preservation-metadata. pdf.

[6] Electronic Archiving in the Light of Product Liability[EB/OL]. [2014 - 12 - 20]. http://dblp. uni-trier. de/db/conf/knowright/knowright95. html#HerbstM95.

[7] Ensuring the Longevity of Digital Documents[EB/OL]. [2014 - 12 - 20]. http://www. clir. org/pubs/archives/ensuring. pdf.

[8] HESLOP H,DAVIS S,WILSON A. National Archives Green Paper:An Approach to the Preservation of Digital Records[EB/OL]. [2014 - 12 - 20]. http://www. naa. gov. au/recordkeeping/er/digital_preservation/Green_Paper. pdf.

[9 - 13] Transparent format migration of preserved web content[EB/OL]. [2014 - 12 - 20]. http://www. dlib. org/dlib/january05/rosenthal/01rosenthal. html.

[16] The long-term preservation of Web content[EB/OL]. [2014 - 12 - 20]. http://www. ukoln. ac. uk/preservation/publications/2006/web-archiving/md-final-draft. pdf.

[17] Long-term Digital Storage:Simple Steps to Get Started[EB/OL]. [2014 - 12 - 20]. http://www. historyassociates. com/blog/archives/long-term-digital-storage-simple-steps-to-get-started/.

[18] Scholarly Communication and Information Technology: Exploring the Impact of Changes in the Research Process on Archives[EB/OL]. [2014 - 12 - 20]. http://www. panix. com/ ~ jeffr/Prof/Pubs/DigitalLongevity/scanned. AA-paper. pdf.

[14 - 15] VALIZADA I,RECHERT K,VON SUCHODOLETZ D. Emulation-as-a-Service-Requirements and Design of Scalable Emulation Services for Digital Preservation[J]. Hochleistungsrechnen in Baden-Wuerttemberg-Ausgewaehlte Aktivitaeten im bwGRiD 2012:Beitraege zu Anwenderprojekten und Infrastruktur im bwGRiD im Jahr 2012, 2014:103.

第五篇　数字保存的实践案例研究

本篇包括以下内容：

20　LOCKSS 系统的实践案例研究

前文研究了数字保存的相关技术，但在具体实践中，数字保存是一项复杂的工程，需要综合考虑系统、保存成本、保存策略、技术、管理、安全等各种因素，才能取得最佳实践效果。因此，如何针对不同机构、不同类型的数字资源开展数字保存的最佳实践，一直是很多数字保存联盟积极探索解决的问题。

美国斯坦福大学的 LOCKSS(Lots of Copies Keeps Stuff Safe，多个复本确保资源安全)系统采用点对点(Peer-to-Peer，P2P)分布式保存策略，本地化保存数字资源的多个复本确保数据安全，为出版社与图书馆更好地合作提供软件基础和运行保障机制；同时针对数字保存联盟的实际需要，提供全球 LOCKSS 网络(Global LOCKSS Network，GLN)和私有 LOCKSS 网络(Private LOCKSS Network，PLN)两种应用模式；并具有较低的运行和维护成本，成为各个国家关注的焦点，在数字保存最佳实践方面，积累了丰富的经验。

本章以 LOCKSS 保存系统为案例，在对其保存思路、体系结构及主要功能进行分析的基础上；归纳其采用的关键技术；并结合具体案例梳理其具体应用模式。在此基础之上，作者从软件系统的保存策略、保存成本、应用模式、安全策略等方面总结提出 LOCKSS 系统在数字保存实践中值得借鉴的经验。

20.1　LOCKSS 系统概述

LOCKSS 系统采用在本地建立数字资源多个复本确保数据安全的思想，在出版商与图书馆、图书馆与图书馆之间建立数字资源共享与协作的平台，为解决数字资源长期保存问题，提供包括软件系统、运行机制、合作机制在内的一整套切实可行的解决方案。

20.1.1 什么是 LOCKSS

LOCKSS[1]是由美国国家自然基金委和梅隆基金会资助,斯坦福大学图书馆发起并组织开发的数字保存系统,致力于通过建立数字资源的多个复本解决数字化信息的永久保存与利用问题。通过该系统,图书馆可将多种格式的数字化资源,如 PDF、HTML、JPEG、TIF 等格式,进行可靠、稳定和长期的保存。

LOCKSS 系统是基于 Java 技术的分布式开源系统。它采用传统图书馆"购买并拥有"的模式帮助图书馆及其工作人员从外部搜集、整理、保存数字资源,并将这些数字资源在授权范围内提供给外部访问。

LOCKSS 系统是图书馆保存数字资源的一个成本低廉而又方便快捷的通道。通过 LOCKSS 系统,可以将一个 PC 机转化为一个 LOCKSS 存档箱(LOCKSS Box),在本地创建一个低成本的、持久稳定的、易于连接的数字化信息缓存站点[2],如图 20-1 所示。图书馆通过 LOCKSS 存档箱(如 LOCKSS 存档箱 1—5)摄入他们从出版商处(如出版商服务器)所订阅内容的复本(如期刊 1—5),采用 P2P 分布式保存策略实现数字资源的本地多副本保存、完整性审核和损坏修复,并在出版商变化、恶意攻击、自然灾害以及数据丢失等异常情况发生时,向本地用户提供持续的、永久性的数字资源的访问服务。

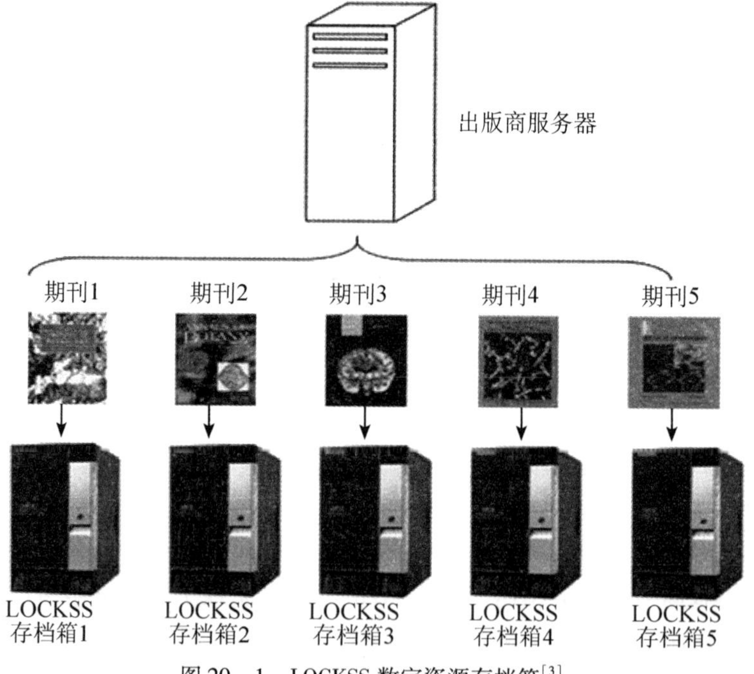

图 20-1 LOCKSS 数字资源存档箱[3]

通过 LOCKSS 系统,出版商与图书馆之间能够建立相互协作的平台,实现数字资源的出版、发布、永久保存与利用。图书馆通过 LOCKSS 系统使用自身的计算机和网络连接,从出版商那里获得已购买的数字资源的复本,并将其保存到本地,使数字图书馆具有和传统图书馆一样建立和保存本地文献的能力。

通过 LOCKSS 系统,图书馆之间能够建立资源共享与协作平台,实现本地资源动态更新、内容一致性校验、丢失内容恢复等一系列功能。通过这种协作机制,一方面保证图书馆数字资源的有效性和完整性;另一方面保证无论在何种情况下,都可以为读者提供持续的、永久的数字资源访问服务。

20.1.2 LOCKSS 发展历程

LOCKSS 系统的开发源于 1999 年 Sun 公司与斯坦福大学之间的一项合作,并得到英特尔实验室和哈佛大学等著名科研机构和高校的支持。

2000 年,LOCKSS 系统推出其 Alpha 版本,从 2000 年到 2002 年,LOCKSS 系统的 Beta 版在全球 50 多个图书馆中进行测试,2002 年到 2004 年初,LOCKSS 系统开发人员和一些重要图书馆,对系统进行产品测试和完善[1]。

2004 年 4 月,斯坦福大学图书馆发布 LOCKSS 系统正式版,并与商业数据库供应商 Springer 建立合作关系。随后,牛津大学出版社等一批著名学术出版社相继成为 LOCKSS 联盟的成员。

2005 年,英国皇家物理学会(Institute of Physics,IoP)的第一本可长期保存的期刊——New Journal of Physics,通过 LOCKSS 系统发布。

2006 年 6 月,拥有 9000 多个成员的联机计算机图书馆中心(Online Computer Library Center,OCLC)加入了 LOCKSS 联盟,该组织作为一个图书馆成员协会和活跃的用户联盟,为建设数字馆藏提供开放源代码的存档软件。

2013 年 8 月 27 日,来自 20 多个国家的 520 多个出版商的 10 549 个电子期刊通过 LOCKSS 系统进行保存。

截止到 2014 年 12 月,超过 530 个出版商已经通过全球 LOCKSS 网络保存他们的电子期刊和电子书[4],合作者包括 Atypon、BioMed Central、HighWire Press、Metapress、Open Journal Systems、Publishing Technology 和 Project MUSE 等多个组织和机构。

20.2 LOCKSS 数字保存的思路、体系结构及主要功能

LOCKSS 系统的基本目标是保证成本投入与产出的合理性，以最小的成本，获取数字资源长期保存的最佳效果。斯坦福大学图书馆在综合考虑保存资源的内容、类型、保存策略、技术选择以及成本要求等各方面因素，提出通过“多个复本确保资源安全”(Lots of Copies Keeps Stuff Safe)的保存思路，开发 LOCKSS 系统，提供数字保存的相关功能，确保这一保存思路的实现。

20.2.1 LOCKSS 数字保存的思路

“多个复本确保资源安全”是指 LOCKSS 系统基于 P2P 软件架构构建分布式的数字保存联盟，出版商授予图书馆通过 LOCKSS 系统摄入其出版资源的许可；经过授权的图书馆 LOCKSS 存档箱，根据协议摄入出版商的数字资源，形成相关资源的复本；LOCKSS 存档箱在 LOCKSS 联盟中进行注册，以确保这一授权资源在 LOCKSS 联盟中有多个副本。同时，LOCKSS 系统综合考虑了参加机构的投入成本、保存内容体量、系统的运行和维护成本、系统安全等诸多因素，从保存模式、访问模式、保存成本等方面提出具体实现思路。

(1)多复本分布式保存模式

LOCKSS 系统采用 P2P 分布式保存策略，确保图书馆从出版商网站摄入自己订阅的数据资源，并保存在本地的多个 LOCKSS 存档箱中，建立了数字资源的大量复本，这些存档箱之间采用 P2P 轮询检测机制定期检查存储内容的完整性，一旦发现存档箱中数据丢失或损坏，可以通过其他 LOCKSS 存档箱修复损坏内容。同时，由于大量复本分散在各地，并独立属于不同的管理部门，克服了当内容进行集中式单一存储时，主本被人为篡改，却无法检测的弊端。通过 LOCKSS 系统，图书馆和出版商之间相互协作，实现了一个共享和分散的保存系统，保证了数字资源长期访问的可靠性和安全性。

(2)本地化保存访问模式

LOCKSS 系统把传统图书馆的“购买并拥有”模式引入到数字资源的保存中，通过本地的 LOCKSS 存档箱来保存他们从出版商处订阅的数字内容或者其他开放获取的资源。一个 LOCKSS 存档箱就是一个将数字资源进行本地化保存的“数字堆”。这种机制保证用户访问的数字资源不会由于出版商、第三方供应商单方面改变政策，或者图书馆未能及时更新订阅而消失。通过 LCOKSS 系统，当出版商不再提供服务时，图书馆的用户直接通

过访问存储在本地 LOCKSS 存档箱中的资源获得内容,无需依赖第三方。

(3)原始权威版本保存模式

LOCKSS 系统一方面按照发布日期保留出版商的原始内容及对原创工作有价值的背景信息,可以确保用户获得最值得信赖的、权威性的、内容准确的数字资源;另一方面,出版商能够看到对自己内容的所有访问,无论这些内容是通过他们自己网站发布,还是存储在图书馆的 LOCKSS 存档箱中。

(4)低成本保存模式

保存成本是数字资源长期保存需要考虑的主要因素之一。保存内容的体量和保存的时间与系统运维成本成反比。LOCKSS 系统一直致力于降低保存参与者的投入成本。一方面,LOCKSS 系统是由多方基金支持的合作项目,并通过合作机制确保开发费用的均摊,尽可能降低开发成本。另一方面出版商免费参与 LOCKSS 网络,图书馆只支付小部分费用,同时,LOCKSS 系统操作简单,对硬件要求不高,系统的管理费用很低,不会对图书馆预算产生明显影响[5]。而且在 LOCKSS 网络中,每份内容都存在多个复本,这些复本可以进行相互审核、更新和修复,消除了昂贵的备份成本。

20.2.2　LOCKSS 体系结构

LOCKSS 系统通过在本地建立数字资源的多个复本确保资源安全,在出版商与图书馆、图书馆与图书馆之间建立资源共享与协作平台,确定资源的本地保存、完整性审核、损坏修复、永久访问等目标。针对这一目标,LOCKSS 系统综合考虑了数字资源出版、发布、保存、用户获取等各环节,提出了三层体系结构[6-7]。自上而下分别为:出版商网站、图书馆 LOCKSS 存档箱和终端用户群。其体系结构如图 20-2 所示。

通过 LOCKSS 系统,顶层出版商网站(如出版商网站 A、B、C),按一定方式发布允许授权的图书馆 LOCKSS 存档箱(如存档箱 1—5),获取其数字资源。LOCKSS 系统针对不同的出版商及电子期刊提供不同的期刊插件,并通过期刊插件实现出版商网站与图书馆 LOCKSS 存档箱之间连接,经过授权的图书馆 LOCKSS 存档箱摄入、下载、更新出版商网站提供的数字资源。

中间层是经过出版商授权的图书馆 LOCKSS 存档箱,他们根据授权协议使用 LOCKSS 系统提供的期刊插件,从出版商网站分别摄入所订阅期刊的数字资源,在本地保存数字资源的多个复本,如 LOCKSS 存档箱 1、2、4 同时保存有出版商网站 A 提供的内容复本;LOCKSS 存档箱 2 和 3 同时保存有出版商网站 B 提供的内容复本;LOCKSS 存档箱 1、3、4、5 同时保存有出版商网站 C 提供的内容复本。

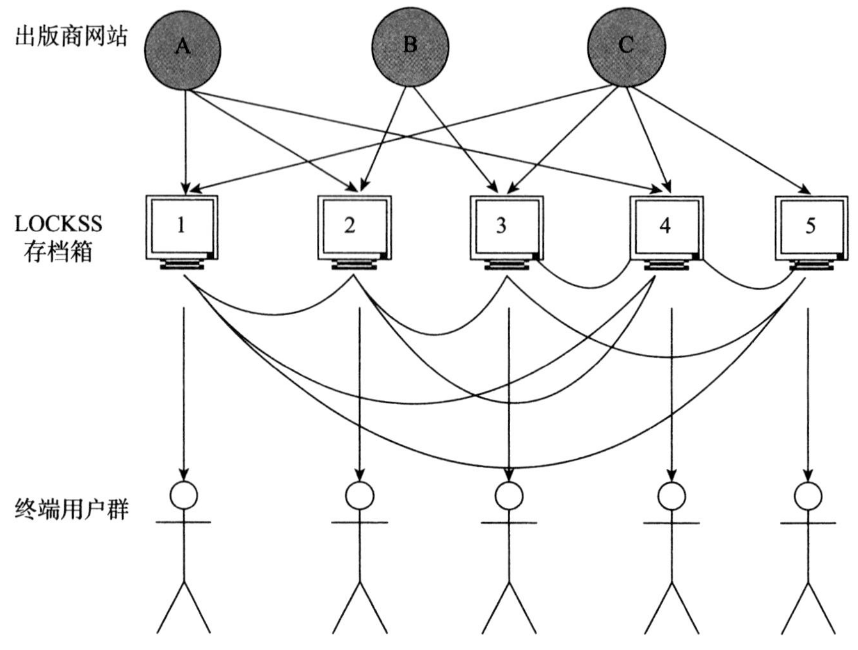

图 20－2　LOCKSS 系统体系结构[8]

同时,图书馆 LOCKSS 存档箱既包括同一图书馆内部的多个 LOCKSS 存档箱,也包括不同图书馆间的 LOCKSS 存档箱,各个存档箱之间通过 P2P 网络彼此互联,呈网状结构分布。这些连通的存档箱间实现数字资源的互相备份。例如,存档箱 1 可以将自己保存的内容备份到存档箱 2、4、5 中;存档箱 2 可以将自己保存的内容备份到存档箱 1、3、4 中;存档箱 3 可以将自己保存的内容备份到存档箱 2、4、5 中。在工作间隙,互相连通的 LOCKSS 存档箱之间利用 P2P 网络的轮询检测机制,对彼此存储内容的一致性进行相互校验,并对损坏或者不完整的内容进行修复。例如,一旦存档箱 2、3、5 一致认为与其互联的存档箱 4 中存储的内容版本与公认的正确版本不一致,可以通过自身正确的内容对其进行修复。

底层是终端用户群,在出版商网站存在的情况下,他们通过图书馆 LCOKSS 存档箱提供的代理服务访问出版商期刊信息;当出版商(如出版商 A)不能提供正常服务时,它们可以直接访问存储在本地图书馆 LOCKSS 存档箱(如 LOCKSS 存档箱 1、2 或者 4)中的数字资源复本,对数字信息进行浏览和获取。

20.2.3　LOCKSS 系统的主要功能

LOCKSS 系统将数字资源的多个复本分布式地保存在地理位置分散

的 LOCKSS 存档箱中，使数字资源的永久保存与访问不受供应商变化、恶意攻击、本地资源丢失或者格式过时等因素的影响。同时，LOCKSS 系统结合自身的应用特点，在遵循 OAIS 标准，满足 OAIS 参考模型基本要求的前提下，实现了摄入、保存与校验、访问服务、管理及监控和即时迁移五个主要功能。通过摄入功能，从出版商网站摄入其出版的数字资源；通过保存与审核功能完成数字资源的本地保存及一致性校验，并自动修复损坏或者丢失的内容；通过访问服务功能为用户提供对出版商内容的访问服务；通过管理及监控功能选择需要保存的新内容并监控内容的保存状态；通过即时迁移功能，保证用户能够看到数字资源最新的和最好的版本。

(1)摄入功能

LOCKSS 系统的摄入功能主要分为两个过程，如图 20－3 所示：

1)出版商授予图书馆通过 LOCKSS 系统保存其出版资源(如期刊 1 和 2)的许可，允许图书馆摄入并存储它的数字资源。然后，出版商通过网站发布被保存内容的许可声明和内容清单，包括 LOCKSS 系统的摄入许可声明、可选择的元数据标准以及出版资源的内容链接。

2)经过授权的图书馆的 LOCKSS 存档箱(如存档箱 1、2、3)通过 LOCKSS 插件获取出版商声明页的地址，用类似于搜索引擎的网络爬虫，通过搜索出版社的网站资源，按照用户指定策略来摄入期刊信息。

LOCKSS 存档箱支持多种文件格式的数字资源的摄入，包括 PDF、HTML、JPEG、TIF、Excel 等形式的文献资源以及音频、视频资料。一旦一个图书馆激活了某一电子期刊的保存，那么出版商新发布的内容就会不断地被摄入。

(2)保存与校验功能

LOCKSS 系统采用多复本分布式保存策略，如图 20－3 所示。授权的多个 LOCKSS 存档箱(如 LOCKSS 存档箱 1、2、3)从出版商网站摄入订阅的内容(如期刊 1 和 2)，进行本地保存。同时，LOCKSS 存档箱之间(如存档箱 1 和 2，存档箱 3 和 4)也可以不断进行内容的相互复制，确保数字资源在 LOCKSS 网络中拥有足够的复本。在工作间隙，LOCKSS 存档箱之间通过 P2P 网络，持续不断地对各自所存储内容的一致性进行相互校验。各 LOCKSS 存档箱会自行提取部分内容进行一致性比较，如果发现某个存档箱中的内容有损坏或不完整，可以通过其他机构的 LOCKSS 存档箱对其内容进行修复。这种网络之间的合作，确保了系统正常运行，用户随时可访问到他们所需要的正确的信息。加入网络参与存储的机构越多，信息的可获得性和持续性就越强。

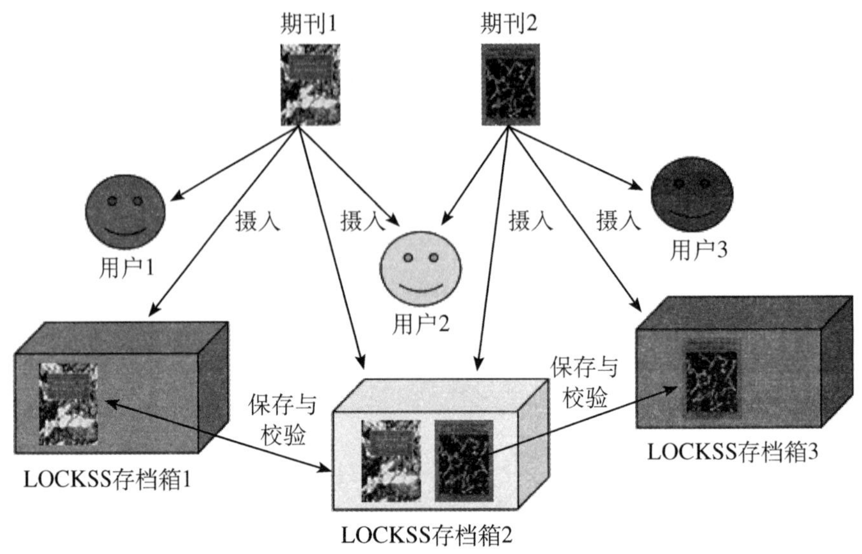

图 20－3　LOCKSS 存档箱的摄入、保存与审核[9]

(3)访问服务功能

LOCKSS 系统采用灵活的方式为用户提供对出版商内容的访问服务。一方面图书馆可以把 LOCKSS 存档箱整合成一个代理，通过 Web 代理方式向他们提供订阅内容的访问服务。同时，图书馆还可以按照自身的图书馆目录来整合 LOCKSS 存档箱中的内容，为读者提供请求的资源。

从资源的可达性上来说，访问服务主要分为以下两种，如图 20－4 所示：

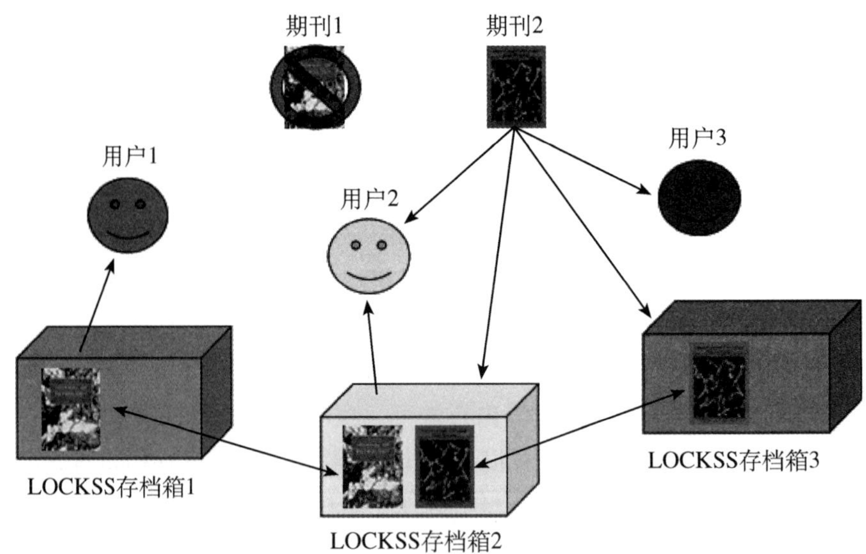

图 20－4　LOCKSS 存档箱的服务选择[10]

1）出版商可以提供访问服务。用户2和用户3通过浏览器向LOCKSS系统发送访问期刊2的服务请求，LOCKSS系统收到请求后，判断期刊2是否在本地的LOCKSS存档箱（如LOCKSS存档箱2和LOCKSS存档箱3）中。对于用户2而言，如果期刊2在本地的LOCKSS存档箱2中，则判断期刊2的内容自上次摄入后是否已更改，并根据出版商网站返回的信息来决定是重新摄入还是把已保存的内容返回给用户2。对于用户3而言，期刊2不在本地的LOCKSS存档箱3中，则向出版商网站转发请求，接收结果并保存在本地LOCKSS存档箱3中，同时返回给用户3。

2）出版商无法提供访问服务。如果出版商网站由于某种原因无法提供期刊1的访问服务，用户1不能从出版商处获得内容，LOCKSS系统本身就成为一个信息服务主体，LOCKSS存档箱1会将自己保存的复本提供给用户1进行浏览。

（4）管理及监控功能

图书馆相关人员通过Web界面对LOCKSS系统进行管理，利用LOCKSS存档箱选择需要保存的新内容；监控现存资源的保存状态；控制对现存资源及其他功能模块的访问；显示每个档案单元保存状态的细节；还可以根据需要生成本地保存内容的KBART（Knowledge Bases And Related Tools）报告。LOCKSS存档箱的管理者可以通过授权的IP地址查看保存的内容。

（5）即时迁移功能

LOCKSS系统将所有数字资源保存为原始的格式，包括格式的元数据以及如何让浏览器来显示这些内容的信息。当浏览器不能处理这些内容时，LOCKSS系统采用即时迁移的方式，在访问时将内容迁移为新的可以展示的格式，以保证用户能够看到数字资源最新的和最好的版本。

20.2.4 CLOCKSS的工作流程

在LOCKSS系统提出的“多个复本确保资源安全”保存思想的指导下，很多数字保存联盟结合自己的实际情况，开发了不同的数字保存系统，取得了数字保存的最佳实践效果。为了使读者更好地理解LOCKSS系统的这一思想，在上一小节的基础上，以CLOCKSS系统（Controlled LOCKSS，受控的LOCKSS）为例详细介绍LOCKSS系统的工作流程。

CLOCKSS系统基于科研图书馆和学术出版商共同管理的存档模式，采用LOCKSS软件，以P2P分布式策略保存重要的学术资源。主要工作流程如下：

(1)资源摄入

1)出版商授予图书馆通过 CLOCKSS 系统保存其数字资源的许可,允许图书馆摄入并存储它的期刊。然后,出版商以 HTML 形式提供 CLOCKSS 系统访问内容的描述文件,并将描述文件添加到许可声明中。许可声明告诉 CLOCKSS 系统可以收集哪些内容,如图 20 - 5 所示。

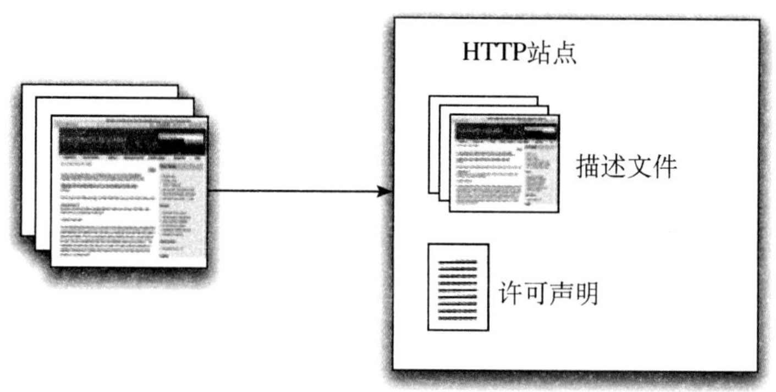

图 20 - 5　CLOCKSS 访问资源描述文件[11]

同时,为了允许 CLOCKSS 系统访问出版商的源文件,出版商需要把源文件放置到指定的 FTP 站点,如图 20 - 6 所示。

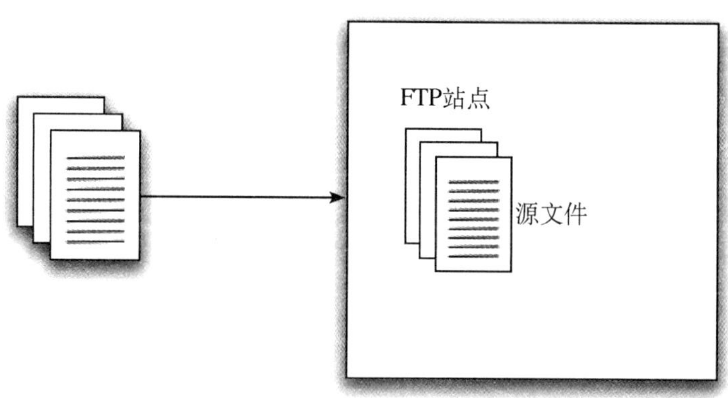

图 20 - 6　CLOCKSS 访问资源源文件[12]

2)在 CLOCKSS 系统中,三个经过授权的 CLOCKSS 存档箱分别放置在莱斯大学(摄入存档箱 A)、印第安大学(摄入存档箱 B)和斯坦福大学(摄入存档箱 C),通过 LOCKSS 插件获取出版商提供的描述文件,分别访问指定的 FTP 服务器,摄入出版商提供的源文件,如图 20 - 7 所示。

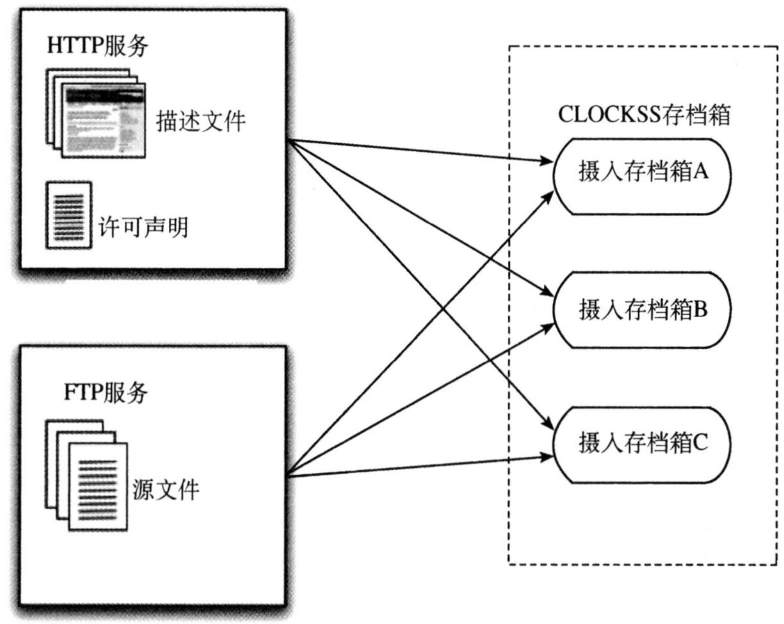

图 20－7　CLOCKSS 资源摄入[13]

(2)资源保存和校验

在 CLOCKSS 系统中，分散在各地的 CLOCKSS 存档箱一般为保存存档箱(如存档箱 1—6)，如图 20－8 所示，存档箱 1 和 2、3 和 4、5 和 6 分别从摄入存档箱 A、B、C 中摄入内容进行本地保存，形成数字资源的多个复本。

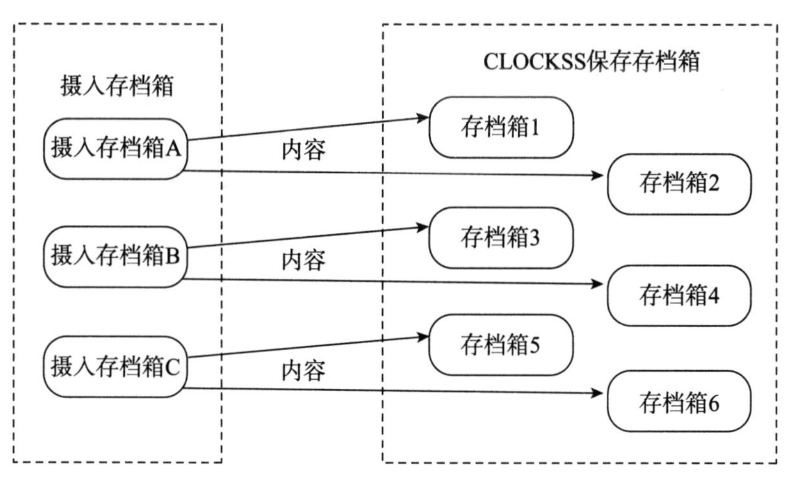

图 20－8　CLOCKSS 保存示意图[14]

在工作间隙，CLOCKSS 存档箱之间自行提取部分内容，通过 P2P 网络的轮询检测机制，彼此持续交流对保存内容的一致性进行校验，如图 20－

9 所示。一旦发现某个存档箱中的内容与一致认可的内容不匹配(如存档箱 1),可以通过其他的 CLOCKSS 存档箱(如存档箱 3)对其内容进行校正。这种合作模式使得 CLOCKSS 存档箱不需要单独备份,就能保证被访问的内容总是正确的。

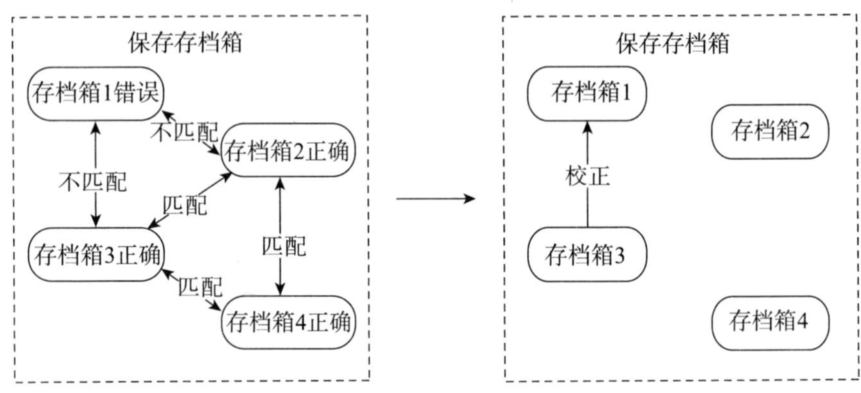

图 20－9　CLOCKSS 内容校验过程[15]

(3)资源访问服务

当 CLOCKSS 系统决定可以发布档案内容时,需要将内容自动迁移到新的格式,并从 CLOCKSS 存档箱复制到 CLOCKSS 网络的公开 Web 服务器上。发布的内容可以免费从斯坦福大学和爱丁堡大学获取,也可以通过本地的图书馆 CLOCKSS 存档箱直接访问,如图 20－10 所示。

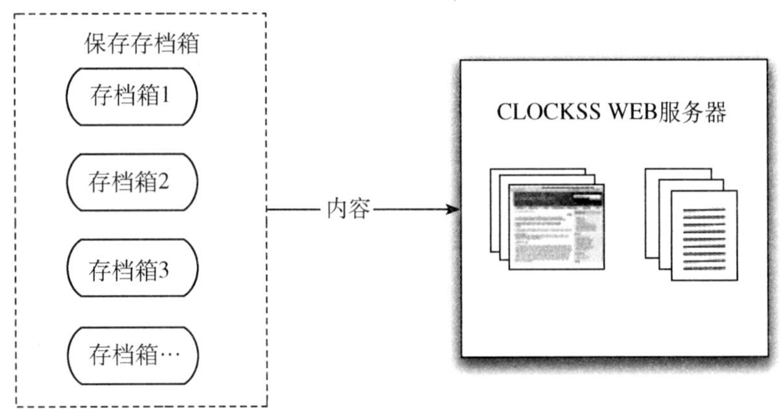

图 20－10　CLOCKSS 内容发布示意图[16]

(4)资源管理与监控

莱斯大学(摄入存档箱 A)、印第安大学(摄入存档箱 B)和斯坦福大学(摄入存档箱 C)相关工作人员通过 Web 界面对现存期刊等数字资源进行跟踪和管理,并监控新的期刊等电子资源,以进行保存。

20.3　LOCKSS 的关键技术

在 LOCKSS 系统的保存实践中,技术策略是“多个复本确保资源安全”保存思想成功实施的重要保障。LOCKSS 系统保存的内容可能由于操作人员的某些不良行为,导致保存内容不完整或者由于遭受网络病毒攻击导致存档箱中某些内容被篡改。LOCKSS 系统采用具有高容错性的多复本数字保存技术,在本地建立数字资源的多个复本,降低个体复本损害对系统的影响;采用 P2P 技术实现数字保存内容的异常检测与修复。LOCKSS 存档箱中保存内容的格式可能随着时间的推移变得不可识别,LOCKSS 系统采用数字格式即时迁移技术保证无论经过多长时间,读者都可以获取和访问保存的内容。为了实现资源的跨地域、跨机构保存,同时降低长期保存的运维成本,LOCKSS 系统引入了分布式云存储技术。

20.3.1　具有高容错性的多复本数字保存

多复本数字保存技术[17-18]的起因来自于斯坦福图书馆在电子期刊上的开创性工作。1995 年 5 月,斯坦福图书馆的 HighWire 杂志社推出生物化学杂志的网络版。这一重要学术期刊网络版的突然出现和流行,使图书馆从购买杂志复本转变成订阅出版商数字资源复本。为了能满足消费者的访问需求,多复本保存技术应运而生。

通过 LOCKSS 系统,每个图书馆 LOCKSS 存档箱从出版商网站摄入他们订阅数字资源的复本进行本地存储。同时本地连通的存档箱之间可以相互复制,建立保存内容的许多复本。随着一个系统中副本数量的增长,个体副本损害对系统的影响越来越低。系统不需要通过每个副本的可靠性来提高整体的可靠性水平。同时,相互连通的节点,可以定期进行一致性校验。如果一个节点发现其副本与一致认可的节点不同,它可以要求正确节点对其进行修复。因此,多复本数字保存技术有高容错性和可复制性。

LOCKSS 系统多复本数字保存技术的上述特性主要是考虑了内容互操作性和元数据互操作性。

(1)内容互操作性

在 LOCKSS 系统中,随着技术的演变和组织变化,LOCKSS 存档箱经常需要摄入以不同格式标准(如 WARC 和 ASC)保存的数字资源,也经常需要将不同保存格式的数字保存内容从一个 LOCKSS 存档箱复制到另一个 LOCKSS 存档箱。为了保证不同来源内容之间的互操作性,LOCKSS 存档箱采用 WARC(Web Archive)格式标准来描述自身存储的内容集合。

WARC 格式标准是国际互联网存档联盟(International Internet Preservation Consortium,IIPC)在 ARC(Internet Archive)基础上,制定的一种管理和存储海量资源的存档格式。WARC 将数字资源和相关描述信息一并整合到资源记录中,支持面向任务的资源内容重组与复原。

LOCKSS 存档箱能够实现 WARC 文件和 ARC 文件的相互转换[19]。一方面 LOCKSS 存档箱可以直接导入以 ARC 格式保存的内容;另一方面 LOCKSS 存档箱保存的内容可以直接导出成 ARC 文件。

(2)元数据互操作性

元数据包括格式元数据和目录元数据。其中格式元数据标准采用 Web 浏览器能够充分解释、表征位流信息的 MIME 类型,存储在 HTTP 头信息中,同时,用来标记文件格式的信息作为基本数据存储在 HTTP 信息中。通过格式元数据,LOCKSS 存档箱能够控制内容如何进行显示。

目录元数据标准采用都柏林核心元数据标准,LOCKSS 存档箱能够提取包含在 Web 内容中的期刊目录元数据。大部分电子期刊出版商发布在网络上的 Web 内容包括 DOI(Digital Object Identifier)和都柏林核心元数据。这些信息可能包含在 HTML 的元标签中,也可能包含在文本信息中。LOCKSS 插件能够识别出版商特定代码。通过特定代码,LOCKSS 存档箱能够找到目录元数据,将其转化为内部表示标准并将其与期刊数据库系统进行关联。

20.3.2 数字资源格式的即时迁移

LOCKSS 系统中内容格式众多,既包括动画、数据集、移动图像、静止图像、软件、声音、文本等,也包括期刊、书籍、博客、网站、扫描文件、音频、视频等。可能存在这样的风险,保存内容的格式已经变得过时,读者的浏览器不能呈现请求的内容。LOCKSS 系统采用数字格式即时迁移技术来解决这一难题。

数字格式即时迁移[20]技术是指当用户的浏览器不能显示 LOCKSS 系统保存内容的原始格式时,LOCKSS 存档箱采用当前最新的、最好的技术自动将原始格式转换成浏览器能够理解的格式,并显示内容给读者,确保无论经过多长时间,无论浏览器如何更新换代,用户都可以获取和访问

LOCKSS 系统中的内容。

LOCKSS 系统的数字格式即时迁移技术主要包括两方面的含义：

1）LOCKSS 软件是格式无关的。LOCKSS 系统以出版商交付的原始格式保存所有内容，包括使浏览器呈现内容的格式元数据。

2）当用户的浏览器不支持显示内容的原始格式时，LOCKSS 存档箱动态迁移内容到一种浏览器能够显示的格式，并将内容呈现给用户。

LOCKSS 系统的这种即时迁移方法，与保存原始内容时进行格式标准化相比，具有如下显著优点：

1）在经济方面具有更少的开销。由于 LOCKSS 系统是格式无关的，因此只需要保持资源内容的原始格式，没有其他额外成本；如果被保存的内容很少被访问，只有在需要降低资源成本的时候才执行迁移。

2）使用当前最新的技术来呈现数字资源的内容。一旦用户的浏览器不能支持内容的原始格式，LOCKSS 系统这种即时迁移方式能确保读者使用当时最新的技术访问 LOCKSS 存档箱中的内容。

20.3.3　支持协同保存的分布式云存储

分布式云存储[21]是一个多存储设备、多应用、多服务协同工作的集合体，通过虚拟化、分布式、集群应用等技术，实现多个存储设备之间的高效协同工作，对外提供低成本、高扩展性的数字资源存储服务。在 LOCKSS 云存储环境中，一个 LOCKSS 存档箱是一种动态虚拟的硬件服务器，主要包括三部分内容：资源库中持久存储的内容、守护进程和运行在计算机中的软件。LCOKSS 存档箱能够动态地接收用户请求并按照 OAIS 参考模型执行摄入、传送、完整性检查等功能。一个 LOCKSS 系统的守护进程运行在本地计算机上，采用虚拟化技术，实现对 LOCKSS 存档箱中资源内容的保存和分布式管理，以保证本地对象存储服务与云端存储服务最大程度兼容，并通过 WEB 接口从云存储中提取内容，通过块存储服务和定期在对象存储服务中保存的快照进行完整性检查。

对于用户而言，只需要通过 LOCKSS 应用系统提供的接口，就可以获取所需的数字资源。对于数字资源长期保存的参与机构而言，分布式云存储简化了存储管理的流程，降低了运维成本和分布在不同区域的机构参与保存活动的门槛。对于出版商而言，通过云平台可以方便地进行数字资源的发布、管理和维护。

20.3.4　基于 P2P 轮询机制的异常检测与修复

LOCKSS 系统中保存的内容可能受到人为因素和网络因素的安全威

胁。人为因素主要指操作人员的某些不良行为可能导致保存内容不完整。网络因素主要指网络服务(包括域名及 URL)可能会遇到暂时性故障,在某特定时间段内,出现数字资源传输失败或部分传输;同时,LOCKSS 系统也可能遭受网络上的病毒攻击。LOCKSS 系统采用 P2P 技术来解决数字资源长期保存中海量信息异常检测与修复等一系列问题[22]。

LOCKSS 系统中,如果一个节点包含另一个节点需要的资源,那么这两个节点是对等节点。LOCKSS 部署了大量独立的、低成本的、持续的对等节点[23]。这些对等节点协同工作,采用 P2P 的轮询机制协调检测和修复被破坏的内容。在轮询机制中,每个节点都可能是安全或者潜在问题节点。所谓安全节点是指一直遵循 LOCKSS 协议的节点、正确档案单元中的健康节点或者被破坏的档案单元中的安全节点。所谓潜在问题节点是试图对同一档案单元或者其他档案单元中的节点进行攻击的节点或者自身内容与一致认可的正确的档案单元中内容不一致的节点。

P2P 的轮询机制目标是无论故障还是攻击,总是有高概率安全节点处于健康状态。LOCKSS 系统中,节点通过轮询机制号召其他节点对自身档案单元内容的正确性进行投票,以保证能够抵御任何可预见的随机破坏。对于参与节点,投票支持两种角色:内部循环参与者和外部循环参与者。内部循环参与者是当前节点已经发现的对等节点,保存在内部循环列表中,外部循环参与者位于外部循环列表中,是待发现的对等节点。投票的具体流程如下(如图 20－11 所示):

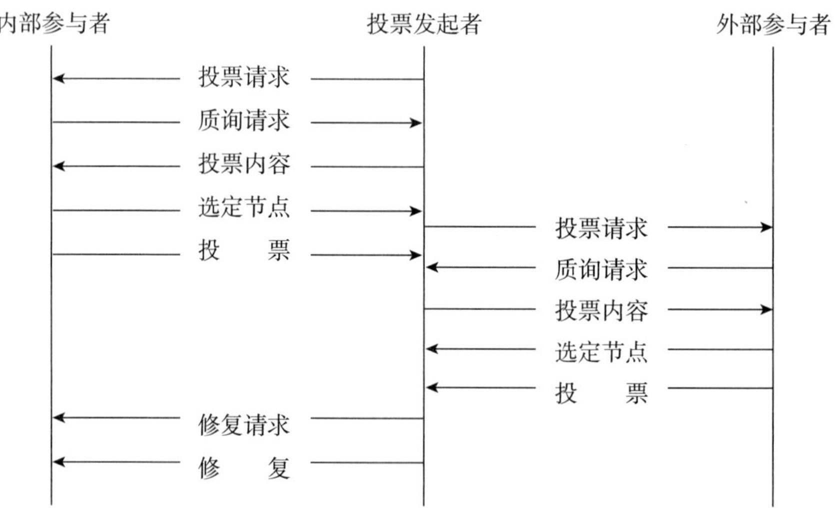

图 20－11　在轮询者和投票者之间投票协议信息交换[24]

1）投票发起者邀请内部循环列表中的对等节点，希望它们针对自己目前遇到的情况进行投票。

2）除非被邀请的对等节点正忙，否则向投票发起者回复可以参加投票的应答响应，并对投票发起者提出投票内容的质询请求。

3）投票发起者过滤掉响应超时等不符合要求的内部循环参与者，并向符合要求的参与节点提供需要进行投票的档案单元的标识号及版本号。

4）被指定的内部循环参与者，在接收到被投票档案单元的标识号及版本号后，再次向投票发起者发送收到内容的应答响应。

5）第4）步被指定的内部循环参与者，被加入到外部循环列表中，执行上述四个步骤，发现其自身的对等节点，为将来被邀请到内部循环投票提前做好准备。

6）第4）步被指定的内部循环参与者，计算自己最新的档案单元的版本，并在投票中返回档案单元的版本号。

7）投票发起者如果发现收到的投票与自己存储单元的版本一致，那么在下一次号召投票之前都是正确的。如果它收到的投票与自己存储单元的版本不一致，通过获取投票者的复本修正自己的存储单元内容，与已修正的存储档案版本达成一致。

20.4　LOCKSS 系统的应用模式

LOCKSS 系统将数字资源的多个复本分布式地保存在地理位置分散的 LOCKSS 存档箱中，为出版社与图书馆更好地合作提供软件基础和运行保障机制。由于 LOCKSS 系统数字保存成本较低、对专业技术知识要求较少，对多类型的数字资源具有较好的适应性，可以支持不同机构的数字化保存需求、应用模式灵活，因此，数字保存联盟可以根据实际需要选择全球 LOCKSS 网络（Global LOCKSS Network，GLN）模式或者私有 LOCKSS 网络（Private LOCKSS Network，PLN）模式来保存自己的数字资源。

20.4.1　全球 LOCKSS 网络

GLN[25]是一个包括多个节点的开源网络，资源一般来源广泛，并保存在公共网络上，包括开放获取的资源以及图书馆订阅的电子期刊和电子图书。由于这些资源是很多图书馆都希望保存的资源，因此有足够的复本保障数字资源的可靠存储。全球 LOCKSS 网络由斯坦福大学相关人员使用

LOCKSS 联盟提供的资金进行运维。GLN 保存的内容相当于图书馆的通用馆藏。

GLN 允许图书馆建立和保存数字通用资源,确保图书馆及其读者可以长期访问自己订阅的期刊内容。该网络由来自不同领域又相互关联的三类成员组成,即 LOCKSS 系统、图书馆和出版社。目前,超过 530 个出版商已经通过 GLN 保存他们的电子期刊和电子书。合作者包括 HighWire Press、Metapress 和 Project MUSE 等多个组织和机构,共有 11 000 多种电子期刊和 9700 多种电子书[26]。

(1)GLN 的组织方式

GLN 作为一个非营利的为图书馆和出版商服务的组织[27],由斯坦福大学相关技术人员使用联盟提供的资金进行维护,并提供关于系统运行的技术支持以及资源管理方面的协调框架[28]。在协调框架下,每一个图书馆运行一个 LOCKSS 存档箱,获得从出版商处订阅内容的复本,并按照图书馆的需要永久保存。同时,在出版商和读者浏览器之间架设 Web 管道,将网络内容临时存储在一定数量的 Web 缓存中。

每个图书馆的 LOCKSS 存档箱通过图书馆的订阅访问,来获得出版商的内容。GLN 代表所有图书馆与出版商进行协商。通过一次协商使所有图书馆能够保存出版商的内容,即使对小型的和开放访问的出版商来说,这个系统也是经济和可行的。同时,也不需要收取出版商内容保存的费用。

另一方面,因为出版商不能完全理解图书馆的要求,可能增加遗漏的风险。LOCKSS 系统要求每个图书馆使用他们自己为用户收集的内容,这使得协商更简单,价格也更低廉。

出版商在网站上发表声明,同意他们的出版内容仅对有效订阅、授权许可的用户是可见的。每个 LOCKSS 存档箱在试图从网站上收集任何内容之前,检查许可声明,保存与被访内容许可相关的证据。

通过这种方式,每个图书馆收集的内容作为一个数据库,表明图书馆有哪些内容可以访问,以及用户能够从出版商处获取哪些内容。

(2)GLN 成员的工作职责

为了使 GLN 这个分布式的合作系统正常运行,本书作者从 GLN 中三类成员的角度,总结了各自的职责:

1)LOCKSS 系统的职责。LOCKSS 系统主要为出版商和图书馆提供服务。服务内容包括:软件开发、系统漏洞修复、软件版本管理、安装与使用、技术人员培训、发展开放组织、协调成员的合作、扩展资源集合和数据类型、确保足够的期刊数据、共享开发成果、元数据标准的制定及推广执行。LOCKSS 系统为出版社与图书馆更好地合作建立了软件基础和运行保障机制，在知识产权的保护下，提供对出版商数字资源的保存，保证图书馆对已经购买资源的使用。

2）出版商的职责。当图书馆从出版商购买数字资源时，出版商通过 LOCKSS 系统赋予图书馆相应的数字资源保存权利，并给予图书馆相应的许可，包括允许图书馆收集已出版的数字资源以进行保存，图书馆可以按许可条款规定使用资源。此外，出版社通过 LOCKSS 系统与图书馆在许多方面保持合作和共同努力，如制定共同的规范政策和探索最佳的实践模式、共同发展和共享相关技术等。

3）图书馆的职责。图书馆利用 LOCKSS 系统建立一整套的数字资源长期保存的运行机制和合作机制。通过 LOCKSS 系统，图书馆不仅获得出版商数字资源的使用权，同时具有电子资源馆藏的保存权利和保存功能，在出版商停止服务时，仍可以利用保存的资源为用户提供信息，保障图书馆和用户的相关权利。利用 LOCKSS 系统，图书馆之间不仅可以共享资源，实现网络环境下的馆际互借，同时，可以方便地发现和修复损坏的数字资源，可以方便地从其他图书馆发现数字资源的复本，可以最大限度地避免不良用户对数字资源的攻击。

（3）加入 GLN 的费用

出版商加入 GLN 不需要费用，但名额有限。图书馆和其他机构加入 GLN 需要按照机构规模，支付少量费用。以 2014 年 9 月—2015 年 8 月这一年为例，美国的图书馆和机构的 GLN 年费如表 20－1 所示。

表 20－1　GLN 2014—2015 年费（美国）[29]

机构规模	每年费用（美元）
超大规模研究型大学	11 860
大规模研究型大学	10 547
中等博士/研究型大学	9007
大规模硕士学院和大学	5711
中等规模硕士学院和大学	4882
小规模硕士学院和大学	4048
本科学院	2369

20.4.2　私有 LOCKSS 网络

PLN[30] 是一个包含有限节点的封闭网络。通过 PLN，图书馆可以保存手稿、图像资源、数据库、政府信息档案及其他自建的数字馆藏。PLN 的参与者通常在某一领域有共同的利益。一个私有网络构建了一个团体数字保存的基础框架,通过在本地建立数字资源的多个副本,保障本地重要数字内容的安全,培养当地工作人员,提升 PLN 的运维能力。PLN 保存的内容相当于图书馆的特殊馆藏。

(1)CLOCKSS

CLOCKSS[31]是由世界领先的学术出版商和科研图书馆共同参与和管理的非营利性项目,致力于建立可持续的、分布式的暗存档系统,确保基于网络的学术资源的长期保存,并最大程度保障全球研究团体的利益。

CLOCKSS 网络在 2000 年成立,并于 2005 年实现电子期刊数字资源的长期保存服务;2008 年开始启动电子图书长期保存服务,2011 年 2 月,实现该服务向用户开放,开始实行电子期刊与电子图书的混合保存模式[32]。

目前,CLOCKSS 网络跨越欧洲、亚洲和北美,一共有 24 个董事会成员,出版商和图书馆各占一半。参与者包括 American Institute of Physics、Nature、Springer 等 180 多家出版商和近 200 个图书馆,内容包括 8000 多种电子期刊和 6000 多种电子书[33]。

CLOCKSS 的整体目标是保持网络出版商内容档案的完整性。网络出版商达成共识,对于访问不到的内容,LOCKSS 平台可以通过投票来进行重新触发。被触发的内容从 CLOCKSS 档案中重新被摄取,或者依据公共许可协议重新发布在网上,供所有人免费使用。

在 CLOCKSS 中,因为网络节点需要被出版商和图书馆所信任,存档箱的数量限制为 15,其中 12 个被授权。出于政治和鲁棒性的原因,那些存档箱被放置在全世界不同的国家。

因为 CLOCKSS 存档箱数量受限,每个存档箱不得不包括所有参与出版商的信息,因此比典型的 GLN 的存档箱规模更大,GLN 存档箱仅包括图书馆订阅的内容。

在 CLOCKSS 中,内容被收集在多个摄入存档箱的小网络中,它们存储了已经达成共识的临时复本。这些复本被全世界的 CLOCKSS 存档箱收集并最终保存。这降低了出版商网络服务负载,并提高了操作效率。

因为所有存档箱有相同内容,所以没有必要限制一个存档箱只能从另一个过去有相同内容的存档箱获取修复内容。存档箱之间的所有交流通过 SSL 在终端进行保护。由于每个存档箱都有密码认证,确保其是 CLOCKSS 网络的有效成员,因此它提供给其他存档箱的内容是安全的。

加入 CLOKCSS,主要有以下两方面的好处:

1)充分保障出版商和图书馆的权利。在 CLOCKSS 中,图书馆和出版商一方面在决定管理程序、优先考虑的事情及何时触发请求内容方面有同等的发言权和优先权;可以选择存档解决方案,而不是把所有鸡蛋放在同一个篮子中,并可参与多个档案的保存。另一方面 CLOCKSS 建立了一种资助年金制度,鼓励参加的图书馆和出版商做出贡献。参加者愈多,费用愈低。低运行成本能够满足任何规模的机构加入 CLOCKSS 的预算要求。同时,CLOCKSS 参与者有机会深入参与数字保存的各个方面,并获得数字保存最前沿的信息。

2)确保数字资产完好无损的进行保存。CLOCKSS 的数字保存技术已可靠安全地保存出版内容十年之久。在 CLOCKSS 中,对数字资源采用分散的、地理位置不同的保护模式,并为孤本和被舍弃的电子学术内容永久保存和经常访问提供全面保障。

加入 CLOCKSS 的费用不高,且随着时间的推移,参加费用愈来愈低。图书馆按照每年的资料预算费交纳年费,最低年费是 450 美元;出版商按照每年的总收入交纳年费,最低参加年费是 200 美元。参加年费五年内不变,用于支持 CLOCKSS 运转。图书馆和出版社的参加年费如表 20－2 和表 20－3 所示。

表 20－2　加入 CLOCKSS 的图书馆年费[34]

图书馆资料预算费	年费
<1 百万美元	450 美元
1—2 百万美元	600 美元
2—3 百万美元	1200 美元
3—4 百万美元	1800 美元
4—5 百万美元	2400 美元
5—7 百万美元	3000 美元
7—9 百万美元	4000 美元
9—11 百万美元	5400 美元
11—13 百万美元	6600 美元
13—15 百万美元	7800 美元
15—20 百万美元	9000 美元
20—25 百万美元	12 000 美元
>25 百万美元	15 000 美元

表 20-3 加入 CLOCKSS 的出版商年费[35]

出版商总收入	年费
<25 万美元	200 美元
25—50 万美元	400 美元
50—100 万美元	800 美元
1—5 百万美元	2000 美元
5—10 百万美元	4000 美元
10—50 百万美元	9000 美元
50—200 百万美元	15 000 美元
>200 百万美元	25 000 美元

(2)阿拉巴马州的数字保存网络(ADPNet)

ADPNet[13]是一个针对本地数字内容创建的分布式数字保存私有网络。它是由在阿拉巴马州的学术机构、国家机构和文化遗产组织联合构建的一个低成本的数字保存解决方案。保存的内容只有成员可以访问,并且如果遇到事故或者自然灾难也只有成员才可以恢复档案内容。

ADPNet 成立于 2006 年,由阿拉巴马州学术图书馆联盟(NAAL)管理。博物馆和图书馆服务协会(IMLS)给予 ADPNet 为期两年的国家资助。七家阿拉巴马机构通过 IMLS 的资金支持,使用开源 LOCKSS 软件建立了一个低成本的分布式数字保存网络,并从 2008 年开始自我维持。ADPNet 是一个会员组织,通过选举产生指导委员会,依靠自己进行日常管理。目前,ADPNet 的参与者包括阿拉巴马州高等教育委员会、奥本大学、斯普林西尔学院、特洛依大学、阿拉巴马大学、阿拉巴马大学伯明翰分校、北阿拉巴马大学等多家机构[36],加入 ADPNet 并不需要会员费。

ADPNet 有双重任务:首先,为数字资源长期保存管理和维护一个可靠的、低成本的保存网络。这些数字资源包括由阿拉巴马州图书馆、档案机构以及其他文化遗产组织创建的公共可用数字资源。其次,为有兴趣建立自己数字保存网络的其他州和联营企业,提供参考模型和资源。ADPNet 旨在更好地探索分布式数字保存方法,并创建一个稳定的、地理上分散的数字内容的“暗档案”,以便为参与组织提供必要的资源修复。

目前,ADPNet 收集的内容主要包括档案的音频、视频和静态图像文件。具体包括:历史地图资源和周年纪念的系列演讲、特洛伊大学的明信片收藏、阿拉巴马的部门档案、第一次世界大战历史数据库、费伦茨纳吉和约翰肯尼迪等历史演讲的音频文件、伯明翰阿拉巴马大学口述历史资源等[37]。

(3)社会科学数字保存网络(DATA-PASS)

Data-PASS[38]是一个自愿合作组织,主要目的是获取和维护有丢失危险的社会科学数据,包括民意调查、投票记录、家庭增长和收入调查、社会网络、政府统计指标、测量人类活动的 GIS 数据以及其他社会科学的研究。这些数据通过美国国家数字信息基础设施和保存项目(NDIIPP)基金会进行保存,并通过共享目录方式进行数据共享。

Data-PASS 主要由美国校际网络政治和社会研究会(ICPSR)、密歇根大学发起,现在参与者包括美国电子记录及特殊媒体服务部门、国家档案和文件管理局(NARA)、社会科学定量研究所、哈佛大学、北卡罗来纳大学、康涅狄格大学等多家机构。目前,Data-PASS 合作者已经为数字资源的分布式复制建立了一个原型存储平台,合作者从博物馆和图书馆服务协会接受资金来继续对这一系统进行开发,并将其作为图书馆、博物馆和档案馆复制自己内容的开源工具。该原型系统以 PLN 为核心,开放档案客户端接收来自数据库网络和其他仓储的数据资源。同时,Data-PASS 开发了一个监控和审核工具,被称为 SafeArchive,用来衡量 PLN 复制和保存政策的一致性。

(4)MetaArchive Cooperative

MetaArchive Cooperative[39]是一个基于团体的私有网络。该网络对文化保存组织进行协调,实现了一个低成本、高影响的分布式数字保存服务。这些文化记忆组织包括图书馆、研究中心和博物馆。该网络成立于 2004 年,由 NDIIPP 和美国国家历史出版社和档案员委会(NHPRC)进行资金支持。与其他基于供应商的数字解决方案不同,这种合作使文化记忆组织能够自己拥有和控制数字保存的过程。

MetaArchive Cooperative 的任务是促进更好地理解分布式数字保存方法,并创建持久的、稳定的、地理上分散的数字资源的“暗档案”,必要时,能够实现对资源的修复。

MetaArchive Cooperative 正在发展壮大,参与者包括奥本大学、波士顿学院、克莱姆森大学、埃默里大学、佛罗里达州立大学、福尔杰莎士比亚图书馆、乔治亚理工学院、国会图书馆、赫尔大学、路易斯威尔大学、北德克萨斯大学、南卡罗来纳州大学、弗吉尼亚理工大学等。它采取基于会员形式的指导委员会管理,并由 Educopia 协会主管。该网络是一个非营利组织,通过促进图书馆、博物馆和其他文化记忆组织的协作活动,来实现数字学术资源的生产、传播和保存。

(5)COPPUL

COPPUL[40]是一个由位于加拿大马尼托巴、萨斯喀彻温省、阿尔伯塔省和不列颠哥伦比亚省等23所大学图书馆组成的私有网络。网络成员密切合作，通过资源共享、资源采购、文献发布和其他类似活动来提高信息服务质量。COPPUL的目标是成为一个团结合作的组织[41]，为协会成员提供需要的学术信息。

COPPUL利用LOCKSS数字保存系统作为资源存档手段。这些资源是COPPUL成员感兴趣的本地资源。其参与者包括阿萨巴斯卡大学、西蒙弗雷泽大学、艾伯塔大学、不列颠哥伦比亚大学、卡尔加里大学、马尼托巴大学、萨斯喀彻温大学、维多利亚大学和温尼伯大学等。诸如小型大学出版社出版的数字资源、开放获取的期刊和其他电子期刊资源、政府的数字出版物和可能有丢失风险的本地创建的数字资源都被作为项目资源的一部分。

加入COPPUL会员的好处包括：

1)可以享受资源的优惠价格和优惠条件。

2)会员图书馆的董事和员工共享网络和信息。

3)共享先进合作项目的专业知识(数据图书馆、LOCKSS网络和共享打印档案等)。

4)会员图书馆工作人员共享继续教育课程。

5)连接并协调加拿大其他的区域网络联盟。

6)提供参加馆藏发展、数字图书馆、数字保存、学术交流等交流机会。

20.5 小结

LOCKSS系统采用P2P分布式保存策略，通过在本地建立多个复本确保资源安全。具体来说，主要保存三方面的含义：首先，出版商授予图书馆通过LOCKSS系统摄入其出版资源的许可；其次，经过授权的图书馆的LOCKSS存档箱，根据授权协议，摄入出版商的数字资源，形成相关资源的一个复本；最后，LOCKSS存档箱在LOCKSS联盟中进行注册，实现数字资源的本地多副本保存、完整性审核和损坏修复，并在出版商变化、恶意攻击、自然灾害以及数据丢失等异常情况发生时，向本地用户提供持续的、永久性的数字资源的存取服务。

本章以LOCKSS系统为案例，在详细剖析其保存思路、体系结构和主要功能的基础上,总结 LCOKSS 系统的关键技术,包括具有高容错性的多复本数字保存、数字资源格式的即时迁移、支持协同保存的分布式云存储以及基于 P2P 轮询机制的异常检测与修复;最后结合全球 LOCKSS 网络、CLOCKSS、ADPNet、DATA-PASS、MetaArchive Cooperative、COPPUL 等实践案例,阐述 LOCKSS 系统的两种应用模式。

LOCKSS 系统在数字保存最佳实践方面提供了丰富的宝贵经验:

(1)高度可靠的安全性

LOCKSS 系统通过在本地建立数字资源的多个复本保证数据安全,即使系统遭到恶意攻击,也不会导致全部复本被篡改或损坏,确保系统的健壮性和保存内容的准确性;LOCKSS 系统具有较强的抵御网络风险的能力。

通过 P2P 的轮询检测机制,LOCKSS 存档箱之间相互协作,实现本地资源的动态更新、内容一致性校验、丢失内容恢复等一系列功能。这种机制保证了保存内容的安全性,同时避免单独备份保存内容带来的系统开销。

2014 年 9 月,LOCKSS 系统以满分通过了 TRAC 的技术、技术架构、安全等方面的认证。

(2)低成本保存模式

LOCKSS 系统易于操作,对操作人员和管理人员的专业知识要求不高,为保存机构节省了昂贵的人力成本。

LOCKSS 存档箱可以运行在中等规模的计算机上,硬件成本投入很低。由于出版商免费参与 LOCKSS 网络,图书馆只支付小部分费用,有效降低了图书馆和出版商的运维成本。

LOCKSS 系统采用数字格式即时迁移的方法,只有用户请求服务的内容格式过时,才进行保存内容的格式迁移,降低数字资源的格式迁移成本。同时,LOCKSS 系统通过建立联盟机制,鼓励更多的图书馆、出版商参与计划,做到成本、风险、利益均摊。

(3)灵活的应用模式

LOCKSS 系统对多类型的数字资源具有较好的适应性,可以支持不同类型机构的数字化保存需求,应用模式非常灵活。数字保存团体(图书馆和出版商)根据实际需要既可以通过 GLN 保存在公共网络上的开放获取资源,以及订阅的电子期刊和电子图书,也可以通过 PLN 为某一领域有共同利益的团体构建数字保存的基础框架,保障本地重要数字内容的安全。

(王敬东、张智雄)

参考文献

[1－4][25] LOCKSS[EB/OL].[2015－04－22]. http//www. lockss. org.

[5][28] ROSENTHAL D S H,ROSENTHAL D C,MILLER E L,et al. The economics of long-term digital storage[J]. Memory of the World in the Digital Age, Vancouver, BC,2012.

[6] ROSENTHAL D S H. Architectural choices in LOCKSS networks[J]. Library Hi Tech, 2014,32(1):2－10.

[7－8] REICH V. Libraries in the digital age Collection & preservation forgenerational access[C]//图书馆和网络资源技术,2004.

[9－10][17] REICH V. The Next Generation LOCKSS Program:whats' in it for me[C]//图书馆和网络资源厦门研讨会,2005.

[11－16][34－35] CLOCKSS[EB/OL].[2014－11－22]. http//www. clockss. org.

[18] REICH V,ROSENTHAL D. Distributed digital preservation:Lots of copies keep stuff safe[C]//Proceedings Indo-US Workshop on International trends in Digital Preservation March,2009.

[19－20] Transparent format migration of preserved web content[EB/OL].[2014－12－20]. http://www. dlib. org/dlib/january05/rosenthal/01rosenthal. html.

[21] ROSENTHAL D S H,DANIEL L. Vargas. Distributed Digital Preservation in the Cloud [C]//8th International Digital Curation Conference,2013.

[22－24] MANIATIS P,ROUSSOPOULOS M,GIULI T J,et al. The LOCKSS peer-to-peer digital preservation system[J]. ACM Transactions on Computer Systems(TOCS), 2005,23(1):2－50.

[26－27][32] RUSBRIDGE A. LOCKSS:Re-establishing Librarians as Custodians of JournalContent[J/OL].[2014－01－18]. http://www. digitalpreservationeurope. eu/publications/briefs/lockss. pdf.

[29][36－37][41] ROSENTHAL D S H. Modeling the Economics of Long-TermStorage[J/OL].[2014－10－18]. http://www. digitalpreservation. gov/meetings/documents/othermeetings/27_rosenthal. pdf.

[30][33][38－40] SKINNER K. A Guide to Distributed Digital Preservation[M]. USA, Educopia Institute Atlanta,2010:11－99.

[31] DARK. What's the Difference Between LOCKSS and CLOCKSS[R/OL].[2014－10－20]. http://www. hurstassociates. com/ppt/LOCKSSCLOCKSSChart20608. pdf.

21　一个数字保存系统建设的实践案例研究

自2005年以来，本书作者全程参与了作者所在单位数字资源长期保存系统的建设。经过近十年的技术研究和实践探索，对数字保存系统的技术特点、系统功能、工作流程、建设重点等都有了一些切身的体会和认识。

本章以本书作者所在单位数字保存系统的设计和实践为案例，研究分析在具体的数字保存实践过程中，如何有效建设一个数字保存系统。在分析数字保存系统建设的一般要求之后，作者重点对作者所在单位数字保存系统的建设思路、整体网络结构设计、系统功能设计、系统流程设计、内容模型设计、软硬件体系结构设计、应用情况等进行论述，最后对数字保存系统的建设经验进行总结。

21.1　数字保存系统建设的一般要求

通过本书其他章节，可以了解到，数字保存系统与其他信息系统相比有着一些特殊的要求，数字保存系统的建设，需要对这些特殊要求给予重点关注。而数字保存系统的这些特殊要求，归纳在一起，也成为数字保存系统设计和实现的一般要求。作者将数字保存系统设计和实现的一般要求归纳如下：

1）数字保存系统的建设要遵循OAIS参考模型所提出的功能框架设计。“开放存档信息系统参考模型”（OAIS）[1]描述数字保存系统应当具备的各种要求。从数字保存技术体系的角度来看，OAIS参考模型对执行数字保存任务的数字存档系统应当采用的技术模型、信息结构、技术功能、技术流程等进行了规范。它对于明确数字保存技术的组成和结构有着指导意义。数字保存系统的设计和实现，应当遵循OAIS参考模型，按照开放存档信息系统的建设思路，设计和实现摄入、存档管理、数据管理、行政管理、保存规划、访问等OAIS系统必需的基本功能。

2）系统应当按照可信赖数字仓储的要求明确职责和流程。数字保存系统必须是一个可信赖的数字保存系统，需要按照可信赖数字仓储的要求，保证所保存的信息资源能够真实完整地保存到未来。可信赖数字仓储从数字仓储的组织架构、数字对象管理、技术手段、技术框架和安全等多个方面提出了可信赖数字仓储必须满足的若干指标，它们对于明确数字保存系统各个环节的职责要求，提出数字保存系统的流程规范，发现和改进数字保存系统设计中的薄弱环节，提高数字保存系统的设计和实现水平，都有着重要意义。

3）系统应当基于可扩展的体系结构。由于数字保存系统是一个需要长期存在，跨越数代技术而存活下去的系统，它本身要求建立在一个可灵活扩展的体系结构之上。这一体系结构需要具有开放性，能够找到多种技术来支撑自己，不将自己封闭在一个孤立的危险体系上。系统需要具有灵活性，能够方便地更换各类组件。系统应当具有可扩展能力，能够方便地实现硬件能力（如存储容量）和软件功能（新加软件功能）的扩展。

4）系统应当具备可移植性。数字保存系统所采用的技术方案需要保证数字保系统具有多种平台的适应性，具备较好的可移植性，当其中的某些软、硬件技术出现退化的时候，可以方便地移植到新的技术平台之上。

5）系统需要能够对数字对象实现全生命周期的管理。能够对数字对象进行有效的生命周期管理。任何数字对象都将经历从发生、发展到衰落的不同生命周期历程，数字保存系统应该能够对摄入、保存与服务过程中的数据对象进行有效的生命周期管理。

6）基于开源软件体系。基于数字保存系统应当采用开源软件为其基础平台，确保系统的各个功能组件能够被人理解，不存在开发人员知识范围之外的、不可理解的黑箱内容。

7）具备基本的安全保护能力。数字保存系统需要自身具备安全保障。具备基本的数据安全保护与防灾备灾能力。

21.2 数字保存系统建设的基本思路

在参考其他数字保存系统建设经验的基础上，结合作者单位的实际情况，按照系统建设的目标，本书作者提出构建本单位数字保存系统的基本思路。具体如下：

1）保存系统是数字保存研究的核心，也是保存系统建设的工作重点。

保存系统是一系列软件、硬件、规范、流程组成的一个复杂体系，因此要求系统框架具有可伸缩性，可根据短期、中期、长期等保存目标及保存规模进行定制。

2）保存系统须遵循当前已有的框架结构。支持 OAIS 模型，包含数据摄入、保存、加载、管理、规划、服务等 OAIS 模型必需的基本功能，应该能够对数据对象在摄入、保存与服务过程中的全生命周期提供必需的控制功能和处理过程，具备完备的文档说明，保证数据对象的完整性、真实性和可理解性。

3）保存系统应该支持数字对象的生命周期管理。数字对象经过摄取，进入长期保存系统，保存系统通过各种技术手段实施数字对象的生命周期管理，这一过程也被称为保存管理。保存管理应该是一个循环的过程，直至数字对象被保存系统撤销保存。保存系统同时能够通过访问功能分发 DIP。

4）保存系统应该是一个普适型的保存系统。能够对文本、音频、视频、数据、数据集等多种数据类型进行处理（即需要一个抽象的数据模型以容纳多种数据类型）；系统采用统一的 AIP 进行存储和管理，从很大程度上降低了系统实现以及系统维护的难度。但考虑到数据资源的生产和应用环境的复杂性，保存系统必须保障能够接收多种数据来源的多种 SIP，并提供多种 DIP 的分发。

5）保存系统的访问是保存系统对所存储对象的访问，而不是原存储对象自身检索系统功能的实现。例如，某一数据库的保存，保存系统并不实现这一数据库的用户服务网站的访问功能，只是提供对保存在保存系统中的数据的访问。

6）遵循开放的技术标准和规范。支持主流的科学技术医学（STM）数字出版、交换和保存格式，采用标准的保存信息包结构，采用开放的元数据，采用通用的技术协议，支持规范的摄入、档案存储、保存管理和访问服务的工作流，保障保存系统的开放性、可扩展性。

7）具备对数字资源内容和功能的保存能力。即具备对示范资源（如某文献数据库）内容保存和功能的保存能力，保证主要内容和功能在规定时限的可服务能力。

8）以开源系统为基础进行开发。一方面是数字保存系统建设的重要要求；另一方面可以充分利用已有建设成果，进行应用系统建设，尽量减少重复开发。

21.3　数字保存系统的整体保存网络设计

目前，国内外数字保存系统的实践表明，数字保存系统不能以一个个孤立的节点单独存在。能够基于多个数字保存节点构建数字保存网络是当前数字保存系统的重要发展趋势。

结合本书作者单位的实际情况，作者认为，一个完整的数字保存网络需要由数字保存节点软件系统和保存网络管理节点软件系统两个方面来构成。每个保存节点运行一整套的数字保存节点软件系统，可以独立进行数据的接收、检查、摄入、审计、提供公共服务。而数字保存节点软件需要到保存网络管理节点上注册，注册每个保存节点的保存资源和保存协议。保存网络管理节点则基于注册内容，实现对众多保存节点的管理。如图 21－1 所示。

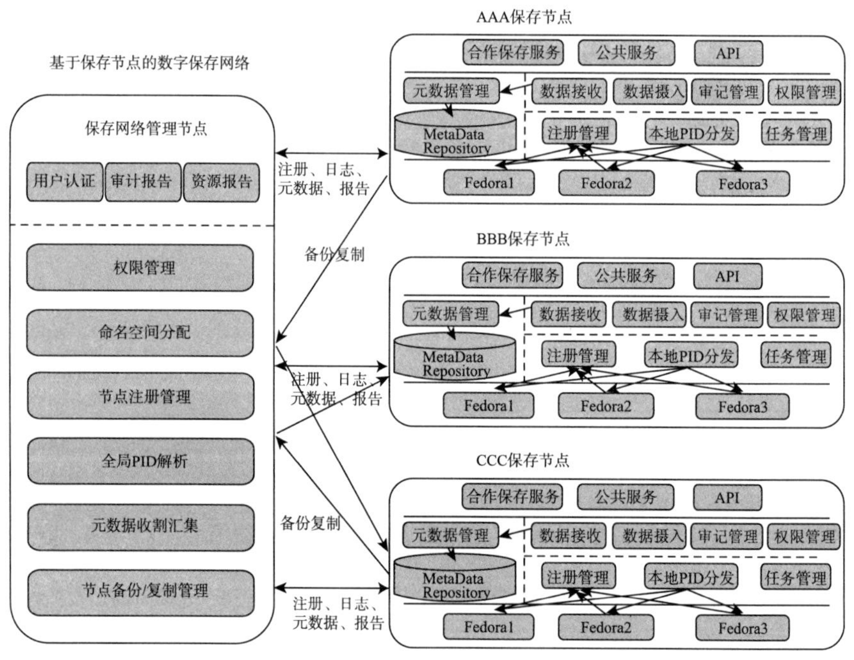

图 21－1　基于保存节点的数字保存网络设计

21.3.1　保存网络管理节点

保存网络管理节点实现对所有保存节点的统一管理，保存节点通过注册，向管理节点开放索引及元数据，管理节点通过 API 访问保存节点内的数据。管理节点同时可对节点间的复制备份进行配置和管理。

21.3.2　保存节点

保存节点各自运行一套完整的保存系统软件,可以独立运行,实现存档数据的接收、检查、摄入、审计等相关功能,并可通过公共服务系统对合同范围内用户提供授权的访问服务。各节点通过 Solr 索引向保存网络管理节点开放数据,保存网络管理节点通过各保存节点的 Solr 索引,访问各节点中的数据。

各节点内部保存管理信息通过 API 接口向保存网络管理节点开放,包括原始数据的接收信息、备份信息、保存管理流程信息、结点内部审计信息等。

21.3.3　唯一持久标识(PID)

数字保存系统需要为其所摄入的数字对象指定一个全局唯一持久标识(PID)。在整体的数字保存网络中,每个节点进行本地的 PID 分配和管理,为保证标识的全局唯一性,由保存网络管理节点进行节点命名空间的统一管理和分配,每个节点在注册时被分配一个唯一的节点名。保存网络管理节点进行全局 PID 的解析。资源在不同节点上可以保存多个备份,可通过原始数据集 + 资源的 DOI 作为资源唯一标识。

具体而言,全局唯一持久标识(PID)的构成规则是:节点名 + 数据类型 + 原始数据集名 + 流水号。其中:

1)节点名是数字保存节点的名称缩写。

2)数据类型指的是整体保存网络中对所保存的资源类型的统一命名。如电子期刊、电子书等。电子期刊和电子书由于数据结构存在差异,在数据处理上有较大差别,故建议分开保存。

3)原始数据集名指的是某个数据集在保存网络中的唯一命名。

4)流水号是节点某类数据类型的资源集中一条资源的唯一流水编号。

例:NslEBSpringerBook000000000001

其中:Nsl 是中国科学院文献情报中心数字保存节点,EB(EBook)是电子书的数据类型,SpringerBook 是 Springer 电子书资源集,而 000000000001 则是这一资源集的流水号。

21.3.4　节点间数据互备

通过管理节点配置保存节点间的互备策略,制定数据备份任务,通过数据复制管理器实现节点间数据的复制。

21.4 数字保存系统的功能设计

本章以下各节详述数字保存节点系统的开发。由于数字保存节点系统建设是整个数字保存网络建设的重点,它本身就可以是一个独立的数字保存系统,因此本章以下各节提到的数字保存系统,特指数字保存节点系统。

21.4.1 整体软件功能结构

数字保存系统按照开放档案信息系统(Open Archival Information System,OAIS)标准来建设[2]。这一框架定义了数字保存六个功能实体(即摄入、档案存储、数据管理、行政管理、保存规划、访问)和三种信息包(即提交信息包、存档信息包、分发信息包),以及这些功能实体和信息包之间的相互关系,是数字保存系统技术框架的基础。

数字保存系统利用 Fedora[3] 及其提供的一系列服务,参考 OAIS 模型的六个功能,将数字保存系统划分为摄入系统、保存管理系统、分发系统、存储备份管理系统等四个系统。其中摄入系统对用户提交的 SIP 包进行前期预处理,并将数据摄入到数字保存系统;分发系统则是一个相对独立于数字保存系统的一个单独运行的系统,提供对存档数字对象的访问;保存管理系统中包括 OAIS 中的数据管理、行政管理、保存规划三个功能实体,通过开发的 Web 页面,负责与 Fedora Repository 进行交互,对存档的对象进行管理和保存策略的执行;存储备份管理系统则负责数字对象的存储、读写和安全备份。具体如图 21 -2 所示。

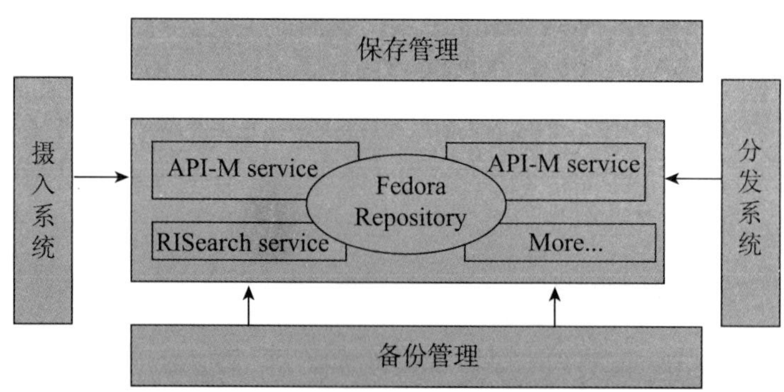

图 21 -2 基于 OAIS 的数字保存系统功能结构

数字保存系统以 Fedora 作为底层仓储系统进行构建，它将基于 Fedora 提供的标准接口和规范进行数字内容的组织和管理。

自 2012 年来，作者所在单位根据开展数字保存工作的需要，在原有数字保存系统的基础上，重点加强原始数据接收管理和数字资源的合作保存服务，将系统功能框架调整成为包括数据接收管理、摄入、保存管理、合作保存服务、公共服务系统五大系统的结构框架。具体如图 21－3 所示。

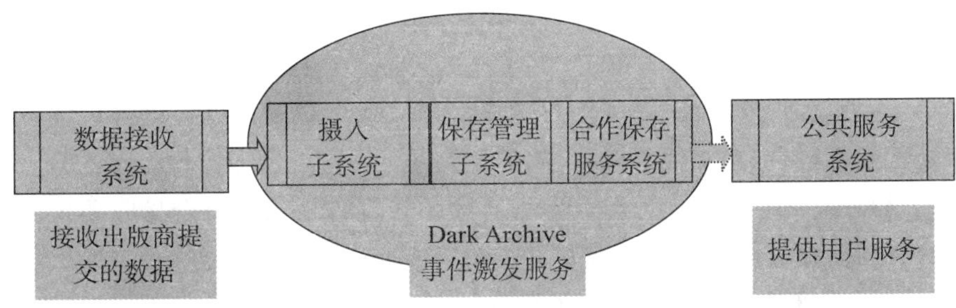

图 21－3　数字保存系统的功能组成

数字保存系统采用 Dark Archive（暗存档）模式。其中，公共服务系统在日常情况下不对外提供服务，只有在触发事件的激发下（如因网络中断、战争、公司倒闭等因素、无法获取某一数据库如电子期刊的正常检索查寻服务时），才能够提供公共服务。

更为详细的数字保存系统结构如图 21－4 所示。图中的五大功能系统（数据接收、摄入、保存管理、公共服务系统、合作保存服务）和后台管理系统，组成了目前数字软件系统的全部结构。各子系统的主要功能如下所述。

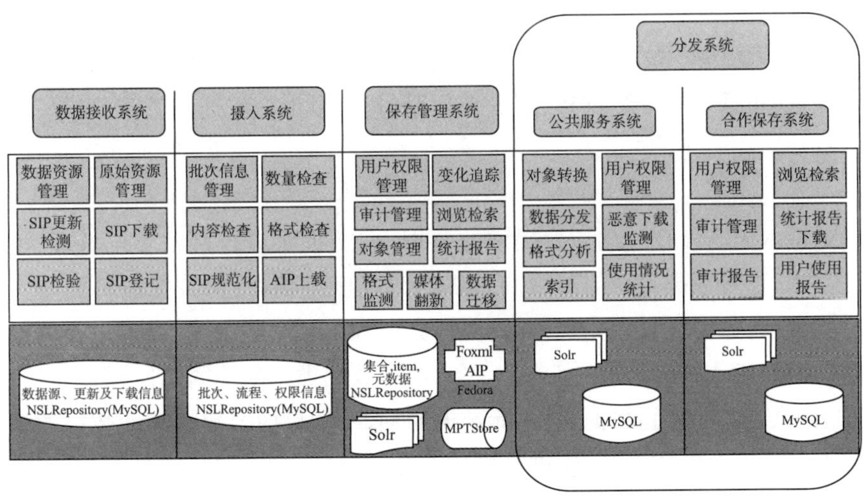

图 21－4　数字保存系统的具体功能框架

21.4.2 数据接收子系统

数据接收子系统实现对数据提供者的原始提交信息包(SIP)的管理。它包括SIP包的下载检测、SIP包检查、登记管理、存储备份等功能。具体如下。

1)数据源检测及下载。对已登记的数据源定时进行检测,检测到数据更新时,创建数据下载任务,通知数据接收人员按约定时间及时下载出版商提供的数据。

2)原始SIP检查。对接收到的提交介质或下载的数据包进行可读性检查、病毒检查、恶意代码检测,抽查其数据是否符合确定的SIP包格式。

3)原始SIP包登记管理。检测通过的数据被认为是符合接收要求的数据,需要在数据接收子系统中进行初次登记,分配存储路径,实现原始SIP包的仓储管理。数据接收子系统按"原始数据集+时间"方式组织原始SIP包的存储。数据接收子系统还需要对原始SIP包的数量、存储空间、包括文件数等相关信息进行管理。

4)原始SIP包备份。对原始SIP包按制定的备份策略进行备份,并保存备份路径、时间等相关信息,对备份数量和复本进行管理。

5)原始SIP包校验。对原始数据包及每个备份计算MD5并记录和比较。

6)原始SIP包浏览。按层级目录揭示原始数据包的仓储管理情况,可以揭示仓储内原始SIP包的位置、数量、存储空间、备份情况、MD5校验等信息。

7)原始SIP包统计。提供对其所管理的所有原始SIP包相关信息的统计,如包括多少个数据集、多少个数据包、有多少个数据备份等。

21.4.3 摄入子系统

摄入子系统接收出版商提供的数据,按照批次进行接收登记处理;清点数据,查看数据是否与出版商提供的清单信息相符;对数据进行完整性检验,查看数据包是否完整;检查内容数据和元数据的格式,确定是否为双方认定的格式,元数据内容是否完备;依据数据类型的不同,进行数字对象描述元数据、保存元数据、技术元数据的抽取;如果内容数据和元数据的格式不符合保存格式要求,则进行格式转换;在以上工作的基础之上,生成符合数字保存系统要求的标准SIP,即FOXML对象。

摄入子系统调用Fedora仓储的底层接口,将符合系统要求的FOXML

数字对象载入到 Fedora 仓储中,并从中抽取描述元数据(NslDescMeta)、技术元数据(NslTechMeta)和保存元数据(NslPresMeta)等,存入到外部 Mysql 数据库,并利用 Solr 来进行相关字段的索引,以供检索查询之用。对象之间的关系通过 RELS-EXT 存储到 MPTStore 中。

摄入子系统还包括利用其他工具对数据包进行病毒检查、恶意代码检测等功能。同时在数据载入过程中还根据既定的人工抽查策略,按照每种资源的不同抽样百分比来抽取数据保存到抽查数据表中,摄入结束后,由系统自动发送邮件给存档审计人员,提醒进行本批数据的抽样检查。

21.4.4 保存管理子系统

保存管理系统提供审计管理的功能,通过按照数据集、存档批次、期刊、文章等多途径进行浏览审计,可以审计和查看数据本身的内容信息,同时也可以查看相关的存档管理信息和所有发生的操作记录。

通过统计报告功能,可以查看系统的存档信息统计概要;可以按照接收时间,查看和下载相关数据接收情况;可以按存档时间查看和下载已接收数据的存档处理情况;还可以按照出版时间,统计和输出对于数据集、期刊等的相关统计报告。

子系统提供对象管理功能,可以对存储对象(数据和元数据)进行管理。提供完整性校验功能,可以对保存在仓储中的数字对象进行完整性校验;提供对象迁移功能,可以将对象从一个仓储迁移到另一个仓储;支持媒体的迁移功能;提供监测功能,可以定期监测数据格式;提供数据变化追踪功能,可以查看数据内容本身的变化历史情况。

子系统对数据安全提供保障。①确保数据内容安全完整。具体来说提供以下几方面的功能:数据存档状态审计功能,包括数据完整性和数据稳固性的检查校验;数据问题的可修复性保障机制,包括进行数据备份、对备份数据稳固性的检查、提供数据恢复机制。②确保数据变化可追踪。具体包括数据管理和访问方面的追踪,数据格式变化的追踪。③确保存储介质安全可靠。对系统中的服务器、阵列、磁盘的状态进行监控管理,确保介质安全、存储空间充足、数据备份有效。

迁移管理。根据数据迁移(导出)的需求进行数据迁移规划的制定和管理,并管理相关任务。

数据格式管理。在数据摄入处理过程中提出相关数据格式信息并保存,对系统中保存的数据对象的格式信息进行统一管理。制定数据格式风险评估策略,对面临风险的数据格式进行翻新。

保存事件追踪。对数据对象所有的操作、访问进行详细记录和管理，从而使数据对象的状态和变化可追踪、可查看。事件追踪主要涉及数据对象的各种操作的记录，格式变化追踪涉及对数据对象格式监测和格式翻新。

统计报告。对系统中存档的数据信息按数据集、时间段等进行统计，生成统计报表。

21.4.5 公共服务子系统

公共服务子系统是分发系统的一个组成部分。所开发的数字保存系统采用 Dark Archive 模式。公共服务系统在日常情况下不对外提供服务，只有在触发事件激发的情况下，才提供公共服务。

公共服务子系统用于对协议规定范围内的用户提供对存档范围内数据的访问，包括检索、浏览、全文下载等功能。系统提供对象的分发接口，可以根据需要将数字对象转换成特定的分发格式，从保存管理系统中提取特定类型的数据集，向公共服务系统提交。

21.4.6 合作保存服务子系统

合作保存服务子系统是分发系统的一个组成部分。合作保存服务子系统用于对参与合作保存的机构（出版商、存档机构）提供服务，机构用户可以通过该系统了解保存系统内数据的存档情况，获取存档统计报告，并对存档数据进行审计。

21.4.7 后台管理

后台管理部分重点实现对系统中相关信息的配置管理、问题数据的管理等。

1）本地设备管理。管理本地服务器、存储阵列等硬件设备的登记。

2）机房的管理监测机制。对服务器、存储设备进行状态检查，包括对阵列的管理（软件）。

3）数据源信息管理。管理所有出版商提供数据的数据源服务器及相关信息，具体包括各数据源服务器，以及技术上的要求、遵循的标准和提交协议、站点访问信息、对方联系人、本馆联系人信息。对数据源的描述还包括数据更新频次、最新日期、更新数据有无下载等。

4）数据接收与存档配置管理。针对每种数据资源，配置其保存服务器、存档服务器、备份服务器及保存路径规范。

5）系统状态监测。对系统中的服务器和存储设备硬件状态进行监测，保障系统安全可靠。需要监测存储设备的相关运行状态、磁盘容量、带库容量等信息。

21.5　数字保存系统的流程设计

数字保存系统的流程设计按照开放存档信息系统（Open Archival Information System，OAIS）标准和可信赖数字仓储（ISO 16363：2012）[4]的要求来建设。

21.5.1　数字保存系统的整体流程

数字保存系统包括从保存协议签署，到建立起接收机制，从数据提供方的 FTP 服务器上下载数据，进行摄入，直到最后可以在合作保存平台上对其进行审计的全过程。数字保存系统的整体流程如图 21－5 所示。

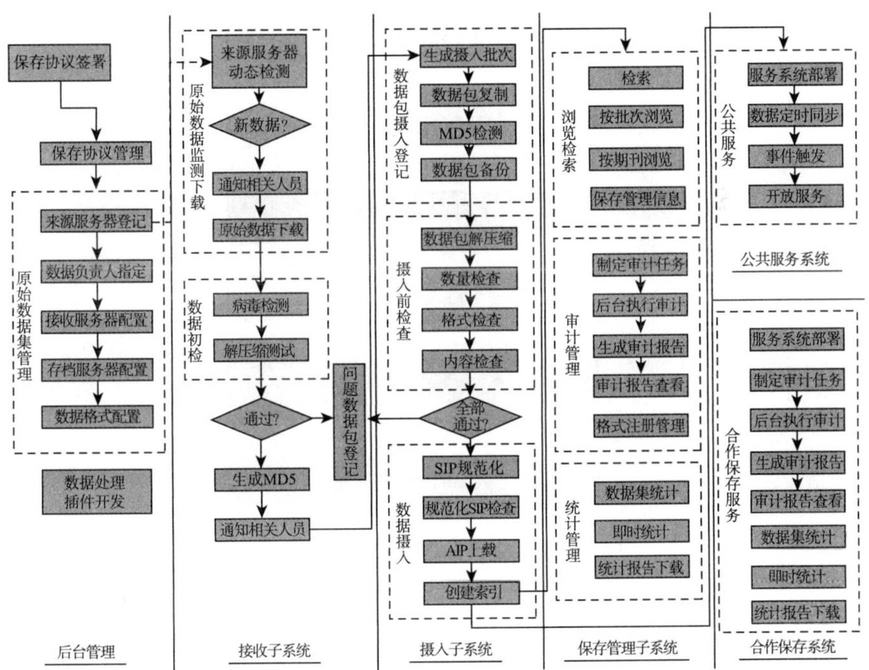

图 21－5　数字保存系统的流程设计

基于这一总体流程，后台管理系统、数据接收子系统、摄入子系统、保存管理子系统、合作保存服务子系统、公共服务子系统的具体功能流程如下所述。

21.5.2 后台管理子系统的主要流程

在与出版商签署了保存协议之后，数字保存系统就通过后台管理系统开始实施相关管理流程。主要包括保存协议管理、提交数据源管理、接收服务器管理等工作。在这期间，需要与出版商协商数据提交方案，接收到样例数据后，依据《样例数据分析模板》完成样例数据分析，确定 SIP 包，制订数据处理的插件方案，开发定制处理工具。

在后台管理中，参与数字保存全流程的主要内容，如图 21－6 所示。

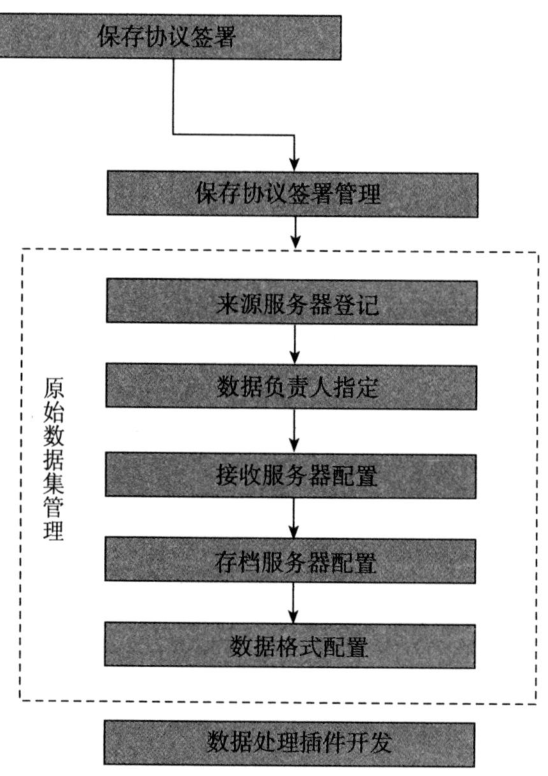

图 21－6　后台管理中数字保存流程

21.5.3 接收子系统流程

接收子系统动态监测数据源服务器上的数据更新情况，执行下载或通知相关人员进行数据下载并对下载后的数据进行初检，初检发现问题的数据包进行问题数据包登记，没有问题的数据包进入摄入处理流程。

数据动态检测。对数据源服务器上数据的更新情况进行监测，监测到新的 SIP 数据包时生成下载任务，提醒相关人员进行下载。

数据初检。对下载的原始数据 SIP 包进行完整性校验：是否通过病毒检测、数据包是否完整下载（通过压缩包是否能解压进行初步判断），将检查通过的压缩包打上 MD5，保存到原始数据相关路径下。

SIP 包登记。对检查通过的 SIP 包，记录相关信息，具体信息包括：数据源服务器发布了多少数据包、包路径、名称、包发布时间，下载接收多少数据包、接收时间、接收人、接收的数据包是否符合要求、数据包保存位置，以及媒介类型等相关信息。

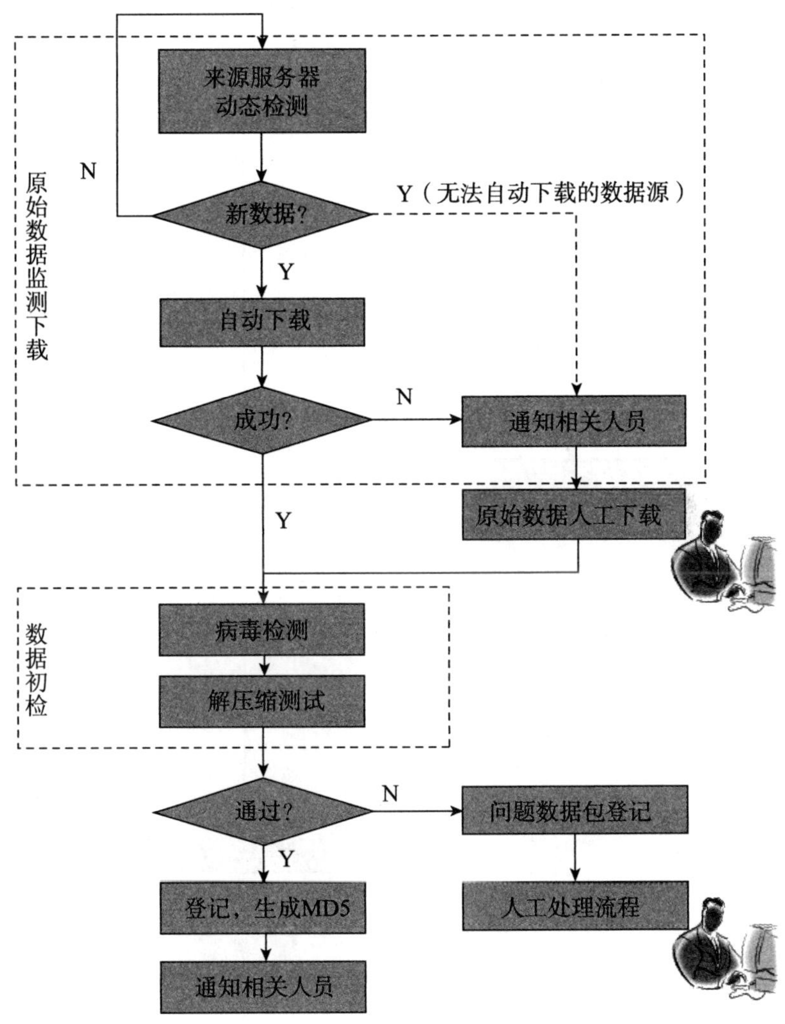

图 21－7　接收系统中的数字保存流程

21.5.4 摄入子系统流程

数据包摄入批次登记。对下载成功、通过初检的数据包进行登记接收,形成数据接收批次,同时进行数据的复制、备份,进行 MD5 校验,确保从接收服务器到存档服务器复制的过程中数据的完整。

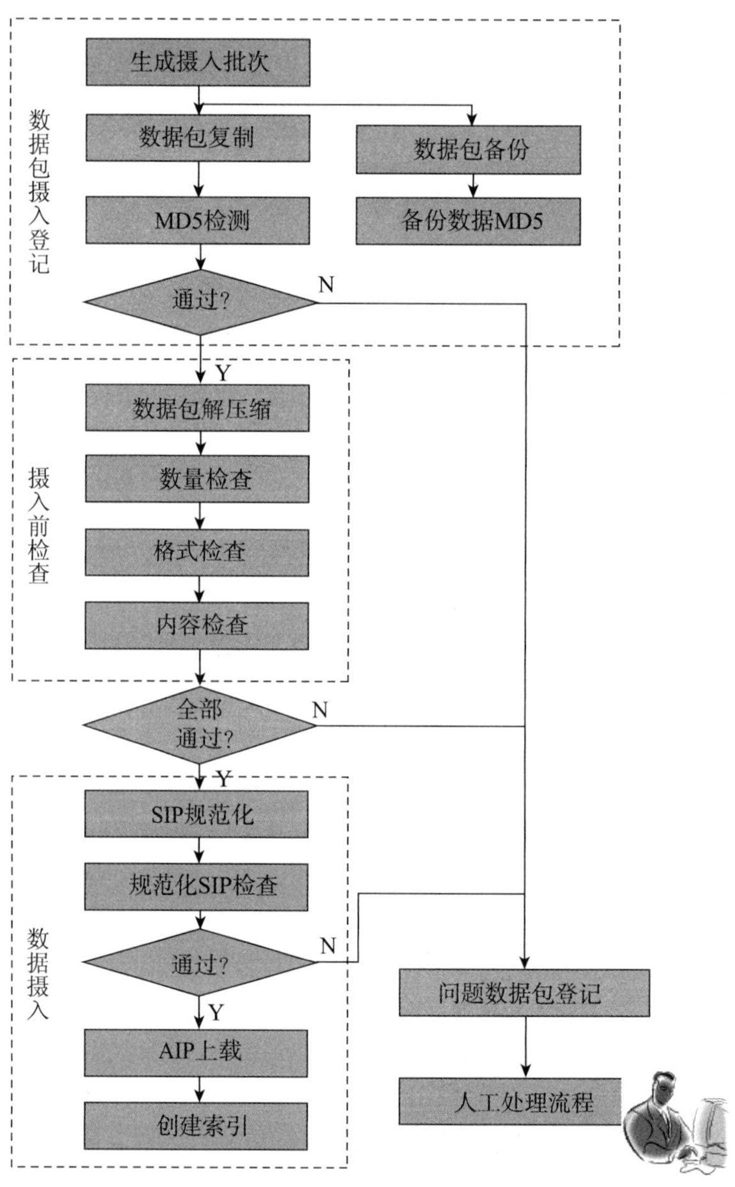

图 21-8 数据接收摄入处理流程

数据摄入前检查。检查数据内容格式是否符合协议规定的格式要求、实际数量是否与声明数量相符。具体包括数据数量、内容、格式的检查(摄入检查)以及统计校验。检查通过的数据包可进入摄入管理流程,否则进入问题数据包管理。

数据摄入。对检查通过的数据包进行解析、规范化(生成 FOXML)处理,进行 SIP 包载入,完成数据摄入。摄入过程出现问题的数据包进入问题数据管理。

21.5.5　保存管理子系统流程

保存管理子系统中,主要涉及存档内容揭示、审计管理、统计管理三个流程。如图 21-9 所示。本节主要讲述存档内容揭示、审计管理两个流程。统计管理将不再论述。

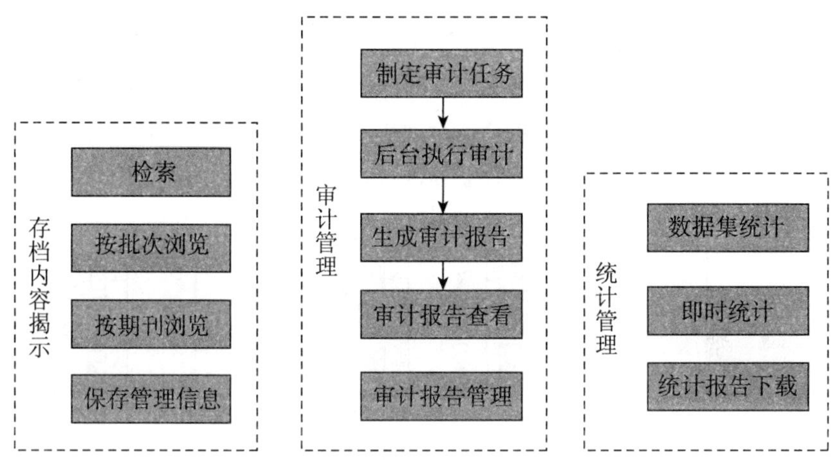

图 21-9　保存管理子系统中的主要流程

(1)存档内容揭示流程

对数据存档情况进行揭示,使用户对系统中已保存的对象有详细的了解。具体包括对数据对象的浏览、检索和统计。需要揭示的信息主要包括:①保存管理信息,数据对象在系统中被处理、保存、管理和审计等相关的信息;②内容信息,数据对象包含的具体内容,包括具体的年、卷、期、论文等。

存档内容揭示有批次浏览揭示和期刊浏览揭示两种方式。

1)批次浏览揭示按批次揭示与这一批数据处理相关的信息,包括原始数据接收信息、原始数据备份信息、摄入处理流程信息等。同时提供对批次内容信息的揭示,按期刊卷期组织该批次包含的具体数据内容,以及

(卷)期、文章级别对象的保存管理信息和数据内容信息。按批次→批次包含的期→批次包含的文章线索组织数据。具体如图 21 - 10 所示。

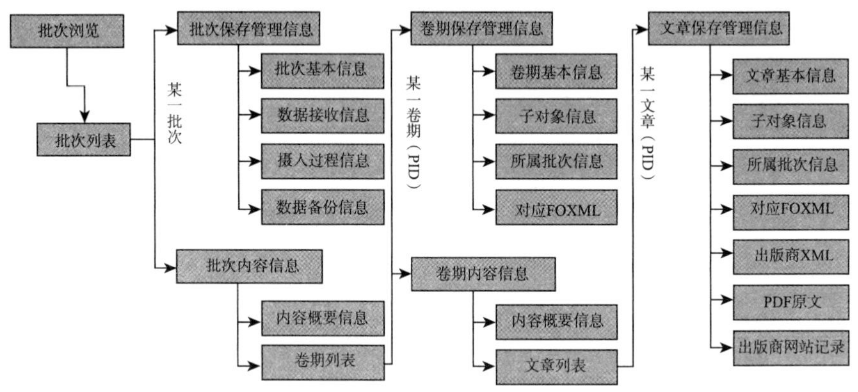

图 21 - 10　批次浏览的流程

2)期刊浏览揭示按期刊的卷期组织数据对象的浏览。按期刊→期→文章线索组织数据。期、文章对应 Fedora 中所保存数字对象的 PID,保存管理信息中涉及子对象的 DataStream 相关信息。保存管理信息包括该对象的摄入处理信息、审计结果信息等,可链接到相应的详情页面。

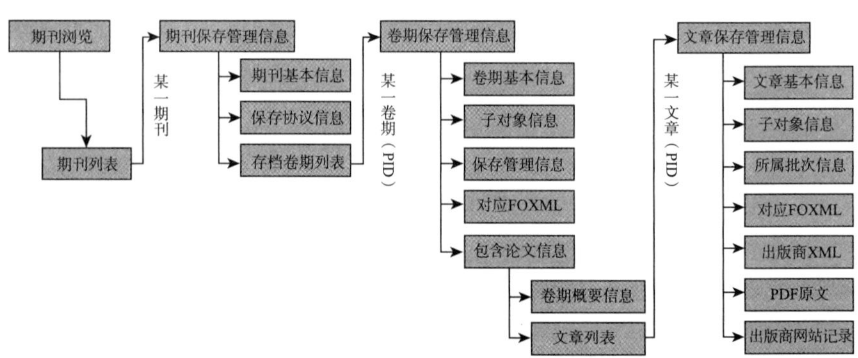

图 21 - 11　按期刊浏览的流程

(2)审计管理流程

审计管理流程包括审计任务制定、审计任务调度管理、审计结果报告三个子流程。

1)审计任务制定。新增一个审计任务计划时开始一个计划设定流程。计划设定包括四个步骤(如图 21 - 12 所示)。如果在第一步选择自动抽样,则跳过第二步直接进入第三步。第四步设置具体的日程规划,包括执行频率(周期)和具体的执行时间(时分秒)。可以实现计划浏览检索、计划详情查看和修改。

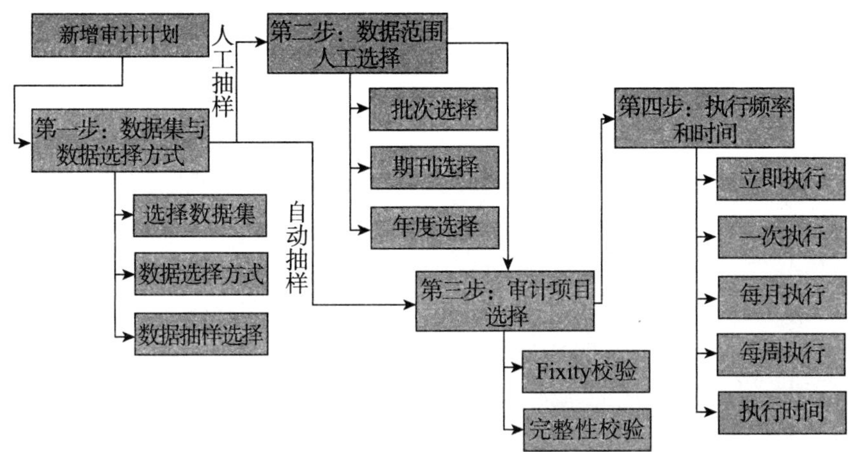

图 21－12　审计任务制定流程

审计任务调度管理。根据任务计划，系统后台自动定时生成相应任务并执行，包括任务调度管理、任务详情查看（相关参数）、任务执行结果查看。审计包括数据完整性审计（数据清点、缺期情况分析等）以及数据不变性审计（数据对象 MD5 校验核对）等。按审计功能，又可细分为全数据集的常规审计，按批次、期刊、年度的数据抽样审计，即时文章审计和人工审计等。

审计结果报告。对审计结果生成审计报告。按任务执行结果生成报告，按计划生成历次结果对比报告。制定并管理数据审计规划，管理相关审计任务，并提供对审计结果的查询和审计报告的查看、生成、下载。

21.5.6　公共服务子系统流程

根据与出版商协商的基于“触发事件”的用户访问服务策略，在约定的触发事件发生后，按照约定的步骤实施用户访问服务；基于独立的数据集提供服务；以出版商提供的用户信息对访问用户进行限制（目前是 IP 范围）。

公共服务事件的触发响应流程，如图 21－13 所示。它主要包括启动长期保存公共服务触发事件的确认与审核，启动长期保存公共服务的请求和审批，启动长期保存公共服务的安排等。

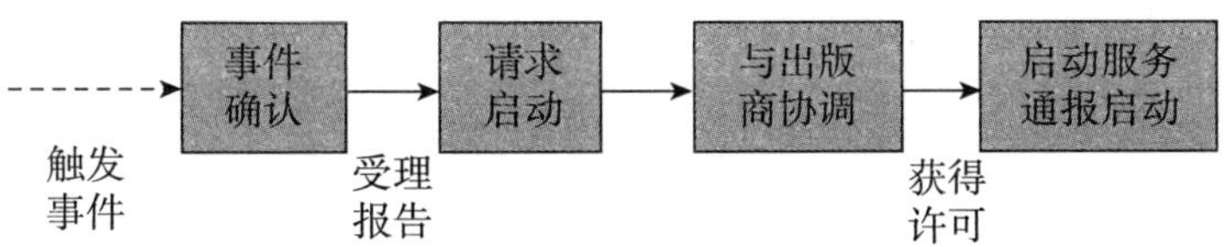

图 21－13　公共服务触发流程

“触发事件”发生之后，公共服务子系统需要进行系统部署，部署流程如图 21 - 14 所示。

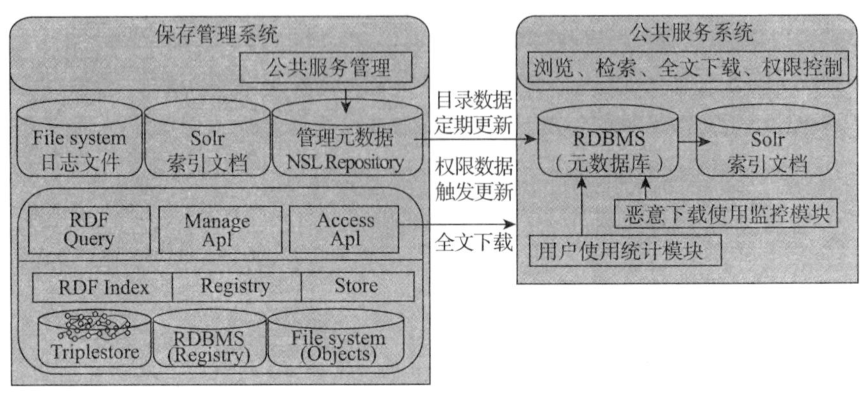

图 21 - 14　公共服务部署流程

每个数据集有独立的应用服务实例，即用户访问服务系统，部署在独立的 Tomcat 下或同一 Tomcat 下的不同应用下。每个独立的服务系统，以出版商提供的用户信息对访问用户进行限制（目前是 IP 范围）。根据需要分别启动或同时启动各个服务实例。按数据集部署公共服务器，定期进行数据同步和备用。触发事件发生时，根据与出版商协议及协商结果，对协议范围内用户开放服务。

在软件系统中，提供了对系统部署的管理策略。具体包括：在 DPS 系统内对各个服务实例进行登记管理；各个服务实例的数据根据每月数据摄入情况进行增量数据导入和索引；各个服务实例能够保障在 2—3 小时内启动，进行用户访问服务（更换为外部服务 IP，更改防火墙配置等）；服务数据与存档数据的差异应保持在一个存档周期内（如存档周期为一个月）。

21.6　数字保存系统的内容模型设计

21.6.1　内容模型设计思路

内容模型设计需要重点设计节点软件系统处理的各类信息包，即 SIP、AIP、DIP 包。

系统采用统一 AIP 保存模式，接收多种 SIP。采用 Fedora 的通用内容模型，扩展开发保存系统自身的可容纳多种类型数字资源的内容模型

(AIP)。系统采用 FOXML 作为数字对象的摄入、存储、输出格式。

数字保存系统应该是一个普适型的仓储,能够对文本、音频、视频、数据、数据集等多种数据类型进行处理(需要一个抽象的数据模式以容纳多种数据类型);系统采用统一的 AIP 进行存储和管理,很大程度上降低了系统实现以及系统维护的难度。但考虑到数据资源的生产和应用环境的复杂性,数字保存系统必须保障对多种数据来源 SIP 的接收,并提供多种 DIP 的分发。

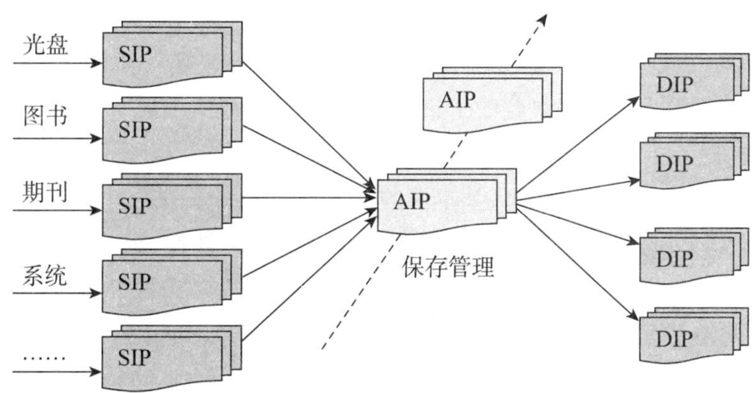

图 21－15　多种 SIP 和 DIP,统一 AIP 模式

数字保存系统的内容模型,一方面需要有效支持 SIP、AIP、DIP 包之间的转换,另一方面需要有效支持信息包的生命周期管理。

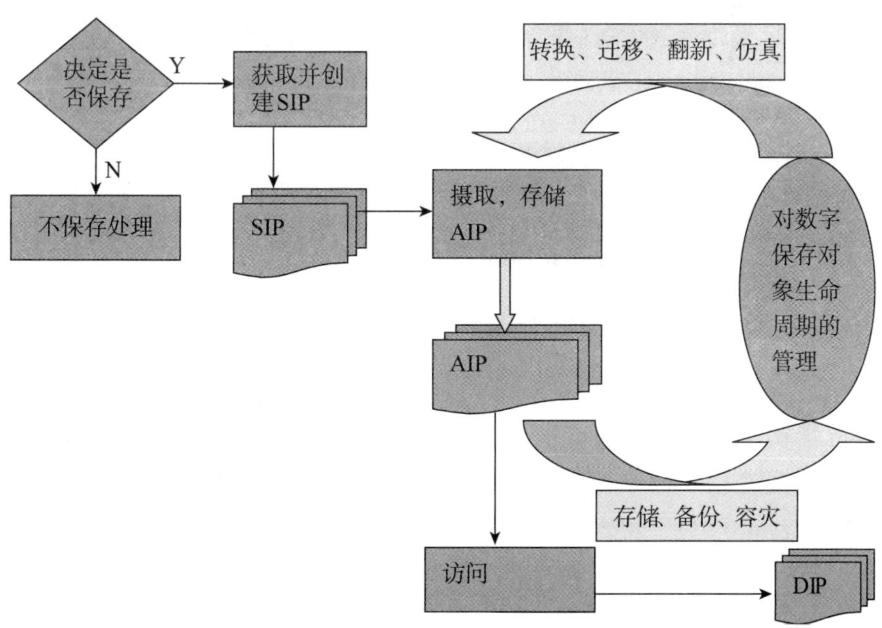

图 21－16　数字保存系统信息包的生命周期管理

21.6.2 数字保存系统中的数字内容类型

目前的数字保存系统依据保存内容层级的不同，把数字对象划分为集合类型的数字对象（collection）和非集合类型数字对象（item）两大类。

集合类型的数字对象（collection），这种数据对象指的是包含原子内容的各种数据集合，即数据库及其各种子集，子集指该数据库的子库或任何层次的内容集合，数字保存系统中期刊存档时把一种期刊的某一期论文数据作为一个期刊论文数据子集来摄取；电子书存档时把一本书作为章节的集合来处理，为电子书集合的子集。

非集合类型数字对象（item），即具体的内容文档，也可称之为原子数字对象，指某一篇期刊论文、某本书的一个章节或一张图片。

在数字保存系统中，针对电子期刊和电子书的处理，定义了五种数字内容类型，分别为：数据库及子库（Collection），期刊论文集合/电子书集合（ArticleSet/BookSet），期刊论文（Article），电子书（Book），电子书部件（BookPart）。其中，电子书部件中包括电子书的章节（Chapter）。

上述五种数字内容类型都有各自的内容模型定义。在数字保存系统的 FOXML 数字对象描述中，通过 contentModel 属性来表示：

<foxml:property NAME = "info:fedora/fedora-system:def/model#contentModel" VALUE = " *** "/>

例如，数据库及子库（集合类型的数字对象）的内容类型表示为：

<foxml:property NAME = "info:fedora/fedora-system:def/model#contentModel" VALUE = "**Collection**"/>

期刊论文的内容类型表示为：

<foxml:property NAME = "info:fedora/fedora-system:def/model#contentModel" VALUE = "**Article**"/>

21.6.3 数字保存系统的规范保存信息包

数字保存系统采用 Fedora 的 FOXML 作为规范的保存信息包。Fedora 提供了一个灵活的可扩展的内容模型，需要在实践中根据具体应用来扩展使用。数字保存系统在此基础之上形成规范的保存信息包（AIP）。

按 FOXML 组成，规范的通用保存信息包（AIP）模型，如图 21 - 17 所示。各个具体内容对象（数据库及子库、期刊论文集合/电子书集合、期刊论文、电子书、电子书、章节），可以基于这一内容模型实现进一步的扩展。

Persistent ID			
Dublin Core(DC)			
Relation(RELS_EXT)			
Relation(RELS_INT)			
Audit Trail(AUDIT)			
Datastreams			
NslDescMeta		text/xml	描述元数据
NslPresMeta		text/xml	保存元数据
NslTechMeta		text/xml	技术元数据
NslFile		PDF	原始提交内容文件
ArchMeta		text/xml	原始提交元数据
NslSuppFileI			附加文档
NslTechMetaI			附加文档的技术元数据
…			
NslSuppFileN			附加文档
NslTechMetaN			附加文档的技术元数据
NslTxtFile		text/xml	批次信息说明文档

图 21－17　规范的通用保存信息包

21.6.4　内容对象之间的关系描述

数字保存系统中，具体内容对象（数据库及子库、期刊论文集合/电子书集合、期刊论文、电子书、电子书、章节）之间的相关关系，通过 FOXML 的 Relationship 来揭示。主要使用了 isSubsetOf、isMemberOfCollection、isAnnotationOf、HasAnnotation 等关系，其中后两者为互逆关系，需同时双向加入。图 21－18 描述了数字保存系统中期刊论文集合、论文子集、期刊论文，以及电子书集合、电子书、章节之间的关系。

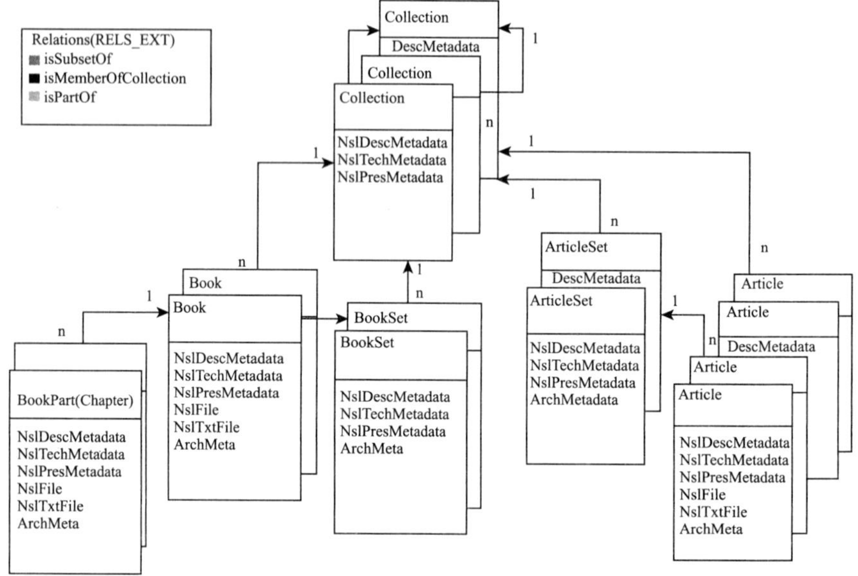

图 21－18　集合与实例的关系

21.7　数字保存系统的软件体系设计

21.7.1　数据存储和管理的体系结构

为了弥补 Fedora 对数字对象权限、用户权限管理，以及对提交 SIP 预处理的不足，数字保存系统对 Fedora 原有的数据管理方案进行扩展，在 Fedora 之外新增一个外部的 MySql 数据库 NslRepository，主要用于存储数字保存系统的管理信息，包括用户信息、权限信息和相关的预处理信息，同时为了方便检索查询，将 FOXML 对象的描述元数据、管理元数据、技术元数据抽取到外部的 NslRepository 中，并通过 Solr 系统建立索引。同时在摄取过程中提取对象之间的关系，保存到 MPTStore 中，利用 RDF 实现对象关系的有效管理和呈现。因此，形成 Fedora + MPTStore + MySQL + Solr 来协同构成数字保存系统的数据存储体系。

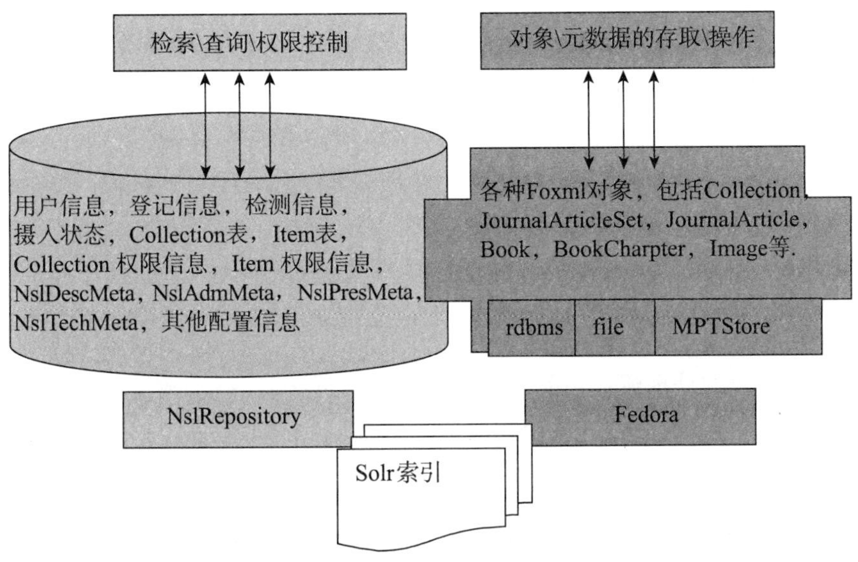

图 21－19　数字保存系统的数据存储和管理的体系

21.7.2　应用软件的体系结构

在应用软件设计上，基于 Java 平台，采用前后台相对分离、相互配合的模式构建软件和体系结构。前台用于处理业务流程，而后台通过任务代理来具体执行各项业务工作。

数字保存系统开发了相关的任务代理和后台工具。主要任务代理 DPSAgent，用于实现数据接收摄入任务和审计任务的执行。为了分担系统处理压力，DPSAgent 可拆分为数据摄入代理和审计代理，运行在不同的服务器上。

另有 FTP 数据监测工具和原始数据初检工具对来源服务器上原始数据进行更新监测、下载和初检，运行在数据接收服务器上。

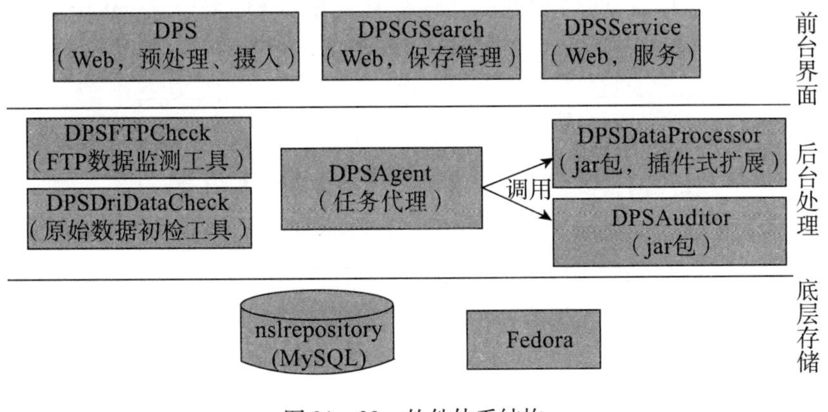

图 21－20　软件体系结构

保存系统软件各个部分可分别运行在不同的服务器上，在设备紧张的情况下，也可以部署在同一台服务器上。

21.7.3 软件运行的基本模式

系统采用前台配置、后台处理的模式进行处理。在前台 Web 界面上实现对后台任务的设置，实际的处理由后台代理调用相关的处理程序完成，如通过代理机制实现对数据包的备份、检查、规范、摄入等处理，并在处理之后将结果返回前台，通过前台 Web 界面，可以查看处理的具体结果。

数据包的处理流程在前台主要表现为数据接收登记、数据检查、数据摄入等三个步骤；后台则调用相应模块，完成各个具体的处理步骤。具体如图 21－21 所示。

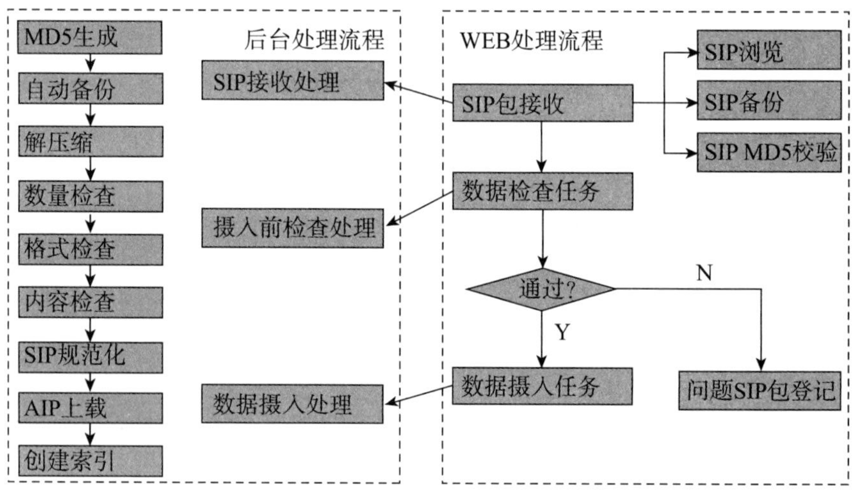

图 21－21　接收与摄入处理前后台流程框架

审计管理部分，前台配置审计任务和调度计划，后台 Agent 定期执行审计功能，生成审计报告。具体如图 21－22 所示。

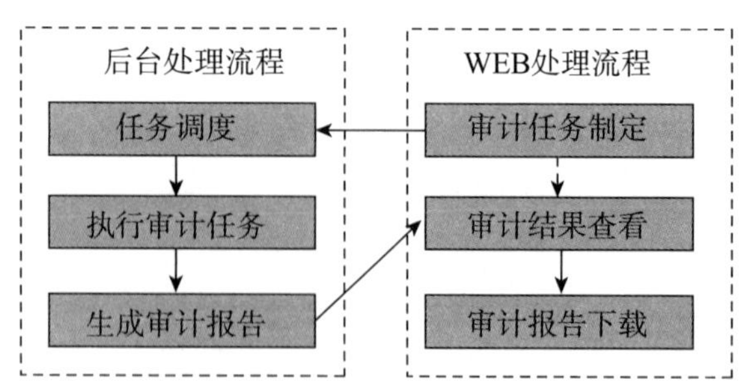

图 21－22　审计管理前后台流程框架

21.7.4　保存内容的安全存取管理

数字保存系统定义了内部角色(系统管理员、资源管理员)和外部角色(出版商、合作保存机构),基于资源进行权限分配,控制资源的用户访问。特别是对于合作保存机构,需要根据合作机构具有哪些资源的存取权限来提供相应的访问权限。

21.8　数字保存系统的硬件体系设计

21.8.1　数字保存系统的拓扑结构

由于数字保存系统是一个可扩展的体系结构。目前,作者所在单位部署两个数字保存节点,节点 1 为电子期刊保存服务节点,节点 2 为电子书保存服务系统。每个保存节点需有一个主服务器(承担存档服务、应用服务的功能)和一个元数据服务器(承担元数据索引、查询等功能),并在主服务器上配备足够的存储系统,每一个节点需要有备份安全措施。两者共用一套数据接收系统,进行原始提交包的接收和保存。具体硬件部署拓扑结构,如图 21－23 所示。

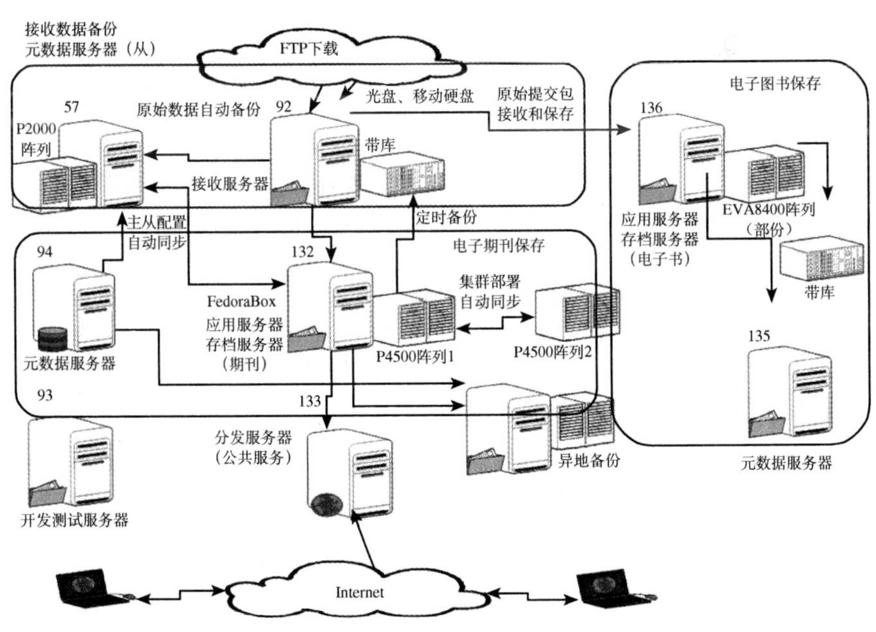

图 21－23　硬件部署拓扑结构

21.8.2 数字保存系统的备份流程

从数据库商接受原始数据后，通过数据检查和病毒检测后，人工备份到备份服务器上，服务器将数据自动备份到磁带库中。

处理后摄入到存档服务器的数据，自动进行实时在线备份（包括文件系统中数据和数据库中数据），同时自动异地在线备份。即存档服务器自动进行两组实时备份，一组在本地，一组在异地。

存档服务器中数据定期备份到数据备份服务器上（带库），形成一个脱机备份。系统应用程序软件与处理中间数据、搜集的工具、资料等数据，定期进行手动备份。

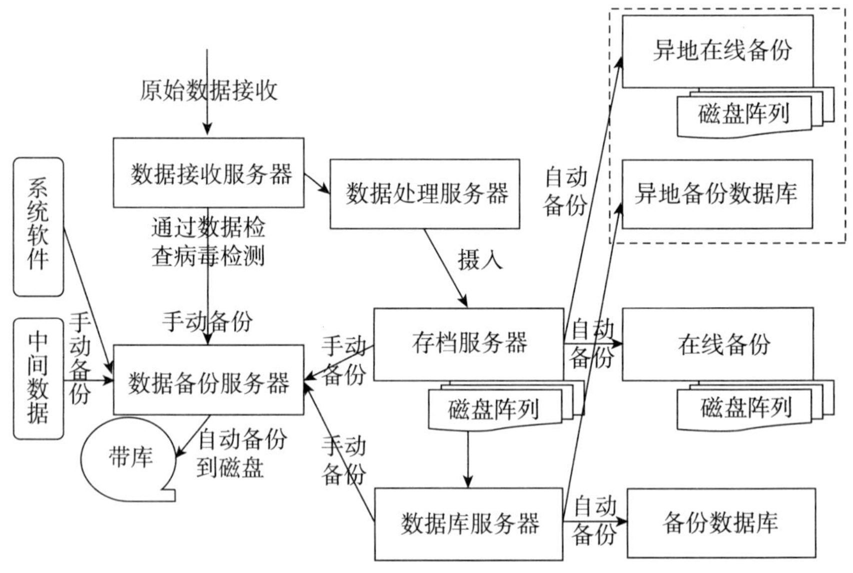

图 21－24 数字保存系统数据备份流程

21.8.3 数字保存系统的数据备份策略

数据必须保留至少三个以上的复本，以保证数据在出现不可预测的问题时可检验、可恢复。

必须保证在多种介质上，如磁带、硬盘、光盘，保存有数据的复本。对出版商提供的原始内容和摄入后数据内容至少保存一个完整的、磁带上的脱机复本。

对各个阶段数据分别做备份。系统至少保存一个在线备份，一个异地或离线备份。

在线复本即时同步。完整的离线备份保存在磁带上，每季度做一次增量备份，每年生成一个完整的磁带备份。按既定的时间间隔（每日、每周、每月等），从出版商持续接收的内容每天增量备份到磁带上。每个月生成一次完整的磁带备份。

21.9　数字保存系统的应用情况

目前，作者参加设计和实现的数字保存系统已经在作者单位得到实际应用，到2014年为止已经保存八个出版社的十个数据库的电子期刊和电子图书资源，保存外文电子期刊2 462种、期刊论文2 539 553篇；保存中文期刊17 634种、中文期刊论文35 640 300篇。

2014年，这一系统还被应用于国家数字科技文献资源长期保存体系中的两个示范节点的建设。到2014年年底，通过这一系统分别构建了国家数字科技文献资源长期保存体系的中国科学院文献情报中心示范节点和中国科学技术信息研究所示范节点。

围绕着数字保存系统，作者单位构建其数字保存战略，提出数字保存的政策和管理机制，形成指导数字保存各个方面的工作指南，具体化了数字保存的工作流程和各个工作环节的操作规范，有效地推动了数字保存工作在我国的实验和实践。

21.10　小结

本章以作者所在单位数字保存系统建设的实践为案例，分析一个数字保存系统在具体的建设过程中，在数字保存系统的功能设计、流程设计、内容模型设计、软硬件体系结构设计等方面的实践方案。目前，通过近十年的建设，这一数字保存系统已经实际运营多年，保存了3700多万篇（章）数字资源。

通过这一数字保存系统的建设实践，作者深刻感受到，一个数字保存系统的建设，需要充分关注以下几点：

1）要充分认识到数字保存系统自身肩负的重要使命。由于数字保存系统是对数字资源进行长期保存的系统，它以保证数字对象的安全存活、数字内容的真实可信、数字信息的可理解为目标。它需要长期存在并且不断发展，跨越技术代系而持续运营。因此，数字保存系统自身肩负着与其他一般信息系统不同的重要使命，数字保存系统的建设者需要充分认识到这一系统建设背后的艰巨性。

2）标准规范是数字保存系统建设和运营的重要基础。目前，国内外数字保存的研究和实践产出了一系列指导数字保存活动的标准规范，这些标准规范是数字保存系统建设和运营的重要基础。数字保存系统的建设要以数字保存的相关技术规范、数据规范、工作流程规范、岗位职责规范等为指导，努力在具体实践中构建一个符合数字保存标准规范的系统。

3）可灵活扩展是数字保存系统建设的一个重要要求。在作者所在单位的数字保存系统建设中，采用了以 Fedora 仓储为基础的系统框架。Fedora 仓储提供了底层数据和元数据的管理功能，通过其规范的 API 接口，可以实现灵活的功能扩展、复杂的流程开发和丰富的用户界面。Fedora 本身可灵活扩展的技术架构，也确保了开发人员可以方便地集成相关的功能组件。

4）数字保存系统建设要善于吸收和应用当前相关的技术工具成果。目前，数字保存的相关团体已经开发出很多数字保存的相关技术工具，这些技术工具几乎覆盖数字保存技术的方方面面，很多工具都以开放源码的方式出现，数字保存系统的建设者要善于吸收和应用这些相关的技术工具成果，避免从头开发。

5）要注意数字保存系统和相关软硬件系统的有效结合。狭义上的数字保存系统是指数字保存的软件系统，但这并不意味着数字保存系统的建设只需关注数字保存软件系统的建设。实际上，为了让数字保存系统有效运营，发挥作用，数字保存的建设者必须有效实现数字保存软件系统和其软硬件环境系统的高度结合。例如，很多存储系统都提供对存储系统进行检测分析的软件工具，数字保存系统要善于将这些工具和数字保存的软件系统功能相结合，充分利用这些平台的检测分析结果为数字保存的存储管理服务。

（吴振新、张智雄、付鸿鹄、王玉菊）

参考文献

[1 – 2] Reference Model for an Open Archival Information System(OAIS)[EB/OL]. [2014 – 12 – 23]. http://public. ccsds. org/publications/archive/650x0m2. pdf.

[3] Fedora Repository[EB/OL]. [2014 - 12 - 23] http://fedorarepository.org/.

[4] International Organization for Standardization, International Standard: Data and Information Transfer Systems-Audit and Certification of Trustworthy Digital Repositories, ISO 16363:2012(E)[S], 2012 - 02 - 15.